BIBLIOTHEK
ULLSTEIN

THEODOR FONTANE

Wanderungen durch die Mark Brandenburg

VOLLSTÄNDIGE AUSGABE IN 5 BÄNDEN
ZUSAMMEN 2468 SEITEN

HERAUSGEGEBEN VON
EDGAR GROSS
UNTER MITWIRKUNG VON
KURT SCHREINERT

ERSTER TEIL

DIE GRAFSCHAFT RUPPIN

ZWEITER TEIL

DAS ODERLAND

DRITTER TEIL

HAVELLAND

VIERTER TEIL

SPREELAND

FÜNFTER TEIL

FÜNF SCHLÖSSER

PERSONEN- UND ORTSREGISTER FÜR
ALLE FÜNF BÄNDE

BIBLIOTHEK
ULLSTEIN

THEODOR FONTANE

Wanderungen durch die Mark Brandenburg

HAVEL-
LAND

BIBLIOTHEK
ULLSTEIN

Bibliothek Ullstein
Ullstein Buch Nr. 26203 im Verlag Ullstein GmbH, Frankfurt/M – Berlin
Ungekürzte Ausgabe
Umschlaggestaltung: Idee: Monika Handschuch-Hammann,
Realisation: Theodor Bayer-Eynck unter Verwendung eines Gemäldes von William Bradley »A Cornfield near Cookham«, Archiv für Kunst und Geschichte, Berlin

Taschenbuchausgabe mit freundlicher Genehmigung der Nymphenburger Verlagshandlung GmbH, München

Printed in Germany 1991
Druck und Verarbeitung: Ebner Ulm
ISBN 3 548 26203 1

2. Auflage November 1991

Bei der Herausgabe wurde auf die Wohlfeile Ausgabe (Volksausgabe) von 1892, der letzten von Fontane selbst überarbeiteten *Wanderungen*-Ausgabe, die Erstausgabe und soweit nötig auf Erstdrucke in Zeitschriften zurückgegriffen.
Jeder Band verfügt über einen separaten Anmerkungsapparat. Das Personen- und Ortsregister für alle fünf Teile dieser Ausgabe befindet sich im fünften Teil der *Wanderungen durch die Mark Brandenburg: Fünf Schlösser.*
Der Registerband XIII a der 2. Abteilung der Nymphenburger Fontane-Ausgabe kann auch für diese Ausgabe verwendet werden. Er enthält ein ausführliches Register aller Personen und geographischen Namen zu den *Wanderungen durch die Mark Brandenburg* und zu dem Band *Fünf Schlösser,* außerdem Nachweise.
Erscheinungsjahre der Auflage des dritten Bandes zu Fontanes Lebzeiten: 1873, 1880, 1889, 1892.

Die Deutsche Bibliothek – CIP-Einheitsaufnahme

Fontane, Theodor:
Wanderungen durch die Mark Brandenburg / Theodor Fontane. Hrsg. von Edgar Gross unter Mitw. von Kurt Schreinert. – Vollst. Ausg. in 5 Bd., ungekürzte Ausg. – Frankfurt/M; Berlin: Ullstein
ISBN 3-548-26206-6
Vollst. Ausg. in 5 Bd., ungekürzte Ausg.
Teil 3. Havelland. – 2. Aufl. – 1991
(Ullstein-Buch; Nr. 26203: Bibliothek Ullstein)
ISBN 3-548-26203-1
NE: GT

VORWORT ZUR ZWEITEN AUFLAGE

Auch diese neue Auflage des dritten Bandes der Wanderungen hat eine Umgestaltung erfahren. Wie bei Band I und II ist alles dem Spezialtitel Nichtentsprechende fortgelassen und durch ausschließlich Havelländisches oder doch dem Flußgebiet der Havel Angehöriges ersetzt worden. Auf diese Weise kamen hinzu: das Havelluch, Oranienburg, Tegel, Fahrland, die Fahrlander Chronik, Sakrow, »Wer war er?«, Falkenrehde, »Zwei heimlich Enthauptete« und Wust, das Geburtsdorf Hans Hermanns von Katte. Daran schließt sich noch Kloster Chorin, das, wiewohl außerhalb des Flußgebietes der Havel gelegen, um Lehnins willen, dessen Tochterkloster es war, mit herangezogen wurde. Wobei zugleich der Wunsch mitwirkte, dem mehrere Kapitel umfassenden Abschnitt von der Kolonisation der Mark durch die Zisterzienser wenigstens annähernd einen Abschluß zu geben.

Das Historische (im Gegensatz zu »Oderland«) tritt im ganzen genommen in diesem dritten Bande zurück, und Landschaft und Genre prävalieren.

An nicht wenigen Stellen entstand für mich die Frage, ob ich nicht, über die bloße Form hinaus, auch inhaltlich zu Änderungen zu schreiten und von einem inzwischen erfolgten Wechsel der Dinge Notiz zu nehmen hätte. Um ein paar Beispiele zu geben: das Friedrichsche Ehepaar auf der Pfaueninsel ist gestorben, Etzin ist niedergebrannt und der in Trümmern liegende Teil der Lehniner Klosterkirche ist neuaufgebaut worden. Ich hab' es aber mit Rücksicht darauf, daß alles Umarbeiten und Hinzufügen in der Regel nur Schwerfälligkeiten schafft, schließlich doch vorgezogen, das meiste so zu belassen, wie sich's etwa um's Jahr 1870 dem Auge präsentierte und bitte den Leser, wo sich die Benötigung dazu herausstellen sollte, dies freundlichst im Auge behalten zu wollen.

Berlin, 24. April 1880 *Theodor Fontane*

HAVELLAND

Grüß Gott dich, Heimat! . . . Nach langem Säumen
In deinem Schatten wieder zu träumen,
Erfüllt in dieser Maienlust
Eine tiefe Sehnsucht mir die Brust.
Ade nun Bilder der letzten Jahre,
Ihr Ufer der Saône, der Seine, Loire,
Nach Kriegs- und fremder Wässer Lauf
Nimm, heimische Havel, mich wieder auf.

Es spiegeln sich in deinem Strome
Wahrzeichen, Burgen, Schlösser, Dome:
Der Juliusturm, den Märchen und Sagen
Bis Römerzeiten rückwärts tragen,
Das Schildhorn, wo bezwungen im Streite,
Fürst Jaczo dem Christengott sich weihte,
Der Harlunger Berg, der an oberster Stelle
Weitschauend trug unsre erste Kapelle,
Das Plauer Schloß, wo fröstelnd am Morgen
Hans Quitzow steckte, im Röhricht verborgen,
Die Pfaueninsel, in deren Dunkel
Rubinglas glühte Johannes Kunckel,
Schloß Babelsberg und »Schlößchen Tegel«,
Nymphäen, Schwäne, blinkende Segel, —
Ob rote Ziegel, ob steinernes Grau,
Du verklärst es, Havel, in deinem Blau.

Und schönest du alles, was alte Zeiten
Und neue an deinem Bande reihten,
Wie schön erst, was fürsorglich längst
Mit liebendem Arme du umfängst.

Jetzt Wasser, drauf Elsenbüsche schwanken,
Lücher, Brücher, Horste, Lanken,
Nun kommt die Sonne, nun kommt der Mai,
Mit der Wasserherrschaft ist es vorbei.
Wo Sumpf und Lache jüngst gebrodelt,
Ist alles in Teppich umgemodelt,
Ein Riesenteppich, blumengeziert,
Viele Meilen im Geviert.
Tausendschönchen, gelbe Ranunkel,
Zittergräser, hell und dunkel,
Und mitteninne (wie das lacht!)
Des roten Ampfers leuchtende Pracht.
Ziehbrunnen über die Wiese zerstreut,
Trog um Trog zu trinken beut,
Und zwischen den Trögen und den Halmen,
Unter nährendem Käuen und Zermalmen,
Die stille Herde, ... das Glöcklein klingt,
Ein Luftzug das Läuten herüberbringt.

Und an dieses Teppichs blühendem Saum
All die lachenden Dörfer, ich zähle sie kaum:
Linow, Lindow,
Rhinow, Glindow,
Beetz und Gatow,
Dreetz und Flatow,
Bamme, Damme, Kriele, Krielow,
Petzow, Retzow, Ferch am Schwielow,
Zachow, Wachow und Groß-Behnitz,
Marquardt-Ütz an Wublitz-Schlänitz,
Senzke, Lenzke und Marzahne,
Lietzow, Tietzow und Rekahne,
Und zum Schluß in dem leuchtenden Kranz:
Ketzin, Ketzür und Vehlefanz.

Und an deinen Ufern und an deinen Seen,
Was, stille Havel, sahst all du geschehn?!
Aus der Tiefe herauf die Unken klingen, —
Hunderttausend Wenden hier untergingen;
In Lüften ein Lärmen, ein Bellen, ein Jagen,
»Das ist Waldemar«, sie flüstern und sagen;
Im Torfmoor, neben dem Cremmer Damme,
(Wo Hohenloh fiel) was will die Flamme?

Ist's bloß ein Irrlicht? ... Nun klärt sich das Wetter,
Sonnenschein, Trompetengeschmetter,
Derfflinger greift an, die Schweden fliehn,
Grüß Gott dich Tag von Fehrbellin.

Grüß Gott dich Tag, du Preußenwiege,
Geburtstag und Ahnherr unsrer Siege,
Und Gruß dir, wo die Wiege stand,
Geliebte Heimat, Havelland!

Potsdam, im Mai 1872

DIE WENDEN

und die Kolonisation der Mark durch die Zisterzienser

DIE WENDEN IN DER MARK

I

Geographisch-Historisches

> Lichthelle Götter,
> Höret,
> Höret unser Flehen um Sieg!
> Wir kämpfen für Leben und Freiheit,
> Für Weib und Kind.
> Notschirmer Radigast,
> Krieghelfer Svantevit,
> Leidwahrer Triglaw,
> O verleihet uns Sieg!
>
> *Karl Seidel*

Am Nordufer der Mittelhavel, den ganzen Havelgau und südlich davon die »Zauche« beherrschend, lag die alte Wendenfeste Brennabor. Ihre Eroberung durch Albrecht den Bären (1157) entschied über den Besitz dieses und der benachbarten Landesteile, die von da ab ihrer Christianisierung und, was insonderheit die Havelgegenden angeht, auch ihrer Germanisierung rasch entgegengingen. Diese Germanisierung, soweit sie durch die Klöster erfolgte, soll uns in den nächsten Kapiteln beschäftigen; unsre heutige Aufgabe aber wendet sich ausschließlich der heidnischen Epoche vor 1157 zu und versucht in dieser Vorgeschichte der Mark eine Geschichte der märkischen Wenden zu geben. Dieser Ausdruck ist nicht völlig korrekt. Es soll heißen: Wenden, die, noch ehe es eine »Mark« gab, in demjenigen Landesteile wohnten, der später Mark Brandenburg hieß.

Zuerst ein Wort über die Wenden überhaupt. Sie bildeten den am meisten nach Westen vorgeschobenen Stamm der großen slawischen Völkerfamilie; hinter ihnen nach Osten und Südosten saßen die Polen, die Südslawen, die Groß- und Kleinrussen.

Die Wenden rückten, etwa um 500, in die halb entvölkerten Lande zwischen Oder und Elbe ein. Sie fanden hier noch die zurückgebliebenen Reste der alten Semnonen, jenes großen germanischen Stammes, der vor ihnen das Land zwischen Elbe und Oder inne gehabt und es — entweder einem Drucke von Osten her nachgebend, oder aber durch Abenteuerdrang dazu getrieben — im Laufe des fünften Jahrhunderts verlassen hatte. Nur Greise, Weiber und Kinder waren teilweis zurückgeblieben und kamen in Abhängigkeit von den vordringenden Wenden. Diese wurden nunmehr der herrschende Stamm und gaben dem Lande sein Gepräge, den Dingen und Ortschaften ihre wendischen Namen. Als nach drei-, vier- und fünfhundert Jahren die Deutschen zum ersten Male wieder mit diesem Lande »zwischen Elbe und Oder« in Berührung kamen, fanden sie, wenige Spuren ehemaligen deutschen Lebens abgerechnet, ein völlig slawisches, d. h. wendisches Land vor.

Das Land war wendisch geworden, ebenso die östlicheren Territorien zwischen Oder und Weichsel. Aber das westliche Wendenland war doch die Hauptsache. Hier, zwischen Oder und Elbe, standen die berühmtesten Tempel, hier wohnten die tapfersten und mächtigsten Stämme.

Dieser Stämme, wenn wir von kleineren Gemeinschaften vorläufig absehen, waren drei: die Obotriten im heutigen Mecklenburg, die Liutizen in Mark und Vorpommern und die Sorben oder Serben im Meißnischen und der Lausitz.

Unter diesen drei Hauptstämmen der Westwenden, ja vielleicht der Wenden überhaupt, waren wiederum die Liutizen, denen also die märkischen Wenden als wesentlicher Bruchteil zugehörten, die ausgedehntesten und mächtigsten. Mit ihnen stand und fiel die Vormauer des Slawentums, und der beste, zuverlässigste und wichtigste Teil der ganzen Wendengeschichte ist die Geschichte dieses Stammes, die Geschichte der Liutizen. Schafarik sagt von ihnen: »Unter den polabischen, d. h. den an der Elbe wohnenden Slawen waren die Liutizen oder Lutizer oder Weleten durch ihre Volksmenge und Streitbarkeit wie durch ihre Ausdauer bei alten Sitten und Gebräuchen, die berühmtesten. Ihr Name wird in den deutschen Annalen von Karl dem Großen bis zu ihrer völligen Unterwerfung (1157) öfter denn irgendein anderer Volksname genannt; er herrscht sogar in altdeutschen Sagen und Märchen. In russischen Volkssagen wird er noch heutigentags vom Volke mit Schrecken erwähnt.« So weit Schafarik. Ehe wir indessen zu einer kurzgefaßten Geschichte der Liutizen überhaupt übergehen, schicke ich den Versuch einer politischen Geographie des Liutizerlandes vorauf.

Die Liutizen, wie schon angedeutet, hatten ihre Sitze nicht bloß in der Mark; einige ihrer hervorragendsten Stämme bewohnten Neu-Vorpommern, noch andere das heutige Mecklenburg-Strelitz. Sie lebten innerhalb dieser drei Landesteile:

Mark, Strelitz, Vorpommern, in einer nicht genau zu bestimmenden Anzahl von Gauen, von denen folgende die wichtigsten waren oder doch die bekanntesten gewesen sind.

In der Mark: die Brizaner in der Priegnitz; die Morizaner in der Gegend von Leitzkau, Grabow, Nedlitz; die Stodoraner und Heveller in Havelland und Zauche; die Spriavaner im Teltow und Nieder-Barnim, also zu beiden Seiten der Spree; die Riezaner in der Nähe von Wriezen, am Rande des Oderbruches hin; die Ukraner in der Nähe von Pasewalk.

In Pommern und Mecklenburg-Strelitz: die Chizziner in der Nähe von Güstrow; die Circipaner um Wolgast herum; die Dolenzer um Demmin und Stolp; die Ratarer oder Redarier zwischen Oberhavel, Peene und Tollense; die Woliner auf Wollin und Usedom; die Rugianer oder Ranen auf Rügen. Kleinere eingestreute Gaue waren: Sitna oder Ziethen; der Murizzi-Gau am Müritzsee; der Dossauer Gau an der Dosse bei Wittstock.

Unter allen diesen Völkerschaften, Stämmen und Stämmchen, man könnte sie Clans nennen, waren wohl die Ranen und die Redarier die wichtigsten, beide als Hüter der zwei heiligsten Tempelstätten Rethra * und Arkona. Die Ranen außerdem noch ausgezeichnet als Seefahrer und siegreich über die Dänen.

Die märkischen Wenden konnten nach dieser Seite hin mit den Wenden in Pommern und Mecklenburg nicht wetteifern, aber andererseits fiel ihnen die Aufgabe zu, in den jahrhundertelangen Kämpfen mit dem andringenden Deutschtum beständig auf der Vorhut zu stehen, und in dem Mute, den die Spree- und Havelstämme in diesen Kämpfen entwickelt haben, wurzelt ihre Bedeutung. Wenn die Ranen, und namentlich auch die Redarier, wie ein Stamm Levi, kirchlich vorherrschten, so prävalierten die märkischen Wenden politisch. Brandenburg, das wir wohl nicht mit Unrecht als den wichtigsten Punkt dieses märkischen Wendenlandes ansehen, wurde neunmal erobert und wieder verloren, siebenmal durch Sturm, zweimal durch Verrat. Die Kämpfe drehten sich mehr oder weniger um seinen Besitz.

---

* Darüber, wo Rethra oder Ratare stand, schwebt noch immer der Streit. Man nennt folgende Orte: Stargard (Mecklenburg), Malchin, Röbel (am Müritzsee), Rhesa, Strelitz, Prillwitz, Kuhschwanz. Der letztere Ort, unpoetischen Klanges, hat zur Zeit die größten Chancen, als »Rethra« anerkannt zu werden.

Die ersten Berührungen mit der wendischen Welt, mit den Volksstämmen zwischen Elbe und Oder, fanden unter Karl dem Großen statt; sie führten zu nichts Erheblichem. Erst unter dem ersten Sachsenkaiser, Heinrich dem Finkler, wurde eine Unterwerfung der Wenden versucht und durchgeführt.

Diese Kämpfe begannen im Jahre 924 durch einen Einfall Heinrichs in das Land der Stodoraner und durch Wegnahme Brennabors. Dieser Wegnahme folgten Aufstände der Redarier, Stodoraner und Ukraner, woran sich dann neue deutsche Siege reihten.

Es war eine endlos ausgesponnene Kette, in der jedes einzelne Glied so Ursach wie Wirkung war. Die deutsche Grausamkeit schuf wendische Aufstände, und den wendischen Aufständen folgten erneute Niederlagen, die, von immer neuen Grausamkeiten des Siegers begleitet, das alte Wechselspiel wiederholten. So war es unter Kaiser Heinrich, und so war es unter Otto dem Großen. Zweimal wurden die Wenden in blutigen Schlachten niedergeworfen, 929 bei Lunkini (Lenzen),* 935 am Dosafluß (an der Dosse), aber ihre Kraft war ungebrochen, und der Tag kam heran, der bestimmt war, alle Niederlagen quitt zu machen. Dies war die Schlacht am Tangerfluß 983. Da von dieser Zeit an das schon halb tot geglaubte Wendentum einen neuen Aufschwung nahm und noch einmal in aller Macht und Furchtbarkeit aufblühte, so mag es gestattet sein, bei den Vorgängen einen Augenblick zu verweilen, die zu dieser Schlacht am Tanger führten.

Mistewoi war Obotritenfürst und bereits Christ geworden. Er hielt zum Herzog Bernhard, der damals Markgraf von Nordmark war, und fühlte sich demselben an Macht, Geburt

---

* Von dieser Schlacht bei Lunkini (Lenzen) findet sich in »Widukinds sächsischen Geschichten« eine ausführliche Beschreibung. Die Christen belagerten Lunkini, als die Nachricht eintraf, daß ein großes Wendenheer zum Entsatz der bedrängten Festung heranrücke und während der Nacht das Lager der Christen überfallen wolle. Ein furchtbares Unwetter indes, heftige Regengüsse hinderten den Angriff des Feindes. So kam der Morgen, und die Christen schickten sich nun ihrerseits zum Angriff an. Die Zahl der Wenden war so groß, daß, als die Sonne jetzt hell auf die durchnäßten Kleider der hunderttausend Wenden schien, ein Dampf zum Himmel aufstieg, der sie wie in eine Nebelwolke hüllte, während die Christen in hellem Sonnenlicht heranzogen und ob dieser Erscheinung voll Hoffnung und Zuversicht waren. Nach hartem Kampfe flohen die Wenden; da ihnen aber eine Abteilung den Weg verlegt hatte, so stürzten sie einem See zu, in dem Unzählige ertranken. Die Chronisten geben das Wendenheer auf 200 000 Mann an. »Die Gefangenen wurden alle, wie ihnen verheißen, an einem Tage geköpft.«

und Ansehen nah genug, um um dessen Nichte anzuhalten. Der Markgraf versprach sie ihm; Mistewoi aber, um ganz in die Reihe christlicher Fürsten einzutreten, zog zunächst mit tausend wendischen Edelleuten nach Italien und focht an Kaiser Ottos Seite in der großen Schlacht bei Basantello. Als er zurückgekehrt war, erschien er vor Markgraf Bernhard und wiederholte seinen Antrag. Dieser schwankte jetzt aber, und ein anderer deutscher Fürst, der zugegen war, raunte dem Markgrafen zu: »Mit nichten; eines deutschen Herzogs Blutsverwandte gehört nicht an die Seite eines wendischen Hundes.« Mistewoi hatte gehört, was der Nebenstehende halblaut vor sich hin gesprochen hatte, und verließ die Halle. Bernhard, der das nun Bevorstehende ahnen mochte, schickte dem tödlich verletzten Wendenfürsten Boten nach, aber dieser ließ nur antworten: »Der Tag kommt, wo die Hunde beißen.« Er ging nun nach Rethra, wo der Haupttempel aller wendischen Stämme stand, und rief — die Obotriten standen selbstverständlich zu ihm — auch alle liutizischen Fürsten zusammen und erzählte ihnen die erlittene Schmach. Dann tat er sein Christentum von sich und bekannte sich vor dem Bilde Radegasts aufs neue zu den alten Göttern. Gleich darauf ließ er dem Sachsengrafen sagen: »Nun hab acht, Mistewoi der Hund kommt, um zu bellen und wird bellen, daß ganz Sachsenland erschrecken soll.« Der Markgraf aber antwortete: »Ich fürchte nicht das Brummen eines Bären, geschweige das Bellen eines Hundes.« Am Tangerfluß kam es zur Schlacht, und die Sachsen wurden geschlagen. Das hatte Mistewoi der Hund getan. Die Unterwerfung, die 924 begonnen hatte, hatte 983 wieder ein Ende.

Der Dom zu Brandenburg wurde zerstört, und auf dem Harlunger Berge erhob sich das Bild des Triglaw. Von dort aus sah es noch wieder einhundertfünfzig Jahre lang in wendische Lande hinein. Die Liutizen waren frei.

Drei Generationen hindurch hielt sich, nach diesem großen Siege, die Macht der Wenden unerschüttert; Kämpfe fanden statt, sie rüttelten an der wiedererstandenen Wendenmacht, aber sie brachen sie nicht. Erst mit dem Eintritt des zwölften Jahrhunderts gingen die Dinge einer Wandlung entgegen; die Wendenstämme, untereinander in Eifersüchteleien sich aufreibend, zum Teil auch uneins durch die rastlos weiter wirkende Macht des Christentums, waren endlich wie ein unterhöhlter Bau, der bei dem ersten ernsteren Sturme fallen *mußte*. Die

Spree- und Havellandschaften waren, so scheint es, die letzten Zufluchtsstätten des alten Wendentums; Brennabor, nachdem rund umher immer weiteres Terrain verlorengegangen war, war mehr und mehr der Punkt geworden, an dessen Besitz sich die Frage knüpfte, wer Herrscher sein solle im Lande, Sachse oder Wende, Christentum oder Heidentum. Das Jahr 1157, wie eingangs schon bemerkt, entschied über diese Frage. Albrecht der Bär erstürmte Brennabor, die letzten Aufstände der Brizaner und Stodoraner wurden niedergeworfen, und mit der Unterwerfung des Spree- und Havellandes empfing das Wendenland zwischen Elbe und Oder überhaupt den Todesstoß. (Rethra war schon vorher gefallen, wenigstens seiner höchsten Macht entkleidet worden. Nur der Swantewittempel auf Arkona hielt sich um zwanzig Jahre länger, bis der Dänenkönig »Waldemar der Sieger« auch diesen zerstörte.)

So viel in kurzen Zügen von der Geschichte des Wendenlandes zwischen Elbe und Oder. Wir wenden uns jetzt einer mehr kulturhistorischen Untersuchung zu und stellen zusammen, was wir über Charakter, über Sitte, Recht und Kultur des alten Wendentums wissen.

2

Lebensweise. Sitten. Tracht

Sie spinnen.
Haben Linnen,
Sie regeln
Den Fluß und das Wehr,
Und mit Schiffen und Segeln
Sind sie zu Hause auf offnem Meer.

Die Frage ist oft aufgeworfen worden, ob die Wenden wirklich auf einer viel niedrigeren Stufe als die vordringenden Deutschen gestanden hätten, und diese Frage ist nicht immer mit einem bestimmten »Ja« beantwortet worden. Sehr wahrscheinlich war die Superiorität der Deutschen, die man schließlich wird zugeben müssen, weniger groß, als deutscherseits vielfach behauptet worden ist.

Die Wenden, um mit ihrer Wohnung zu beginnen, hausten keineswegs, wie ein mir vorliegender Stich sie darstellt, in verpalisadierten Erdhöhlen, um sich gleichzeitig gegen Wetter und Wölfe zu schützen; sie hatten vielmehr Bauten mannigfacher Art, die durchaus wirklichen Häusern entsprachen. Daß von ihren Gebäuden, öffentlichen und privaten, kein einziges bestimmt nachweisbar auf uns gekommen ist, könnte dafür sprechen, daß diese Bauten von einer inferioren Beschaffenheit gewesen wären; wir dürfen aber nicht vergessen, daß die siegreichen Deutschen natürlich alle hervorragenden Gebäude, die sämtlich Tempel oder Festen waren, sei es aus Rache oder sei es zu eigner Sicherheit, zerstörten, während die schlichten Häuser und Hütten im Laufe der Jahrhunderte sich natürlich ebensowenig erhalten konnten, wie deutsche Häuser und Hütten aus jener Zeit.

Die Wenden, so viel steht fest, hatten verhältnismäßig wohleingerichtete Häuser, und die Frage bleibt zunächst nur, wie waren diese Häuser. Wahrscheinlich sehr verschiedener Art. Wie wir noch jetzt, oft bunt durcheinander, noch häufiger nach Distrikten geschieden, Lehmkaten, Fachwerk-, Feldstein- und Backsteinhäuser finden, der Stroh-, Schilf-, Schindel- und Ziegeldächer ganz zu geschweigen, so war es auch in alten Wendenzeiten, nur noch wechselnder, nur noch abhängiger von dem Material, das gerade zur Hand war. In den Fischerdörfern an der Spree und Havel hin, in den Sumpfgegenden, die kein anderes Material kannten als Elsen und Eichen, waren die Dörfer mutmaßlich Blockhäuser, wie man ihnen bis diesen Tag in den Spreewaldgegenden begegnet; auf dem feldsteinübersäten Barnimplateau richteten sich, wie noch jetzt vielfach in den dortigen Dörfern geschieht, die Wohnungen höchstwahrscheinlich aus Feldstein auf; in fruchtbaren Gegenden aber, wo der Lehm zutage lag, wuchs das Lehm- und das Ziegelhaus auf, denn die Wenden verstanden sich sehr wohl auf die Nutzung des Lehms und sehr wahrscheinlich auch auf das Ziegelbrennen. Daß sie unter ihrem Gerät nachweisbar auch den Mauerhammer hatten, deutet wenigstens darauf hin. Einzelne dieser Dinge sind nicht geradezu zu beweisen, aber sie müssen so gewesen sein nach einem Naturgesetz, das fortwirkt bis auf diesen Tag. Armes oder unkultiviertes Volk baut sich seine Wohnungen aus dem, was es zunächst hat: am Vesuv aus Lava, in Irland aus Torf, am Nil aus Nilschlamm, an den Pyramiden aus Trümmern vergangener Herrlichkeit. So war es immer, wird es immer sein. Und so war es auch bei den Wenden.

Die Wenden aber hatten nicht nur Häuser, sie wohnten auch in Städten und Dörfern, die sich zu vielen Hunderten durch das Land zogen. Die wendischen Namen unserer Ortschaften beweisen dies zur Genüge. Manche Gegenden haben nur wendische Namen. Um ein Beispiel statt vieler zu geben, die Dörfer um Ruppin herum heißen: Karwe, Gnewikow, Garz, Wustrau, Bechlin, Stöffin, Kränzlin, Metzeltin, Dabergotz, Ganzer, Lenzke, Manker usw., lauter wendische Namen. Ähnlich ist es überall in der Mark, in Lausitz und Pommern. Selbst viele deutsch klingende Namen, wie Wustrau, Wusterhausen usw., sind nur ein germanisiertes Wendisch.

Wie die Dörfer waren, ob groß oder klein, ob stark bevölkert oder schwach, kann, da jegliche bestimmte Angabe darüber fehlt, nur mittelbar herausgerechnet, nur hypothetisch festgestellt werden. Die große Zahl der Totenurnen, die man findet, außerdem die Mitteilungen Thietmars u. a., daß bei Lunkini 100 000 Wenden gefallen seien, scheinen darauf hinzudeuten, daß das Land allerdings stark bevölkert war.

Unsicher, wie wir über Art und Größe der wendischen Dörfer sind, sind wir es auch über die Städte. Einzelne galten für bedeutend genug, um mit den Schilderungen ihres Glanzes und ihres Unterganges die Welt zu füllen, und wie geneigt wir sein mögen, der poetischen Darstellung an diesem Weltruhme das beste Teil zuzuschreiben, so kann doch das Geschilderte nicht ganz Fiktion gewesen sein, sondern muß in irgend etwas Vorhandenem seine reale Anlehnung gehabt haben. Besonderes Ansehen hatten die Handelsstädte am Baltischen Meere. Unter diesen war Jumne, wahrscheinlich am Ausfluß der Swine gelegen, eine der gefeiertsten. Adam von Bremen erzählt von ihr: sie sei eine sehr angesehene Stadt und der größte Ort, den das heidnische Europa aufzuweisen habe. »In ihr — so fährt er fort — wohnen Slawen und andere Nationen, Griechen und Barbaren. Und auch den dort ankommenden Sachsen ist, unter gleichem Rechte mit den Übrigen, zusammenzuwohnen verstattet, freilich nur, solange sie ihr Christentum nicht öffentlich kundgeben. Übrigens wird, was Sitte und Gastlichkeit anlangt, kein Volk zu finden sein, das sich ehrenwerter und dienstfertiger bewiese. Jene Stadt besitzt auch alle möglichen Annehmlichkeiten und Seltenheiten. Dort findet sich der Vulkanstopf, den die Eingeborenen das »griechische Feuer« nennen; dort zeigt sich auch Neptun in dreifacher Art, denn von drei Meeren wird jene Insel bespült, deren eines von ganz grünem Aussehen sein soll, das zweite aber von weißlichem; das dritte ist durch ununterbrochene Stürme beständig in wutvoll brausender Bewegung.«

Diese Beschreibungen zeitgenössischer Schriftsteller, wie auch die Beschreibung von Vineta oder Julin (die beide dasselbe sind) beziehen sich auf wendische Handels- und Küstenstädte. Es ist indessen wahrscheinlich, daß die Binnenstädte wenig davon verschieden waren, wenn auch vielleicht etwas geringer. An Handel waren sie gewiß unbedeutender, aber dafür standen sie dem deutschen Leben und seinem Einfluß näher.

Wenden wir uns nunmehr der Frage zu, wie lebten die Wenden in ihren Dörfern und Städten, wie kleideten, wie beschäftigen sie sich, so wird das Wenige, was wir bis hierher sagen konnten, auch ein gewisses Licht auf diese Dinge werfen. Wie beschäftigten sie sich? Neben der Führung der Waffen, die Sache jedes Freien war, gab es ein mannigfach gegliedertes Leben. Die Ausschmückung der Tempel — Ausschmückungen, wie man ihnen noch jetzt in altrussischen Kirchen begegnet und wie sie in den alten Schriftstellern der Wendenzeit vielfach beschrieben werden — lassen keinen Zweifel darüber, daß die Wenden eine Art von Kunst, wenigstens von Kunsthandwerk, kannten und übten. Sie schnitzten ihre Götzenbilder in Holz oder fertigten sie aus Erz und Gold, sie bemalten ihre Tempel und färbten das Schnitzwerk, das als groteskes Ornament die Tempel zierte. Den Schiffbau kannten sie, wie die kühnen Seeräuberzüge der Ranen zur Genüge beweisen, und ihr Haus- und Kriegsgerät war mannigfacher Art. Sie kannten den Haken zur Beackerung und die Sichel, um das Korn zu schneiden. Die feineren Wollenzeuge, so berichten die Chronisten, kamen aus Sachsen; aber eben aus dieser speziellen Anführung geht hervor, daß die minder feinen im Lande selber bereitet wurden. Einheimische Arbeit war auch die Leinewand, in welche die Nation sich kleidete und wovon sie zu Segeln und Zelten große Mengen gebrauchte. Es ist also wohl nicht zu bezweifeln, daß der Webstuhl im Wendenlande bekannt war wie im ganzen Norden bis nach Island und daß die Hände, welche den Flachs und den Hanf dem Erdboden abgewannen, ihn auch zu verarbeiten verstanden. Die Hauptbeschäftigungen blieben freilich Jagd und Fischerei, daneben die Bienenzucht. Das Land wies darauf hin. Noch jetzt, in den slawischen Flachlanden Osteuropas, auf den

Strecken zwischen Wolga und Ural, wo weite Heiden mit Lindenwäldern wechseln, begegnen wir denselben Erscheinungen, derselben Beschäftigung. Die Honigerträge waren reich und wichtig, weil aus ihnen der Met gewonnen wurde. Bier wurde aus Gerste gebraut. Die Fische wurden frisch oder eingesalzen gegessen, denn man benutzte die Solquellen und wußte das Salz aus ihnen zu gewinnen. Vieles spricht dafür, daß sie selbst Bergbau trieben und das Eisen aus dem Erze zu schmelzen verstanden.

Noch ein Wort über die nationale Kleidung der Wenden. Es liegen nur Andeutungen darüber vor. Daß sie so gewesen sei, oder auch nur ähnlich, wie die Wenden sie jetzt noch tragen, ist wohl falsch. Die wendische Tracht entwickelte sich in den wendisch gebliebenen Gegenden unter dem Einfluß wenn nicht der deutschen Mode, so doch des deutschen Stoffs und Materials, und es bedarf wohl keiner Versicherung, daß die alten ursprünglichen Wenden weder Faltenröcke noch Zwickelstrümpfe, weder Manchestermieder noch Überfallkragen gekannt haben. All dies ist ein in spätern Kulturzeiten Gewordenes, an dem die Wendenüberreste nolens volens teilnehmen mußten. Giesebrecht beschreibt ihre Kleidung wie folgt: »Zur nationalen Kleidung gehörte ein kleiner Hut, ein Obergewand, Unterkleider und Schuhe oder Stiefel; barfuß gehen wurde als ein Zeichen der äußersten Armut betrachtet. Die Unterkleider konnten gewaschen werden; der Stoff, aus dem sie bestanden, war also vermutlich Leinewand. Das Oberkleid war wollen.« Über Schnitt und Kleidung und die bevorzugten Farben wird nichts gesagt, doch dürfen wir wohl annehmen, daß sich eine Vorliebe für das Bunte darin aussprach. Der kleine Hut und die leinenen Unterkleider: Rock, Weste, Beinkleid, finden sich übrigens noch bis diesen Tag bei den Spreewaldswenden vor. Nur die Frauentrachten weichen völlig davon ab.

3

Charakter. Begabung. Kultus

> In trotzigem Mut,
> Gastfrei und gut,
> Haben für ihre Götter und Sitten
> Sie wie die Märtyrer gelitten.

Nachdem wir bis hierher die äußere Erscheinung betont und die Frage zu beantworten gesucht haben: wie sahen die alten Wenden aus? wie wohnten sie? wie beschäftigten und wie kleideten sie sich? wenden wir uns in folgendem mehr ihrem geistigen Leben zu, der Frage: wie war ihr Charakter, ihre geistige Begabung, ihr Rechtssinn, ihre Religiosität?

Die Wenden haben uns leider kein einziges Schriftstück hinterlassen, das uns dazu dienen könnte, die Schilderungen, die uns ihre bittern Feinde, die Deutschen, von ihnen entworfen haben, nötigenfalls zu korrigieren. Wir hören eben nur eine Partei sprechen, dennoch sind auch diese Schilderungen ihrer Gegner nicht dazu angetan, uns mit Abneigung gegen den Charakter der Wenden zu erfüllen. Wir begegnen mehr liebenswürdigen als häßlichen Zügen, und wo wir diese häßlichen Züge treffen, ist es gemeinhin unschwer zu erkennen, woraus sie hervorgingen. Meist waren es Repressalien, Regungen der Menschennatur überhaupt, nicht einer spezifisch bösen Menschennatur.

Zwei Tugenden werden den Wenden von allen deutschen Chronikenschreibern jener Epoche: Widukind, Thietmar, Adam von Bremen, zuerkannt: sie waren tapfer und gastfrei. Ihre Tapferkeit spricht aus der ganzen Geschichte jener Epoche, und der Umstand, daß sie, trotz Fehden und steter Zersplitterung ihrer Kräfte, dennoch den Kampf gegen das übermächtige Deutschtum zwei Jahrhunderte lang fortsetzen konnten, läßt ihren Mut in allerglänzendstem Lichte erscheinen. Sie waren ausgezeichnete Krieger, zu deren angeborener Tapferkeit sich noch andere kriegerische Gaben, wie sie den Slawen eigentümlich sind, gesellten: Raschheit, Schlauheit, Zähigkeit. Hierin sind alle deutschen Chronisten einig. Ebenso einig sind sie, wie schon hervorgehoben, in Anerkennung der wendischen Gastfreundschaft. »Um Aufnahme zu bitten, hatte der Fremde in der Regel nicht nötig; sie wurde ihm wetteifernd angeboten. Jedes Haus hatte seine Gastzimmer und immer offne

Tafel. Freigebig wurde vertan, was durch Ackerbau, Fischfang, Jagd und in den größeren Städten auch wohl durch Handel und Gewerbe gewonnen worden war. Je freigebiger der Wende war, für desto vornehmer wurde er gehalten, und für desto vornehmer hielt er sich selbst. Wurde — was übrigens äußerst selten vorkam — von diesem oder jenem ruchbar, daß er das Gastrecht versagt habe, so verfiel er allgemeiner Verachtung, und Haus und Hof durften in Brand gesteckt werden.«

Sie waren tapfer und gastfrei, aber sie waren falsch und untreu, so berichten die alten Chronisten weiter. Die alten Chronisten sind indessen ehrlich genug, hinzuzusetzen: »untreu gegen ihre Feinde«. Dieser Zusatz legt einem sofort die Frage nahe: wie waren aber nun diese Feinde? waren sie, ganz von aller ehrlichen Feindschaft, von offenem Kampfe abgesehen, waren diese Feinde ihrerseits von einer Treue, einem Worthalten, einer Zuverlässigkeit, die den Wenden ein Sporn hätte sein können, Treue mit Treue zu vergelten?

Die Erzählungen der Chronisten machen uns die Antwort auf die Frage leicht; in rühmlicher Unbefangenheit erzählen sie uns die endlosen Perfidien der Deutschen. Dies erklärt sich daraus, daß sie, von Parteigeist erfüllt und blind im Dienst einer großen Idee, die eigenen Perfidien vorweg als gerechtfertigt ansahen. Dagegen war wendischer Verrat einfach Verrat und stand da, ohne allen Glorienschein, in nackter, alltäglicher Häßlichkeit. Der Wende war ein »Hund«, ehrlos, rechtlos, und wenn er sich unerwartet aufrichtete und seinen Gegner biß, so war er untreu. Ein Hund darf nicht beißen, es geschehe ihm was da wolle. Die Geschichte von Mistewoi haben wir gehört, sie zeigt die schwindelnde Höhe deutschen Undanks und deutscher Überhebung. In noch schlimmerem Lichte erscheint das Deutschtum in der Geschichte von Markgraf Gero. Dieser, wie in Balladen oft erzählt, ließ dreißig wendische Fürsten, also wahrscheinlich die Häupter fast aller Stämme zwischen Elbe und Oder, zu einem Gastmahl laden, machte die Erschienenen trunken und ließ sie dann ermorden. Das war 939. Nicht genug damit. Im selben Jahre vollführte er einen zweiten List- und Gewaltstreich. Den Tugumir, einen flüchtigen Fürsten der Heveller, den er durch Versprechen auf seine Seite zu ziehen gewußt hatte, ließ er nach Brennabor zurückkehren, wo er Haß gegen die Deutschen heucheln und dadurch die alte Gunst seines Stammes sich wieder erobern mußte. Aber kaum im Besitz dieser Gunst, tötete Tugumir seinen Neffen, der in wirklicher Treue und Aufrichtigkeit an der Sache der Wenden hing, und öffnete dann dem Gero die Tore, dessen bloßes Werkzeug er gewesen war. Das waren die Taten, mit denen die Deutschen — freilich oft unter Hilfe und Zutun der Wenden selbst — voranschritten. Weder die Deutschen noch ihre Chronisten, zum Teil hochkirchliche Männer, ließen sich diese Verfahrungsweise anfechten, klagten aber mal auf mal über die »Falschheit der götzendienerischen Wenden«.

Die Wenden waren tapfer und gastfrei und, wie wir uns überzeugt halten, um kein Haar falscher und untreuer als ihre Besieger, die Deutschen; aber in einem waren sie ihnen allerdings unebenbürtig, in jener gestaltenden, große Ziele von Generation zu Generation unerschütterlich im Auge behaltenden Kraft, die zu allen Zeiten der Grundzug der germanischen Rasse gewesen und noch jetzt die Bürgschaft ihres Lebens ist. Die Wenden von damals waren wie die Polen von heute. Ausgerüstet mit liebenswürdigen und blendenden Eigenschaften, an Ritterlichkeit ihren Gegnern mindestens gleich, an Leidenschaft, an Opfermut ihnen vielleicht überlegen, gingen sie dennoch zugrunde, weil sie jener gestaltenden Kraft entbehrten. Immer voll Neigung, ihre Kräfte nach außen hin schweifen zu lassen, statt sie im Zentrum zu einen, fehlte ihnen das Konzentrische, während sie exzentrisch waren in jedem Sinne. Dazu die individuelle Freiheit höher achtend als die staatliche Festigung — wer erkennte in diesem allen nicht polnisch-nationale Züge?

Wir sprechen zuletzt von dem Kultus der Wenden. Weil die religiöse Seite der zu bekehrenden Heiden unsere christlichen Missionare selbstverständlich am meisten interessieren mußte, so ist es begreiflich, daß wir über diesen Punkt unserer liutizischen Vorbewohner am besten unterrichtet sind. Die Nachrichten, die uns geworden, beziehen sich in ihren Details zwar überwiegend auf jene zwei Haupttempelstätten des Wendenlandes, die nicht innerhalb der Mark, sondern die eine (Rethra) hart an unserer Grenze, die andere (Arkona) auf Rügen gelegen waren; aber wir dürfen fast mit Bestimmtheit annehmen, daß alle diese Beschreibungen auch auf die Tempelstätten unserer märkischen Wenden passen, wenngleich dieselben, selbst Brennabor nicht ausgeschlossen, nur zweiten Ranges waren.

Die wendische Religion kannte drei Arten der Anbetung:
Naturanbetung (Stein, Quelle, Baum, Hain).
Waffenanbetung (Fahne, Schild, Lanze).
Bilderanbetung (eigentlicher Götzendienst).

Die Natur war der Boden, aus dem der wendische Kultus aufwuchs; die spätere Bilderanbetung war nur Naturanbetung in anderer Gestalt. Statt Stein, Quelle, Sonne usw., die ursprünglich Gegenstand der Anbetung gewesen waren, wurden nunmehr Gestalten angebetet, die Stein, Quelle, Sonne usw. bildlich darstellten.

Die Wenden hatten in ihrer Religion einen Dualismus schwarzer und weißer Götter, einer lichten Welt auf der Erde und eines unterirdischen Reiches der Finsternis. Die Einheit lag im Jenseits, im Himmel.

An und in sich selbst unterschied der Wende Leib und Seele, doch scheint ihm die Menschenseele der Tierseele verwandt erschienen zu sein. Wenigstens glaubte er nicht an persönliche Unsterblichkeit. Die Seele saß im Blut, aber war doch wieder getrennt davon. Strömte das Blut des Sterbenden zu Boden, so flog die Seele aus dem Munde und flatterte zum Schrecken aller Vögel, nur nicht der Eule, so lange von Baum zu Baum, bis die Leiche verbrannt oder begraben war.

Die alten Chronisten haben uns die Namen von vierzehn wendischen Göttern überliefert. Unter diesen waren die folgenden fünf wohl die berühmtesten: Siwa (das Leben); Gerowit (der Frühlingssieger); Swantewit (der heilige oder helle Sieger); Radegast (die Vernunft, die geistige Kraft); Triglaw (der Dreiköpfige. Ohne bestimmte Bedeutung).

Vom Siwa haben wir keine Beschreibung. Gerowit, der Frühlingssieger, war mit kriegerischen Attributen geschmückt, mit Lanzen und Fahnen, auch mit einem großen, kunstvollen mit Goldblech beschlagenen Schild. Radegast war reich vergoldet und hatte ein mit Purpur verziertes Bett. Noch im fünfzehnten Jahrhundert hing in einem Fenster der Kirche zu Gadebusch eine aus Erz gegossene Krone, die angeblich von einem Bilde dieses Gottes herstammte. Swantewit hatte vier Köpfe, zwei nach vorn, zwei nach rückwärts gewandt, die wieder abwechselnd nach rechts und links blickten. Bart und Haupthaar war nach Landessitte geschoren. In der rechten Hand hielt der Götze ein Horn, das mit verschiedenen Arten Metall verziert war und jährlich einmal mit Getränk angefüllt wurde; der linke Arm war bogenförmig in die Seite gesetzt;

die Kleidung ein Rock, der bis an die Schienbeine reichte. Diese waren von anderem Holz als die übrige Figur und so künstlich mit den Knien verbunden, daß man nur bei genauer Betrachtung die Fugen wahrnehmen konnte. Die Füße standen auf der Erde und hatten unter dem Boden ihr Fußgestell. Das Ganze war riesenhaft, weit über menschliche Größe hinaus. Endlich Triglaw hatte drei Köpfe, die versilbert waren, Ein goldener Bund verhüllte ihm Augen und Lippen.

Diese Götter hatten überall im Lande ihre Tempel; nicht nur in Städten und Dörfern, sondern auch in unbewohnten Festen, sogenannten »Burgwällen«, und zwar auf Hügeln und Klippen, in Seen und Wäldern. Wahrscheinlich hatte jeder »Gau«, deren es im Lande zwischen Elbe und Oder etwa fünfundvierzig gab, einen Haupttempel, ähnlich wie es in späterer christlicher Zeit in jedem größeren Distrikt eine Bischofskirche, einen Dom, ein Kloster gab. Dieser Haupttempel konnte in einer Stadt sein, aber auch ebensogut in einem »Burgwall«, der dann nur den Tempel umschloß und etwa einem Berge mit einer berühmten Wallfahrtskirche entsprach. In Julin, Wolgast, Gützkow, Stettin, Malchow, Plön, Jüterbog und Brandenburg werden solche Städtetempel eigens erwähnt. Unzweifelhaft aber gab es deren an anderen Orten noch, als an den vorstehend genannten.

4

Rethra. Arkona. »Was ward aus den Wenden?«

Hier dient der Wende seinen Götzenbildern,
Hier baut er seiner Städte festes Tor,
Und drüber blinkt der Tempel Dach hervor;
Julin, Vineta, Rethra, Brennabor.

Karl Seidel

Die zwei Haupttempelstätten im ganzen Wendenland waren, wie mehrfach hervorgehoben, Rethra und Arkona. Stettin und Brennabor, ihnen vielleicht am nächsten stehend, hatten doch überwiegend eine lokale Bedeutung.

Rethra und Arkona repräsentierten auch die Orakel, bei denen in den großen Landesfragen Rats geholt wurde, und ihr Ansehen war so groß, daß der Besitz dieser Tempel dem ganzen Stamme, dem sie zugehörten, ein gesteigertes Ansehen lieh; die Redarier und die Ranen nahmen eine bevorzugte

Stellung ein. Später entspann sich zwischen beiden eine Rivalität, wie zwischen Delphi und Dodona.

Rethra war unter diesen beiden Orakelstätten die ältere, und wir beginnen mit Wiedergabe dessen, was Thietmar, Bischof von Merseburg, über diese sagt. Thietmar berichtet:

»So viele Kreise es im Lande der Liutizier gibt, so viele Tempel gibt es auch und so viele einzelne Götzenbilder werden verehrt; die Stadt Rethra aber behauptet einen ausgezeichneten Vorrang vor allen anderen. Nach Rethra schicken die Wendenfürsten, ehe sie in den Kampf eilen, und sorgfältig wird hier vermittelst der Lose und des Rosses nachgeforscht, welch ein Opfer den Göttern darzubringen sei.«

Stadt und Tempel von Rethra schildert Thietmar nun weiter: »Rethra liegt im Gau der Redarier, ein Ort von dreieckiger Gestalt, den von allen Seiten ein großer, von den Eingeborenen gepflegter und heilig gehaltener Hain umgibt. Der Ort hat drei Tore. Zwei dieser Tore stehen jedem offen; das dritte Tor aber, das kleinste, weist auf das Meer hin und gewährt einen furchtbaren Anblick. An diesem Tore steht nichts als ein künstlich aus Holz gebautes Heiligtum, dessen Dach auf den Hörnern verschiedener Tiere ruht, die es wie Tragsteine emporhalten. Die Außenseiten dieses Heiligtums sind mit verschiedenen Bildern von Göttern und Göttinnen, die, soviel man sehen kann, mit bewundernswerter Kunst in das Holz hineingemeißelt sind, verziert; inwendig aber stehen von Menschenhand gemachte Götzenbilder, mit ihren Namen am Fußgestell, furchtbar anzuschauen. Der vornehmste derselben heißt Radegast oder Zuarosioi und wird von allen Heiden geehrt und angebetet. Hier befinden sich auch ihre Feldzeichen, welche nur, wenn es zum Kampfe geht, von hier fortgenommen und dann von Fußkämpfern getragen werden. Und dies alles sorgfältig zu hüten, sind von den Eingeborenen besondere Priester angestellt, welche, wenn die Leute zusammenkommen, um den Bildern zu opfern und ihren Zorn zu sühnen, allein sitzenbleiben, während die anderen stehen. Indem sie dann heimlich untereinander murmeln, graben sie voll Zornes in die Erde hinein, um vermittelst geworfener Lose nach Gewißheit über zweifelhafte Dinge zu forschen. Nachdem dies beendigt ist, bedecken sie die Lose mit grünem Rasen und führen ein Roß, das als heilig von ihnen verehrt wird, mit demütigem Flehen über die Spitzen zweier sich kreuzenden, in die Erde gesteckten Speere weg. Dies ist gleichsam der zweite Akt, zu dem man schreitet, um die Zukunft zu erforschen, und wenn beide Mittel: zuerst das Los, dann das heilige Pferd, auf ein gleiches Vorzeichen hindeuten, so handelt man darnach. Wo nicht, so wird von den betrübten Eingeborenen die ganze Angelegenheit aufgegeben.«

Als Bischof Thietmar diese Schilderung von Rethra entwarf, stand dasselbe noch in höchstem Ansehen bei der Gesamtheit des Wendenvolkes, aber schon wenige Jahre später ging sein Ruhm als erste Tempel- und Orakelstätte des Wendenreiches unter. Arkona auf Rügen trat an seine Stelle. Noch 1066 hatten die Wenden, nach einem siegreichen Rachezuge, den Bischof Johann von Mecklenburg nach Rethra geschleppt und dem Radegast das Haupt des Bischofs geopfert; aber dies Ereignis führte zugleich zu jener Niederlage Rethras, von der es sich nicht mehr ganz erholte. Im Winter 1067 auf 1068 erschien Bischof Burkhard von Halberstadt vor Rethra, stürzte das Götzenbild um und ritt auf dem weißen Rosse des Radegast heim. Dieser wohlberechnete Hohn blieb auf die Wendenstämme nicht ohne Einfluß, Eifersucht gegen die Redarier kam hinzu, und so wendeten sich die Wendenstämme von dem Radegast zu Rethra, der sich schwach erwiesen hatte, ab und dem Swantewittempel in Arkona zu. Hundert Jahre lang, von jenem Tage der Niederlage ab, glänzte nun Arkona, wie vorher Rethra geglänzt hatte. Auch von Arkona und seinem Swantewittempel besitzen wir eine Beschreibung. Es scheint, daß vier mächtige Holzpfeiler, die auf Tierhörnern ruhten, ihrerseits ein Dach trugen, dessen Inneres dunkelrot getüncht war. Der Raum zwischen den vier Pfeilern war durch Bretterwände ausgefüllt, die allerhand buntbemaltes Schnitzwerk trugen. Dies alles aber war nur die Außenhülle, und vier mächtige Innenpfeiler, durch Vorhänge geschlossen, teilten den inneren Tempelraum wieder in zwei Hälften, in ein Heiligstes und Allerheiligstes. In dem letzteren erst stand das Bild Swantewits. Arkona hatte besondere Tempeldiener, und mehr und mehr bildete sich hier eine Priesterkaste aus. Sie unterschieden sich schon durch Tracht und Kleidung von dem Rest der Nation und trugen Bart und Haar lang herabwallend, während die übrigen Ranen Bart und Haar geschoren trugen. Sie gehörten zu den Edlen des Landes; kriegerische und priesterliche Tätigkeit galt überhaupt den Wenden als wohl vereinbar.

Auch hier in Arkona diente das »weiße Pferd« zur Zeichendeuterei. Alle Poesie knüpfte sich an dasselbe. Nicht selten fand man es des Morgens mit Schaum und Schmutz bedeckt in seinem Stall; dann hieß es, Swantewit selber habe das Pferd geritten und es im Streit gegen seine Feinde getummelt. Die Formen, unter denen das Orakel erteilt oder die Frage »Krieg oder Friede« entschieden wurde, waren denen in Rethra nah verwandt, aber doch nicht voll dieselben. Drei Paar gekreuzte Lanzen wurden in den Boden gesteckt und das Pferd herangeführt. Schritt es nun mit dem rechten Fuß zuerst über die Speere, so war das Zeichen glücklich, unglücklich, wenn das Tier den linken Fuß zuerst aufhob. Entschiedenes Heil aber versprach das Orakel nur, wenn das weiße Pferd über alle drei Lanzenpaare mit dem rechten Fuß hingeschritten war.

Der Swantewittempel auf Arkona war das letzte Bollwerk des Heidentums. Es fiel endlich, wie schon hervorgehoben, in den Dänenkämpfen, im Kriege mit »Waldemar dem Sieger«, nachdem es nicht nur den Radegasttempel Rethras, wenigstens den Ruhm desselben, um ein Jahrhundert, sondern auch den uns in gewissem Sinne näher angehenden Triglawtempel zu Brennabor um zwanzig und einige Jahre überlebt hatte.

Dieser Triglawtempel, wenn auch für die Gesamtheit der Wenden nur ein Tempel zweiten Ranges, erheischt noch ein kurzes Verweilen.

Triglaw war eine ursprünglich pommersche Gottheit und wurde, wie es scheint, erst in späterer Zeit, sei es aus Eifersucht oder sei es aus Mißtrauen gegen den Radegast (in Rethra) von Pommern her in die Havelgegenden eingeführt. In Kürze haben wir ihn schon an anderer Stelle beschrieben. Er hatte drei Köpfe, weil er Herr im Himmel, auf Erden und in der Unterwelt war, und sein Gesicht war verhüllt, zum Zeichen, daß er die Sünden der Menschen übersah und verzieh. In seinen Händen hielt er einen gehörnten Mond, ein Symbol, über dessen Bedeutung nur Vermutungen existieren. Seinen Haupttempel hatte er in Stettin, der den Schilderungen nach, die wir davon besitzen, den aus Holz aufgeführten, mit Bildwerk und Schnitzereien ausgeschmückten Tempeln in Rethra und Arkona sehr verwandt gewesen sein muß. Auch der Triglawdienst war dem Dienst des Radegast oder Swantewit mehr oder weniger verwandt. Die Zeichen wurden in ähnlicher Weise gedeutet, das Roß schritt über die gekreuzten Lanzenspitzen hin, und das Berühren dieser oder jener Lanze mit dem einen oder andern Fuß — alles hatte seine Bedeutung zum Heil oder Unheil. Nur das Roß selbst war nicht weiß, sondern schwarz, vielleicht weil Triglaw selbst mehr den finstern als den lichten Göttern zugehörte.

Um 982, unmittelbar nach dem großen Wendenaufstande, war es, daß nunmehr diesem Triglaw zu Ehren auch in Brennabor ein Tempel errichtet wurde. Derselbe erhob sich auf dem Harlungerberge und sah triumphierend in das dem Heiden- und Wendentum wieder zurückeroberte Land hinein. Es war höchstwahrscheinlich kein Holzbau mehr, wie der Stettiner, sondern ein Steinbau, nach Art der christlichen Steinkapellen *, und M. W. Heffter, in seiner trefflichen Geschichte Brandenburgs, stellt sogar die Hypothese auf, daß aus diesem alten heidnischen Tempelbau, zunächst ohne wesentliche Umgestaltung, die später so berühmt gewordene Marienkirche auf dem Harlungerberge hervorgegangen sei. Wir halten dies für wahrscheinlicher als nicht, finden indessen den Beweis dafür weniger in der eigentümlichen Architektur der Kirche, als in dem historisch nachgewiesenen Umstande, daß sich unter den märkischen Wenden der Übergang aus dem Heidentum ins Christentum schließlich in aller Ruhe vollzog, etwa wie vierhundert Jahre später der Übergang aus dem Katholizismus in den Protestantismus. Der Fürst Pribislaw wurde Christ; das Volk folgte teilweise widerwillig, aber doch vielfach auch willig und zwanglos. Man hatte sich bereits mit- und nebeneinander eingelebt, und der bloße Umstand, daß das gestürzte Bild des Triglaw nicht verbrannt oder zerstört, vielmehr, allen bekannt und allen zugänglich, bis 1526 in einer Seitenkapelle der Marienkirche aufbewahrt wurde (in welchem Jahre Christian II. von Dänemark es unter Zulassung Joachims I. mit fortnehmen durfte), deutet darauf hin, daß die Wand-

* In einer 1619 zu Wittenberg gedruckten Jubelpredigt eines Jüterboger Geistlichen findet sich folgendes: »Das uralte Templein allhier, welches ungefähr nun vor vierzig und etlichen Jahren ist eingerissen worden, darinnen der heidnische Götzendienst der Wendischen Morgengöttin soll sein geleistet worden, dies Templein ist in der Länge, Breite und Höhe bis an das Dach recht viereckigt von Mauersteinen aufgeführt gewesen, hat oben ein Kreuzgewölbe und darüber ein viereckigt zugespitztes Dach von hellen Steinen gehabt. Die Tür oder Eingang von abendwärts ist niedrig gewesen, also daß man im Eingehen sich etwas bücken müssen. Es hat auch keine Fenster gehabt, sondern nur ein rundes Loch usw. — — also habe ich's von mehreren Personen, die noch am Leben sind, beschreiben hören.« (Allerdings ist diese Angabe, der man wohl einen größeren Wert, als ihr zukommt, hat beilegen wollen, kein Beweis, daß das »Templein« wirklich heidnisch gewesen sei. Das Kreuzgewölbe spricht sogar dagegen. Als man hierlandes Kreuzgewölbe baute, war es mit dem Wendentum schon vorbei.)

lung der Gemüter sich friedfertig genug vollzogen und der Christengott den Wendengott in aller Stille beiseite gedrängt haben muß. Diese Umwandlung des Triglawtempels in eine Marienkirche erfolgte zwischen 1136 und 1141. Sechshundert Jahre lang hat dann vom Harlungerberge aus die berühmte Marienkirche ins Land gesehen. Ihre Entstehung drückte das Siegel auf den endlichen Sieg des Christentums über das Heidentum im Lande zwischen Elbe und Oder. Auf der Stätte des Triglawtempels ging ein neues Leben auf, und der dreieinige Gott sprach hinfort statt des dreiköpfigen Gottes zu seinem Volke.

So, wie vorstehend geschildert, waren die Wenden zur Zeit der endgültigen deutschen Eroberung 1157.

Es bleibt uns noch die Beantwortung der Frage übrig: Was wurde aus den Wenden? Sie wurden keineswegs mit Stumpf und Stiel ausgerottet, sie wurden auch nicht einfach zurückgedrängt bis zu Gegenden, wo sie Stammesgenossen vorfanden, — sie blieben vielmehr alle oder doch sehr überwiegenden Teils im Lande und haben in allen Provinzen jenseits der Elbe unzweifelhaft jene Mischrasse hergestellt, die jetzt die preußischen Provinzen bewohnt.

Einzelne Historiker haben dies bestreiten wollen, aber wir glauben mit Unrecht. Einmal würde eine solche konsequent durchgeführte Rassengeschiedenheit gegen die historische Überlieferung aller andern Staaten, bei denen ähnliche Verhältnisse obwalteten, sprechen, andererseits dürfte es, von allen Analogien abgesehen, nicht schwerhalten, in achthundert Einzelfällen solche Mischung der beiden Rassen nachzuweisen. Es ist wahr, die Deutschen brachten den Stolz des Siegers mit, ein Rassegefühl, das, auf geraume Zeit hin, eine Schranke gezogen haben mag; wir halten uns aber nichtsdestoweniger überzeugt, daß, noch ehe die Hohenzollern ins Land kamen, jedenfalls aber noch vor Mitte des fünfzehnten Jahrhunderts, diese Unterschiede so gut wie verwischt waren. Sie mögen an einzelnen Orten länger bestanden haben, es mag Ortschaften geben, wo sich bis diesen Tag eine Exklusivität findet, die auf jene alte Wendenabneigung zurückzuführen ist, im großen und ganzen aber liegt die Verschmelzung weit zurück. Wir wollen dabei andererseits gern zugeben, daß, wenn innerhalb der seitdem verflossenen Jahrhunderte die Generationen in den Dörfern, säend und erntend, in einem ewigen Wechsel und doch zugleich in einem ewigen Gleichmaß des Friedens aufeinander gefolgt wären, diese Empfindungen und Äußerungen des Rassendünkels vielleicht fortgedauert hätten. Aber »die Not gibt wunderliche Schlafgesellen«, und die Konservierung alter Vorurteile wurde durch die Verhältnisse, durch Brand und Krieg, durch die Gemeinschaftlichkeit des Unglücks unmöglich gemacht. Das Aufeinander-angewiesen-sein riß jede Schranke nieder, die die Fülle selbstbewußten Glücks aufgerichtet hatte. Mehrfach ging der schwarze Tod durch das Land und entvölkerte die Dörfer; was der schwarze Tod nicht tat, das taten, in nie rastenden Kriegen, die Pommern und Polen, und was die Pommern und Polen nicht taten, das taten die Hussiten. Im Barnim befinden sich vielleicht zwanzig oder dreißig Feldmarken, die Namen wie Wüste-Sieversdorf, Wüste-Gielsdorf, Wüste-Büsow usw. führen, Benennungen aus jener Epoche immer neuer Verödungen her. Die wüst gewordenen Dörfer, namentlich solche, wo einzelne bewohnte Häuser und Hütten stehengeblieben waren, wieder neu zu besetzen, war die Aufgabe der Landesverwaltung, die in Brandenburg von jeher den friderizanischen Satz verfolgte: »Menschen; vor allem Menschen«. Man freute sich jeden Zuzugs, ohne nach der Rassenabstammung zu fragen.

Das deutsche Dorf, in dem vielleicht ein Fritze, ein Hansen, ein Dietrichs wohnte, war froh, einen Kroll, einen Noack, einen Posedin die wüst gewordenen Stätten einnehmen zu sehen, und ebenso die wendischen Dörfer empfingen den deutschen Zuzug mit Freude. Die Namensverzeichnisse im Landbuch von 1375, wie die Urkunden überhaupt, lassen keinen Zweifel darüber.

Alle diese Anführungen haben selbstverständlich nur die Regel, nur die Verhältnisse in ihren großen Zügen schildern sollen, ganz besonders aber die der Mittelmark. Die Mittelmark, im Gegensatz zu den mehr oder- und elbwärts gelegenen Landesteilen, war der eigentliche Mischungsbottich. Die Verhältnisse forderten dazu auf. Auf dem platten Lande war es die Not, in den Städten war es die Gelegenheit, die die Menschen ohne sonderliche Rücksicht auf ihre Abstammung zusammenführte. Die alten Bürgerfamilien freilich beharrten in ihrer Abgeschlossenheit und betrachteten den Wendenkiez um kein Haarbreit besser als ein jüdisches Ghetto, aber dem »Zuzug« gegenüber kamen die alten, alles nach Zunft und Rasse sondernden städtischen Traditionen wenig oder gar nicht in Betracht, und die »kleinen Leute« taten sich zusammen, unbekümmert um die Frage: wendisch oder deutsch. So lagen die Dinge in der Mittelmark, d. h. also in Teltow und Barnim, im Ruppinschen, in Beeskow-Storkow, in der Westhälfte von Lebus, überhaupt in allen Landesteilen, in denen sich Deutschtum und Wendentum einigermaßen die Waage hielten. Anders freilich war es in West und Ost. Je mehr nach der Elbe zu, je exklusiver hielt sich das Deutschtum, weil es ihm leicht gemacht war, sich aus seinen Stammesgenossen jenseits der Elbe zu rekrutieren; umgekehrt, je näher der Oder und den eigentlichen slawischen Landen zu, je länger blieb das Wendentum in Kraft. Jetzt indessen, wenige Stätten abgerechnet, ist es im Leben unseres Volkes verschwunden. Es lebt noch fort in der Mehrzahl unserer Städte- und Dorfnamen, in dunklen Erinnerungen, daß in einzelnen, den Namen eines Wendengottes bis heute festhaltenden Lokalitäten (in Jüterbog, in Gütergotz) ein Tempel stand, vor allem in den Heidengräbern und Wendenkirchhöfen, die sich allerorten in der Mark verbreitet finden.

Aber es ist charakteristisch, daß eben das einzige, was aus der alten Wendenwelt noch zu uns spricht, ein Begrabenes ist. Alles geistig Lebendige ist hinüber. Selbst der Aberglauben und die in ihm wurzelnden Gebräuche, Sitten und Volksweisen, die wohl dann und wann für wendische Überreste gehalten worden sind, lassen sich vielfach auf etwas Urgermanisches zurückführen, das, auch vor den Wenden schon, hier heimisch war. Mit Sicherheit lebt noch Altdeutsches in den Gemütern, und das Volk erzählt von Wodan und Fricke (Freia) und von dem Hackelberger Jäger. Aber Radegast und Czernebog sind tot. Das Wendische ist weggewischt, untergegangen in dem Stärkern, in dem germanischen Leben und Gemüt, und nur am Ende der Oder hin, den polnisch-slawischen Landen zu, zeigt sich je zuweilen, neben dem slawisch Heiteren, auch noch jener auf Hartnäckigkeit und Verschlossenheit deutende finstere Zug, der an die alte Zeit und ihre Bewohner mahnt.

DIE ZISTERZIENSER IN DER MARK

> Der Morgen graut und lacht der Nacht entgegen,
> Im Osten leuchtet schon des Lichtes Segen;
> Die Finsternis entflieht.
>
> *Bruder Lorenzo* (Romeo und Julia)

Die beiden Ereignisse, die über das Wendentum an Havel und Spree entschieden, waren die Erstürmung Brennabors am 11. Juni 1157 und unmittelbar darauf, wenn der halb sagenhaften Überlieferung Glauben zu schenken ist, die »Havelschlacht gegenüber dem Schildhorn«, in der Jaczo, der Neffe Pribislaws, und seine noch einmal zusammengeraffte Wendenmacht entscheidend geschlagen wurde.

Schon zweihundert Jahre früher, unter den ersten Sachsenkaisern, waren die Deutschen bis ebenfalls an die östliche Havel vorgedrungen, und schon damals waren, in ihren ersten Anfängen wenigstens, der Havelberger und Brandenburger Dom gegründet worden, aber Leichtsinn, Unklugheit, Grausamkeit von seiten der Sieger hatten zunächst zu Auflehnungen der Besiegten und endlich zu völliger Abschüttelung des Jochs geführt. Das alte Wendentum war auf einhundertundfünfzig Jahre hin wieder glänzend aufgeblüht. Jetzt, nach der Niederwerfung Jaczos, war es zum zweiten Mal unterlegen, und es galt nunmehr, die Mittel und Wege ausfindig zu machen, um einer abermaligen Auflehnung vorzubeugen. Albrecht der Bär, von dem es im Volksliede heißt:

> Heinrich de Leuw und Albrecht de Bar,
> Dartho Frederik mit den roden Haar,
> Dat waren dree Herren,
> De kunden de Welt verkehren —

dieser Albrecht der Bär war just dazu angetan, diese Mittel ausfindig zu machen und das früher durch Unklugheit Gescheiterte durch Mut und Ausdauer endgültig siegreich hinauszuführen. Es ist bekannt, daß er, nach Plan und System, die Kolonisierung des Landes begann; zu den Kirchen und Burgen aber, die schon einmal die Bekehrung und Beherrschung des Landes versucht hatten, gesellte er, als ein neues, drittes, die Vereinigung von Burg und Kirche — die Klöster. Mönche wurden ins Land gerufen, vor allem die Zisterzienser, ein

Orden, der eben damals auf seinem europäischen Siegeszuge bis an die Saale und Unstrut vorgedrungen war.

Da diesem überall hin pionierenden Orden die Aufgabe zufiel, auch namentlich für die Kultur und geistige Eroberung der Mark von hervorragender Bedeutung zu werden, so mag es gestattet sein, bei seiner Entstehungs- und Entwicklungsgeschichte einen Augenblick zu verweilen und das Fortschreiten desselben auf seinen großen Etappen von West nach Ost zu begleiten.

Die ersten Klöster, die zumal in Süd- und Westeuropa ins Leben gerufen wurden, waren Benediktinerklöster, d. h. Klöster, in denen die Regeln des heiligen Benedikt: Gehorsam, Armut, Keuschheit, die Fundamentalsätze alles Klosterlebens, Geltung hatten. Die Benediktiner übten diese Tugenden jahrhundertelang, aber jene Epoche, die den Kreuzzügen unmittelbar vorausging, war eine Epoche des kirchlichen, mindestens des klösterlichen Verfalls, ganz in ähnlicher Weise, wie derselbe fünf Jahrhunderte später zum zweiten Mal in die Geschichte eintrat, und »sittliche Reform«, worauf zunächst die Reformation gerichtet war, war eine Parole, die, wie vielfach während des Lebens der Kirche, so auch um die Zeit der ersten Kreuzzüge gehört wurde.

Dies Ringen nach Reform, nach Wiederherstellung jener Klosterheiligung, wie sie die ersten Klöster gekannt hatten, gab Veranlassung zur Gründung eines neuen Ordens. Dieser neue Orden war der der Zisterzienser. Sein nächster Zweck war nicht Abzweigung vom Benediktinertum, aus dem er hervorging, sondern Wiederherstellung desselben in seiner Ursprünglichkeit und Lauterkeit. Aber es scheint das Los solcher und ähnlicher Bestrebungen — vielleicht nach jenem Naturgesetz, welches die volle Wiederherstellung von etwas Verschwundenem unmöglich macht — jedesmal zu einer Neuschöpfung zu führen. Zu einer Neuschöpfung, die anfänglich, in aufrichtiger Demut, sich selbst nicht als eine Neuschöpfung betrachtet sehen will und doch, sich selbst zum Trotz, mit jedem Tage mehr eine solche wird.

So gingen, gegen den Willen des Gründers, die Zisterzienser aus den Benediktinern hervor.

Verfolgen wir, nach diesen allgemeinen Bemerkungen, die Entwicklung des neuen Ordens aus dem alten auch an den Trägern dieser Entwicklung, an den Personen.

Robert (später der heilige Robert), Abt des Benediktinerklosters zu Molesme an der Grenze von Champagne und Burgund, gab, um der eingerissenen Verderbtheit willen, die er in seinem eigenen Kloster wahrnahm, das Kloster Molesme auf und zog sich in das unwirtliche, nur mit Dornen und Gestrüpp bewachsene, durch ein Flüßchen kümmerlich bewässerte Tal von Cîteaux (Cistercium) in der Nähe von Dijon zurück, um daselbst mit zwanzig anderen Mönchen, die ihm gefolgt waren, getreu nach der ursprünglichen Vorschrift des heiligen Benedikt zu leben. Seine Trennung war eine rein äußerliche und lokale, er hatte sich von seinem Kloster getrennt, nicht von der ursprünglichen Klosterregel, ja, er kehrte nach einjähriger Abwesenheit in Cîteaux, auf Befehl des Papstes, in das Kloster Molesme zurück. Aber unwissentlich war ein neuer Keim gepflanzt, und der bescheidene Versuch, der, wie schon vorstehend angedeutet, eine alte Schöpfung nur neu gestalten sollte, schuf nicht in, sondern neben dem Alten ein Neues. In dem Tale von Cisterz ging ein neues Klosterleben auf. Die Träger dieses neuen Lebens aber waren nicht Benediktiner mehr, sie waren Zisterzienser.

Bald zeigte sich die erfolgte Trennung auch in der äußeren Erscheinung, bald auch in den Zwecken und Zielen des Ordens, in der Art, wie er seine Aufgabe faßte. Was die Tracht angeht, so änderte bereits der heilige Alberich, der zweite Abt von Cîteaux, die Kleidung seiner Mönche, und das Kleid, das vorher schwarz gewesen war, wurde weiß mit einem schwarzen Gürtel und schwarzem Skapulier. Nach der schönen Sage des Ordens war seine, des Alberich, schwarze Kleidung unter der Berührung der Heiligen Jungfrau weiß geworden. *

---

* Dies weiße Kleid der Zisterzienser war ihr besonderer Stolz, und unter den zahlreichen Legenden dieses Ordens bezogen sich viele auf die besondere Gunst, in der bei Gott und Menschen das »weiße Kleid« stand. Im Jahre 1215 starb ein Zisterziensermönch zu Cher in Frankreich und wurde ohne sein Chorkleid begraben. Er kam zurück, um sein Kleid zu holen, weil der heilige Benedikt ihm nicht anders den Himmel aufschließen wollte. Der Prior gab es ihm, und er hatte nun Ruhe und kam nicht wieder.

Unter den anderweiten Legenden des Ordens ist mir keine schöner erschienen als die folgende: Im Jahre 1167 dachte Mönch Heron in Galizien in der Frühmette über die Worte nach: »Tausend Jahre sind vor Dir, Herr, wie der Tag, der gestern vergangen ist.« Er fand dies unbegreiflich und zweifelte. Als er aus der Kirche kam, flatterte ein bunter Vogel über ihm und sang sehr lieblich. Heron, von der Schönheit und dem Gesang des Vogels bezaubert, folgte ihm, wohin er flog, aus dem Kloster in einen benachbarten Wald, der Vogel hüpfte von Zweig zu Zweig und sang immerfort dreihundert Jahr lang. Als

Wichtiger aber als diese äußeren Abzeichen war die Wandlung, die der neue Zweig der Benediktiner innerlich erfuhr. Er wurde eine Spezialität, er wurde der Orden der Kolonisation.

Nie hat ein Orden einen rascheren und gewaltigeren Siegeszug über die Welt gehalten. Aus dem Mutterkloster Cisterz, gegründet 1098, waren nach fünfzehn Jahren schon vier mächtige Töchterklöster: La Ferté, Pontigny, Morimond und Clairvaux hervorgegangen, den Töchtern folgten wieder Töchter und Enkeltöchter, und ehe ein halbes Jahrhundert um war, war nicht nur ein Netz von Zisterzienserklöstern über das ganze christliche Europa ausgebreitet, sondern auch tief in heidnische Lande hinein waren die Mönche von Cisterz mit dem Kreuz in der Linken, mit Axt und Spaten in der Rechten, lehrend und Acker bauend, bildend und heiligend vorgedrungen. Es war ein in jenen raschen Proportionen sich mehrendes Anwachsen, wie man es auf alten Stammbäumen veranschaulicht sieht, wo, von Generation zu Generation, aus jedem einzelnen Neuzweig wieder zahllos andere neue Zweige sprießen, anwachsend zu Multiplikationen, die der bekannten Verdoppelung der Schachbrettfelder entsprechen. Fünfzig Jahre nach der Gründung des Ordens gab es 500, hundert Jahre nach der Gründung bereits 2000 Zisterzienserklöster, und Kaspar Jogelinus, ein Deutscher, hat uns allein die Beschreibung von 791 Zisterzienserklöstern hinterlassen. Von diesen 791 Klöstern waren 209 in Frankreich, 126 in England, Schottland und Irland und 109 in Deutschland.

Die Frage drängt sich auf, was diesem Orden zu so rapidem Wachstum verhalf und ihm, zwei Jahrhunderte lang, in allen Ländern und allen Höfen ein alles überstrahlendes Ansehen lieh. Es waren wohl drei Ursachen, die zusammenwirkten: die gehobene Stimmung der ganzen christlichen Welt während der Epoche der ersten Kreuzzüge, die wunderbare, mit unwiderstehlicher Gewalt ausgerüstete Erscheinung des heiligen Bernhard, der, aus dem Orden heraus, bald nach Entstehung desselben erwuchs und ihn dann durchleuchtete, und endlich

---

nun Heron dreihundert Jahr lang weder gehungert, noch gedürstet, sondern allein von dem lieblichen Vogelsang gelebt hatte, flog der Zaubervogel davon, und die Entzückung hörte auf. Heron kam nun wieder zu sich selbst und besann sich, daß er soeben aus der Frühmette gekommen sei. Er kehrte zurück zum Kloster und klopfte an die Klosterpforte, aber da waren weder Pförtner, noch Abt, noch Brüder mehr, die ihn kannten. Sie waren alle längst tot; dreihundert Jahre waren verflossen. »Tausend Jahre sind wie ein Tag.«

drittens die besondere, schon in aller Kürze angedeutete kolonisatorische Eigenart dieses Ordens, die ihn, in einer Zeit, in der geistig und physisch überall auszuroden und urbar zu machen war, als ein besonders geeignetes Werkzeug sowohl in der Hand der Kirche wie auch des weltlichen Fürstentums erscheinen ließ.

1115 existierten nur fünf Zisterzienserklöster, 1119 bereits vierzehn, aber sämtlich noch innerhalb Frankreichs und auf verhältnismäßig engem Gebiet. Zwanzig Jahre später sehen wir den Orden, in immer rascherem Wachsen, von der Loire an den Rhein, vom Rhein an die Weser und endlich von der Weser bis an und über die Elbe vorgedrungen.

1180 erschienen seine ersten Mönche in der Mark.

An wenigen Orden mochten die Vorzüge dieses Ordens deutlicher hervortreten als in der Mark, weil sie nirgends ein besseres Gebiet für ihre Tätigkeit fanden. Wo die Unkultur zu Hause war, hatten die Kulturbringer ihr natürlichstes Feld. Rechnen wir die Nonnenklöster desselben Ordens mit ein, die, wenigstens was die Bekehrung, Lehre und Unterweisung angeht, die gleichen Ziele wie die Mönchsklöster verfolgten, so haben wir über zwanzig Zisterzienserklöster in der Mark und Lausitz zu verzeichnen, von denen die große Mehrzahl vor Ablauf eines Jahrhunderts entstand. Weder die Prämonstratenser und Karthäuser gleichzeitig mit ihnen, noch auch später die die Städte suchenden Dominikaner und Franziskaner sind ihnen an Ansehen und rascher Verbreitung gleichgekommen.

Dem Zeitpunkt ihrer Entstehung nach folgen diese märkisch-lausitzischen Zisterzienserklöster wie folgt aufeinander:

Zinna, Mönchskloster, in der Nähe von Jüterbog, 1171.
Lehnin, Mönchskloster, in der Nähe von Brandenburg, 1180.
Dobrilugk, Mönchskloster, in der Lausitz, 1181—1190.
Marienfließ oder Stepenitz, Nonnenkloster, in der Priegnitz, 1230.
Dransee, Mönchskloster, in der Priegnitz, 1233.
Paradies, Mönchskloster, im Posenschen (früher Neumark), 1234.
Marienthal, Nonnenkloster, in der Lausitz, 1234.
Zehdenick, Nonnenkloster, in der Uckermark, 1250.
Friedland, Nonnenkloster, im Ober-Barnim, um 1250.

Mariensee, Mönchskloster, auf der Insel Pehlitz im Paarsteiner See, zwischen Oderberg und Angermünde (Uckermark), um 1260.
Marienstern, Nonnenkloster, in der Lausitz, 1264.
Neuzelle, Mönchskloster, in der Lausitz, 1268.
Chorin, Mönchskloster, in der Uckermark, 1272.
Marienwalde, Mönchskloster, in der Neumark, 1286.
Heiligengrabe, Nonnenkloster, in der Priegnitz, 1289.
Zehden, Nonnenkloster, in der Neumark, 1290.
Bernstein, Nonnenkloster, in der Neumark, 1290.
Reetz, Nonnenkloster, in der Neumark, 1294.
Himmelpfort, Mönchskloster, in der Uckermark, 1299.
Himmelstädt, Mönchskloster, in der Neumark, 1300.
Seehausen, Nonnenkloster, in der Uckermark, 1300.

Das wichtigste unter den hier aufgezählten märkisch-lausitzischen Klöstern war wohl das Kloster Lehnin. Es wurde das Mutterkloster für diese Gegenden, aus dem Neuzelle, Paradies, Mariensee, Chorin und Himmelpfort hervorgingen.

Alle diese Klöster, mit wenigen Ausnahmen, wurden in der Mitte des 16. Jahrhunderts unter Joachim II. säkularisiert. Viele sind seitdem, namentlich während des Dreißigjährigen Krieges, bis auf die Fundamente oder eine stehengebliebene Giebelwand zerstört worden, andere existieren noch, aber sie dienen der Kultur dieser Lande nur noch insoweit, als sie, oft in ziemlich prosaischer Weise, der Agrikultur dienstbar gemacht worden sind. Die Abtwohnungen sind zu Amtshäusern, die Refektorien zu Maischräumen und Brennereien geworden. Es ist allen diesen Klöstern ergangen wie ihrer großen, gemeinschaftlichen mater, dem Kloster zu Cîteaux selber. Den Verfall, den Niedergang, den hierzulande die Reformation still und allmählich einleitete, schuf dort die französische Revolution auf einen Schlag. »Auf den Trümmern der Abtei — so erzählt der Abbé Ratisbonne, der eine Geschichte des heiligen Bernhard geschrieben hat und Cîteaux um 1839 besuchte — erhob sich in dem genannten Jahre eine Runkelrüben-Zuckerfabrik, die selber wieder in Trümmer zerfallen war, und ein elender Schauspielsaal stand an der Stelle der Mönchsbibliothek, vielleicht an der Stelle der Kirche. Die Zelle des heiligen Bernhard, die vor ungefähr zwanzig Jahren noch existierte, hatte inzwischen einem Schmelzofen Platz gemacht. Nur noch der Schutt der Zelle war vorhanden. Aus den bloßen Trümmermassen des Klosters waren drei Dörfer erbaut worden.«

In dieser kurzen Schilderung des Verfalls des Mutterklosters ist zugleich die Geschichte von über hundert Töchterklöstern erzählt. Auch die Geschichte der unsrigen.

Die Klöster selber sind hin. Viele von denen, die hierlands in alten Klostermauern wohnen, wissen kaum, daß es Klostermauern sind, sicherlich nicht, daß es Zisterzienser waren, die vor ihnen die Stätte innehatten. Und hörten sie je das Wort, so wissen sie nicht, was es meint und bedeutet. Und doch waren es die Pioniere, die hundert und tausend andern Kolonisten, die nach ihnen kamen, die Wege bahnten. Das Gedächtnis an sie und an das Schöne, Gute, Dauerbare, das sie geschaffen, ist geschwunden; uns aber mag es geziemen, darauf hinzuweisen, daß noch an vielen hundert Orten ihre Taten und Wohltaten zu uns sprechen. Überall, wo in den Teltow- und Barnimdörfern, in der Uckermark und im Ruppinschen, alte Feldsteinkirchen aufragen mit kurzem Turm und kleinen niedrigen Fenstern, überall, wo die Ostwand einen chorartigen Ausbau, ein sauber gearbeitetes Sakristeihäuschen, oder das Dach infolge späteren Anbaues eine rechtwinklige Biegung, einen Knick zeigt, überall da mögen wir sicher sein — hier waren Zisterzienser, hier haben Zisterzienser gebaut und der Kultur und dem Christentum die erste Stätte bereitet.

I

Die Gründung des Klosters

> Wo das Kloster aus der Mitte
> Düstrer Linden sah.
>
> *
>
> Mit des Jammers stummen Blicken
> Fleht sie zu dem harten Mann
> Fleht umsonst, denn loszudrücken
> Legt er schon den Bogen an.
>
> *Schiller*

Die erste Gründung der Zisterzienser in der Mark — Zinna war nicht märkisch — war Kloster Lehnin. Es liegt zwei Meilen südlich von Brandenburg, in dem alten Landesteil, der den Namen »die Zauche« trägt. Der Weg dahin, namentlich auf seiner zweiten Hälfte, führt durch alte Klosterdörfer mit prächtigen Baumalleen und pittoresken Häuserfronten, die Landschaft aber, die diese Dörfer umgibt, bietet wenig Besonderes dar, und setzt sich aus den üblichen Requisiten märkischer Landschaft zusammen: weite Flächen, Hügelzüge am Horizont, ein See, verstreute Ackerfelder, hier ein Stück Sumpfland, durch das sich Erlenbüsche, und dort ein Stück Sandland, durch das sich Kiefern ziehen. Erst in unmittelbarer Nähe Lehnins, das jetzt ein Städtchen geworden, verschönert sich das Bild, und wir treten in ein Terrain ein, das einer flachen Schale gleicht, in deren Mitte sich das Kloster selber erhebt. Der Anblick ist gefällig, die dichten Kronen einer Baumgruppe scheinen Turm und Dach auf ihrem Zweigwerk zu tragen, während Wiesen- und Gartenland jene Baumgruppe und ein Höhenzug wiederum jenes Wiesen- und Gartenland umspannt. Was jetzt Wiese und Garten ist, das war vor siebenhundert Jahren ein eichenbestandener Sumpf, und inmitten dieses Sumpfes wuchs Kloster Lehnin auf, vielleicht im Einklang mit jenem Ordensgesetz aus der ersten strengen Zeit: daß die Klöster von Cisterz immer in Sümpfen und Niederungen, d. h. in ungesunden Gegenden gebaut werden sollten, damit die Brüder dieses Ordens jederzeit den Tod vor Augen hätten.*

Die Sage von der Erbauung Kloster Lehnins nimmt jedoch keine solche allgemeine Ordensregel in Aussicht, sondern führt die Gründung desselben auf einen bestimmten Vorgang zurück. Diesen Vorgang erzählt der böhmische Schriftsteller Pulkava (wie er ausdrücklich beifügt, »nach einer brandenburgischen Chronik«) wie folgt: »Otto I., der Sohn Albrechts des Bären, jagte einen Tag lang in den dichten Waldrevieren der Zauche, und warf sich endlich müd und matt an eben der Stelle nieder, wo später Kloster Lehnin erbaut wurde. Er schlief ein und hatte eine Vision. Er sah im Traum eine Hirschkuh, die ihn ohne Unterlaß belästigte. Endlich ergriff er Bogen und Pfeil und schoß sie nieder. Als er erwachte und seinen Traum erzählte, drangen die Seinen in ihn, daß er an dieser Stelle eine Burg gegen die heidnischen Slawen errichten solle; — die andrängende, immer lästiger werdende Hirschkuh erschien ihnen als ein Sinnbild des Heidentums, das in diesen Wäldern und Sümpfen allerdings noch eine Stätte hatte. Der Markgraf erwiderte: ›Eine Burg werde ich gründen, aber eine Burg, von der aus unsere teuflischen Widersacher durch die Stimmen geistlicher Männer weit fortgescheucht werden sollen, eine Burg, in der ich ruhig den Jüngsten Tag erwarten will.‹ Und sofort schickte er zum Abt des Zisterzienserklosters Sittichenbach, im Mansfeldischen, und ließ ihn bitten, daß er Brüder aus seinem Konvente, zur Gründung eines neuen Klosters senden möchte. Die Brüder kamen. Markgraf Otto aber gab dem Kloster den Namen Lehnin, denn Lanye heißt Hirschkuh im Slawischen.« So der böhmische Geschichtsschreiber.

Das Kloster wurde gebaut, vor allem die Klosterkirche. Sie bestand in ihrer ursprünglichen Form bis zum Jahre 1262. In

---

* Der Orden, ohne geradezu in Askese zu verfallen, war doch in den ersten fünfzig Jahren seines Bestehens überaus rigorös, und unterschied sich auch dadurch von den Benediktinern, die, gestützt auf die Unterweisungen des heiligen Benedikt selber, diesen Rigorismus vermieden. Schon im zehnten Jahrhundert hieß es deshalb spöttisch: »die Regel des heiligen Benedikt scheine für schwächliche Leute geschrieben.« Die Gründer des Zisterzienserordens gingen von einer verwandten Anschauung aus, und aus der ersten Zeit des Ordens her finden sich folgende Vorschriften:

1. Die Unterlage des Bettes ist Stroh. Polster sind untersagt.
2. Als Speise dienen gekochte Gemüse, darunter Buchenblätter. Kein Fleisch.
3. In der Kirche soll sich ein offenes Grab befinden, um an die Hinfälligkeit des Daseins zu mahnen.

diesem Jahre ließ die rasch wachsende Bedeutung des Klosters das, was da war, nicht länger als ausreichend erscheinen, und ein Anbau wurde beschlossen. Dieser Anbau fiel in die erste Blütezeit der Gotik, und mit der ganzen Unbefangenheit des Mittelalters, das bekanntlich immer baute, wie ihm gerade ums Herz war, und keine Rücksichtnahme auf den Baustil zurückliegender Epochen kannte, wurde nunmehr das romanische Kurzschiff der ersten Anlage durch ein gotisches Längsschiff erweitert. Dieser Erweiterungsbau hat der Zeit und sonstigem Wirrsal schlechter zu widerstehen vermocht als der ältere Teil der Kirche; das Alte steht, der Anbau liegt in Trümmern. Unsere Schilderung führt uns später auf ihn zurück.

Unsere nächsten Untersuchungen aber gehören der Geschichte des Klosters. Wir knüpfen die Aufzählung seiner Schicksale an eine Geschichte seiner Äbte.

2

Die Äbte von Lehnin

> Heut sind es grade hundert Jahr,
> Seit er gelegen auf der Bahr
> Mit seinem Kreuz und Silberstabe.
> Die ewige Lamp' an seinem Grabe
> Hat heute hundert Jahr gebrannt.
>
> *
>
> Hier war zu Hause kluger Rat,
> Hier hat der mächtige Prälat
> Des Hauses Chronik einst geschrieben.
>
> *Annette Droste-Hülshoff*

Eh' wir dazu übergehen, von den einzelnen leitenden Persönlichkeiten des Klosters, soweit dieselben überhaupt eine Geschichte haben, eingehender zu sprechen, mögen hier einige vorgängige Bemerkungen über die Lehniner Äbte überhaupt eine Stelle finden. Wenn dabei einzelne Dinge von mehr oder weniger allgemeinem Charakter mit aufgeführt werden sollten, Dinge, die nicht bloß in Lehnin, sondern überall innerhalb der klösterlichen Welt ihre Gültigkeit hatten, so wolle man dabei in Erwägung ziehen, daß wir eben noch, im Verlauf unserer »Wanderungen«, verschiedene andere Klöster zu besprechen haben werden, und daß das Allgemeingültige in betreff derselben doch an irgendeiner Stelle wenigstens andeutungsweise gesagt werden muß.

Die Äbte von Lehnin standen an der Spitze ihres »Klosterkonvents«, d. h. ihrer Mönchsbrüderschaft, aus der sie, sobald die Vakanz eintrat, durch freie Wahl hervorgingen. Ihnen zur Seite oder unter ihnen standen der Prior, der Subprior, ein Präzeptor, ein Senior und ein Cellerarius (Kellermeister), der, wie es scheint, im Lehniner Kloster die Stelle des bursarius (Schatzmeister) vertrat. Daran schlossen sich zwanzig bis dreißig fratres, teils Mönche, teils Novizen, teils Laienbrüder. Die Tracht der Mönche war die übliche der Zisterziensermönche: weißes Kleid und schwarzes Skapulier.

Das Ansehen und die Gewalt des Abtes waren außerhalb und innerhalb des Klosters von großem Belang. 1450 wurde den Äbten zu Lehnin vom Papste der bischöfliche Ornat zugestanden. Seitdem trugen sie bei feierlichen Gelegenheiten die bischöfliche Mitra, das Pallium und den Krummstab. Auf den Landtagen saßen sie auf der ersten Bank, unmittelbar nach den Bischöfen von Brandenburg und Havelberg. Innerhalb des Klosters war der Abt selbstverständlich der oberste Leiter des Ganzen, kirchlich wie weltlich. Er sah auf strenge Ordnung in dem täglichen Leben und Wandel der Mönche, er beaufsichtigte den Gottesdienst, er kontrollierte die Verwaltung des Klosters, des Vermögens, der Einkünfte desselben, er vertrat das Kloster geistlichen und weltlichen Mächten gegenüber. Er regierte. Aber diese Regierung war weit ab davon, eine absolute, verantwortungslose Herrschaft zu sein. Wie er über dem Konvente stand, so stand doch auch der Konvent wieder über ihm, und Klagen über den Abt, wenn sie von Draußenstehenden erhoben wurden, kamen vor den Konvent und wurden von diesem entschieden. Waren die zu erhebenden Klagen jedoch Klagen des Konventes selbst, so konnte letzterer freilich in seiner eigenen Angelegenheit nicht Recht sprechen, und ein anderes Tribunal hatte zu entscheiden. Dies Tribunal, der Fälle zu geschweigen, wo es der Landesherr war, war entweder das Mutterkloster, oder das große Kapitel in Cîteaux, oder der Magdeburger Erzbischof oder endlich der Papst. Solche Auflehnungen und infolge derselben solche Appellationen an die obere Instanz zählten keineswegs zu den Seltenheiten, wiewohl die Lehniner Verhältnisse, in vielleicht etwas zu optimistischer Auffassung, im allgemeinen als mustergültige geschildert werden. Der Abt Arnold, von dem wir später ausführlicher hören werden, wurde infolge solcher Auflehnung abgesetzt.

Dieser Abt-Arnold-Fall, der durch Beauftragte des Generalkapitels in Cîteaux untersucht und entschieden wurde, führt zu der nicht uninteressanten Frage: ob solche Beziehungen zu Cîteaux, zu dem eigentlichen, ersten und ältesten Ausgangspunkt aller Zisterzienserklöster, etwas Regelmäßiges, oder nur etwas Ausnahmsweises waren? Die Ordensregel, die Charta caritatis, das Gesetzbuch der Zisterzienser schrieb allerdings vor, daß einmal im Jahre alle Zisterzienser Äbte in Cîteaux zusammenkommen und beraten sollten, aber diese Anordnung stammte noch aus einer Zeit, wo die räumliche Ausdehnung, die expansive Kraft des Ordens, die halb Europa umfaßte, ebensowenig mit Bestimmtheit vorauszusehen war, wie sein intensives Wachstum bis zur Höhe von zweitausend Klöstern. Zu welcher Versammlung, bei nur annähernd regelmäßiger und allgemeiner Beschickung, wäre ein solches Generalkapitel notwendig angewachsen! Freilich die Hindernisse, die die bloß räumliche Entfernung schuf, müssen wir uns hüten zu überschätzen. Die Kaiserfahrten, die Kreuzzüge, die Pilgerreisen nach Rom und dem Heiligen Grabe zeigen uns genugsam, daß man damals, sobald nur ein rechter Wille da war, vor den Schrecken und Hindernissen, die der Raum als solcher schafft, nicht erschrak; aber Cîteaux selbst, ganz abgesehen von allen andern leichter oder schwerer zu überwindenden Schwierigkeiten, hätte solche allgemeine Beschickung kaum bewältigen können, wie groß wir auch die bauliche Anlage einerseits, und wie klein und bescheiden die Ansprüche der eintreffenden Äbte andererseits annehmen mögen. Wir treffen wohl das Richtige, wenn wir die Ansicht aussprechen, daß regelmäßige Beschickungen des Generalkapitels nicht stattfanden, anderweitige Beziehungen aber, wenn auch nicht immer, so doch vielfach unterhalten wurden. Mehrere Urkunden tun solcher Beziehungen direkt Erwähnung, und auch anderes spricht dafür, daß unser märkisches Kloster in Cîteaux einen guten Klang hatte und mit Vorliebe am Bande auszeichnender Abhängigkeit geführt wurde. Schon die Lage Lehnins, an der Grenze aller Kultur, kam ihm zustatten. Die näher an Cîteaux gelegenen Klöster waren Klöster wie andere mehr; während allen denjenigen eine gesteigerte Bedeutung beiwohnen mußte, die, als vorgeschobenste Posten, in die kaum bekehrte slawisch-heidnische Welt hineinragten. Ist doch der polnische Zweig immer ein Liebling der römischen Kirche geblieben. Die Analogien ergeben sich von selbst.

Die Lehniner Äbte hatten Bischofsrang, und sie wohnten und lebten demgemäß. Das Lehniner Abthaus, das, an der Westfront der Kirche gelegen, bis diesen Augenblick steht, zeigt zwar keine großen Verhältnisse, aber dies darf uns nicht zu falschen Schlüssen verleiten. Es war überhaupt keine Zeit der großen Häuser. Außerdem hatten die Lehniner Äbte, ebenso wie die Bischöfe von Havelberg und Lebus, ihr »Stadthaus« in Berlin, und es scheint, daß dies letztere von größeren Verhältnissen war. Ursprünglich stand es an einer jetzt schwer zu bestimmenden Stelle der Schloßfreiheit, höchst wahrscheinlich da, wo sich jetzt das große Schlütersche Schloßportal erhebt; der Schloßbau unter Kurfürst Friedrich dem Eisernen aber führte zu einer tauschweisen Ablösung dieses Besitzes, und das Stadthaus für die Lehniner Äbte ward in die Heiligegeiststraße verlegt (jetzt 10 und 11, wo die kleine Burgstraße torartig in die Heiligegeiststraße einmündet). Das Haus markiert sich noch jetzt als ein alter Bau.

Länger als viertehalb hundert Jahre gab es Äbte von Lehnin, und wir können ihre Namen mit Hilfe zahlreicher Urkunden auf und ab verfolgen. Dennoch hält es schwer, die Zahl der Äbte, die Lehnin von 1180 bis 1542 hatte, mit voller Bestimmtheit festzustellen. Durch Jahrzehnte hin begegnen wir vielfach ein und demselben Namen, und die Frage entsteht, haben wir es hier mit ein und demselben Abt, der zufällig sehr alt wurde, oder mit einer ganzen Reihe von Äbten zu tun, die zufällig denselben Namen führten und durch I., II., III. füglich hätten unterschieden werden sollen. Das letztere ist zwar in den meisten Fällen nicht wahrscheinlich, aber doch immerhin möglich, und so bleiben Unsicherheiten. Nehmen wir indes das Wahrscheinliche als Norm, so ergeben sich für einen Zeitraum von dreihundertzweiundsechzig Jahren dreißig Äbte, wonach also jeder einzelne zwölf Jahre regiert haben würde, was eine sehr glaubliche Durchschnittszahl darstellt. Von allen dreißig hat es kein einziger zu einer in Staat oder Kirche glänzend hervorragenden Stellung gebracht; nur Mönch Kagelwit, der aber nie Abt von Lehnin war, wurde später Erzbischof von Magdeburg. Einige indessen haben wenigstens an der Geschiche unseres Landes, oft freilich mehr passiv als aktiv, teilgenommen, und bei diesen, wie auch beim Abte Arnold, dessen privates Schicksal uns ein gewisses Interesse einflößt, werden wir in nachstehendem länger oder kürzer zu verweilen haben.

Wir beginnen mit Johann Sibold, dem ersten Abt, von etwa 1180—1190.

Abt Sibold von 1180 bis 1190

Abt Sibold oder Siboldus war der erste Abt von Lehnin, und in derselben Weise, wie der älteste Teil des Klosters am besten erhalten geblieben ist, so wird auch von dem ersten und ältesten Abt desselben am meisten und am eingehendsten erzählt. Die Erinnerung an ihn lebt noch im Volke fort. Freilich gehören alle diese Erinnerungen der Sage und Legende an. Historisch verbürgt ist wenig oder nichts. Aber ob Sage oder Geschichte darf gleichgültig für uns sein, die wir der einen so gerne nachforschen wie der andern.

Abt Sibold, so erzählen sich die Lehniner bis diesen Tag, wurde von den umwohnenden Wenden erschlagen, und im Einklange damit lesen wir auf einem alten, halb verwitterten Bilde im Querschiff der Kirche: »Seboldus, primus abbas in Lenyn, a Slavica gente occisus.«

Abt Sibold wurde also erschlagen. Gewiß eine sehr ernsthafte Sache. Die Geschichte seines Todes indessen wiederzugeben ist nicht ohne eigentümliche Schwierigkeiten, da sich, neben dem Ernsten und Tragischen, auch Tragikomisches und selbst Zweideutiges mit hineinmischt. Und doch ist über diese bedenklichen Partien nicht hinwegzukommen; sie gehören mit dazu. Es sei also gewagt.

Abt Sibold und seine Mönche gingen oft über Land, um in den umliegenden Dörfern zu predigen und die wendischen Fischerleute, die zäh und störrisch an ihren alten Götzen festhielten, zum Christentum zu bekehren. Einstmals, in Begleitung eines einzigen Klosterbruders, hatte Abt Sibold in dem Klosterdorfe Prützke gepredigt, und über Mittag, bei schwerer Hitze heimkehrend, beschlossen Abt und Mönch, in dem nahe beim Kloster gelegenen Dorfe Nahmitz zu rasten, das sie eben matt und müde passierten. Der Abt trat in eines der ärmlichen Häuser ein; die Scheu aber, die hier sein Erscheinen einflößte, machte, daß alles auseinanderstob; die Kinder versteckten sich in Küche und Kammer, während die Frau, die ihren Mann samt den andern Fischern am See beschäftigt wußte, ängstlich unter den Backtrog kroch, der nach damaliger Sitte nichts als ein ausgehöhlter Eichenstamm war. Abt Sibold, nichts Arges ahnend, setzte sich auf den umgestülpten Trog, die Kinder aber, nachdem sie aus ihren Schlupfwinkeln allmählich hervorgekommen waren, liefen jetzt an den See und riefen dem Vater und den übrigen Fischersleuten zu: »Der Abt ist da«, zugleich erzählend, in welch eigentümlicher Situation sie die Mutter und den Abt verlassen hatten. Die versammelten Fischersleute gaben dieser Erzählung die schlimmste Deutung, und der bittre Groll, den das Wendentum gegen die deutschen Eindringlinge unterhielt, brach jetzt in lichte Flammen aus. Mit wildem Geschrei stürzten alle ins Dorf, umstellten das Haus und drangen auf den Abt ein, der sich, als er wahrnahm, daß ihm dieser Angriff gelte, samt seinem Begleiter durch die Flucht zu retten suchte. Der nahe Wald bot vorläufig Schutz, aber die verfolgenden Dörfler waren ausdauernder als der ältliche und wohlbeleibte Abt, der es endlich vorzog, einen Baum zu erklettern, um, gedeckt durch das dichte Laubgebüsch desselben, seinen Verfolgern zu entgehen. Der Mönchsbruder eilte inzwischen vorauf, um Hilfe aus dem Kloster herbeizuholen. Abt Sibold schien gerettet, aber ein Schlüsselbund, das er beim Erklettern des Baumes verloren hatte, verriet sein Versteck und brachte ihn ins Verderben. Wohl kamen endlich die Mönche und beschworen den tobenden Volkshaufen, von seinem Vorhaben abzulassen. Der Säckelmeister bot Geld, der Abt selbst, aus seinem Versteck heraus, versprach ihnen Erlaß des Zehnten, dazu Feld und Heide, — aber die wilden Burschen bestanden auf ihrer Rache. Sie hieben, da der Abt sich weigerte herabzusteigen, die Eiche um und erschlugen endlich den am Boden Liegenden. Die Mönche, die den Mord nicht hindern konnten, kehrten unter Mißhandlungen von seiten der Fischersleute in ihr Kloster zurück und standen bereits auf dem Punkte, wenige Tage später die Mauern desselben auf immer zu verlassen, als ihnen, so erzählt die Sage, die Jungfrau Maria erschien und ihnen zurief: Redeatis! Nihil deerit vobis (Kehret zurück; es soll euch an nichts fehlen), Worte, die allen ein neues Gottvertrauen einflößten und sie zu mutigem Ausharren vermochten. So die Tradition, von der ich bekenne, daß ich ihr anfangs mißtraute. Sie schien mir nicht den Charakter des zwölften Jahrhunderts zu tragen, in welchem das Mönchstum, gehoben und miterfüllt von den großen Ideen jener Zeit, auch seinerseits ideeller, geheilter, reiner dastand als zu irgendeiner anderen Epoche kirchlichen Lebens. Auch jetzt noch setze ich Zweifel in die volle Echtheit und Glaubwürdigkeit der Überlieferung und neige mich mehr der Ansicht zu, daß wir es hier mit einer im Laufe der Zeit, je nach dem Bedürfnis der Erzähler und Hörer, mannigfach gemodelten Sage zu tun haben, der, namentlich im fünfzehnten Jahrhundert, wo der Verfall des Mönchstums längst begonnen hatte, ein Liebesabenteuer oder doch der Verdacht eines solchen, statt des ursprünglichen Motivs, nämlich des Rassenhasses, untergeschoben wurde.

So weit meine Zweifel.

Auf der andern Seite deutet freilich (von der Backtrogepisode und andern nebensächlichen Zügen abgesehen) alles auf ein Faktum hin, daß in seinem ganzen äußerlichen Verlauf, durch fast siebenhundert Jahre, mit großer Treue überliefert worden ist. Eine Menge kleiner Züge vereinigen sich, um es mindestens höchst glaubhaft zu machen, daß Siboldus der erste Abt war, daß er wirklich von den Wenden erschlagen wurde, daß sein Eintritt in ein Nahmitzer Fischerhaus das Signal zum Aufstande gab, und daß er, auf der Flucht einen Baum erkletternd, auf diesem Baume sein Versteck und endlich unter demselben seinen Tod fand. Die Überlieferungen nun, die sich sämtlich auf diese Punkte hin vereinigen, sind folgende:

Im Querschiff der Lehniner Kirche hängt bis diesen Tag ein altes Bild von etwa drei Fuß Höhe und fünf Fuß Länge, auf dem wir in zwei Längsschichten unten die Ermordung des Abtes, oben den Auszug der Mönche und die Erscheinung der Jungfrau Maria dargestellt finden. Vor dem Munde der Maria schwebt der bekannte weiße Zettel, auf dem wir die schon oben zitierten Worte lesen: Redeatis, nihil deerit vobis. Rechts in der Ecke des Bildes bemerken wir eine zweite lateinische, längere Inschrift, die da lautet:

Anno milleno centeno bis minus uno
sub patre Roberto cepit Cistercius ordo.
Annus millenus centenus et octuagenus
quando fuit Christi, Lenyn, fundata fuisti
sub patre Siboldo, quam Marchio contulit Otto
Brandenburgensis; aprilis erat quoque mensis.

Hic iacet ille bonus marchravius Otto, patronus
istius ecclesiae. Sit, precor, in requie!
Hic iacet occisus prior abbas, cui paradisus
iure patet, Slavica quem stravit gens inimica.

Zu deutsch etwa:
Im Jahre 1098 begann, unter dem Pater Robert, der Zisterzienserorden. Als das Jahr Christi 1180 war, bist du, Lehnin, gegründet worden unter dem Pater Siboldus, welches der Markgraf Otto von Brandenburg dotiert hat, es war auch der Monat April. Hier ruhet jener gute Markgraf Otto, der Schützer dieser Kirche. Er möge in Frieden schlafen. Hier ruht auch der erste gemordete Abt, dem das Paradies mit Recht offensteht, den das feindselig gesinnte Slawenvolk ermordet hat.

Diese Inschrift ist die Hauptsache, besonders durch die Form ihrer Buchstaben. Das Bild selbst nämlich ist eine Pinselei, wie sie von ungeschickten Händen in jedem Jahrhundert (auch jetzt noch) gemalt werden kann, die Inschrift aber gehört einem ganz bestimmten Jahrhundert an. Der Form der Buchstaben nach ist das Bild zu Anfang des fünfzehnten Jahrhunderts gemalt, und so ersehen wir denn mit ziemlicher Gewißheit aus diesem Bilde, wie man sich etwa um das Jahr 1400, oder wenig später, im Kloster selbst die Ermordung des Abtes Sibold vorstellte. Zweihundert Jahre nach seinem Tode konnte diese Tradition, zumal bei den Mönchen selbst, durchaus noch lebendig und zuverlässig sein. Die Sagen unterstützen den Inhalt dieses Bildes bis diesen Tag.

Ich sprach eingangs schon von einem Stücklein Poesie, das mit dem Tode des Abtes verknüpft sei, und diese poetische Seite ist wirklich da. Aber sie zeigt sich viel mehr in den gespenstigen Folgen der Untat, als in dieser selbst.

In dem mehrgenannten Dorfe Nahmitz bezeichnet die Überlieferung auch heute noch das Gehöft, in das damals der Abt eintrat. Das Haus selbst hat natürlich längst einem anderen Platz gemacht, doch ist ein Unsegen an der Stelle haftengeblieben. Die Besitzer wechseln, und mit ihnen wechselt die Gestalt des Mißgeschicks. Aber das Mißgeschick selber bleibt. Das Feuer verzehrt die vollen Scheunen, böse Leidenschaften nehmen den Frieden, oder der Tod nimmt das liebste Kind. So wechseln die Geschicke des Hauses. Jetzt ist Siechtum heimisch darin. Die Menschen trocknen aus, und blut- und farblos, jeder Freude bar, gehen sie matt und müde ihrer Arbeit nach.

Und wie die Tradition im Dorfe Nahmitz das Haus bezeichnet, so bezeichnet sie auch in dem schönen Eichenwalde zwischen Nahmitz und Lehnin die Stelle, wo der Baum stand, unter dem die Untat geschah. Der Stumpf war jahrhundertelang zu sehen; daneben lag der abgehauene Stamm, über den keine Verwesung kam und den niemand berühren mochte, weder der Förster, noch die ärmsten Dorfleute, die Reisig im Walde suchten. Der Baum lag da wie ein herrenloses Eigentum, sicher durch die Scheu, die er einflößte. Erst im vorigen Jahrhundert kam ein Müller, der lud den Stamm auf und sagte zu den Umstehenden: »Wind und Teufel mahlen gut.« Aus dem Stamm aber ließ er eine neue Mühlenwelle machen und setzte die vier Flügel daran. Es schien auch alles nach Wunsch gehen zu sollen, und die Mühle drehte sich lustig im Winde, aber der Wind wurde immer stärker, und in der Nacht, als der Müller fest schlief, schlugen plötzlich die hellen Flammen auf. Die Mühlwelle, in immer rascherem Drehen, hatte Feuer an sich selber gelegt, und alles brannte nieder.

»Wind und Teufel mahlen gut«, raunten sich anderen Tags die Leute zu.

Abt Hermann von 1335 bis 1342

Abt Sibold wurde etwa um 1190 oder etwas später von den umwohnenden Wenden ermordet. Die Urkunden erwähnen dieses Mordes nicht, wie denn überhaupt die ziemlich zahlreichen Pergamente aus der askanischen Epoche lediglich Schenkungsurkunden sind. Es vergehen beinah anderthalbhundert Jahre, bevor wieder ein Lehniner Abt mit mehr als seinem bloßen Namen vor uns hintritt. Dieser Abt ist Hermann von Pritzwalk. Zwei Urkunden von 1335 und 1337 erwähnen seiner; erst eine dritte indes, vom Jahre 1339, gibt uns ein bestimmtes Bild des Mannes, freilich kein schmeichelhaftes. Wie weit wir dieser Schilderung zu trauen haben, das wollen wir nach Mitteilung des Hauptinhaltes der Urkunde, die sich als ein Erlaß des Papstes Benedikts XII. an die Äbte von Kolbatz, Stolp und Neukampen gibt, festzustellen suchen.

Dieser Urkunde nach, die also nichts anders ist, als ein päpstliches Schreiben (Breve), erschien der Mönch Dietrich von Ruppin, ein Mitglied des Lehniner Klosters, im Jahre 1339 vor Papst Benedikt XII. in Avignon und teilte demselben in Gegenwart des Konsistoriums mit, daß durch »Anschürung des alten Feindes des Menschengeschlechts« seit etwa fünfzehn Jahren im Kloster Lehnin eine Trennung und Scheidung der Mönche stattgefunden habe, dergestalt, daß die mächtigere Partei, die sich die Loburgsche nenne, einen Terrorismus gegen die schwächere übe und dieselbe weder zu Wort, noch am wenigsten zu ihrem Rechte kommen lasse. An der Spitze dieser stärkeren Partei (der Loburgschen) hätten, bei Bildung derselben, die drei Mönche Theodorich von Harstorp, Nikolaus von Lützow und Hermann von Pritzwalk gestanden, die denn auch, durch ihre und ihrer Partei Übergriffe und Machinationen, ohne den kanonisch festgestellten Wahlmodus irgendwie innezuhalten, sich nacheinander zu Äbten des Klosters aufgeworfen hätten.

Unter der Regierung dieser drei Eindringlingsäbte seien alsdann, von den Anhängern der Loburgschen Partei, sowohl innerhalb wie außerhalb des Klosters, die größten Verbrechen begangen worden. So sei unter andern ein Adliger aus der Nachbarschaft, mit Namen Falko, der zur Zeit des Abtes Nikolaus von Lützow im Kloster ein Nachtlager bezogen habe, von verschiedenen Laienbrüdern des Klosters, darunter namentlich der Anhang des damaligen Mönches, jetzigen Abtes Hermann, überfallen und samt seiner Begleitung ermordet worden. Als am andern Morgen das Gerücht von diesem Morde die Klosterzellen erreicht habe, sei Hermann (genannt von Pritzwalk) mit seinem Anhang an den Ort der Tat geeilt, und habe denn auch den Ritter Falko, sowie drei seiner Begleiter bereits erschlagen, zwei andere Dienstmannen aber schwer verwundet, im Bettstroh versteckt, vorgefunden. Mönch Hermann habe nunmehr Befehl gegeben, auch diese Verwundeten zu töten. Die Waffen Falkos aber habe er als Beute an sich genommen und späterhin vielfach gebraucht.

Dieser Mord, so heißt es in der Urkunde weiter, habe alsbald eine mehr als zehnjährige Fehde hervorgerufen, in der durch die Anhänger des Ritters Falko nicht nur drei Laienbrüder und viele Knechte und Schutzbefohlene des Klosters getötet, sondern auch die Güter desselben durch Raub, Brand und Plünderei verwüstet worden seien, so daß man den Schaden auf über 60 000 Goldgulden geschätzt habe. Während dieser Fehden und Kriegszüge hätten die Mönche zu Schutz und Trutz beständig Waffen geführt, so daß sie, ganz gegen die Ordensregel, im Schlafsaal und Refektorium immer gewaffnet erschienen wären. An den Kämpfen selbst hätten viele der Fratres teilgenommen, andere, namentlich von den Laienbrüdern, hätten das Kloster verlassen und ein anderes Obdach gesucht.

Auch von den Hintersassen des Klosters seien Mord und Brand und Untaten aller Art verübt worden, als deren moralische Urheber das umwohnende Volk längst gewohnt sei, die Klosterbrüder anzusehen, weshalb denn auch all die Zeit über der Notschrei zugenommen habe, daß die Lehninschen Mönche vertrieben und durch Ordensbrüder von besserem Lebenswandel ersetzt werden möchten. Bei Gelegenheit dieser Fehden und Kämpfe seien übrigens die beweglichen und unbeweglichen Güter des Klosters vielfach veräußert und verpfändet worden.

Die Urkunde berichtet ferner, daß ein Laienbruder, der bei der Ermordung Falkos mit zugegen war und hinterher den Mut hatte auszusprechen, »daß dieser Mord auf Befehl des Abtes und seiner Partei stattgefunden«, ins Gefängnis geworfen und innerhalb zehn Tagen von den Mönchen der Loburgschen Partei ermordet worden sei. Das päpstliche Schreiben meldet endlich, daß, nach den Aussagen Dietrichs von Ruppin, der an der Ermordung Falkos und der Seinen vorzugsweise beteiligte Mönch Hermann jetzt Abt des Klosters sei, wobei die herrschende Mönchspartei von dem vorgeschriebenen Wahlmodus abermals Umgang genommen und die gesetzlich geregelte Einführung unterlassen habe. Abt Hermann, dessen Wahl jeder Gesetzlichkeit und Gültigkeit entbehre, habe, wie sein Vorgänger, das Vermögen des Klosters verschleudert, die Ordensregeln mißachtet und ein dissolutes Leben geführt, und als besagter Abt endlich willens gewesen sei, ihn, den »Dietrich von Ruppin«, wegen Dispenses und wegen Absolution für die oben geschilderten Verbrechen an die päpstliche Kurie abzusenden, habe er ihn — lediglich weil er zuvor Rücksprache mit dem Abte eines anderen vorgesetzten Klosters genommen habe — durch einige Mönche und Konversen gefangennehmen, in Eisen legen und neun Monate lang in den Kerker werfen lassen, alles mit der ausgesprochenen Absicht, ihn durch schwere Peinigungen vom Leben zum Tode bringen. Einen anderen Konversen des Klosters aber, mit Namen Geraldus, habe Abt Hermann wirklich töten lassen.

Die Urkunde schließt dann mit einer Aufforderung an die obengenannten Äbte von Kolbatz, Stolp und Neukampen, den Fall zu untersuchen und darüber zu befinden, damit die Angeklagten, wenn ihre Schuld sich herausstellen sollte, vor dem päpstlichen Stuhle erscheinen und daselbst ihren Urteilsspruch gewärtigen mögen.

So weit der Inhalt der Urkunde von 1336. Ob die Äbte sich des mißlichen Auftrags entledigt und, wenn so geschehen, welche Entscheidung sie getroffen oder welchen Bericht sie an Papst Benedikt gerichtet haben, darüber erfahren wir nichts. Übrigens dürfen wir vermuten, daß, gleichviel, ob die Untersuchung stattfand oder nicht, die Dinge unverändert ihren Fortgang genommen haben werden. Und wahrscheinlich mit Recht. Wir setzen nämlich in die Mitteilungen des Mönches Dietrich von Ruppin keineswegs ein unbedingtes Vertrauen und vermuten darin vielmehr eine jener halbwahren Darstellungen, die meist da Platz greifen, wo die Dinge von einem gewissen Parteistandpunkt aus angesehen, oder wie hier, Anklagen in zum Teil eigner Angelegenheit erhoben werden. Abt Hermann scheint uns weit mehr ein leidenschaftlicher Parteimann als ein Verbrecher gewesen zu sein.

Stellen wir alle Punkte von Belang zusammen, die sich aus den Aussagen Dietrichs von Ruppin ergeben, so finden wir:

1. daß im Kloster zwei Parteien waren, von denen die stärkere die schwächere terrorisierte und die Äbte aus ihrer, der Majorität, Mitte wählte;

2. daß Ritter Falko von der stärkeren oder Loburgschen Partei ermordet wurde;

3. daß das Kloster nach Dispens und Absolution von seiten des Papstes verlangte, und

4. daß Dietrich von Ruppin abgeordnet wurde, um die Absolution einzuholen, wegen vorgängiger Plauderei aber ins Gefängnis geworfen wurde.

Unter diesen vier Punkten involviert der zweite, die Ermordung Falkos, ein schweres und unbestreitbares Verbrechen. Der Umstand indessen, daß Abt Hermann für sich und sein Kloster nach der Absolution des Papstes verlangte, deutet darauf hin, daß das Geschehene mehr den Charakter einer sühnefähigen Schuld, als den einer schamlosen Missetat hatte. Denn sollte die Gnade des Papstes angerufen werden, so mußten notwendig Umstände vorauf- oder nebenhergegangen sein, die imstande waren, eine Brücke zu bauen und für die Schuld bei der Gnade zu plädieren. Solche entschuldigenden Umstände waren denn wohl auch wirklich da und lagen, wie wir mehr oder weniger aus der Anklage selbst entnehmen können, in dem Parteihaß, der eben damals die ganze Mark in zwei Lager teilte. Es war die bayrische Zeit. Dies sagt alles. Es waren die Tage, wo die Berliner den Propst von Bernau erschlugen und die Frankfurter den Bischof von Lebus verjagten; es waren die Tage des Bannes und des Interdikts, Tage, die dreißig Jahre währten, und in denen sich das Volk der Kirche so entfremdete, daß es verwundert aufhorchte, als zum ersten Male wieder die Glocken durchs Land klangen. Der alte Kampfesruf »hie Welf, hie Waibling!« schallte wieder allerorten und »bayrisch oder päpstlich« klang es vor allem auch in der Mark Brandenburg. Lehnin, gehegt und gepflegt vom Kaiser und seiner Partei, war bayrisch, der märkische Adel, vielfach zurückgesetzt, war antibayrisch. Aus diesem Zustande ergaben sich Konflikte zwischen dem Kloster und dem benachbarten Adel fast wie von selbst, und die Ermordung Falkos, die nach den Aussagen Dietrichs von Ruppin einfach als ein brutaler Bruch der Gastfreundschaft erscheint, war möglicherweise nur blutige Abwehr, nur ein Rachenehmen an einem Eindringling, der sich stark genug geglaubt hatte, den Klosterfrieden brechen zu dürfen. Ritter Falko und die Seinen, wenn sie wirklich Gäste des Klosters waren, waren vielleicht sehr ungebetene Gäste, Gäste, die sich nach eigenem Dafürhalten im Kloster einquartiert hatten, vielleicht im Komplott mit der Minorität, die höchstwahrscheinlich zum Papste hielt.*

Dies alles sind freilich nur Hypothesen. Aber wenn sie auch nicht absolut das Richtige treffen, so lehnen sie sich doch an Richtiges an und schweifen wohl nicht völlig in die Irre.

Was immer indes das Motiv dieses Mordes gewesen sein möge, entschuldbarer Parteihaß oder niedrigste Ruchlosigkeit, so viel erhellt aus dieser Überlieferung, daß die Kloster Lehninschen Tage nicht immer interesselos verliefen, und daß

* Daß die Majorität des Klosters und dadurch das Kloster selbst entschieden bayrisch war, ergibt sich unter anderm daraus, daß Papst Clemens in seiner Bannbulle am 14. Mai 1350 eigens Veranlassung nahm, dem Kloster seine Hinneigung zur Sache des bayrischen Hauses vorzuwerfen. Auch das Erscheinen des Klage führenden Mönchs vor dem Papst, während ihm doch andere Tribunale, weltliche wie geistliche, so viel näher gelegen hätten, spricht dafür, daß der zu verklagende Abt Hermann, samt der Majorität des Klosters (der Loburg-Partei), antipäpstlich, d. h. also bayrisch war.

wenn wir dennoch im großen und ganzen einer gewissen Farblosigkeit begegnen, der Grund dafür nicht darin zu suchen ist, daß überhaupt nichts geschah, sondern lediglich darin, daß das Geschehene nicht aufgezeichnet, nicht überliefert wurde.

Mönch Hermann, der mit seinem Anhang an die Stätte des Mordes vordringt, die Verwundeten in ihren Strohverstecken tötet oder töten läßt, dann selber, während zehnjähriger Fehde, in Schlafsaal und Refektorium die Waffenrüstung Falkos trägt, — das gibt schon Einzelbilder, denen es keineswegs an Farbe fehlt, auch nicht an jenem Rot, das nun mal die Haupt- und Grundfarbe aller Geschichte ist.

Über den Ausgang des Abtes Hermann erfahren wir nichts; sehr wahrscheinlich, daß er noch eine Reihe von Jahren dem Kloster vorstand. Erst 1352 finden wir den Namen eines Nachfolgers verzeichnet.

Abt Heinrich Stich (etwa von 1399 bis 1432)

Heinrich Stich, vor seiner Abtwahl Kellermeister (cellerarius) des Klosters, wurde sehr wahrscheinlich im Jahre 1399 zum Abt gewählt. Seine Regierung fällt in die sogenannte »Quitzowzeit«, und wir werden in nachstehendem zu berichten haben, wie vielfach gefährdet Kloster Lehnin damals war und wie glücklich es, großenteils durch die umsichtige Leitung seines Abtes, aus allen diesen Gefahren hervorging. Die Geschichte jener Epoche, soweit sie das Kloster berührt, entnehmen wir den Aufzeichnungen Heinrich Stichs selber, der im Jahre 1419 ein Gedenkbuch anzulegen begann, in welchem er, zurückgehend bis auf das Jahr 1401, über die Streitigkeiten des Klosters mit seinen Nachbarn berichtet. Einiges ergänzen wir aus einer andern, ziemlich gleichzeitigen Chronik.

Das Kloster hielt es all die Zeit über, seinen Traditionen getreu, mit der Landesobrigkeit, d. h. also, Abt und Mönche waren im allgemeinen gegen die Quitzows. Da indessen die Landesobrigkeit damals sehr schwankend und eine Zeitlang, halb angemaßt, halb zugestanden, bei den Quitzows selber war, so entstanden daraus sehr verwickelte, zum Teil widerspruchsvolle Verhältnisse, deren Gefahren und Schwierigkeiten nur durch große Klugheit zu überwinden waren. Die schwankenden Verhältnisse nötigten auch zu einer schwankenden Politik. Die Grundstimmung des Klosters blieb gegen die

Quitzows gerichtet, wiewohl wir einer, indes jedenfalls nur kurzen Epoche zu erwähnen haben werden, wo das Kloster mit den Quitzows ging.

Zwischen 1401 und 1403, so scheint es, sammelten die Quitzows Material gegen das Kloster. Inwieweit sie dabei bona fide handelten, ist schwer zu sagen; doch macht ihr Vorgehen allerdings den Eindruck, als hätten sie, voll übermütigen Machtbewußtseins, die Dinge einfach daraufhin angesehen, wie sie ihnen paßten, unbekümmert um den Wortlaut entgegenstehender Urkunden und Verträge. Sie stellten sich zunächst, als machten sie einen Unterschied zwischen dem Abt des Klosters und dem Kloster selbst, und sich das Ansehen gebend, als sei die Persönlichkeit oder der Eigensinn des Abtes an allem schuld, verklagten sie ihn beim Konvent seines eigenen Klosters. Als diese Klage, wie sich denken läßt, ohne Einfluß blieb, schritten sie zu einer förmlichen Anklageschrift, in der sie dem Kloster all seine vorgeblichen Vergehen und Eingriffe entgegenhielten. Diese Anklageschrift enthielt, unter vielen anderen Paragraphen, drei Hauptpunkte:

1. Das Kloster habe ihnen, den Quitzows, zweimal den Landschoß verweigert, wiewohl sie doch die »Statthalter in Mark Brandenburg« wären.

2. Das Kloster habe den Quitzowschen Knechten auf seinen, des Klosters, Gütern jedes Einlager verweigert und die Zuwiderhandelnden mit Mord bedroht.

3. Endlich, das Kloster habe dabei beharrt, die Havel bei Schloß Plaue als sein Eigentum anzusehen, während sie doch ihnen, den Quitzows, als den zeitigen Besitzern von Schloß Plaue gehöre, denn weil das Wasser bei dem Schlosse sei, so müßte es auch zu dem Schlosse gehören, und führe das Schloß nicht umsonst den Namen »Schloß Plaue an der Havel«.

Abt Heinrich erwiderte auf alle Anklagepunkte in würdiger Weise, alle seine Aussagen urkundlich belegend. Er wies aus den Schenkungsurkunden und verbrieften Gerechtsamen des Klosters nach, daß sie, Abt und Mönche, erstens ihre Güter »in aller Freiheit« besäßen und niemals Landschoß zu zahlen gehabt hätten, daß es zweitens zu ihren vielfach verbrieften Gerechtsamen gehöre, keine Herren, keine Lehnsträger, Ritter oder Knechte wider Willen aufnehmen zu müssen, und daß sie drittens die Havel bei Plaue seit so langer Zeit als Eigentum besäßen, »daß niemand dessen anders gedenken möge«.

Dieser dritte Punkt, weil es sich dabei um eine Eigentumsfrage handelt, die den praktischen Leuten des Mittelalters immer die Hauptsache war, bekümmerte den Abt nun ganz besonders. Da man sich nicht einigen konnte, wurden Schiedsrichter vorgeschlagen, wobei Hennig von Stechow und Hennig von Gröben als Abgesandte oder Mandatare der Quitzows auftraten. Das Recht des Klosters indessen war zu klar, als daß die eigenen Vertrauensmänner (Stechow und Gröben) der Gegenpartei es hätten übersehen oder umdeuten können, und so beschworen sie den Hans von Quitzow, »daß er um Gottes und seiner eigenen Seligkeit willen mit dem Abte nicht hadern und das Kloster samt seinen Gütern und Besitzungen nicht anfechten möge«. Aber die Quitzows — die vielleicht aus politisch-strategischen Gründen in dieser Frage besonders hartnäckig waren — beharrten auf ihrer Forderung und das Kloster mußte schließlich nicht nur auf sein Flußrecht Verzicht leisten, sondern auch noch weitere hundert Mark Silber zahlen, um sich guter Nachbarschaft und der Wohlgewogenheit der mächtigen Familie zu versichern.

Diese Nachgiebigkeit und die damit verknüpften Schädigungen mögen dem Kloster schwer genug angekommen sein; nachdem die Opfer aber einmal gebracht und mittelst derselben die Freundschaft und die guten Dienste der alles vermögenden Quitzowsippe gewonnen waren, lag es nun auch in der Politik des Klosters, diese Freundschaft zu pflegen und dadurch den eignen Vorteil nach Möglichkeit zu fördern. Die Niederlage blieb unvergessen, aber solange kein Stärkerer da war, um diese Niederlage zu rächen, wurde das Joch in Klugheit und Ergebenheit getragen.

Aber dieser Stärkere kam endlich, und ob es nun wieder nur die alte Klosterklugheit war, die in dem Nürnberger Burggrafen sofort den Stärkeren erkannte, oder ob in diesem Falle der heimliche Groll mitwirkte, der all die Jahre über, unter der Maske guter Freundschaft, gegen die Quitzows unterhalten worden war — gleichviel, kaum daß der erste Hohenzoller ernstlich Miene machte, eine eigene Macht zu etablieren und den Übermut seiner Widersacher zu demütigen, so sehen wir auch schon Kloster Lehnin unter den Hilfstruppen des neuen Landesherrn, der, anders eingreifend als wie all die Stadthalter und Hauptleute vor ihm, in acht Tagen die vier Quitzowburgen und mit ihren Burgen auch ihr Ansehen brach. Die Klosterleute von Lehnin lagen samt den Bürgern von Beelitz, Jüterbog und Treuenbrietzen, vor Schloß Beuthen und warteten, wie berichtet wird, die Ankunft »der großen Büchse«, der sogenannten faulen Grete, ab. Ihr kriegerisches Verdienst scheint also, dieser Andeutung nach zu schließen, kein besonders hervorragendes gewesen zu sein und lediglich in einem geduldigen und möglichst gesicherten Davorstehen bestanden zu haben.

Schwerlich empfanden Abt und Konvent einen Gram darüber. Es lag ihnen nicht an Kriegsruhm, sondern, wie immer, lediglich an Mehrung und Förderung der Klosterinteressen, an wachsendem Besitz und — guter Nachbarschaft. Diese gute Nachbarschaft hatte Lehnin, das mit den Rochows grenzte, ein halbes Jahrhundert schmerzlich vermissen müssen. Jetzt traf es sich, daß der Ausgang des Quitzowstreits unserm Kloster erwünschte Gelegenheit bot, sich auch dieser »guten Nachbarschaft« auf lange Zeit hin zu versichern. In Burg Golzow (dem alten Rochowsitz, in der Nähe Lehnins) war Wichard von Rochow, der treue Anhänger der Quitzows, gefangengenommen worden. Durch Vermittlung des Abtes, der allen Groll zur rechten Zeit zu vergessen wußte, ward ihm jetzt, dem Wichard, allerdings erst nach Abtretung Potsdams an den Kurfürsten, die Freiheit und — Schloß Golzow zurückgegeben. Beide Teile, der Kurfürst und die Rochows, wußten es dem Vermittler Dank, und dem Kloster waren zwei Freunde gewonnen. —

Abt Heinrich Stich starb wahrscheinlich um 1432.

Abt Arnold (etwa von 1456 bis 1467)

Die Amtsführung des Abtes Heinrich von 1399 bis etwa um 1432 war in eine unruhige Zeit gefallen, und wir sehen all die Zeit über das Kloster in seinen Verwickelungen nach außen; die Regierung des Abtes Arnold fällt in friedlichere Tage, und die Urkunden, aus jener Zeit her, gönnen uns ausschließlich wieder einen Blick in innere Streitigkeiten. Sie berichten über Zerwürfnisse, die an die Zustände unter Abt Hermann erinnern, wie wir dieselben, in vorstehendem, nach den Aussagen »Dietrichs von Ruppin« geschildert haben. Hier wie dort begegnen wir Parteiungen und einem siegreichen Auftreten der Majorität, nur mit dem Unterschiede, daß sich Abt

Hermann, in seinem Terrorismus, auf die Majorität des Konventes stützte, während Abt Arnold gegen diese Majorität ankämpfte und in diesem Kampfe unterlag.

Die Urkunden aus der etwa zehnjährigen Zeit seiner Verwaltung sind ziemlich zahlreich und sprechen nicht gegen den Abt. Streitigkeiten werden geschlichtet, Vergleiche getroffen, Ländereien empfangen oder ausgegeben — nirgends erhellt aus ihnen ein Zerwürfnis zwischen Abt und Konvent. So verlaufen anscheinend die Dinge, bis wir, gleich aus den ersten Urkunden, die in die Regierungszeit seines Nachfolgers fallen, in Erfahrung bringen, daß Abt Arnold »wegen unstatthafter Veräußerung von Klostergütern« abgesetzt und Prior Gallus an seiner Statt ernannt worden sei. Wir erfahren ferner, daß inzwischen das Kloster Altenberg den Arnoldus zum Abte gewählt, und dieser letztere, von seinem jetzigen, dem Altenberger Kloster aus, eine heftige Schmähschrift (libellum infamiae) gegen den Prior und die Mönche von Kloster Lehnin gerichtet, diese Schmähschrift auch gleichzeitig als Anklageschrift beim Generalkapitel in Cîteaux eingereicht hatte.

Diese Anklageschrift nun, von dem ehemaligen Abte des angeklagten Klosters ausgehend, scheint, wie begreiflich, ihre Wirkung auf das Generalkapitel nicht verfehlt zu haben, und so sehen wir denn im März 1469 die Äbte von Heilsbronn und Erbach als ernannte Untersuchungskommission in Lehnin eintreffen. Aber gleichzeitig mit ihnen treffen auch, als Zeugen in der Sache zur Begutachtung vorgeladen, die Äbte dreier märkischer Klöster, von Zinna, Chorin und Himmelpfort ein und bezeugen durch ihre Aussage, daß Abt Arnold in der Tat willkürlich das Klostergut veräußert und somit die Absetzung seitens des Klosterkonvents (der sich dabei lediglich innerhalb seiner Befugnisse gehalten) durchaus verdient habe. »Was seine Schmähungen aber gegen die sittliche Führung des Klosters angehe, dem er so lange vorgestanden, so treffe ihn — selbst wenn diese Schmähungen begründet sein sollten — die Hauptverantwortlichkeit, da es in zehnjähriger Führung seine Aufgabe gewesen sein würde, diesem Verfall der Sitte zu steuern.« Auch der Kurfürst Friedrich der Eiserne, in einem an die Kommissarien gerichteten Briefe, nimmt Partei für den Konvent gegen den abgesetzten Abt, und so sehen wir denn, ohne daß ein urkundliches Urteil der Kommissare in dieser Streitsache vorläge, den neuen Abt in seinem Amte verbleiben — eine Tatsache, die genugsam spricht. Über den

Inhalt der Schmähschrift, des »libellum infamiae«, erfahren wir nichts; es wird ein Verzeichnis der alten Klostersünden gewesen sein, wie sie entweder überall vorkamen oder doch überall berichtet wurden.

Wenn nun einerseits diese Absetzung Abt Arnolds und seine darauf geschriebene Schmähschrift abermals dartun, daß die Tage Kloster Lehnins durchaus nicht so stillidyllisch verliefen, wie wohl je zuweilen berichtet worden ist, so gewähren uns andrerseits die betreffenden Urkunden noch ein besonderes Interesse dadurch, daß sie die Frage in uns anregen: wer war dieser Abt Arnold? welchen Charakters? war er im Recht oder im Unrecht? Freilich nur wenige Anhaltepunkte sind uns gegeben, aber sie rechtfertigen die Vermutung, daß er ebensosehr ein Opfer seiner geistigen Überlegenheit wie seiner Übergriffe war. Wahrscheinlich gingen diese Übergriffe zum Teil erst aus dem Bewußtsein seiner Überlegenheit hervor. Er war, so schließen wir aus einer Reihe kleiner Züge, das, was wir heutzutage einen genialischen, aber querköpfigen Gelehrten nennen würden, sehr gescheit, sehr selbstbewußt, sehr eigensinnig, dabei lauteren Wandels, aber launenhaft und despotisch von Gemüt. Wem schwebten, aus eigener Erfahrung, nicht Beispiele dabei vor! Die Gelehrtenwelt, in ihren besten und energischsten Elementen, war immer reich an derartigen Charakteren. Was speziell unsern Abt Arnold angeht, so scheint es, das Kloster wollte ihn los sein, weil er geistig und moralisch einen unbequemen Druck auf den Konvent ausübte. Daß er, um seines Wissens wie um seines Wandels willen, eines nicht gewöhnlichen Ansehens genoß, dafür spricht nicht nur der Umstand, daß ihn die Urkunden einen sacrae theologiae professor nennen, sondern mehr noch die Tatsache, daß er unmittelbar nach seinem Austritt aus dem Lehniner Kloster zum Abt von Altenberg erwählt wurde. Altenberg, seinerzeit ein berühmtes Kloster, liegt in der Rheinprovinz, in der Nähe von Koblenz. Wir möchten daraus beinahe schließen, daß er ein Rheinländer, jedenfalls ein Fremder war und an der märkischen Art ebensosehr Anstoß nahm, als Anstoß erregte.

Abt Valentin (etwa von 1509 bis 1542)

Valentin war der letzte Abt des Klosters. Die Erscheinung, die sich so oft wiederholt, daß ersterbende Geschlechter und Institutionen vor ihrem völligen Erlöschen noch einmal in altem Glanze aufblühen, wiederholte sich auch hier, und die mehr denn dreißigjährige Regierung des Abtes Valentin bezeichnet sehr wahrscheinlich den Höhepunkt im Leben des Klosters überhaupt. Freilich haben wir dabei die glänzende fünfundzwanzigjährige Epoche bis 1535 von der darauffolgenden kurzen Epoche bis 1542, die schon den Niedergang bedeutet, zu trennen.

Wir sprechen von der Glanzepoche zuerst. Der Besitz — nach den kurzen Gefährdungen während der Quitzowzeit — war von Jahrzehnt zu Jahrzehnt gewachsen und umfaßte in den Jahren, die der Reformation unmittelbar vorausgingen, zwei Marktflecken, vierundsechzig Dörfer, vierundfünfzig Fischereien, sechs Wasser- und neun Windmühlen, vierzehn große Forsten, dazu weite Äcker, Wiesen und Weinberge. Jeder Zweig des Betriebs stand in Blüte; die Wolle der reichen Schafherden wurde im Kloster selbst verarbeitet, und die treffliche Wasserverbindung, mittelst der Seen in die Havel und mittelst der Havel in die Elbe, sicherte dem Kloster Markt und Absatzplätze.

Reich und angesehen wie das Kloster, so angesehen und verehrt war sein Abt. Das Volk hing ihm an, und der Kurfürst Joachim I. — der ihn seinen »Gevatter« nannte, seit Abt Valentin bei der Taufe des zweiten kurfürstlichen Prinzen, des späteren Markgrafen Johann von Küstrin, als Taufzeuge zugegen gewesen war — war dem Abt zu Willen in vielen Stücken. 1509 sprach Joachim die Befreiung des Klosters von kurfürstlichem Jagdeingelage »auf Lebenszeit des Abtes« aus, und 1515 ging er weiter und machte aus der zeitweiligen Befreiung eine Befreiung auf immer. Daß das Kloster selber den Tod Valentins nicht überleben würde, entzog sich damals, 1515, noch jeder Berechnung und Voraussage. Die Wirren und Kämpfe, die bald folgten, ketteten den Kurfürsten, so scheint es, nur fester an unseren Lehniner Abt, und wir dürfen wohl annehmen, daß die Ratschläge dieses seines »Rates und Gevatters« nicht ohne Einfluß auf die Entschlüsse waren, die ihn, der Strömung der Zeit und den Verschwörungen der Kurfürstin gegenüber, bei der alten Lehre beharren ließen. Dies einfach als Hartnäckigkeit zu deuten, wäre Torheit; es war das Wirken einer festen Überzeugung, was ihn das Schwerere wählen und — gegen den Strom schwimmen ließ. Joachim, fest wie er in seinem Glauben war, war auch fest in seiner Liebe zu Kloster Lehnin, und wiewohl er sich mit keiner Idee lieber und herzlicher getragen hatte, als mit der Gründung eines großen Domstiftes zu Cölln an der Spree (wie es später unter Joachim II. auch wirklich ins Leben trat), so wollte er doch in Lehnin begraben sein, an der Seite seines Vaters, in der Gruft, die schon die alten Askanier ihrem Geschlecht erbaut hatten.

Und unser Lehniner Abt, wie er all die Zeit über der Vertraute seines Fürsten war, so war er auch der Vertrauensmann der Geistlichkeit, und der zunächst Auserwählte, als es galt, den »moenchischen Lärmen« zu beschwichtigen, der in dem benachbarten Wittenberg immer lauter zu werden drohte. Unser Abt schien in der Tat vor jedem andern berufen, durch die Art seines Auftretens, durch Festigkeit und Milde, dem »Umsichgreifen der Irrlehre«, wie es damals hieß, zu steuern, und als Beauftragter des Brandenburger Bischofs Hieronymus Scultetus erschien er in Wittenberg, um den Augustinermönch zu warnen. Sein Erscheinen scheint nicht ohne Einfluß auf Luther geblieben zu sein, der nicht nur seinem Freunde Spalatinus bemerkte: »wie er ganz beschämt gewesen sei, daß ein so hoher Geistlicher (der Bischof) einen so hohen Abt so demütig an ihn abgesandt habe«, sondern auch am 22. Mai 1518 dem Bischof von Brandenburg schrieb: »Ich erkläre hiermit ausdrücklich und mit klaren Worten, daß ich in der Sache des Ablasses nur disputiere, aber nichts feststelle.«

Abt Valentin, wie wir annehmen dürfen, ging viel zu Hofe, aber wenn schon er häufiger in dem Abthause zu Berlin als in dem Abthause des Klosters selber anwesend sein mochte, so war er doch nicht gewillt, um Hof und Politik willen den unmittelbaren Obliegenheiten seines Amtes, der Fürsorge für das Kloster selber, aus dem Wege zu gehen. Wir sehen ihn, wie er sich das Wachstum, die Gerechtsame, vor allem auch die Schönheit und die Ausschmückung seines Klosters angelegen sein läßt; er schenkt Glocken, er errichtet Altäre, vor allem zieht er die unter Dürer, Cranach, Holbein eben erst geborene deutsche Kunst in seinen Dienst und ziert die Kirche mit jenem prächtigen Altarschrein,* der bis auf diesen Tag, wenn auch an anderem Ort, als ein Kunstwerk ersten Ranges erhalten, damals der Stolz des Klosters, die Bewunderung der Fremden war. Die wohl erhaltene Unterschrift: »Anno dni: 1518. Sub. d. valentino Abbate« hat in aller Sichtlichkeit den Namen Abt Valentins bewahrt.

Über fünfundzwanzig Jahre waren die Wirren der Zeit an Abt Valentin vorübergegangen, das Ausharren seines kurfürstlichen Herrn hatte ihn vor den schwersten Kümmernissen bewahrt, da kam, fast unmittelbar nach dem Regierungsantritt Joachims II., die sogenannte »Kirchenvisitation«, und auch Lehnin wurde ihr unterworfen. Man verfuhr nicht ohne Milde, nicht ohne Rücksicht in der Form, aber in Wahrheit erschienen die Visitatoren zu keinem andern Behuf, als um dem Kloster den Totenschein zu schreiben. Draußenstehende fingen an, es in ihre »Obhut« zu nehmen, man stellte es unter Kuratel. Es wurde dieses »In-Obhutnehmen« von Abt und Kloster auch durchaus als das empfunden, was es war, und ein schwacher Versuch der Auflehnung, ein passiver Wider-

---

* Dieser Altarschrein, der jetzt eine Zierde und Sehenswürdigkeit des schönen Brandenburger Domes bildet, hat eine Höhe von etwa neun Fuß bei ca. zwölf Fuß Breite. Die Einrichtung ist die herkömmliche: ein Mittelstück mit zwei Flügel- oder Klapptüren, die je nach Gefallen geöffnet oder geschlossen werden können. Das Mittelstück zeigt in seiner schreinartigen Vertiefung die Gestalt der Heiligen Jungfrau; rechts neben ihr Paulus mit dem Schwert, zur Linken Petrus mit dem Schlüssel. Diese drei Figuren sind Holzschnitzwerk, buntbemalt, mehr derb charakteristisch als schön. Der hohe Kunstwert des Schreins besteht lediglich in der Schönheit der Malereien, die sich auf beiden Flügeln, und zwar auf der Vorder- wie auf der Rückseite derselben befinden. Sind diese Flügel, wie gewöhnlich, geöffnet, so erblicken wir die beiden besonderen Schutzheiligen der Zisterzienser, den heiligen Benedikt, aus dessen Orden sie hervorgingen, und den heiligen Bernhard, der den Orden zu höchstem Glanz und Ansehen führte. (Die Zisterzienser werden deswegen auch oft Bernhardiner genannt.) Neben den beiden Heiligen stehen die Gestalten der Maria Magdalena und der heiligen Ursula. Auf der Rückseite befinden sich: der heilige Gregorius, St. Ambrosius, St. Augustinus und der heilige Hieronymus, lauter Kirchenväter, die zu dem Klosterleben der katholischen Kirche in besonderer Beziehung stehen. Die Köpfe aller dieser Gestalten, besonders der des St. Benedikt und des heiligen Bernhard (die Frauenköpfe sind weniger vollendet) haben immer für Meisterwerke gegolten und man hat sie, ebenso um ihrer Ausführung wie um ihrer Charakteristik willen, abwechselnd dem Albrecht Dürer, dem Lucas Cranach und endlich dem Grünewald, einem der besten Schüler Dürers, zugeschrieben. Der letzteren Ansicht ist Ernst Förster in München. Grünewald war allerdings speziell durch seine Charakterisierung der Köpfe ausgezeichnet.

stand, wurde geübt. Als es sich darum handelte, einem der Klosterdörfer einen neuen Geistlichen zu geben, wurde der alte Abt Valentin aufgefordert, die übliche Präsentation, die Einführung des Geistlichen in die Gemeinde, zu übernehmen. Abt Valentin lehnte dies ab, weil er es verschmähte, der Beauftragte, der Abgesandte protestantischer Kirchenvisitatoren zu sein. Darüber hinaus aber ging er nicht. Zu hofmännisch geschult, um dem Sohn und Nachfolger seines heimgegangenen Kurfürsten eine ernste Gegnerschaft zu bereiten, zu schwach für den Kampf selbst, wenn er ihn hätte kämpfen wollen, unterwarf er sich dem neuen Regiment, und schon zu Neujahr 1542 bittet er den Kurfürsten nicht nur, »ihm und seinem Kloster auch bei veränderten Zeitläufen allezeit ein gnädigster Herre zu sein«, sondern fügt auch den Wunsch bei, »daß seine kurfürstliche Durchlaucht ihm und seinen Fratribus, wie bisher, etzliches Wildpret verehren möge.«

So verläuft der Widerstreit fast in Gemütlichkeit, bis im Laufe desselben Jahres der alte Abt das Zeitliche segnet. Sein Tod macht den Strich unter die Rechnung des Klosters. Keine Rücksichten auf den »alten Gevatter des Vaters« hemmen länger die Aktion des Sohnes, und der Befehl ergeht an die Mönche: keinen neuen Abt zu wählen. Den Mönchen selber wird freigestellt, ob sie »bleiben oder wandern« wollen, und die Mehrzahl, alles was jung, gescheit oder tatkräftig ist, wählt das letztere und wandert aus. *

Die Alten blieben. Ob sie im Kloster selber ruhig weiterlebten, oder aber, wie andrerseits versichert wird, in dem dritthalb Meilen entfernten, dicht bei Paretz gelegenen Klosterdorfe Neu-Töplitz sich häuslich niederließen, ist nicht mehr mit voller Gewißheit festzustellen gewesen. Gleichviel

---

* Eine Urkunde vom 8. Dezember 1542 hat uns die Namen von zehn Klosterbrüdern aufbewahrt, die, mit Geld und Kleidung (»mehr als wir verhofft«) ausgerüstet, Lehnin verließen und in die Welt gingen. Es waren: Kaspar Welle, Christoph Brun, Martin Uchtenhagen, Joachim Kerstinus, Joachim Sandmann, Gregorius Kock, Wipert Schulte, Heinrich Jorden, Maternus Meier, Valentin Vissow. Dazu kamen später: Steffen Lindstedt und Johannes Nagel, beide aus Stendal, ferner Mathias Dusedow, Gerhard Berchsow und Hieronymus Teuffel. Einige von diesen Namen: Uchtenhagen, Lindstedt, Teuffel waren Adelsnamen, doch ist nicht zu ersehen, ob die obengenannten Drei von adliger oder bürgerlicher Abkunft waren. Im allgemeinen traten hierlands fast nur Bürgerliche in den Zisterzienserorden ein, während sich in den Nonnenklöstern desselben Ordens fast nur die Töchter adliger Familien befanden.

aber, wo sie den Rest ihrer Tage beschlossen, sie beschlossen sie ruhig, friedfertig, ergeben, ohne jede Spur von Märtyrerschaft, ohne den kleinsten Schimmer von jenem Goldglanz um ihr Haupt, den zu allen Zeiten das Einstehen für eine Idee verliehen hat.

Die letzten Lehniner standen für nichts ein, als für sich selbst, und das letzte Lebenszeichen, das wir, überliefert von ihnen, besitzen, ist eine Bitte des »Priors, Subpriors und Seniors so zu Lehnin verharren«, worin sie ihren gnädigsten Herrn und Kurfürsten ersuchen, unter vielen anderen Dingen jedem einzelnen auch folgendes zu gewähren:

Mittagessen: vier Gerichte; Abendessen: drei Gerichte; Bier: eine Tonne wöchentlich; Wein: acht Tonnen jährlich; außerdem zu Neujahr und zu Mitfasten einen Pfefferkuchen.

So erlosch Lehnin. Das vierhundertjährige Klosterleben, das mit der Ermordung Abt Sibolds begonnen hatte, schrieb zum Schluß einen Bitt- und Speisezettel, es den Räten ihres gnädigsten Kurfürsten überlassend, »an den obgemeldeten Artikeln zu reformieren nach ihrem Gefallen.«

3

Kloster Lehnin, wie es war und wie es ist

Kapellen
Das Schiff umstellen;
In engen
Gängen
Die Lampen hängen,
Und werfen ihre düstren Lichter
Auf grabstein-geschnittene Mönchsgesichter

*

Nach Waltham-Abtei hierher alsdann
Sollt ihr die Leiche bringen,
Damit wir christlich bestatten den Leib
Und für die Seele singen.

H. Heine

Lehnin war nicht nur das älteste Kloster in der Mark, es war auch, wie schon hervorgehoben, das reichste, das begütertste, und demgemäß war seine Erscheinung. Nicht daß es sich durch architektonische Schönheit vor allen andern ausgezeichnet hätte — nach dieser Seite hin wurde es von Kloster Chorin übertroffen — aber die Fülle der Baulichkeiten, die sich innerhalb seiner weitgespannten Klostermauern vorfand, die Gast- und Empfangs- und Wirtschaftsgebäude, die Schulen, die Handwerks- und Siechenhäuser, die nach allen Seiten hin das eigentliche Kloster umstanden, alle diese Schöpfungen, eine gotische Stadt im kleinen, deuteten auf die Ausgedehntheit und Solidität des Besitzes.

Der stattliche Mittelpunkt des Ganzen, die zahlreichen Giebel überragend, war und blieb die hohe Klosterkirche, deren mit Kupfer gedeckter Mittelturm dunkel bronzefarben in der Sonne glänzte. Diese Kirche selbst war ihrer Anlage nach eher schlicht als schön, mehr geräumig als prächtig, aber das Leben und Sterben der Geschlechter, Hoffnung und Bangen, Dank und Reue hatten die weiten Räume im Laufe der Jahrhunderte belebt, und die ursprünglich kahlen Wände und Pfeiler waren unter der Buntheit der Dekoration, unter dem wachsenden Einfluß von Licht und Farbe, von Reichtum und Schmuck zu einem immer schöneren und immer imposanteren Ganzen geworden. Seitenaltäre mit Bildern und Kruzifixen, Nischen mit Marienbildern und ewigen Lampen (oft gestiftet, um schwere Untat zu sühnen) zogen sich an Wand und Pfeiler hin, in den langen Seitenschiffen aber lagen die Leichensteine der Äbte, ihr Bild mit Mütze und Krummstab tief in den Stein geschnitten, während an der gewölbten Decke hin, schlanken Leibes und lächelnden Gesichts, die reichvergoldeten Gestalten der Heiligen und Märtyrer schwebten. In einer der Seitenkapellen lag der Grabstein Abt Sibolds, den die Nahmitzer erschlagen hatten.

Einem reichen Schmuck an Bildwerken, an Erinnerungszeichen aller Art, begegnete der Besucher, wenn er vom Mittelpunkt der Kirche aus in das Längsschiff und die Seitengänge desselben niederblickte, aber die eigentliche Bedeutung von Kloster Lehnin erschloß sich ihm erst, wenn er, den Blick nach Westen hin aufgebend, sich wandte, um, statt in das Längsschiff hernieder, in den hohen Chor hinaufzusehen. Unmittelbar vor ihm, in den Fußboden eingelassen, sah er dann, schlicht und unscheinbar, den Stumpf der Eiche, unter der Markgraf Otto, der Gründer des Klosters, seinen Traum gehabt hatte; zwischen dem Stumpf und dem Altar aber lagen die Grabsteine der Askanier, elf an der Zahl, die hier innerhalb des Klosters, das ihr Ahnherr ins Leben gerufen, ihre letzte Ruhe gesucht und gefunden hatten.

Elf Askanier lagen hier, und einträchtig neben ihnen drei aus dem Hause der Hohenzollern, Friedrich mit dem Eisenzahn, Johann Cicero und Joachim I. Dieser stand nur ein einzig Jahr in der Gruft (von 1535—1536), dann wurde sein Sarg, wie der Sarg seines Vaters und Großoheims, nach Berlin hin übergeführt, wo ihnen im Dom eine Stätte bereitet war. Jener Tag der Überführung der drei Särge von Lehnin nach dem Dom in Cölln an der Spree war recht eigentlich der Todestag Lehnins. Die Güter wurden eingezogen, und innerhalb zwanzig Jahren war die Umwandlung vollzogen — der Klosterhof war ein Amtshof geworden. Der Krieg kam und begann sein Werk der Zerstörung, aber schlimmer als die Hand der Schweden und Kaiserlichen, die hier abwechselnd ihr Kriegswesen trieben, griffen in Zeiten tiefsten Friedens die Hände derer ein, die am ehesten die Pflicht gehabt hätten, diese alte Stätte zu schützen und zu wahren: die Um- und Anwohner selbst. Freilich waren diese Um- und Anwohner zumeist nur solche, die weder selbst, noch auch ihre Väter und Vorväter, das alte Lehnin gekannt hatten. 1791 waren Landleute aus der Schweiz nach Amt Lehnin berufen worden, um bessere Viehzucht daselbst einzuführen. Kloster Lehnin wurde nun ein Steinbruch für Büdner und Kossäten und Haue und Pickaxt schlugen Wände und Pfeiler nieder. Die Regierungen selbst, namentlich unter Friedrich Wilhelm I., nahmen an diesem Vandalismus teil, und weil die ganze Zeit eine die Vergangenheit schonende Pietät nicht kannte, so geziemt es sich auch nicht, dem einzelnen einen Vorwurf daraus zu machen, daß er die Anschauungsweise teilte, die damals die gültige war. Kloster Lehnin, wäre es nach dem guten Willen seiner Schädiger gegangen, würde nur noch eine Trümmerstätte sein, aber das alte Mauerwerk erwies sich als fester und ausdauernder als alle Zerstörungslust, und so hat sich ein Teil des Baues, durch seine eigene Macht und Widerstandskraft, bis in unsere Tage hinein gerettet.

Werfen wir einen Blick auf das, was noch vorhanden ist, von der Kirche sowohl wie von der ganzen Klosteranlage überhaupt. Der älteste Teil, der romanische, steht; der gotische Teil liegt in Trümmern. Da wo diese Trümmer an den noch intakt erhaltenen Teil der Kirche sich lehnen, hat man jetzt eine Quermauer gezogen und mit Hilfe dieser das Zerfallene von dem noch Erhaltenen geschieden. Das lange gotische Schiff hat dadurch freilich aufgehört ein Längsschiff zu sein und ist ein Kurzschiff geworden; die Seitenschiffe fehlen ganz, und die Pfeilerarkaden, die früher die Verbindung zwischen dem Hauptschiff und den zwei Seitenschiffen vermittelten, bilden jetzt, nach Vermauerung ihrer Rundbogen, die Seitenwände jenes einen kurzen Schiffes, das überhaupt noch vorhanden ist. An die Stelle frischer Farben ist die leblose weiße Tünche getreten, und reparaturbedürftige Kirchenstühle, über denen sich, an einer Seite des Schiffs, eine ebenfalls hinfällige Empore mit vergilbten Brautkronen und Totenkränzen entlangzieht, steigern eher die Dürftigkeit des Anblicks, als daß sie sie minderten. Den Fußboden entlang, abgetreten und ausgehöhlt, liegen rote Fliesen; die Grabsteine sind fort, ebenso die schwebenden Heiligen mit roten Bändern und Goldschein hoch oben an der Decke. Alles was einst glänzte und leuchtete, ist hin. Der schon erwähnte Altarschrein mit Schnitzwerk und Bilderpracht hat seine Stelle gewechselt, und statt des Purpurs und Brokats ist die übliche schwarzwollene Decke, die mehr zu einem Trauer- als zu einem Freudenmahle paßt, über den schlichten Altartisch gebreitet. Nur der alte, halb zu Stein gewordene Eichenstumpf, einstens die lebendige Wurzel, aus der dieses Kloster erwuchs, ist ihm geblieben und hat alles überdauert, seinen Glanz und seinen Verfall. Nichts mehr von Nischen und Marienbildern, von Kapellen und askanischen Grabsteinen; nur Otto VI., auch Ottoken genannt, Schwiegersohn Kaiser Rudolphs von Habsburg, der als Akoluth des Klosters verstarb, behauptet — auch in künstlerischer Beziehung ein interessantes Überbleibsel aus geschwundener Zeit — seinen Ehrenplatz an alter Stelle. Sein Grabstein liegt mitten im hohen Chor. Die Erinnerungszeichen an Abt Sibold sind zerstört; seine Begräbniskammer, die noch im vorigen Jahrhundert existierte, ist niedergerissen, und statt des Grabsteins des Ermordeten, der fünf Jahrhunderte lang seinen Namen und die Daten seines Lebens bewahrt hatte, erzählen nur noch die beiden alten Bilder im Querschiff die Geschichte seines Todes. Diese Bilder, wichtig wie sie sind, sind alles andere eher als ein Schmuck. Zu dem Grauen über die Tat gesellt sich ein Unbehagen über die Häßlichkeit der Darstellung, die diese Tat gefunden. Das ursprünglich bessere Bild ist kaum noch erkennbar.

Es ist ein trister Aufenthalt, diese Klosterkirche von Lehnin, aber ein Bild anheimelnder Schönheit tut sich vor uns auf, sobald wir aus der öden, freudlosen Kirche mit ihren hohen, weißgetünchten Pfeilern ins Freie treten und nun die Szenerie der unmittelbaren Umgebung: altes und neues, Kunst und Natur auf uns wirken lassen. Innen hatten wir die nackte, nur kümmerlich bei Leben erhaltene Existenz, die trister ist als Tod und Zerstörung, draußen haben wir die ganze Poesie des Verfalls, den alten Zauber, der überall da waltet, wo die ewig junge Natur das zerbröckelte Menschenwerk liebevoll in ihren Arm nimmt. Hohe Park- und Gartenbäume, Kastanien, Pappeln, Linden, haben den ganzen Bau wie in eine grüne Riesenlaube eingesponnen, und was die Bäume am ganzen tun, das tun hundert Sträucher an hundert einzelnen Teilen. Himbeerbüsche, von Efeuranken wunderbar durchflochten, sitzen wie ein grotesker Kopfputz auf Säulen und Pfeilerresten, Weinspaliere ziehen sich an der Südseite des Hauptschiffs entlang, und überall in die zerbröckelten Fundamente nestelt sich jenes bunte, rankenziehende Gestrüpp ein, das die Mitte hält zwischen Unkraut und Blumen. So ist es hier Sommer lang. Dann kommt der Herbst, der Spätherbst, und das Bild wird farbenreicher denn zuvor. Auf den hohen Pfeilertrümmern wachsen Ebereschen und Berberitzensträucher, jeder Zweig steht in Frucht, und die Schuljugend jagt und klettert umher und lacht mit roten Gesichtern aus den roten Beeren heraus. Aber wenn die Sonne unter ist, geben sie das Spiel in den Trümmern auf, und wer dann das Ohr an die Erde legt, der hört tief unten die Mönche singen. Dabei wird es kalt und kälter; das Abendrot streift die Kirchenfenster, und mitunter ist es, als stünde eine weiße Gestalt inmitten der roten Scheiben. Das ist das weiße Fräulein, das umgeht, treppauf, treppab, und den Mönch sucht, den sie liebte. Um Mitternacht tritt sie aus der Mauerwand, rasch, als habe sie ihn gesehen, und breitet die Arme nach ihm aus. Aber umsonst. Und dann setzt sie sich in den Pfeilerschatten und weint.

Und unter den Altangesessenen, deren Vorfahren noch unter dem Kloster gelebt, ist keiner, der das weiße Fräulein nicht gesehen hätte. Nur die reformierten Schweizer und alle die, die nach ihnen kamen, sehen nichts und starren ins Leere. Die Alt-Lehninschen aber sind stolz auf diese ihre Gabe des Gesichts, und sie haben ein Sprichwort, daß diesem Stolz einen Ausdruck gibt. Wenn sie einen Fremden bezeichnen wollen, oder einen später Zugezogenen, der nichts gemein hat mit Alt-Lehnin, so sagen sie nicht: »er ist ein Fremder oder ein Neuer«, sie sagen nur: »er kann das weiße Fräulein nicht sehen.«

DIE LEHNINSCHE WEISSAGUNG

Jetzo will ich, Lehnin, dir sorgsam singen die Zukunft,
Die mir gewiesen der Herr, der einstens alles geschaffen.

Vaticinium Lehninse

Zu Anfang des vorigen Jahrhunderts, während der Regierungsjahre Friedrich Wilhelms I., erschienen an verschiedenen Druckorten, teils selbständig, teils umfangreicheren Arbeiten einverleibt, hundert gereimte lateinische Hexameter, sogenannte Leoninische Verse, die in dunklem Prophetenton über die Schicksale der Mark und ihrer Fürsten sprachen und die Überschrift führten: »Weissagung des seligen Bruders Hermann, weiland Lehniner Mönches, der ums Jahr 1300 lebte und blühte«.

Diese Verse, die sich gleich selbst, in ihren ersten Zeilen, als eine Weissagung ankündigen: »Jetzt weissage ich dir, Lehnin, dein künftiges Schicksal«, machten großes Aufsehen, da in denselben mit bemerkenswertem Geschick und jedenfalls mit ungewöhnlicher poetischer Begabung das Aussterben der Hohenzollern in der elften Generation nach Joachim I. und die gleichzeitige Rückkehr der Mark in den Schoß der katholischen Kirche prophezeit wurde. Eine solche Prophezeiung war durchaus dazu angetan, Aufsehen zu erregen, da es auch damals (1721) in Deutschland nicht an Parteien fehlte, die freudig aufhorchten, wenn der Untergang der Hohenzollern in nähere oder fernere Aussicht gestellt wurde. In Berlin selbst, wie sich annehmen läßt, war das Interesse nicht geringer, und man begann nachzuforschen, nach welchem Manuskript die Veröffentlichung dieser Weissagung erfolgt sein könne. Diese Nachforschungen führten zuletzt auf eine mehr oder weniger alte Handschrift, die etwa um 1693 in der nachgelassenen Bibliothek des in dem genannten Jahre verstorbenen Kammergerichtsrats Seidel aufgefunden worden war.

Diese älteste Handschrift, die übrigens nie die Prätension erhob, das rätselvolle Original aus dem Jahre 1300 sein zu wollen, existierte bis 1796 im Staatsarchiv. In eben diesem Jahre wurde sie durch Friedrich Wilhelm II. nach Charlottenburg gefordert und von dort nicht wieder remittiert. Man muß annehmen, daß sie verlorengegangen ist. Die vier ältesten Abschriften, die jetzt noch in der Königlichen Bibliothek vorhanden sind, gehören, ihrer Schrift nach, dem Anfange des vorigen Jahrhunderts an. Jedenfalls also fehlt nicht nur das wirkliche Original, sondern auch alles, was sich, wohl oder übel, als Original ausgeben könnte! Hiermit fällt selbstverständlich die Möglichkeit fort, aus allerlei äußerlichen Anzeichen, wie Handschrift, Initialen, Pergament usw. irgend etwas für die Echtheit oder Unechtheit beweisen zu wollen, und wir haben die Beweise pro und contra eben wo anders zu suchen. Solche Untersuchungen sind denn nun auch, gleich vom ersten Erscheinen der »Weissagung« an, vielfach angestellt worden, und haben im Laufe von anderthalb hundert Jahren zu einer ganzen Literatur geführt. Katholischer- und seit einem Vierteljahrhundert auch demokratischerseits hat man ebenso beharrlich die Echtheit der Weissagung, wie protestantisch-preußischerseits die Unechtheit zu beweisen getrachtet. Nur wenige Ausnahmen von dieser Regel kommen vor. Die demokratischen Paraphrasen und Deutungen, die an die Weissagung anknüpfen, sind sämtlich tendenziöser Natur, bloße Pamphlete und haben keinen Anspruch, hier ernstlicher in Erwägung gezogen zu werden; sie rühren aus den Jahren 1848 und 1849 her und sind eigentlich nichts anderes als damals gern geglaubte Versicherungen, der Stern der Hohenzollern sei im Erlöschen. Was die katholischen Arbeiten angeht, die alle für die Echtheit eintreten, so sind sicherlich viele derselben bona fide geschrieben, dennoch haben sie samt und sonders wenig Wert für die Entscheidung der Frage, da sie, ohne mit der Grundempfindung, aus der sie hervorgingen, rechten zu wollen, doch schließlich aller eigentlichen Kritik entbehren.

Unter den protestantischen Gelehrten, die sich mit dieser Frage beschäftigt haben, begegnen wir sehr bewährten, zum Teil sogar hervorragenden Namen: Oberbibliothekar Wilckens, Dr. C. L. Gieseler, Professor Giesebrecht, Schulrat Otto Schulz, vor allem Professor Guhrauer in Breslau, meist Historiker, die mit einem großen Aufwand von Studium, Gelehrsamkeit und Scharfsinn die Unechtheit darzutun getrachtet haben. Sie haben indessen, meinem Ermessen nach, den Fehler gemacht, daß sie zu viel und manches an der unrechten Stelle haben beweisen wollen. Anstatt einen entscheidenden Schlag zu tun, haben sie viele Schläge getan, und wie es immer in solchen Fällen geht, sind die Schläge nicht nur vielfach nebenbei, sondern gelegentlich auch zurückgefallen. Man schadet einem einzigen, aber ganzen Beweise jedesmal dadurch, daß man zur Anfügung vieler Halbbeweise schreitet, namentlich dann aber, wenn man bei der Anwendung unkünstlerisch verfährt und, statt aus dem Halben zum Ganzen fortzuschreiten, aus dem Ganzen zum Halben hin die Dinge zurückentwickelt.

Ich sagte schon, die Angreifer hätten vielfach an unrechter Stelle angegriffen; ich muß hinzusetzen, nicht bloß an unrechter Stelle, sondern gelegentlich just an dem allerstärksten Punkte der feindlichen Position. Dieser stärkste Punkt der Lehniner Weissagung aber ist meinem Dafürhalten nach ihr Inhalt, ihr Geist, ihr Ton.

Sehen wir, wogegen die protestantischen Kritiker sich richteten. Sie haben zunächst als verdachterweckende Punkte hervorgehoben, erstens, daß der Prophet, wenn er denn nun mal durchaus ein solcher sein solle, vielfach falsch prophezeit, zweitens aber, daß er in vorhohenzollerscher Zeit bereits antihohenzollersch gesprochen habe. Dies deute auf spätere Zeiten, wo es bereits Sympathien und Antipathien in betreff der Hohenzollern gegeben. Auf beide Einwände ist die Antwort leicht.

Was die Irrtümer des Propheten Hermann angeht, so hat es sich ja niemals darum gehandelt, endgültig festzustellen, ob Mönch Hermann richtig prophezeit habe oder falsch, es hat sich bei dieser Kontroverse immer nur darum gehandelt, ob er überhaupt geweissagt habe. Wenn nun aber einerseits die Prophetie keine Garantie übernimmt, daß alles Prophezeite zutreffen muß, so übernimmt sie noch viel weniger — und hiermit fassen wir den zweiten Punkt ins Auge — die Verpflichtung, kommenden Herrschergeschlechtern, gleichsam in antizipierter Loyalität angenehme Dinge zu sagen. Der Prophet sagt die Dinge so, wie er sie sieht, und kümmert sich nicht darum, wie kommende Zeiten sich zu den Menschen und Taten stellen werden, die er, lediglich kraft seiner Kraft, vorweg hat in die Erscheinung treten sehen. Nehmen wir einen Augenblick an, die Prophezeiung sei echt, so liegt doch für einen gläubigen Zisterziensermönch, der plötzlich, inmitten seiner Visionen, die Gestalt Joachims II. vor sich hintreten sieht, nicht der geringste Grund vor, warum er nicht gegen den Schädiger seiner Kirche und seines Klosters vorweg die heftigsten Invektiven schleudern sollte. Er weiß nicht, daß er Joachim heißen, er weiß auch nicht, daß er einem bestimmten Geschlecht, das den Namen der Hohenzollern führt, zugehören wird, er sieht ihn nur, ihn und die Tat, die er vorhat — das genügt, ihn zu verwerfen. Dies sagen wir nicht, wie schon angedeutet, zur Rechtfertigung dieser speziellen Prophezeiung oder als Beweis für ihre Echtheit, sondern nur zur Charakterisierung aller Prophetie überhaupt.

Wenn nun weder die Irrtümer, die mit drunter laufen, noch der antihohenzollersche Geist, der aus dieser sogenannten Weissagung spricht, etwas Erhebliches gegen die Echtheit beibringen können, so ist doch ein dritter Punkt allerdings ernster in Erwägung zu ziehen. Alle protestantischen Angreifer der Weissagung (mit Ausnahme W. Meinholds) sind dahin übereingekommen, daß die sogenannte Lehninsche Weissagung in ersichtlich zwei Teile zerfalle, in eine größere Hälfte, in der es der, nach Annahme der Gegner, um 1690 lebende Verfasser leicht gehabt habe, über die rückliegenden Ereignisse von 1290 bis 1690 zutreffend zu prophezeien, und in eine kleinere Hälfte von 1690 an, in der denn auch den vorgeblichen Mönch Hermann seine Prophetengabe durchaus im Stich gelassen habe. Hätten die Angreifer hierin unbedingt recht, so wäre der Streit dadurch gewissermaßen entschieden. Indessen existiert meiner Meinung nach eine solche Scheidelinie nicht. Es zieht sich vielmehr umgekehrt ein vieldeutig-orakelhafter Ton durch das Ganze hindurch, eine Sprache, die überall der mannigfachsten Auslegungen fähig ist und in der zweiten Hälfte, in rätselvoll anklingenden Worten, ebenso das Richtige trifft wie in der ersten Hälfte. Es ist kein essentieller Unterschied zwischen Anfang und Ende: beide Teile treffen es, und beide Teile treffen es nicht; beide Teile ergehen sich in Irrtümern und Dunkelheiten, und beide Teile blenden durch Lichtblitze, die, hier wie dort, gelegentlich einen völlig visionären Charakter haben.

Beschäftigen wir uns, unter Heranziehung einiger Beispiele, zuerst mit der ersten Hälfte. Wir bemerken hier eine Verquickung jener drei Hauptelemente, die nirgends in dieser sogenannten Weissagung fehlen: Falsches, Dunkles, Zutreffendes. Frappant zutreffend vom katholischen Standpunkt aus sind die acht Zeilen in der Mitte des Gedichts, die sich auf Joachim I. und II. beziehen. Sie lauten:

Seine (Johann Ciceros) Söhne werden beglückt durch gleichmäßiges Los;
Allein dann wird ein Weib dem Vaterlande trauriges Verderben bringen,
Ein Weib, angesteckt vom Gift einer neuen Schlange,
Dieses Gift wird auch währen bis in's elfte Glied,

Und dann
Und nun kommt der, welcher dich, Lehnin, nur allzu sehr haßt,
Wie ein Messer dich zerteilt, ein Gottesleugner, ein Ehebrecher,
Er macht wüste die Kirche, verschleudert die Kirchengüter.
Geh, mein Volk: Du hast keinen Beschützer mehr,
Bis die Stunde kommen wird, wo die Wiederherstellung (restitutio) kommt.

Die Vorgänge in der Mark in dem zweiten Viertel des sechzehnten Jahrhunderts, der Übertritt Elisabeths zur neuen Lehre und die Aufhebung der Klöster durch Joachim II., der die Axt an den Stamm legte, konnten, wir wiederholen es, vom katholischen Standpunkt aus, nicht zutreffender und in nicht besserem Prophetenton geschildert werden. Aber zugegeben, daß — wie die Angreifer erwidern — der Verfasser im Jahre 1690 gut prophezeien hatte in betreff von Vorgängen, die hundertfünfzig Jahre zurücklagen, warum, so fragen wir, prophezeite er teils falsch, teils dunkel in betreff so vieler anderer Vorgänge, die, wenn 1690 die Scheidelinie ziehen soll, ebenfalls der Vergangenheit angehörten. Nehmen wir ein Beispiel statt vieler — die Verse, die sich auf George Wilhelm, also auf die Epoche während des Dreißigjährigen Krieges beziehen. Es sind die folgenden:

Nach dem Vater ist der Sohn Herr des Markgrafentums.
Er läßt nicht viele leben nach ihrem Sinne, ohne sie zu strafen.
Indem er zu stark vertrauet, frißt der Wolf das arme Vieh,
Und es folgt in kurzem der Diener dem Herrn im Tode.

Die vierte Zeile ist auf den Tod Adam Schwarzenbergs gedeutet worden, wogegen sich nichts sagen läßt. Der Inhalt dieser Zeile träfe also zu. Aber die zweite und dritte geben, wenn man das auch hier vorhandene Dunkel durchdringt, eine Charakteristik der Zeit sowohl wie des Mannes, wie sie nicht leicht falscher gedacht werden kann. Wenn es umgekehrt hieße: »Er ließ alle leben nach ihrem Sinne, ohne sie zu strafen«, und »er vertraute (da er bekanntlich immer schwankte) nicht stark genug« — so würden diese Sätze um vieles richtiger sein als die, die jetzt dastehen. Wo bleibt da das bequeme Prophezeien nach rückwärts?*

Vergleichen wir nun damit die Prophezeiungen der zweiten Hälfte, der Epoche nach 1690, wo also der Dichter, selbst wenn er um 1690 schrieb, jedenfalls gezwungen war, in die Zukunft zu blicken.

Über Friedrich den Großen** heißt es, wie nicht geleugnet

---

* Aus der Epoche von vor 1690 sind auch (aus einem andern Grunde noch, als aus dem eben bei George Wilhelm angeführten) die vier Zeilen merkwürdig, die sich auf Kurfürst Friedrich I., den ersten Hohenzoller, beziehen. Sie lauten:

Wahrheit sprech ich: Dein Stamm, der zu langem Alter bestimmt ist,
Wird einst mit schwacher Gewalt die heimischen Gauen beherrschen,
Bis zu Boden gestreckt, die einst in Ehre gewandelt,
Städte verwüstet und frech beschränkt die Herrschaft der Fürsten.

In diesen vier Zeilen, wenn wir eine Post-fact-Prophezeiung annehmen wollen (was wir, schon hier sei es gesagt, wirklich tun), erschwert sich der Dichter seine Aufgabe freiwillig, und anstatt im Prophetenton Dinge über die Regierungszeit Friedrichs I. zu sagen, die er 1690 allerdings wissen konnte, ohne ein Prophet zu sein, verschmäht er diese bequeme Aushilfe völlig und knüpft vielmehr Betrachtungen an die Erscheinung des ersten Hohenzollern, die, selbst von 1690 ab gerechnet, noch in der Zukunft lagen. Er machte es sich also nicht leicht, hatte vielmehr immer das Ganze im Auge und prophezeite auch da noch wirklich und aus eigenstem Antrieb (man könnte sagen: »seine Mittel erlaubten es ihm«), wo das Prophezeien post fact einem Stümper in der Prophetie das bequemere und sichere Auskunftsmittel gewesen sein würde.

** Die Prophezeiung geht von König Friedrich I. gleich auf Friedrich II. über und überspringt also Friedrich Wilhelm I. Man hat daraus einen Beweis für die Unechtheit herleiten wollen, aber ganz mit Unrecht. Der Prophet (so nehmen wir zunächst an) blickte in die Zukunft, er sah wechselnde Gestalten, und den Soldatenkönig sah er nicht. Das geistige Auge — dies müssen wir festhalten — kann Gegenstände ebenso gut übersehen wie das leibliche. Ja, es läßt sich aus dem Fehlen König Friedrich Wilhelms I. viel eher, wenigstens mittelbar, ein Beweis für den wirklich prophetischen Gehalt der Weissagung herleiten. Versucht man nämlich, wie einige getan haben, das, was sich auf Friedrich den Großen bezieht, auf Friedrich Wilhelm I. zu deuten, so entsteht ein völliger Nonsens, und werden dadurch alle diejenigen schlagend widerlegt, die beweisen möchten, daß diese Sätze überhaupt dunkle Allgemeinheiten seien, die schließlich, bei einiger Interpretationskunst, auf jeden paßten. Man kann aber leicht die Probe machen, daß dies durchaus nicht zutrifft, und daß bestimmte Verse auch nur auf bestimmte Personen passen.

werden soll, mehr dunkel und anklingend, als scharf zutreffend:

In kurzem toset ein Jüngling daher, während die große
Gebärerin seufzt;
Aber wer wird vermögen, den zerrütteten Staat wieder herzustellen?
Er wird das Banner erfassen, allein grausame Geschicke zu
beklagen haben,
Er will beim Wehen der Südwinde sein Leben den Festungen
vertraun.

oder (nach anderer Übersetzung):

Weht es von Süden herauf, will Leben er borgen den
Klöstern.

Dann (Friedrich Wilhelm II.):

Welcher ihm folgt, ahmt nach die bösen Sitten der Väter,
Hat nicht Kraft im Gemüt, noch eine Gottheit im Volke.
Wessen Hilf' er begehrt, der wird entgegen ihm stehen,
Und er im Wasser sterben, das Oberste kehrend zu unterst.

Dann (Friedrich Wilhelm III.):

Der Sohn wird blühen; was er nicht gehofft, wird er besitzen.
Allein das Volk wird in diesen Zeiten traurig weinen;
Denn es scheinen Geschicke zu kommen sonderbarer Art,
Und der Fürst ahnet nicht, daß eine neue Macht im Wachsen
ist.

Niemand, der vorurteilslos an diese Dinge herantritt, wird in Abrede stellen können, daß ganz speziell in den letzten acht Zeilen Wendungen anzutreffen sind, die von einer frappierenden Zutreffendheit sind, so zutreffend, daß in der ganzen Weissagung nur eine einzige Stelle ist: jene acht Zeilen, die sich auf Joachim I. und II. beziehen, die an Charakterisierung von Zeit und Personen damit verglichen werden können. Wenn auch hier ausweichend geantwortet ist, es handle sich in allen dreien um bloße Allgemeinheiten, so ist das teils nicht richtig, teils bezeichnet es den Charakter der ganzen Dichtung überhaupt, gleichviel, ob dieselbe Nahes oder Zurückliegendes in Worte faßt.

Es ist nach dem allen nicht zu verwundern, daß der Streit über die Echtheit nach wie vor schwebt, und daß die Weissagung, selbst unter den Protestanten, die verschiedensten Urteile erfahren hat. Küster nennt das Vaticinium einfach ein »Spiel des Witzes« (lusus ingenii); Guhrauer bezeichnet es als eine lakonisch-orakelmäßige Darstellung, die, mit Rücksicht auf die einmal befolgte Tendenz, nicht ohne Geschick angelegt und durchgeführt worden sei. Schulrat Otto Schulz geht in seinem Unmut schon weiter und in der festen Überzeugung, »daß der gesunde Sinn des preußischen Volkes diese Weissagung als die Ausgeburt eines hämischen Fanatikers zu würdigen wissen werde.« Professor Trahndorff denkt noch schlimmer darüber, indem er sie geradezu für Teufelswerk ausgibt; hält sie aber andererseits für eine wirkliche, wenn auch diabolische Prophezeiung. »Diese hundert Verse«, so sagt er, »sind als eine echte Prophezeiung anzusehen, aber zugleich wegen des darin waltenden unevangelischen Geistes als das Werk des Lügengeistes zu verwerfen.« Von Trahndorff zu Meinhold, dem Verfasser der »Bernsteinhexe«, ist nur noch ein Schritt. Wenn jener die wirkliche Prophezeiung zugegeben hat, so fragt es sich nur noch, ob nicht der Lügengeist, den der eine darin findet, durch den andern ohne viele Mühe in einen Geist der Wahrheit verkehrt werden kann. Meinhold vollzieht denn auch diese Umwandlung und versichert, »daß er beim Lesen dieser Lehninschen Weissagung die Schauer der Ewigkeit gefühlt habe«.

So weichen selbst protestantische Beurteiler im einzelnen und gelegentlich auch im ganzen voneinander ab.

Es wird also schwerlich jemals glücken, aus dem Geist und Inhalt der Prophezeiung, wie so vielfach versucht worden ist, ihre Unechtheit zu beweisen. Diese Dinge appellieren an das Gefühl, und bei dem poetischen Geschick, das aus dem Vaticinium unverkennbar spricht, empfängt dieser Appell keine ungünstige Antwort. Es ist nicht zu leugnen, daß, wenn man Geist und Ton der Dichtung durchaus betonen will, beide mehr für die Echtheit als gegen dieselbe sprechen. Beispielsweise die Schlußzeilen:

Endlich führet das Szepter, der der Letzte seines Stammes sein wird,
Israel wagt eine unnennbare, nur durch den Tod zu sühnende Tat,

Und der Hirt empfängt die Herde, Deutschland einen König wieder.
Die Mark vergißt gänzlich aller ihrer Leiden
Und wagt die Ihrigen allein zu hegen, und kein Fremdling darf mehr frohlocken,
Und die alten Mauern von Lehnin und Chorin werden wieder erstehn,
Und die Geistlichkeit steht wieder da nach alter Weise in Ehren,
Und kein Wolf stellt mehr dem edlen Schafstalle nach.

Selbst diese matte Übersetzung der volltönenden Verse des Originals hat noch etwas von prophetischem Klang.

Die Frage wird nicht aus dem Inhalt, sondern umgekehrt einzig und allein aus der Form und aus äußerlich Einzelnem heraus entschieden werden.

Guhrauer hat zuerst darauf aufmerksam gemacht, daß sich in der Weissagung (Zeile 63) das Wort »Jehova« vorfinde, und hat daran die Bemerkung geknüpft, daß dieser Ausdruck »Jehova« anstelle des bis dahin üblichen »Adonai« überhaupt erst zu Anfang des sechzehnten Jahrhunderts gebräuchlich geworden sei. Bis dahin habe man den Ausdruck oder die Lesart »Jehova« gar nicht gekannt. Ist diese Bemerkung richtig, so ist sie mehr wert als alle andern Halbbeweise zusammengenommen. Gleichviel indes, ob richtig oder nicht, der Weg, der in dieser Guhrauerschen Bemerkung vorgezeichnet liegt, ist der einzige, der zum Ziele führen kann. Nur Sprachforscher, Philologen, die, ausgerüstet mit einer gründlichen Kenntnis aller Nuancen mittelalterlichen Lateins, nachzuweisen imstande sind: »dies Wort, diese Wendung waren im dreizehnten Jahrhundert unmöglich«, nur sie allein werden den Streit endgültig entscheiden.

Das Resultat einer solchen Untersuchung, wenn sie stattfände, würde lauten: »unecht«. Darüber unterhalte ich, so wenig ich mich mit den bisherigen Verwerfungsbeweisen habe befreunden können, nicht den geringsten Zweifel. Aber auch der gegenteilige Beweis würde das alte Interesse an dieser Streitfrage nicht wiederbeleben können. Denn die Ereignisse haben mittlerweile die Prophezeiung überholt. Seit der Thronbesteigung Friedrich Wilhelms IV. ist sie falsch geworden, gleichviel ob sie echt ist oder nicht. Diesen Unterschied zwischen »unecht« und »falsch« ziemt es sich durchaus zu betonen. Schon Guhrauer hat sehr richtig darauf aufmerksam gemacht, daß der Text der Prophezeiung echt und die Prophezeiung selber doch eine falsche, d. h. eine unerfüllt gebliebene sein könne. »Eine unerfüllt gebliebene — so fügt er hinzu — gleich so vielen anderen falschen Prophezeiungen, deren Authentizität von niemand bezweifelt worden ist.«

Friedrich Wilhelm III. war bereits der elfte Hohenzoller nach Joachim I.; der Zeiger an der Uhr ist über die verhängnisvolle Stunde ruhig hinweggegangen, die Hohenzollern leben und nur die Weissagung, echt oder nicht, ist tot.

SPANDAU UND UMGEBUNG

KLOSTER CHORIN

> Den Leib des Fürsten hüllt der Rauch
> Von Ampeln und von Weihrauchschwelen
> Und ringsum steigt ein Trauerchor
> Und ein Tedeum steigt empor
> Aus hundert und aus tausend Kehlen.

Unter den Töchtern Lehnins war Chorin die bedeutendste, ja, eine Zeitlang schien es, als ob das Tochterkloster den Vorrang über die mater gewinnen würde. Das war unter den letzten Askaniern. Diese machten Chorin zum Gegenstand ihrer besonderen Gunst und Gnade und beschenkten es nicht nur reich, sondern wählten es auch zu ihrer Begräbnisstätte. Unter den sieben Markgrafen, die hier zuletzt beigesetzt wurden, ist der letzte zugleich der hervorragendste: Markgraf Waldemar, gestorben 1319. Nach dem Erlöschen der Askanier trat Chorin wieder hinter Lehnin zurück.

Chorin erreicht man am bequemsten von der benachbarten Eisenbahnstation Chorin aus, die ziemlich halben Weges zwischen Eberswalde und Angermünde gelegen ist. Ein kurzer Spaziergang führt von der Station aus zum Kloster. Empfehlenswert aber ist es, in Eberswalde bereits die Eisenbahn zu verlassen und in einem offenen Wagen an Kapellen, Seen und Laubholz vorbei, über ein leicht gewelltes Terrain hin, den Rest des Weges zu machen. Dies Wellenterrain wird auch Ursache, daß Chorin, wenn es endlich vor unseren Blicken auftaucht, völlig wie eine Überraschung wirkt. Erst in dem Augenblicke, wo wir den letzten Höhenzug passiert haben, steigt der prächtige Bau, den die Hügelwand bis dahin deckte, aus der Erde auf und steht nun so frei, so bis zur Sohle sichtbar vor uns, wie eine korkgeschnitzte Kirche auf einer Tischplatte. Es kommt dies der architektonischen Wirkung, wie gleich hier hervorgehoben werden mag, sehr zustatten, weniger der malerischen, die für eine Ruine meist wichtiger ist als jene. Wir kommen am Schlusse unseres Aufsatzes auf diesen Punkt zurück.

Kloster Chorin trat nicht gleich als es selbst ins Dasein, sondern ging vielmehr aus einer früheren, an anderem Orte gelegenen Anlage hervor. Es scheint geboten, auch bei dieser Vorgeschichte, die wenig bekannt ist, zu verweilen.

Kloster Chorin, ehe es diesen seinen Namen annahm, war Kloster Mariensee. Die Stelle, wo letzteres stand, war lange zweifelhaft. Die Urkunden sagten freilich deutlich genug: »auf der Ziegeninsel im Paarsteiner See«; aber der Paarsteiner See hatte zwei Inseln, von denen — wenigstens in den Nachschlagebüchern — keine mehr den Namen »Ziegeninsel« führte. Die eine hieß, in eben diesen Büchern, der »Paarsteiner Werder«, die andere der »Pehlitzer Werder«.

Nachfragen am Paarsteiner See selbst indes, die ich anstellen durfte, haben die Streitfrage schnell entschieden. Der »Pehlitzer Werder« heißt im Volksmund an Ort und Stelle noch immer die Ziegeninsel, und wenn dennoch ein leiser Zweifel bliebe, so würde derselbe durch die Kirchentrümmer beseitigt werden, die, unverkennbar auf eine Klosteranlage deutend, bis diesen Augenblick noch auf dem »Pehlitzer Werder« — in alten Urkunden Insula Caprarum — angetroffen werden.

Diese Ziegeninsel liegt am Südende des Sees und ist Privateigentum, etwa wie ein eingezäuntes Stück Grasland, weshalb man auch nur vom gegenüberliegenden Amtshof aus die Überfahrt nach derselben bewerkstelligen kann. Die Erlaubnis dazu wird gern gewährt.

Früher, wenn die Tradition recht berichtet, war das Terrain zwischen dem Amtshof und der Insel mehr Sumpf als See, so daß ein Steindamm, eine Art Mole, existierte, die hinüberführte; der Paarsteiner See aber, im Gegensatz zu anderen Gewässern der Mark, wuchs konstant an Wassermenge, so daß allmählich der Sumpf in der wachsenden Wassermenge ertrank und mit dem Sumpf natürlich auch der Steindamm. Die Tradition hat nichts Unwahrscheinliches; auch erkennt man noch jetzt, bei klarem Wasser, lange Steinfundamente, die in gerader Linie vom Ufer zur Insel führen.

Die Insel selbst, an deren Südwestseite man landet, hat die Form eines verschobenen Vierecks, dessen vier Spitzen ziemlich genau die vier Himmelsgegenden bezeichnen. Der Umfang der Insel mag einige Morgen betragen.

An der Landungsstelle, in ziemlicher Ausdehnung, erhebt sich eine aus mächtigen Blöcken aufgetürmte Wand: Roll- und Feldsteine, von denen es schwer zu sagen ist, ob die Fluten hier vor Jahrtausenden sie ablagerten oder ob erst unsere Freunde, die Mönche, sie zu Schutz und Trutz hier aufschichteten.

Die Insel zeigt im übrigen auf den ersten Blick nichts Besonderes; sie macht den Eindruck eines vernachlässigten Parks, in dem die Natur längst wieder über die Kunst hinausgewachsen ist. Es vergeht eine Zeit, ehe man die Trümmer entdeckt und überhaupt in dem bunten Durcheinander sich zurechtfindet; dann aber wirkt alles mit einem immer wachsenden Reiz. Die Überreste des Klosters liegen nach Osten zu, fast entgegengesetzt der Stelle, wo man landet. Was noch vorhanden ist, ragt etwa zwei Fuß hoch über den Boden und reicht in seinen charakteristischen Formen völlig aus, einem ein Bild des Baues zu geben, der hier stand.* An der Profilierung der Steine erkennen wir, daß wir es mit einem romanischen Bau zu tun haben, der wahrscheinlich drei Schiffe (eher schmal als breit) hatte; an einzelnen Stellen glaubt man noch ein Pfeilerfundament des Mittelschiffs zu erkennen. Weitere Nachgrabungen würden gewiß mancherlei Auskunft Gebendes zutage fördern, wobei bemerkt werden mag, daß auch das, was jetzt dem Auge sich bietet, erst in-

---

* Eine Bauautorität gibt folgende Details: »Auf dem höchsten Punkte der Insel fand ich einen Gebäuderest, der mich, abgesehen von allem andern, schon durch das vortrefflich ausgeführte Mauerwerk interessierte. Ungefähr 2½ Fuß aus der Erde hervorragend, zeigt es die eine ganze Frontmauer eines rechteckigen Bauwerks, sowie die Ansätze der beiden daranstoßenden andern Seiten. Erstere hat eine Länge von 75', und ist durch zwei von den Ecken des Gebäudes 18' entfernte Strebepfeiler verstärkt, die eine Breite von 6' haben und ebensoviel nach außen wie nach innen aus der Mauer hervortreten. In dem südlich gelegenen Pfeiler ist deutlich der Zugang zu einer Treppe zu erkennen, während sich nördlich von dem andern Strebepfeiler ein Eingang von außen in den wahrscheinlich durch mehrere Türen zugänglichen Raum befindet. Wenn schon die Sauberkeit der Arbeitsausführung auf ein monumentales Bauwerk schließen läßt, so gestattet der Formencharakter der vornehm gebildeten Fußglieder an den innern Strebepfeilern keinen Zweifel darüber, daß wir es mit einem Gebäude aus dem zwölften Jahrhundert zu tun haben, das entweder eine Kirche war oder einem Kloster zugehörte. Für die erstere Annahme spricht die Form der Ruine, die wohl am richtigsten als Überbleibsel der östlichen Giebelseite einer dreischiffigen Kirche angesehen wird. Es wäre interessant, diese Ansicht durch eine Aufgrabung des Terrains in der Richtung der nach innen vorspringenden Strebepfeiler vielleicht bestätigt zu finden«.

folge von Erdarbeiten, die der Pehlitzer Amtmann anordnete, vor kurzer Zeit zutage getreten ist.

Was die Trümmer selbst angeht, so gehören sie sehr wahrscheinlich der Ostseite der ehemaligen Klosterkirche an, woraus sich ergeben würde, daß das Längsschiff derselben sich nicht parallel mit dem Ufer, sondern senkrecht auf dasselbe, also inseleinwärts hingezogen haben muß. In dieser Richtung hätten also auch weitere Nachgrabungen zu erfolgen.

Wie die eigentlichen Klostergebäude, die Mönchswohnungen, zu dieser Klosterkirche standen, wird um so schwerer nachzuweisen sein, als die ganze Anlage nur von bescheidenen Dimensionen war, einzelnes auch leicht möglicherweise in dem heraufsteigenden See versunken ist. Zwischen diesem und der Klosterkirche bemerken wir noch ein niedriges Feldsteinfundament, über dessen Zugehörigkeit und frühere Bestimmung die Ansichten abweichen. Ich bin indes der Meinung, daß alle diese außerhalb und doch zugleich in nächster Nähe gelegenen, dabei durch eine eigentümliche Schrägstellung markierten Feldsteinbauten nichts anderes waren als die Siechenhäuser, in denen die Mönche den Hospitaldienst übten.

In der Mitte der Insel erhebt sich der sogenannte Mühlberg, der beste Punkt, um einen Überblick zu gewinnen. Wir erkennen von hier aus unter den Zweigen der Bäume hindurch die Kirchenstelle und die Hospitalstelle, wir sehen die prächtige alte Lindenallee, die am Nordufer der Insel entlang den dahinter liegenden breiten Schilfgürtel halb verdeckt, und sehen durch die offenen Stellen hindurch die blaue Fläche des Sees, die sich wie ein Haff jenseits des Schilfgürtels dehnt. Dieser weitgedehnte See, überall eingefaßt durch prächtig geschwungene Uferlinien, gewährt ein Landschaftsbild voll imponierender Schönheit; aber dieser Schönheit vermählt sich eine Sterilität, wie sie an märkischen Seen nur selten getroffen wird. Die Ufer, wenn sie Basalt wären, könnten nicht unfruchtbarer sein. Keine Spur von Grün bedeckt die sandgelben, in ihren Formen nicht unmalerischen Abhänge, kein Saatfeld läuft wie ein grünes Band von den Hügeln zum See hernieder, kein Laubholz, kein Tannicht, keine Decke grünen Mooses. Diese absolute Öde, nur einmal zur Rechten durch eine Turmspitze unterbrochen, ist an sich nicht ohne einen gewissen Zauber, aber das Gefühl, daß hier die Grundelemente zu einem märkischen Landschaftsbilde ersten Ranges nur geboten wurden, um von seiten der Kultur unbenutzt zu bleiben, verkümmert die Freude an dem, was wirklich vorhanden ist.

Freilich, ständen diese Ufer auch in Grün und lachten auch die Wohnungen der Menschen daraus hervor, hier rote Dächer mit Tauben auf dem First, dort Wassermühlen, von niederstürzenden Gewässern getrieben — doch würde niemand da sein, um sich von dieser Inselstelle aus des schönen Landschaftsbildes zu freuen. Der »Pehlitzer Werder« (Insula caprarum), einst in regem Verkehr mit den Bewohnern dieser Landesteile, eine Zufluchtsstätte für Verfolgte, eine Pflegestätte für Kranke und Verwundete, ist jetzt nichts mehr als Koppel- und Grasplatz für den Amtshof. Im Monat Mai schwingen sich Knechte und Hütejungen auf die Rücken der Pferde, und wie zur Tränke reitend, schwimmen sie mit ihnen zur Insel hinüber. Diese gehört nun sommerlang den Pferden und Füllen. Am Ufer hin, in der alten Lindenallee grasen sie auf und ab und horchen nur auf, wenn bei untergehender Sonne drüben der Paarsteiner Kirchturm zu Abend läutet. Eines der halbwachsenen Füllen tritt dann auch wohl in das Klostergemäuer, um die Disteln abzugrasen, die über dem alten Mönchsgrabe stehen; aber plötzlich, als sei eine Flamme aus der Erde gefahren, dreht sich das Jungtier im Kreise herum und starrt und prustet, und mit Schüttelmähne und gehobenem Schweif flieht es die Stätte und jagt zitternd, rastlos, an der Uferlinie der Insel hin.

KLOSTER CHORIN VON 1272 BIS 1542

Bis 1272 bestand Kloster Mariensee auf der Ziegeninsel im Paarsteiner See. In diesem Jahre, so scheint es, kam man überein, »wegen mehrerer Unbequemlichkeit, die sich aus der Lage des Klosters ergäbe«, dasselbe weiter westwärts und zwar an den Choriner See zu verlegen, richtiger wohl, es mit einer neuen klösterlichen Pflanzung, die sich bereits am Choriner See befinden mochte, zu vereinigen. Eine solche neue Pflanzung muß nämlich, wenn auch nur in kleinen Anfängen, um 1272 schon existiert haben, wie nicht nur aus einzelnen allerdings so oder so zu deutenden urkundlichen Angaben, ganz besonders aber aus einer Steintafelinschrift hervorgeht, die noch bis zum Jahre 1769 im Kloster vorhanden war.* Die ersten Zeilen derselben lauteten:

»Anno 1254 ist der Markgraf Johannes (I.), Churfürst zu Brandenburg, der dieses Kloster Chorin Cistercienser-Ordens gestiftet, allhier begraben.«

Wenn nun bereits um 1254 Markgraf Johann I. hier beigesetzt werden konnte, so mußte wenigstens ein Klosteranfang und in ihm eine Grabkapelle vorhanden sein. Wir werden nicht irregehen, wenn wir die Anfänge von Kloster Chorin gerade um die Mitte des dreizehnten Jahrhunderts setzen.

Wie immer aber dem sein möge, jedenfalls haben wir von 1272 an ein Kloster Chorin und dürfen annehmen, daß sich die bauliche Vollendung desselben, trotz einer unverkennbaren Großartigkeit der Anlage, in verhältnismäßig kurzer Zeit vollzogen haben muß. Es sprechen dafür die zum Teil vortrefflich erhaltenen Überbleibsel des Klosters, die ihrem Baustil nach in die Wendezeit des dreizehnten und vierzehnten Jahrhunderts gehören. Die Zeit war einem solchen raschen Aufblühen besonders günstig; das Ansehen des Ordens stand auf seiner Höhe, und die Askanier, wie bereits hervorgehoben,

---

* Diese Steintafel befand sich an der Stelle, wo das später sogenannte »Invalidenhaus« an die Klosterkirche stieß, und gab in ihrer Inschrift die Namen aller in Chorin begrabenen Markgrafen. Diese Inschrift, wie jetzt nur noch aus den Choriner Amtsakten zu ersehen ist, lautete:

Anno 1254 ist der Markgraf Johannes (I.) Churfürst zu Brandenburg, der dieses Kloster Chorin Cistercienser-Ordens gestiftet, allhier begraben.

Anno 1267 ist Johannes (III.) Markgraf, welcher zu Merseburg auf seiner Schwester Hochzeit im Scharfrennen mit einem Klitz (Pfeil oder kleinen Lanze) verwundet worden und davon verstorben, allhier begraben.

Anno 1285 ist Markgraf Johannes (V.) Churfürst zu Brandenburg gestorben und allhier begraben.

Anno 1298 starb zu Beerwalde Markgraf Otto Sagittarius (der Pfeilschütze) des Churfürsten Johannes zu Brandenburg Sohn und ist allhier begraben.

Anno 1304 ist zu Sched (?) gestorben Markgraf Conrad (I.) Churfürst zu Brandenburg und ist allhier begraben.

Anno 1307 bestätigte Markgraf Hermann von Brandenburg, Markgraf Otten des Langen Sohn, dieses Kloster Chorin.

Anno 1319 starb Markgraf Waldemar (I.) zu Beerwalde und ist allhier begraben.

Tu mater Lehnin et filia tua Chorin,
Ex te est orta nova Cella et Coeli Porta.

(Diese Inschriften, wie schon im Text hervorgehoben, waren 1769 sicherlich noch vorhanden. 1823 suchte sie Konsistorialrat Bellerman, Direktor des grauen Klosters, vergeblich. Er vermutet, daß sie 1772 bei einer Reparatur übertüncht oder beseitigt worden sind.)

waren unermüdlich, dem Kloster ihre besondere Gnade zu betätigen. Keiner mehr als Markgraf Waldemar, der letzte des Geschlechts. Fast alles Land zwischen Eberswalde und Oderberg im Süden und ebenso zwischen Eberswalde und Angermünde im Norden gehörte dem Kloster. Der Paarsteiner See war so ziemlich der Mittelpunkt der reichen Stiftung, die bei der Säkularfeier des Klosters zweiundsechzig Dörfer zählte.

Diese Dörfer deuten auf einen Totalbesitz, der dem Reichtum Lehnins (zwei Flecken und vierundsechzig Güter) nahe kam, vielleicht auch diesen Reichtum übertraf, da die Dörfer der Odergegenden im allgemeinen für reicher und ergiebiger gelten als die Dörfer der Zauche und selbst des Havellandes; doch mochte das damals, wo der Reichtum, der in den Sümpfen und Brüchen des Oberlandes steckte, noch nicht erschlossen war, anders sein als jetzt. Ist es doch noch nicht lange her, daß jedes Sanddorf vor dem Sumpfdorfe den Vorrang behauptete, der Sand gab wenig, aber der Sumpf gab nichts.

Lassen wir aber die Frage nach dem größeren oder geringeren Besitz beiseite, so müssen wir bei Betrachtung beider Klöster sofort durch die Tatsache überrascht werden, daß wir von der Geschichte des einen, trotz aller Lücken und Mängel, verhältnismäßig viel, von der Geschichte des andern verhältnismäßig wenig wissen. Ohne die urkundlichen Überlieferungen, die Sagen und Traditionen, die sich an Lehnin knüpfen, überschätzen zu wollen, so muß doch schließlich zugestanden werden, daß etwas da ist, und daß wir Gestalten und Ereignisse von größerem oder geringerem Interesse an uns vorüberziehen sehen. Nichts derartiges aber, oder doch fast nichts, bietet Chorin.

Ob diese Armut der Überlieferung einfach darin liegt, daß das Kloster Chorin in der Tat nichts anderes war als ein klösterlicher Amtshof, mit vielen Gütern und Vorwerken, oder ob uns die Glanzseiten der Geschichte, wenn solche da waren, einfach verlorengegangen sind, ist nachträglich schwer zu entscheiden, doch spricht manches dafür, daß das erstere der Fall war und daß Kloster Chorin nicht viel etwas anderes zu bedeuten hatte als eine große mönchische Ökonomie, in der es auf Erhaltung und Mehrung des Wirtschaftsbestandes, aber wenig auf die Heilighaltung ideeller Güter ankam. Was indessen mehr besagen will als die Dürre dieser urkundlichen

Überlieferungen, das ist der Umstand, daß das Kloster auch bei seinen Um- und Anwohnern nicht die geringste Spur seiner Existenz zurückgelassen zu haben scheint.

Da sind keine Traditionen, die an die Lehniner Sagen von Abt Sibold erinnerten, da ist kein See, kein Haus, kein Baum, die als Zeugen blutiger Vorgänge mit in irgendeine alte Klosterlegende verflochten wären; da ist keine »weiße Frau«, die abends in den Trümmern erscheint und nach dem Mönche sucht, den sie liebte; alles ist tot hier, alles schweigt.

Ein einziger kurzer Abschnitt klingt an die Historie wenigstens an. Es bezieht sich dies auf das bayrische Interregnum in unserer Geschichte, spezieller auf die Epoche, die zwischen dem Tode des echten und dem Auftauchen und Wiederverschwinden des falschen Waldemar liegt, also auf die Zeit zwischen 1319 und 1349. Man hat dem Kloster nachgesagt, daß es in dieser Zeit sich durch Intrige, Schweigekunst und feines politisches Spiel hervorgetan und wenigstens um seiner Klugheit willen einen gewissen Anspruch auf unsern Respekt erworben habe. Ich habe indes nichts finden können, was einen Anhaltepunkt für die Annahme einer solchen Superiorität böte. Von scharfer Vorausberechnung, von raschem Hervortreten im rechten Moment, oder wohl gar von dem Blitzenden eines genialen Coups nirgends eine Spur; überall nur die Betätigung allertrivialster Lebensklugheit, eine Politik von heute auf morgen, von der Hand in den Mund.

Verfolgen wir, wie zur Beweisführung für die vorstehenden Sätze, die Haltung des Klosters während der vorgenannten Epoche, so werden wir es einfach immer »bei der Macht« finden. Hielt die Macht aus, so hielt Chorin auch aus, schwankte die Macht, so schwankte auch Chorin. In zweifelhaften Fällen hielt sich's zurück und wartete ab. Wenn dies »Diplomatie« ist, so ist nichts billiger als die diplomatische Kunst.

Von 1319—1323 waren für die Mark drei Prätendenten da: Herzog Rudolf von Sachsen, Herzog Heinrich von Mecklenburg und Herzog Wratislaw von Pommern-Wolgast. Die besten Ansprüche hatte unbedingt Rudolf von Sachsen; das Kloster sagte sich aber: »Herzog Heinrich und Herzog Wratislaw sind uns näher und weil sie uns näher sind, sind sie wichtiger für uns.« Diese Erwägung genügte, um sich — im Gegensatze zur Mittelmark, die nach Sachsen hinneigte — auf die Seite von Pommern und Mecklenburg zu stellen.

So lagen die Sachen noch im Juni 1320. Aber das Ansehen Rudolfs von Sachsen wuchs; zu seinem größeren Rechte gesellte sich mehr und mehr auch die größere Macht, und sobald das Kloster diese Wahrnehmung machte, war es rasch zu einer Wandlung entschlossen. Im November 1320 begegnen wir bereits einer Urkunde, worin »Herzog Rudolf das Kloster Chorin in seinen Schutz nimmt, ihm seine Ungnade erläßt« und dabei natürlich seinen Besitz ihm bestätigt. Wir sehen, das Kloster hatte es für gut befunden, seine erste Schwenkung zu machen.

Indessen die Dinge gingen nicht lange so. Kaiser Ludwig hielt es um diese Zeit für angetan, die Mark als ein verwaistes Reichslehn einzuziehen und seinen ältesten Sohn damit zu begnaden. Dieser kam als Markgraf ins Land. Die Rechnung, die von seiten Chorins nunmehr angestellt wurde, war einfach die folgende: »Rudolf von Sachsen ist stärker gewesen als Mecklenburg oder Pommern, Kaiser Ludwig aber ist wiederum stärker als der Sachsenherzog.« So wurde unser Kloster denn, nachdem es drei oder vier Jahre lang sächsisch gewesen war, ohne Zögern bayrisch. Dies war die zweite Schwenkung. Aber noch andere standen bevor.

1345 tauchte der sogenannte »falsche Waldemar« auf; wir lassen dahingestellt sein, ob er der falsche oder der echte war. Sein Anhang mehrte sich, aber die größere Macht stand zunächst noch auf bayrischer Seite. Was tat nun Chorin? Es hielt aus bei den Bayern, solange Bayern der stärkere Teil war, und dies Ausharren führte den besten Beweis, daß man dem Kloster viel zuviel Ehre antut, wenn man ihm, wie geschehen ist, nachredet, daß es all die Zeit über (von 1319 bis 1345) gut askanisch gewesen wäre oder gar an der Rückkehr und Restituierung Waldemars, nötigenfalls irgendeines Waldemars, gearbeitet habe. Nichts davon. Das Kloster Chorin hatte weder die Treue, auf die Wiedereinsetzung eines »echten Waldemar«, wenn es an einen solchen glaubte, zu dringen, noch hatte es andererseits den Mut einer politisch-patriotischen Intrige, d. h. den Mut, nötigenfalls auf jede Gefahr hin und bloß dem askanischen Namen zuliebe, den unechten Waldemar zu einem echten zu machen. Chorin tat nichts, es wartete ab. Waldemar, gleichviel ob der falsche oder der richtige, zog schon zwei Jahre durchs Land, und die Uckermark, darin unser Kloster gelegen war, hatte ihn bereits anerkannt; nur gerade Abt und Konvent von Chorin zögerten immer noch, ein Wort zu sprechen und die alten askanischen Sympathien zu bezeigen. Warum? Die bayrische Herrschaft, wenn auch mannigfach bedroht, erschien noch unerschüttert, jedenfalls dem Eindringling überlegen. Chorin blieb also gut bayrisch, solange es das Klügste war, gut bayrisch zu sein.

Aber der Herbst 1348 änderte plötzlich die Machtstellung der Parteien, und mit der veränderten Machtstellung änderte sich natürlich auch die Stellung Chorins. Kaiser Karl IV., der Luxemburger, der dem bayrischen Kaiser, dem Vater des bayrischen Markgrafen von Brandenburg, auf den Kaiserthron gefolgt war, trat auf die Seite des falschen Waldemar und ließ ihn für echt erklären.

Jetzt wäre die Stunde für Chorin dagewesen, endlich Treue zu zeigen, wenn auch nur Treue gegen Bayern; aber es kannte nichts als Unterwerfung unter die Macht. Mit dieser Anerkennung des falschen Waldemar durch den Kaiser war der bayrische Markgraf von Brandenburg auf einen Schlag der schwächere Teil geworden; die natürliche Folge davon war, daß Chorin aufhörte, bayrisch zu sein, um sofort kaiserlich und Waldemarisch zu werden.*

Dies war ein böser Fleck, eine häßliche Wandlung; aber das Häßlichere kam noch nach. Die Sache währte nicht lange; der Kaiser dachte bald anders und ließ Waldemar im Frühjahr 1350 ebenso leicht wieder fallen, wie er ihn achtzehn Monate früher erhoben hatte. Die Häuser Luxemburg und Bayern söhnten sich aus. Waldemar war nun wieder nichts oder doch nicht viel; nur die askanische Partei stand noch zu ihm. Einzelne treue unter den Städten suchten ihn auch jetzt noch zu halten, nur nicht Chorin. Die Machthaber hatten ihn fallen lassen, und das Kloster tat selbstverständlich dasselbe. Von einem Einstehen, einem Zeugnisablegen, von dem, was wir heute Charakter und Gesinnung nennen würden, keine Spur. Nach halbjähriger Teilnahme an der Waldemarkomödie war Chorin wieder so gut bayrisch, wie es vorher gewesen war.

---

* Wenn man hier einwenden wollte, daß das Land im wesentlichen diese Schwankungen und Wandlungen mitmachte, und daß deshalb kein Grund vorliege, für Chorin einen besonderen Vorwurf daraus herzuleiten, so darf man drei Dinge nicht übersehen: 1. daß Chorin besser wissen konnte, ob echt oder unecht, und wahrscheinlich es wirklich wußte; 2. daß Chorin sich mit Vorliebe bayrisch gezeigt und deshalb eine größere Pflicht hatte, Farbe zu halten, und 3. daß andere Plätze, die zum Teil dieselbe Wandlung durchmachten, doch wenigstens länger ausdauerten und etwas schamhafter verfuhren.

Die bayrischen Markgrafen ihrerseits waren auch zufrieden damit und machten aus dem flüchtigen Abfall nicht allzuviel. Sie drückten zwar in einer Urkunde ihren Unmut und ihre Trauer darüber aus, das Kloster nicht fest befunden zu haben; aber das war wenig mehr als eine Formalität, die Sache war beigelegt und Chorin wieder angesehen, vielleicht angesehener als zuvor. Es hielt nun auch aus, solange die Bayern im Lande waren; aber wir dürfen wohl annehmen, nicht aus Treue, sondern einfach deshalb, weil das Ausbleiben jeder neuen Versuchung ein neues Ausgleiten unmöglich machte.

Die angebliche »politische Glanzzeit« Chorins war das natürliche Resultat gegebener Verhältnisse, nicht mehr und nicht weniger, und die Quitzowzeit wird dem Kloster zu einem ähnlich abwartenden politischen Verfahren Veranlassung gegeben haben. Doch sind die Aufzeichnungen darüber lückenhafter. Chorin hatte keinen Heinrich Stich (s. S. 57), entbehrte vielmehr eines Abtes, der sich gemüßigt gesehen hätte, die Verwickelungen einer verwickelungsreichen Epoche niederzuschreiben. Die letzten anderthalbhundert Jahre des Klosters unter der sich befestigenden Macht der Hohenzollern scheinen ohne jede Gefährdung hingegangen zu sein; Schenkungsbrief reiht sich an Schenkungsbrief, bis endlich die Reformation dazwischen tritt und den Faden durchschneidet.

Die Vorgänge, die die Säkularisation Chorins begleiteten, waren wohl dieselben wie bei Einziehung der brandenburgischen Klöster überhaupt. Chorin wurde freilich zunächst aus freier Hand verkauft, aber dies hatte keinen Bestand, und binnen kurzem wurde auch hier der Klosterhof ein Amtshof, eine Domäne. Er ist es noch.

KLOSTER CHORIN WIE ES IST

Von den alten Baulichkeiten, wenn dieselben auch Umwandlungen unterworfen wurden, ist noch vieles erhalten; lange einstöckige Fronten, die den Mönchen als Wohnung und Arbeitsstätten dienen mochten, dazu Abthaus, Refektorium, Küche, Speisesaal, ein Teil des Kreuzganges, vor allem die Kirche. Diese, wenn schon eine Ruine, richtiger eine ausgeleerte Stätte, gibt doch ein volles Bild von dem, was diese reiche Klosteranlage einst war. Schon die Maße, die Dimensionen deuten darauf hin; das Schiff ist vierundvierzig Fuß länger als die Berliner Nikolaikirche und bei verhältnismäßiger Breite um siebzehn Fuß höher. Im Mittelschiff stehen auf jeder Seite elf viereckige Pfeiler (einige zur Linken sind neuerdings verschwunden); der zwölfte Pfeiler, rechts wie links, steckt in der Mauer. Die Konsolen oder die Kapitälornamente sind verschieden gestaltet und stellen abwechselnd Akanthus-, Klee- und Eichenblätter dar. Das Blattwerk zeigt hier und da noch Spuren von grüner Farbe, während der Grund rot und gelb gemalt war. Freskoartige Malereien finden sich noch in letzten Überresten im Kreuzgang; an einer stehengebliebenen Kappe zeigt sich Zweig- und Blattwerk, das ein Walnußgesträuch darzustellen scheint. Das hohe Gewölbe, welches von den Pfeilern des Mittelschiffes getragen wurde, ist seit einem Jahrhundert eingestürzt. Anstelle desselben wurde im Jahre 1772 ein Dachstuhl aufgerichtet, der seitdem das neue Dach trägt. Dies neue Dach ist niedriger, als das alte war, was sich an den Giebelwänden, besonders an dem Frontispiz im Westen noch deutlich markiert. Von den Seitenschiffen ist nur noch eins vorhanden, das nördliche; über dem niedrigen Dach desselben ragen die elf Spitzbogenfenster des Hauptschiffes auf, deren obere Steinverzierungen noch beinahe unversehrt erhalten sind.

Leider geht dieser baulich schönen Ruine, wie gesagt, das eigentlich Malerische ab. Ruinen, wenn sie nicht bloß, als nähme man ein Inventarium auf, nach Pfeiler- und Fensterzahl beschrieben werden sollen, müssen zugleich ein Landschafts- oder auch ein Genrebild sein. In einem oder im andern, am besten in der Zusammenwirkung beider wurzelt ihre Poesie. Chorin aber hat wenig oder nichts von dem allen; es gibt sich fast ausschließlich als Architekturbild. Alles fehlt, selbst das eigentlich Ruinenhafte der Erscheinung, so daß, von gewisser Entfernung her gesehen, das Ganze nicht anders wirkt wie jede andere gotische Kirche, die sich auf irgendeinem Marktplatz irgendeiner mittelalterlichen Stadt erhebt. Nur fehlt leider der Marktplatz und die Stadt. Und treten wir nun in die öden und doch wiederum nicht malerisch zerfallenen Innenräume ein, so fehlt uns eines mehr als alles andere. Wer immer auch unser Führer sein mag, und wäre er der beste, wir vermissen die stille Führerschaft von Sage und Geschichte. Alles läßt uns im Stich, und wir schreiten auf dem harten Schuttboden hin, wie auf einer Tenne, über die der Wind fegte. Alles leer.

Kloster Chorin ist keine jener lieblichen Ruinen, darin sich's träumt wie auf einem Frühlingskirchhof, wenn die Gräber in Blumen stehen; es gestattet kein Verweilen in ihm und es wirkt am besten, wenn es wie ein Schattenbild flüchtig an uns vorüberzieht. Wer hier in der Dämmerstunde des Weges kommt und plötzlich zwischen den Pappeln hindurch diesen still einsamen Prachtbau halb märchenhaft, halb gespenstisch auftauchen sieht, dem ist das Beste zuteil geworden, das diese Trümmer, die kaum Trümmer sind, ihm bieten können. Die Poesie dieser Stätte ist dann wie ein Traum, wie ein romantisches Bild an ihm vorübergezogen, und die sang- und klanglose Öde des Innern hat nicht Zeit gehabt, den Zauber wieder zu zerstören, den die flüchtige Begegnung schuf.

ST. NIKOLAI ZU SPANDAU

> Wie Spukgestalten die Nebel sich drehn,
> 's ist schaurig über das Moor zu gehn,
> Die Ranke häkelt am Strauche.
>
> *Annette Droste-Hülshoff*

Ein klarer Dezembertag; die Erde gefroren, die Dächer bereift. Aber schon mischt sich ein leises Grau in die heitere Himmelsbläue, es weht leise herüber von Westen her, und jenes Frösteln läuft über uns hin, das uns ankündigt: Schnee in der Luft.

Schnee in der Luft; vielleicht morgen schon, daß er in Flocken niederfällt! So seien denn die Stunden genutzt, die noch einen freien Blick in die Landschaft gestatten.

Das Spreetal hinunter, an dem Charlottenburger Schloß vorbei (dessen vergoldete Kuppelfiguren nicht recht wissen, ob sie in dem spärlichen Tageslicht noch blitzen sollen oder nicht), über Brücken hin, zwischen Schwanenrudeln hindurch, geht der Zug, bis die Havelfeste vor uns aufsteigt, mit Brükken und Gräben, mit Torwarten und Mauern, und über dem allen: Sankt Nikolai, die erinnerungsreiche Kirche dieser Stadt.

Der Zug hält. Ohne Aufenthalt, mit den Minuten geizend, steuern wir durch ein Gewirr immer enger werdender Gassen auf den alten gotischen Bau zu, der sich, auf engem und kahlem Platze, über den Dächerkleinkram hinweg, in die stahlfarbene Luft erhebt. Kein Bau ersten Ranges, aber doch an dieser Stelle.

Das Innere, ein seltener Fall bei renovierten Kirchen, bietet mehr als das Äußere verspricht. Emporen, wie Brückenbogen geschwungen, ziehen sich zwischen den grauweißen Pfeilern hin und wirken hier, in dem sonst schmucklosen Gange, fast wie ein Ornament des Mittelschiffes.

Die Kirche selbst, bei aller Schönheit, ist kahl; im Chor aber drängen sich die Erinnerungsstücke, die der Kirche noch aus alter Zeit her geblieben sind. Hier, an der Rundung des Gemäuers hin, hängen die Wappenschilde der Quaste, Ribbeck und Nostitz, hier richtet sich das prächtige Denkmal der Gebrüder Röbel auf, hier begegnen wir dem berühmten Steinaltar, den Rochus von Lynar der Kirche stiftete, und hier endlich, in Front eben dieses Altars, erhebt sich das dreifußartige, schönste Kunstform zeigende Taufbecken, das zugleich die Stelle angibt, wo unter dem Estrich die Überreste Adam Schwarzenbergs ruhen. Zur Rechten die eigene Wappentafel des Grafen: der Rabe mit dem Türkenkopf.

Alle diese Dinge indes sind es nicht, die uns heute nach Sankt Nikolai in Spandau geführt haben, unser Besuch gilt vielmehr dem alten Turme, zu dessen Höhe ein Dutzend Treppenstiegen hinanführen. Viele dieser Stiegen liegen im Dunkel, andere empfangen einen Schimmer durch eingeschnittene Öffnungen, alle aber sind bedrohlich durch ihre Steile und Gradlinigkeit und machen einem die Weisheit der alten Baumeister wieder gegenwärtig, die ihre Treppen spiralförmig durch die dicke Wandung der Türme zogen und dadurch die Gefahr beseitigten, fünfzig Fuß und mehr erbarmungslos hinabzustürzen.

Die Treppe frei und gradlinig. Und doch ist es ein Ersteigen mit Hindernissen: die Schlüssel versagen den Dienst in den rostigen Schlössern und man merkt, daß die Höhe von Sankt Nikolai zu Spandau keine täglichen Gäste hat, wie St. Stephan in Wien, oder St. Paul in London. Endlich sind wir an Uhr und Glockenwerken vorbei, haben das Schlüsselbund, im Kampf mit Großschlössern und Vorlegeschlössern, siegreich durchprobiert und steigen nun, durch eine letzte Klappenöffnung, in die luftige Laterne hinein, die den steinernen Turmbau krönt. Keine Fenster und Blenden sind zu öffnen, frei bläst der Wind durch das gebrechliche Holzwerk. Das ist die Stelle, die wir suchten. Ein Lug-ins-Land.

Zu Füßen uns, in scharfer Zeichnung, als läge eine Karte vor uns ausgebreitet, die Zickzackwälle der Festung; ostwärts im grauen Dämmer die Türme von Berlin; nördlich, südlich die bucht- und seenreiche Havel, inselbetupfelt, mit Flößen und Kähnen überdeckt; nach Westen hin aber ein breites, kaum hier und da von einer Hügelwelle unterbrochenes Flachland, das Havelland.

Wer hier an einem Junitage stände, der würde hinausblicken in üppig grüne Wiesen, durchwirkt von Raps- und Weizenfeldern, gesprenkelt mit Büschen und roten Dächern, ein Bild moderner Kultur; an diesem frostigen Dezembertage aber liegt das schöne Havelland brachfeldartig vor uns ausgebreitet, eine grau-braune, heideartige Fläche, durch welche sich in breiten blanken Spiegeln, wie Seeflächen, die Grundwasser und übergetretenen Gräben dieser Niederungen ziehen. Wir haben diesen Tag gewählt, um den flußumspannten Streifen Landes, der uns auf diesen und den folgenden Seiten beschäftigen soll, in der Gestalt zu sehen, in der er sich in alten, fast ein Jahrtausend zurückliegenden Zeiten darstellte. Ein grauer Himmel über grauem Land, nur ein Krähenvolk aufsteigend aus dem Weidenwege, der sich an den Wasserlachen entlangzieht, so war das Land von Anfang an: öde, still, Wasser, Weide, Wald.

Freilich, auch dieses Dezembertages winterliche Hand hat das Leben nicht völlig abstreifen können, das hier langsam, aber siegreich nach Herrschaft gerungen hat. Dort zwischen Wasser und Weiden hin läuft ein Damm, im ersten Augenblicke nur wie eine braune Linie von unserm Turm aus bemerkbar; aber jetzt gewinnt die Linie mehr und mehr Gestalt; denn zischend, brausend, dampfend, dazwischen einen Funkenregen ausstreuend, rasseln jetzt von zwei Seiten her die langen Wagenreihen zweier Züge heran und fliegen — an derselben Stelle vielleicht, wo einst Jaczo und Albrecht der Bär sich trafen — aneinander vorüber. Das Ganze wie ein Blitz! —

Der Tag neigt sich; der Sonnenball lugt nur noch blutrot aus dem Grau des Horizonts hervor. Ein roter Schein läuft über die grauen Wasserflächen hin. Nun ist die Sonne unter, die Nebel steigen auf und wälzen sich von Westen her auf die Stadt und unsere Turmstelle zu. Noch sehen wir, wie aus dem nächsten Röhricht ein Volk Enten aufsteigt; aber ehe es in die nächste Lache niederfällt, ist das schwarze Geflatter in dem allgemeinen Grau verschwunden.

Das Havelland träumt wieder von alter Zeit.

DAS HAVELLÄNDISCHE LUCH

Es schien das Abendrot
Auf diese sumpfgewordene Urwaldstätte,
Wo ungestört das Leben mit dem Tod
Jahrtausendlang gekämpfet um die Wette.

Lenau

Das Havelland, oder mit andern Worten jene nach drei Seiten hin von der Havel,* nach der vierten aber vom Rhinflüßchen eingeschlossene Havelinsel, bestand in alter Zeit aus großen, nur hier und dort von Sand- oder Lehmplateaus unterbrochenen Sumpfstrecken, die sich, trotz der mannigfachen Veränderungen und Umbildungen, bis diesen Tag unter dem Sondernamen »das Havelländische Luch« oder auch bloß »das Luch« erhalten haben. Und sie haben in der Tat Anspruch auf eine unterscheidende Bezeichnung, da sie in Form und Art von den fruchtbaren Flußniederungen anderer Gegenden vielfach abweichen und z. B. statt des Weizens und der Gerste nur ein mittelmäßiges Heu produzieren. Im großen und ganzen darf man vom »Luche« sagen, daß es weniger seine Produkte, als vielmehr sich selbst zu Markte bringt — den Torf. Denn dach Luch besteht großenteils aus Torf. Seitdem es aufgehört hat, ein bloßer Sumpf zu sein, ist es ein großes Gras- und Torfland geworden. Linum, der Hauptsitz der Torfgräbereien, ist das Newcastle unserer Residenz.

Wie das Havelland den Mittelpunkt Alt-Brandenburgs bildet, so bildet das Luch wiederum den Mittelpunkt des Havellandes. Das letztere (d. h. also der West- und Osthavelländische Kreis) ist ungefähr fünfzig Quadratmeilen groß; in diesen fünfzig Quadratmeilen stecken die zweiundzwanzig Quadrat-

* Zu den vielen Eigentümlichkeiten der Havel gehört auch die, daß sie, von Norden kommend, auf dem letzten Drittel ihres Laufes wieder nach Norden fließt. Sie beschreibt also einen Halbbogen und umfängt mit ihrem gekrümmten Arm ein fünfzig Quadratmeilen großes Stück Land, das »Havelland«.

meilen des Luchs wie ein Kern in der Schale. Die Form dieses Kernes ist aber nicht rund, auch nicht oval oder elliptisch, sondern pilzförmig. Ich werde gleich näher beschreiben, wie diese etwas ungewöhnliche Bezeichnung zu verstehen ist. Jeder meiner Leser kennt jene Pilzarten mit kurzem dicken Stengel, die ein breites schirmförmiges Dach und eine große kugelförmige Wurzel haben. Man nehme den Längsdurchschnitt eines solchen Pilzes und klebe ihn auf ein kleines Quartblatt Papier, so wird man ein ziemlich deutliches Bild gewinnen, welche Form »das Luch« innerhalb des Havellandes einnimmt. Gleich der erste Blick wird dem Beschauer zeigen, daß das Luch aus zwei Hälften, aus einer schirmförmig-nördlichen und einer kugelförmig-südlichen besteht, die beide da, wo der kurze Strunk des Pilzes läuft, nah zusammentreffen. Die schirmförmige Hälfte heißt das Rhin-Luch, die kugelförmige das Havelländische Luch. Das Verbindungsstück zwischen beiden hat keinen besonderen Namen. Dies verhältnismäßig schmale, dem Strunk des Pilzes entsprechende Verbindungsstück ist dadurch entstanden, daß sich von rechts und links her Sandplateaus in den Luchgrund hineingeschoben haben. Diese Sandplateaus führen wohlgekannte Namen; das östliche ist das zu besonderem historischen Ansehen gelangte »Ländchen Bellin«, das westliche heißt »Ländchen Friesack«. diese beiden »Ländchen« sind alte Sitze der Kultur, und ihre Hauptstädte, Fehrbellin und Friesack, wurden schon genannt, als beide Luche, das Rhin-Luch wie das Havelländische, noch einem See glichen, der in der Sommerzeit zu einem ungesunden, unsicheren Sumpfland zusammentrocknete.

Klöden hat den früheren Zustand der Luchgegenden sehr schön und mit poetischer Anschaulichkeit geschildert. Er schreibt: »Es war eine wilde Urgegend, wie die Hand der Natur sie gebildet hatte, ein Seitenstück zu den Urwäldern Südamerikas, nur kleiner und nicht Wald, sondern Luch. Es zeigte damals in großer Ausdehnung, was kleinere Bruchflächen der Mark noch jetzt zeigen. Weit und breit bedeckte ein Rasen aus zusammengefilzter Wurzeldecke von bräunlichgrüner Farbe die wasserreiche Ebene, deren kurze Grashalme besonders den Riedgräsern angehörten. In jedem Frühjahr quoll der Boden durch das hervordringende Grundwasser auf, die Rasendecke hob sich in die Höhe, bildete eine schwimmende, elastische Fläche, welche bei jedem Schritt unter den Füßen einsank, während sich ringsum ein flach trichterförmig ansteigender Abhang bildete. Andere Stellen, die sich nicht in die Höhe heben konnten, sogenannte Lanken, wurden überschwemmt, und so glich das Luch in jedem Frühjahr einem weiten See, über welchen jene Rasenstellen wie grüne schwimmende Inseln hervorragten, während an anderen Stellen Weiden, Erlen und Birkengebüsch sich im Wasser spiegelten, oder da, wo sie auf einzelnen Sandhügeln, den sogenannten Horsten, gewachsen waren, kleine Waldeilande darstellten. Solcher Horsten gab es mehrere, von denen einige mitten im Havelländischen Luche lagen. Die umliegenden Ortschaften versuchten es, dem Luche dadurch einigen Nutzen abzugewinnen, daß sie ihre Kühe darin weiden ließen und das freilich schlechte und saure Gras, so gut es ging, mähten. Beides war nur mit großer Mühseligkeit zu erreichen. Das Vieh mußte häufig durch die Lanken schwimmen, um Grasstellen zu finden, oder es sank in die weiche Decke tief ein, zertrat dieselbe, daß bei jedem Fußtritt der braune Moderschlamm hervorquoll, ja daß es sich oft nur mit großer Mühe wieder herausarbeitete. Oft blieb eine Kuh im Moraste stecken und ward nach unsäglicher Mühe kalt, kraftlos und krank wieder herausgebracht, oder wenn dies zu schwer hielt, an dem Orte, wo sie versunken war, geschlachtet und zerstückt herausgetragen. Nur im hohen Sommer und bei trockener Witterung war der größte Teil des Luchs zu passieren; dann mähte man das Gras, allein nur an wenigen Stellen konnte es mittels Wagen herausgebracht werden; an den meisten mußte man es bis in den Winter in Haufen stehen lassen, um bei gefrornem Boden es einzufahren. Unter allen Umständen war das Gras schlecht und eine kümmerliche Nahrung. So wenig nutzbar dieses Bruch für den Menschen und sein Hausvieh war, so vortrefflich war es für das Wild geeignet. In früheren Zeiten hausten hier selbst Tiere, welche jetzt in der Mark nicht mehr vorkommen, wie Luchse, Bären und Wölfe. Besonders aber waren es die Sumpfvögel, Kraniche und Störche, welche hochbeinig in diesem Paradiese der Frösche einherstolzierten, und mit ihnen bewohnte die Wasser ein unendliches Heer von Enten aller Art, nebst einer Unzahl anderer Wasservögel. Kiebitze, Rohrsänger, Birkhähne, alles war da und in den Flüssen fanden sich Schildkröten, wie allerhand Schlangen in dem mitten im Luch gelegenen Zotzenwald.«

Im Rhin-Luch änderten sich die Dinge schon zu Anfang des sechzehnten Jahrhunderts; Gräben wurden gezogen, das

Wasser floß ab und die Herstellung eines Dammes quer durch das Luch hindurch wurde möglich. Wo sonst die Fehrbelliner Fähre, über Sumpf und See hin, auf- und abgefahren war, erstreckte sich jetzt der Fehrbelliner Damm. Das Jahr genau zu bestimmen, wann dieser Damm gebaut wurde, ist nicht mehr möglich; doch existiert schon aus dem Jahre 1582 eine Verordnung, in der von seiten des Kurfürsten Johann Georg »dem Capitul zu Cölln an der Spree, den von Bredows zu Kremmen und Friesack, den Bellins zu Bellin und allen Zietens zu Dechtow und Brunne kund und zu wissen gethan wird, daß der Bellinsche Fährdamm sehr böse sei und zu mehrerer Beständigkeit mit Steinen belegt werden solle«.

Das große Havelländische Luch blieb in seinem Urzustand bis 1718, wo unter Friedrich Wilhelm I. die Entwässerung begann. Vorstellungen von seiten der zunächst Beteiligten, die ihren eigenen Vorteil, wie so oft, nicht einzusehen vermochten, wurden ignoriert oder abgewiesen und im Sommer desselben Jahres begannen die Arbeiten. Im Mai 1719 waren schon über tausend Arbeiter beschäftigt und der König betrieb die Kanalisierung des Luchs mit solchem Eifer, daß ihm selbst seine vielgeliebten Soldaten nicht zu gut dünkten, um mit Hand anzulegen. Zweihundert Grenadiere, unter Leitung von zwanzig Unteroffizieren, waren hier in der glücklichen Lage, ihren Sold durch Tagelohn erhöhen zu können. Im Jahre 1720 war die Hauptarbeit bereits getan, aber noch fünf Jahre lang wurde an der völligen Trockenlegung des Luchs gearbeitet. Nebengräben wurden gezogen, Brücken und Stauschleusen angelegt, Dämme gebaut und an allen trockengelegten Stellen das Holz- und Strauchwerk ausgerodet. Die Arbeiten waren zum großen Teil unter Anleitung holländischer Werkführer und nach holländischen Plänen vor sich gegangen. Dies mochte den Wunsch in dem König anregen, mit Hilfe der einmal vorhandenen Arbeitskräfte aus dem ehemaligen Sumpf- und Seelande überhaupt eine reiche, fruchtbare Kolonie zu machen. Der Plan wurde ausgeführt und das »Amt Königshorst« entstand an dem Nordrande des kreisförmigen Havelländischen Luchs, ungefähr da, wo das vom Rhin-Luch abzweigende Verbindungsstück in das Havelländische Luch einmündet. Die Fruchtbarkeit freilich, die eben dem gewonnenen Grund und Boden von Natur aus abging, hat kein Königlicher Erlaß ihm geben können; aber in allem andern hat der »Soldatenkönig« seinen Willen glücklich durchgeführt und Königshorst mit seinen platten, unabsehbaren Grasflächen, seinen Gräben, Deichen und Alleen, erinnert durchaus an die holländischen Landschaften des Rheindeltas. Hier wie dort ist die grüne Ebene der Wiesen und Weiden belebt von Viehherden, die hier gemischter Rasse sind: Schweizer, Holländer, Oldenburger und Holsteiner.

Die Gewinnung guter Milch und Butter war von Anfang an ein Hauptzweck gewesen, und es wurde demgemäß eine förmliche Lehranstalt für die Kunst des Butterns und Käsemachens eingerichtet, wohin die Beamten und kurmärkischen Ämter eine Anzahl von Bauerntöchtern, für deren gute Führung sie verantwortlich waren, als Mägde zu schicken hatten. Diese Mägde wurden während eines zweijährigen Dienstes in allem Nötigen unterwiesen. Dann mußten sie ohne Hilfe der Holländerin eine Probe guter Butter bereiten, die der König selbst zu prüfen nicht verschmähte. Fiel die Prüfung zugunsten der betreffenden Magd aus, so verlieh ihr der König einen Brautschatz im Betrage von hundert Talern. Diese Einrichtung hat bis zum Tode des Königs bestanden und zu ihrer Zeit reiche Früchte getragen, die noch heutzutage nachwirkend sind. Auch Friedrich II. widmete dem Amte Königshorst eine besondere persönliche Aufmerksamkeit. Anfänglich ließ er den größten Teil der dortigen Ländereien zu Fettweiden benutzen, um die Einfuhr von ausländischem Schlachtvieh für den Berliner Markt entbehrlich zu machen; in späteren Regierungsjahren aber kehrte er ganz zu dem Benutzungsplan des Gründers von Königshorst zurück und stellte das von seinem Vater begründete Lehrinstitut als »eine — wie der König in einem Erlaß vom 13. Mai 1780 sich ausdrückte — ordentliche Akademie des Buttermachens« wieder her. Bis diesen Tag gilt die Königshorster Butter (Horstbutter) in Berlin als die beste. Eins fehlt ihr vielleicht — das Aroma. Das Luchgras, was immer auch die Kultur zu seiner Verbesserung getan haben mag, kann nicht wetteifern mit dem süßen, saftigen, kräuterreichen Gras der Nordseemarschen. Noch weniger ist es geglückt, das Sandland der alten Horsten (Sandstellen im Sumpf) zu einem fruchtbaren Boden umzugestalten; nur mühsam wird das Getreide gewonnen, das zum Unterhalt des Viehstandes nötig ist. Von der Bedeutung jener Entwässerungsarbeiten aber, die durch König Friedrich Wilhelm I. eingeleitet wurden, wird man sich am ehesten eine

Vorstellung machen können, wenn man erfährt, daß die Gesamtlänge der im Luche befindlichen Gräben und Kanäle über einundsiebzig Meilen beträgt.

DER BRIESELANG

> Balsamisch wogten die Düfte
> Über das feuchte Revier,
> Die alten Störche bezogen
> Freudig das alte Quartier.
> In all den Luchen und Lanken
> Waren die Wasser erwacht,
> Die Kiefern lauschten und tauschten
> Ihre Grüße sacht.
>
> *G. Hesekiel*

Eine der ältesten Waldpartien des Havellandes ist der Brieselang, anderthalb Meilen westlich von Spandau. Die Hamburger Eisenbahn schneidet an seinem Südrande hart vorbei und bildet, wenn man auf die Karte blickt, den Fuß, auf dem er steht. Wer ihn besuchen will und die Jahre des Turnerenthusiasmus hinter sich hat, pflegt deshalb auch die genannte Bahn zu benutzen, die ihn wochentags bis an die östlichen Vorlande des Waldes (Station Segefeld) oder sonntags in Extrazügen direkt bis an seine Eingänge führt.

Der Brieselang ist nicht mehr, was er war. In alten Tagen ging er über Quadratmeilen hin und füllte das ganze Territorium, das man damals als Alt-Bredow-Land bezeichnen konnte. Das Nauensche Luch, die Falkenhagenschen Wiesen, der Bredowsche Forst, das Pausinsche Bruch, alles war Brieselang, ein Elsbruch im großen Stil: im Frühjahr ein Sumpf oder See, im Sommer eine Prärie, zu allen Jahreszeiten aber von mächtigen Eichen, den »Brieselang-Eichen«, überragt, die um einen Schuh höher waren als alle anderen im Lande. Das ist nun anders geworden. In allen Teilen des alten Gebiets, zumal auch auf jener Strecke, die noch den alten Namen führt, haben sich die Elemente geschieden, aus weiten Sumpfstrecken, denen man die Elsen und Eichen nahm, sind weite Wiesenstrecken geworden, und aus anderen, denen man Elsen und Eichen hinzutat, sind regelrechte Waldreviere geworden. Nur da, wo Wald und Wiese miteinander grenzen und der Wald aus seinem Heerlager einzelne Posten in die weite Wiese hinausstellt, nur an diesen Stellen zeigt der Brieselang noch seinen alten Charakter, zumal im Frühjahr, wenn das Sumpfwasser steigt und sich wieder in Lachen und Lanken um die Elsenbüsche sammelt.

Der Brieselang ist eine schwindende Macht, an Terrain verlierend wie an Charakter, aber auch noch im Schwinden ehrwürdig, voll Zeichen alter Berühmtheit und alten Glanzes. Er besteht zur Zeit noch aus zwei Hälften, aus dem eigentlichen Brieselang und aus der Butenheide, von denen jener, mit dem Hauptpunkt »Finkenkrug«, die südliche, diese, die Butenheide, mit dem Hauptpunkt »Königseiche«, die nördliche Hälfte bildet. Da aber, wo beide Hälften zusammentreffen, inmitten einer Lichtung, erhebt sich die »Försterei Brieselang«, die als Zentralpunkt mit Recht den Namen des ganzen Waldes trägt.

In den Brieselang also!

1

Finkenkrug

Es sauset und brauset
Das Tamburin,
Es rasseln und prasseln
Die Schellen darin.

Clemens Brentano

In Tagen sommerlicher Lust:
Mai, Juni, Juli und August

vergeht kein Sonntag, wo nicht Scharen von Besuchern den Brieselang umschwärmten. Aber die Tausende, die kommen und gehen, begnügen sich damit, den Zipfel seines Gewandes zu fassen, die Parole lautet nicht »Brieselang«, sondern »Finkenkrug«. Und doch ist der Finkenkrug, an der südlichsten Seite der Südhälfte gelegen, ein bloßes Portal, durch das man hindurch muß, um in die eigentliche Schönheit des Waldes einzutreten; nicht diesseits liegt die Herrlichkeit, sondern jenseits, und alles, was den Brieselang ausmacht, seinen Charakter, seine Erinnerungen, seine Schätze, alles liegt drüber hinaus. Der Finkenkrug ist nur erste Etappe. Wer den Brieselang kennenlernen will, der muß auch, rüstigen Fußes, die beiden andern Staffeln zu erreichen wissen: die Försterei und die Eiche. Nur erst wer bei der »Königseiche«

steht, der hat den Brieselang hinter sich und kann mitsprechen.

Wir tun es. Der geneigte Leser wolle uns folgen.

Es ist Sonntag vor Pfingsten. Wir haben den Elf-Uhr-Zug benutzt und die Sonne steht bereits in Mittag, als wir landen. Wir sind zu drei: mein Reisebegleiter, ein pommersch Blut, ich selbst, und als dritter unser Führer, ein Autochthone dieser Gegenden. Das Dreieck Spandau—Nauen—Kremmen umschließt seine Welt. Er ist hager und ausdauernd wie ein Trapper, erfahren und lederfarben wie »Pfadfinder«. Er versteht auch zu sprechen.

»Können Sie es glauben«, so hebt er an, »daß ich diese Straße seit zwanzig Jahren nicht gekommen bin. Ich fasse den Brieselang immer von Norden her, hier unten bin ich ein Fremder . . . Ja, vor zwanzig Jahren! Das war ein Tag, gerade so kalt, wie der heutige warm ist, und wir hatten Wahl in Finkenkrug.«

»In Finkenkrug?«

»Ja, in Finkenkrug. Er mag dadurch poetisch verlieren, mehr verlieren, als er politisch gewinnt, aber ich kann es nicht ändern. Es war in Finkenkrug und ich kam mit dem Falkenhagener Oberförster des Weges. Die Pferde waren ganz weiß, der Wald glitzerte; ich habe kein Rotkehlchen gesehen, so tot war der Wald.«

»Und Sie kamen an und stießen auf das leere Nest. Jeder war zu Hause geblieben.«

»Fehlgeschossen. Viele Hunderte waren da, immer neue Schlitten fuhren an, und ehe eine halbe Stunde um war, war es nicht mehr möglich, die Ankommenden und Hereindrängenden in den Stuben unterzubringen. Da rief Oberförster Brandt: ‚Wir machen ein Feuer und tagen draußen.‘ Allgemeiner Jubel. Er war Oberförster, und die paar Klafter Holz, die nun bald lichterloh und mit Geprassel an zu brennen fingen, wird er wohl nach oben hin verdefendieret haben. Es war ein entzückendes Bild. Der glitzernde Wald, das verschneite Haus, auf dessen weißes Dach die roten Lichter fielen, und um das Feuer herum, in Pelze gewickelt, all die havelländischen Bredows, die Ribbecks, die Hünekens, Erxleben von Selbelang, Risselmann von Schönwalde, dazwischen die Pastoren in ihren Filialreisemänteln, endlich die Kutscher und Knechte mit ihren Pferdedecken. Jede Stimme galt. Der alte Landrat von Hobe präsidierte und versicherte uns einmal über das andere, daß von Patow-Potsdam gewählt werden müsse.«

»Und was wurde?«

»Nun, er wurde gewählt. Aber nicht ohne Zwischenfälle. Es muß wahr sein, nie habe ich solche Vertilgung von Grog und Glühwein gesehen. In solchem Moment höchster Hitze sprang der Oberprediger aus Kremmen, ein scharfer Liberaler, auf die Tribüne und schrie: ›Was wollt Ihr jungen Most in alte Schläuche fassen; weg mit Patow, ich stelle mich zur Wahl.‹ Und sein Anhang rief ihm Bravo zu. Aber ein Pächter aus Pressentin, der schon völlig unter Grog stand, schrie in die Versammlung hinein: ›'runter mit ihm und hinein ins Feuer.‹ Allgemeines Gelächter. Aber der Oberprediger, der klugerweise nicht abwarten wollte, wieviel hier Ernst oder Spaß war (denn einige faßten bereits zu) rettete sich durch einen Sprung und verschwand im Unterholze des Brieselang. Er hat den Tag nicht vergessen können.«

So ging das Gespräch.

Es war inzwischen heiß geworden, so heiß, daß unsere Phantasie mit einem gewissen Neid an dem Winterbilde hing, das unser Führer eben vor uns entrollt hatte, und schon dämmerte die Frage herauf, ob nicht ein flüchtiges »Ausspannen«, eine Lagerung an schattiger Stelle gestattet sei, als wir deutlich eine Art Janitscharenmusik vernahmen, belebende Klänge, die, immer lauter werdend, unsern Füßen ihre Elastizität wieder gaben. Wir waren am Ziel, wenigstens an einem vorläufigen. Der Finkenkrug blitzte durch das Gezweig, und in guter Haltung rückten wir auf einen kastanienumschatteten Platz, zu dem sich der Waldweg hier verbreitert. Eine Alternative, vor die wir uns plötzlich und gegen Erwarten gestellt sahen, gebot uns, mitten im Wege haltzumachen. Der Finkenkrug umfaßt nämlich eine Doppelwirtschaft: links ist Kaffee und Kegelbahn, rechts ist Bier und Büchsenstand. Dies hielt sich die Waage. Aber was zuletzt unserem Schwanken ein Ende machte, war, daß nach rechts hin, wo freilich das verlockende Seidel blühte, doch zugleich auch die minder verlockende Janitscharenmusik ihren Platz genommen hatte, die, in die Waldesferne hinein unbedingt segensreich wirkend, in nächster Nähe ihr entschieden Bedenkliches hatte.

Also links.

Da hatten wir es denn wirklich mal getroffen. Es war auch

die Damenseite, die Seite der jungen Paare, und ich kann mich nicht entsinnen, von meinen Landsmänninnen — honni soit qui mal y pense — jemals einen so ungestört guten Eindruck empfangen zu haben. Schlank, hübsch, wohlgekleidet, munter ohne Lärm, neckisch ohne Frivolität, frei ohne »Freiheiten«, schritten sie paarweise auf und ab, spielten zwischen den Bäumen, oder flogen in der Schaukel durch die Luft. Fremde, die sich auf vergleichende Völkerkunde verstehen, würden die günstigsten Urteile von dieser Stelle mit hinweggenommen haben, wenn man ihnen, die Paare vorstellend, hätte sagen können: dies ist die Schwester eines Steinmetzen, die Braut eines Büchsenmachers, die junge Frau eines Schiffszimmermanns oder Kahnbauers.

Eine kurze Rast wurde genommen, das Seidel von »gegenüber« geprobt; dann brachen wir wieder auf, mit einem Gruß gegen das graziöse Paar, das eben jetzt im Versteckspiel hinter den Bäumen sich neckte, und traten dann in jenen schon erwähnten, an der Grenzlinie von Wald und Wiese sich hinschlängelnden Weg ein, der, zumal in Apriltagen, wenn alles wieder See und Sumpf ist und jedes Elsengebüsch zu einer Insel wird, die alten Brieselangzeiten heraufbeschwört. Heute bot die Szenerie nichts von den Bildern jener Zeit. Links zwitscherten die Vögel im Wald, nach rechts hin dehnte sich die Wiese, mit Tausendschön, Ranunkel und rotem Ampfer gesprenkelt. Alles war Heiterkeit und Friede. Unser »Pfadfinder«, der während unseres kurzen Aufenthaltes im Finkenkrug sich mehr meinem Reisegefährten als mir zu attachieren gewußt hatte, brach hier die rasch angeknüpften Beziehungen ebenso rasch wieder ab, gesellte sich mir aufs neue und antwortete eingehend und immer bereit auf meine hundert Fragen, die alsbald kurz und quer gingen wie der Weg, den er uns führte.

»Sie fragen nach Wildstand und Wilddieben. Nun, der Wilddiebe hat der Brieselang wohl nicht allzuviel, aber der Walddiebe desto mehr. Sie glauben gar nicht, was in solchem Walde alles steckt und wie viele Hunderte von Menschen daraus ihre Nahrung oder doch einen Teil ihres Erwerbes ziehen. Es mag wohl zwanzig Arten von ›Jägern‹ geben, die hier im Brieselang zu Hause sind. Vielleicht noch viel mehr.«

»Und das wären?«

»Ich will Ihnen nur ein halbes Dutzend nennen. Da sind die Kräuterjäger, die Käfer-, Fliegen- und Insektenjäger, die

Eier- und Vogeljäger, die Laubfroschjäger, die Schlangenjäger, die Ameisenjäger. Auf dem Schwanenkruge versammeln sich im Juni allerlei Gestalten, jung und alt, die Jagd auf wilde Rosenstämme, auf ›Hagebuttensträucher‹ machen, während andere, etwas früher schon, aber mit derselben Pertinazität, dem jungen Faulbaum nachstellen.«

»Dem Faulbaum?«

»Ja! das Faulbaumholz gibt eine allerbeste Kohle für die Pulverfabrikation. Selbst Pappeln und Linden kommen gegen den Faulbaum nicht auf. Da ist denn immer Nachfrage, und so macht sich der Handel. Nun werden Sie fragen: ist das legal? Und die Frage ist nur allzu berechtigt. Aber wer will in der Kohle noch nach der Legalität des Holzes spüren? Wer kauft Pottasche und verlangt Ausweis über den eingeäscherten Wald?«

»Ich verstehe. Aber Sie sprachen auch von Schlangenjägern. Das klingt ja bedenklich. Sind wir hier auf Reptilienterrain?«

»Nicht gerade hier. Aber weiter rechts, nach dem Spandauer Forst hinüber, da sind die Schlangen zu Hause.«

»Blindschleichen, Kolumbellen?«

»Nicht so harmlos. Die echte Kreuzotter. Es sind dort Stellen, wo sie so dicht wie Regenwürmer liegen. Diese Stellen kennen die Schlangenjäger ganz genau. Ihre ganze Waffe besteht in einem Stock, der vorn gegabelt ist. Nun lüften sie das halbverfaulte Gebälk, darunter die Kreuzotter liegt, und im nächsten Moment fahren sie mit dem Stock derart in die Erde, daß die Gabel sich wie ein Halsring um die Schlange legt. Nun ist sie wehrlos und wird durch eine zweite Manipulation in einem Behälter, meist einer Flasche, untergebracht.«

»Ist dies nun wissenschaftliche Passion?«

»Unter Umständen ja. Aber zumeist Erwerb. Solche Kreuzotter hat ihren Wert. Da sind Händler, auf deren Preiskuranten die Rubrik ‚Schlange' eine halbe Spalte füllt.«

»Aber wer kauft dergleichen?«

»Hunderte von Personen. Da sind zuerst die Zoologen und Toxikologen von Fach, da sind die unerbittlichen Männer der Vivisektion, die von dem harmlosen Kaninchen mal gern auf ein kleineres Ungetüm mit Giftzahn und Giftblase überspringen (ein höherer Sport, weil gefährlich), und da sind endlich die chemisch-physikalischen Oberlehrer dieses oder jenes Progymnasiums, die das Naturalienkabinett in Pritzwalk oder Pasewalk auf der ›Höhe der Wissenschaft‹ zu erhalten, d. h.

mit allerhand Reptilien in Glasflaschen auszustaffieren wünschen.«

»Auch mit Kreuzottern?«

»Gewiß. Die Herren von der Feder glauben immer, daß sich die Welt bloß aus Autographen- und wenn es hoch kommt aus Kupferstichsammlern zusammensetzt. Sie glauben gar nicht, was alles gesammelt wird.«

In diesem Augenblick, als ob uns der Beweis, »was alles gesammelt würde«, auf der Stelle geführt werden sollte, trat aus einem wilden Elsbuschboskett eine sonnenverbrannte Gestalt hervor, deren Kostüm (eine Art Jagdtasche, aus der drei oder vier aufrechtstehende Zigarrenkisten hervorragten; dazu ein Stock mit flatterndem Gazebeutel) keinen Zweifel darüber lassen konnte, welcher Kategorie von Sammlern er zugehörte. Es war ein Musterexemplar.

Er trat mit rascher Wendung an uns heran, machte mit seinem Käscherstock eine Bewegung wie ein Tambourmajor, wenn die Musik aufhören oder wieder anfangen soll, und sagte dann im Berliner Dialekt:

»Erlauben Sie, daß ich mich Ihnen vorstelle, mein Name ist Lampe, Kalittenjäger.«

Bei diesem Schlußwort wiederholte er die Bewegung mit dem Stock. Im ersten Augenblick, als er so jäh und plötzlich wie die bekannten Drei auf der schottischen Heide vor uns hintrat, erschrak ich ein wenig. Und zunächst mit Recht. Die Klasse von Jägern nämlich, der er, auch wenn er sich nicht dazu bekannt hätte, ganz unverkennbar angehörte, zählt keineswegs zu den angenehmen, am allerwenigsten zu den harmlosen Erscheinungen, wie man, ihrem Namen nach, ohne weiteres schließen sollte. Sie vereinigen den Hochmut des Turners, des Dauerläufers und des Gelehrten in sich; jeder »steht und fällt mit der Wissenschaft«.

Zu dieser Gruppe gehörte Lampe nun glücklicherweise nicht. Das Berlinertum wirkte hier als Gegengift. Seine Selbstironie brachte wieder alles ins Gleichgewicht und ließ noch einen gefälligen Überschuß. Er bat, wie gesagt, sich uns anschließen und »seine Fahne hochhalten zu dürfen«. Unsere Herzen fielen ihm gleich zu, und so ging es weiter.

»Herr Lampe, Sie sind gewiß auch Kräuterjäger?«

»Nicht doch. Wer seinen Käscher mit Ehren tragen will, muß die grüne Trommel zu Hause lassen. Fauna apart und Flora apart. Sie glauben gar nicht, welche profunde Wissenschaft die Käferei ist. Hundertundzwanzig Bockkäfer bloß im Brieselang. Das will gemacht sein.«

»Gewiß. Aber ich habe mir sagen lassen, daß die Dinge doch Hand in Hand gehen und daß die ›Käferei‹, wie Sie sagen, ohne ›Kräuterei‹ gar nicht recht bestehen kann. Beispielsweise wenn Sie eine Weißdornhecke sehen, so wissen Sie auch schon, was in dieser Hecke vorkommen kann, ebenso gewiß wir wissen, wo die Kretins und die Kröpfe zu suchen sind. Ursach und Wirkung, Theorie von der Ernährung. Bergwasser.«

»Ich danke Ihnen für Ihre Vergleiche. Aber Sie haben recht. Das Land und die Leute, die Kräuter und die Insekten stehen in allernächster Beziehung zueinander, und obwohl ich für strenge Scheidung bin und die Mengerei in der Wissenschaft nicht leiden kann, so kann man doch nicht käfern in absoluter Ignorierung der grünen Trommel. Rund heraus, ich kenne dies und das. Aber das ist nicht Wissenschaft.«

»Ich höre, daß der Brieselang eine eigene Flora haben soll, daß hier Dinge vorkommen, die sonst in der ganzen Mark nicht mehr zu finden sind. Hat das seine Richtigkeit?«

»Gewiß. Der Brieselang hat seine eigenen Pflanzen und seine eigenen Insekten, er ist unser gelobtes Land und selbst die Rudower Wiese, in ›all dem Ruhm ihrer Orchideen‹, muß sich gegen den Brieselang verstecken.«

»Was kommt denn wohl so vor? Ich meine zunächst von Pflanzen.«

»Da haben wir zunächst das Wanzenknabenkraut. Da haben wir ferner Neottia Nidus avis, das Vogelnest. Noch seltener ist Coptolanthera rubra, der rote Rundbeutel. Die Krone von allem aber ist vielleicht Dicranum montanum, der gebirgliebende Gabelzahn. Wie der speziell in den Brieselang kommt, wo die Maulwurfshügel für alles, was Berglinie heißt, aufkommen müssen, ist mir unerfindlich.«

»Und nun die Käfer.«

»Nun wissen Sie, da gibt's kein Ende. Aber ich will es gnädig machen. Da ist der Widderkäfer, der Bastkäfer, der Feuerkäfer: dies sind die leichten Truppen. Dann kommt die Garde: der Schwarzkäfer, der Panzerkäfer. Aber das eigentlich schwere Geschütz, das den Ausschlag gibt, das ist doch Procrustes coriaceus und Saperda Seydlii. Besonders Saperda. Sie lächeln; aber glauben Sie mir, wie unser einem zumute wird, wenn man bloß das Wort Saperda aussprechen hört, davon können Sie sich keine Vorstellung machen. Ich hatte einen legitimistisch-historischen Freund, dessen Gesicht sich immer verklärte, wenn er ›Montmorency‹ sagte; sehen Sie, so geht es mir mit Saperda. Und sagen Sie selbst, klingt es nicht schön, apart, dies Doppel a und das r in der Mitte. Oh, wir haben auch ein Herz.«

»Ist denn nun Saperda im ganzen Brieselang verbreitet?«

»Verbreitet? Ich weiß nicht, was Sie verbreitet nennen. Wenn eine Sache verbreitet ist, nun, so ist es mit ihr vorbei, so ist sie entzaubert. Es gibt keine verbreitete Schönheit. Schönheit ist immer rar. Saperda findet sich auf einem einzigen Baum, an der Segefelderstraße.«

»Davon hab' ich gehört.«

»Nicht mehr wie billig. Manche Messerklinge ist da zerbrochen worden. Der Baum sieht aus wie ein Scheibenpfahl, den hundert Kugeln gestreift, durchbohrt, zersplittert haben. Es gibt keinen unter uns, der den Baum nicht kennte. Bei Segefeld liegt der Sand wie eine Sahara. Aber wir durchwaten ihn mit Freudigkeit; — der Weg zu den großen Pilgerstätten hat noch immer durch die Wüste geführt.«

2

Försterei Brieselang

> Lesen konnt ich in seinen festen Zügen
> Seinen lang und treu bewahrten Entschluß:
> Auch mit keinem Fingerdrucke zu lügen;
> Sicher und wohl ward mir bei seinem Gruß.
>
> *Nic. Lenau*

Unter solchem Geplauder hatten wir eine Stelle erreicht, wo der Weg, die bis dahin innegehaltene Scheidelinie zwischen Wald und Wiese aufgebend, nach links hin scharf einbiegt. Hier schlug sich Lampe in die Tiefen des Waldes, während wir, den Weg weiter verfolgend, alsbald auf eine große Lichtung mit Gärten, Häusern und Stallgebäuden hinaustraten. Wir hatten den Zentralpunkt dieser Waldregionen erreicht: Försterei Brieselang. Daneben das »Remontedepot« gleichen Namens. Die Lichtung, die diese beiden Häuserkomplexe einschließt, hat den Charakter einer großen Waldwiese. Ein Wasserlauf, »der neue Graben«, der in früheren Jahren das

Sumpfland entwässert hat und nun zum Holzflößen dient, zieht sich quer durch die ganze Breite; eine Brücke führt darüber hin. Jenseits des Wasserlaufes aber steigt der Wald (»die Butenheide«) aufs neue an und schließt gegen Norden hin das Bild. Am jenseitigen Rande des Waldes: die Königseiche und Dorf Pausin.

Ein Hirschgeweih über der Tür ließ uns nicht lange in Zweifel, wo wir die Försterei, für die wir einen Gruß mitbrachten, zu suchen hätten. Wir traten ein. Es war um die dritte Stunde. Der Förster, ein Mann von nah an siebzig, fuhr aus seinem Nachmittagsschlaf auf, strich sich die momentane Runzel von der Stirn und stand grüßend vor uns. Wer in solchen Momenten Haltung bewahrt, ist allemal eine liebenswürdige Natur.

Wenn dies je zutraf, so hier. Wir setzten uns zunächst in eine Geißblattlaube, die den Eingang umrankte, als aber die Nachmittagsschwüle zu drücken begann, rückten wir — ein paar Forsteleven hatten sich uns zugesellt — weiter vor und stellten die Bänke ins Freie. Und nun die ganze Waldwiese samt Graben, Brücke und Remontedepot (das zur Hälfte eine Brandstelle war) vor uns, begann das Geplauder.

Der alte Förster verstand es. »Ich darf wohl sagen«, so hob er an, »der liebe Gott hat es gut mit mir gemeint. Mein Großvater war Förster, mein Vater war Förster, ich bin Förster und meine drei Jungens sind auch Förster, oder sollen es werden. Wir haben alle Waldblut in den Adern, Brieselangblut. Ein Jahr bin ich einmal in einer Kiefernheide gewesen, aber mir wurde erst wieder wohl, als ich wieder Elsen und Eichen um mich her hatte.«

»Ist der Brieselang Ihre Heimat?«

»Nicht so ganz, aber doch beinah. Wir sind auf dem Glin zu Hause. Mein Vater war in Diensten beim alten Blücher, der dazumal Groß-Ziethen hatte. Ich habe oft auf des alten Feldmarschalls Knie geritten. ›Willst du auch ein Förster werden?‹ Das will ich. ›Na, denn werd' ein so braver Kerl wie dein Vater.‹ Das hab' ich nicht vergessen. Es war doch ein gnädiger, alter Herr. Als es Anno 15 wieder losging, sagte er zu meinem Vater: ›Grothe, denk dir, der Deubelskerl ist wieder da; wir müssen ihm noch mal eins geben; aber diesmal ordentlich, daß er genug hat un nich wiederkommt.‹ Und dabei sah er ganz ernsthaft aus, gar nicht so schabernackisch wie sonst wohl; es mocht' ihm wohl schwanen, daß er am

Ende selber nicht wiederkommen könne. Und hören Sie, es war auch dichte dran, als er da bei Ligny unter seinem Schimmel lag!«

Wir nickten alle. Vom Walde her aber schmetterte Finken- und Drosselschlag immer frischer zu uns herüber und mit dem Daumen rückwärts deutend, sagte der alte Förster: »Ja, das klingt ins Herz.«

»Das tut's«, erwiderte jetzt mein Reisegefährte (den es nachgerade wohl Zeit ist aus seiner stummen Rolle zu erlösen, in der er bisher eigensinnig beharrte), »aber wollen Sie glauben, Herr Förster, daß es Gegenden gibt, wo die Vögel denn doch noch anders singen, so melodisch, so tieferschütternd, daß man aufhorcht, als habe man den Klang einer Menschenstimme, die ersten Töne einer wehmütigen Volksweise gehört.«

»Der Tausend auch«, sagte der Förster, »Sie machen mich neugierig.«

»Und diese Vögel, von denen ich spreche, die singen da, wo wir's am wenigsten glauben möchten, in Australien bei den Antipoden. Ein Engländer ist dort gereist, hat die Waldstimmen belauscht, hat die Töne in Noten festgehalten und zuletzt eine Art Melodienbuch herausgegeben, aus dem wir nun genau erfahren können, wie die australischen Vögel singen.«

»Ist es möglich!«

»Es ist sogar gewiß. Ich habe das Buch. Und unter all diesen Stimmen ist eine, die es mir besonders angetan hat, das ist die Stimme des Leather-head. Leather-head heißt Lederkopf, ein Name, den dieser Vogel führt, weil er einen völlig kahlen Kopf hat. Ich will Ihnen die Melodie pfeifen; sie geht leise; Sie müssen scharf aufhorchen.«

Unser Reisegefährte pfiff nun in langgezogenen Tönen die Klagemelodie des Leather-head. Selbst im Walde war es still geworden. Es war, als ob die Vögel drinnen mit zu Rate säßen.

»Das ist schön«, sagte der Förster, »aber Ihr Engländer kann sich die Melodie erfunden haben.«

»Ich gestehe«, fuhr unser Reisegefährte fort, »daß ich dann und wann denselben Verdacht hatte. Aber denken Sie, wo mir plötzlich die Gewißheit kam! Sie haben vom Aquarium gehört. Nun, in dem Aquarium befindet sich auch eine Vogelhecke, die mir das Liebste vom ganzen ist. Jeder hat so seinen Geschmack. Und wie ich nun den Gang entlang komme und das Gezwitscher der anderen Vögel einen Augenblick schweigt, was höre ich da plötzlich aus der Voliere heraus? Die leisen, langgezogenen Töne meines Leather-head, einmal, zweimal, dreimal. Mir war, als ob ich einen alten Bekannten wiedersähe. Da saß er und starrte mich lange an, wie wenn er gefühlt hätte: *der* hat dich verstanden.

Alles schwieg. Der Erzähler pfiff die Melodie noch einmal. Dann knipste der Förster mit den Fingern und sagte: »Nichts für ungut, aber ich bin doch für eine richtige Brieselang-Drossel; ihr Leather-head hat mich ganz melancholisch gemacht. Ich bin für das Fidele.«

»Ich auch, ich auch«, riefen die anderen. Der Lederkopf war abvotiert.

Inzwischen begann sich Gewölk am Himmel zu sammeln. Dann brach die Sonne wieder durch, aber die Schwüle wuchs. »Haben Sie viel Gewitter im Brieselang?« fragte ich.

»Oft nicht, aber wenn sie kommen, kommen sie gut. Im vorigen Juli ging es hier eine Stunde toll her. Sehen Sie dort die Brandstelle (er zeigte nach rechts); da stand vor Jahresfrist noch das Remontedepot, einhundertundachtzig Pferde, alle schwarz.«

»Und es schlug ein?«

»Es schlug ein und es gab ein Wetter, wie ich es hier nicht wieder haben möchte, und doch war es zugleich eine Stunde, daß mir das Herz im Leibe lacht, wenn ich daran denke. Da habe ich gesehen, was ein preußischer Futtermeister ist.«

»Ein Futtermeister?«

»Ja, solch Remontedepot, müssen Sie wissen, hat einen Wachtmeister von altem Schrot und Korn, der regiert das Ganze; er ist wie ein kleiner König. Und ich sage Ihnen, dieser Futtermeister, ... nun, der verstand es. Das Remontedepot hatte acht Türen. Als nun das Wetter über uns stand und die ersten Blitze herunterfuhren, stellte er seine acht Knechte an die acht Eingänge, sich selber aber mitten auf diesen Platz da.

Da stand er wie ein Feldherr, während das Feuer in breiten Scheiben niederfiel. ›Kerls‹, schrie er, ›wenn ich rufe: Vorwärts, Türen auf! dann ist's Zeit, dann hat's eingeschlagen‹. So vergingen wohl zehn Minuten; die Blitze ließen nach, ein Hagelwetter kam, Körner wie die Taubeneier. Mit einem Mal schwieg auch das; der Hagel war wie abgeschnitten. Aber im nächsten Augenblick ›Krach‹ und der Blitz lief über den First hin. ›Vorwärts!‹ Alle Türen flogen auf; die Schloßen fielen nieder wie ausgeschüttet, und im nächsten Moment jagten die einhundertundachtzig schwarzen Pferde an mir vorbei, hier über die Brücke hin, in die Bütenheide hinein, auf Pausin zu. Zwölf Minuten später hatten wir die Spritzen hier; denn als die einhundertundachtzig schwarzen Pferde wie die wilde Jagd durchs Dorf jagten, da wußten die Pausiner, was los war. ›Das Remontedepot brennt‹ und heidi ging es in den Wald hinein, auf das Depot zu. Solch Wettfahren hat die alte Bütenheide ihr Lebtag nicht gesehen. Ein schöner Tag war es, aber ich mag ihn nicht wieder erleben.«

3

Die Königseiche

> Man sieht noch am zerhaunen Stumpf,
> Wie mächtig war die Eiche.
>
> *Uhland*

Diese Erzählung konnte nicht umhin, uns leise daran zu mahnen, daß wir noch einen Teil unserer Wanderung vor uns hätten, ein letztes Drittel, einen Schlußabschnitt, den es auf alle Fälle gut sei hinter sich zu haben, umso mehr als das sich ansammelnde grelldurchleuchtete Gewölk am Himmel das Einbrechen eines Brieselanggewitters nicht geradezu unwahrscheinlich machte.

Ein Wind machte sich auf, das Gewölk zerstreute sich wieder, die Schwüle ließ nach; so ging es vorwärts. Als wir den entgegengesetzten Waldrand nahezu erreicht hatten, nahm unser Führer die Tete und brach mit dem Kommando »halb rechts« in das Unterholz der Bütenheide ein. Es schien undurchdringliches Gestrüpp, bald aber lichtete es sich wieder und in eine breite, durch den Forst gehauene Avenue tretend, hatten wir die Königseiche auf etwa dreihundert Schritte vor uns. Wir ließen sie zunächst als ein Ganzes auf uns wirken. Sie steht da, wie ein Riesenskelett mit gen Himmel gehobenen Händen. Die Avenue hat ganz den Charakter eines feierlichen Aufgangs, einer Trauerallee, die zu einem Denkmal oder Mausoleum führt. Erst ein Weißbuchen-, dann immer schmaler werdend ein Weißdornspalier, bis die Avenue in einen tannenumstellten Kreis mündet, aus dessen Mitte die »Königseiche« aufsteigt.

Sie führt ihren Namen mit Recht. Es ist ein majestätischer Baum, acht Fuß Durchmesser, achtzig bis hundert Fuß hoch; man braucht zwanzig Schritt, ihn zu umschreiten. Sein Holzinhalt wird auf fünfundzwanzig Klafter und sein Alter auf tausend Jahre berechnet. Bis vor kurzem lebte er noch; seit etwa drei Jahren indes ist er völlig tot, nirgends ein grünes Blatt, die Rinde halb abgefallen. Aber noch im Tode ist er gesund. Alles Kernholz. Die Forstleute sagen: er steht noch hundert Jahr. Dem wird jeder zustimmen, der die »Königseiche« sieht. Auf einen Laien macht sie den Eindruck, als halte sie nur einen langen Winterschlaf, als brauche sie dazu mehr Zeit als junge Bäume und müsse deshalb ein paar Sommer überschlagen, aber als sei ihr Erwachen unter allen Umständen gewiß und als würde es binnen kurzem im ganzen Brieselang heißen: sie lebt wieder.

Eine Welt von Getier bewohnt die alte Eiche. Der Bockkäfer in wahren Riesenexemplaren hat sich zu Hunderten darin eingenistet; am ersten großen Ast schwärmen Waldbienen um ihren Stock, und im kahlen Geäst, höher hinauf, haben zahllose Spechte ihre Nestlöcher.

In den Tagen sich regenden deutschen Geistes, in den Tagen Jahns und der Turnerei, wurde die Eiche Wanderziel und Symbol. Dies war ihre historische Zeit. Damals vereinigte man sich hier, gelobte sich Treue und Ausharren und befestigte in Mittelhöhe des Stammes die Inschrifttafel, die bis diese Stunde dem Baum erhalten worden ist. Die Inschrift selbst aber, die um des Kaisergedankens willen, den sie ausspricht, in diesem Augenblicke wieder ein besonderes Interesse gewährt, ist die folgende:

Sinnbild alter deutscher Treue,
Das des Reiches Glanz gesehn,
Eiche, hehre, stolze, freie,
Sieh, Dein Volk wird auferstehn.
Brüder, alle die da wallen
Her zu diesem heil'gen Baum,
Laßt ein deutsches Lied erschallen
Auf dem altgeweihten Raum:
Wie in Sturmeswehn die Eiche,
Stehet fest bei Treu und Recht,

Einend schirme alle Zweige
Einer Krone Laubgeflecht*

Außer diesen Turnerfahrten scheint die Eiche, vorher und nachher, nicht allzuviel gesehen und erlebt zu haben. Sie lebte wie so mancher Alte, still und abgeschieden. Ein beständiges Gleichmaß in beständigem Wechsel. Auf Sommerdürre folgten die Stürme, dann fiel Schnee, dann war alles Sumpf und Bruch, dann wieder Sommerdürre; — so kamen die Jahre, so gingen sie. Nichts geschah. Es gibt Holunderbäume in Pfarrgärten, die in fünfzig Jahren mehr gesehen haben, als die große Eiche in fünfhundert. Nur die letzten Jahrzehnte schufen einen Wandel: Landpartien und Berliner kamen.

Es handelte sich jetzt für uns darum, ihr ein besonderes Zeichen unserer Huldigung zu geben. Ein dreimaliges Hurra erschien uns für unsere zivilen Verhältnisse teils zu prätentiös, teils unausreichend. Aus dieser Verlegenheit indes sollten wir alsbald gerissen werden; — unser Reisegefährte hatte alles bereits sinnig erwogen. Er nahm seine umsponnene Flasche, füllte ein Glas mit rotgoldenem Kap-Konstantia-Wein, trat vor und sprach: »Eiche, tausendjährige, sei uns gegrüßt! Hier hat der Wende gelagert und der Berliner, und allerlei Wein, fränkischer und deutscher, nicht minder die ›gebrannten Wasser‹ beider Indien, Jamaikas und Goas, sind dir zu Ehren an dieser Stelle verschüttet worden. Aber ob Südafrika, ob Mohrenland von jenseits der Linie, dir je gehuldigt, das ist mindestens fraglich. Empfange denn die Gabe aus Gegenden, in denen nur Freiligrath und der Kaffer ›einsam schweift durch die Karroo‹, empfange diesen Tropfen Kap Konstantia; — die Hänge des Tafelberges grüßen dich und den Brieselang!« Damit goß er den Kapwein ihr zu Füßen. Wir schwenkten

---

* Diese Verse, wie ich nachträglich erfahre, rühren nicht aus der Jahnschen Zeit her, sondern sind erst, vor kaum zwanzig Jahren, niedergeschrieben und an der Brieselangeiche befestigt worden. Das geschah an einem heißen Augustnachmittage 1862 durch zwei Mitglieder des kurz zuvor gegründeten Nauener Turnvereins. Der eine dieser beiden Turner hatte die Verse verfaßt, der andere die technische Niederschrift geliefert. Beide Turner blieben seitdem vereint; sie dienten in demselben Truppenteil der Garde; sie fochten am 3. Juli bei Königgrätz; und abermals an einem heißen Augusttage, heißer als jener Wandertag, der sie acht Jahre vorher zur Königseiche geführt hatte, stürmten sie gemeinschaftlich gegen St. Privat. Beide fielen schwerverwundet, der eine durch den Schenkel, der andere durch die Brust geschossen; beide sind genesen.

die Hüte, stimmten Lieder an von Arndt und Körner und machten uns auf den Rückweg.

Im Fluge. Denn immer bedrohlicher zog sich's über uns zusammen und kein Wind machte sich mehr auf, das Gewölk zu zerstreuen. So ging es an den alten Stätten vorbei, am Forsthaus, am Remontedepot, an dem Elsbusch, aus dem uns Lampe, der »Jäger«, so bedrohlich entgegengetreten war. Als wir Finkenkrug erreichten, war es die höchste Zeit, wenn uns daran lag, mit den Extrazüglern, die eben in Sektionen formiert aufbrachen, den Rettungshafen der Eisenbahn zu gewinnen. Musik vorauf, so ging es durch die letzte Waldstrecke. Die Pauke tat wieder ihr Äußerstes, als plötzlich einer rief: Pauke still! Und sie schwieg wirklich. Über das weite Himmelsgewölbe hin rollte der erste Donner. In den Wipfeln begann ein unheimliches Wehen, die obersten Spitzen brachen fast. »Rasch, rasch«, hieß es, »Laufschritt«; alles drängte durcheinander, »sauve qui peut« und der Zug, der schon hielt, wurde im Sturm genommen. In demselben Augenblick aber brach es los; die Blitze fuhren nieder, das Gekrach überdröhnte das Gerassel des Zuges; wie ein Wolkenbruch fiel der Regen.

Als wir eine Stunde später im klapperigen Gefährt über die Alsenbrücke fuhren, auf den Tiergarten zu, stand das Wasser in Lachen und Lanken. Wer um diese Zeit vom Finkenkrug bis zur »Königseiche« gewandert wäre, der hätte wohl den Brieselang gesehen wie vor tausend Jahren!

DER EIBENBAUM

im Parkgarten des Herrenhauses

Die Eibe
Schlägt an die Scheibe,
Ein Funkeln
Im Dunkeln.
Wie Götzenzeit, wie Heidentraum
Blickt ins Fenster der Eibenbaum.

Nicht voll so alt wie die Brieselangeiche, von der ich im letzten Kapitel erzählt habe, aber doch auch ein alter, oder sehr alter Baum ist die Eibe, die in dem Parkgarten hinter dem Herrenhause steht. Von ihr will ich, einschaltend, an dieser Stelle erzählen.

Der Stamm dieses Baumes, wie es seiner Art* in den Marken keinen zweiten gibt, ist etwa mannsdick, und die Spannung seiner fast den Boden berührenden Zweige wird dreißig Fuß sein. Die Höhe beträgt wenig mehr. Aus der Dicke des Stammes hat man das Alter des Baumes berechnet. Man kennt Taxusbäume, die nachweisbar zweihundert bis dreihundert Jahre alt sind; diese sind wesentlich kleiner und schwächer als der Baum, von dem ich hier spreche. Man kennt ferner *einen* Taxusbaum, (bei Fürstenstein in Schlesien), der nachweisbar tausend Jahr alt ist, und dieser eine ist um ein gut Teil höher und stärker als der unsrige. Dies läßt für diesen auf ein Alter von fünfhundert bis siebenhundert Jahren schließen, und das wird wohl richtig sein.

Dieser unser Taxusbaum war vor einhundert oder einhundertundzwanzig Jahren eine Zierde unseres Tiergartens, der damals bis an die Mauerstraße ging. Als später die Stadt in den Tiergarten hineinwuchs, ließ man in den Gartenstücken der nach und nach entstehenden Häuser einige der schönsten Bäume stehen, ganz in derselben Weise, wie man auch heute noch verfahren ist, wo man die alten Elsen und Eichen von »Kemperhof« wenigstens teilweise den Villen und Gärten der Viktoriastraße belassen hat.

Unser Taxusbaum, jahrhundertelang ein Tiergartenbaum, wurde, ohne daß er sich vom Fleck gerührt hätte, in der zwei-

* Die schönste Zeder (eigentlich ein Taxodium) steht im Schloßpark zu Gusow, der größte Birnbaum im Predigergarten zu Werneuchen.

ten Hälfte des vorigen Jahrhunderts ein Gartenbaum. Und noch etwa zwanzig Jahre später tritt er aus seiner bis dahin dunklen Vergangenheit in die Geschichte ein.

Zu Anfang dieses Jahrhunderts gehörten Haus und Garten dem Generalintendanten von der Recke, der öfters von den Königlichen Kindern, zumal vom Kronprinzen, dem späteren König Friedrich Wilhelm IV., Besuch empfing. Der Kronprinz liebte diesen von der Reckeschen Garten ganz ungemein; es wurde ein bevorzugter Spielplatz von ihm, und der alte Taxusbaum mußte herhalten zu seinen ersten Kletterkünsten. Der Prinz vergaß das dem alten Eibenbaume nie. Wer überhaupt dankbar ist, ist es gegen alles, Mensch oder Baum. Vielleicht regte sich in dem phantastischen Gemüte des Knaben auch noch ein anderes; vielleicht sah er in dem schönen, fremdartigen Baume einen Fremdling, der unter märkischen Kiefern Wurzel gefaßt; vielleicht war er mit den Hohenzollern selbst ins Land gekommen, und es wob sich ein geheimnisvolles Lebensband zwischen diesem Baum und seinem eignen fränkischen Geschlecht. War es doch selbst an dieser Stelle erschienen, wie eine hohe Tanne unter den Kiefern.

Das von der Reckesche Haus wurde verkauft (ich weiß nicht, wann) und die Mendelssohns kauften es. Sie besaßen es erst kurze Zeit, da gab es eine hohe Feier hier: die Freiwilligen zogen aus und ein Abschiedsfest versammelte viele derselben in diesem Garten. Eine lange Tafel war gedeckt und aus der Mitte der Tafel wuchs der alte Eibenbaum auf, wie ein Weihnachtsbaum, ungeschmückt — nur die Hoffnung sah goldne Früchte in seinem Grün.

Und diese Hoffnung hatte nicht gelogen. Der Friede kam, und die heiteren Künste scharten sich jetzt um den Eibenbaum, der, ernst wie immer, aber nicht unwirsch dreinschaute. Felix Mendelssohn, halb ein Knabe noch, hörte unter seinem mondlichtdurchglitzerten Dach die Musik tanzender Elfen.

Doch wieder andere Zeiten kamen. Vieles war begraben, Menschen und Dinge; da zog sich auch über dem Eibenbaum ein ernstes Wetter zusammen. Wer weiß, was geschehen wäre, wenn nicht des Eibenbaumes bester Freund noch gelebt hätte. Der lenkte den Strahl ab.

1852 brannte die damals in der Oberwallstraße gelegene »Erste Kammer« nieder; das Mendelssohnsche Haus, samt Garten und Eibenbaum, wurde gekauft und das Preußische

Oberhaus hielt seinen Einzug an neuer Stelle. Niemand ahnte Böses. Da ergab es sich, daß die Räumlichkeiten nicht ausreichten, und ein großes, neu zu errichtendes Hintergebäude sollte den fehlenden Raum schaffen. So weit war alles klipp und klar, wenn nur der Eibenbaum nicht gewesen wäre. Der bereitete Schwierigkeiten, der »beherrschte die Situation«. Einige, mutmaßlich die Baumeister, wollten zwar kurzen Prozeß mit ihm machen und ihm einfach den Kopf vor die Füße legen. Aber die hatten es sehr versehen. Sie erfuhren bald zu ihrem Leidwesen, welch hohen Fürsprecher der Baum an entscheidender Stelle hatte.

Was war zu tun? Der Baum stand just da, wo das neue Gebäude seinen Platz finden sollte. 1851 in London hatte man über zwei alte Hydeparkbäume die Kuppel des Glaspalastes ruhig weggeführt und die Einweihungsfeier unter grünem Dach und zwitschernden Vögeln gehalten; aber der alte Eibenbaum im Sitzungssaale des Herrenhauses, — das ging doch nicht. Man kam also auf die Idee einer Verpflanzung. Der König bot Sanssouci, der Prinz von Preußen Babelsberg zu diesem Behufe an. Wer wäre nicht bereit gewesen, dem Alten eine Stätte zu bereiten! Konsultationen wurden abgehalten und die Frage aufgeworfen, »ob es wohl ginge?« Aber selbst die geschicktesten Operateure der Gartenkunst mochten keine Garantie des Gelingens übernehmen. So wurde denn der Plan einer »Verpflanzung im großen« aufgegeben und statt dessen die Idee einer Verschiebung, einer Verpflanzung im kleinen aufgenommen. Man wollte den Baum loslösen, den Garten abschrägen und nun den losgelösten Baum, mit Hilfe der Schrägung, bis mitten in den Garten hineinschieben. Aber auch diese Prozedur wurde, als zu bedenklich, ad acta gelegt und endlich beschlossen, den Baum am alten Platze zu lassen. Da unser Freund nicht in der Lage war, sich den Baumeistern zu bequemen, so blieb diesen nichts übrig, als ihrerseits nachzugeben und die Mauern des zu bauenden Hauses an dem Baume entlang zu ziehen. Man hat ihm die Mauer empfindlich nahe gerückt, aber der Alte, über Ärger und Verstimmung längst weg, reicht ruhig seine Zweige zum Fenster hinein. Ein Gruß, keine Drohung.

Seine Erlebnisse indes, auch seine Gefährdungen während der Bauzeit, sind hiermit noch nicht zu Ende erzählt. Während des Baues (so hatte es der hohe Fürsprecher gewollt) war der Baum mit einem Brettergerüst umkleidet worden, in dem er ziemlich geborgen stand, eine Art Verschlag, der die hübsche Summe von dreihundert Talern gekostet hatte. Der Freund in Sanssouci gab es gern für seinen Freund im Reckeschen Garten. Der Verschlag war gut gemeint und tat auch seine Dienste. Aber er tat sie doch nicht ganz. Mauerstaub und Berliner Staub dringen überall hin und finden jeden feinsten Spalt aus, wie Luft und Licht. Als endlich das Haus stand und mit dem Baugerüst zugleich auch der Verschlag des Baumes fiel, da ging ein Schrecken durch alle Herzen — der Eibenbaum war weiß geworden. Wie Puder lag der Mauerstaub auf allen Ästen und Zweigen. Was war zu tun? Gefahr war im Verzuge; der Besuch des Königs stand nahe bevor. Da trat ein leuchtender Gedanke auf die Lippe des einen der Geängstigten und er sprach: Feuerwehr! Sie kam, ganz still, ohne Geklingel, und mit kunstvoll gemäßigtem Strahl wusch sie jetzt den Staub von dem schönen Baume ab, der nun bald schöner und frischer dastand, als je zuvor. Er trieb neue Zweige, als ob er sagen wollte: »Wir leben noch«.

Frisch und grün, wie der jüngsten einer, so steht er wieder da, schön im Sommer, aber am schönsten in Dezembernächten, wenn seine obere Hälfte sich unter dem Schnee beugt, während unten die Zweige wie unter einem Dache weitergrünen. Dies Schneedach ist sein Schmuck und — sein Schutz. Das zeigte sich vor einigen Jahren. Der Schnee lag so dicht auf ihm, daß es schien, seine Oberzweige würden brechen. Mißverstandene Sorgfalt fegte und kehrte den Schnee herunter; da gingen im nächsten Sommer einige jener Zweige aus, denen man mit dem Schneedach ihr warmes Winterkleid genommen hatte.

Aber er hat es überwunden und grünt in Frische weiter, und wenn ihm wieder Gefahren drohen, so oder so, möge unser Eibenbaum immer einen treuen Freund haben, wie in alter Zeit.

Dies Vorstehende wurde im Herbst 1862 geschrieben; in den Jahren, die seitdem vergangen sind, sammelte ich Material über allerhand »alte Bäume«, insonderheit auch über Eibenbäume, und ich lasse zunächst folgen, was ich darüber in Erfahrung brachte.

Die Eibe, so scheint es, steht auf dem Aussterbeetat der Schöpfung. Wie bekanntlich im Laufe der Jahrtausende ganze Tiergeschlechter von der Erde vertilgt worden sind, so werden auch Baumarten ausgerottet, oder doch nahezu bis zum Erlöschen gebracht. Unter diesen steht die Eibe (Taxus baccata) mit in erster Reihe. Einst in den Wäldern von ganz Europa, Nord und Süd, so häufig wie der Auerochs, das Elentier, begegnet man ihr in unseren Tagen nur noch ausnahmsweise. In Hecken und Spalieren trifft man kleinere Exemplare allerdings noch an, am häufigsten in Anlagen nach französischem Geschmack, aber große, imponierende Exemplare sind selten. Vor der waldvernichtenden Axt älterer Ansiedler und neuer Industrieller haben sich nur einzelne knorrige Taxusbäume retten können, die jetzt, wo wir ihnen begegnen, ein ähnliches Gefühl wecken wie die Ruinen auf unseren Bergesgipfeln. Zeugen, Überbleibsel einer längst geschwundenen Zeit.

In Mitteldeutschland ist dieser Baum jetzt schon recht selten, obwohl es bekannt ist, daß er hier, wie in ganz Europa, noch vor einem halben Jahrtausend allgemein vorkam. Zu Cäsars Zeiten war er, wie uns dieser gelehrte Feldherr selbst erzählt, sowohl in Gallien als in Germanien in großer Menge überall anzutreffen. Man findet in Thüringen nur noch einzelne verkrüppelte und verstümmelte Bäume. An einem einzigen Orte jedoch haben sie sich zahlreicher erhalten, nämlich am Veronikaberge bei Martinroda, unweit Ilmenau, wo noch zwanzig bis dreißig Fuß hohe Individuen mit einem Stammdurchmesser von 1 bis 1¼ Fuß stehen. Daß die Eibe in Thüringen ehemals einen wesentlichen Bestandteil der Wälder ausgemacht habe, ergibt sich aus den Ortsnamen »Ibenhain«, »Taxberg«, »Eiba« und anderen.

Die ältesten und schönsten Exemplare dieses einst auch in Griechenland und Italien häufig gewesenen Nadelbaumes trifft man heutzutage noch in England an, besonders auf Friedhöfen, wo einzelne auf mehr als zweitausend Jahre geschätzte Stücke von prachtvollem Ansehen sich finden.* Der Taxus ist in England der Baum der Trauer, wie die Zypresse in den

* England, wie bekannt, ist überhaupt das Land schöner alter Bäume und einer entsprechend sorglichen Kultur. So befindet sich beispielsweise in der Nähe vom Cumberlandlodge im Windsor-Park ein Leviathan-Weinstock, welcher ein einzelnes Haus von 138 Fuß Länge und 20 Fuß Breite gänzlich ausfüllt. Er bedeckt gegen 2870 Quadratfuß Glas und bringt jedes Jahr durchschnittlich 2000 Trauben hervor. Der mehr bekannte Weinstock in Hampton Court trug vor einigen Jahren 1400 Trauben, deren Wert man auf mehr als 100 Lstr. veranschlagte.

Mittelmeerländern und die Trauerweide ın Deutschland. »Albero della morte« nennen ihn übrigens auch die heutigen Italiener.

Eine große, zum Teil noch nicht völlig aufgeklärte Rolle spielte die Eibe in dem Mythus der germanischen und keltischen Völker, von der sich Nachklänge noch in manchen bis heute üblichen Gebräuchen erhalten haben. Wie der deutsche Name Eibe von dem gotischen aiw (ivi), ewig, herrührt, weil der Baum immer grün ist, und das keltische Wort yw (eiddew) dieselbe Wurzel hat, so war dieser während des langen und schneereichen nordischen Winters im frischen Blattschmuck prangende Baum in Britannien und Skandinavien den ewigen Göttern geweiht. Die Druiden hatten bei ihren Heiligtümern ganze Haine davon, und manche in Cäsars Zeiten hinaufragende alte Eiben Englands mögen ehrwürdige Reste aus solchen heiligen Hainen sein. In der Nähe des berühmten heidnischen Tempels bei Upsala in Schweden stand ebenfalls, wie A. Krantz erzählt, »ein gewaltiger Baum mit dicht belaubten Zweigen, ebenso grün im Winter wie im Sommer; niemand kannte seine Art.« Sehr wahrscheinlich war es eine Eibe.

Daß dieser Baum in alter Zeit für heilig und geheimnisvoll gehalten wurde, ergibt sich aus gar vielen noch jetzt fortlebenden Bräuchen. In den östlichen Schären Skandinaviens wird die Eibe allgemein zu Maschenbrettern beim Netzstricken benutzt, weil man glaubt, daß alle Netze, welche über Bretter aus diesem Holze gestrickt worden sind, Glück beim Fischfang bringen.

Aber nicht bloß für glückbringend und heilig, auch für geeignet zu geheimnisvollem Zauber und selbst zu teuflischem Beginnen galt und gilt noch der Eibenbaum. Daher fehlen in der Macbethschen Hexenküche neben dem Auge des Wassermolchs, dem Fledermaushaar, Eidechsbein und Käuzchenflügel und der gegabelten Natterzunge auch nicht

»Eibenzweige, abgerissen
Bei des Mondes Finsternissen.«

In Thüringen heißt es, daß die ›Ife‹ (Eibe) gegen Viehbezauberung schütze. Die Hälfte der Bewohner des Dorfes Angelroda bei Arnstadt, in dessen Nähe Eibensträuche noch ziemlich häufig sind, zieht an einem bestimmten Tage des Jahres hinaus und bricht sich Taxuszweige ab, um sie in die Viehställe zu stecken! Im Spessart meint man, daß ein Stück Eibenholz, am Körper getragen, allen Zauber vertreibe. Das Volk sagt dort: »Vor der Euwe, ka Zauber bleibe.«

Im Altertum wurde die Eibe ihres elastischen und festen Holzes wegen vorzüglich zu Bogen verwendet. Ebenso machte man Pfeile aus deren zähem Kernholz. Während des ganzen Mittelalters gab so der Eibenbaum den Stoff für die vorzüglichsten Kriegswaffen ab, besonders in England und Schweden. Auch Uller, der nordische Jagdgott, hatte nach der Edda einen Eibenbogen (altnordisch ybogi). Heutzutage wird das rote oder purpurbraune Kernholz der Eibe zu viel friedlicheren und prosaischeren Gegenständen verarbeitet, namentlich zu Faßpipen. Besonders in Ungarn werden aus dem dort sogenannten »Theißholz« (»tisza-fa«, welcher Name aber nicht auf die Theiß bezogen werden sollte, sondern slawischen Ursprungs ist, da die Eibe slawisch tis heißt) viele Haus- und Wirtschaftgegenstände verfertigt und zahlreiche Pipen aus Eibenholz in den Handel gebracht.

In modernem Englisch heißt die Eibe yew, der Efeu ivy; dieses deutsch, jenes keltisch. Beide Wörter (vgl. oben) bedeuten »immergrün«.

Ich kehre, nach dieser Exkursion in die Eibenwelt im allgemeinen, zu unserer Eibe im besonderen, im Herrenhausgarten, zurück.

Auch an ihr gingen die letzten Ruhmesjahre preußischer Geschichte nicht unbeachtet vorüber, ja einen der schönsten Tage feierte sie mit. Noch wichtiger, sie bereitete der Feier die Stätte. Unter ihrem Dache gab am 20. September 1866 das Herrenhaus dem siegreich heimkehrenden Heere ein Festmahl. Der König saß unmittelbar rechts neben dem Eibenstamm und sah den Mittelgang des Gartens hinunter. Das Schrägdach des Leinwandzeltes war in geschickten Verschlingungen, streifenweise, durch das Gezweig der Eibe gezogen; rings umher brannte das Gas in Sonnen und Sternen, ein Anblick, von dem der alte Baum in seinen Jugendtagen schwerlich geträumt haben mochte. Als das Fest auf seiner Höhe war, erhob sich Graf Eberhard Stolberg zu einer Ansprache, begrüßte den König und schloß dann prophetisch fast: »und sollten Euer Majestät noch einmal zu den Waffen rufen, so wird Ihr Volk, wie es jetzt für seinen König geblutet und gesiegt hat, neue Taten mit eisernem Griffel in das Buch unserer glorreichen Geschichte schreiben.« Der König antwortete: ». . . Sie wissen nicht, wie schwer es einem Fürsten wird, das Wort ›Krieg‹ auszusprechen. Es war ein gewagter Krieg . . . Die Armee hat alle meine Erwartungen übertroffen . . . Ich nehme gern die Gelegenheit wahr, derselben meinen Dank zu sagen; zuerst Meinem Sohne, hier zu meiner Rechten, Meinem Neffen Friedrich Karl, den kommandierenden Generalen, unter denen ich einen schmerzlich vermisse. (Wahrscheinlich Hiller von Gärtringen.) Auch Ihnen, Graf Stolberg.«

Das war im Herbst 1866. Dem siegreichen Kriege, als eigentlichste Schöpfung desselben, folgte, das Jahr darauf, der »Norddeutsche Reichstag«, der, von 1867 bis 1870 in den Räumen des Herrenhauses tagend, auch nun seinerseits in Beziehungen zu unserem alten Eibenbaume trat. In die heitersten. Die Debattenflüchtlinge, sooft es das Wetter erlaubte, pflegten hier zu tagen, und während drinnen im Saale der Redner noch nach Beifall rang, unterlag er hier draußen bereits einer zersetzenden Kritik. Der Witz goß seine Lauge unter dem Eibenbaume aus.

Aber er, der Alte, an dem so viele Zeiten ihre Eigenart versucht hatten, überdauerte auch das und eben jetzt (15. Mai 1872) haben alle seine Zweige neue Schößlinge getrieben, die, hellgelblich schimmernd, fast wie Holunderdolden auf dem dunklen Untergrunde liegen und den schönen Baum schöner und frischer erscheinen lassen, denn je zuvor.

SCHLOSS ORANIENBURG

Noch ragt der Bau, doch auf den breiten Treppen
Kein Leben mehr, kein Rauschen seidner Schleppen,
Die alten Mauern stehen öd' und leer,
's sind noch die alten und — sie sind's nicht mehr.

Die prächtige Havel, mit jener Fülle von Seen, die sie, namentlich um Potsdam herum, an ihrem blauen Bande aufreiht, ist, auf weite Strecken hin, wie ein Spiegel unserer königlichen Schlösser, deren Schönheit sie verdoppelt.

Aber nicht überall zeigt sie dieselbe breite Pracht. Schlicht, schmal, ein Wässerchen nur, tritt sie aus dem Mecklenburgischen in die Mark, um dann, auf ihrem ganzen Oberlaufe, ein

Flüßchen zu bleiben, das nicht Inseln leicht und frei wie schwimmende Blätter trägt, sondern sich teilen muß, um hier und dort ein Stückchen Land mit dünnem Arm zu umspannen. Nicht das Wasser der Herr und Sieger, sondern das Land.

So gibt sich die Havel bei Oranienburg, dem unsere heutige Wanderung gilt. Der Weg dahin führt uns, an Tegel vorbei, zunächst bis an den romantischen Sandkrug, wo die Stehkrippen von unseren zwei Braunen mit lebhaftem Prusten begrüßt werden. Der Sandkrug verdient den Beinamen »romantisch«, den wir ihm soeben gegeben, denn die Forsten, die ihn einfassen, sind fast der einzige Punkt noch in der Umgegend Berlins, darin sich ein Stückchen mittelalterlicher Wegelagerei erhalten hat, freilich von jener unpoetischeren Art, die statt des lauten Angriffs in Stahl und Eisen die Schoßkelle leise beschleicht und sich damit begnügt, statt der Hälse die Koffer abzuschneiden.

Sandkrug ist halber Weg. Noch eine anderthalbstündige Fahrt an Tannenholz und Dörfern vorbei und wir halten auf einem großstädtisch angelegten Platz, über dem sich eben der prächtigste Regenbogen wölbt. Das ist der Schloßplatz von Oranienburg. Das Wetter klärt sich auf; die Sonne ist da. Das Haus, das uns aufnehmen soll, verbirgt sich fast hinter den Lindenbäumen, die es umstehen, und erweckt, neben manchem anderen, unsere günstigsten Vorurteile auch dadurch, daß wir vernehmen, es sei Rathaus und Gasthaus zugleich. Wo Justiz und Gastlichkeit so nahe zusammen wohnen, da ist es gut sein. In alten Zeiten war das häufiger. Unsere Altvordern verstanden sich besser auf Gemütlichkeit als wir.

Die Luft ist warm und weich und ladet uns ein, unsern Nachmittagskaffee im Freien zu nehmen. Da sitzen wir denn auf der Treppe des Hauses, die sich nach rechts und links hin zu einer Art Veranda erweitert, und freuen uns der Stille und der balsamischen Luft, die uns umgeben. Die Kronen der Lindenbäume sind unmittelbar über uns, und sooft ein Luftzug über den Platz weht, schüttelt er aus dem dichten Blattwerk einzelne Regentropfen auf uns nieder. Zu unserer Linken, ziemlich in der Mitte des Platzes, ragt die Statue der hohen Frau auf, die dieser Stadt den Namen und, über einen allerengsten Kreis hinaus, ein Ansehen in der Geschichte unseres Landes gab. Dahinter, zwischen den Stäben eines Gittertors, schimmern die Bäume des Parks hervor, unmittelbar vor uns aber, nur durch die Breite des Platzes von uns getrennt, ragt der alte Schloßbau selbst auf, dessen Bild und dessen Geschichte uns heute beschäftigen soll.

Wir haben die Front des Schlosses in aller Klarheit vor uns, aber doch ist es nur die kleinere Hälfte, deren wir von unserem Platz aus ansichtig werden. Die Form des Oranienburger Schlosses in seiner Blütezeit war die eines lateinischen H, oder, mit anderen Worten, es bestand aus einem Haupt- oder Mittelstück (corps de logis), an das sich zwei Vorder- und zwei Hinterflügel lehnten. Die beiden Hinterflügel existieren noch, entziehen sich aber unserem Blick; von den Vorderflügeln wurde der eine (der rechts gelegene) durch Feuer zerstört.

Schloß Oranienburg, wenn wir diese Bezeichnung zunächst unterschiedlos und mit einer Art rückwirkender Kraft festhalten wollen, ist ein alter Schloß- und Burgbau, der sich an derselben Stelle, d. h. also auf der kleinen vor uns gelegenen Havelinsel, seit nah an siebenhundert Jahren erhebt. Wir haben hier, wie bei verschiedenen andern hohenzollerschen Schlössern, drei Epochen zu unterscheiden, drei Epochen, die sich in aller Kürze durch drei bestimmte Worte bezeichnen lassen: Burg, Jagdhaus, Schloß. Erst das »Schloß« (wir werden bald sehen, aus welcher Veranlassung) empfing den Namen Oranienburg, während Burg und Jagdhaus den Namen Bötzow, d. h. den Namen jenes uralten wendischen Dorfes führten, den die vordringenden Deutschen bei ihrer Eroberung des Landes bereits vorfanden. Die Geschichte kennt also bis in die Mitte des siebzehnten Jahrhunderts hinein nur eine »Burg Bötzow« resp. ein »Jagdhaus zu Bötzow«; erst von den Tagen der Oranierin an, die hier ein »Schloß«, einen verhältnismäßig prächtigen Neubau, an alter Stelle erstehen ließ, existiert ein Oranienburg.

BURG UND JAGDHAUS BÖTZOW VON 1200 BIS 1650

Wann Burg Bötzow gegründet wurde, ist nicht genau ersichtlich, wahrscheinlich zwischen 1170 und 1200 von einem der unmittelbaren Nachfolger Albrechts des Bären. 1217 ist urkundlich von einer Feldmark zu Bötzow die Rede, aber freilich erst 1288 von einer Burg zu Bötzow. Nichtsdestoweniger ist der Schluß berechtigt, daß sie schon volle hundert Jahre früher existierte. Öfter genannt wird die Burg zu den Zeiten des Markgrafen Waldemar; Leben und Farbe jedoch erhalten die Überlieferungen erst zu Anfang des fünfzehnten Jahrhunderts während der Quitzowzeit.

Versuch ich es, in kurzen Zügen ein Bild jener Epoche zu geben?

1402 war Bötzow eine markgräfliche oder kurfürstliche Burg, die durch einen Burgvogt im Namen des Markgrafen Jobst von Mähren, oder vielleicht auch seines Statthalters, Günther von Schwarzburg, gehalten wurde. Das Elend des Landes stand damals auf seiner Höhe; wie ein hingeworfener Fetzen lag es da, von dem jeder Nachbar, ja jeder ehrgeizige Vasall im Lande selbst, glaubte nehmen zu dürfen, was ihm gut erschien. Sie hatten es samt und sonders leicht genug; um aber noch sicherer und bequemer zu gehen, vereinigten sie sich zu gemeinschaftlichen Angriffen, nachdem die Verteilung der Beute zuvor festgesetzt worden war. Im genannten Jahre (1402) kam es zu einer Art von nordischem Bündnis gegen die offen daliegende Mark, zu einer Liga, die aus den Herzögen von Mecklenburg und Pommern, sowie aus den Ruppinschen Grafen bestand, deren Seele jedoch die Quitzows waren. Die letzteren, wiewohl selber Lehnsträger des Markgrafen, verfolgten, politisch genommen, den richtigen und gut zu heißenden Plan, sich in dem immer herrenloser werdenden Lande schließlich selber zum Herrn zu machen, und die Bündnisse, die sie schlossen, dienten ihnen nur als Mittel zum Zweck. Die Völker dieser Liga fielen endlich in die Mark ein, sengten und plünderten, wohin sie kamen, erstürmten Burg Bötzow und legten anstelle der märkischen nunmehr eine pommersche Besatzung in die Burg. Die Mark, nachdem die kurfürstliche Autorität durch diese Vorgänge, besonders aber infolge der Gefangennahme des Statthalters Günther von Schwarzburg (durch die Quitzows 1404) einen Schlag nach dem andern erfahren hatte, suchte endlich eine Aussöhnung mit ihren gefährlichsten Gegnern, den Quitzows, herbeizuführen und war in ihren Verhandlungen — vielleicht eben deshalb, weil die beiden Brüder ein ebenso feines wie kühnes Spiel spielten — glücklich genug, diese selbst und ihren nächsten Anhang auf ihre Seite zu ziehen. Burg Bötzow wurde nun abermals gestürmt, diesmal von den Märkern, und die gefangenen Pommern im Triumph nach Berlin geführt. Eine Quitzowsche Besatzung, aber keine kurfürstliche, ward in die Burg gelegt.

Von da ab, auf fast zehn Jahre hin, blieb Bötzow eine

Quitzowsche Burg, bis zum endlichen Untergang der Familie. In dieser Zeit wird die Burg vielfach genannt. Nach Burg Bötzow war es, wohin die Quitzows den Herzog Johann von Mecklenburg-Stargard (1407) als Gefangenen abführten, nachdem er zuvor in ihrer Burg Plaue gesessen hatte. In denselben Turm setzten sie vierzehn Monate später den Berliner Ratsherrn Nikolaus Wins, den sie, mit andern Berliner Bürgern, bei der Tegeler Mühle (3. September 1410) geschlagen hatten, und noch 1414, als der Stern des Hauses bereits im Niedergange stand, geschah es, daß ihr Hauptmann, Werner von Holzendorff, dem sie die Verteidigung der Burg anvertraut hatten, den Boten Kurfürst Friedrichs I., der die Aufforderung zur Übergabe brachte, in den Turm werfen und mit Ruten streichen ließ. Aber das war das letzte Aufflackern und das kecke, kriegerische Leben ging seinem Ende rasch entgegen. Klugheit und Politik traten an die Stelle der Sturmleitern, und ohne Schwertstreich hielten alsbald die Hohenzollern ihren Einzug. An die Zeit der Quitzows aber erinnert der »Quitzensteig«, der bei dem nahe gelegenen Havelhausen vorüberführt.

Von da ab ist die Geschichte Burg Bötzows stumm. Verpfändungen und Einlösungen folgten einander, bis endlich um 1550 die Burg selbst verschwindet und ein »Jagdhaus« an seine Stelle tritt. Aber auch über diesem Jagdhaus liegen Dunkel und Schweigen. Wir irren wohl nicht, wenn wir uns einen Bau mit Ecktürmen und gotischem Dache denken.* Im übrigen ist kein Bild des alten kurfürstlichen Hauses auf uns gekommen, noch weniger ein Bericht von Vorgängen innerhalb seiner Mauern. Kurfürst Joachim gab den Spreeforsten den Vorzug und das Jagdhaus zu Bötzow kam, dem Favoritjagdschloß zu Köpenick gegenüber, nur noch ausnahmsweise zu Ehren, wenn sich, zu dem Reize der Jagd überhaupt, auch noch der der Abwechslung gesellen sollte. Burg und Jagdhaus Bötzow sind spurlos verschwunden. Nur bei dem Umbau, dem, in jüngster Zeit erst, Schloß Oranienburg unterworfen wurde, stieß man auf gewölbte Feldsteinfundamente, die zweifellos wohl der alten Zeit von Burg Bötzow angehörten und

* Dagegen spräche nur, daß es in der Lebensbeschreibung des berühmten Grafen Rochus von Lynar heißt: »Zu gleicher Zeit (etwa 1578 oder 1580) gab der Graf allerhand Verbesserungen an dem kurfürstlichen Schloß oder Jagdhaus zu Bötzow an.« Diese Verbesserungen waren schwerlich im gotischen Stil.

bei weiterer Nachforschung (die sich leider nicht ermöglichte) vielleicht einigen Aufschluß über die Vorgeschichte der Burg gegeben haben würden.

SCHLOSS ORANIENBURG

So kam das Jahr 1650. Die Kurfürstin Luise Henriette, geborene Prinzessin von Oranien, seit dem 7. Dezember 1646 dem Großen Kurfürsten vermählt, pflegte ihren Gemahl auf seinen Jagdausflügen zu begleiten. Einer dieser Ausflüge führte das junge Paar im Laufe des Sommers 1650 auch in die Nähe von Bötzow, und hier war es, wo die junge Fürstin beim Anblick der lachenden Wiesen, die den Lauf der Havel einfaßten, sich lebhaft in die fruchtbaren Niederungen ihrer holländischen Heimat zurückversetzt fühlte und der Freude darüber den unverkennbarsten Ausdruck gab. Der Kurfürst, dessen Herz voller Liebe und Verehrung gegen die schöne, an Gaben des Geistes und Gemütes gleich ausgezeichnete Frau war, ergriff mit Eifer die Gelegenheit, ihr ein erneutes Zeichen dieser Liebe zu geben, und schenkte ihr das »Amt Bötzow mit allen dazu gehörigen Dörfern und Mühlen, Triften und Weiden, Seen und Teichen«. Die Schenkung wurde dankbar angenommen, und an die Stelle des alten Jagdhauses aus der Zeit Joachims II. trat jetzt ein Schloß, das im Jahre 1652, in Huldigung gegen die Oranierin, deren Eigentum und Lieblingssitz es inzwischen geworden war, den Namen, »die Oranienburg« erhielt. In kürzester Frist tat auch die zu Füßen des Schlosses gelegene Stadt ihren alten Namen Bötzow beiseite und nahm den Namen Oranienburg an. Das Jahr 1650 (eigentlich 1652) bezeichnet also einen Wendepunkt. Bis dahin Burg und Stadt Bötzow, von da ab Schloß und Stadt Oranienburg.

Auch die Geschichte von Schloß Oranienburg, der wir uns jetzt zuwenden, sondert sich in drei Hauptepochen und zwar in die Zeit der Kurfürstin Luise Henriette von 1650—1667, in die Zeit ihres Sohnes, des ersten Königs, von 1668—1713 und in die Zeit des Prinzen August Wilhelm von 1744—1758. Alles andere wird nur in Kürze zu erwähnen sein.

Die Zeit Luise Henriettens von 1650 bis 1667

Kaum war die Schenkungsurkunde ausgestellt, so begann auch die Tätigkeit der hohen Frau, die durch den Anblick frischer Wiesen nicht nur an die Bilder ihrer Heimat erinnert sein, die vor allem auch einen Wohlstand, wie ihn die Niederlande seit lange kannten, hier ins Dasein rufen und nach Möglichkeit die Wunden heilen wollte, die der Dreißigjährige Krieg diesen schwer geprüften Landesteilen geschlagen hatte. Kolonisten wurden ins Land gezogen, Häuser gebaut, Vorwerke angelegt und alle zur Landwirtschaft gehörigen Einzelheiten alsbald mit Emsigkeit betrieben. Eine Meierei entstand und Gärten und Anlagen faßten alsbald das Schloß ein, in denen der Gemüsebau, die Baum- und Blumenzucht ebenso das Interesse der Kurfürstin wie die Arbeit der Kolonisten in Anspruch nahmen. Sie war eine sehr fromme Frau (ihr Leben und ihre Lieder zeugen in gleicher Weise dafür), aber ihre Frömmigkeit war nicht von der bloß beschaulichen Art und neben dem »bete« stand ihr das »arbeite«. Mild und wohlwollend, wie sie war, duldete sie doch keine Nachlässigkeit, und in diesem Sinne schrieb sie z. B. am 27. April 1657 nach Oranienburg, daß es schimpflich für alle Beamten und geradezu unverantwortlich sei, daß in allen Gärten nicht so viel Hopfen gewonnen werde, wie zum Brauen erforderlich, und könne daran nichts als eine schändliche Faulheit die Schuld sein.

Eine Musterwirtschaft nach holländischem Vorbild sollte hier entstehen, aber die Hauptaufmerksamkeit der hohen Frau war doch dem Schloßbau, der Gründung eines Waisenhauses und der Aufführung einer Kirche zugewendet. Von dem Schloßbau werden wir ausführlicher zu sprechen haben; nur die Kirche sei schon hier in aller Kürze erwähnt. Mit großer Munifizenz ausgestattet, war sie nur wenig über hundert Jahre eine Zierde der Stadt. Im Jahre 1788 brannte sie nieder und nichts blieb übrig oder wurde aus dem Trümmerhaufen gerettet als ein kleiner Sandstein, der als einzige Inschrift die Buchstaben trägt: L. C. Z. B. G. P. V. O., A. MDCLVIII. (Luise, Kurfürstin zu Brandenburg, geborene Prinzessin von Oranien 1658). Diesen Sandstein hat man bei Aufführung des kümmerlichen Neubaues, der seitdem an die Stelle der alten Kirche getreten ist, in die Außenwand, nahe dem Eingang, eingefügt. Insoweit gewiß mit Unrecht, als er nunmehr die irrige Vorstellung weckt, daß *dieser* Bau es sei, den die fromme Werktätigkeit der Kurfürstin habe entstehen lassen.

Waisenhaus und Kirche entstanden unter der christlichen Fürsorge Luise Henriettens, aber früher als beide entstand ihr Wohnsitz, das Schloß selber. Die Frage drängt sich uns auf: wie war dies Schloß? Es war, nach allgemeiner Annahme, ein drei Stock hohes, fünf Fenster breites Gebäude von Würfelform, das nur mittelst eines stattlichen Frontispizes den Charakter eines Schlosses erhielt. Dies Frontispiz war drei Fenster breit und vier Stock hoch, so daß es nicht nur das Hauptstück der ganzen Front bildete, sondern auch den übrigen Teil des Gebäudes turmartig überragte. Auf dem flachen Dache befand sich ein mit einer Galerie umgebener Altan, auf dem sich in der Mitte ein hoher und an jeder der vier Ecken ein kleinerer Turm erhob. Der Schloßhof war mit einem bedeckten Gange umgeben, auf dessen Plattform zur Sommerzeit zahlreiche Orangenbäume standen. So war Schloß Oranienburg in den Jahren, die seiner Gründung unmittelbar folgten. Nichts davon ist der Gegenwart geblieben, und wir würden, da keine gleichzeitigen Pläne und Beschreibungen existieren, darauf verzichten müssen, uns eine Vorstellung von dem damaligen Schlosse zu machen, wenn nicht in dem Waisenhause ein großes, für die Lokalgeschichte Oranienburgs höchst wertvolles Gemälde existierte, das, früher den Prachtzimmern des Schlosses angehörig, jetzt dazu dient, uns, in Ermangelung jedes andern Anhaltepunkts, über die Gestalt der damaligen Oranienburg einen mutmaßlichen, wenn auch freilich immer noch sehr disputablen Aufschluß zu geben. Dies wandgroße Bild (etwa elf Fuß im Quadrat), von dem sich eine gleichzeitige Kopie als Plafondgemälde in einem der Säle des Schlosses befand, stellt, unter Benutzung der alten Didosage, die Gründung Oranienburgs dar.

In der Mitte des Bildes erkennen wir das kurfürstliche Paar, angetan mit allen Abzeichen seiner Würde. Luise Henriette als Dido. Hinter dem Kurfürsten, den Speer in der Hand, steht der Oberst La Cave, während die Gräfin von Blumenthal, eine schöne, stattliche Dame, die Schleppe der Kurfürstin trägt. Weiter zurück, der Gräfin Blumenthal zunächst, erblikken wir den Oberjägermeister von Hertefeld und einen von Rochow. Die Angaben fehlen, welchen. Alle die Genannten füllen die linke Seite des Bildes, während zur Rechten des Kurfürsten der Geheimrat Otto von Schwerin steht, in wenig schmeichelhafter Weise mit zurückgeschlagenen Hemdsärmeln und im günstigsten Falle in der Rolle eines behäbigen Gerbermeisters. Er hält eine Kuhhaut mit der Inschrift plus outre, »immer weiter«, in der Linken, während er mit der Rechten bemüht ist, die Haut in Streifen zu schneiden. Diese Streifen werden von drei oder vier geschäftigen Dienern zur Absteckung einer weiten, sich im Hintergrund markierenden Feldfläche benutzt, aus deren Mitte sich in grauweißer Farbe ein Schloß erhebt, nur skizziert, aber doch deutlich genug erkennbar, um ein verständliches, anschauliches Bild zu geben.*

Schloß Oranienburg, wie es jetzt vor uns liegt, zeigt nichts mehr von dem Bau, den ich vorstehend (S. 135) beschrieben habe. Weder Frontispiz noch Säulengänge, weder Altan noch Türme bieten sich zur Zeit dem Auge dar, und die Umwandlung, die im Laufe von zwei Jahrhunderten erfolgt ist, ist eine so vollständige gewesen, daß es zweifelhaft bleibt, ob auch nur eine einzige Außenwand des oranischen Schlosses stehengeblieben und dem Neubau, der 1688 begann, zugute gekom-

---

* Pastor Ballhorn, in seiner trefflichen Geschichte Oranienburgs, hat dieser architektonischen Skizze des großen Bildes eine Beweiskraft beigelegt, die sie schließlich doch kaum besitzen dürfte. Pastor B. vermutet, daß das Bild zwischen 1653 und 1654 gemalt worden sei, was aber unmöglich ist, da der Holländische Maler, Augustin Terwesten, von dem es herrührt, erst 1649 geboren wurde. Augustin Terwesten (von 1696 ab Direktor der Akademie der Künste) kam 1690 nach Berlin, wohin er, vierzig Jahre nach der Gründung Schloß Oranienburgs, durch Kurfürst Friedrich III. gerufen wurde. Er begann damit, die kurfürstlichen Lustschlösser mit großen Tableaus zu schmücken, und da um 1690 Schloß Köpenick bereits beendet und Schloß Charlottenburg noch nicht angefangen war, so ist es wohl möglich, daß er in den Sälen von Schloß Oranienburg debütierte, das eben damals einem Umbau im großen Stil unterworfen wurde. Da dieser Umbau jedoch im Jahre 1688 bereits seinen Anfang nahm, so ist es mindestens fraglich, ob Terwesten das ursprüngliche Schloß, wie es die Kurfürstin hier entstehen ließ, noch gesehen hat. Dennoch möcht' ich auf diesen Umstand kein allzu bedeutendes Gewicht legen, da es, zwei Jahre nach dem Neu- und Umbau des Schlosses, allerdings nicht schwer halten konnte, bei Malern und Architekten Auskunft darüber zu erhalten, wie denn eigentlich das Schloß der Oranierin gewesen sei, immer vorausgesetzt, daß dem Künstler daran gelegen war, über diesen Punkt zuverlässiges zu erfahren. Es ist aber sehr zweifelhaft, daß ihm daran lag. Denn wir dürfen nicht vergessen, daß er den Moment der Landesschenkung (1650) bildlich darzustellen hatte, also einen Moment, der dem Schloßbau um vier, mindestens aber um zwei Jahre vorausging. Er konnte sich also in seinem künstlerischen Gewissen nicht im geringsten gedrungen fühlen, ein Schloß in historischer Treue darzustellen, das 1650 noch gar nicht existierte, sondern erst 1654 fertig aus der Hand des Baumeisters hervorging.

men ist. Ein ähnliches Schicksal hat über allem gewaltet, was die fromme Kurfürstin hier entstehen ließ. Jegliches ging zugrunde, meist durch Feuer, und existiert nur noch dem Wort und Wesen, aber nicht mehr seiner ursprünglichen Form nach. Das Schloß, die Kirche, das Waisenhaus von damals, und wenn wir von einem, übrigens in seiner Echtheit ebenfalls anfechtbaren Porträt absehen, so findet sich an Ort und Stelle nichts mehr, was sich mit Bestimmtheit auf die Zeit der Oranierin zurückführen ließe. Das ihr seitens der Stadt errichtete Denkmal, eine Neuschöpfung, stammt erst aus dem Jahre 1858. Es ist ein überlebensgroßes Bildnis in Erz, aus der Hand Wilhelm Wolffs hervorgegangen, und führt die Inschrift: »Der hohen Wiederbegründerin dieser Stadt, Louise Henriette, Kurfürstin von Brandenburg, geb. Prinzessin von Oranien, zum dauernden Gedächtnis die dankbare Bürgerschaft Oranienburgs.«

Und dieser Dank war Pflicht. Was Luise Henriette schuf, es hat das Kleid gewechselt, aber die Dinge blieben und der Segen lebt fort.

Die Zeit Friedrichs III. von 1688 bis 1713

Schloß Oranienburg war, wie wir es geschildert haben, ein Bau von mäßigen Dimensionen (nur fünf Fenster breit), als 1688, nach dem Tode des Großen Kurfürsten, der prachtliebende Friedrich III. zur Regierung kam. Es war eine Zeit für die bildenden Künste in unserem Lande, wie vielleicht keine zweite,* zumal wenn man die verhältnismäßig bescheidenen Mittel in Anschlag bringt, die dem fürstlichen Bauherrn zur Verfügung standen. Schloß Köpenick, wo der Kurfürst die letzten Jahre vor seiner Thronbesteigung zugebracht hatte, wurde zuerst beendet; dann folgte, mit einer Munifizenz, die noch weit über das hinausging, was in Köpenick geleistet worden war, der Ausbau des Oranienburger Schlosses. Ob der Kurfürst damals die Absicht hatte, das Schloß an der Ober-Havel zu seinem bevorzugten Aufenthalt zu machen, oder ob er seiner Stiefmutter, der holsteinschen Dorothea, in nicht

* Die Zahl der Baumeister, Bildhauer und Maler belief sich damals im Brandenburgischen auf hundertdreiundvierzig.

mißzuverstehender Weise zeigen wollte, wie heilig, wie wert ihm die Schöpfung und Hinterlassenschaft seiner rechten Mutter sei, gleichviel, Schloß Oranienburg wuchs alsbald aus seiner engen Umgrenzung heraus und ein Prachtbau stieg empor, wie die Marken damals, mit alleiniger Ausnahme des Schlosses zu Cölln an der Spree, keinen zweiten aufzuweisen hatten. Von 1688 bis 1704 dauerte der Bau, und das Schloß nahm im wesentlichen die Gestalt und Dimensionen an, worin wir es noch jetzt erblicken. An ein reich ornamentiertes Mittelstück (corps de logis) lehnten sich zwei Vorder- und zwei Hinterflügel, zwischen denen ein nach einer Seite hin geöffneter Hofraum lag. Ganz wie jetzt. Am Ende jedes der vier Flügel erhob sich ein Pavillon und das corps de logis trug zwischen dem Dach und den Fenstern des dritten Stockes die Frontalinschrift: A Ludovica princip. Auriac. matre optima exstruct. et nom. gentis insignit. aedes Friedericus Tertius Elector in memoriam Parentis piissimae ampliavit, ornavit, auxit MDCXC. (Dies von der besten Mutter, der Prinzessin von Oranien, Luise, gebaute und durch den Namen ihres Geschlechtes ausgezeichnete Schloß hat der Kurfürst Friedrich III. zum Gedächtnis der frömmsten Mutter erweitert und geschmückt im Jahre 1690.) Diese Inschrift existiert noch.

Es kann nicht Zweck dieser Zeilen sein, mit Hilfe noch vorhandener Aufzeichnungen den Leser durch eine lange Reihe von Prachtzimmern und Galerien, von Sälen und Porzellankabinetten zu führen, von denen, mit Ausnahme weniger Zimmer, die ich gegen den Schluß des Aufsatzes hin zu beschreiben gedenke, auch jede Spur verlorengegangen ist; nur einiges werde ich hervorzuheben haben, um wenigstens eine Andeutung von dem Reichtum zu geben, der innerhalb dieser Mauern heimisch war. In dem Treppenhaus, das fast die halbe Breite des corps de logis einnahm, sprang eine Fontäne und trieb den Wasserstrahl bis in das dritte Stock hinauf; die Treppe selbst aber war unten mit vier Jaspis- und weiter oben mit vier Marmorsäulen geschmückt. An der gewölbten Decke waren die vier Laster des Hofes: Gleisnerei, Verleumdung, Neid und Habsucht dargestellt, wie sie von ebenso vielen Engeln aus dem Himmel gestürzt werden. Deckengemälde, zum Teil ähnlichen symbolischen Inhalts, zeigen sich in fast allen größeren Sälen. Im Vorzimmer des Königs befand sich an den Plafond gemalt, wie schon erwähnt, eine Kopie des großen Terwestenschen Bildes, während im sogenannten »Orangesaal« ein anderes großes Deckengemälde die Verherrlichung des Oranischen Hauses symbolisch darstellte. In der Mitte desselben erblickte man eine weibliche Figur mit dem Oranischen Wappen und einem Orangebukett im Haar, während sie zugleich eine Schnur mit Medaillons in Händen hielt, wodurch die Geschlechtsfolge des Hauses Oranien veranschaulicht werden sollte. Neid und Verräterei mühen sich, die Schnur zu zerreißen, aber ein Blitzstrahl aus den Wolken fährt zwischen sie.

In demselben Saale befanden sich die Bildnisse der Fürsten von Oranien von 1382 ab, daneben aber das Porträt König Friedrichs I. selbst, mit dem bekannten Distichon als Unterschrift, durch das einst der Königsberger Dichter Bödecker die Geburt Friedrichs verherrlicht und seine künftige Königschaft vorhergesagt hatte:

> Nascitur in Regis Friedericus Monte, quid istud?
> Praedicunt Musae: Rex Friedericus erit.

(Königsberg heißt die Geburtsstadt des Prinzen Friedrich; was folgt draus? Musen kündet es laut: König wird Friedrich uns sein.)

So waren Säle und Treppenhaus. Fast noch prächtiger war die Kapelle: die Wände waren mit Marmor bekleidet und die Decke mit Kirchenbildern geziert, während der Altartisch auf vier vergoldeten Adlern ruhte. Bischof Ursinus hielt hier 1704 die Einweihungsrede. Nun ist alles hin, alles verweht und zerstoben. Nur Orgel, Kanzel und königliche Loge existieren noch, sind aber nach Französisch-Buchholz hin verpflanzt worden und zieren dort die Kirche bis diesen Tag.

So war Schloß Oranienburg in den Tagen, die der oranischen Prinzessin unmittelbar folgten. Wir fragen weiter, wie war das Leben in diesen Räumen? Darüber liegen leider wenige Aufzeichnungen vor und wir müssen auf Umwegen und durch Schlüsse zu einem Resultat zu gelangen suchen. Daß der Kurfürst häufig hier verweilte, geht weniger aus der Reichtumsfülle hervor, mit der er das Schloß ausstattete (eine prächtige Ausstattung verrät noch keine persönliche Teilnahme, keine Herzensbeziehungen), als aus dem Eifer, mit dem er die Herrschaft Oranienburg zu erweitern und einige der im Umkreis gelegenen Dörfer in einen gewissen Einklang mit dem Schlosse selbst zu bringen suchte. Diese sorgliche

Fassung, die er dem Edelsteine gab, bewies am besten, wie sehr er an demselben hing. So wurden Grabsdorf und Lehnitz, Kossebant und Perwenitz, vier in der Nähe befindliche Güter, angekauft und in Vorwerke oder Koloniedörfer umgewandelt. Grabsdorf erhielt ein Jagdschloß, das innerhalb seiner schmucklosen Mauern bis diesen Augenblick noch die eiförmigen Zimmer zeigt, die, nach damaliger Mode, ihm gegeben wurden. Dabei wurde der Name Grabsdorf, der an unbequeme Dinge erinnern mochte, beiseite getan und in »Friedrichsthal« umgewandelt, unter welcher Bezeichnung Dorf und Jagdschloß bis diesen Tag noch vorhanden sind. Auch Kossebant verlor seinen alten Namen und trat die Erbschaft des vakant gewordenen Namen »Bötzow« an. Das heutige Bötzow hat also nichts gemein mit Burg und Stadt Bötzow, die bis 1650 anstelle des jetzigen Oranienburg zu finden waren, sondern ist ein in der Nähe gelegenes Dorf, das bis 1694 den Namen Kossebant führte.

Diese Neuschöpfungen, mit denen der Kurfürst Schloß Oranienburg umgab, beweisen genugsam, daß dies Havelschloß, dies Vermächtnis von der Mutter her, ein bevorzugter Aufenthalt des Kurfürsten und spätern Königs war, aber auch einzelne Berichte sind uns zur Hand, die uns, trotz einer gewissen Dürftigkeit der Details, den Kurfürsten (damals schon König) direkt an dieser Stelle zeigen. »Im Sommer 1708«, so erzählt Pöllnitz, »rieten die Ärzte dem Könige, das Karlsbad in Böhmen zu gebrauchen, wohin er sich im Laufe des Sommers auch wirklich begab. Vorher war er in Oranienburg und hatte auf dem dortigen Schlosse eine Zusammenkunft mit dem regierenden Herzog von Mecklenburg-Schwerin. Diese Zusammenkunft der beiden Fürsten war nicht ohne Bedeutung: sie hatte zunächst nur eine Erneuerung und Bestätigung des alten Erbfolgevergleichs im Auge, der im Jahre 1442, zu Wittstock, zwischen Friedrich II., dem Eisernen, und den Herzögen von Mecklenburg geschlossen worden war, mußte aber natürlich, da man Gefallen aneinander fand, einige Monate später die Schritte wesentlich erleichtern, die, im November 1708, zu einer dritten Vermählung des Königs, und zwar mit Luisa Dorothee, der Schwester des regierenden Herzogs von Mecklenburg führten. »Am 24. November«, so fährt unsere Quelle fort, »traf die neue Königin in Oranienburg ein und wurde daselbst vom Könige und dem ganzen Hofe empfangen. Nachdem die Vorstellung aller Prinzen und Prinzessinnen stattgefunden hatte, verließ man das Schloß und begab sich nach Berlin, wo am 27. desselben Monats die Königin ihren feierlichen Einzug hielt.« Der König, trotz seiner Jahre, war anfänglich von der Königin bezaubert; keine Ahnung beschlich sein Herz, daß, vier Jahre später, dieselbe Prinzessin geistesgestört und wie eine Mahnung des Todes an ihn herantreten werde. Das war im Berliner Schloß, in den Januartagen 1713. Der König, krank schon, ruhte auf einem Armstuhl und war eben eingeschlummert, als er sich plötzlich angefaßt und aus dem Schlaf gerüttelt fühlte. Die geisteskranke Königin, die eine Glastür erbrochen hatte, stand weißgekleidet und mit blutenden Händen vor ihm. Der König versuchte sich aufzurichten, aber er sank in seinen Stuhl zurück. »Ich habe die weiße Frau gesehen.« Wenige Wochen später hatte sich die alte Prophezeiung seines Hauses an ihm erfüllt. Nicht zu seinem Glück hatte die mecklenburgische Prinzessin das Land und, als erste Stufe zum Thron, die Marmortreppe von Schloß Oranienburg betreten.

Die Zeit des Prinzen August Wilhelm von 1744 bis 1758

Der Tod König Friedrichs I. traf keinen Punkt des Landes härter als Oranienburg; bis dahin ein Lieblingssitz, wurde es jetzt von der Liste der Residenzen so gut wie gestrichen. Dem Soldatenkönige, dessen Sinn auf andere Dinge gerichtet war als auf Springbrunnen und künstliche Grotten, genügte es nicht, die Schöpfung seines Vaters sich selbst zu überlassen, er griff auch festen und praktischen Sinnes ein, um die in seinen Augen halb nutzlose, halb kostspielige Hinterlassenschaft nach Möglichkeit zu verwerten. Bauten wurden abgebrochen und die Materialien verkauft; die Fasanerie, das Einzige, woran er als Jäger ein Interesse hatte, kam nach Potsdam; die 1029 Stück eiserne Röhren aber, die der Wasserkunst im Schlosse das Wasser zugeführt hatten, wurden auf neun Oderkähnen nach Stettin geschafft.

Schloß und Park verwilderten. Wie das Schloß im Märchen, eingesponnen in undurchdringliches Grün, lag Oranienburg da, als einunddreißig Jahre nach dem Tode des ersten Königs sein Name wieder genannt wurde. Im Jahre 1744 war es, wo Friedrich II. in betreff seiner Brüder allerhand Ernennungen und Entscheidungen traf. Prinz Heinrich erhielt Rheinsberg, Prinz Ferdinand das Palais und den Garten in Neu-Ruppin, der älteste Bruder August Wilhelm aber, unter gleichzeitiger Erhebung zum Prinzen von Preußen, wurde mit Schloß Oranienburg belehnt.

Über die baulichen Veränderungen, die in diese Epoche von 1744 bis 1758 fallen, wissen wir nichts, mutmaßlich waren sie allergeringfügigster Natur, aber einzelne Berichte von Bielefeld und namentlich von Pöllnitz sind auf uns gekommen, die uns zum ersten Male Gelegenheit geben, die bis hierher nur äußerlich beschriebenen Prachträume auch mit Gestalten und Szenen zu beleben. Der Prinz bewohnte nur einen einzigen Flügel, also ungefähr den fünften Teil des Schlosses, aber die entsprechenden Zimmer genügten vollständig, zumal zur Sommerzeit, wo der Park mit seinen Laubgängen aushelfen konnte. Bielefeld entwirft von diesem Park folgende ansprechende Schilderung: »Den großen, nach Le Nôtres Plan angelegten Garten fand ich, durch die Verwilderung, zu der die lange Zeit von 1713 bis 1744 vollauf Gelegenheit gegeben hatte, wunderbarerweise verschönt. Die seit 1713 nicht mehr verschnittenen Buchenhecken haben sich verwachsen und verschlungen und bilden einen Gang, der so dicht jetzt ist, daß weder Sonne noch Wind hindurchdringen kann. In der größten Mittagshitze gewährt er Kühlung und Schatten und abends speist man darin, ohne daß die Luft die Kerzen auslöscht. Ein geschickter Gärtner, der die Verwilderung benutzte, hat viele geschmackvolle Gartenhäuser aus der Erde wachsen lassen.« Diese Schilderung paßt noch heute; nur die Gartenhäuser sind seitdem wieder verschwunden.

Prinz August Wilhelm lebte nur zeitweilig in Oranienburg; sein Regiment stand zu Spandau in Garnison und die Pflichten des Dienstes fesselten ihn an den Standort desselben. Aber die Sommermonate führten ihn oft und so lange wie möglich nach dem benachbarten, durch Stille und Schönheit einladenden Oranienburg, und hier war es auch, wo er im April 1745 den Besuch seiner Mutter, der verwitweten Königin Sophie Dorothea, empfing. Über diesen Besuch liegt uns die Schilderung eines Augenzeugen vor — unverkennbar Pöllnitz selber, wenn sein Name auch nicht ausdrücklich genannt ist.

»Am 14. April«, so heißt es darin, »brach die Königin Mutter von Berlin auf und traf am Nachmittag desselben Tages in Oranienburg ein. Ihr Hofstaat folgte ihr in einer langen Reihe von Karossen, wohl dreißig an der Zahl. Die Prinzessin Amalie saß im Wagen der Königin. Sobald dem Prinzen August Wilhelm das Herannahen des Zuges gemeldet war, eilte er die große Allee hinauf, dem Zuge entgegen, sprang angesichts des Wagens der Königinmutter vom Pferde und begrüßte sie, indem er entblößten Hauptes an den Schlag des Wagens trat. Dann schwang er sich rasch wieder in den Sattel und eilte dem Zuge in gestrecktem Galopp vorauf, um vor dem Eingang des Schlosses die Honneurs wiederholen zu können. Ihm zur Seite standen seine Gemahlin, die Prinzessin von Preußen (eine geborne Prinzessin von Braunschweig), die Prinzen Heinrich und Ferdinand, außerdem die Hofdamen von Wollden, von Henckel, von Wartensleben, von Kamecke, von Hacke, von Pannewitz und von Kannenberg. Die Königin umarmte ihre Söhne aufs zärtlichste, begrüßte die Umstehenden und wurde dann die große Treppe hinauf in das für sie bestimmte Schlafgemach geführt, dasselbe, das König Friedrich I. bei seinen Besuchen in Schloß Oranienburg zu bewohnen pflegte. Die Königin fand in diesem Zimmer ein Staatsbett von rotem Damast vor, ebenso einen Fauteuil, einen Ofenschirm und vier Taburetts von demselben Stoff und derselben Farbe. Bald, nachdem die hohe Frau sich eingerichtet und an dem Anblick von Park und Landschaft erfreut hatte, erschien der Prinz, um ihr drei schöne Figuren von Dresdner Porzellan zu überreichen, an denen die Königinmutter, wie der Prinz wußte, eine besondere Freude zu haben pflegte. Aber die Königinmutter war es nicht allein, an die sich die Aufmerksamkeit dieses liebenswürdigen Prinzen richtete, auch Baron von Pöllnitz wurde einer ähnlichen Aufmerksamkeit gewürdigt. Seine Königliche Hoheit kannten sehr wohl die Vorliebe des alten Barons (von Pöllnitz) für alle Antiquitäten und Kuriositäten aus der Zeit König Friedrichs I. her, der ihm immer ein guter und gnädiger Herr gewesen war, und eingedenk dieser Vorliebe, überreichten Seine Königliche Hoheit dem alten Baron eine reich mit Gold gestickte Morgenmütze und ein Paar Pantoffeln, deren sich König Friedrich I. bei seinen Besuchen in Oranienburg zu bedienen pflegte, und die nun seit über zweiunddreißig Jahren unbeachtet und ungewürdigt in einer halbvergessenen Truhe gesteckt hatten. Nach Sonnenuntergang folgten Promenaden in den Park; dann wurden Spieltische arrangiert, bis gegen zehn die willkommene Nachricht, daß das Souper angerichtet sei, das Spiel unterbrach. Welche Feinheiten und Überraschungen aus dem Bereich der Küche, welche hochqualifizierten Weine, welch' Frohsinn, welche Heiterkeit der Gäste! Und doch zuletzt vollzog sich das Unvermeidliche, was schon König Dagobert seinerzeit bitter beklagt hat, daß auch die beste Gesellschaft ihr Ende habe und sich trennen müsse.

Das war am 14. April. Früh am andern Morgen und früher fast als uns lieb war, weckten uns ungewohnte Klänge; der Hirt trieb seine Herde, am Schloß vorbei, auf die frischen Felder hinaus. Den Beschluß machte ein Stier von so extraeleganter Schönheit, daß er kein anderer als der wohlbekannte glückliche Liebhaber der Jungfrau Europa sein konnte, ja die Art, wie er sich trug, dazu die Kraft seiner Brusttöne, schienen andeuten zu wollen, daß er ein Erscheinen unserer Damen an den verschiedenen Fenstern des Schlosses erwartet habe. Aber er sah sich getäuscht, unsere Damen, die die Geschichte gelesen haben mochten, fürchteten sich und hielten sich zurück, um sich und ihre Reize nicht ähnlichen Gefahren auszusetzen. Wie dem immer sei, der Morgenschlummer war gestört und an die Stelle des Schlafs, der nicht wieder kommen wollte, traten Promenaden in leichtem, flatterndem Morgenkostüm und, nach eingenommenem Frühstück, die gegenseitigen Besuche. Die Prinzessin Amalie empfing die Huldigungen, die ihrer Schönheit dargebracht wurden; sie trug ein Korsett von schwarzem Atlas, das mit weißer Seide gesteppt war, und darunter ein silber-gesticktes Kleid, mit natürlichen Blumen aufgenommen. In diesem Kostüm stand sie da und übte sich im Flötenspiel: Euterpe selbst hätte sie beneiden können.

Nach Tisch empfing die Königinmutter alle anwesenden Damen in ihrem Bettzimmer; diejenigen, die eine Handarbeit dem Kartenspiel vorzogen, setzten sich auf Taburetts um die Königin her, während Baron Pöllnitz seinen Platz als Vorleser einnahm und in der Lektüre von ›La Manche oder die Abenteuer des Mr. Bigaud‹ fortfuhr. Die Königin folgte der Vorlesung und zog Goldfäden aus (se mit à effiler de l'or). Den Beschluß des Tages machte ein Ball in dem hell erleuchteten Tanzsaal, woran sich ein Souper in dem Staatszimmer, am Ausgange der Porzellangalerie, anschloß. Als die Königin eben in das Staatszimmer eintrat, bemerkte sie durch die hohen, gegenübergelegenen Fensterflügel, wie es plötzlich, inmitten des dunklen Parks, wie ein Flammenbaum aus der Erde wuchs. Immer deutlicher gestaltete sich das Bild, bis es endlich wie ein feuriger Laubengang dastand, der an höchster Stelle eine Krone und darunter die Worte ›Vivat Sophia Dorothea‹ trug.«

So lebte man 1745 in Oranienburg. Sechs Wocher später wurde die Schlacht bei Hohenfriedberg geschlagen, an welcher Prinz August Wilhelm, der eben noch Zeit zu Geplauder und Feuerwerk gehabt hatte, einen rühmlichen Anteil nahm.

Die Beziehungen der drei jüngern Prinzen: August Wilhelm, Heinrich und Ferdinand, zu ihrem älteren Bruder, dem Könige, waren damals noch kaum getrübt. Es ist wahr, sie lebten, zumal wenn sie in Potsdam, also in unmittelbarer Nähe Friedrichs waren, unter einem gewissen Drucke, aber man fand diesen Druck gleichsam in der Ordnung; er war der älteste, der begabteste und — der König. Dabei ließ er es seinerseits, um strengen Forderungen ein Gegengewicht zu geben, an Huldigungen nicht fehlen und besonders war es der Prinz von Preußen, für den er die zartesten Aufmerksamkeiten hatte. Er widmete ihm sein großes Gedicht. »Die Kriegskunst«, er widmete ihm ferner »die Geschichte seines Hauses« und sprach es in der meisterhaften Einleitung dieses Werkes vor der ganzen Welt und vor der Zukunft aus, warum er diesen seinen Bruder, der ihn einst beerben solle, als Freund und Fürsten besonders liebe. »Die Milde, die Humanität Ihres Charakters ist es, die ich so hoch schätze; ein Herz, das der Freundschaft offen ist, ist über niedern Ehrgeiz erhaben; Sie kennen kein anderes Gebot, als das der Gerechtigkeit, und keinen andern Willen, als den Wunsch, die Hochschätzung der Weisen zu verdienen.«

So war das Verhältnis zwischen den beiden Brüdern, als die schweren Tage, die dem Unglückstage von Kolin folgten, diesem schönen Einvernehmen plötzlich ein Ziel setzten. Prinz August Wilhelm erhielt bekanntlich den Oberbefehl über diejenigen Truppen, die ihren Rückzug nach der Lausitz nehmen sollten; Winterfeldt wurde ihm beigegeben. Die Sachen gingen schlecht und bei endlicher Wiederbegegnung der beiden Brüder fand jene furchtbare Szene statt, die Graf Schwerin, der Adjutant Winterfeldts, mit folgenden Worten beschrieben hat: »Ein Parolekreis wurde geschlossen, in dem der Prinz und alle seine Generale standen. Nicht der König trat in den Kreis, sondern Winterfeldt statt seiner. Im Auftrage des Königs mußte er sagen: ›Sie hätten alle verdient, daß über ihr Betragen ein Kriegsrat gehalten würde, wo sie dann dem Spruch nicht entgehen könnten, die Köpfe zu verlieren; indes wolle der König es nicht so weit treiben, weil er im General auch den Bruder nicht vergesse.‹ Der König stand unweit des Kreises«, so fährt Graf Schwerin fort, »und horchte, ob Winterfeldt sich auch strikte der ihm anbefohlenen Ausdrücke bediene. Winterfeldt tat es, aber mit Schaudern, und er konnte den Eindruck seiner Worte sogleich sehen, denn der Prinz trat augenblicklich aus dem Kreise und ritt, ohne den König zu sprechen, nach Bautzen.«

Im Spätherbst desselben Jahres finden wir den Prinzen wieder in Oranienburg, an selbiger Stelle, wo er uns zuerst als liebenswürdiger und aufmerksamer Sohn und geübt in der Kunst sinniger Überraschungen entgegentrat. Aber wir finden ihn jetzt in Einsamkeit und gebrochenen Herzens. Ob er sich in seiner Liebe zum König oder in seiner eigenen Ehre schwerer getroffen fühlte, ist schwer zu sagen. Gleichviel, unheilbare Krankheit hatte sich seiner bemächtigt und er litt an Leib und Seele. Über die letzten Momente seines Lebens ist nichts Bestimmtes aufgezeichnet, doch verdanke ich den Mitteilungen einer Dame, die noch den Hof des Prinzen Heinrich und diesen selbst gekannt hat, allerlei Züge und Andeutungen, aus denen genugsam erhellt, daß der Ausgang so erschütternd wie möglich war. Die Gemütskrankheit hatte schließlich die Form eines nervösen Fiebers angenommen und die Bilder von Personen und Szenen, die seine Seele seit jenem Unglückstage nicht los geworden war, traten jetzt aus seiner Seele heraus, nahmen Gestalt an und stellten sich wie faßbar und leibhaftig an sein Lager. Den Schatten Winterfeldts rief er an, und als sich die Gestalt nicht bannen ließ, sprang er auf, um vor dem Gehaßten und Gefürchteten zu fliehen. Das waren die letzten Momente Prinz August Wilhelms; er starb im Fieber, am 12. Juni 1758, im Schlosse zu Oranienburg. Der König war bei der Nachricht von seinem Tode tiefgebeugt; im Volke hieß es, er sei vor Gram gestorben. 1790 errichtete ihm sein jüngerer Bruder Heinrich den oft beschriebenen Obelisken, gegenüber dem Rheinsberger Schloß, nachdem die sterblichen Überreste des Prinzen schon früher im Rheinsberger Parke beigesetzt worden waren. Dieser Punkt ist in Dunkel gehüllt, weshalb ich hier — damit Eingeweihtere es lichten mögen — die alte Version und meine eignen Aufzeichnungen aus dem Rheinsberger Park zusammenstelle. Prediger Ballhorn in seiner mehrzitierten Geschichte schreibt: »Seine Leiche wurde zuerst in einem Gewölbe der Oranienburger

Kirche aufbewaht, dann aber am 10. Juli von seinem Regimente nach Berlin abgeführt. Prinz Heinrich widmete ihm zu Rheinsberg ein prachtvolles Monument, das zugleich die Urne umschließt, in welcher sein Herz aufbewahrt wird.« Zwei Dinge erscheinen hierin unrichtig: erstlich stand das Regiment des Prinzen von Preußen damals im Felde (Friedrich der Große schrieb eigens: »der Anblick des prinzlichen Regiments erneuert mir jedesmal den Schmerz um ihn«) und zweitens befindet sich die Urne nicht eingeschlossen im Monument, sondern steht frei und offen an einer ganz andern Stelle des Parks. Diese Stelle, in unmittelbarer Nähe des »bekannten Theaters im Grünen« gelegen, zeigt unter einer Baumgruppe zwei Marmorarbeiten: eine große Urne auf einem Piedestal und zweitens eine Art Herme, die die trefflich ausgeführte Büste des Prinzen August Wilhelm trägt. Beide Arbeiten stehen sich, in Entfernung von etwa sechs Schritt, einander gegenüber. Das Piedestal der Urne trägt die Inschrift: »Hic cineres Marmor exhibit«, und darunter: »August Gullielm, Princeps Prussiae Natus Erat IX Die Mens. Aug. Ann. 1722. Obiit Die XII Mens. Jun. Anno 1758«. Die Inschrift unter der Büste aber lautet: »Hic Venustum Os Viri, veritatis, virtutis, patriae amantissimi«. (Hier das freundliche Antlitz des Lieblings der Wahrheit, der Tugend, des Vaterlands.)

Die erste dieser Inschriften: »Hic cineres Marmor exhibit«, also: »diese Urne umschließt seine Asche«, schafft die eigentliche Streitfrage. Ruht der Prinz August Wilhelm im Dom zu Berlin, oder ruht er (laut vorstehender Inschrift) im Rheinsberger Park? Vielleicht müßte die Inschrift lauten: »Diese Urne umschließt die Asche seines Herzens«. Dann hätte Pastor Ballhorn in der Hauptsache recht, nur nicht hinsichtlich der Aufstellung der Urne.

An jenem Tage, als der Prinz August Wilhelm aus dem Schloßportal getragen wurde und fünfzig Bürger dem Sarge folgten, um ihm bis Havelhausen das Geleit zu geben, an jenem Tage schloß das Leben in Schloß Oranienburg überhaupt. Auf ein Jahrhundert voll Glanz und lachender Farben folgte ein anderes voll Öde und Verwahrlosung. Andere Zeiten kamen; der Geschmack ging andere Wege — Schloß Oranienburg war vergessen.

1802 wurde der prächtige alte Bau, dessen zahlreiche Deckengemälde allein ein bedeutendes, wenn auch freilich totes

Kapital repräsentierten, für zwölftausend Taler mit all und jeglichem Zubehör verkauft und der Käufer nur zur Herausgabe der eingangs erwähnten vier Jaspis- und vier Marmorsäulen (im Treppenhause) verpflichtet. Schloß Oranienburg wurde ein Kattunmanufaktur. Wo die Edeldamen auf Tabu-retts von rotem Damast gesessen und der Vorlesung des alten Pöllnitz gelauscht hatten, während die Königinmutter Goldfäden aus alten Brokaten zog, klapperten jetzt die Webstühle und lärmte der alltägliche Betrieb. Aber noch tristere Tage kamen, Krieg und Feuer, bis endlich in den zwanziger Jahren ein chemisches Laboratorium, eine Schwefelsäurefabrik, hier einzog. Die Schwefeldämpfe ätzten und beizten den letzten Rest alter Herrlichkeit hinweg. Ich entsinne mich der Jahre, wo ich als Kind dieses Weges kam und von Platz und Brücke aus ängstlich nach dem unheimlichen alten Bau herüberblickte, der, grau und verkommen, in Qualm und Rauch dalag, wie ein Gefängnis oder Landarmenhaus, aber nicht wie der Lieblingssitz Friedrichs I.

Nun ist das alte Schloß der Kolben und Retorten wieder los und ledig, und frisch und neu, beinahe sonntäglich, blickt es drein. Aber es ist das moderne Allerweltskleid, das es trägt; die Borten und Kanten sind abgetrennt und der Königsmantel ist ein Bürgerrock geworden. Noch wenige Wochen und das alte Schloß von ehedem wird neue Gäste empfangen: wie Schloß Köpenick ist es bestimmt, als Schullehrerseminar in sein drittes Jahrhundert einzutreten. Sei es. In den neuen Bewohnern wird wenigstens ein Bewußtsein davon zu wecken sein, welcher Stelle sie angehören, und, leise berührt von der Macht und dem Zauber historischer Erinnerungen, werden sie später den Namen und die Geschichte Schloß Oranienburgs in ihre Berufskreise mit hinübernehmen.

Unter den Linden des Gasthofes, während der Sommerwind die Tropfen von den Bäumen schüttelte, habe ich dem Leser die Geschichte des alten Schlosses erzählt, die Bilder aufgerollt seines Glanzes und seines Verfalls. Die Frage bleibt noch übrig: Haben die letzten hundert Jahre alles zerstört? Haben Krieg und Feuer, Retorte und Siedepfanne von dem alten Glanze kein Restchen übriggelassen? Ist alles hin, bis auf die letzte Spur? Der Pietät des hohen Herrn, der nun vorm Altar seiner Friedenskirche in Frieden ruht, der Pietät Friedrich Wilhelms IV., dem es so oft zum Verbrechen angerechnet wurde, daß er das wahren wollte, was des Wahrens wert war, diesem hohen Liebessinne, der auf das Erhalten gerichtet war, haben wir allein es zu danken, daß wir der aufgeworfenen Frage mit einem »Nein« entgegentreten können — es ist nicht alles hin, es existieren noch Spuren, gerettete Überbleibsel aus alter Zeit her, und ihnen gilt zum Schluß unser Besuch.

Wir verweilen nicht bei zerstreuten Einzelheiten, die da, wo sie zufällig verlorengingen, auch zufällig aufgelesen und in die Wand oder den Fußboden, als wär' es ein Relief- oder Mosaikstück, eingelegt wurden — wir gehen an diesen Einzelheiten ohne Aufenthalt vorüber und treten in den nach West und Norden zu gelegenen Hinterflügel ein, wo wir noch einer zusammenhängenden Zimmerreihe aus der Zeit König Friedrichs I. begegnen. Daraus, daß das vorzüglichste dieser Zimmer an den vier Ecken des Plafonds mit ebenso vielen Sternen des Hosenbandordens geschmückt ist, auf dessen Besitz König Friedrich I. einen ganz besonders hohen Wert legte, würde sich mit einiger Bestimmtheit ableiten lassen, wann dieser Teil des Schlosses ausgebaut wurde. Es sind sechs Zimmer, von denen zunächst zwei durch ihre Ausschmückung unser Interesse in Anspruch nehmen. Sie bilden die beiden Grenzpunkte der ganzen Reihe, so daß das eine (das kleinere) dem corps de logis, also dem Mittelpunkte des Schlosses zu gelegen ist, während das andere am äußersten Ende des Flügels liegt und den Blick ins Freie auf Fluß und Wiesen hat. Das kleinere Zimmer bildete entweder einen Teil der seinerzeit viel berühmten und von Touristen jener Epoche oft beschriebenen Porzellangalerie, oder war ein Empfangs- und Gesellschaftszimmer, wo die fürstlichen Personen unter Herzuziehung ihres Hofstaats den Tee einzunehmen pflegten. Das Deckengemälde, das ich gleich näher beschreiben werde, scheint mit seinen vielen Porzellangerätschaften für die erstere Annahme zu sprechen; ein schärferes Eingehen aber macht es beinahe zweifellos, daß es das Teezimmer war. In der Mitte des Deckenbildes erblicken wir nämlich eine starke, blühend aussehende Frauensperson mit roten Rosen im Haar; in ihrer ganzen Erscheinung einer holländischen Teeschenkerin sehr ähnlich. Mit der linken Hand drückt sie eine blau- und weißgemusterte Teebüchse fest ans Herz, während sie mit der Rechten einen ebenso gemusterten porzellanenen Teetopf einer gleichfalls wohlbeleibten, blonden, hochrot gekleideten Dame entgegenstreckt. Diese, ihrerseits durch die Schlange, die sich um ihren weißen Arm ringelt, als Hygieia charakterisiert, hält der Teeschenkerin einen Spiegel entgegen, als ob sie ihr zurufen wolle: »Erkenne dich selbst und schrick zurück, wenn du dich als Lügnerin, d. h. deinen Tee als schlecht und unecht erkennst.«

Die Malerei ist vortrefflich, man erkennt durchaus die gute holländische Schule, und viele unserer Maler werden von Glück sagen können, wenn ihre Deckengemälde sich nach 150 Jahren und länger in ähnlich guter Weise präsentieren. Auch die diesen Bildern zugrunde liegenden Ideen, denen es an Humor und Selbstpersiflage nicht fehlt, sind leichter zu verspotten als besser zu machen. Es sind doch immerhin Ideen, mit denen total gebrochen zu haben, wir häufig zur Unzeit stolz sind.

Das am entgegengesetzten Ende liegende Zimmer ist aller Wahrscheinlichkeit nach das ehemalige Wohn- und Lieblingszimmer Friedrichs I., dasselbe, in das, wie ich S. 143 beschrieben habe, am 15. April 1745 die Königin Sophie Dorothea eintrat und am Abend durch das prächtige Feuerwerk überrascht wurde, das wie eine Flammenlaube mitten aus dem Dunkel des Parks emporwuchs. Dies Zimmer, das nach drei Seiten hin Balkone hat, von denen aus man nach Gefallen den Park, das offene Feld oder den Hofraum überblickt, ist sehr geräumig, dreißig Fuß im Quadrat, und mit acht marmorierten Säulen derart umstellt, daß sie, an den vier Wänden entlang, einen deutlich markierten Gang oder Rahmen bilden, der nun das kleiner gewordene Viereck des Saales umspannt. Der Zweck dieser Einrichtung ist schwer abzusehen. Vielleicht diente das Zimmer auch als Tanzsaal und die Tänzer und Tänzerinnen hatten den inneren Raum für sich, während die plaudernden oder sich ausruhenden Paare wohlgeborgen unter dem Säulengange standen. Das Wichtigste ist auch hier das Deckengemälde. Ich schicke zunächst die bloße Beschreibung vorauf. In der Mitte des Bildes befindet sich eine weiße, hochbusige Schönheit mit pechschwarzem Haar, welches von Perlenschnüren durchzogen ist; in der Linken hält sie eine Art Zauberlaterne, in der Rechten einen kleinen Ölkrug. Allerhand pausbackige Genien halten Tafelgerät und Kannen empor, andere entschweben mit leeren Schüsseln, noch andre kommen mit Teegeschirr herbei und gießen den Tee in kleine Schälchen. Diese Szenen füllen zwei Drittel des Bildes. Links in der Ecke hält Apoll mit seinen

Sonnenrossen, vor ihm her schwebt bereits Aurora, das Haupt des Sonnengottes selbst strahlt aber nicht, sondern ist noch von einer dunklen Scheibe umhüllt. Es ist nun allerdings fraglich, ob das Schwinden des Tages und das volle Platzgreifen von Abend und Nacht, oder umgekehrt, das Schwinden der bis dahin herrschenden Nacht vor dem hereinbrechenden Tage angedeutet sein soll. Das letztere ist aber das wahrscheinlichere.

Neben diesem Staatszimmer, demselben, das den Stern des Hosenbandordens in seinen vier Ecken zeigt, befindet sich ein sehr kleines Gemach, nicht viel größer als ein altmodisches Himmelbett. Dies ist das Sterbezimmer des Prinzen August Wilhelm. Die Wände sind schmucklos, ebenso die Decke, nur an der Hohlkante zwischen beiden zieht sich eine schmale Borte von schwarzem Holz entlang. Sie ist wie ein Trauerrand, der dieses Zimmer einfaßt, und mahnt deutlich an die letzten, in Dunkel gehüllten Stunden eines liebenswürdigen und unglücklichen Prinzen.

Aus diesem engen Raume, der so trübe Bilder weckt, treten wir, da die übrigen Zimmer unserer Betrachtung nichts mehr bieten, wieder in den Korridor und über den noch immer imposanten Vorflur endlich ins Freie hinaus.

Der Ball der untergehenden Sonne hängt am Horizont, leise Schleier liegen über dem Park, und die Abendkühle weht von Fluß und Wiesen her zu uns herüber. Wir sitzen wieder auf der Treppe des Gasthofs und blicken durch die Umrahmung der Bäume in das Bild abendlichen Friedens hinein. Musikanten ziehen eben am Hause vorüber, auf die Havelbrücke zu und in die Vorstadt hinein; hinter den Musikanten allerlei Volk. Was ist es? »Das Theater fängt an; die Stadtkapelle macht sich auf den Weg, um mit dabei zu sein«. Und wir lesen erst jetzt den Theaterzettel, der, in gleicher Höhe mit uns, an einen der Baumstämme geklebt ist. »Das Testament des Großen Kurfürsten, Schauspiel in fünf Aufzügen«. Wir lieben das Stück, aber wir kennen es, und während die Sonne hinter Schloß und Park versinkt, ziehen wir es vor, in Bilder und Träume gewiegt, auf »Schloß Oranienburg« zu blicken, eine jener wirklichen Schaubühnen, auf der die Gestalten jenes Stücks mit ihrem Haß und ihrer Liebe heimisch waren.

TEGEL

Die Hoffnung —
Sie wird mit dem Greis nicht begraben.

Havelabwärts von Oranienburg, schon in Nähe Spandaus, liegt das Dorf Tegel, gleich bevorzugt durch seine reizende Lage, wie durch seine historischen Erinnerungen. Jeder kennt es als das Besitztum der Familie Humboldt. Das berühmte Brüderpaar, das diesem Fleckchen märkischen Sandes auf Jahrhunderte hin eine Bedeutung leihen und es zur Pilgerstätte für Tausende machen sollte, ruht dort gemeinschaftlich zu Füßen einer granitenen Säule, von deren Höhe die Gestalt der »Hoffnung« auf die beiden herniederblickt.

Wer seinen Füßen einigermaßen vertrauen kann, tut gut, Berlin als Ausgangspunkt genommen, die ganze Tour zu Fuß zu machen. Die erste Hälfte führt durch die volkreichste und vielleicht interessanteste der Berliner Vorstädte, durch die sogenannte Oranienburger Vorstadt, die sich, weite Strecken Landes bedeckend, aus Bahnhöfen und Kasernen, aus Kirchhöfen und Eisengießereien zusammensetzt. Diese vier heterogenen Elemente drücken dem ganzen Stadtteil ihren Stempel auf; das Privathaus ist eigentlich nur insoweit gelitten, als es jenen vier Machthabern dient. Leichenzüge und Bataillone mit Sang und Klang folgen sich in raschem Wechsel oder begegnen einander; dazwischen gellt der Pfiff der Lokomotive und über den Schloten und Schornsteinen weht die bekannte schwarze Fahne. Hier befinden sich, neben der Königlichen Eisengießerei, die großen Etablissements von Egels und Borsig, und während dem Vorübergehenden die endlose Menge der zugehörigen Bauten imponiert, verweilt er mit Staunen und Freude zugleich bei dem feinen Geschmack, bei dem Sinn für das Schöne, der es nicht verschmäht hat, hier in den Dienst des Nützlichen zu treten.

So zieht sich die Oranienburger Vorstadt bis zur Pankebrücke; jenseits derselben aber ändert sie Namen und Charakter. Der sogenannte »Wedding« beginnt und an die Stelle der Fülle, des Reichtums, des Unternehmungsgeistes treten die Bilder jener prosaischen Dürftigkeit, wie sie dem märkischen Sande ursprünglich eigen sind. Kunst, Wissenschaft, Bildung haben in diesem armen Lande einen schwereren Kampf gegen die widerstrebende Natur zu führen gehabt, als vielleicht irgendwo anders, und in gesteigerter Dankbarkeit gedenkt man jener Reihenfolge organisatorischer Fürsten, die seit anderthalb Jahrhunderten Land und Leute umgeschaffen, den Sumpf und den Sand in ein Fruchtland verwandelt und die Roheit und den Ungeschmack zu Sitte und Bildung herangezogen haben. Aber die alten, ursprünglichen Elemente leben noch überall, grenzen noch an die Neuzeit oder drängen sich in die Schöpfungen derselben ein, und wenige Punkte möchten sich hierlands finden, die so völlig dazu geeignet wären, den Unterschied zwischen dem Sonst und Jetzt, zwischen dem Ursprünglichen und dem Gewordenen zu zeigen, als die Stadtteile diesseits und jenseits des Pankeflüßchens, das wir soeben überschritten haben.

Die Oranienburger Vorstadt in ihrer jetzigen Gestalt ist das Kind einer neuen Zeit und eines neuen Geistes; der »Wedding« aber, der nun vor und neben uns liegt, ist noch im Einklang mit dem alten nationalen Bedürfnis, mit den bescheideneren Anforderungen einer früheren Epoche gebaut. Was auf fast eine halbe Meile hin diesen ganzen Stadtteil charakterisiert, das ist die völlige Abwesenheit alles dessen, was wohltut, was gefällt. In erschreckender Weise fehlt der Sinn für das Malerische. Die Häuser sind meist in gutem Stand; nirgends die Zeichen schlechter Wirtschaft oder des Verfalls; die Dachziegel weisen keine Lücke auf und keine angeklebten Streifen Papier verkürzen dem Glaser sein Recht und seinen Verdienst; das Holzgitter, das das Haupt- und Nebengebäude umzieht, ist wohl erhalten und der junge Baum, der in der Nähe der Haustür steht, hat seinen Pfosten, daran er sich lehnt, und seinen Bast, der ihn hält. Überall ein Geist mäßiger Ordnung, mäßiger Sauberkeit, überall das Bestreben, sich nach der Decke zu strecken und durch Fleiß und Sparsamkeit sich weiterzubringen, aber nirgends das Bedürfnis, das Schöne, das erhebt und erfreut, in etwas anderem zu suchen, als in der Neuheit eines Anstrichs, oder in der Geradlinigkeit eines Zauns. Man will keine Schwalbe am Sims — sie bringen Ungeziefer; man will keinen Efeu am Haus — er schädigt das Mauerwerk; man will keine Zierbäume in Hof und Garten — sie machen feucht und halten das Licht ab; man will nicht Laube, nicht Veranda —was sollte man damit? Nützlichkeit und Nüchternheit herrschen souverän und nehmen der Erscheinung des Lebens allen Reiz und alle Farbe. Grün und gelb und rot wechseln die Häuser und liegen doch da wie eingetaucht in ein allgemeines, trostloses Grau.

Den kläglichsten Anblick aber gewähren die sogenannten Vergnügungsörter. Man erschrickt bei dem Gedanken, daß es möglich sein soll, an solchen Plätzen das Herz zu erlaben und zu neuer Wochenarbeit zu stärken. Wie Ironie tragen einige die Inschrift: »Zum freundlichen Wirt«. Man glaubt solcher Inschrift nicht. Wer könnte freundlich sein in solcher Behausung und Umgebung? An der Eingangstür hängen zwei Wirtshausschildereien, bekannte Genrebildszenen, die mehr an die Götzen und Kunstzustände der Sandwichsinseln, als an die Nachbarschaft Berlins erinnern, und als einziger Anklang an Spiel und Heiterkeit zieht sich am Holzgitter des Hauses eine Kegelbahn entlang, deren kümmerliches und ausgebleichtes Lattenwerk dasteht wie das Skelett eines Vergnügens.

Auf halbem Wege nach Tegel sind wir endlich bis an die letzten Ausläufer der Stadt gelangt, und eine Kiefernheide beginnt, die uns, ziemlich ununterbrochen, bis an den Ort unserer Bestimmung führt. Noch ein weiter freier Platz, der nach links hin einen Blick auf den See und das Dörfchen Tegel gestattet, dann eine Wassermühle, hübsch, wie alle Wassermühlen, und eine Ahorn- und Ulmenallee liegt südlich vor uns, an deren entgegengesetztem Ende wir bereits die hellen Wände von Schloß Tegel schimmern sehen.

Schloß Tegel, ursprünglich ein Jagdschloß des Großen Kurfürsten, kam, wenige Jahre nach dem Hubertusburger Frieden, in Besitz der Familie Humboldt. Alexander Georg von Humboldt, einem adeligen pommerschen Geschlechte angehörig, das im Fürstentum Cammin und im Neustettiner Kreise seine Besitzungen hatte, brachte es im Jahre 1765 durch Kauf an sich.* 1767 wurde Wilhelm, 1769 Alexander von Humboldt

* Es scheint zweifelhaft, ob Tegel 1765 durch Kauf, oder 1766 als Frauengut an den Major von Humboldt kam. Ich finde nämlich anderen Orts, aus ersichtlich guter Quelle, folgendes: »1766 vermählte sich der Oberstwachtmeister (Major) von Humboldt mit Marie Elisabeth geb. Colomb, verwitwete Frau von Hollwede. Aus dieser Ehe wurden Wilhelm und Alexander von Humboldt geboren. Die Mutter der beiden Brüder war, als Erbtochter des Direktors Johann Heinrich Colomb, Besitzerin von Ringenwalde in der Neumark, Tegel und Falkenberg (anderthalb Meilen von Berlin). In der Falkenberger Kirche ließ Frau von Humboldt 1795 ein Erbbegräbnis bauen, in dem sowohl sie selbst wie ihre beiden Ehemänner: Hauptmann von Hollwede † 1765 und Oberstwachtmeister von Humboldt † 1779, beigesetzt wurden. Frau v. Humboldt starb 1796.«

geboren, aber nicht in Tegel, sondern in Berlin, wo der Vater aller Wahrscheinlichkeit nach in Garnison stand. Nach dem Tode der Eltern wurde Schloß und Rittergut Tegel gemeinschaftliches Eigentum der beiden Brüder und blieb es, bis es im Jahre 1802 in den alleinigen Besitz Wilhelms von Humboldt, der damals Gesandter in Rom war, überging. Alexander von Humboldt hat sich immer nur besuchsweise in Schloß Tegel aufgehalten, und die historische Bedeutung des Ortes wurzelt überwiegend in der vieljährigen Anwesenheit Wilhelms von Humboldt daselbst, der die letzten fünfzehn Jahre seines Lebens (von 1820 bis 1835), zurückgezogen von Hof und Politik, aber in immer wachsender Vertrautheit mit der Muse und den Wissenschaften, auf dieser seiner Besitzung zubrachte.

Die Kunstschätze, die Schloß Tegel bis diesen Augenblick umschließt, gehören, wie ich bei Aufzählung derselben noch weiter hervorheben werde, nicht unwesentlichen Teils in das Gebiet des Familienporträts. Wilhelm von Humboldt selbst, seine Gemahlin, seine drei Töchter (jüngerer, in Rom verstorbener Kinder zu geschweigen) haben alle, sei es in Stein oder Farbe, eine so mannigfache Darstellung gefunden, daß es nötig sein wird, behufs besserer Orientierung, dem Leser einen kurzen Überblick über die Familienverhältnisse Wilhelms von Humboldts zu geben.

Wilhelm von Humboldt war mit Karoline Friederike von Dacheröden (geboren am 23. Februar 1766, gestorben am 26. März 1829) vermählt. Aus dieser Ehe wurden ihm, mit Ausschluß der früh verstorbenen Kinder, drei Töchter und zwei Söhne geboren. Die beiden Söhne erhielten die großen oberschlesischen Güter, die Töchter Tegel. Die älteste Tochter, Karoline von Humboldt, blieb unverheiratet und überlebte ihren Vater um kaum zwei Jahre. Die zweite Tochter, Adelheid von Humboldt, war mit dem Generalleutnant von Hedemann vermählt und besaß Schloß Tegel als väterliches Erbteil von 1835 bis zu ihrem Tode 1856. Nach ihrem Tode (sie starb kinderlos) ging Tegel nunmehr auf die dritte Schwester, Gabriele von Humboldt, Witwe des ehemaligen Gesandten in London und Staatsministers von Bülow, über. Das schöne Gut wird aber nicht im Besitz ihrer Deszendenz verbleiben, sondern fällt nach dem Ableben der Frau von Bülow, an die ältere männliche Linie, will sagen an den Besitzer der schlesischen Herrschaft Ottmachau zurück.

Wir haben inzwischen die Ahorn- und Ulmenallee durchschritten und stehen nunmehr, rechts einbiegend, unmittelbar vor dem alten Schloß. Die räumlichen Verhältnisse sind so klein und die hellgelben Wände, zumal an der Frontseite, von solcher Schmucklosigkeit, daß man dem Volksmunde recht geben muß, der sich weigert, von »Schloß Tegel« zu sprechen und diesen Diminutivbau beharrlich »das Schlößchen« nennt. Man erkennt deutlich noch die bescheidenen Umrisse des alten Jagdschlosses, dessen einzig charakteristischer Zug, neben einem größeren Seitenturm, in zwei erkerartig vorspringenden Türmchen oder Ausbuchtungen bestand. Diese Erkertürmchen sind dem Neubau, der 1822 unter Schinkels Leitung begonnen wurde, verblieben, während der große Seitenturm das hübsche Motiv zur Restaurierung des Ganzen abgegeben hat. An den vier Ecken des alten Hauses erheben sich jetzt vier Türme von mäßiger Höhe, die derart eingefügt und untereinander verbunden sind, daß sie im Innern nach allen Seiten hin die Zimmerreihen erweitern, während sie nach außen hin dem Ganzen zu einer Stattlichkeit verhelfen, die es bis dahin nicht besaß.

Wir treten nun ein und befinden uns auf dem niedrigen, aber ziemlich geräumigen Hausflur, der ganz im Charakter eines Atriums gehalten ist. Kurze dorische Säulen tragen Decke und Gebälk, eine einfach gemusterte Steinmosaik füllt den Fußboden und Basreliefs aller Art und Größe schmücken zu beiden Seiten die Wand. Ziemlich in der Mitte des Atriums erhebt sich, auf einem Sockel oder Fußgestell, die eigentliche Sehenswürdigkeit desselben: eine antike, mit bacchischen Reliefs verzierte Brunnenmündung, die sich vormals in der Kirche St. Calisto in Trastevere zu Rom befand. Der Sage nach soll der heilige Calixtus in dieser marmornen Brunnenmündung ertränkt worden sein, weshalb das Wasser, das aus derselben geschöpft wurde, lange Zeit für wundertätig galt. Wilhelm von Humboldt, während seines langjährigen Aufenthalts in Rom, brachte dieses interessante Kuriosum käuflich an sich und schmückte dasselbe mit folgender lateinischer Inschrift: »Puteal, sacra bacchia exhibens, idem illud, in quo, ad martyrium patiendum, circa A. C. C. XXIII, S. Calistus immersus traditur, ex ejusdem S. Calisti aede Romana Transtiberina emptionis jure huc devectum. (Also etwa: Diese Brunnenmündung, einen Bacchuszug auf ihrer Außenseite darstellend, ist dieselbe, in welcher, einer Sage nach, der heilige Calixtus ertränkt wurde und das Martyrium erduldete, etwa

223 nach Christus. In der Kirche des heiligen Calixtus zu Trastevere bei Rom käuflich erstanden, wurde sie, die Brunnenmündung, hierher gebracht.)

Zu beiden Seiten des Atriums befinden sich verschiedene Räumlichkeiten, die alle ohne Bedeutung sind, mit Ausnahme des nach rechts hin gelegenen Studierzimmers Wilhelms von Humboldt. Vieles darin erinnert noch an seinen ehemaligen Bewohner, der hier die reifsten seiner Arbeiten überdachte und niederschrieb. Hier entstanden, seiner Familie selbst ein Geheimnis und nach seinem Tode erst aufgefunden, jene Sonette, die Alexander von Humboldt gewiß mit Recht »die Selbstbiographie, die Charakteristik des teuren Bruders« genannt hat. Hier traten in mitternächtiger Stunde jene stillen Klagen und Bekenntnisse ans Licht, zu deren sorglicher Konzipierung und Gestaltung ihm die Arbeit des Tages keine Muße gegönnt hätte; hier schrieb er in Dankbarkeit gegen die Stille und Verschwiegenheit der Nacht:

Das Leben ist an Möglichkeit gebunden,
Und ihre Grenzen sind oft eng gezogen;
Der Freude Maß wird spärlich zugewogen,
Des Leidens Knäuel langsam abgewunden.

Allein der Mitternacht geheime Stunden
Sind günstiger dem Sterblichen gewogen;
Wer um des Tages Glück sich fühlt betrogen,
Der heilt im süßen Traum des Wachens Wunden;

stille, durch poetische Innigkeit ausgezeichnete Bekenntnisse, an denen sich glücklicherweise die bescheidene Hoffnung des Dichters:

Vielleicht geschieht's, daß freundliches Gefallen
Vom Untergange kleine Anzahl rette,

und nicht die Resignation der zwei folgenden Zeilen erfüllt hat:

Sonst in des Zeitenstromes breitem Bette
Ist ihr natürlich Los, schnell zu verhallen.

In der Nähe der Fensterwand steht der Schreibtisch, kein elegantes Tischchen, sondern ein schwerer, massiver Bau aus Mahagoniholz, ersichtlich »ein Krieger für den Werkeltag«. Auf ihm und zwar in der Mitte desselben, erhebt sich eine antike Doppelherme, rechts daneben ein Torso, links aber die berühmte, vom Maler Asmus Carstens herrührende Statuette einer Parze, die am Sockel die Namensinschrift des Künstlers und die Jahreszahl 1795 trägt. An der gegenüber liegenden Wand, so daß das Auge des Schreibers, sooft er aufblickte, darauf fallen mußte, befinden sich die Statuen der kapitolinischen Venus und der Venus von Milo, zwischen beiden ein Panorama von Rom und die Konstantinsschlacht, nach dem berühmten Raphaelschen Bilde. Die Gesamtheit der in diesem Zimmer vorhandenen Kunstschätze aufzählen zu wollen, hieße den Leser ermüden; nur einer Kreidezeichnung Thorwaldsens, »Bacchus, welcher dem Amor zu trinken gibt«, sei noch, ihrer besonderen Lieblichkeit und Grazie halber, erwähnt.

Von den Bildern und Statuen hinweg treten wir jetzt an die Glas- und Bücherschränke heran, die ihrem Inhalte nach, wenigstens teilweise, der Humboldtschen Zeit angehören und uns somit Gelegenheit geben, einen Einblick in die privateren Studien, selbst in die Unterhaltungslektüre des Gelehrten zu tun. Da haben wir Byrons Life and works in siebzehn und Adam Smiths »Wealth of Nations« in drei Bänden; Loudons Encyclopaedia of Gardening und Cooks Reisen um die Welt; Schleiermachers Predigten in acht und die Schriften der Rahel in drei Bänden; Voltaire und Rousseau in zusammen vierundzwanzig Halbfranzbänden friedlich nebeneinander; Goethe in einer Ausgabe von 1817; Bulwers Eugen Aram und Rienzi in großem Originalformat und Adelungs Wörterbuch in vier mächtigen Schweinslederbänden. Bescheiden in einer Ecke lehnen zwei der berühmtesten Werke Wilhelms von Humboldt selbst und führen, in Goldbuchstaben auf Dunkelblau, ihre wohlbekannten Titel: »Über die Kawi-Sprache auf der Insel Java« und »Über die Verschiedenheit des menschlichen Sprachbaus«.

Neben dem Arbeitszimmer befindet sich das ehemalige Schlafkabinett Wilhelms von Humboldt, in dem er am 8. April 1835 starb. Der überaus kleine Raum ist gegenwärtig unbenutzt und dient nur zur Aufstellung zweier weiblicher Torsen aus parischem Marmor, die zur Zeit des ägyptischen Feldzugs (1799) durch einen französischen Offizier von Athen nach Rom gebracht und an den Kunsthändler Antonini daselbst verkauft wurden. Von diesem erstand sie Wilhelm von Humboldt. Nach dem einmütigen Urteil aller Sachverständigen gehören diese Torsen zu dem Schönsten, was wir an weiblichen Körpern von griechischer Kunst besitzen. Professor Waagen ist der Meinung, daß beide einer Gruppe von Grazien angehören, deren dritten Torso er in der Skulpturensammlung des Herrn Blundell Weld in der Nähe von Liverpool entdeckt zu haben glaubt.

Wir verlassen nun die unteren Räume und steigen vom Atrium aus treppauf, um den oberen Zimmern unsern Besuch zu machen. Die Treppe selbst indes, vor allem die Art und Weise, wie Schinkel, der auch hier den Umbau leitete, alle entgegenstehenden Schwierigkeiten glücklich überwunden hat, fesselt uns noch auf Augenblicke. Die Enge des Raums schrieb ihm Verhältnisse vor, die etwas Kleines und Puppenstubenhaftes nicht vermeiden konnten, und doch glückte es ihm, durch Wölbungen hier, durch Mauereinschnitte dort, dem Ganzen den Eindruck einer lichthellen Heiterkeit zu leihen und endlich durch Farbe und Ornamentik diesen Eindruck bis zum Schönen und Gefälligen zu steigern. Die einzelnen Decken und Rundbögen, deren Dimensionen mehr an das Modell eines Hauses als an ein wirkliches Haus erinnern, sind mit Sternchen auf dunkelblauem Grunde geschmückt und zwei in die Wandfläche des Treppenabsatzes gemalte Kandelaber (es war kein Raum da, um wirkliche aufzustellen) gelten für Meisterstücke guten Geschmacks und korrekter Zeichnung.

Die oberen Räume, ein Empfangszimmer, ein Saal, ein Wohnzimmer und zwei Turmgemächer, bilden ein völliges Museum und sind zu reich ausgestattet mit Kunstschätzen und Sehenswürdigkeiten aller Art, als daß mehr wie eine bloße Aufzählung des Vorhandenen an dieser Stelle gestattet sein könnte. Und selbst diese Aufzählung werde ich auf die Hauptsehenswürdigkeiten, d. h. also auf Originalwerke zu beschränken haben. Es sind das, soweit die Plastik in Betracht kommt, neben Werken der Antike, Arbeiten von Thorwaldsen, Rauch und Friedrich Tieck. Aus der Reihe der Maler aber begegnen wir: Gottlieb Schick, Karl Philipp Fohr, Karl Steuben und Wilhelm Wach.

Antiken. Die Statue der Nymphe Anchyrrhoe mit einem Wassergefäß, gefunden vor Ponte Molle bei der Osteria la Finocchia. Ihren Namen (Anchyrrhoe) hat diese Statue nach einer Bezeichnung, welche Ennio Quirino Visconti auf einem andern, lebensgroßen, jetzt im Louvre befindlichen Exemplar derselben Statue, von übrigens viel geringerer Arbeit gefunden hat. Diese Statue hingegen zeichnet sich ebenso sehr durch das graziöse Motiv, wie durch die vortreffliche Arbeit aus.

Die Statuette einer tanzenden Bacchantin mit dem Thyrsus (der Kopf modern). — Das Fragment einer antiken Sarkophagskulptur, welche den Raub der Proserpina darstellt. — Der thronende Jupiter, ein Relief aus dem Palast Rondinini. — Vulkan, ein Relief, ebendaher. Ein Rund, auf dessen einer Seite sich der Kopf des Jupiter Ammon, auf der andern eine opfernde Bacchantin befindet. — Die antike Statue des Bacchus aus pentelischem Marmor. Der Kopf, nach Angaben von Rauch, ergänzt. — Die drei Parzen, ein antikes Basrelief in Marmor. Dieses Relief ist besonders durch die Art der Auffassung merkwürdig. Die sitzende Klotho spinnt, und die in der Mitte stehende Atropos schneidet den Lebensfaden ab; die Lachesis aber steht an einem Globus und bezeichnet an demselben das menschliche Geschick.

Hieran schließen sich, bevor wir zu den Arbeiten neuer Meister übergehen, jene wertvollen, wenigstens zum Teil der Antike angehörigen Geschenke, die von seiten Pius VII., als Zeichen des Danks für wichtige, auf dem Wiener Kongreß und später in Paris ihm geleistete Dienste, an Wilhelm von Humboldt überreicht wurden. Diese Geschenke sind folgende: »Eine Säule von orientalischem Granit, die eine moderne Kopie, in grünem Porphyr, von dem berühmten Kopfe der Medusa aus dem Hause Rondinini trägt, deren Original sich in der Glyptothek zu München befindet. — Zwei andere Säulen aus rosso antico von großer Schönheit, die zwei zierliche Vasen aus jener Marmorart tragen, die den Namen giallo antico führt. — Alle drei Säulen tragen, aufgehängt an einem Kettchen, das in Erz gegossene und vergoldete Wappen Pius VII. Es besteht aus drei Feldern, in deren größerem sich das päpstliche Doppelkreuz und die Inschrift Pax befindet, während die zwei kleineren Felder drei Sternchen und drei Köpfe zeigen. Über jedem einzelnen Wappen kreuzen sich die Schlüssel Petri. Diese wertvollen Geschenke wurden an Wilhelm von Humboldt mit folgendem Schreiben überreicht:

»An den Herrn Baron von Humboldt der Papst Pius VII.«.

»Der so nachdrückliche Beistand, welchen Sie dem Ritter Canova* zu dem glücklichen Ausgang seines Auftrags haben

* Der berühmte Bildhauer Canova war im Jahre 1815 Kommissarius für die Zurückforderung der aus den päpstlichen Staaten nach Paris entführten Kunstdenkmäler.

angedeihen lassen, hat Uns nicht überrascht, denn da Wir Sie zur Genüge kennen, versahen Wir Uns mit Gewißheit, daß Sie sich der Sache Roms und Unserer Person mit Nachdruck annehmen würden. Nichtsdestoweniger fühlen Wir uns, nachdem Wir vernommen, wie viel Sie zu der Rückkehr der antiken Denkmale, Handschriften und anderer kostbarer Gegenstände beigetragen haben, verpflichtet, Ihnen in eigener Person Unsern Dank zu erkennen zu geben. Rom hatte sicherlich Ursache Sie nicht zu vergessen, der Sie sich, während Ihres Aufenthalts daselbst, so viel Liebe und Achtung erworben, es wird aber fortan noch einen andern gewichtigen Grund haben, Ihrer als des wohlverdienten Freundes des Sitzes der schönen Künste zu gedenken.

Wir werden Ihnen ein dankbares Andenken für dasjenige bewahren, was Sie in dieser bedeutenden Angelegenheit gewirkt haben, wie wir Ihnen ein Gleiches für alles dasjenige bewahren, welches Sie zu Unserm Frommen in Wien getan, wie der Cardinal Consalvi Uns berichtet hat.

Wir werden mit der größten Freude jede Gelegenheit ergreifen, um Ihnen Unser besonderes Wohlwollen und Unsere Achtung zu bezeugen, und werden den Höchsten bitten, daß es ihm gefallen möge, über Sie seine Gaben und seine himmlische Erleuchtung in Fülle auszugießen und Ihnen die vollkommenste Glückseligkeit zu bescheren.

Gegeben zu Castel Gandolfo, den 26. Oktober 1815, im 16ten Jahre Unseres Pontificats. Pius P. P. VII.«

Ich fahre nun fort in der Aufzählung der in Tegel vorhandenen Originalwerke der Skulptur sowohl wie der Malerei.

Zunächst von Thorwaldsen. Die Statue der »Hoffnung« im Stil der altgriechischen Kunst, mit der Lotosblume in der Rechten. Eine Kopie dieser Statue, von Friedrich Tieck herrührend, krönt die Säule auf dem mehrgenannten Begräbnisplatz der Familie. — Die Marmorbüste der Frau von Humboldt. — Die Marmorbüste Wilhelms von Humboldt. — Zwei Kreidezeichnungen: Maria mit dem Kinde und dem kleinen Johannes, und Maria und das Christuskind, welche sich liebkosen. Die erste Zeichnung trägt die Unterschrift: Albertus Thorwaldsen in. et del.; die zweite: Roma, 23. Febbrajo 1818, A. Thorwaldsen f.

Von Rauch. Venus, welche dem Mars ihre von Diomedes verwundete Hand zeigt. Marmorrelief in einem Rund ausgeführt. Eine der frühesten und reizendsten Arbeiten des Meisters. — Die sitzende Statue eines jungen Mädchens, durch den Schmetterling in ihrer Rechten als Psyche bezeichnet (zu gleicher Zeit Porträtstatue der damals (1810) zehnjährigen Adelheid von Humboldt). — Die Marmorbüste Alexanders von Humboldt. — Die Büsten der als Kinder verstorbenen Gustav und Luise von Humboldt.

Von Friedrich Tieck. Die Statuen des Odysseus, des Achill, der Omphale und Iphigenie. — Reliefbild Alexanders von Humboldt. — Reliefbild des Grafen Gustav von Schlabrendorf.

Von Gottlieb Schick. Adelheid und Gabriele von Humboldt als Kinder, Ölporträts auf einem Bilde, eines der vorzüglichsten Werke dieses leider so früh verstorbenen Künstlers. Durch das offene, weinumrankte Fenster sieht man auf Berg und See einer still heitern italienischen Landschaft hinaus. Die schlichten, einfachen Kleidchen verhüllen nur eben die jugendlichen Körper der beiden Mädchen, von denen die jüngere träumerisch mit Blumen spielt. — Das Bildnis der Karoline von Humboldt, der älteren Schwester der beiden eben genannten. In Größe, Farbe und Auffassung dem vorigen Bilde sehr ähnlich, aber nicht ganz von demselben Reiz.

Von Karl Philipp Fohr (1818 in Rom ertrunken). Hagen im Gespräch mit den Donaunixen (Federzeichnung).

Von Karl Steuben. Das Bildnis Alexanders von Humboldt, damals (1812) zweiundvierzig Jahre alt, in lebensgroßer Figur. Vorn Basaltsäulen, im Hintergrunde der Chimborasso. Höchst brillant gemacht, aber nicht ohne Anflug von Manier.

Vielleicht verlohnt es sich, und zwar speziell im Hinblick auf die zuletzt genannten Porträts, die ganze reiche Sammlung noch ein zweites Mal kurz an uns vorüberziehen zu lassen, lediglich um uns mit der Tatsache vertraut zu machen, daß neben einem Kultus der Schönheit, der unbestritten hier stattfand, zu gleicher Zeit ein Familiensinn, ein alle Glieder umschlingendes Liebesband hier anzutreffen war, das, wie in manchem andern, so auch namentlich in der reichen Ansammlung von Familienporträts einen sprechenden Ausdruck gefunden hat. Die Zahl dieser Porträts, mit Umgehung geringfügiger Arbeiten, ist siebzehn.

Alexander von Humboldt: Zwei große Ölbilder von Steuben

und einem Ungenannten, vielleicht Wach oder Krüger; eine Porträtbüste von Rauch; ein Reliefporträt von Friedrich Tieck.

Wilhelm von Humboldt: Eine Büste von Thorwaldsen; ein Relief von Martin Klauer in Rom; ein Kreideporträt von Franz Krüger.

Frau von Humboldt: Ein Ölporträt von Schick; eine Marmorbüste von Thorwaldsen, ein Kreideporträt von Wilhelm Wach.

Karoline von Humboldt: Ölbild von Schick.

Adelheid von Humboldt: Ölbild von Schick; Marmorstatue (als Psyche) von Rauch.

Gabriele von Humboldt: Ölbild von Schick.

Gustav und Luise von Humboldt: Zwei Büsten von Rauch.

Therese von Bülow: Büste von Rauch.

Außer den fünf Zimmern, die alle diese Kunstschätze von Meisterhand enthalten, befinden sich im obern Stockwerk noch einige andere Räume, die nicht eigentlich zu den Sehenswürdigkeiten des Schlosses gehören, aber, unter dem Einfluß des Kontrastes, bei jedem, der zu ihrem Besuch zugelassen wird, ein lebhaftes Interesse wecken werden. Hier in den Zimmern, die nach außen hin nichts zu bedeuten, nichts zu repräsentieren haben, hängen die ersten Anfänge kurbrandenburgischer Malerkunst, wie ebensoviele grob getuschte Bilderbogen an Wand und Pfeiler, und zwingen selbst dem preußenstolzesten Herzen ein mitleidiges Lächeln ab. Sinn und Seele noch tief erfüllt vom Anblick idealer Schönheit, die in hundert Gestalten, und doch immer als dieselbe eine, eben erst zu uns sprach, werden wir, angesichts dieser blauroten Soldateska, irre an allem, was uns bis dahin als Aufgabe einer neuen Zeit, als Ziel einer neuen Richtung gegolten hat, und verlegen treten wir seitwärts, um des Anblicks von Dreimaster und Bortenrock nach Möglichkeit überhoben zu sein. Mit Unrecht. Nicht die Richtung ist es, die uns verdrießt, nur das niedrige Kunstmaß innerhalb derselben. Ein Modell der Rauchschen Friedrichsstatue, eine Menzelsche Hochkirchschlacht würden uns auch vielleicht frappiert, aber doch noch im Augenblicke der Überraschung, durch ihren Eindruck auf unser Gemüt, uns ihre Ebenbürtigkeit bewiesen haben.

Wir verlassen nun das Haus und seine bildgeschmückten Zimmerreihen, um der vielleicht eigentümlichsten und fesselndsten Stätte dieser an Besonderem und Abweichendem so reichen Besitzung zuzuschreiten — der Begräbnisstätte. Der Geschmack der Humboldtschen Familie, vielleicht auch ein höheres noch als das, hat es verschmäht, in langen Reihen eichener Särge den Tod gleichsam überdauern und die Asche der Erde vorenthalten zu wollen. Des Fortlebens im Geiste sicher, durfte ihr Wahlspruch sein »Erde zur Erde«. Kein Mausoleum, keine Kirchenkrypta nimmt hier die irdischen Überreste auf; ein Hain von Edeltannen friedigt die Begräbnisstätte ein und in märkisch-tegelschem Sande ruhen die Mitglieder einer Familie, die, wie kaum eine zweite, diesen Sand zu Ruhm und Ansehen gebracht hat.

Zwei Wege führen vom Schloß aus zu diesem inmitten eines Hügelabhangs gelegenen Friedhof hin. Wir wählen die Lindenallee, die geradlinig durch den Park läuft und zuletzt in leiser Biegung zum Tannenwäldchen hinansteigt. Unmerklich haben uns die Bäume des Weges bergan geführt, und ehe uns noch die Frage gekommen, ob und wo wir den Friedhof finden werden, stehen wir bereits inmitten seiner Einfriedigung, von dicht und wandartig sich erhebenden Tannen nach allen vier Seiten hin überragt. Das Ganze berührt uns mit jenem stillen Zauber, den wir empfinden, wenn wir plötzlich aus dem Dunkel des Waldes auf eine Waldwiese treten, über die abwechselnd die Schatten und Lichter des Himmels ziehen. Die Bergwand, die den Platz gegen Norden und Osten hin umlehnt, schützt ihn gegen den Wind und schafft eine selten unterbrochene Stille. Die Form des Ganzen ist ein Oblong, etwa dreißig bis vierzig Schritte lang und halb so breit. Der ganze Raum teilt sich in zwei Hälften, in eine Gartenanlage und in den eigentlichen Friedhof. Dieser besteht aus einem eingegitterten Viereck, an dessen äußerstem Ende sich eine dreißig Fuß hohe Granitsäule auf Quaderstufen erhebt. Von dem ionischen Kapitäl der Säule blickt die Marmorstatue der »Hoffnung« auf die Gräber herab. Blumenbeete schließen das Eisengitter ein.

Die Zahl der Gräber, wenn ich richtig gezählt, beläuft sich auf zwölf, und wenig Raum ist gelassen für neu hinzukommende. Die Grabsteine, die sich der Säule zunächst befinden, darunter die Wilhelms von Humboldt, seiner Gemahlin und der ältesten Tochter Karoline, haben keine Inschriften, sondern Name, Geburts- und Todesjahr der Heimgegangenen sind in die Quadern des Postaments eingegraben. Die mehr am andern Ende des Gitters gelegenen Hügel aber weisen kleine Marmortäfelchen auf, die einfach den Namen und die Daten tragen und in ihrer Schlichtheit an die Stäbchen erinnern, die der Gärtner dort in die Erde steckt, wo er um die Herbstzeit ein Samenkorn für den Frühling eingelegt hat. Alle Gräber sind mit Efeu dicht überwachsen; nur eines, der Gittertür und dem Beschauer zunächst, entbehrt noch des frischen, dunkelgrünen Kleides. Fahl gewordene Tannenreiser bedecken die Stätte, aber auf den Reisern liegen Lorbeer- und Eichenkränze und verraten leicht, wer unter ihnen schläft.

Wenn ich den Eindruck bezeichnen soll, mit dem ich von dieser Begräbnisstätte schied, so war es der, einer entschiedenen Vornehmheit begegnet zu sein. Ein Lächeln spricht aus allem und das resignierte Bekenntnis: wir wissen nicht, was kommen wird, und müssen's — erwarten. Deutungsreich blickt die Gestalt der Hoffnung auf die Gräber hernieder. Im Herzen dessen, der diesen Friedhof schuf, war eine unbestimmte Hoffnung lebendig, aber kein bestimmter siegesgewisser Glaube. Ein Geist der Liebe und Humanität schwebt über dem Ganzen, aber nirgends eine Hindeutung auf das Kreuz, nirgends der Ausdruck eines unerschütterlichen Vertrauens. Das sollen nicht Splitterrichter-Worte sein, am wenigsten Worte der Anklage; sie würden dem nicht ziemen, der selbst lebendiger ist in der Hoffnung als im Glauben. Aber ich durfte den einen Punkt nicht unberührt und ungenannt lassen, der, unter allen märkischen Edelsitzen, dieses Schloß und diesen Friedhof zu einem Unikum macht. Die märkischen Schlösser, wenn nicht ausschließlich feste Burgen altlutherischer Konfession, haben abwechselnd den Glauben und den Unglauben in ihren Mauern gesehen; straffe Kirchlichkeit und laxe Freigeisterei haben sich innerhalb derselben abgelöst. Nur Schloß Tegel hat ein drittes Element in seinen Mauern beherbergt, jenen Geist, der, gleich weit entfernt von Orthodoxie wie von Frivolität, sich inmitten der klassischen Antike langsam, aber sicher auszubilden pflegt, und lächelnd über die Kämpfe und Befehdungen beider Extreme, das Diesseits genießt und auf das rätselvolle Jenseits hofft.

DIE SEESCHLACHT IN DER MALCHE

Of Nelson and the North
Sing the glorious day's renown.
Thomas Campbell

Die Mittelhavel, wie schon hervorgehoben, ist eine lange Kette von Seen, Buchten und Becken.

Eins dieser Becken, unmittelbar nördlich von Spandau, ist die »Malche«, die so ziemlich den ganzen Raum zwischen dem Eiswerder und der Zitadelle füllt. Eine prächtige Breite, die zunächst einen Wiesenplan und, daran anschließend, den »Saatwinkel« und die Jungfernheide in Flanke und Rücken hat, während sich die Bastionen und der Rundturm der Festung in der blauen Tiefe spiegeln.

Die Havelbuchtung nun, samt ihren Ufern, war in der Joachimischen Zeit, und zwar im Jahre 1567, der Schauplatz eines »Wasser- und Landgefechts«, über das Leutinger in seiner Topographia marchica ausführlich berichtet. Diesem Berichte entnehmen wir das Folgende:

Kurfürst Joachim II., unser allergnädigster Herr, nachdem er abends spät mit seinem Hofstaate auf der Festung Spandow angekommen war, sandte, um den Bewohnern einen Schrekken zu bereiten, des Morgens ganz früh einige seiner Trabanten nach der Stadt Spandow, zum Hause des damaligen Bürgermeisters Bartholomäus Bier, welchen sie, da noch alles schlief, mit starkem Pochen an seiner Haustür erweckten. Da derselbe beim Öffnen der Tür die Trabanten des Kurfürsten erblickte und sogleich den Befehl erhielt, sich anzukleiden und die Trabanten zum Kurfürsten nach der Festung zu begleiten, erschrak er sehr und konnte sich nicht darin finden, wie er dazu käme, unter militärischer Gewalt nach der Feste abgeführt zu werden. Seine Frau, welche ebenfalls hinzugekommen war, war noch mehr erschrocken und fing schon ein gewaltiges Klagen an. Zugleich gab ihm der Anführer der Trabanten eine an die ganze Bürgerschaft gerichtete kurfürstliche Order. Der Herr Bürgermeister sandte eine Magd eiligst nach dem Stadtdiener Strohband. Dieser, in gleicher Aufregung wie sein Herr, kam halb angekleidet und in Pantoffeln herbei. Er erhielt den Auftrag, sogleich zu allen Viertelmeistern zu gehen, um ihnen den kurfürstlichen Befehl, der ebenfalls auf ein Erscheinen vor dem hohen Herrn hinauslief, bekanntzumachen.

Während nun Strohband lief, um die Bürger zu bestellen, und der Herr Bürgermeister sich in aller Eile angekleidet hatte, mäßigte sich sein Schrecken, weil ihm sein gutes Gewissen sagte, daß der Kurfürst so wenig mit ihm wie mit der Bürgerschaft etwas Schlimmes im Sinne haben könne, da seines Wissens keine Sache vorlag, welche den Unwillen des hohen Herrn verdiente. Nachdem er seine Frau damit getröstet und beruhigt hatte, ging er getrosten Mutes mit den Trabanten ab. Einige alte Frauen und Mägde, welche früh aufgestanden waren, um die Kühe vor den Hirten zu treiben, als sie sahen, daß der gestrenge Herr Bürgermeister in der Mitte von Trabanten des Kurfürsten zur Feste geleitet wurde, kreuzten und segneten sich und liefen schnell, um die Neuigkeit zu hinterbringen. Jeder zerbrach sich den Kopf. Endlich kam denn auch der Krummstock, der allen Bürgern den uns schon bekannten Befehl brachte. Die Neugierde wuchs und die Frauen vergaßen ihre Morgensuppe; aber schon um sechs Uhr morgens zog die ganze löbliche Bürgerschaft, Viertelmeister und Ratsmänner voran, zum Tore hinaus der Festung zu.

Als der Herr Bürgermeister Bier auf der Festung angekommen war, wurde er alsbald dem gnädigen Kurfürsten vorgestellt, und als dieser ihm freundlichst entgegenkam, fiel ihm ein schwerer Stein vom Herzen, und er vernahm nun vom Kurfürsten, daß er sich über den kleinen Schrecken, welchen ihm sein Spaß vielleicht verursacht hätte, beruhigen möchte; indessen wünsche er, daß die Bürgerschaft zu dem Vergnügen, welches er sich heute vorgesetzt habe, ihm willig die Hand bieten möge; er habe nämlich ebenfalls die Berliner und Cöllner Bürger dazu beordert, daß sie auf Schiffen mit den Spandowern ein Gefecht bestehen möchten, und selbige hätten sich dazu bereit erklärt und würden wohl bereits dazu unterwegs sein; ein Gleiches wünsche er von ihnen; Waffen habe er mitgebracht, Schiffe möchten sie nehmen, wo sie solche fänden; die Anordnung überließe er dem Bürgermeister, und er mache ihn heut zugleich zum Admiral der Flotte.

Der Zug der Bürger kam indessen auf der Festung an. Der Kurfürst trat ihnen mit seinem Gefolge, den Herrn Bürgermeister in der Mitte, entgegen und sagte ihnen:

»Lieben Kinder, Spandower! Ihr habt wohl wer weiß was gedacht, daß ich Euren Bürgermeister entführt und überhaupt Euch so in Alarm gebracht habe. Indessen ist es so schlimm nicht. Es ist nichts weiter, als daß Ihr Euch heute mit den Berlinern zu Wasser und vielleicht auch zu Lande schlagen sollt. Waffen liegen dort, und Brustharnische und Helmhauben auch; diese nehmt. Der Herr Bürgermeister wird alles weiter anordnen, und wehrt Euch tapfer!«

Nun wurden ihnen hölzerne Spieße, alle von einerlei Länge und Stärke, Helme und Harnische zugeteilt, damit sie sich zum Streit bewaffnen sollten. Jetzt zurückgekehrt zur Stadt, verwandelte sich der Schrecken in Jubel und alles beeiferte sich, das Seinige beizutragen, um den Spaß vollkommen zu machen.

Da der neue Spandower Großadmiral wußte, daß die feindliche Berliner Flotte aus dreißig Segeln bestehen würde, so suchte er in der Eile aus den stets hier beiliegenden Stromschiffen ebenfalls einige zwanzig zusammenzubringen und solche zu bemannen; geübte Steuerleute waren auch bald gefunden und jedes Schiff wurde mit einigen zwanzig Streitern unter einem Anführer besetzt.

Auf das Admiralschiff wurde der Stadtmusikus bestellt, und so wohl gerüstet und geordnet erwarteten sie den Feind.

Die Flotte hatte sich bei der Festung links, vor dem Platze an der hiesigen Schleuse, vor Anker gelegt. Auch hatte der Herr Bürgermeister die Vorsicht gebraucht, die Fischer vom Kiez zu beordern, daß sie mit ihren Kähnen bei der Hand sein und wenn einer der Schiffer und Streiter über Bord fiele, denselben sogleich retten möchten.

Die Anführer auf den Schiffen waren folgendermaßen verteilt:

Bürgermeister Bartholomäus Bier.
Burghard Margert,
Otto Ruttnitz,
Bastian Rucken, } Ratmannen.
Jakob Marzahn,
Jonas Backe, Viertelmeister.
Paul Schober, do.
Klaus Strohband, do.
Hermann Döring, do.
Jürgen Wardenberg, do.

Die übrigen Anführer waren die Bürger: Martin Krokow, Klaus Marreligs, Peter Damitz, Andreas Raschan, Matthis

Rürmundt, Sebastian Reinicke, Veit Wenzlow, Klaus Schumann, Jürgen Rohrschneider, Kurt Kiepert, Traugott Kühnert, Gottfried Schönicke, Jonas Müller, Ignatz Rasenack, an der Zahl vierundzwanzig.

Um neun Uhr endlich sah man die vereinte Berliner und Cöllner Flotte, die sich am Tegelschen See armiert und formiert hatte, die Havel herunter gesteuert kommen; sie steuerten, den Eiswerder rechts lassend, nach der kleinen Malche, und legten sich dort vor Anker, um sich zum Streit noch besser anzuschicken und dann das Signal zu erwarten. Voran lag das Admiralschiff mit dem Berliner Wappen, einem Bären im weißen Felde, am Vorderteil. Alle Schiffe waren mit prächtigen Flaggen und die Segelbäume und Stangen mit bunten Bändern geschmückt, die Steuerleute und Ruderer trugen runde Hüte mit roten Bändern umwunden und grüne Federbüsche.

Die meisten Schiffe waren mit Zelten von buntbemalter Leinwand überspannt, doch so, daß die Streiter, welche mit denselben Waffen wie die Spandower versehen waren, sich auf den Schiffen verteilt befanden. Alles gewährte einen prächtigen, imposanten Anblick. Freude und Jubel waren unter Begünstigung des schönsten Wetters allgemein.

Endlich wurde von der Bastion der Festung, auf welcher sich der Kurfürst mit seinem Hofstaate eingefunden hatte und von welcher aus er das Ganze übersehen konnte, das Zeichen zum Angriff durch einen Kanonenschuß und durch den Schall der Trompeten gegeben. Im Nu war jetzt die ganze Wasserfläche, welche den großen und kleinen Malchesee zwischen der Festung und dem Eiswerder bildet, mit Schiffen bedeckt. Unter dem Donner der Kanonen und dem Schalle der Trompeten, welche unaufhörlich vom Walle der Festung ertönten, bemühten sich beide Parteien, einander so viele Schläge und Stöße zu erteilen, um wo möglich eine die andere zum Weichen zu bringen. Und wie es denn gewöhnlich zu gehen pflegt, so ging es auch hier, die Gemüter erhitzten sich zu sehr, so daß das Spandower Admiralschiff zwei von den Berliner Schiffen dergestalt überfuhr, daß deren Steuermänner ins Wasser gestoßen wurden und auch einige Streiter durch den Stoß über Bord fielen. Durch das Herbeieilen der Fischer wurden diese glücklich wieder herausgefischt.

Nachdem das Gefecht zwei Stunden gedauert hatte und es, trotz der Brustharnische und der Helme, manchen blauen Fleck und Beulen gegeben hatte, auch auf keiner Seite nur ein Haar breit der Sieg gewichen war, wurde das Zeichen zum Abbruch des Gefechts gegeben und die Schiffe zogen sich unter gegenseitigen Drohungen und Neckereien (Leutinger: »Spottereien«) der Mannschaften in ihre vorigen Stellungen zurück. Zugleich kam der Befehl, daß der Sieg auf dem Nachmittage zu Lande entschieden werden sollte. Die Berliner verließen ihre Schiffe und lagerten sich dort auf dem Felde, »der Plan« genannt; die Spandower gingen, um sich ihre Beulen zu besehen, einstweilen nach Hause, und die Anführer, um sich zu beraten, wie sie den Nachmittagskampf mit Ehren bestünden. Denn sie verhehlten sich nicht, daß sie bei ihrer geringeren Zahl es nur der großen Geschicklichkeit ihrer Steuerleute und Ruderer zu verdanken gehabt hätten, daß sie nicht besiegt worden wären. Auch war gewiß, daß sich die Zahl der Streiter ihrer Feinde aus der Zahl der Schaulustigen aus Berlin noch erheblich vermehren würde. Sie entschlossen sich also, einen Sukkurs aus dem städtischen Kämmereidorfe Staaken nebst den zur Stadt gehörigen Weinbergen, und was sie sonst noch aufzutreiben wußten, herbeiholen zu lassen.

Die Anzahl der Berliner war, wie Leutinger versichert, über fünfzehnhundert Mann. Die Spandower dagegen waren höchstens achthundert Mann.

Der Gottfried Schönicke wurde demnach in aller Stille beordert, ein Pferd zu nehmen und damit nach Staaken zu reiten, um dort die Bauern und Knechte, so viel wie anwesend wären und einen guten Knüppel führen könnten, zusammen zu nehmen, solche quer übers Feld und nach der Gegend der Valentinsinsel zu führen, um von dort auf Kähnen nach dem Saatwinkel geführt zu werden. Dann sollte Schönicke während des Gefechts, unter Begünstigung der vielen Gebüsche, durch die Haselhorst den Berlinern in den Rücken fallen.

Der Schönicke führte seine Sache, da er die Kähne dort richtig vorfand, so gut aus, daß er sich schon nachmittags um drei Uhr an Ort und Stelle befand, ohne daß die Berliner etwas davon ahnten. Nachmittags um zwei Uhr fing die Anordnung zur Feldbataille an. Es wurden zwei Schlachtordnungen formiert; die erste hatte auf ihrem rechten Flügel die Bürger von Berlin, auf dem linken Flügel standen die Cöllnischen, zum Hinterhalt waren die übrigen Berliner aufgestellt. In der Mitte hielt der Kurfürst mit einem kleinen Teile seiner Trabanten; auf der einen Seite hatten sie die Festung und den Graben, auf dem linken Flügel die Spree, hinter sich aber den Wald.

Die Berlin-Cöllner nun, welche so gut postiert waren, glaubten schon den Sieg in den Händen zu haben und triumphierten laut, forderten dabei immer die Spandower auf, herauszukommen. Die Spandower hingegen erkannten ihre Schwäche und das Unvorteilhafte ihrer Lage, doch munterten sie sich einander auf und erwarteten nur die Zeit, von der sie glaubten, daß ihr angeordneter Hinterhalt angekommen sein könnte. Sie zogen nun getrost, in kleinere Haufen geteilt, dem Feinde entgegen und der Streit begann. Man hielt sich wacker hüben und drüben. Der Sieg schien nicht zu wissen, wohin er sich neigen solle. Dennoch würden die Spandower schließlich überwunden worden sein, wenn nicht Gottfried Schönicke mit seinen leichten Truppen angekommen wäre. Dieser kam plötzlich von der Haselhorst den Berlinern in den Rücken, der Hinterhalt derselben war bald in die Flucht geschlagen und nun ging es über die Hauptarmee los. Diese sah ihre Gefahr, hielt sich mit Erbitterung noch eine Weile, aber die »Staakenschen« unter Gottfried Schönicke gaben auch hier den Ausschlag und trieben endlich die vereinte Berlin-Cöllnische Armee in die Flucht.

Der Streit war so heftig geworden, daß selbst das Pferd des Kurfürsten von einem Spieße getroffen wurde. Die Nacht brach herein und der Kurfürst ließ nun durch Herolde das Ende des Streites ausrufen. Dies war ein Glück; die Erbitterung war groß und ohne diesen Abbruch des Gefechts würde Blut geflossen sein.

Die Berliner zogen sich darauf durch den Wald, die Jungfernheide, nach Berlin zurück und die Spandower hatten die Freude, daß ihnen der Kurfürst sagte: Kinder, ihr habt euch brav geschlagen!

DAS BELVEDERE

im Schloßgarten zu Charlottenburg

> Verschlossene Fenster,
> Nichts ein noch aus,
> Nur Spinnen und Gespenster
> Sind hier zu Haus.

Es regnet. Auf den Plüschbänken des Charlottenburger Omnibus sitzt ein halbes Dutzend fröstelnde Gestalten, gleichgültig oder verstimmt, jeder einen abtröpfelnden Alpakka in Händen. Keiner spricht. Ein Dunst, wie wenn Wäsche trocknet, nebelt um uns her, und ein Kautschukmantel neben mir ist nicht angetan, die klimatischen Verhältnisse zu bessern.

Es regnet, und am Ende mit Recht. Schreiben wir doch den 19. November! Wer mag da Sonnenschein fordern, wenn es ihn lüstet, den Charlottenburger Schloßgarten zu besuchen. Was von den Menschen gilt, gilt auch von den Tagen; man muß sie nehmen, wie sie sind.

Das ist das »Knie«. Seine Rundung ist heute völlig reizlos. Das »türkische Zelt« sieht noch untürkischer aus als gewöhnlich, und bei Morellis hocken drei Sperlinge auf dem schräg gestellten Gartentisch, ziehen die Köpfe ein und schütteln die Federn. Nur die grüne Kuppel des Schlosses hat gewonnen; sie sieht blau aus, frischer als sonst.

An den leeren Gewehrpfosten vorüber, tret' ich an das halboffene Parkgitter; der Türhüter schüttelt den Kopf. An solchem Tage Besuch! Er scheint die Frage ergründen zu wollen, ob ich Untat gegen mich oder gegen andere sinne. Ein Unglücklicher oder . . .

»Ich möchte nach dem Belvedere. Erst durch die Orangerie, dann grad' aus; nicht wahr?« So Lokalkenntnis und Unbefangenheit heuchelnd, schreite ich an dem Bediensteten vorüber, der sich schließlich, seinem Mienenspiele nach, damit beruhigt: Freitag ist Besuchstag.

Asternbeete, Balsaminen; dann vorüber an den Kübeln des Gewächshauses; noch ein Fliesengang und die Breite des eigentlichen Parkes liegt vor mir. An der Rückseite des einen Schloßflügels hin stehen die Büsten römischer Kaiser, Nero, Titus, Trajan; mir zunächst Tiberius. An seiner Nase hängt ein Regentropfen, fällt ab und erneut sich wieder. Es sieht so gemütlich, so einfach-menschlich aus, daß man glauben könnte, seine »Wiederhersteller« hätten recht.

Weithin sichtbar laufen die Gänge des Schloßgartens bis zum Flusse nieder, parallel mit ihnen ein Wasserbecken, halb Graben, halb Teich. Die Alleen sind kahl. Nur einzelne Bäume, die windgeschützter standen, halten noch das je nach der Art in allen Herbstesfarben spielende Laub fest; die Eiche goldbraun, die Birke orangefarben, der Ahorn gelb; aber die meisten Blätter fielen ab und liegen an tieferen Stellen zusammengeweht, oder schwimmen auf dem Wasser, das uns bis in die Mitte des Parks begleitet.

Hier biegt das Wasser (der Teichgraben) plötzlich rechtwinklig ab und durchschneidet den Weg. Eine Brücke führt darüber hin und unterhält den Verkehr zwischen den beiden Ufern. Diesseits stand ein Alter und harkte das Laub zusammen.

»Ist dies die Brücke mit der Klingel?«

»Ja. Aber es kommt keiner mehr.«

»Ich weiß, Papa. Die alten Moosköpfe sind tot.«

Er nickte und harkte weiter.

In der Tat befand ich mich an der vielgenannten »Klingelbrücke«, einer ehemaligen Besuchsstation des Gartens, die viele Jahre hindurch neben dem Mausoleum ihren Platz behauptet hatte. Der ernsten Erhebung gab man hier ein heitres Nachspiel. Alles drängte herzu; wurde dann die Klingel gezogen, so erschienen langsam und gravitätisch, aber immer hungrig, die berühmten Mooskarpfen des Charlottenburger Parkes an der Oberfläche. Uralte Bursche, wenn ich nicht irre, durch König Friedrich Wilhelm I. eigenhändig an dieser Stelle eingesetzt. Ein eigentümlicher Sport, der darauf hinauslief, Hellinge, Milchbrote, Kringel in die immer geöffneten Karpfenmäuler zu werfen, nahm dann seinen Anfang. Er erinnerte an Ähnliches im Zoologischen Garten, und man darf sagen: wie sich die Schrippe zum Elefanten verhält, so verhielt sich die Semmel zum Karpfen. Alte Frauen, nicht viel jünger wie die krokodilartigen Ungeheuer der Tiefe, saßen hier sommerlang mit ihrem Backwerk und sahen aus, als gehörten sie mit dazu. Es hatte etwas Spukhaftes, diese Altersanhäufung und die Kinderwelt dazwischen.

Dieser Sport indessen sollte plötzlich ein Ende haben. Der Winter vierundsechzig kam, das Wasser fror bis auf den Boden, die Karpfen suchten zu retirieren, immer tiefer, aber das Eis kam ihnen nach, und eingemauert in ihrem Moorgrund, wasser- und luftlos, mußten sie ersticken. Als im April das Eis aufging, stiegen sie wieder an die Oberfläche, aber tot. Noch am selben Tage wurden sie am Ufer begraben. Es waren sechsunddreißig Stück, keiner unter einhundertundfünfzig Jahre, keiner unter vier Fuß; alle trugen sie die Karpfenkrone. »Wir haben nun neue eingesetzt«, brummte der Alte, »aber was will das sagen; sie sind wie Steckerlinge.«

Dieser wohlgemeinte Satz hatte mir Mut gegeben. »Ich will nach dem Belvedere, Papa.«

»Nach's Belfedehr. Ja, ja, da müssen Sie bis auf die Insel. Immer grad aus. Die Fähre geht nicht mehr. Aber rechts weg, wo der rote Werft steht, da is'n Steg. Nehmen's sich in acht; is alles frisch gestrichen mit Teer. Da drüber weg.«

»Dank schön, Papa.« Damit stapfte ich weiter, durch Laub und aufgeweichte Gänge hin, dem Rande des Parkes zu, voll wachsenden Dankes gegen den Erfinder der Gummischuhe. Endlich stand ich an einem schmalen, von der Spree her abgezweigten Wassergraben; zwei Pfosten hüben und drüben und ein Tau dazwischen zeigten mir, daß dies die Fährstelle sei. Nach rechts hin also mußte die Brücke sein. Richtig. Der frische Teergeruch ließ keinen Zweifel. Ich schritt über die schmale Bohlenlage hin.

Der Regen ließ einen Augenblick nach und gestattete einen Umblick. Ich stand ersichtlich auf einer Insel, der magre Boden mit dünnem Gras überzogen, die Ufer von blutrotem Werft eingefaßt. Nach Westen hin Wiesenland, von Spreearmen und Eisenbahnbrücken durchzogen; am Horizonte grau in grau der Spandauer Turm; unmittelbar vor mir aber ein seltsamer, jalousienreicher Bau, rund, mit vier angeklebten flachen Balkonhäusern und einem kupfernen Dachhelm, auf dessen Spitze drei Genien mit Genhimmelhaltung eines goldenen Fruchtkorbes beschäftigt waren. Rokoko durch und durch. Im Grundriß ein kurzes Kreuz, mit rundem Mittelstück. Dies war das Belvedere. Die drei Genien mit dem Blumenkorb, unverkennbar an das Marmorpalais erinnernd. Die Tage der Lichtenau standen wie auf einen Schlag vor mir: Sentimentalität und Sinnlichkeit, Schäferspiele und kurze Röckchen, Antonius und Cleopatra. Nur alles trivialisiert. Statt des Pharaonenkindes eine Stabstrompetertochter.

Ein Gartenarbeiter, wie ich bald wahrnahm, hatte in einem der angeklebten Häuschen ein Unterkommen gefunden: es fand sich ein Schlüssel, der eine der Haupttüren öffnete. Das Erdgeschoß, einst als Küchen- und Wirtschaftsraum benutzt, war interesselos; eine schlank gewundene, von einem sauberen Eisengitter eingefaßte Treppe führte in den ersten und zweiten Stock. Wir stiegen hinauf. Ich hatte dieselbe Empfindung, als ging es hinunter in eine Gruft. Abgestorbenes ringsum. Nur mumienhaft erhalten.

Die Einrichtung beider Stockwerke ist dieselbe: ein einziges saalartiges Rundzimmer.

Der Saal des ersten Stockwerkes ist der reichere; der Fußboden parkettiert, die Wände rhombisch getäfelt mit rotbraunem Pflaumbaumholz. An der weißen Decke kristallne Leuchter. Reliefdarstellungen aus dem Apollo- und Diana-Mythus umziehen, halb fries-, halb supraportenartig, die obere Rundung, während Ottomanen und Polsterstühle, in ihren Lehnen selbst wieder geschweift, dem Rund der unteren Boisierung folgen. Zahlreiche Bilder, meist englische Stiche nach den Dramen Shakespeares, stehen gruppenweis, die Rückseite nach vorn, an den Wänden umher. Die dunkle Täfelung, dazu der blaue Moiréstoff, der alle Polster überzieht, geben dem Zimmer einen festlichen, beinah ernsten Charakter.

Anders der Rundsaal des zweiten Stockes. Hier ist dieselbe Art der Ausschmückung, aber ins Heitere übertragen. Wie dort Braun und ein tieferes Blau den Ton angeben, so lacht hier alles in Weiß und Rot und Gold. Konsolen, mit Tongefäßen in gefälliger Form, laufen girlandenartig um die Rundung her, und die scharlachnen Seidenüberzüge, als sei es an ihrer leuchtenden Pracht nicht genug, haben ihr Rot noch mit bunten Malereien, mit Blumen und Buketts geschmückt. Wie im Zimmer des ersten Stockes, so lehnen sich auch hier zwei Balkons und ein Kabinett an den Rundbau an; das Kabinett marmoriert und mit Wandleuchtern von Goldbronze reich verziert.

In diesem Kabinett nun, nur durch zwei halb zurückgeschlagene Gardinen von dem Rundsaal getrennt, saß König Friedrich Wilhelm II. Es war in den ersten Jahren seiner Regierung. Eine Aufführung schien sich mit einer Art von Feierlichkeit vorzubereiten. Und so war es. In den glodbronzenen Wandleuchtern brannten ein paar Kerzen, aber ihr Licht, durch die schweren Gardinen zurückgehalten, fiel nur in einzelnen Streifen nach vorn hin in den Saal.

In diesem herrschte Dämmer. Der König hatte den Wunsch

ausgesprochen, die Geister Marc Aurels, des Großen Kurfürsten und des Philosophen Leibnitz erscheinen zu sehen. Und sie erschienen. Wie man dabei verfuhr, darüber berichte ich an anderer Stelle. Nur dies noch. Dem Könige war gestattet worden, Fragen an die Abgeschiedenen zu richten; er machte den Versuch, aber umsonst. Es gelang ihm nicht, auch nur einen Laut über die bebenden Lippen zu bringen. Dagegen vernahm er nun seinerseits von den heraufbeschworenen Geistern strenge Worte, drohende Strafreden und die Ermahnung, auf den Pfad der Tugend zurückzukehren. Er rief mit banger Stimme nach seinen Freunden; er bat inständig, den Zauber zu lösen und ihn von seiner Todesangst zu befreien. Nach einigem Zögern trat Bischofswerder in das Kabinett und führte den zum Tod Erschöpften nach seinem Wagen. Er verlangte zur Lichtenau zurückgebracht zu werden, ein Wunsch, dem nicht nachgegeben wurde. So kehrte er noch während derselben Nacht nach Potsdam zurück.

Das war, wie schon angedeutet, mutmaßlich Anfang der neunziger Jahre. Bestimmte Zeitangaben fehlen.

Von jenem Abend an stand das Belvedere fünfzig Jahre lang leer. Es war, als wär' es an dieser Stelle nur aus der Erde gewachsen, um als Rokokoschaubühne für eine Geisterkomödie, hinterher aber um als Wahrzeichen dafür zu dienen, daß das alles einmal wirklich war.

Durch ein halbes Jahrhundert hin waren die Plätze wie verfehmt. Marmorpalais, Belvedere, Marquardt, das Eckardtsteinsche Haus, auch andre noch; man mied sie, man nannte sie kaum. Erst Friedrich Wilhelm IV., innerlich freier, machte einen Versuch, den Bann der neunziger Jahre zu durchbrechen. Das Marmorpalais sah wieder Gondeln an seiner Treppe; die Miniaturbüste der Lichtenau. ein Chef d'oeuvre, wurde an altem Platze aufgestellt; was einst Abneigung erweckt hatte, weckte wieder Interesse. Auch das Belvedere schien wieder zu Ehren kommen zu sollen. Von seinem Balkone aus sah der heitere König, dessen eigene sittliche Integrität ihm die Milde, auch nach dieser Seite hin, zum Bedürfnis machte, in Dämmerstunden, beim Teegeplauder, das Spreetal hinunter, freute sich der Segelkähne, die kamen und gingen, der langen Züge, die rasselnd, dampfend vorübersausten, der dunklen Flächen des Grunewaldes hier, der Jungfernheide dort, endlich des roten Spandauer Turms, der die Zickzackfestungswerke drüben am westlichen Horizont hoch überragte.

Das waren die Wiederbelebungsversuche für das Charlottenburger Belvedere. Aber sie kamen und gingen wie bloße Träume. Bald schlief der Bau mit seinen drei Rokokogenien weiter. Er schläft noch.

Etwas Unheimliches ist drumher, das nicht abzutun ist. Was ist es? Ist es, weil es ein Spukhaus war, weil Gespenster hier umgingen?

Nein, denn man spielte hier nur Gespenst.

Aber fast scheint es, als ob ein doppeltes Grauen eben daraus erwuchs, daß die Geister, die hier auftraten, nur ein Schein, eine Lüge waren.

POTSDAM UND UMGEBUNG

DIE HAVELSCHWÄNE

> Da geht's an ein Picken,
> An ein Schlürfen, an ein Hacken;
> Sie stürzen einander über die Nacken,
> Schieben sich, drängen sich, reißen sich,
> Jagen sich, ängsten sich, beißen sich,
> Und das all' um ein Stückchen Brot.
>
> *Lilis Park*

Die Havel, um es noch einmal zu sagen, ist ein aparter Fluß; man könnte ihn seiner Form nach den norddeutschen oder den Flachlands-Neckar nennen. Er beschreibt einen Halbkreis, kommt von Norden und geht schließlich wieder gen Norden, und wer sich aus Kindertagen jener primitiven Schaukeln entsinnt, die aus einem Strick zwischen zwei Äpfelbäumen bestanden, der hat die geschwungene Linie vor sich, in der sich die Havel auf unseren Karten präsentiert. Das Blau ihres Wassers und ihre zahllosen Buchten (sie ist tatsächlich eine Aneinanderreihung von Seen) machen sie in ihrer Art zu einem Unikum. Das Stückchen Erde, das sie umspannt, eben unser Havelland, ist, wie ich in den voraufgehenden Kapiteln gezeigt habe, die Stätte ältester Kultur in diesen Landen. Hier entstanden, hart am Ufer des Flusses hin, die alten Bistümer Brandenburg und Havelberg. Und wie die älteste Kultur hier geboren wurde, so auch die neueste. Von Potsdam aus wurde Preußen aufgebaut, von Sanssouci aus durchleuchtet. Die Havel darf sich einreihen in die Zahl deutscher Kulturströme.

Aber nicht von ihren Großtaten gedenke ich heute zu erzählen, nur von einer ihrer Zierden, von den Schwänen.

Die Schwäne sind auf dem ganzen Mittellauf der Havel zu Hause. Die zahlreichen großen Wasserbecken, die sich hier finden: der Tegler See, der Wannsee, der Schwielow, die Schlänitz, die Wublitz, sind ihre Lieblingsplätze. Ihre Gesamtzahl beträgt zweitausend. In früheren Jahren war es nicht möglich, diese hohe Zahl zu erreichen. Während der Franzosenzeit waren sie, als ein bequemes Jagdobjekt, zu Hunderten getötet worden; später wurden die großstädtischen Eiersammler ihrer Vermehrung gefährlich. Erst die Festsetzung strenger Strafen machte diesem Übelstande ein Ende. Seitdem ist ihre Zahl in einem steten Wachsen begriffen. Wie mächtige weiße Blumen blühen sie über die blaue Fläche hin; ein Bild stolzer Freiheit.

Ein Bild der Freiheit. Und doch stehen sie unter Kontrolle,

in Sommertagen zu der Menschen, in Wintertagen zu ihrem eigenen Besten. Im Sommer werden sie eingefangen, um gerupft, im Winter, um gefüttert zu werden. So bringt der Hofstaat oder vielleicht der Fiskus, dem sie zugehören, seine sommerliche Untat durch winterliche Guttat wieder in Balance. Auf die Prozedur des Einfangens kommen wir weiterhin zurück.

Die zweitausend Schwäne zerfallen in Schwäne der Ober- und Unterhavel; das Gebiet der einen reicht von Tegel bis Potsdam, das der anderen von Potsdam bis Brandenburg. Die Glienicker Brücke zieht die Grenze. Die Schwäne der oberen Havel stehen unter der Herrschaft der Spandauer, die Schwäne der unteren Havel unter der der Potsdamer Fischer. Man könnte dies die Einteilung der »Provinz Havelschwan« in zwei Regierungsbezirke nennen. Diese großen Bezirke aber zerfallen wieder in ebenso viele Kreise, als es Haveldörfer gibt, besonders auf der Strecke von Potsdam bis Brandenburg. Die Ützer Fischer beherrschen die Wublitz, die Marquardter Fischer den Schlänitzsee, die Fischer von Kaputh den Schwielow usw. Auf der Unterhavel allein befinden sich gewiß zwanzig solcher Arrondissements, alle mit gewissen Rechten und Pflichten ausgerüstet, aber alle den beiden Hauptstädten dienstbar, alle in Abhängigkeit von Potsdam und Spandau.

Wir wenden uns nun dem Sommerfang der Schwäne zu. Er erfolgt zweimal und hat den doppelten Zweck: den Jungschwan zu lähmen und den Altschwan zu rupfen. Über die Lähmung ist nicht viel zu sagen; ein Flügelglied wird weggeschnitten, damit ist es getan. — Desto komplizierter ist der Prozeß des Rupfens. Er geschieht an zwei verschiedenen Stellen. Die Schwäne der Oberhavel werden auf dem Pichelswerder, die Schwäne der Unterhavel auf dem »Depothof« bei Potsdam gerupft. Das Verfahren ist an beiden Orten dasselbe. Wir geben es, wie wir es auf dem Depothof sahen.

Der »Schwanenmeister«, Gesamtbeherrscher des ganzen Volkes cygnus zwischen Tegel und Brandenburg, gibt die Order: »Am 20. Mai (der Tag wechselt) wird gerupft.« Nun beginnt das Einfangen. Die Fischer der verschiedenen Haveldörfer machen sich auf, treiben die auf ihrem Revier schwimmenden Schwäne in eine Bucht oder Ecke zusammen, fahren dann mit einem zehn Fuß langen Hakenstock in die Schwanenmassen hinein, legen den Haken, der wie bei dem Schäferstock eine halboffene Öse bildet, geschickt um den Hals des Schwanes, ziehen ihn heran und in ihr Fahrzeug hinein. Dies geschieht mit großer Schnelligkeit, so daß binnen ganz kurzer Zeit das Boot mit dicht nebeneinander hockenden Schwänen besetzt ist und zwar derart, daß die langen Hälse der Schwäne, über die Bootkante fort, nach außen blicken. Ein sehr eigentümlicher, grotesker Anblick.

In dieser Ausrüstung treffen nun die Boote aus wenigstens zwanzig Dörfern auf dem Depothof ein und liefern ihre Schwanenfracht in die dort befindlichen Hürden ab, von wo sie nach und nach zur Rupfbank geschleppt werden.

Die Rupfbank ist ein langer Tisch, der in einem mächtigen Schuppen steht. An der einen Seite des Tisches entlang, mit scharfem Auge und flinker Hand, sitzen die Rupfweiber, meist Kiezfischer-Frauen. Ein Schwanenknecht trägt nun Stück auf Stück die Schwäne herein, reicht sie über den Tisch, die Frauen packen zu und klemmen den Hals zwischen die Beine ein, während der Knecht den auf dem Tische liegenden Schwan festhält. Nun beginnt das Rupfen mit ebenso viel Vorsicht wie Virtuosität. Erst die Federn, dann die Daunen; kein Fleck von Fleisch darf sichtbar werden. Nach Beendigung der Prozedur aber nimmt der Schwanenknecht den Schwan wieder in seinen Arm, trägt ihn zurück und wirft ihn mit Macht in die Havel. Der Schwan taucht nieder und segelt nun mit aller Gewalt quer über den Fluß, um seinen Quälern zu entfliehen. Bald aber friert ihn, und zunächst sonnige Ufer- und Inselstellen aufsuchend, eilt er erst den zweiten oder dritten Tag wieder seinen Heimatplätzen im Schwielow oder Schlänitz zu.

Einen ganz anderen Zweck, wie schon angedeutet, verfolgt das Einfangen im Winter, wenn die Havel zugeht. Die schönen Tiere würden im Eise umkommen. Sie werden also abermals zusammengetrieben und eingesammelt, um an solche Havelstellen gebracht zu werden, die nie zufrieren, oder doch fast nie zufrieren. Der Prozeß des Einfangens ist derselbe, wie im Sommer, aber nicht der Transport an die eisfreien Stellen, welche letzteren sich glücklicherweise bei Potsdam selbst, fast mitten in der Stadt befinden. Die Überführung in Booten ist jetzt unmöglich, da schon ganze Partien des Flusses durch Eis geschlossen sind; so treffen sie denn in allerhand Gefährt, in Bauer- und Möbelwagen, selbst in Eisenbahnwaggons, in ihrem Potsdamer Winterhafen ein.

Sie haben nun wieder sicheres Wasser unter den Füßen, die Gefahr des Erfrierens ist beseitigt, aber die Gefahr des Verhungerns — 2000 Schwäne auf allerkleinstem Terrain — würde jetzt um so drohender an sie herantreten, wenn nicht durch Fütterung für sie gesorgt würde. Diese erfolgt in den Wintermonaten täglich zweimal, morgens um acht Uhr und nachmittags um drei Uhr, immer an derselben Stelle und zwar in der Nähe des Stadtschlosses.

Unmittelbar hinter der Eisenbahnbrücke, am Ende des Lustgartens, ist eine Stelle, welche wegen des starken Stromes nur selten zufriert. Diese ist Rendezvous. Wir geben die Drei-Uhr-Fütterung.

Schon um Mittag ziehen sich die Schwäne von allen noch offenen Stellen der Havel und aus den Kanälen der Stadt in der Nähe der Eisenbahnbrücke zusammen. Unruhig, ziehen sie nicht einzeln, sondern zu Hunderten, neben- und hintereinander, am Ufer hin und her, die alten und erfahreneren aber unter dem letzten Bogen der Eisenbahnbrücke hindurch, auf eine Stelle zu, von wo sie mit hochaufgerecktem Halse über die Uferbrüstung hinweg den langen Wallweg hinuntersehen können, auf dem der Schwanenmeister mit seinem Kornkarren heranfahren muß. Sie kennen ihn auch schon in weitester Entfernung, und kaum taucht seine Mütze zwischen den Bäumen auf, so fährt eine ganz besondere Unruhe in das zahlreiche Rudel. In höchster Anstrengung rudern sie sofort unter der Eisenbahnbrücke hindurch, nach dem Futterplatze, und wenn sie ihn dort noch nicht angekommen sehen, wieder zurück zu der Stelle, wo sie seine Annäherung beobachten können. Diese unruhige Wanderung wiederholt sich so lange, bis der Schwanenmeister mit Karre und Gerstensack an der Brücke angekommen ist. Nun entsteht ein wahrer Tumult unter den Tieren. Alles stürzt übereinander und nebeneinander hin und reckt die Hälse, um nur ja keine Bewegung ihres Hüters zu übersehen und den ersten Schaufelwurf nicht zu versäumen. Noch ist es indessen nicht so weit. Der Schwanenmeister geht erst auf die Brücke, um in langgezogenen Tönen sein »Hans! Hans!« zu rufen, auf welchen Ruf die etwa noch Verspäteten von allen Seiten herbeischwimmen. Solange dies Rufen dauert, halten sich die Schwäne in der Nähe der Brücke. Hört es aber auf, und wendet der Rufende sich zu dem eigentlichen Fütterungsplatze, so rauscht das ganze Schwanenheer in einer großen, blendend weißen Masse, drängend wie ein Keil und gewaltsam wie die Räder eines Dampfschiffs, im Wasser neben dem am Ufer gehenden Schwanenmeister her.

Während der Sack aufgebunden wird, schroten sich einige der Gierigsten über die Eisschollen und Ränder am Ufer auf das feste Land, watscheln unbehilflich zum Karren, um womöglich die ersten zu sein, die etwas erhalten. Ihre Berechnung wird aber jedesmal getäuscht, denn, wenn recht viele aus dem Wasser heraus und andere im Begriff sind, ihnen zu folgen, wird der Gerstenkarren rasch auf die entfernteste Stelle des Futterplatzes geschoben. Kaum sehen die ans Land gekommenen Schwäne, daß ihnen ihre Eile nichts hilft, so stürzen sie sich so rasch wie möglich in das Wasser zurück; aber es hält schwer, in der dichtgedrängten Masse der schwimmenden Schwäne ein Fleckchen zu finden, wo sie noch Platz hätten. Mit einer unglaublichen Gewaltsamkeit drängen die Hintersten gegen das Ufer. Nun erfolgt der erste Wurf weit ins Wasser hinein, und wo die Gerste das Wasser berühren kann, verschwinden im Nu alle Hälse, und man sieht plötzlich Hunderte von Zuckerhüten auf dem Wasser schwimmen. Unmittelbar am Ufer aber gelangt die Gerste gar nicht ins Wasser, sondern bleibt auf den dicht aneinander gedrängten Rücken der Schwäne liegen. Um sie aufzulesen, verschlingen die langen Hälse sich hin und wieder zu Knoten, so daß es oft den Anschein hat, als könnten sie kaum wieder auseinander kommen. Soweit jeder Wurf reicht, tritt für einige Augenblicke eine gewisse Ruhe ein; desto unruhiger und drängender geht es ringsumher zu. Mit Bissen und Flügelschlägen suchen sich die Entferntesten Bahn in den dichten Haufen zu brechen; aber vergebens, denn es kann keines der Tiere Platz machen, wenn es auch wollte, aber es will auch nicht, sondern beißt und schlägt abwehrend auf seinen Angreifer los. Wieder kommt ein Wurf und wieder beruhigt sich eine Gruppe; ein dritter, ein vierter — der letzte ist aber noch nicht geschehen, und schon kommen die, welche zuerst gefressen, wieder herbeigerauscht und drängen die Fressenden zu einem dichten Knäuel zusammen. Wild treibende Eisschollen, vom Föhn durcheinander gewälzte Schneemassen, können kein seltsameres Bild geben als diese blendend weißen, belebten Körper auf dem dunklen Wasser der Havel, rings von Eis und Schnee umgeben, so daß man kaum unterscheiden kann, wo das Eis des Ufers aufhört und der Schwanenknäuel anfängt.

Täglich werden auf diese Weise drei Scheffel Gerste verfüttert. Vergleicht man indessen das Volumen all dieser herzudrängenden Schwäne mit den anderthalb Scheffeln, die ihnen morgens und ebenso viel nachmittags zugeworfen werden, so begreift man, daß die Tiere beim Weggehen ihres Pflegers noch ziemlich ebenso lange Hälse machen wie bei seinem Kommen. Eine Zeitlang verweilen sie noch; erst wenn sie Gewißheit haben, daß alles Warten nicht mehr fruchtet, schwimmen sie langsam fort. Zurück bleiben nur noch die Kranken, die jetzt einen Versuch machen, eine kümmerliche Nachlese zu halten und die letzten Körnchen zu entdecken.

Zu der Havelschönheit tragen die Schwäne ein sehr Erhebliches bei. Sie geben dem Strom auf seiner breiten Fläche eine königliche Pracht, und eine schönere Einfassung aller dieser Schlösser und Residenzen ist kaum denkbar. In neuerer Zeit hat man diesen Zauber dadurch noch gesteigert, daß man, durch Unterlassung der Flügellähmung, den Wildschwan wieder hergestellt hat. Man wurde dazu durch verschiedene Rücksichten bestimmt. Das Nächstbestimmende war die größere Schönheit des wilden Schwans; er ziert die Fläche mehr, die er durchschwimmt, und sein Flug durch die Luft, den er wenigstens gelegentlich macht, gewährt einen imposanten Anblick. Was aber mehr als diese Schönheitsrücksicht den Ausschlag gab, war der Wunsch, einen neuen jagdbaren Vogel, einen neuen Sport zu schaffen. Es werden jetzt von Zeit zu Zeit Wildschwanenjagden abgehalten.

Anfangs, wo man diese Jagden in unmittelbarer Nähe Potsdams abhielt, scheiterten sie. Die Tiere, zu den zahmen Schwänen sich haltend, waren zahm und vertraulich wie diese und entzogen sich kaum der Büchse des Schützen, wenn auch einzelne von ihnen schon dem Blei des letzteren erlegen waren — das war keine Jagd, das war bloßes Totschießen, und man stand auf dem Punkt, die Sache wieder aufzugeben. Da entdeckte man indessen plötzlich, daß der Wildschwan bei Potsdam und der Wildschwan flußabwärts auf den weiten, einsamen Flächen des Schwielow, der Schlänitz und der Wublitz ein ander Ding sei, und eine erste Jagd auf den großen Seen wurde abgehalten. Sie schlug ein. Hier war der Schwan noch scheu und, speziell auf der stillen, abgelegenen Wublitz, auf der bloß die gelben Mummeln und die weißen Schwäne zu Hause sind, bot er ein treffliches Jagdrevier. Sooft das Boot durch Schilf und Rohr heranschlich, horchte der Wildschwan auf, hier hatte er noch den Instinkt der Gefahr, und wenn der erste Schuß fiel, erhoben sich fünfzig der majestätischen Vögel und rauschten mit schwerem Flügelschlage durch die Luft.

Die Schönheit und Poesie dieses Tieres aber, vor allem die mächtige Schußfläche, die es bietet, werden sehr wahrscheinlich immer ein Hindernis bleiben, die Schwanenjagd in Jägeraugen zu etwas besonders Wünschenswertem zu machen. Es unterbricht nur mal den gewöhnlichen Lauf der Dinge. Ein Zwischengericht, das willkommen ist.

Die Schwäne der Havel bilden auch einen Versandartikel. Viele, von näher gelegenen Punkten zu schweigen, gehen bis Petersburg und nach den großen Städten der Union. Mannigfach sind die Versuche, ihn auch an andern Stellen einzubürgern. Es mag indessen lange dauern, ehe der Havelschwan übertroffen wird.

Der Limfjord, auf jenen weiten Wasserbassins, wo Tausende von Möwen wie weiße Nymphäen schwimmen, bietet ein ähnliches Bild. Aber doch nur ein ähnliches. Die Möwe ist eben kein Schwan.

Noch ist die Havel mit ihren zweitausend Schwänen unerreicht.

DIE PFAUENINSEL

I

Die Pfaueninsel bis 1685

Pfaueninsel! Wie ein Märchen steigt ein Bild aus meinen Kindertagen vor mir auf: ein Schloß, Palmen und Känguruhs; Papageien kreischen; Pfauen sitzen auf hoher Stange oder schlagen ein Rad, Volieren, Springbrunnen, überschattete Wiesen; Schlängelpfade, die überall hin führen und nirgends; ein rätselvolles Eiland, eine Oase, ein Blumenteppich inmitten der Mark.

Aber so war es nicht immer hier. All das zählt erst nach Jahrzehnten, und noch zu Ende der neunziger Jahre war diese Havelinsel eine bloße romantische Wildnis, die sich aus Eichen, Unterholz und allerhand Schlinggewächs zusammensetzte. An manchen Stellen urwaldartig, undurchdringlich. Um das ganze zweitausend Schritt lange und über fünfhundert Schritt breite Eiland zog sich ein Gürtel von Uferschilf, darin wildes Geflügel zu Tausenden nistete. Dann und wann, wenn im Grunewald die Jagd tobte, schwamm ein geängsteter Hirsch über die Schmalung an der Südwestspitze und suchte Schutz bei der Einsamkeit der Insel.

So war es unter den Joachims, auch noch unter dem Großen Kurfürsten. Wer nicht ein Jäger war, oder das Schilf am Ufer schnitt, der wußte kaum von einer solchen Insel im Havelstrom, die durch alle Jahrhunderte hin namenlos geblieben war.

Erst 1683, also während der letzten Jahre des Großen Kurfürsten, trat die namenlose Insel, die inzwischen ein »Kaninchengehege« empfangen hatte, als Kaninchenwerder in die Geschichte ein, freilich ohne dadurch irgend etwas anderes als einen Namen gewonnen zu haben. Das Eiland blieb vielmehr bis zu der eingangs erwähnten Zeit eine absolute Wildnis, an deren Bestand auch ein der Kaninchenherrschaft unmittelbar folgendes Prospero-Zwischenspiel nicht das geringste zu ändern vermochte. Im Gegenteil, zu dem Wilden gesellte sich noch das Grusliche, ohne daß von einem Caliban berichtet wird.

Der Prospero war Johann Kunckel, der Alchimist. Er erhielt die Insel 1685 aus der Hand des Kurfürsten. Bei diesem Zeitabschnitt verweilen wir zunächst.

2

Die Pfaueninsel von 1685 bis 1692

Johann Kunckel

> »He, Holla, halt,« schreit's hinter ihm, »wir kennen euch, nicht von der Stelle!
> Hoch euer Galgenmännlein, hoch der kleine, rauchige Geselle!
> Und wieder hoch! und dreimal hoch! Alräunchen, Hütchen meinetwegen,
> Mag's ferner goldne Eier euch und andern tote Bälge legen.«
>
> *Annette von Droste-Hülshoff*

Johann Kunckel, zu Hütten bei Rendsburg und zwar wahrscheinlich 1638 geboren, hatte sich von Jugend auf der Alchimie befleißigt, den Stein der Weisen gesucht, den Phosphor entdeckt und war 1677 in kursächsische Dienste getreten, wo ihm das für damalige Zeit außerordentlich hohe Gehalt von tausend Talern, nebst Vergütung für alle Materialien, Instrumente, Gläser und Kohlen zugesagt worden war. Er erhielt aber schließlich diese Summe nicht ausgezahlt und auf seine desfallsige Beschwerde einfach den Bescheid: »Kann Kunckel Gold machen, so bedarf er kein Geld; kann er solches aber nicht, warum sollte man ihm Geld geben?«

Die Verlegenheiten, die ihm daraus erwuchsen, veranlaßten ihn, einen Ruf an den brandenburgischen Hof anzunehmen, freilich unter bescheideneren Bedingungen, die aber das Gute hatten, daß sie gehalten wurden. Der Große Kurfürst sagte ihm in einer ersten Unterredung, in der diese Dinge zur Sprache kamen: »Ich kann Euch tausend Taler nicht geben, denn ich gebe meinen Geheimen Räten nicht mehr; um keine Jalousie zu machen, so will ich Euch geben, was ich meinen Geheimen Kammerdienern gebe.« So erhielt Kunckel ein Jahresgehalt von fünfhundert Talern. Er nahm erst die Drewitzer Glashütte in Pacht, wurde dann Kompagnon der Glashütte auf dem Hakendamm bei Potsdam, erfand hier das Rubinglas, das zu schönen Pokalen verarbeitet wurde, und erhielt endlich, da es ihm um ein möglichst abgelegenes, schwer zugängliches Plätzchen für seine Arbeiten zu tun war, in dem schon genannten Jahre 1685 den ganzen Kaninchenwerder (Pfaueninsel) zum Geschenk. Die Schenkungsurkunde besagte, daß ihm, unter Befreiung von allen Abgaben, die ganze Insel erb- und eigentümlich übereignet, das Recht des freien Brauens, Backens und Branntweinbrennens zuerkannt und der Bau einer Windmühle gestattet werden solle, »damit seine Leute nicht gezwungen seien, des Backens und Brauens, des Mahlens und Schrotens halber, die Insel zu verlassen.« Gleichzeitig wurde er in seiner Rubinglas-Fabrikation durch ein Privilegium geschützt, wogegen er es übernahm, »alljährlich für fünfzig Taler Kristallgläser an die Kurfürstliche Kellerei abzuliefern und seine Glaskorallen nur an die Guineasche Kompagnie zu verkaufen«.

Die Errichtung der Glashütte erfolgte bald darauf an der nordöstlichen Seite der Insel dicht am Ufer. Er erbaute besondere Öfen, um die beste Art der Kondensierung des Feuers zu ermitteln, kein Fremder durfte die Insel betreten, nur der Kurfürst besuchte ihn wiederholt, um die Anlage des Ganzen, sowie den Kunstbetrieb kennenzulernen. Dabei wurde, über die Glasfabrikation hinaus, viel experimentiert.

Worauf diese Bemühungen gerichtet waren, ist nicht mit Sicherheit festzustellen. Daß es sich um Goldmachekunst und um Entdeckung des Steins der Weisen gehandelt habe, ist sehr unwahrscheinlich. Nachweisbar verhielt sich Kunckel gegen solche Versuche, wenigstens wenn sie von andern ausgingen, sehr ablehnend.

So entzog ihm denn auch der Große Kurfürst nie seine Gnade, wiewohl die Erfolglosigkeit, auch die wissenschaftliche, aller der damals unternommenen Experimente so ziemlich feststeht. Friedrich Wilhelm rechnete, wie Kunckel ihn selbst sagen läßt, die daran gewendeten Summen zu solchen, die er verspielt oder im Feuerwerk verpufft habe. Da er jetzt weniger spiele, so dürfe er das dadurch Gesparte an Forschungen in der Wissenschaft setzen.

Mit dem Hinscheiden des Kurfürsten schied aber auch Kunckels Ansehen, wenigstens innerhalb der Mark Brandenburg. Man machte ihm den Prozeß auf Veruntreuung und Unterschleif und wenn auch nichts bewiesen werden konnte, weil eben nichts zu beweisen war,* so mochte er dennoch von Glück sagen, durch eine Aufforderung König Karls XI. von Schweden seiner alten Umgebung entrissen zu werden. Dies war 1692. Er ging nach Stockholm, wurde schwedischer Bergrat und unter dem Namen Kunckel von Löwenstern in den Adelsstand erhoben. Er starb wahrscheinlich 1703.

Sein Laboratorium auf dem Kaninchenwerder hatte nur allerkürzesten Bestand gehabt. Noch vor seiner Übersiedlung nach Schweden brannten die Baulichkeiten nieder; — am östlichen Ufer der Insel finden sich bis heute einzelne verstreute Schlackenreste, die ungefähr die Stelle angeben, wo die alchimistische »Hütte« stand. Mehr als ein Jahrhundert verging, bevor die Zaubererinsel zu einer Zauberinsel wurde.

---

* Der Prozeß lief im wesentlichen auf bloße Schikanen hinaus und kann einem keine besonders hohe Meinung von der Rechtspflege jener Epoche beibringen. Der Beklagte sollte eingeschüchtert, abgeschreckt werden. Als ihm Unterschleife nicht nachgewiesen werden konnten, richtete man schließlich die Frage an ihn: was denn bei all dem Laborieren und Experimentieren in einer Reihe von Jahren herausgekommen sei? Das ist nun in der Tat eine Frage, die schließlich jeden Menschen in Verlegenheit setzen kann, und Kunckel gab die beste Antwort, die er unter so bewandten Umständen geben konnte. Er sagte: »Der hochselige Herr Kurfürst war ein Liebhaber von seltenen und kuriosen Dingen und freute sich, wenn etwas zustande gebracht wurde, was schön und zierlich war. Was dies genützt hat, diese Frage kann ich nicht beantworten.«

3

Die Pfaueninsel unter Friedrich Wilhelm III.
1797—1840

> Mein Herr ist König im Land,
> Ich herrsch' im Garten der Rosen.
> *Uhland*

Die Anfänge dazu (zur Zauberinsel) fallen bereits in die Regierungszeit Friedrich Wilhelms II. Der Schilfgürtel, der die Insel vor jedem Zutritt zu bergen schien, wurde mittelbar die Ursache, daß sich ihre Schönheit zu erschließen begann. In diesem Schilfe nisteten nämlich, wie schon angedeutet, Tausende von Schnepfen und Enten, die den jagdlustigen König, als er davon vernommen, erst bis an den Rand der Insel, dann auf diese selber führten. Einmal bekannt geworden mit dieser Waldesstille, die ihm bald wohler tat als die Aufregungen der Jagd, lockte es ihn öfter, vom nahen Marmorpalais, zu Kahn herüber. Aus dem Heiligensee in die Havel, an Sakrow vorüber, steuerte er an heiteren Nachmittagen, umgeben von den Damen seines Hofes, der ihm lieb gewordenen Insel zu, auf deren schönster Waldwiese die reichen orientalischen Zelte, die ihm irgendein Selim oder Mahmud geschenkt hatte, bereits vorher ausgespannt worden waren. Die Musik schmetterte; Tänze und ländliche Spiele wechselten ab; so vergingen die Stunden. Erst mit der sinkenden Sonne kehrte man nach dem Marmorpalais zurück.

Solche Lust gewährten dem Könige diese Fahrten nach der stillen, nahe gelegenen Waldinsel, daß er sich im Jahre 1793 entschloß, dieselbe vom Potsdamer Waisenhause, dem sie durch eine Schenkung Friedrich Wilhelms I. zugefallen war, zu kaufen. Dies geschah und schon vor Ablauf von drei Jahren war das Eiland zu einem gefälligen Park umgeschaffen, mit Gartenhaus und Meierei, mit Jagdschirm und Federviehhaus und einem Lustschloß an der Nordwestspitze. Die Zeichnung zu diesem Lustschloß, so wird erzählt, rührte von der Gräfin Lichtenau her, die das Motiv dazu, während ihrer Reise in Italien, einem verfallenen Schloß entnahm, das zwei, oben mit einer Brücke verbundene Türme, unten aber, zwischen den beiden Türmen, ein großes Bogentor zeigte. Wir halten diese

Erzählung für glaubhaft, trotzdem Kopisch sie bezweifelt. Die Lichtenau dilettierte in Kunstsachen und nicht ganz ohne Talent. Esprit und Geschmack zählen bekanntlich zu den Vorrechten aller Damen aus der Schule der Laïs.

Der Bau des Schlosses begann; aber noch ehe dieses und anderes seinen Abschluß gefunden hatte, starb der König und die Annahme lag nahe, daß auch die nun zurückliegenden zehn Jahre unter Friedrich Wilhelm II., genau wie die sieben Jahre unter Kunckel, zu einer bloßen Episode im Leben der Pfaueninsel werden würden. Es kam indessen anders. Friedrich Wilhelm III., in allem gegensätzlich gegen seinen Vorgänger und diesen Gegensatz betonend, machte doch mit Rücksicht auf die Pfaueninsel eine Ausnahme und wandte ihr von Anfang an eine Gunst zu, die, bis zur Katastrophe von 1806, alles daselbst Vorhandene liebevoll pflegte, nach dem Niedergange der Napoleonischen Herrschaft aber diesen Fleck Erde zu einem ganz besonders bevorzugten machte. Ohnehin zu einem kontemplativen Leben geneigt, fand der König, aus den Stürmen des Krieges heimgekehrt, die Einsamkeit dieser Insel anziehender denn zuvor. Was ihm Paretz zu Anfang seiner Regierungszeit gewesen war, das wurde ihm die Pfaueninsel gegen den Schluß hin. Man schritt zu neuen Anlagen und war bemüht, den Aufenthalt immer behaglicher zu gestalten. Viele Anpflanzungen von Gesträuchen und Bäumen, darunter Rottannen und Laubhölzer aller Art, fanden statt. Wildfliegende Fasanen machten sich heimisch auf der Insel; neue Bauten wurden aufgeführt. Eine mit Kupfer beschlagene »Fregatte« traf ein, die der Prinzregent dem Könige Friedrich Wilhelm III. zum Geschenk gemacht hatte;* ein russischer »Rollberg« entstand, eine sogenannte Rutschbahn, und russische Schaukeln setzten sich in Bewegung. 1821 wurde ein Rosensortiment aus der Nachlassenschaft des Dr. Böhm für eine erhebliche Summe Geldes gekauft und in vier Spreekähnen von Berlin aus nach der Pfaueninsel geschafft. Die Überführung dieser Sammlung gab Anlaß zur Anlage eines Rosengartens, der alsbald einhundertundvierzig Quadratruten bedeckte und dreitausend hoch- und halbstämmige Rosen, dazwischen ungezählte Sträucher von Zentifolien, Noisetten und indischen Rosenarten umschloß.

---

* Sie zerfiel bald. 1832 wurde deshalb eine zweite, als Ersatz, durch Lord Fitz Clarence überbracht. Diese existiert noch, ist aber auch schon wieder defekt.

Ziemlich um dieselbe Zeit wurde ein Wasserwerk mit einer Dampfmaschine errichtet, lediglich um ein großes Reservoir zu speisen, aus dem nun der sandige Teil der Insel bewässert werden konnte. Damit war Lebensblut für alle darauf folgenden Verschönerungen gegeben.

1828, nachdem viele Geschenke und Ankäufe vorausgegangen, ward auch eine reizende, alle Tierarten umfassende »Menagerie« erworben. Sie wurde hier wie von selbst zu einem zoologischen Garten, da Lenné, feinen Sinnes und verständnisvoll, von Anfang an bemüht gewesen war, den einzelnen Käfigen und Tiergruppen immer die passendste landschaftliche Umgebung zu geben. 1830 wurde auch das Palmenhaus errichtet.

Das kleine Eiland stand damals auf seiner Höhe. »Eine Fahrt nach der Pfaueninsel«, so durfte Kopisch wohl schreiben, »galt den Berlinern als das schönste Familienfest des Jahres und die Jugend fühlte sich überaus glücklich, die munteren Sprünge der Affen, die drollige Plumpheit der Bären, das seltsame Hüpfen der Känguruhs hier zu sehen. Die tropischen Gewächse wurden mit manchem Ach! des Entzückens bewundert. Man träumte in Indien zu sein und sah mit einer Mischung von Lust und Grauen die südliche Tierwelt, Alligatoren und Schlangen, ja das wunderbare Chamäleon, das opalisierend oft alle Farben der blühenden Umgebung widerzuspiegeln schien.«

Meine eigenen Kindheitserinnerungen, wie ich sie eingangs ausgesprochen, finden in dieser Schilderung ihre Bestätigung.

4

Die Pfaueninsel 15. Juli 1852

> Und Stille, wie des Todes Schweigen
> Liegt überm ganzen Hause schwer.
>
> *»Die Kraniche des Ibykus«*

Mit 1840 schied die Pfaueninsel aus der Reihe der herrschenden Lieblingsplätze aus; Friedrich Wilhelm IV. griff auf die Friderizianische Zeit zurück und Sanssouci samt seinen Dependenzien belebte sich wieder. Das Rokokoschloß, das der Lichtenau ihre Entstehung verdankte, verfiel nicht, aber es kam außer Mode, und wie man die Jahrzehnte vorher gewallfahrtet war, um den Rosengarten der Pfaueninsel zu sehn, so führte jetzt die Eisenbahn viele Tausende hinüber, um, zu Füßen von Sanssouci, die Rosenblüte in Charlottenhof zu bewundern. Die Pfaueninsel kam außer Mode, so sagt' ich, aber wenn sie auch nicht Sommerresidenz mehr war, so zählte sie doch noch immer zu jenen bevorzugten Havelplätzen, wo Friedrich Wilhelm IV. an Sommerabenden zu landen und in Stille, bei untergehender Sonne, seinen Tee zu nehmen liebte. Ein solcher Sommerabend war auch der 15. Juli 1852. Wir berichten näher über ihn.

Kaiser Nikolaus war am preußischen Hofe zu Besuch eingetroffen. Ein oder zwei Tage später erschien Demoiselle Rachel in Berlin, um daselbst ihr schon 1850 begonnenes Gastspiel zu wiederholen. Friedrich Wilhelm IV., mit seinem kaiserlichen Gaste in Potsdam verweilend, gab, als er von dem Eintreffen der berühmten Tragödin hörte, dem Hofrat Schneider Auftrag, dieselbe für eine Pfaueninsel-Vorstellung zu engagieren. Über diesen allgemein gehaltenen Auftrag hinaus wurde nichts angeordnet. Die nötigen Schritte geschahen; die Rachel, die natürlich ein Auftreten im Neuen Palais oder doch mindestens im Stadttheater erwartete, sagte zu.

Am Nachmittage des festgesetzten Tages traf die Künstlerin, in Begleitung ihres Bruders Raphael, auf dem Bahnhofe zu Potsdam ein. Hofrat Schneider empfing sie.

Die Situation dieses letzteren, der, trotz aller Bemühungen, nicht imstande gewesen war, bestimmtere Orders, eine Art Festprogramm zu extrahieren, war inzwischen eine ziemlich peinliche geworden. Die Tragödin verlangte Auskunft über alles, während solche über nichts zu geben war. Als ihr schließlich, auf immer direkter gestellte Fragen, gesagt werden mußte, daß es an all und jeder Vorbereitung fehle, daß alles in die Macht ihrer Erscheinung und ihres Genius gegeben sei, geriet sie in die höchste Aufregung, fast in Zorn, und drohte, mit einem mehrfach wiederholten »jamais«, die Unterhandlungen abzubrechen. Ihr Bruder Raphael bestärkte sie in ihrem Widerstande. »Eine Bänkelsängerin, eine Seiltänzerin, nie, nie!« Sie schickte sich an, mit dem nächsten Zuge nach Berlin zurückzufahren.

Was tun? Eine Niederlage ohnegleichen schien sich vorbereiten zu sollen. Aber die diplomatische Beredsamkeit des

Unterhändlers wußte sie zu vermeiden. Er erinnerte die Tragödin zunächst daran, daß Molière in ähnlicher Situation vor dem Hofe Ludwigs XIV. gespielt und seine größten Triumphe gefeiert habe, was Eindruck zu machen schien; als aber die Zuflüsterungen des »linken Reiters« (Bruder Raphael) dennoch wieder die Oberhand erlangen zu wollen schienen, als das Wort »Bänkelsängerin« immer von neuem fiel, griff Hofrat Schneider endlich zu einem letzten Mittel. Er wußte, daß der berühmten Tragödin ungemein daran lag, in Petersburg — das ihr seit 1848, wo sie, von der Bühne herab, als Göttin der »Freiheit« die Marseillaise gesungen hatte, verschlossen war — wieder Zutritt zu gewinnen, und dieser Köder wurde jetzt nicht vergeblich an die Angel gesteckt. Der diplomatische Plenipotentiaire schilderte ihr mit lebhaftesten Farben, welch einen Eindruck es auf den Kaiser machen müsse, wenn er, heute abend auf der Pfaueninsel landend, erfahren würde, »Demoiselle Rachel habe es abgelehnt, zu erscheinen«, wie sich ihr aber umgekehrt eine glänzende, vielleicht nie wiederkehrende Gelegenheit biete, den Kaiser zu versöhnen, hinzureißen, wenn sie ihrer Zusage getreu bleibe. Dies schlug durch. »Je jouerai.«

Bedenken, die auch jetzt noch von Viertelstunde zu Viertelstunde auftauchten, waren nur wie Wetterleuchten nach dem Gewitter und wurden mit verhältnismäßiger Leichtigkeit beseitigt. Unter diesen kleinen Bedenken war das erste, das laut wurde, die Kostümfrage. Nichts war zur Hand, nichts zu beschaffen. Ihre eigene Gesellschaftsrobe half indessen über diese Verlegenheit am ehesten hinweg. Sie trug ein schwarzes Spitzenkleid. Dies wurde ohne Mühe zu einem spanischen Kostüm hergerichtet. Ein Teil der kostbaren Alençons zu einem aufrecht stehenden Kopfputze arrangiert, barg eine blutrote Rose; ein schwarzer Schleier, ein irischer Kragen, vollendeten die Toilette. So traf man, nach kurzem Aufenthalte in der Stadt, auf der Pfaueninsel ein.

Die Sonne war eben im Untergehen. Noch einmal ein flüchtiges Stutzen, als auf die Frage: »où jouerai-je?« stumm auf den Rasenfleck hingedeutet wurde, der von rechts her bis dicht an das Schloß herantritt; — es war indessen die Möglichkeit eines »nein«, nachdem man bereits bis hierher gediehen war, so gut wie abgeschnitten, und zwar um so mehr, als eben jetzt der Hof, in seiner Mitte der Kaiser, erschien und Kreis schließend, links auf dem Kieswege und rechts auf dem

Rasenplatze Aufstellung nahm. Nach rechts hin, unter den Ministern und Generalen, stand auch die Rachel.

Es war inzwischen dunkel geworden, so dunkel, daß ihr Bruder ein in einer Glasglocke steckendes Licht ergriff und an die Seite der Schwester trat; späterhin, inmitten der Deklamation, reichte auch das nicht aus und die berühmte Tragödin nahm dem Bruder das Windlicht aus der Hand, um sich selber die Beleuchtung zu geben. Ihr Mienenspiel war ihre Größe. Sie hatte eine Stelle aus der »Athalie« gewählt, jene, fünfter Akt fünfte Szene, wo sie dem hohen Priester das Kind abfordert:

Ce que tu m'as promis, songe à exécuter:
Cet enfant, ce trésor, qu'il faut qu'on me remette,
Où sont-ils?

Sie spielte groß, gewaltig; es war, als ob das Fehlen alles Apparats die Wirkung steigere. Der Genius, ungehindert durch Flitter und Dekorationen, wirkte ganz als er selbst. Dabei brachen die Schatten des Abends immer mehr herein; die Luft war lau, und aus der Ferne her klang das Plätschern der Fontänen.

Alles war hingerissen. Zumeist der König. Kaum minder sein Gast, der Kaiser. Er trat an die Tragödin heran:

J'espère de vous voir à Petersbourg.
Mille remercîments; mais . . Votre Majesté . .
Je vous invite, moi.

Die kaiserliche Einladung war ausgesprochen, das Ziel erreicht, der große Preis des Abends gewonnen.

Eine Viertelstunde später, in lampiongeschmückten Gondeln, kehrte der Hof, der auf eine kurze Stunde die Pfaueninselstille belebt hatte, wieder in die jenseit der breiten Havelfläche gelegenen Schlösser zurück, nach Glienicke, nach Sanssouci, nach dem Neuen Palais. An der Stelle aber, an der an jenem Abend die Rachel gesprochen und einen ihrer größten Triumphe gefeiert hatte, erhebt sich jetzt, auf schlankem Postament, eine Statuette der Künstlerin, einfach die Inschrift tragend: den 15. Juli 1852.

5

Frau Friedrich

> Herr Friedrich saß auf Sanssouci,
> Den Krückstock, den vergaß er nie;
> Frau Friedrich findet's à propos
> Und sagt: ich mach' es ebenso.

Demoiselle Rachel ist hinüber, Frau Friedrich lebt noch. Ihre goldene Hochzeit liegt hinter ihr, sie steht vor ihrer diamantnen. Fünfzig Jahre Inselherrschaft haben ihren Namen an den Namen dieses stillen Eilands gekettet. Und welche Herrschaft! Das absoluteste car tel est notre plaisir, hier hat es seine Stätte.

Aber wer ist Frau Friedrich? In Potsdam kennt sie jeder; jeder hat ihr gehuldigt, jeder, wenn er auf der Insel landete, hat ihr einen allerfreundlichsten Guten Tag geboten und nach ihren Mienen gesehen, um zu wissen, ob gutes oder schlechtes Wetter sei. Das Schicksal ganzer Landpartien hing an dem Zwinkern dieser Augen; ein heitres Blinzeln bedeutete den besten Kaffee, eine einzige Krähenpfote strich einen Nachmittag aus dem Leben harmloser Mitmenschen und warf sie der Enttäuschung, unter Umständen dem Hunger in die Arme. Frau Friedrich war eine Macht. Sie ist es noch. Aber noch einmal, wer *ist* Frau Friedrich?

Sie ist die Frau des gleichnamigen Maschinenmeisters. In einem früheren Abschnitt dieses Pfaueninselkapitels haben wir erzählt, daß um 1822 ein Wasserwerk angelegt wurde, das zunächst ein großes Reservoir speisend, mit Hilfe dieses die Aufgabe hatte, die sandigen Stellen der Insel zu bewässern und fruchtbar zu machen. Dieses Wasserwerk nun bedurfte einer Maschine und die Maschine wiederum eines Maschinenmeisters, wozu ein junger Straßburger Mechaniker, ein Tüftelgenie, einer aus der großen Familie der perpetuum-mobile-Erfinder, ausersehen wurde. Er hieß Friedrich und bekleidete bis zu seiner Ernennung zum Pfaueninsel-Maschinenmeister das Amt eines Maschinisten und Versenkungskünstlers am Königstädtischen Theater. Wie er zu diesem Amt gekommen, was ihn überhaupt an Spree und Havel gekettet und seinem »o Straßburg« ungetreu gemacht hatte, darüber sind nur noch

Vermutungen gestattet, die aber schwerlich weit vom Ziele treffen, wenn sie die Lösung des Rätsels in einer quicken, von Lenzen oder Havelberg nach Berlin verzogenen Priegnitzerin suchen, die schon damals die wenigstens partielle Eroberung des Elsaß anstrebte. Und, wie sich von selbst versteht, mit Erfolg. Die märkischen Mädchen setzen durch, was sie wollen, und halten fest, was sie haben. Zumal die Fremden erliegen ihrer Zauberkunst. Los ist noch keiner gekommen. Ein neues Kapitel für die Dämonologie.

Wenn es nun je einen Elsässer gab, der einer Priegnitzerin von allem Anbeginn an rettungslos verfallen war, so war es unser Freund Friedrich; in kürzester Frist waren die bindenden Worte gesprochen, die Ringe getauscht, und nachdem er noch eine kurze Zeitlang am Königstädtischen Theater gedonnert und geblitzt hatte, intervenierte plötzlich die mehr erwähnte Dampfmaschine und hob eines Tages nicht nur sechstausend Tonnen Wasser in das Reservoir hinein, sondern auch noch unsern Theatermaschinisten samt Frau in das Maschinenmeisterhaus auf der Pfaueninsel. Da setzte sie beide nieder und da sitzen sie noch. Da sitzen sie in einem gelben Hause, am Hügelabhang, unter Pfeifenkraut und Geißblattlauben, da sitzen sie seit nahezu fünfzig Jahren, erst mit Kindern, dann mit Enkeln, zuletzt mit Urenkeln gesegnet, und wiewohl als echte Inselbewohner unbekümmert um die Vorgänge des Kontinents, haben sie doch die Potentaten des Festlandes, die großen und die kleinen, ihrerseits empfangen und in langer Reihe an ihrem Hause und ihrer Gartenbank vorüberziehen sehn. Gute, glückliche Leute, loyal und frei. Da liegt's. Auf einer ganz eminenten Freiheit, die sich sonderbarerweise auf dem Beschränkungsparagraphen: »Wirts- und Kaffeehäuser sind unzulässig an dieser Stelle« aufbaute, gründete Frau Friedrich ihre Pfaueninselherrschaft. Alles, was hier landete, wenn es seinen Schloßgang hinter sich hatte, hatte das dem norddeutschen Menschen tief innewohnende Bedürfnis des Nachmittagskaffee, und da kein Platz da war, wo dies Bedürfnis regelrecht, nach den alten Traditionen von Angebot und Nachfrage befriedigt werden konnte, so blieb den Durstigen nichts übrig, als um Dinge zu bitten, die nun mal nach Lage der Sache nicht befohlen werden konnten. So wurde das Maschinenmeisterhaus ein Kaffeehaus von Frau Friedrichs Gnaden und aus dieser eigentümlichen Machtstellung entwickelte sich schließlich jener Absolutismus, der wohl gelegentlich, wie alle unumschränkte Herrschergewalt, ein wenig bedrücklich gefunden worden ist. Um keinen Louis-Quatorze ist fünfzig Jahre lang so andauernd geworben worden, wie um diesen l'état c'est moi. Die weibliche Trägerin dieses Satzes verkaufte nicht, sie spendete nur. Ein kleinster Verstoß, ein zu sicheres Auftreten, eine zu früh gezeigte Börse, eine Krawatte, deren Farbe mißfiel, und — die Gnade konnte entzogen werden. Man trank hier seinen Kaffee immer mit Augen links, immer lächelnd, immer die Hand am Hut und vielleicht schmeckte er nur deshalb so vorzüglich, weil er wirklich teuer erkauft und errungen war.

Dies alles traf nun aber bloß den Namenlosen, den Unbekannten, der führerlos an diese Küste verschlagen, des Vorzugs entbehren mußte, der Frau Friedrich vorgestellt, oder irgendwie empfohlen zu sein. Über alle diese Hazardeurs brach es gelegentlich herein. Die Kugel rollte, rot oder schwarz, und wer wollte sagen, wohin sie fiel. Aber die Billigkeit erzwingt doch gleicherzeit das Anerkenntnis, daß das Gesetz des Introduziertseins nicht mit Strenge gehandhabt wurde und daß im großen und ganzen jeder ein Empfohlener war, der sich — nach den Traditionen des alten Preußens — durch Epaulette oder Orden beglaubigen konnte. Waren es nun gar Personen, die dem Königshause »verwandt oder zugetan« waren, so brach die Loyalität in hellen Flammen siegreich durch. Die Liebenswürdigkeit der Frau Friedrich wetteiferte an solchem Tage mit ihrer Kochkunst, und ihr märkisch-schlagfertiger Witz tat das Weitere, um das Maschinenmeisterhaus bei den hohen Besuchern in gutem Andenken zu erhalten. Traditionell pflanzte sich alsbald die Sitte fort, diesem Andenken einen ganz bestimmten Ausdruck zu leihen: ein Milch- oder Sahnentopf wurde »zur Erinnerung an eine froh verlebte Kaffeestunde« bei Frau Friedrich abgegeben. Daraus entstand denn im Laufe eines Menschenalters ein Porzellankabinett, wie es die Welt wohl nicht zum zweiten Male gesehen hat, eine Topfkollektion, neben der die berühmtesten Pfeifensammlungen verschwinden. Das Aufstellungslokal war und ist natürlich die in ihrer Sauberkeit ein Schmuckkästchen bildende Küche, und allen Borden und Realen hin, in Schränken und Ständern, als Garnierung von Wand und Rauchfang, hängen an Nägeln und Häkchen an zweihundert

Töpfe und Töpfchen. Alle ein Souvenir. Jede Form und Farbe, jedes denkbare Material, jede Art der Verzierung ist vertreten. Endlos wechseln weiß und blau, und grün und gold; Glas, Biskuit, Chausseestaub gesellen sich dem Gros des eigentlichen Porzellans, das wiederum seinerseits zwischen China und Frankreich, zwischen Meißen und Sèvres hin- und herschwankt. Hautrelief und Basrelief, bemalt und gekratzt, so präsentieren sich die Ornamente. Zahlreich sind die Porträts, noch zahlreicher die Schlösser vertreten, und zwischen Prinzen und Prinzessinnen, zwischen Marmor- und Neuem Palais, erscheinen Vater Wrangel und Minister von der Heydt; der letztere sogar in Begleitung eines Pfauenpaares. Schon in den fünfziger Jahren war die Zahl der Bildnisse so groß, daß König Friedrich Wilhelm IV., als er in neckischem Geplauder um einen Porträtkopf gebeten wurde, replizieren konnte: »Sie haben hier meine Minister und Generale aufgehängt, nun soll mir dasselbe passieren. Ich werde mich hüten.« Aber die Ablehnung selbst involvierte bereits eine anderweite Zusage und zwei Tage später hatten zwei Souvenirs von Sanssouci die Sammlung vermehrt.

Diese Küche, wie wir nur wiederholen können, ist einzig in ihrer Art, und es verlohnt sich eine Viertelstunde lang in dieser eigentümlichsten aller barocken Porträtgalerien zu verweilen.

Aber so unterhaltlich ein Aufenthalt an dieser Stelle ist, zumal wenn Frau Friedrich sich herabläßt, einiges aus der Fülle ihres Erinnerungs- und Anekdotenschatzes auszustreuen und die ganze Stätte zu beleben, der eigentlichste Zauber dieses glücklichen Fleckchens Erde liegt doch draußen, auf dem schmalen Gartenstreifen zwischen Haus und Fluß. Ulmen und Linden stellen sich zu natürlichen Lauben zusammen und zwischen Apfelbäumen und Blumenbeeten hin führt ein schmaler Gang zu einer weinumlaubten Wassertreppe. Hier sitzt man, während der Wind über die Levkojenbeete fährt, und genießt die Stunde des Sonnenunterganges, dessen reflektiertes Licht eben jetzt die Spitzen der gegenübergelegenen Kiefern rötet. Das Haveltreiben zieht beinah geräuschlos an uns vorüber; Dampfschiffe, unter glückverheißendem Namen: Fortuna und Viktoria, schießen auf und ab; Segelschiffe, schwer und langsam, dazwischen. Und nun Gondeln mit Musik, und drüben schweigend der Wald, aus dem die Hirsche treten.

Der Abend kommt, die Nebel steigen, die Kühle mahnt zur Rückfahrt und unser Boot schiebt sich durch das Rohr hin und in die freie Wasserfläche hinaus. Hinter uns, die verschleierte Mondsichel über den Bäumen, versinkt das Eiland. Mehr eine Feen- als eine Pfaueninsel jetzt!

GROSS-GLIENICKE

In dunkler Gruft
Das Gebein;
In Licht und Luft
Der aufgerichtete Marmelstein.
Was ungemessen
Vielleicht gestrebt,
Es ist vergessen, —
Nur das Bild noch lebt.

Die Havelufer links und rechts des Flusses weisen strichweise einen guten Lehmboden (im Wendischen: Glin, der Lehm) auf, weshalb wir in allen hier in Betracht kommenden Landesteilen, also in Havelland, Zauche, Teltow, vielfach den Ortsbezeichnungen: Glien, Glindow, Glienicke begegnen. In unmittelbarer Nähe von Potsdam, zu Füßen von Babelsberg, liegt Klein-Glienicke mit seinen Schlössern und seiner Brücke; weiter nördlich, halben Wegs zwischen Potsdam und Spandau, treffen wir Groß-Glienicke, Rittergut, Filiale von Kladow, zweihundertneunundsiebzig Einwohner. Darunter, wie die Nachschlagebücher gewissenhaft bemerken, zwei Katholiken. Diese werden es schwer haben, sich paritätisch zu behaupten.

Groß-Glienicke wird 1300 zuerst genannt. Um die Mitte des fünfzehnten Jahrhunderts finden wir die Bammes hier, eine alte, westhavelländische Familie. In Groß-Glienicke saßen sie nicht allzulange. Schon 1572 erscheinen die Ribbecks, zuerst Oberhofmeister Jürgen von Ribbeck; dann folgen zweihundert Jahre später die Winnings. Jetzt gehört das Gut der Familie Berger.

Es soll hier manches erlebt worden sein, namentlich unter den Winnings. Die Kirche aber erzählt nur von den Ribbecks.

Beim Eintreten in dieselbe überrascht die verhältnismäßig große Zahl von Bildwerken, namentlich in Stein.

An der Wand uns gegenüber bemerken wir, dicht nebeneinander, die Epitaphien zweier Hans Georg von Ribbeck, Vater und Sohn. Der Vater, noch der Schwedenzeit angehörig, der Sohn aus der höfischen, französierten Zeit Friedrichs I. Eben diesen Unterschied zeigen auch die hautreliefartigen Steinbilder. Der ältere Hans Georg, in Brustharnisch und Beinschienen, wie ein Derfflingerscher Reiterführer; der jüngere in einem Roquelaure mit mächtigen Aufschlägen und Seitentaschen, auf dem Haupt eine ziemlich seltsame Kappe, fast in Form einer Bischofsmütze. Das Ganze in einem bestimmten, künstlich gegebenen Farbenton: die Kappe rot gemalt. Dieser jüngere Hans Georg war ein brandenburgischer Domherr, vielleicht auch — wenn ich das Bild richtig interpretiere — ein Mann der Wissenschaft. Er tritt, einen Vorhang zurückschlagend, aus diesem hervor und legt seine Rechte auf einen Schädel. Das Ganze eine vortreffliche Arbeit, und in Auffassung wie technischer Durchführung an das berühmte Sparrdenkmal in unsrer Berliner Marienkirche erinnernd.

Beide Hans Georg von Ribbeck finden wir auch in der Gruft der Kirche wieder. Wie sie im Schiff, in bildlicher Darstellung, nebeneinander stehen, so liegen sie hier nebeneinander. Wohlerhalten. Denn die Groß-Glienicker Gruft gehört zu den vielen in der Mark, in denen die beigesetzten Leichen zu Mumien werden. Wir steigen hinab. Der Sargdeckel des zuvorderst stehenden Hans Georg (des Domherrn) ließ sich ohne Mühe aufheben. Da lag er, in Roquelaure und roter Samtkappe, in allem Äußerlichen von beinahe gespenstischer Ähnlichkeit mit dem Hautreliefbilde, das ich eben im Schiff der Kirche gesehen hatte. Ganz ersichtlich hat man, bei einer erst kürzlich stattgehabten Übermalung, die Gruft zu Rate gezogen und das Mumienbild, wenn dieser Ausdruck gestattet ist, bei Restaurierung des Steinbildes benutzt.

Kirche und Gruft enthalten übrigens der Epitaphien und Särge mehr, beispielsweise einer Frau von Ribbeck, geb. Brand von Lindau, einer Frau von Lattorff, geb. von Grävenitz, die alle dem vorigen Jahrhundert angehören, aber weder künstlerisch noch historisch eine besondere Aufmerksamkeit verdienen.

Ein Interesse erweckt nur noch das Altarbild, richtiger die Predella desselben, die, wie so oft, ein Abendmahl darstellt. Christus in der Mitte, Johannes neben ihm; neben diesem aber, statt des Petrus, der Große Kurfürst. Er trägt Allongenperücke, dunkles, enganschließendes Samtkleid, Spitzenmanschetten und Feldbinde. Die wunderlichste Art von Huldigung, die mir der Art vorgekommen ist. Was wollen die anbetenden Donatoren auf den Madonnenbildern des Mittelalters daneben sagen! Sie knien doch immer zu Füßen der Madonna, oder verdrängen wenigstens niemand; hier aber wird Petrus, wie eine Schildwacht, einfach abgelöst, und der Große Kurfürst zieht statt seiner auf.

FAHRLAND

Oh, wie warst du so schön, wenn die Fliegen der Stub' im September
Starben, und rot die Ebreschen am Hause des Jägers sich färbten;
Wenn die Reiher zur Flucht, im einsam schwirrenden Seerohr,
Ahnend den Sturm, sich versammelten.

Aus Schmidt von Werneuchens: Fahrland

Von Potsdam bis Fahrland ist eine gute Meile. Der Weg läuft in gerader Linie nordwärts und wendet sich erst ganz zuletzt gegen Westen. Die erste halbe Meile, wenn man nicht das Glück hat, auf dem links hin sich dehnenden Exerzierfelde die Potsdamer Garden in Übung zu sehen, ist interesselos; in Höhe des Dorfes Nedlitz aber ändert sich die Szene und wir treten, auf eine ganze Strecke hin, in ein durch Landschaft und Geschichte gleich bemerkenswertes Terrain ein. Nur schade, daß die Geschichte an der Grenze sagenhafter Vorzeit liegt und nur Vermutungen gestattet.

Die Nedlitzer Fähre

In Höhe von Nedlitz geben sich an einer Schmalung drei Seen ein Rendezvous; die Krampnitz, der Fahrlandsche- und der Jungfernsee treffen an einer Schmalung zusammen und ein viaduktartiger Bau, mit Brückentoren und Brückenhaus, führt von einem Ufer zum andern.

Ein so stattliches Bild präsentierte sich hier nicht immer. Dies war vordem die bescheidene Wirkungsstätte der Nedlitzer Fähre. Jahrhundertelang fuhr hier ein schlichter Kahn über die Schmalung, erst von Vater und Sohn, dann vom Enkel und zuletzt vom Ur-Urenkel geführt. Immer desselben Namens. Die Nedlitzer Fährstelle war eine Erbstelle geworden. Schon im vorigen Säkulo war die Familie so angesehen, daß sich ihre Töchter nach Sanssouci hin mit Hofgärtnern und Hofbauräten vermählten. Die Fähr-Müllers von Nedlitz waren reiche Leute; in Bornstädt hatten sie ein Erbbegräbnis, das größte, was der Kirchhof bis diese Stunde noch aufzuweisen hat.

Die Fähre ist nicht mehr. An ihre Stelle ist die imposante Bogenbrücke getreten; aber noch im Ausscheiden aus ihrer alten dynastischen Herrlichkeit hielt das Glück bei den Müllers aus. Die Ablösungssumme entsprach nicht nur der Fähreinnahme, die sie aufgaben, sondern vielmehr noch der historischen Macht, die sie niederlegten. An das Haus Müller kamen liegende Gründe, Geld, zuletzt auch der Brückenpalast, der auf ihrem alten Territorium, wie als Wahrzeichen ihrer früheren Herrlichkeit, ihnen errichtet worden ist. Selten wohl hat eine Fährstelle im Leben und Sterben so gute Tage gesehen.

Der Königswall

Von der Mitte der Brücke aus hat man ein ansprechendes Bild in die genannten drei Wasserflächen und die zwischenliegende Landschaft hinein.

Nach rechts hin, wo die Krampnitz und der Jungfernsee ein Eck bilden, zieht sich dammartig ein Erdwerk zwischen Wald und Wasser. Dieses Erdwerk ist der Königswall, im Munde des Volks, wie all dergleichen primitive Festungswerke, die Römer- oder Räuber- oder Schwedenschanze geheißen. Ausdrücke, die historisch gar keinen Anhalt geben. Die Bezeichnung »Königswall« ist übrigens kaum besser. Drei Seiten der Umwallung, welche sich zwanzig Fuß vom Boden erheben, sind mit geräumigen Eingängen versehen, von denen zwei dem Wasser, der dritte dem Lande zugewandt liegen. Die vierte Seite des Walles — wahrscheinlich eine von der Natur gebildete Hügelwand — fällt aus einer Höhe von mindestens fünfzig Fuß steil zum Seeufer ab, und scheint auch darum keinen Zugang zu haben. Die ganze Umwallung, soweit sie künstlich ist, mißt siebenhundert Schritt, und muß viel Hände und viel Zeit erfordert haben. Es ist wohl unzweifelhaft ein alter Kamp, ein wendischer Lager- oder Verteidigungsplatz aus jenem Jahrhundert her, wo sich Christen- und Heidentum hier bekämpften. Die Deutschen hatten das Westhavelland inne; hier in dem Waldterrain des Osthavellandes, auf der »Insel Potsdam«, von allen Seiten her durch Fluß und See und Sumpf geschützt, saßen noch die Wenden. Hier hatten sie ihre letzten Stätten, ihre ausgedehntesten Begräbnisplätze; einzelne Striche sind mit Waffen und Totenurnen wie besäet.

Das Heinenholz und der Kirchberg

Eine kaum minder interessante Wegstrecke bildet das Gehölz, in das die Fahrlander Straße, unmittelbar nach Passierung der Brücke, einmündet. Dies Wäldchen führt den Namen des »Heinenholzes« und aus seiner Mitte hervor steigt der höchste Berg dieser Gegenden, der »Kirchberg«. Es verlohnt sich durchaus, ihn zu besteigen. Seine Höhe ist zweihundertundsiebzig Fuß. Das landschaftliche Bild, das sich von seiner Kuppe aus dem Auge darstellt, ist sehr schön und würde noch schöner sein, wenn nicht die Bäume, die den oberen Abhang umstehen, mit ihren Kronen allmählich über die Kuppe des Berges hinausgewachsen und dadurch einem Umblick hinderlich geworden wären. Wo er sich indessen bietet, ist er von großem Reiz und dem Wald- und Wasserpanorama nah verwandt, das ein Blick von den Müggelbergen gewährt.

Wie der »Königswall« unten, so ist die »Kirchbergskuppe« hier oben ein ergiebiges Feld für die Konjekturalhistorie; wie jener als ein Kamp der Wenden, so wird dieser als eine Opferstätte bezeichnet. Sehr leicht möglich, aber sehr schwer nachweisbar! Was man jetzt noch auf der Kuppe des Kirchberges findet, deutet auf viel spätere Zeiten hin. Man begegnet Feldsteinfundamenten, dazu zerkrümelten Ziegel- und Mörtelresten, die, so gering sie sind, doch keinen Zweifel darüber lassen, daß hier ein Backsteinbau gestanden habe. Auch ist es noch keine dreißig Jahre, daß hier, zehn Fuß hoch, ein Mauerwerk aufragte, das unverkennbar einem christlichen Gotteshause zugehörte. Es befand sich also hier, ganz wie auf dem Kapellenberge bei Blankensee, dessen Bautrümmer überhaupt sehr lehrreich sind, eine jener weit ins Land hinausschauenden, zugleich als Wegweiser dienenden kirchlichen Warten, die symbolisch von allem Umherliegenden Besitz nahmen und der Bevölkerung verkündeten: »So weit diese Kapelle blickt, ist alles dem Christengotte untertan.« So war es unmittelbar nach der Christianisierung. Später wurden

Pilgerstationen und Wallfahrtskapellen daraus, die, in der Spätgotik, die sie unverkennbar zeigen, einer verhältnismäßig neuen Zeit, oft erst, wie die Blankenseer Kapelle, dem Schluß des fünfzehnten Jahrhunderts angehören mögen. Denn die gotische Bauweise hielt sich in der Mark bis in die Mitte des sechzehnten Jahrhunderts hinein.

DORF FAHRLAND, SEIN AMTSHAUS, SEINE KIRCHE UND PFARRE

Drüben Fahrlands Turm, aus dessen Luke
Hörbar kaum die Abendglocke singt!
Sieh die Hirtenfrau, die Napf und Kruke
Ihrem Mann nach jener Hutung bringt;
Sieh den Waldrand, wo trotz härnen Schleifen
Unbesorgt die Sommerdrosseln pfeifen, —
Rings Wacholdersträuche, bunt zerstreut,
Deren Frucht die Julisonne bläut.

Schmidt von Werneuchen

Eine offene Stelle, wo nur Hagebutten und verzwergte wilde Kirschen stehen, gestattet uns auf der sonst in ihrer Aussicht beschränkten Kuppe einen vollen Blick nach Nordwesten zu. Der nächste Punkt ist Fahrland. Wir steigen, um uns den Weg zu kürzen, den steileren Abhang des Berges hinunter und nach zehn Minuten haben wir rechts und links, flach wie die Tenne, die Fahrlander Feldmark. Pappeln und Elsen fassen die zahlreichen Wege ein; Schlickmühlen stehen an den Gräben hin, bereit um die Regenzeit, wenn alle Felder zu Inseln geworden sind, ihre Tätigkeit zu beginnen. Im ganzen eine reizlose Landschaft, gleich arm an charakteristischen wie an Schönheitspunkten.

Nicht viel günstiger wirkt Fahrland selbst. Von dem dichterischen Reiz, mit dem unser märkischer Poet par excellence dasselbe zu umkleiden wußte, ist wenig zu entdecken. Wir passieren es also, um jenseits desselben den »Sipunt« kennenzulernen, der, in einem gleichnamigen Gedichte »Der Sipunt bei Fahrland«, noch über die Dorfesherrlichkeit hinaus, eine poetische Glorifikation gefunden hat. Dieser Schilderung nach mußten wir eine Wolfsschlucht oder irgendeine Lieblingsstätte des wilden Jägers erwarten,* aber eine mit Kropfweiden bepflanzte Niederung, die im Sommer den Charakter einer Wiese, im Herbst und Frühjahr den eines Luches hat, war alles, was sich unsrem Auge bot. Prosaische Tristheit anstelle poetischer Gruslichkeit. Wir wählten deshalb von zwei Übeln das kleinere und kehrten in das Dorf zurück, das immerhin drei bemerkenswerte Stätten hat: das Amtshaus, die Kirche und die Pfarre.

Das Amtshaus, ein relativ moderner Bau, auf dessen Entstehung wir zurückkommen, wirkt so nüchtern wie möglich. Die Stelle, auf der es steht, ist aber alter historischer Boden. Hier ging die Grenzscheide, hier stand das feste Schloß »Vorland«, ein Name, der sich erst um die Mitte des fünfzehnten Jahrhunderts in Fahrland umwandelte.

Um eben diese Zeit, nachdem »Schloß Vorland« bis dahin landesherrliche Vogtei gewesen war, saßen hier die Stechows, die damals in verschiedenen Zweigen blühten und im Havellande reich begütert waren. Sie besaßen zunächst Stechow selbst, dann Satzkorn, Dyrotz, Groß-Glienicke, Heinenholz und Fahrland. Hier in Fahrland hatten sie drei Rittergüter.

Im allgemeinen wird wenig von ihnen gemeldet, doch erfahren wir aus den Kirchenbüchern, daß um die Mitte des sechzehnten Jahrhunderts einer von der Familie lutherischer Prediger zu Fahrland war. Er hieß Hans von Stechow und

---

* Es heißt in dem genannten Gedichte, das allerdings mehr den Charakter einer Romanze als eines Idylls hat, wörtlich:

> Wir sind da! Faßt dich ein süßer Schrecken
> Zwischen diesen Bergen hier von Kalk,
> Wo der Blutfink baut in Kreuzdornhecken,
> In der Eiche Kranz der Lerchenfalk?
> Witterst du der wilden Erdbeer Würze
> Und des wilden Wermuts bittren Duft?
> Mahnt dich an des Herbstes Regenstürze
> Des zerriss'nen Berghangs tiefe Schlucht?

So geht es weiter im Stile von »Spinneweb mit Blut betaut«, ohne daß von Blutfink und Lerchenfalk das geringste zu bemerken wäre. Überhaupt ist es charakteristisch für die ganze Dichtungsweise Schmidts von Werneuchen, daß er sich in allen Gattungen der beschreibenden Poesie der höchsten Korrektheit, die dann sein Stolz war, befleißigt, sofort aber in Unnatur verfällt, wenn er den Boden des äußerlich Gegebenen verläßt und aus sich selbst zu schöpfen beginnt.

starb 1558.* Beinahe hundert Jahre später erfolgte dann ein Rückschlag und wir finden um das Jahr 1646 folgende Aufzeichnung: »Christoph von Stechow bekennt sich zur römisch-katholischen Lehre. Seine Mutter hält noch lutherisch aus. Gott kräftige sie.« Es ist also ersichtlich, daß ein Zweig der Stechows ebenso wie der Rochows und anderer märkischer Familien, während des Dreißigjährigen Krieges wieder katholisch wurde. Es wäre gewiß interessant, zu erforschen, was diese Wandlung herbeiführte. War es einfach ein religiöser Zug, der in der einen Kirche keine Befriedigung fand und sie bei der andern suchte, oder war es deutsch-nationales Gefühl, Hinneigung zum Kaiser und Haß gegen Schweden, dessen bloß ehrgeizige Absichten damals bereits klar zutage lagen?

Die Fahrlander Stechows waren sehr wahrscheinlich noch 1699 katholisch, wenigstens einige von ihnen, wie aus folgendem Schreiben hervorgeht, das 1788 in Fahrland eintraf und den Kirchenakten einverleibt wurde. Das Schreiben lautete: »Herr Christoph von Stechow besaß mit seinem Bruder Johann Wolfgang von Stechow, Domherrn und nachherigem Domdechant zu Halberstadt, das Lehngut Fahrland in der Mittelmark, und verkaufte solches für fünfzigtausend Taler an den damaligen Kurfürsten zu Brandenburg, nachherigen König von Preußen Friedrich I. Anno 1699. Herr Christoph von Stechow zog darauf nach Schlesien, kaufte daselbst Güter und ward vom Kaiser Leopold nebst seiner männlichen und weiblichen Descendenz in den alten Freiherrnstand des Königreichs Böhmen erhoben. Seine Gemahlin war Thekla Margaretha von Mönster, mit welcher er in Fahrland zwei Kinder erzeugt hat: Maria Josepha von Stechow, welche 1690, und Franz Wolfgang von Stechow, welcher 1694 geboren wurde.

---

* Eine spätere Notiz des Kirchenbuchs ist nicht gut auf diesen Hans von Stechow, der der erste lutherische Prediger in Fahrland war, zu sprechen. Es wird darin gleichsam Protest gegen die Ernennung von Junkern zu Pfarrherren eingelegt, wenn die betreffende Pfarre auf dem Grund und Boden derselben adligen Familie, der der Junker angehört, gelegen ist. Die Notiz lautet kurz und barsch: »War Hans von Stechow des Gutsherrn Vetter oder Sohn? etwa Cadet des Hauses? warum ward die Einrichtung des Dorfes und der Pfarre damals nicht besser gemacht? etwa darum, weil der Junker seinen Auszug aus dem Gute bekam und also doch leben konnte. Das wäre nichts, wenn nur die gnädigen Junker gnädigst geruhen würden, Landprediger zu werden! Kurz, wir freuen uns unseres Ahnherrn nicht, da er die zukünftigen Zeiten nicht besser beherziget hat. Aus der Hölle ist keine Erlösung. Und der Schlendrian herrscht nirgends ärger als im heiligen statu ecclesiastico.«

Da diese Kinder in Fahrland das Licht der Welt erblickten und vermutlich in der dortigen Kirche getauft wurden, so wird um deren Taufschein ergebenst gebeten.« (Diesem Wunsche konnte willfahrt werden. Man fand beide Kinder im alten Kirchenbuch verzeichnet und ihre Taufscheine wurden ausgestellt.)

Von 1699 ab war Fahrland kurfürstlich bzw. königlich. Kurfürst Friedrich III. ließ das alte Schloß abtragen und dafür »ein neues Schloß oder Lusthaus von zwei Etagen mit sieben Logamenten«, welches zugleich als Amtshaus dienen sollte, erbauen. Bei Herstellung desselben wurde die alte Kirche auf dem Kirchberg als Steinbruch benutzt und die schönen Gewölbe und Spitzbogen fielen, um als »Amtshaus im Kasernenstil« wieder aufzustehn.

Die Kirche in Fahrland wirkt nicht besser. Sie präsentiert sich als schmuckloser Bau, in dem direkte Überreste alter Gotik so geschickt bekalkt und bemörtelt sind, daß nichts übriggeblieben ist als Wand und Fenster und der Unterbau eines Turms. Auch das Innere wirkt nüchtern. Aber der Kirchhof ist nicht ohne Interesse, besonders an der schattigen Stelle, wo er seinen Rasen in einen durch Kirche und Sakristei gebildeten Winkel einschiebt. Hier wurden die Geistlichen bestattet; die Grabsteine erzählen davon. In Dörfern, in denen die adligen Geschlechter wegsterben, treten die Pfarrherren in gewissem Sinne an die Stelle derselben; sie werden die Herren, jedenfalls die Repräsentanten des Dorfs, alle entsprechenden Ehren fallen ihnen zu und ihre Grabsteine fangen an, die bevorzugten Stellen innerhalb und außerhalb der Kirche einzunehmen. So auch hier.

Das Pfarrhaus. Einer der Grabsteine, hochaufgemauert, gönnt, wie ein kleines Kastell, einen Überblick und zwischen schrägstehenden, dickstämmigen Maulbeerbäumen hindurch, über die alte Kirchhofsmauer hinweg, trifft unser Auge auf das still und abgelegen daliegende Predigerhaus. Ein märkisches Haus, so einfach wie möglich, einstöckig, zwei mächtige Linden vor der Tür, die Front des Hauses von wildem Wein umrankt; die Fensterpfeiler so schmal, daß das Ganze wie ein Glashaus aussieht, oder wie die Predigerhäuser auf alten holländischen Bildern. Über der Tür ein kurzes: Friede sei mit euch.

Wir treten ein. Es ist ein historisches Haus. An eben dieser

Stelle, wenn auch nicht unter diesem Dach, wurde Schmidt von Werneuchen geboren. Es entspricht in nichts dem reizenden Bilde, das unser viel und gern zitierter Freund in seinem besten Gedichte (»Fahrland«) von dem zu seiner Zeit hier stehenden Predigerhause entworfen hat:

Ha! ich kenne dich noch, als hätt' ich dich gestern verlassen,
Kenne das hangende Pfarrhaus noch mit verwittertem Rohrdach,
Kenne die Balken des Giebels, wo längst der Regen den Kalk schon
Losgewaschen, die Tür mit großen Nägeln beschlagen.
Kenne das Gärtchen vorn mit dem spitzen Staket, und die Laube
Schräg mit Latten benagelt, und rings vom Samen der dicken
Ulme des Nachbars umstreut, den gierig die Hühner sich pickten.

Von all dem ist nichts mehr wahrzunehmen, das Haus ist hinüber wie die Menschen, die damals ihre Stätte in ihm hatten. Selbst die vorerwähnten Grabsteine, drüben zwischen Kirche und Sakristei, gehören einer anderen Epoche an, und nur einer ist da, der an jene Schmidtschen Tage mahnt. Er ist in die Kirchenwand eingelassen und seine Inschrift lautet: »Vor diesem Stein ruht Mutter und Kind. Jene war die wohlgeborene und tugendbegabte Frau, Frau Sophie Schmidtin, älteste Tochter des Königlich Preußischen Stallmeisters in Potsdam Herrn Ludwig Samson. Sie war geboren den 25. Februar 1724, ward verheiratet an Herrn Bernhard Daniel Schmidt, Prediger in dieser Gemeinde, den 13. Juli 1751 und starb den 7. Juli 1752, nachdem sie drei Tage vorher von einem toten Söhnlein entbunden worden, das ihr zur linken Seite liegt.»

Der Grabstein Bernhard Daniel Schmidts selbst fehlt, ebenso der seiner zweiten Frau, der Mutter unseres »Schmidt von Werneuchen«.

Aber während sie an dieser Stelle vergessen scheinen, leben sie doch recht eigentlich hier, und zwar mit Hilfe eines jeweilig geführten »Tagebuches«, das seit etwa hundert Jahren einen Schatz der Fahrlander Pfarre bildet. Wie zerstreute Blätter eines Romans einen Lebenslauf vor uns auftun, vielfach lückenhaft zwar, aber doch auch wieder vollständig genug, um die Personen in aller Anschaulichkeit vor uns schreiten zu sehen, so auch die Blätter dieses Tagebuches, das den Namen führt: »Die Fahrlander Chronik«.

Von diesem Tagebuch, das uns vielfach auch von der Familie Schmidt unterhält, in dem folgenden Kapitel.

Und eintrug er, was geschah,
In sein »Buch der Chronika«.

In der Pfarre zu Fahrland befindet sich ein Schatz: die Fahrlander Chronik. Auf unsern vielen Hin- und Herzügen in der Mark sind wir keinen handschriftlichen Aufzeichnungen begegnet, selbst die Kirchenbuchnotizen aus der Schwedenzeit nicht ausgenommen, die an Interesse dieser »Fahrlander Chronik« gleichkämen. Sie bildet einen starken Quartband, hat festes Papier und einen blaugemaserten Deckel, und führt die Aufschrift: »Die Pfarre Fahrland; Nachrichten und Tagebuch seit 1774.« Diese Aufschrift ist aber halb verwischt und man findet in dicken Buchstaben darüber geschrieben: »Fahrland; Chronik des Pastor Moritz.« Man nennt es gemeinhin: Die Fahrlander Chronik. Vor kurzem hat man dem Buche einen neuen Rücken gegeben und diese Rückseite mit drei Streifen Goldpapier ornamentiert, was sehr sonderbar aussieht.

Der Verfasser dieser Chronik, wie die vorstehenden Zeilen bereits andeuteten, ist Pastor Moritz. Er begann seine Arbeit 1787 und führte sie fort bis 1794. Gleich auf dem ersten Blatte begegnen wir, nach Art einer Vorrede, Folgendem:

Es ist kläglich, wenn man eine Pfarre bezieht und findet nicht einen geschriebenen Bogen von Nachricht. So ging es mir in Geltow. In Fahrland fand ich einige Blätter, aber von dem Orte und der Pfarre enthalten sie nichts. Überdies gehen einige Bogen leicht verloren, sonderlich im Vakanzjahr und beim Abzug. Die geistlichen Frauen verstehens nicht. Der Bogen wird als Makulatur verbraucht.

So ließ ich denn dies Buch binden und heute den 1. August 1787 schreibe ich dieses. Ich bezeuge hiermit vor dem Allwissenden, daß ich nur Wahrheit schreiben will, es betreffe meine Zeit, oder es betreffe die alten einzelnen Papiere.

Moritz.

Nun beginnt er.

Sich in seinen Aufzeichnungen zurechtzufinden, ist nicht leicht, da er Zurückliegendes und Gegenwärtiges, Biographisches und Kritisch-Betrachtendes, Allgemeines und Persönliches, Kirchliches und Wissenschaftliches, Fahrlander Vorkommnisse und Vorkommnisse in den Filialen, oft ohne

Scheidung und Übergänge, hintereinander fort folgen läßt. Liest man aber liebevoll und wiederholentlich, so klärt sich zuletzt das Bild, die ganze Gegend: Fahrland und Satzkorn, Sakrow und Marquardt, Ütz und Döberitz, die Gutsherrschaften und Amtmänner, die Pastoren und Küster, die Beziehungen zu Potsdam und Sanssouci, — alles tritt einem entgegen, und es wird einem zu einer eigentümlichen Freude, die Zeit, die doch beinahe hundert Jahre zurückliegt, so bis in die kleinsten Züge hinein, aus dem Grabe steigen zu sehen. Neben dem Inhaltlichen ist die »Chronik« auch sprachlich interessant. Es kommen Wendungen darin vor, die man für ganz modern halten möchte, beispielsweise wie »legère« oder »fidèle« oder »Schmu machen«. Dann wieder heißt es: »Der Graf hatte viel nach mich gefragt« und gleich darauf: »nach mich hatte er nicht gefragt«. Dies ist aber nicht als ein Zeichen mangelnder Bildung zu nehmen; Pastor Moritz war sehr gescheit, ein Gelehrter, ohne Pedant zu sein.

Über den Gang seines Lebens wird seine Autobiographie, die wir ebenfalls der »Chronik« entnehmen, Auskunft geben. Hier nur einige Vorbemerkungen.

1774 erhielt er die Pfarre. Das Jahr vorher war Pastor Schmidt, sein Amtsvorgänger, gestorben. Er traf die Witwe (die Mutter Schmidts von Werneuchen) noch im Pfarrhause an. Es war eine hübsche Frau, in der Mitte der Dreißiger, mit viel Familienanhang und Freundschaft. Diese ganze »Schmidtsche Koterie« hatte Pastor Moritz, den man einfach als einen »armen Teufel« und zugleich als einen bloßen Eindringling ansah, von Anfang an gegen sich. Die Koterie hoffte ihn stürzen zu können. Man hatte sich aber sehr in ihm verrechnet. Er war sittenstreng, tapfer, gescheit, voll moralischer Kraft und Energie; so focht er denn seine Kämpfe siegreich durch, behauptete sich gegen immer neue Kabalen, die von Amtmanns- und Pastorenfrauen (alles war versippt und verschwägert) gegen ihn ins Werk gesetzt wurden, aber er mußte seinen Sieg mit dem Frieden seines Lebens bezahlen. Er kam aus der Mißstimmung nicht heraus.

Ein Teil der Schuld lag bei ihm. Er war eine herbe Natur; sein Auftreten konnte nicht versöhnen. Er hatte nichts Verbindliches, er machte keine Konzessionen, er akkomodierte sich in nichts. Er focht gegen den Teufels- und Gespensterglauben, den sich die Fahrlander nicht nehmen lassen wollten, mit Heftigkeit, er drang ihnen das neue Gesangbuch auf im Gefühl seines auf die Matrikel gestützten Rechts einerseits und seiner geistigen und sittlichen Überlegenheit andrerseits, ja, ließ es sie wohl gelegentlich auch fühlen, daß er sie für »dumme Kerle« halte. Er mochte recht haben. Ein eigentlich geistiger Hochmut tritt einem nirgends entgegen.

Man war ihm nie zu Willen, man gab dem Küster reichlich und entzog ihm ebenso viel als man jenem bewilligte; man besserte nichts aus; er mußte schwitzen und frieren; schließlich entdeckte er auch, wie mächtig die Hintertreppeneinflüsse waren, bis hoch hinauf.

Sein besonderes Unglück war, daß er einen splendiden, gut situierten, die Dinge leichtnehmenden Vorgänger gehabt hatte, der fünf gerade sein ließ und auf den nun beständig hingewiesen wurde. Dies tat vor allem der Küster, der — als ein Überbleibsel aus der »Schmidtschen goldenen Zeit« — von der Gemeinde bevorzugt wurde, der eitel, hochmütig war, sich emanzipierte, über Land reiste, wenn er wollte, und Schule hielt, wenn er wollte, der sich impertinent gegen den Pastor stellte, und sich so stellen durfte, weil die Bauern, denen er immer zu Diensten war, ihm den Rücken deckten. Die Tagebuchblätter geben ein »Dorfidyll«, das alles andere eher war als idyllisch.

Eines gewissen sprachlichen Interesses dieser Chronik haben wir schon erwähnt; auch noch ein Wort über die Schreibweise. Sie ist kurz, kernig, von großer Klarheit und Durchsichtigkeit. Wo der Verfasser sich ausführlicher gibt, ist alles in einem brillanten Stil geschrieben, oft fortreißend. Man erkennt leicht die geistig nicht gewöhnlich und nach der Charakterseite hin bedeutend angelegte Natur. Ein Mann überall.

Wir beginnen nun einzelnes aus der Chronik auszuziehen und zu einem Ganzen zusammenzustellen.

BERNHARD DANIEL SCHMIDT,

Pastor zu Fahrland 1751 bis 1774

Bernhard Daniel Schmidt war der Vater unsres »Schmidt von Werneuchen«. Tragen wir ihm schon um deswillen ein gewisses Interesse entgegen, so wächst dasselbe unter dem Eindruck jener Aufzeichnungen, die wir von Pastor Moritz', seines Nachfolgers Hand in der Chronik finden. Pastor Moritz war ihm nicht hold, konnte ihm nicht hold sein, da er unter der »legèren Praxis« seines Amtsvorgängers zu leiden hatte, dennoch tritt einem in diesem letzteren eine unverkennbar liebenswürdige Persönlichkeit entgegen. Wir geben nun die einzelnen Sätze, wie sie sich zerstreut in der Chronik finden.

»Bernhard Daniel Schmidt, bis dahin Feldprediger beim Cadettenkorps, bekam die Pfarre durch Cabinetsordre und trat sie 1751 an, am 6. Februar.«

»Er vermählte sich am 13. Juli ebengenannten Jahres (1751) mit Sophie Samson, ältesten Tochter des Stallmeisters Samson zu Potsdam. Sie starb am 7. Juli 1752.«

»Anfang der sechziger Jahre verheiratete sich Prediger Schmidt zum zweiten Male. Er hatte Vermögen mit der Frau und liebte Windmacherei.«

»Prediger Schmidt hat die Pfarre um mehrere ihrer Einnahmen gebracht. Er nahm alles leicht. Die Tonne Most erhalte ich noch immer nicht, trotzdem sie in der Matrikel steht. Er hat's einschlafen lassen, wie manches andre. Wenn *ihm* diese Einnahme nichts war, durfte er annehmen, daß sie seinem Nachfolger auch nichts sein würde? Was fürchtete er? Er stand ja bei allen Herren der Kammer und der Forst in ausnehmendem Credit! Jene gaben ihm eine Woorte, diese gaben ihm die Planken dazu, und das alles, weil er ein so einnehmender Herr war, der ihre ganze Gesellschaft immer zu lachen machte. — Nun ist es zu spät. Bei meinem Anzuge wußte ich von diesen Dingen nichts. Die ›vornehme Frau‹ verschmähte es, mit mir darüber zu reden.«

»Gleich bei seinem Amtsantritt sagte Pastor Schmidt: Von Ostern bis Johanni wird täglich, aber nur vormittags Schule gehalten; von Johanni bis Michaeli nur zweimal in der Woche.«

»Herr Schmidt stand gut zu seinem Küster. Als ihm dieser Anzeige machte, daß er am andern Tage verreisen wolle, antwortete jener: warum sagt Er mir das? hab ich Ihm denn schon gesagt, wohin ich morgen verreisen will?«

»Prediger Schmidt hatte die Pforte machen lassen. Er pflegte durch dieselbe nach seiner Plantation oder Woorte zu gehn, in kurzem Schlafrock, à la main die Flinte.«

»Pastor Schmidt liebte Wortspiele nicht nur in seinen Predigten, sondern auch bei sonstigen Vorfällen. Bei der Leichenrede von einem Weinmeister sprach er vom Weinberge und beim Tode eines Leinwebers mußte aus Hiob die Weberspule herhalten.«

»Bei Pastor Schmidt war alles flott und kurz angebunden. Sein eigner Küster sagte: Und wenn ich an einem Tage an drei Orte kam, so fand ich meinen Pastor auch da. Er scheute sich nicht vor dem Teufel. Wenn er Beichte hielt, so sagte er: ‚heran ihr Sünder, bekennt und bessert euch' und damit war es aus.«

Hiermit schließen die Aufzeichnungen über Schmidt. Es ist kaum möglich, in zehn, zwölf Sätzen ein vollständiges Charakterbild zu geben: ein Lebemann, Jäger, Anekdotenerzähler, splendid, nie kleinlich, sich und andern es leicht machend, voll Verständnis für die Bauernnatur, derb, humoristisch und deshalb beliebt. Daneben konnte sein ernster Nachfolger nicht bestehen, dessen Leben wir nun, nach seinen eigenen Worten geben.

JOHANN ANDREAS MORITZ,

Pastor zu Fahrland 1774 bis 1794

(Selbstbiographie)

»Ich wurde zu Magdeburg den 27. Mai 1721 geboren. Mein Vater war Bürger und Schneidermeister daselbst. Im sechsten Jahre ward ich eine vaterlose Waise. Bis 1736 war ich ins Gymnasium der Altstadt gegangen und saß in Quarta. Mein Bruder, damals Student in Halle und Mentor des jungen Frilinghausen (er schreibt so; wahrscheinlich Freylinghausen) brachte mich ins Hallische Waisenhaus, wovon Pastor Frilinghausen Condirector war, und zwar unter die Waisenkinder. Es war auf Ostern. Gesund und frisch kam ich nach Halle, bekam aber gleich im ersten Jahre eine Augenentzündung und schleppte mich damit die sechseinhalb Jahre, in welchen ich alle Klassen der lateinischen Schule bis Selecta, worin ich ein Jahr saß, durchlief.

Auf Michaelis 1742 ging ich einundzwanzig Jahr alt auf die Universität zu Halle und, verlassen von allem Beistand, stümperte ich mich zwei Jahre durch. Ich informirte des Tisches wegen auf dem Waisenhause.

1744 ging ich in Condition nach Siegen zu dem Baron von Host, Chefpräsidenten der Grafschaft Siegen und Teklenburg. Sein dritter Sohn war mein Eleve. Der Vater war cholerisch, sehr scharf in der Kinderzucht; die Mutter war das Gegentheil. Sie verzärtelte den Sohn bis zum toll werden. Auch fand ich eine französische Mamsell vor, dies Kreuz aller Hofmeister.

1747 ging ich nach Halle zurück in dem frommen Vorsatz, mich den Anstalten zu widmen. Allein es war alles verändert und nach längerem Aufenthalt in Berlin nahm ich auf Ostern 1749 in Uetz eine Stelle als Hofmeister bei dem Junker von Hacke an. Nach sechseinhalb Jahren brachte ich meinen Eleven aufs Ritterkollegium und war willens, mich abermals nach Berlin zu wenden, als mir die Pfarre zu Geltow durch den Herrn Inspector Lieberkühn angetragen wurde. ›Sie ist freilich schlecht, aber doch besser für Sie, als wieder eine Condition.‹

Auf Michaelis 1756 bezog ich die Pfarre Geltow, verpachtete die Ackerwirthschaft und behielt den Garten und Weinberg zu meiner Beschäftigung. 1759 heiratete ich meine selige Frau, damals Witwe des Bürgermeisters Pauli in Werder, mit welcher ich drei Töchter gezeuget habe.

Als ich auf die Pfarre Geltow examinirt und dort ordiniret wurde, war der Herr von Dankelmann Chef des Consistorii. Als wir, es war außer mir noch ein Examinandus, abtraten, sagte er zu den geistlichen Herren: ›Der Moritz hat gut geantwortet und spricht gut latein.‹ ›Er ist Schulmann‹, erwiderte Rat Hecker, ›schade, daß Geltow eine so schlechte Pfarre ist.‹ —

Mit 1756 begann der lange Krieg und seine sieben Jahre haben mich wie sieben magere Kühe ganz aufgefressen. Ich hatte verpachtet, empfing baar zweihundert Thlr. und der Preis aller Lebensmittel stieg ungeheuer im Preise; ich lebte recht dürftig. Nach Ende des Krieges bat ich das Consistorium um eine bessere Stelle. Ich wurde angewiesen, mich wieder zu melden; aber in dem Winkel Geltow erfuhr ich nichts, oder erfuhr es zu spät.

Erst 1773 ward ich wieder rege. Der Prediger Schmidt in Fahrland war tödtlich krank, die Pfarre in großem Ruf und meine Freunde lagen mich an, noch diesen Versuch zu thun.

Den 2. December 1773 starb Herr Schmidt. Schon am andern Tag bekam ich einen Expressen, schleunig nach Potsdam zu kommen, und schon am 4. December wurde die entsprechende Petition dem Könige vorgelegt und mit den gewöhnlichen Formalitäten bewilligt. Das Consistorium acceptirte die Königliche Ordre ohne Widerrede und der Geheimrath Lamprecht erklärte öffentlich, daß ich die Pfarre verdiene, worauf in der Session vom 9. December die Gastpredigt decretirt und dem Inspector Befehl zugeschickt wurde, dieselbe abzuhalten.

Soweit war alles gut; aber bald darauf veränderte sich mein Horizont; die Menschen verkehrten meine Freude in Traurigkeit.

In Fahrland entstand Unruhe aus Cabale. Die Bauern sagten: ›wie lange werden wir den Mann haben, er ist ja schon alt, er ist ja nicht des Herfahrens werth.‹ — Dies war eigentlich nur der Widerhall der Intrigue, die im Pfarrhause geschmiedet ward und deren Bolzen der Küster Kaplitz verschoß. Woltersdorf, Pastor zu Kartzow und Priort, saß auch in diesem Rath und schickte sich recht gut dazu. Der Plan war, dem Kandidaten Korthym zur Pfarre zu verhelfen, welcher dann aus Dankbarkeit heirathen sollte. Hier war also eine große Klerisei interessirt: erst die Wittwe, dann deren Schwester, die Predigerin in Döbritz, und der Küster, der von meinem Vorgänger zum Cantor präconisirt worden war, indem er nach abgelegter Singeprobe kurzweg zur Gemeinde sagte: ›seht hier Euren Cantor!‹

Küster Kaplitz kam nach Geltow herüber, horchte meinen Küster aus und da er hörte, daß ich die Schule fleißig besuche, fürchtete er sich und dachte mit dem jungen Korthym besser fertig zu werden. Auch meine Armuth ward bei diesen Gesprächen nicht vergessen.

Nach langem Zögern wurde endlich die Gastpredigt auf den 6. Februar 1774 angesetzt. Ich ging nach Worms, wie Luther. Keine lebendige Seele war, der ich mich anvertrauen konnte. Aber so viel achtete ich mich doch, daß ich dem Inspector (Superintendent) dem Günstling des Pfarrhauses, in der Sacristei freimütig heraussagte: ›Wenn die Bauern mich zu pöbelhaft behandeln, so entsage ich der Pfarre und Sie können es auf mein Wort mit ins Protokoll setzen.‹

Die Kirche war außerordentlich voll Menschen, für mich, gegen Geltow gerechnet, etwas Neues. Aber ich redete ohne Stottern und ohne Concept. Ich handelte von der Kraft des göttlichen Worts, zur Besserung und Beruhigung des Menschen. Alle Honoratiores waren mit der Predigt zufrieden; die

Einwürfe der Bauern beschränkten sich darauf: ›ich sei schon alt und man hätte mich hinten bei den Fischern nicht hören können.‹ Das Consistorium erteilte mir nichts destoweniger die Vocation.

Gegen Abend fuhr ich mit dem Herrn Inspector bis an die Nedlitzer Fähre zurück. Merkwürdig war und ist mir noch sein Sentiment über meine Predigt. ›Sie lieben‹, sagte er, ›den dogmatischen Vortrag. Ihr Vorfahr (Pastor Schmidt) redete gern in Gleichnissen und Bildern; er würde das Gleichnis vom Samen durch die ganze Predigt durchgeführt haben.‹ Ich antwortete: ›Nach meinem Begriffe sind die Gleichnisse nur Erläuterung des Lehrsatzes, dieser aber ist die Hauptsache, also auch das Hauptaugenmerk des Lehrers. Er soll unterrichten. Ich liebe den ernsthaften Ton und den moralischen Gehalt. Den Teufel laß ich an seinen Ketten liegen; Rechtschaffenheit des Herzens, Unschuld des Lebens sind meine Hauptsache.‹

Ich erhielt danach meine Vocation.

Im September aber verfiel ich in eine schwere Krankheit, welche mich dem Tode so nahe brachte, daß man mich oft für todt hielt. Zweimal wärend dieser Zeit war meine Pfarre bereits vergeben. Der Grund meiner Krankheit war der große Verdruß, den ich während des Vacanzjahres durch die schwarze Cabale in Fahrland auszustehen hatte. Dann kamen, wenn nicht glückliche, so doch ruhigere Jahre.«

Über diese Jahre hat Pastor Moritz nicht mehr in einer fortlaufenden, geordneten Lebensbeschreibung, sondern in einzelnen tagebuchartigen Notizen berichtet. Einige davon sind sehr charakteristisch; wir geben zwei, drei derselben, die dem Todesjahre des großen Königs (1786) und dem ersten Regierungsjahr Friedrich Wilhelms II. angehören.

1786

Anfang August. Noch nie in meinem ganzen Leben hat jemand meinen Geburtstag gefeiert. Vorgestern feierte der Kammerhusar, Herr Neumann, den Geburtstag seiner Schönen, Mamsell Schultzen, und zwar in Sanssouci, in seinem Zimmer, welches etwa zwanzig Schritt von des Königs Zimmer ab ist. Es war eine Gesellschaft von sechzehn Personen, darunter unser Fahrlander Oberamtmann, und ich höre, daß die prächtige Mahlzeit bis zu dreihundert Thlr. werth gekostet haben soll. Gegessen wurde von silbernen Tellern, begleitet von Confituren und ähnlichen Aufsätzen. Der Vater der Schönen, ein Prediger aus Thüringen, ist dabei gewesen, ein überaus aufgeräumter Mann, der an allen Vergnügungen lauten Anteil nahm und unter anderen auch sein Stammbuch den neuen Freunden und Theilnehmern seines Glücks präsentirte. Einer von den Gästen fängt schließlich zu singen an. »Pst, pst!« fallen mehrere dazwischen, bis ein anderer ruft: »Singt ihr man. Der Alte ist schon zu Bette; er hört es nicht mehr.« Wie schnöde gegen den ablebenden, einst so gefürchteten König! Erst nach zwei Uhr sind sie auseinander gegangen. Sie, die Mamsell Schultzen, ist ein wahres Stück Fleisch und man könnte auf dem Brustwerk Wache stehen! (Neumann wurde bald vergessen. Er kaufte das Haus des von Fouqué in Brandenburg und zog dahin. Die Ehe soll erbärmlich sein, bis zum Scheiden. Neumanns Glück war aus, aber das des Kammerhusaren Schöning stieg, steigt noch unter Belohnung seiner vormaligen geheimen Correspondenz zwischen dem Thron und dessen Erben.)

Nachschrift. Den 16. August ward der König sprachlos und verlor sein Bewußtsein; den 17. in der Nacht vom Mittwoch auf den Donnerstag um zwei Uhr starb er; den 18. ward er beigesetzt.

Der große Mann! immer verehrungswürdig und jeder neue Tag macht ihn verehrungswürdiger und unvergeßlich.

1787

Im März. Aus dem Kirchenbuche geht hervor, daß »Unechte« (Illegitimi) im vorigen Jahrhundert etwas sehr Seltenes waren. Wie sich die Zeiten ändern! Niemanden rührt das mehr, ist alltäglich geworden, und die Prediger dürfen darob nicht murren. Jetzt, 1787, ist Befehl da, es recht laut auf der Kanzel zu sagen, daß keine Frauensperson darob soll getadelt werden. Das war eine der ersten Sorgen Friedrich Wilhelms II. (9. November 1786), daß »gefallene Weibspersonen von allem Schimpf und aller Schande verschont bleiben sollen«.

Am 28. August kam hier eine Escadron Husaren von Goltz, sonst Belling, an. Am 30. früh marschiren sie weiter nach Zachow. Der Stab lag hier, die vier übrigen Escadrons auf den nächsten Dörfern. Der Obrist ist Herr Göcking (seit dieser Regierung von Göcking), Bruder des berühmten Dichters Göcking. Sie marschiren zur Armee nach Westfalen, kommen von Stolpe in Pommern, vierundvierzig Meilen hinter Berlin und treffen erst im October in Westfalen ein.

September 20. Heute sind die Regimenter zum Manöver angekommen. Friedrich der Große hatte immer schön Wetter. Der heutige Anfang ist schlecht.

September 21. bis 25. Heute Abend wurde in Potsdam des Königs Geburtstag gefeiert. Das 1. Bataillon Garde führte eine Comödie auf. Zur Illumination hat die ganze Garnison beigetragen, jeder Stabsoffizier zwei Louisd'or. Das Fräulein von Voß, welches jetzt, nach Entfernung der Encken (Gräfin Lichtenau) das Haus des Mylord Mareschal bewohnt, hat dasselbe auch prächtig illuminirt gehabt.

Weihnachten 1787

»Dreizehn Jahre stehe ich nun hier im Amt. Mein Gott! Du zeichnetest mir eine rauhe Bahn meines Lebens, gabst mir eine ängstliche Seele, mittelmäßig Brot, verwöhnte Zuhörer, keinen Gönner, starkes Gefühl der Sittlichkeit, unverletzbare Ehrlichkeit, strengen Ton im Vortrag, keinen lauten Beifall. Und doch mein Vater diente ich treu, meinte es mit jedermann gut. Doch ich stehe ja noch da, thätig, anständig gekleidet, hinlänglich satt, ohne Schulden, Vater dreier Töchter, deren ich mich nicht schämen darf und keiner kann etwas lästern als: Du bist ein Samariter und hast den Teufel. Gelobt sei Gott: Hosianna dem Sohne Davids, mit ihm stehe ich, mit ihm falle ich. Und nun nur eine Bitte noch: für mich — verlaß mich nicht im Alter; für die meinigen — leite sie nach deinem Rath und nimm sie endlich mit Ehren an.«

Hiermit schließen wir unsre Auszüge aus Chronik und Tagebuch. Was den Verfasser derselben angeht, so muß es immer wieder gesagt werden: es ist nicht möglich, sich gegen das Charaktervolle seiner Erscheinung zu verschließen. Und dadurch flößt er uns ein tieferes Interesse ein. Er war ein Ehrenmann, brav, bieder, gerecht; unsentimental, aber voll tiefer Empfindung, wo Empfindung an der rechten Stelle war. Ja, was ihm bei seinen Lebzeiten am meisten bestritten zu sein scheint: er war gütig, opferbereit, in Wahrheit ein barmherziger Samariter. In Geltow, selbst am Hungertuche nagend, hatte er die Hungrigen seiner Gemeinde gespeist, und jederzeit war es ihm Herzensbedürfnis, in heißem Gebete Gottes Gnade für die Unglücklichen anzurufen. Das alles erhellt aus seinem Tagebuche. Und nichts von eitler Schaustellung, von bloßem Gefühlsgepränge, konnte sich mit einmischen, denn er schrieb dies alles nur für sich: kein fremdes Auge, solang er lebte, hat mutmaßlich diese Aufzeichnungen je gesehn.

Eine innerste Bravheit und Tüchtigkeit zieht sich durch das ganze Buch wie durch das Leben des Mannes hindurch, und doch, an derselben Stelle wo Pastor Schmidt, die Flinte à la main, glücklich gewesen war und glücklich gemacht hatte, wollte ihm weder das eine noch das andere gelingen. Er war unbeliebt, unpopulär und blieb es bis zuletzt.

Woran lag es? Sonderbar zu sagen, er hatte wohl die echte charaktervolle, sich an rechter Stelle betätigende Liebe, aber er hatte nicht die leichte Liebenswürdigkeit, und wenn wir Umschau halten, so scheint es fast, als ob bei den Menschen diese leichtwiegende Tugend schwerer wöge und wichtiger wäre als die ernstere Schwester. Die skrupulösen Leute, die nichts leicht nehmen, die wenig lachen, die nie fünf gerade sein lassen, jene korrekten, witz- und humorlosen Naturen, die sich immer auf den Rechtsstandpunkt stellen, oder wohl gar auf ihr persönliches Recht sich steifen, — diese peinlich-bedrücklichen Integritätsleute sind nie angesehn bei der Masse, wenn sie nicht nebenher noch eine freigebige Hand haben. Und diese können sie kaum haben, denn ihre Eigenart besteht eben darin, sich auch beim Geben noch die Frage »nach dem Rechte« vorzulegen. Vor allem aber, selbstverständlich, beim Fordern und Empfangen. Und dies ist das Allerschlimmste. Statt über das hinzugehen, was ausbleibt, empören sie sich beständig über die Unbill, die in diesem Ausbleiben liegt, und unter Mißmut, Gereiztheit, Bitterkeit vergehen ihnen die Tage, niemandem zur Freude, am wenigsten sich selbst.

Dieser Gruppe von Freudlosen gehörte auch unser Pastor Moritz an; er hatte keine Spur von jener christlich-leuchtenden Serenität, die dem liebenswürdig angelegten Naturell aus dem »sie säen nicht, sie ernten nicht« erwächst, und so bracht' er es denn mit seiner ganzen Korrektheit in Geldsachen, mit seinen Klagen, Vorstellungen und Protesten, die immer nur darauf hinausliefen, daß der Heckenzaun noch nicht gemacht und die Tonne Most noch nicht geliefert worden sei, zu nichts andrem, als daß man ihn für einen unerquicklichen Geizhals hielt. Er war es nicht (im Gegenteil er gab, er half), aber man darf sagen, er hatte die Allüren des Geizes. Und an dieser Stelle ist der Bauer am empfindlichsten, deshalb am empfindlichsten, weil er sich am besten selbst darauf versteht und jede kleine Nuance, nach selbsteigener Praxis und Erfahrung, am leichtesten entdecken und verfolgen kann.

Noch einmal, an einer gewissen ablehnenden Nüchternheit, an einem cholerisch gearteten Rechtsgefühl, das schließlich, als das Feuer verglüht war, in Art von Melancholie umschlug, scheiterte unser Pastor Moritz; — es bewährte sich an ihm: unser Glück oder Unglück wurzelt in unserm Charakter. Ohne Liebe sank er hin.

Aber wir Nachgebornen stehen anders zu ihm, und dem Bedrücklichen seines Wesens entrückt, können wir uns an seiner Bravheit und Tapferkeit aufrichten, an ihm messen. Er war in vielen Stücken ein guter Typus seiner Zeit und speziell auch des märkischen Charakters.

Die glücklich geänderten Zeiten werden von selbst dafür Sorge tragen, daß die Schwächen der Männer jener Epoche sich in uns mindern, Schwächen, die in der Sterilität des Bodens und aller Lebensverhältnisse ihren Grund hatten. Aber an uns ist es, dafür zu sorgen, daß ihre Vorzüge uns verbleiben: ihre Einfachheit, ihre Festigkeit, ihr Haushalten und ihre Treue.

Nach den Tagebuch-Aufzeichnungen eines havelländischen Landgeistlichen)*

Erröten ließ er die bescheidne Schande
In ihrem ehrbar schonenden Gewande
Und zog der Lust den Schleier vom Gesicht.
Annette von Droste-Hülshoff

SAKROW UNTER DEM GRAFEN HORDT VON 1774 BIS 1779

Sakrow, als ich dies Filial erhielt, befand sich im Besitze des schwedischen Grafen Hordt; seine Gemahlin war eine Gräfin Wachtmeister. Gleich nach Empfang meiner Vocation schrieb ich von Geltow aus an den Grafen und bat für Sakrow um sein Accessit. Es hieß in meinem Briefe: »Ich weiß, daß das Dorf Sakrow eine ecclesia vagans ist; ich respektire diese Independenz und sehe die Collation als eine freie Gnade an. Wenn Euer Hochgeboren nichts mehr verlangen als einen Mann, der in seinem Dienste solide ist, so bin ich der Mann dazu . . . Ganz natürlich wäre hier der Ort, mich gegen die schwarze Cabale meines eigentlichen Pfarrdorfes zu vertheidigen, weil es ihr doch gelungen ist, ihre Verleumdungen auch bis Sakrow auszudehnen. Die Zeit aber, die alles entdeckt, wird auch dieses aufdecken.«

Hierauf bekam ich folgende Antwort: »Euer Hochehrwürden an mich geschriebene Briefe habe ich richtig erhalten; da es aber noch lange Zeit hat, bis das Gnadenjahr um ist, so

* Diese Aufzeichnungen sind im wesentlichen wörtlich wiedergegeben, nur selten gebot es sich, einzelne Worte, Namen, Sätze fortzulassen oder umgekehrt zur Erklärung einzuschalten. Alles trägt den Stempel des Ernstes, der Wahrheit und absoluter Phrasenlosigkeit. Das letztere führt zu einer gewissen Herbheit; nichts ist beschönigt, das Leben, eignes wie fremdes, gegeben wie es war. Darin liegt aber, bei manchem ästhetisch Anfechtbaren, auch wieder der Wert dieser Notizen. Sie geben ein Zeit- und Sittenbild aus dem letzten Viertel des vorigen Jahrhunderts; die Laxheit des Herrenhauses, die Kümmerlichkeit der Pfarren, beide finden eine gleich treffende Darstellung.

werden Sie mir wohl nicht verdenken, daß ich nicht eile. Unter der Zeit hoffe das Vergnügen zu haben, Sie persönlich kennen zu lernen. Finde ich, was ich suche, nämlich einen wahren Seelsorger seiner Gemeinde, so wird die Vocation nicht lange ausbleiben. — Was die ‚Cabale' anbetrifft, von der Sie sprechen, so ist mir dieselbe nicht nur unbekannt, sondern das Wort Cabale allein schon ist mir unerträglich, insonderheit in Sachen, wo man Gott sein Schicksal überlassen, und von ihm erwarten muß, was er zu unserem Seelenheil bestimmt.«

Der Graf, so fährt das Tagebuch fort, schreibt von Seelenheil wie ein Pietist, wofür er auch in seiner Gegend gehalten wurde. Das Wort Schicksal, welches kein Hallenser verträgt, mag er verdauen. Er ärgert sich über den Ausdruck Cabale, wie mir Hofrath Brandhorst erzählt, bloß deshalb, weil es ihm seine eigene ehemalige Cabale zu Stockholm ins Gedächtniß ruft, worüber er öfter Gewissensvorwürfe haben soll.

Der 11. p. trinitatis führte mich zur Vacanz-Predigt nach Sakrow. Ich predigte über die Sonntags-Epistel und entwickelte den wahren Begriff der Bekehrung. Der Graf lobte mich ins Gesicht; die Gräfin bat sich die Predigt abschriftlich aus.

Während des Kaffees trat ein gemeiner Mann in den Saal. Er ward von der Herrschaft sehr freundlich bewillkommt, ihm ein Stuhl neben der Gräfin gesetzt und ein Glas Wein gereicht (mir nicht). »Kennen Sie diesen Mann?« »Nein!« »Es ist ein wahres Kind Gottes, der Weinmeister Reuter von Crampnitz. Lernen Sie ihn kennen.«

Ich erwarte nun des Grafen Erklärung über die Vocation. Allein er schwieg. Beim Abschied bat ich nochmals darum. »Ich werde Ihnen meine Meinung schriftlich melden.«

Ich ging ohne Freudigkeit weg, und diese Freudigkeit sollte mir auch nicht kommen, als endlich des Grafen Brief eintraf, in dem er mir einen Gehalt von sechzig Thlrn. versprach, weil das Korn, das laut Matrikel der Stelle zugehört, so viel betrage. Dies war nicht richtig, es betrug mehr, und so schrieb ich denn, der Herr Graf möchte es entweder beim Alten (Naturallieferung) belassen, oder sich ans Ober-Consistorium wenden. Wie sehr ich hierdurch den schwedischen Reichsgrafen aufgebracht und was er für böse Worte im Zorn gegen mich ausgestoßen, das habe ich wohl erfahren, mag es aber nicht niederschreiben.

(1775.) Der Graf war also mein Feind und suchte sich anderwärts zu helfen. Der Candidat Corthym sollte sich ordiniren lassen — die Waisenhaus-Direktion widersetzte sich. Er (der Graf) bot es dem Prediger Hollmann in Ütz an, aber der war zu ehrlich, um im Trüben zu fischen. Prediger Schmidt in Döbritz war bereit, wenn ihn der Graf wollte abholen und zurückfahren lassen. Aber der Graf wollte nicht plus, sondern minus. Endlich wandte er sich an den irrenden Ritter, Herrn Magister Kindleben, damals Prediger in Kladow, ein Mann von der schlechtesten Aufführung, der es mit Freuden annahm, aber bald seinen Posten niederlegte, um der öffentlichen Cassation zuvorzukommen.

Mit Anfang des August kam der Küster Wurm aus Sakrow zu mir, ein Mann, wie zum Küster gebaut, ohne den gewöhnlichen Nagel im Kopf. »Der Graf ist in der Enge«, sagte er, »jetzt ist es Zeit, schreiben Sie.« — »Ich! schreiben! der Graf hat Unrecht.« — »Ja, das hat er; aber er ist doch ein großer Herr (Wurm war vorher Bedienter des Grafen gewesen) geben Sie nach.« — Und ich gab nach. Wir wurden einig. Ich ward nebst meiner Frau zu Tische gebeten. Nach Tisch standen der Graf und ich am Fenster. »Sie sind mein Mann, wir sind für einander gemacht.« »Ja«, sagte ich, »es sei so für meine Person. Mein Nachfolger bleibe ungebunden. Hier ist meine Hand.«

(1777.) Graf und Gräfin waren wenig hier. Sie lebten in Berlin. Nur einmal ist die Gräfin bei mir zum Abendmahl gegangen, am Sonntage vor der Predigt. Sie war ganz schlecht gekleidet, comme en negligé.

Es war auch in Berlin, wo sie am 13. Juli 1777 starb. Ihre Leiche wurde nach Sakrow gebracht. Über Stolpe kam sie und ward mit einer Fähre, (die dazu angeschafft wurde und seit der Zeit da ist) übergesetzt. Ich war gegen 6 Uhr abends bestellt, und als ich kam, stand der Sarg schon im Salon und die Träger dabei. Ich ging hinauf zu ihm. »Wie wollen es der Herr Graf gehalten wissen?« »Sie gehen mit dem Küster voran. Unterwegs wird nicht gesungen. Bei dem Grabe singen Sie: Jesus meine Zuversicht. Dann thun Sie ein Gebet; darauf wird weiter gesungen und das Grab zugeworfen.« Und so geschah es. Er hatte sich an einen Baum gelehnt und zog etliche Male das Schnupftuch heraus. Nach vier Wochen bestellte Herr Lüdicke (Schreiber und Faktotum) eine Leichenpredigt, brachte auch den Lebenslauf. Ich hielt sie, aber der Graf war bei dem König. Niemand vergoß eine Träne. Es sah für eine Gräfin etwas kahl aus.

Die verstorbene Gräfin wurde den 16. Juni 1722 geboren. Ihr Vater war Graf Karl Wachtmeister, königlich schwedischer Admiral und der Großvater Graf Johann Wachtmeister, Reichsrath und Großadmiral der ganzen schwedischen Flotte. Die Frau Mutter war Henriette Baronesse von Metsch und die Großmutter eine Gräfin Archenberg. — Im zwanzigsten Jahre ihres Alters ward sie mit dem Grafen Johann Ludwig Hordt, damals königlich schwedischer Oberst, jetzt königlich preußischer Generallieutnant und Gouverneur der Veste Spandau, Erbherr auf Sakrow, vermählt. In dieser Ehe hat sie vier Kinder geboren, davon nur noch der zweite Sohn lebt, Graf Karl Ludwig Hordt, geboren 1749, jetzt Lieutnant beim Regiment Prinz Leopold von Braunschweig zu Frankfurt an der Oder und Adjutant des Prinzen. In den letzten Jahren stand sie manche Schwachheit des Körpers aus. Es waren gichtische Zufälle, die ihren Tod beschleunigten. Von Person ansehnlich, hatte sie das ganze air de grandesse. Sie sah aus wie die Ernsthaftigkeit selbst. Daher stutzte ich, als sie einst von dem liederlichen Kindleben sagte: »er war ein allerliebster Mann, sprach gut französisch und konnte einen recht zu lachen machen.« Es heißt, daß die Ehe keine glückliche war. Die fromme Miene hatte sie ganz und besuchte oft den Weinmeister Reuter.

Seit dieser Beerdigung habe ich den Grafen nicht wieder in Sakrow gesehen. Er war seit des Lentulus Abreise beständig bei dem König und ging 1778 mit zu Felde als Chef eines Freiregiments. Beim Ende des Krieges 1779 verzürnte er sich mit dem König, nahm seinen Abschied, wohnte zu Berlin und verkaufte Sakrow an den Baron von Fouqué, Sohn des berühmten Generals.

Man muß dem Grafen Hordt die Gerechtigkeit widerfahren lassen, daß er das elende Sakrow umgeschaffen hat. Das schöne Wohnhaus, der ganze Plan des Gehöftes, des Gartens und des Dörfleins, alles kommt von ihm her. Wenn ich Sakrow jetzt mit dem von 1750 vergleiche, so kann ich sagen, Sakrow war damals ein Ratzenloch. Hordt kaufte es, wie man sagt, für fünfzehntausend Thaler, baute stark, erholte sich in der Haide und verkaufte es an Fouqué für dreiundzwanzigtausend Thlr., doch incl. vielen Meublements. Der Gräfin Zimmer blieb in statu quo. Der Graf, wenn er in Sakrow war, lebte sehr eingezogen. In meinen Jahren habe ich keine fremde Seele bei ihm getroffen. Er mochte es nicht überflüssig haben. Gegen mich hat er sich geizig betragen. Nichts von Generosität habe ich von ihm aufzuweisen. Der Schreiber Lüdicke war sein Herz und Werkzeug, thätig und wirthschaftlich, übrigens falsch wie eine Schlange und dumm wie ein Schöps.

SAKROW UNTER BARON FOUQUÉ VON 1779 BIS 1787

Der Graf Hordt hatte keine Kirchenrechnung gehalten, weil er wenig da war. Bei der neuen Herrschaft drang ich oft darauf, aber die Baronesse Fouqué antwortete darauf: »hat doch der Graf Hordt auch keine gehalten.« — Ich habe in Nachstehendem, avec pardon, immer nur von der Baronesse zu sprechen. Dès-lors regne la Baronne. Der Gemahl bedeutet wenig. Monsieur le Comte de Schmettau est l'Aide de l'économie et — du reste.

1779, in demselben Jahre, in dem die neue Herrschaft nach Sakrow gekommen war, starb in dem benachbarten Carzow Herr Prediger Woltersdorf. Er war ein Schwätzer, beliebt beim großen Haufen, weil er immer »weiland« und »selig« bei der Hand hatte. Dem Branntwein ergeben bis ans Ende mit vielen Ärgernissen. Seine Wittwe wurde Haushälterin beim Baron von Monteton. Sein Nachfolger war Herr Schulte, ein Jüngling voll Eigendünkel, der sich bald beflissen zeigte, unserem Orden große Schande zu machen.

1780 den 30. November erging an mich Befehl, verschiedene Fragen hinsichtlich der Kirchenländereien mit möglichster Genauigkeit zu beantworten. Dies konnte ich nicht; Kirchenrechnung war nie gewesen. Die Herrschaft war damals in Brandenburg; der Baron hatte sein eigen Haus daselbst, wo sie den Winter zubrachten. Dazu kam, das Kirchenrechnungsbuch war noch beim Grafen Hordt. Wem muß das nicht auffallen! »Wie legèr« würde die Herrschaft ausrufen, wenn unsereiner so etwas täte.

Zum Gesangbuch-Streit. Im selben Jahre 1780, am 1. Dezember, publicirte ich das neue Gesangbuch und kündigte an, daß ich über vierzehn Tage ausführlicher von der Sache reden wollte.

Währenddem entstanden schon allerhand Unruhen in dem orthodoxen Nachbardorf, gestiftet und unterhalten von dem

Küster, wie das allerorten der Fall war. Madame Oberamtmann redete von nichts, als daß man wolle »neuen Schmu« machen.

Inzwischen (am 15.) hielt ich meine Rede über Colosser 3,16.

Bei der Applikation sagte ich unter anderm: »Als König David von den vielen Kriegen, die er führen mußte, zur Ruhe kam, richtete er seine ganze Sorge auf die innere Verbesserung des Landes, namentlich auf das Kirchenwesen und öffentlichen Gottesdienst. Er entwarf den Plan, wonach der Nationaltempel sollte gebaut werden, und ordnete die Kirchenmusik nebst jeder äußeren gottesdienstlichen Verrichtung an.

Etwas ähnliches geschieht jetzo und schon seit zehn Jahren in den protestantischen Ländern. Jeder gute Fürst führt bessere Kirchenlieder ein, weil die bisherigen nicht zweckmäßig waren. Nunmehr ist auch in diesem Lande ein neues Gesangbuch angefertigt worden. Ein Drittel unsrer Lieder konnte wegen unbekannter Melodien nicht gesungen werden, das zweite Drittel hatte gar nichts zur Erbauung und das dritte Drittel konnte in einzelnen Stellen noch besser sein.

Ich kann von der ganzen Veränderung um so freimüthiger reden, als es nicht meine Sache ist, die ich führe. Auch soll die königliche Verordnung nicht etwa vertheidigt werden; das wäre ein lächerlicher Einfall. Ich will nur überzeugen, daß die Sache gut und nützlich sei. Ich will eure Gemüter gegen die schiefen Urtheile anderer verwahren und euch zu einem Betragen bewegen, das euch Ehre macht.

Der Wert eines Liedes dependirt von dessen innerer Güte. Wenn der Ausdruck deutlich, der Begriff richtig, der Ton rührend, der Gedanke erhaben, gleich faßlich dem Verstande und dem Herzen, passend zur Erweckung und Stärkung der Gottseligkeit ist — dann ist das Lied gut. Unseren meisten Liedern fehlet die Deutlichkeit, die Richtigkeit, die Verständlichkeit, die Anständigkeit, das Lehrreiche.«

Darauf beantwortete ich den Einwurf, daß »Gottes Wort verfälscht worden sei«.

So gedachte ich es gut zu machen und machte es übel. Denn es hieß bei den Bauern: ich hätt' ihren alten Glauben verachtet.

Die Herrschaft kaufte gleich zwanzig Stück und gleich mit Neujahr 1781 sang ich neu; der erste auf dem flachen Lande in der ganzen Provinz. Selbst Herr Teller, der erste in Berlin, sang nur vierzehn Tage eher.

1781, am 10. Januar, fand man zu Berlin folgendes, als Beitrag zum Gesangbuchstreit bemerkenswerthes Pasquil an dem Galgen angeschlagen:

»So hat uns der Teufel abermals drei Apostel auf den Hals geschickt, die unser Gesangbuch gotteslästerlich verdorben haben. Spalding, Teller, Dieterich. Kaum sind es fünfzehn Jahre (es war im März 1766), als Spaldings Name zum ersten Male am Galgen stand, und nun kommt er wieder mit zwei Bestien, Teller und Dieterich, und machen ein neu Gesangbuch. Jesu Christi wahre Gott- und Menschheit verläugnen sie. Jesu Leib und Blut im Abendmahl verläugnen sie. Verwerfen die Lehre vom Satan, wollen es sei keine Hölle, keine Ewigkeit, da doch die Bibel dieses alles deutlich beweiset. Verwerfen die alten Lieder, auch die, welche Lutherus gemacht. Verdrehen, zerstümmeln, zerhacken die alten schönen Lieder, daß sie aussehen, als hätten sie die Henkersknechte auf ihre Fleischklötze gelegt. Dies alles thun die drei Höllenbrände: Spalding, Teller, Dieterich. Diese drei sind des Teufels Apostel, nebst dem Prediger Stork (oder Stark). Dieser dumme Mensch gehört nicht auf die Kanzel, sondern als ein Schulknabe in die Schule. Er kann die Einsetzungsworte noch nicht lesen, viel weniger beten; stottert, so oft er eine Predigt thut, aus dem verfluchten neuen Gesangbuche her. Kann der verfluchte Hund nicht einen Vers aus dem alten Porst herbeten? So gottlos handeln unsre verfluchten Geistlichen, davon die drei Bestien: Spalding, Teller, Dieterich die drei Heerführer sind. ›Ach Gott im Himmel sieh darein, und laß Dich das erbarmen.‹«

(Es folgen nun kurze Notizen über Acker, Ackerzins und allerhand Wirtschaftliches aus den Jahren 1782 und 1784. Davon stehe hier nur folgendes: im Jahre 1782 verkauften meine Kinder ihre gewonnene Seide. Sie erhielten vierzig Rthlr. zwölf Gr. In andren Jahren in der Regel nur dreißig Rthlr., auch weniger.)

1785. Eins meiner Hauptleiden ist mein Küster. Vorgestern brachte mir sein Söhnlein folgenden Zettel:

»Montag. Wird Gerste geharkt und eingefahren.
Dienstag. Schule gehalten.
Mittwoch. Habe Besuch.
Donnerstag. Zu Markt.
Freitag. Schule gehalten.
Sonnabend. Nach Döbritz.

Weil hiervon nichts abzuändern ist, so werden Sie diese Woche gütigst als Hundstage ansehn.«

Mein Küster ist ein unausstehlicher Mensch. So viel möglich, vermeide ich mündliche Unterredung. Er ist zu voll, hört nicht wieder auf. Daher schreib ich das nothwendigste. Der vorstehende Zettel bezieht sich auf eine Unterredung wegen der Sommerschule. Man sagt: Die Seminaristen der Realschule wären immer solche Kerls von hohem Nagel. Der »Herr« wird ihnen da in Fleisch und Blut verwandelt. Als ich herkam, trug er Manschetten. Ich nicht. Nach Jahr und Tag legte er sie ab. Er wäre der vortrefflichste Rabulist geworden. Chef de parti ist er gern und bei jeder Gelegenheit Rath und Memorialschreiber der Bauern. Die Frau von Wülknitz sagte mal zu mir: »ich möchte gerne meine Thurmuhr abändern lassen. Recommandiren Sie mir doch jemand.« — Mein Küster versteht sich darauf. — »Ach, um Gottes Willen verschonen Sie mich mit dem Menschen! Ich hab' ihn schon hier gehabt. Aber der Kopf hat mir acht Tage von seinem Geschwätz weh gethan.« Übrigens warne ich meinen einstigen Nachfolger, wenn er je diese Zeilen liest: alle Leineweber stecken mit dem Küster unter einer Decke.

1786 am 27. Mai. So habe ich ihn denn erlebt den Anfang meines sechsundsechzigsten Jahres, nicht frisch und munter, aber doch nicht eigentlich krank oder unthätig. Mein Gott, an Dich sei mein erster Gedanke und mein bester Dank! Aber nun auch noch eine Bitte: laß mich, Deinen Diener in Frieden fahren, sobald meine Kräfte nicht mehr hinreichen, meinen ganzen Beruf selbst zu bestreiten. Ich will treu arbeiten, so lange ich kann, aber wenn das aufhört, dann gönne mir meine Bitte, und erlöse mich von dem Übel dieses Daseins auf einmal!

28. Mai. Herr Trappiel, Prediger in Marquardt, ist erblindet. Noch schaudert meine ganze Seele! Der Mann, in der ärmsten Lage, der wie ein Tagelöhner arbeitete, dem jede Witterung gleichviel war — er ist blind. Ich höre es, erschrecke und schwimme mit meinem Wagen durch die Wasser des Sipunts nach Marquardt . . . O Gott, sende ihm Hilfe! Rühre den Patron des Orts; er kann, gieb ihm wollen.

29. Mai starb der Geh. Rath Stelter; im Zimmer des Königs, beim Vortrage, rührte ihn der Schlag. Er war Homme de fortune — aus einem Kammerdiener Geheimer Rath! Doch hat er großes Lob der Geschicklichkeit und Applikation in

seinem Posten. Madame und der Commerzienrath Damm kannten sich genau.

1787 um Neujahr trat die Fouquésche Familie mit dem Grafen Hordt in Unterhandlung wegen Rückkaufs von Sakrow. Es kam zu Stande. Auf Johannis war die Übergabe.

Der Baron von Fouqué war reformirt; Graf Schmettau auch. Die Baronesse lutherisch. Die ersten Jahre ging sie jährlich zweimal zur Communion, immer mit der Gemeinde, und immer nur als die erste von den Frauenspersonen. In den letzten Jahren war sie sehr freundschaftlich mit mir und den Meinigen.

SAKROW VON 1787 BIS 1794

Der Graf Hordt hatte in Berlin eine reiche Wittwe geheiratet, die schon drei Männer und darunter einen Herrn v. H. gehabt hatte. Der Sohn dieser Dame, Lieutnant im Regiment Gensdarmes, sollte nun Sakrow bewirthschaften.

Den sechsten Sonntag Trinitatis hielt ich in Sakrow Abendmahl. Herr v. H., der nunmehrige Besitzer, war da und ich speiste wie gewöhnlich bei ihm. Ein Lieutnant, Hr. von Sobbe, vom Regiment Herzog Friedrich, ingleichen ein Frauenzimmer, waren auch da. Über Tisch kam eine Amme herein mit einem Kinde. »Es ist mein Sohn«, sagte er. Und nun hätte ich nur fragen dürfen: »Und die Mutter?« Aber ich vermied alle Weitläufigkeit. Es war ein allerliebstes Kind. Das Frauenzimmer wird Mamsell genannt.

Sonntag den 15. September war ich wieder in Sakrow. Traf niemand. Der Lieutnant war abermals des Morgens um acht Uhr weggefahren. Auch war der Graf Hordt zweimal dagewesen, einmal mit seiner Gemahlin. Nach mir hat er nicht gefragt. Des Morgens kommen sie an, besehen sich, essen zu Mittag, fahren wieder ab.

Weihnachten 1787. Den 29. Dezember taufte ich des Küsters Söhnlein. Herr von H. war Gevatter und schickte seinen Jäger. Er kam mit der Mamsell ins Küsterhaus, als wir uns eben zu Tische setzen wollten. Sie blieb, er ging weg; dann kam er noch mal und ließ sie herausrufen. Sie kamen nicht wieder.

(1788.) Neujahr. Der Herr Lieutnant war da, fuhr aber unter der Kirche ab.

Sexagesima. Es fiel mir diesmal auf: gerade in der Minute, da ich an dem einen Ende hereinkam, fuhr der Dorfherr zum andern hinaus. Seit dem fünfundzwanzigsten Sonntag Trinitatis vorigen Jahres hatte ich ihn nicht gesehen.

Elften Sonntag Trinitatis hielt ich Abendmahl. Dann ins Schloß. Nebst der Herrschaft war zu Tische Herr Jäger Sonnenberg aus Gatow, cum uxore. Den 4. August fuhr ich nach Döbritz. Unterdes war Herr von H. cum amasia hier gewesen.

Den zweiten Advent hielt ich Abendmahl. Der Herr Inspektor Schübe speiste mit. Er communizierte mir die Memoiren d'un comte suédois. Der schwedische Graf schließt mit folgenden Versen:

Las d'espérer et de me plaindre
Des grands de la terre et du sort,
C'est ici que j'attends la mort
Sans la souhaiter, sans la craindre.

Den 28. November starb zu Lentzke Frau Marie Luise, geb. von Schlegel, verehl. Baronesse von Fouqué, im neunundvierzigsten Jahre ihres Alters, nach einem sechswöchentlichen Krankenlager.

(1789.) Den 11. Januar. Wegen des außerordentlich vielen Schnees konnte ich ohne Lebensgefahr weder auf Weihnacht noch Neujahr nach Sakrow fahren. Heute wagte ich es, weil der Einwohner Weber gern seinen verstorbenen Sohn feierlich beerdigen lassen wollte. Ich predigte und begrub. Der Herr des Gutes war da. Ich ging nachher herauf, traf ihn cum annexis. 25. Januar. Der Weg war überaus beschwerlich. Ich fuhr einundeinehalbe Stunde. Er und sie waren da. Zwischen dem 11. und 25. war das zweite Kind verstorben. Man überreichte mir eine kleine Summe Geld und sagte: »Für den verstorbenen Junker.«

8. März. Predigt über die Epistel. Er war nicht da, hat in Berlin abermals einen Sohn taufen lassen. — Schwerer Tag für mich. Bittre Kälte, dabei Ostwind. Ich fuhr also gegen den Wind und war schon seit 8 Uhr in der Arbeit und Kälte gewesen. Fünf Frauen und sechs Männer kamen zur Kirche. Mein Körper fror zusammen; meine Seele war ganz niedergeschlagen. Fand nirgends ein freundlich Gesicht. — Auch du, Sakrow, so klein du bist, auch du bist seit 1776

herabgesunken. Die Exempel deiner Vorgesetzten haben dich verdorben. Unter Hordt war Sakrow fromm, denn er war zu der Zeit bigott. Unter Fouqué ward es leichtsinnig, endlich frech. Der Küster hatte oft nur drei Zuhörer. Das Verständniß der Baronin mit dem Grafen Schmettau wirkte schädlich auf die Sitten. Unter von H. ist alles frank und frei.

12. April. Ostertag. Achtundvierzig Zuhörer. Er hatte Fremde aus Berlin. Welch' Exempel geben unsere Vorgesetzten!

Pfingsten. Der Herr Superintendent hat am Himmelfahrtstage mit außerordentlicher Lobeserhebung vom Könige und seiner Gottesfurcht gesprochen, da er einen seit zehn Jahren abgeschafften Fasttag wieder hergestellt hat. Was doch alles vorkommt!

Den 30. August, nachmittags 3 Uhr traute ich den Jäger Lindner. Es war wie Jahrmarkt und Puppenspiel. Der Roggenkranz hatte hunderte von Potsdamern nach Sakrow gezogen. Die Kirche war so voll, daß ich kaum mein Plätzchen vor dem Altare behielt; Toben, Schreien der Kinder, Lachen über meine Worte, alles machte, daß ich mich kurz faßte. Die Braut war ein Affe; sie zog sich die Handschuh an, anstatt sich die Hände zu geben. An eben dem Tage hat der Oberst von Winning auf Glienicke seinem Jäger die Hochzeit gemacht, auf eine anständige Art. Die Gemeinde war aufs Schloß invitiret. Er und sein Sohn führten den Bräutigam in den Saal, sie und die älteste Tochter die Braut. Es wurde ordentlich gesungen, geopfert, alles gespeiset.

(1790.) Den ersten Epiphanias hielt ich Abendmahl. Der Herr Baron von H. ging auch mit, kniete sogar mit vor dem Altar. Im übrigen war er noch geiziger wie Graf Hordt. Zu Tische war der Herr Lieutnant von Öttinger mit. Mamsell war so beredt, wie die Hausfrau zu sein pflegt. Man nahm es mir recht im Ernst übel, daß ich meine Tochter nicht mitgebracht hatte, denn man hatte sie namentlich invitiret.

20. November. In der Berlinischen Zeitung hieß es heute: Seine K. M. haben den einzigen Sohn des verstorbenen Geheimen Legationsraths und Gesandten am dänischen Hofe, Herrn August Ferdinand von H., Erbherrn auf Sakrow, aus ganz besonderen Gnaden und in Rücksicht der von seinen Voreltern dem königl. Hause geleisteten distinguirten Dienste in den Grafenstand allergnädigst erhoben. Der Großvater des Grafen mütterlicherseits war Heinrich Graf von

Podiwils, erster Kabinettsminister, welche Würde er dreißig Jahre bis zu seinem Tode bekleidet hat.

(1791.) Am Sonntag Reminiscere, den 20. März, war der Jäger Lindner betrunken und haselirte mit den beiden Frauensleuten rechts und links ganz unverschämt. Ich ärgerte mich gewaltig und schalt ihn. Der Jäger wollte mich später zur Rede setzen. Ich schrieb darüber an die Herrschaft. Den nächsten Sonntag kamen sie hierher und sagten: »daß sie die Leute, die den Lärm unterstützt, gerichtlich wollten bestrafen lassen.« Das ist geschehen. Den Jäger Lindner hat er ans Regiment abgeliefert, weil er in all den vorgekommenen Fällen als Urheber befunden worden ist. Sein Intimus Plage hat am Sonntage vor der Kirchthür etliche Stunden mit einem Zettel vor der Brust gestanden, rechts und links ein Gerichtsdiener.

Meine Pfarre ist eine beschwerliche Pfarre. Sakrow (nur Filial) liegt eine Meile ab, auf einer Straße, die niemand bereiset als ich, was denn beim Schnee desto beschwerlicher fällt, noch dazu, da es durch die Haide geht, wo der Wind oft sehr zusammen deilt. Es ist in allem Betracht ein verdrießlich Filial, und doch muß ich es alle vierzehn Tage bereisen. Gott! Du weißt es, wie ich dann den ganzen Tag über vom Morgen bis Abend fahren und reden muß, wie sauer es mir jetzt wird in der Hitze des Sommers, in der Kälte des Winters. Aber Du weißt es auch Gott, wie treu ich darin gewesen bin, auch für Sakrow, das mein Vorgänger nur sah, wenn die Herrschaften da waren. Und doch achten sie mich gering und versagen mir das Kleinste. Werd' ich eine Wandlung erleben? Nein.

BORNSTÄDT

> Nun weiß ich auf der Erde
> Ein einzig Plätzchen nur,
> Wo jegliche Beschwerde,
> Im Schoße der Natur,
> Wo jeder eitle Kummer
> Dir wie ein Traum zerfließt,
> Und dich der letzte Schlummer
> Im Bienenton begrüßt.
>
> *Waiblinger*

Bornstädt und seine Feldmark bilden die Rückwand von Sanssouci. Beiden gemeinsam ist der Höhenzug, der zugleich sie trennt: ein langgestreckter Hügel, der in alten Topographien den Namen »der Galberg« führt. Am Südabhange dieses Höhenzuges entstanden die Terrassen von Sanssouci; am Nordabhange liegt Bornstädt. Die neuen Orangeriehäuser, die auf dem Kamme des Hügels in langer Linie sich ausdehnen, gestatten einen Überblick über beide, hier über die Baum- und Villenpracht der königlichen Gärten, dort über die rohrbedeckten Hütten des märkischen Dorfes; links steigt der Springbrunnen auf und glitzert siebenfarbig in der Sonne, rechts liegt ein See im Schilfgürtel und spiegelt das darüber hinziehende weiße Gewölk.

Dieser Gegensatz von Kunst und Natur unterstützt beide in ihrer Wirkung. Wer hätte nicht an sich selbst erfahren, wie frei man aufatmet, wenn man aus der kunstgezogenen Linie auch des frischesten und natürlichsten Parkes endlich über Graben und Birkenbrücke hinweg in die weitgespannte Wiesenlandschaft eintritt, die ihn umschließt! Mit diesem Reiz des Einfachen und Natürlichen berührt uns auch Bornstädt. Wie in einem grünen Korbe liegt es da.

Aber das anmutige Bild, das es bietet, ist nicht bloß ein Produkt des Kontrastes; zu gutem Teile ist es eine Wirkung der pittoresken Kirche, die in allen ihren Teilen deutlich erkennbar, mit Säulengang, Langschiff und Etagenturm, aus dem bunten Gemisch von Dächern und Obstbäumen emporwächst. Diese Kirche ist eine aus jener reichen Zahl von Gotteshäusern, womit König Friedrich Wilhelm IV. Potsdam gleichsam umstellte, dabei von dem in seiner Natur begründeten Doppelmotiv geleitet: den Gemeinden ein christliches Haus, sich selber einen künstlerischen Anblick zu gewähren. Auch für Bornstädt wählte er die Basilikaform.

Über die Zulässigkeit dieser Form, speziell für unser märkisches Flachland, ist viel hin und her gestritten worden, und es mag zugestanden werden, daß sie, samt dem daneben gestellten Kampanile, vorzugsweise ein coupiertes Terrain und nicht die Ebene zur Voraussetzung hat. Deshalb wirken diese Kirchen in den flachen und geradlinigen Straßen unserer Residenzen nicht eben allzu vorteilhaft, und der unvermittelt aufsteigende, weder durch Baumgruppen noch sich vorschiebende Bergkulissen in seiner Linie durchschnittene Etagenturm, tritt — an die Porzellantürme Chinas erinnernd — in einen gewissen Widerspruch mit unserem christlichen Gefühl. Mit unseren baulichen Traditionen gewiß! Aber so unzweifelhaft dies zuzugestehen ist, so unzweifelhaft sind doch die Ausnahmen, und eine solche bietet Bornstädt. Es wird hier ein so malerischer Effekt erzielt, daß wir nicht wissen, wie derselbe überboten werden sollte. Der grüne Korb des Dorfes schafft eine glückliche Umrahmung und während das Hochaufragende des Etagenturms etwas von dem Poetisch-Symbolischen der alten Spitztürme bewahrt, wird doch zugleich dem feineren Sinn eine Form geboten, die mehr ist als der Zuckerhut unserer alten Schindelspitzen. Der Ruf dieser hat sich nur, faute de mieux, im Zeitalter der Laternen- und Butterglockentürme entwickeln können.

Die Bornstädter Basilika samt Säulengang und Etagenturm ist ein Schmuck des Dorfes und der Landschaft; aber was doch weit über die Kirche hinausgeht, das ist ihr Kirchhof, dem sich an Zahl berühmter Gräber vielleicht kein anderer Dorfkirchhof vergleichen kann. Wir haben viele Dorfkirchhöfe gesehen, die um ihres landschaftlichen oder überhaupt ihres poetischen Zaubers willen einen tieferen Eindruck auf uns gemacht haben; wir haben andere besucht, die historisch den Bornstädter Kirchhof insoweit in Schatten stellen, als sie ein Grab haben, das mehr wiegt als alle Bornstädter Gräber zusammengenommen; aber wir sind nirgends einem Dorfkirchhofe begegnet, der solche Fülle von Namen aufzuweisen hätte.

Es hat dies einfach seinen Grund in der unmittelbaren Nähe von Sanssouci und seinen Dependenzien. Alle diese Schlösser und Villen sind hier eingepfarrt, und was in Sanssouci stirbt, das wird in Bornstädt begraben, — in den meisten Fällen königliche Diener aller Grade, näher und ferner stehende, solche, deren Dienst sie entweder direkt an Sanssouci band, oder solche, denen eine besondere Auszeichnung es gestattete, ein zurückliegendes Leben voll Tätigkeit an dieser Stätte voll Ruhe beschließen zu dürfen. So finden wir denn auf dem Bornstädter Kirchhofe Generale und Offiziere, Kammerherren und Kammerdiener, Geheime Räte und Geheime Kämmeriere, Hofärzte und Hofbaumeister, vor allem — Hofgärtner in Bataillonen.

Der Kirchhof teilt sich in zwei Hälften, in einen alten und einen neuen. Jener liegt hoch, dieser tief. Der letztere (der neue) bietet kein besonderes Interesse.

Der alte Kirchhof hat den freundlichen Charakter einer Obstbaumplantage. Die vom Winde abgewehten Früchte, reif und unreif, liegen in den geharkten Gängen oder zwischen den Gräbern der Dörfler, die in unmittelbarer Nähe der Kirche ihre letzte Rast gefunden haben. Erst im weiteren Umkreise beginnt der Fremdenzuzug, gewinnen die Gäste von Sanssouci her die Oberhand, bis wir am Rande des Gemäuers den Erbbegräbnissen begegnen. Wir haben also drei Zirkel zu verzeichnen: den Bornstädter-, den Sanssouci- und den Erbbegräbniszirkel.

An einige Grabsteine des mittleren, also des Sanssoucizirkels, treten wir heran; nicht an solche, die berühmte Namen tragen (obschon ihrer kein Mangel ist), sondern an solche, die uns zeigen, wie wunderbar gemischt die Toten hier ruhen. Da ruht zu Füßen eines Säulenstumpfes Demoiselle Maria Theresia Calefice. Wer war sie? Die Inschrift gibt keinen Anhalt: »Gott und Menschen lieben, Gutes ohne Selbstsucht thun, den Freund ehren, dem Dürftigen helfen — war ihres Lebens Geschäft.« Ein beneidenswertes Los. Dazu war sie in der bevorzugten Lage, diesem »Geschäft« zweiundachtzig Jahre lang obliegen zu können. Geboren 1713, gestorben 1795. Wir vermuten eine reponierte Sängerin.

Nicht weit davon lesen wir: »Hier ruht in Gott Professor Samuel Rösel, geboren in Breslau 1769, gestorben 1843. »Tretet leise an sein Grab, ihr Männer von edlem Herzen, denn er war euch nahe verwandt.« Wer war er? Ein gußeisernes Gitter, einfach und doch zugleich abweichend von allem Herkömmlichen, schließt die Ruhestätte ein; um die rostbraunen Stäbe winden sich Vergißmeinnichtranken und zu Häupten steht eine Hagerose.

Noch ein dritter Fremder an dieser Stelle: Heinrich Wilhelm Wagenführer, geboren zu Neuwied 1690. Er wurde vom Rhein an die Havel verschlagen, wie es scheint zu seinem Glück. Der Grabstein nennt ihn mit Unbefangenheit »einen vornehmen Kauf- und Handelsmann zu Potsdam.« Diese Inschrift, mit den Daten, die sie begleiten, ist nicht leicht zu entziffern, denn ein alter Ulmenbaum, der zur Seite steht, hat sein Wurzelgeäst derart über den Grabstein hingezogen, daß es aussieht, als läge eine Riesenhand über dem Stein und mühe sich, diesen an seiner Grabesstelle festzuhalten. Gespenstisch am hellen, lichten Tag!

Wir gehen vorbei an allem, was unter Marmor und hochtönender Inschrift an dieser Stelle ruht, ebenso an den Erbbegräbnissen des dritten Zirkels und treten in eine nach links hin abgezweigte Parzelle dieses Totenackers ein, die den Namen des »Selloschen Friedhofs« führt. Die Sellos sind Sanssoucigärtner seit über hundert Jahren. Ihre Begräbnisstätte bildet eine Art vorspringendes Bastion; ein niedriges Gitter trennt sie von dem Rest des Kirchhofs. Hier ruhen, außer der »Dynastie Sello«, mit ihnen verschwägerte oder befreundete Sanssoucimänner, die »Eigentlichsten«.

Karl Timm, Geheimer Kämmerer, gestorben 1839.

Emil Illaire, Geheimer Kabinettsrat, gestorben 1866.

Peter Josef Lenné, Generaldirektor der königlichen Gärten, gestorben 1866.

Friedrich Ludwig Persius, Architekt des Königs, gestorben 1845.

Ferdinand von Arnim, Hofbaurat, gestorben 1866.

Denkmal an Denkmal hat diese Begräbnisstätte der Sellos zugleich zu einer Kunststätte umgeschaffen: Marmorreliefs in der Sprache griechischer und christlicher Symbolik sprechen zu uns; hier weist der Engel des Friedens nach oben; dort, aus dem weißen Marmorkreuz hervor, blickt das Dornenantlitz zu uns nieder, das zuerst auf dem Schweißtuche der heiligen Veronika stand. Nur die Sellos, die eigentlichen Herren des Platzes, haben den künstlerischen Schmuck verschmäht: einfache Feldsteinblöcke tragen ihre Namen und die Daten von Geburt und Tod.

Sie haben den künstlerischen Schmuck verschmäht, nur nicht den, der ihnen zustand. Die alten Gärtner wollten in einem Garten schlafen. So viele Gräber, so viele Beete, — das Ganze verandaartig von Pfeilern und Balkenlagen umstellt. Die Pfeiler wieder hüllen sich in Efeu und wilden Wein, Linden und Nußbäume strecken von außen her ihre Zweige weit über die Balkenlagen fort, zwischen den Gräbern selbst aber stehen Taxus und Zypressen, und die brennende Liebe der Verbenen spinnt ihr Rot in das dunkelgrüne Gezweig.

Aus der Selloschen Begräbnisparzelle sind wir auf den eigentlichen Kirchhof zurückgeschritten.

Noch *ein* Denkmal verbleibt uns, an das wir heranzutreten haben: ein wunderliches Gebilde, das, in übermütigem Widerspruch mit Marmorkreuz und Friedensengel, den Ernst dieser Stunde wie ein groteskes Satyrspiel beschließt. Es ist dies das Grabdenkmal des bekannten Freiherrn Paul Jakob von Gundling, der Witz und Wüstheit, Wein- und Wissensdurst, niedere Gesinnung und stupende Gelehrsamkeit in sich vereinigte, und der, in seiner Doppeleigenschaft als Trinker und Hofnarr, in einem Weinfaß begraben wurde. In der Bornstädter Kirche selbst, in der Nähe des Altars. Über seinem Grabe ließ König Friedrich Wilhelm I. einen Stein errichten, der trotz des zweifachen Neubaus, den die Kirche seitdem erfuhr, derselben erhalten blieb. Dies Epitaphium, ein Kuriosum ersten Ranges, bildet immer noch die Hauptsehenswürdigkeit der Kirche. Hübsche Basiliken gibt es viele; ein solches Denkmal gibt es nur einmal. Ehe wir eine Beschreibung desselben versuchen, begleiten wir den Freiherrn durch seine letzten Tage, auf seinem letzten Gange. Wir benutzen dabei, mit geringen Abweichungen, einen zeitgenössischen Bericht:

»von Gundling wurde vor Ostern des Jahres 1731 krank und starb den 11. April auf seiner Stube im königlichen Schlosse zu Potsdam. Sein Körper ward sogleich auf einem Brette nach dem Witwenhause der Lakaienfrauen getragen und hier von den Wundärzten geöffnet. In seinem Magen fand man ein Loch.

Sein Leichenbegängnis war äußerst lustig und seinem geführten Lebenswandel völlig angemessen. Schon vor zehn Jahren hatte ihm der König seinen Sarg in Form eines Weinfasses verfertigen lassen. Es war schwarz angestrichen und auf dem obern Teile mit einem weißen Kreuze geschmückt, welches nach allen vier Seiten herunterging. Es wird erzählt, daß Gundling sich schon bei Lebzeiten öfters in diesen Sarg gelegt und zur Ergötzung des Hofes ein Glas Wein darin getrunken habe. Nachdem er tot war, legte man ihn in seinem rotsamtenen, mit blauen Aufschlägen besetzten Kleide, desgleichen mit roten seidenen Strümpfen und einer großen Staatsperücke, in dasselbe hinein. Umher stellte man zwölf Gueridons mit brennenden weißen Wachskerzen. In dieser Parade ward er jedermann öffentlich gezeigt. Besonders kamen viele Fremde nach Potsdam, um ihn zu sehen.

Nachdem der Kastellan des Schlosses vom Könige den Befehl erhalten hatte, alles zum Begräbnis Erforderliche zu besorgen, ward dem Verstorbenen die Kirche zu Bornstädt als Ruhestätte bestimmt. Zur Leichenbegleitung wurden mehr als fünfzig Offiziere, Generale, Obersten und andere angesehene Kriegsbediente, die Geistlichen, die Potsdamer Schule, die königlichen Kabinettssekretäre, Kammerdiener, Küchen- und Kellereibediente eingeladen. Hierzu kam noch der Rat und die Bürgerschaft der Stadt, welche sich sämtlich, mit schwarzen Mänteln angetan, bei dieser Handlung einfinden mußten. Alle diese Begleiter waren bereit und willig, Gundling die letzte Ehre zu erweisen, bis auf die lutherischen und reformierten Geistlichen, die zu erscheinen sich weigerten. Da sie um die Ursache befragt wurden, schützten sie die Gestalt des Sarges vor, welche nicht erlaube, daß sie dabei ohne Anstoß erscheinen könnten. Man fand nicht für gut, sie weiter zu nötigen, und ließ sie weg.

Nun stellte sich aber ein zweiter Umstand dar, welcher neue Schwierigkeiten hervorbrachte. Da die Geistlichkeit, von der ein lutherisches Mitglied die Parentation halten sollte, nicht erschien, so war man verlegen, wer dies Geschäft nun übernehmen würde. Nachdem man hin und her gesonnen hatte, verfiel man endlich auf des Verstorbenen Erzfeind, auf David Faßmann. Dieser übernahm es und hielt wirklich die Leichenrede.

Nach Schluß derselben wurden Lieder gesungen und alle Glocken geläutet. Der bis dahin offen gestandene Sarg ward zugemacht, ein Bahrtuch darüber geworfen, und so ging es in bester Ordnung und unter fortgesetztem Läuten bis vor den Schlagbaum von Potsdam hinaus. Hier blieb die Prozession zurück, und nur wenige folgten der Leiche, die auf einen Wagen gesetzt und nach Bornstädt gefahren wurde. Hier wurde sie abgeladen und inmitten der Kirche eingesenkt. — Ein großer, zierlich ausgehauener Leichenstein erhielt folgende Inschrift:

Allhier liegt begraben der weyland Hoch- und Wohlgeborne
Herr,
Herr Jakob Paul Freiherr von Gundling,

Sr. K. Majestät in Preußen Hochbestallt gewesener Ober-Ceremonienmeister, Kammerherr, Geh. Ober-Appellations-, Kriegs-, Hof-, Kammer-Rath, Präsident der K. Societät der Wissenschaften, Hof- und Kammergerichtsrath, auch Historiographus etc., welcher von Allen, die ihn gekannt haben,

wegen seiner Gelehrsamkeit bewundert,
wegen seiner Redlichkeit gepriesen,
wegen seines Umgangs geliebt und
wegen seines Todes beklagt worden.

Anno 1731.

Darunter befindet sich groß und in sauberer Ausführung das freiherrliche Wappen.«

So etwa der zeitgenössische Bericht.

Des Wappens auf dem Leichensteine wird nur in aller Kürze Erwähnung getan, und doch ist dasselbe von besonderem Interesse. Es zeigt, daß des Königs Geneigtheit, an Gundling seinen Spott zu üben, auch über den Tod des letztern fortdauerte. Hatte er schon früher durch Erteilung eines freiherrlichen Wappens, auf dem die angebrachten drei Pfauenfedern die Eitelkeit des Freiherrn geißeln sollten, seinem Humor die Zügel schießen lassen, so ging er jetzt, wo es sich um die Ausmeißelung eines Grabsteins für Gundling handelte, noch über den früheren Sarkasmus hinaus, und das Grabsteinwappen erhielt zwei neue Schildhalter: eine Minerva und einen aufrecht stehenden Hasen. Die Hieroglyphensprache des Grabsteins sollte ausdrücken: er war klug, eitel, feige.

Dieser interessante Stein lag ursprünglich im Kirchenschiff; jetzt ist er senkrecht in die Frontwand eingemauert und wirkt völlig wie ein errichtetes Denkmal.

Wenn der weiße Marmor so vieler Gräber draußen längst zerfallen sein und kein rotdunkles Verbenenbeet den Verandabegräbnisplatz der Sellos mehr schmücken wird, wird dies wunderliche Wappendenkmal, mit den Pfauenfedern und dem aufrechtstehenden Hasen, noch immer zu unsern Enkeln sprechen, und das Märchen von »Gundling und dem Weinfaßsarge« wird dann wundersam klingen wie ein grotesk-heiteres Gegenstück zu den Geschichten vom Oger.

WER WAR ER?

Ein Kapitel in Briefen aus aller Welt Enden

In dem vorstehenden Bornstädtkapitel ist auf Seite 237 des verstorbenen Professors Samuel Rösel Erwähnung geschehen und an die Nennung seines Namens die Frage geknüpft worden: Wer war er?

Diese Frage, so wenig passend sie sein mochte, namentlich um des Tones willen, in dem ich sie stellte, hat wenigstens das eine Gute gehabt, mir eine Fülle von Zuschriften einzutragen, aus denen ich nunmehr imstande bin, ein Lebensbild Rösels zusammenzustellen.

Den Reigen dieser Zuschriften eröffnete ein »Hinterwäldler«, wie er sich selber am Schlusse seines, den Poststempel St. Louis (am Mississippi) tragenden Briefes nennt. Es heißt darin wörtlich:

»Oh, mein lieber Herr Fontane, röten sich nicht Ihre Wangen über solche Unwissenheit? Professor Rösel war ein hervorragender Mann der Berliner Akademie, eine wohlbekannte sehr beliebte Persönlichkeit, Anfang der dreißiger Jahre in den Familien Schadow, Spener, Link gern gesehen, wo er durch Satire, Komik und ausgezeichnete Geselligkeit alles zu erheitern wußte. Und nun fragen Sie: wer war er? Sie haben sich durch diese Frage eine arge Blöße gegeben, und wenn ich Sie nicht um Ihrer im letzten Kriege bewiesenen Vaterlandsliebe willen schätzte, so würden Sie sich eine öffentliche Rüge zugezogen haben. Nehmen Sie das nicht übel Ihrem Sie hochschätzenden

Hinterwäldler.«

Ich nahm diesen Brief anfänglich leicht und glaubte mich mit meinem »Wer war er?« immer noch in gutem Recht. Aber allmählich sollt' ich doch meines Irrtums gewahr werden. Der St. Louis-Brief kam durch mich selber in die Öffentlichkeit und ich mußte mich alsbald überzeugen, daß alle Welt auf die Seite Rösels und seines hinterwäldlerischen Advokaten und nicht auf die meinige trat. In der National-Zeitung erschien ein kleiner Artikel Adolf Stahrs, dem ich nachstehendes entnehme.

»Der Tadel vom Mississippi her ist doch nicht ganz unberechtigt. Fontane hätte die Pflicht gehabt, sich besser umzutun und nach einem Manne zu forschen, der noch zu Anfang der vierziger Jahre eine sehr bekannte Berliner Persönlichkeit war. Gottlob Samuel Rösel, Landschaftsmaler und Professor an der Zeichenakademie in Berlin, zählte zu seiner Zeit unter den tüchtigsten Künstlern seines Fachs, und Zelter nennt seine drei im Jahre 1804 ausgestellten Landschaften in dem über die Ausstellung jenes Jahres an Goethe berichtenden Briefe, neben den Landschaften von Hackert, Lütke, Genelli und Weitsch mit großem Lobe. Der kleine, etwas verwachsene, aber sehr geistreiche und sarkastische Mann war ein intimer Genosse des Zelterschen Kreises, war mit Hegel befreundet, und vor allen Dingen ein großer Verehrer Goethes. Es hätte Fontane nicht unbekannt sein dürfen, daß der größte deutsche Dichter das Andenken des Künstlers Rösel durch zwei seiner anmutigen kleinen Gedichte der Nachwelt zu überliefern für wert gehalten hat. Der Künstler hatte den Großmeister der deutschen Dichtung zu dessen Geburtstage wiederholt mit sinnigen Zeichnungen, unter denen Götz von Berlichingens Burg Jaxthausen, Tassos Geburtshaus in Sorrent und eine Zeichnung des Hofes von Goethes Vaterhause in Frankfurt, beschenkt, und Goethe dankte ihm dafür in mehreren Gedichten, von denen das eine: ›an Professor Rösel‹ mit den Worten beginnt:

Rösels Pinsel, Rösels Kiel
Sollen wir mit Lorbeer kränzen;
Denn er tat von je so viel
Zeit und Raum uns zu ergänzen.

Näheres über die Beziehungen Rösels zu Goethe findet man an verschiedenen Stellen des Goethe-Zelterschen Briefwechsels, sowie in den Anmerkungen, welche Herr Geh. Rat von Löper und Dr. Strehlke ihrer vortrefflichen Ausgabe Goethes an den betreffenden Stellen (T. III, S. 169, 170 bis 171) beigegeben haben.«

Und nun war das Eis gebrochen, und Rösel-Briefe kamen von allen Seiten.

»Es wäre leicht gewesen«, schrieb mir ein Unbekannter, »sich über Rösel zu informieren, und der Hinterwäldler hat es mit seinem Vorwurf doch eigentlich getroffen. Rösel war geistreich, witzig, spöttisch, von gediegenem Wissen und vor allem ein kreuzbraver Mann.

Friedrich Wilhelm IV., welcher ihn lange gekannt und geliebt hatte, nahm den alten, alleinstehenden und schließlich etwas geistesschwach gewordenen Mann nach Charlottenhof hinüber, und ließ ihn daselbst mehrere Jahre lang in der Familie des Hofgärtners oder des Kastellans verpflegen. Dies gereicht dem König um so mehr zur Ehre, als Rösel, ein echter Sohn der Aufklärungszeit, seine Ansichten, ja, seine Spöttereien, niemals verhohlen hatte.«

Diese Zeilen werden durch eine Stelle bei Varnhagen, Tagebücher II. S. 75 bestätigt. Es heißt daselbst: Sonnabend den 4. Juni 1842. »Der Maler Rösel ist sehr krank. Der König hat ihn nach Charlottenhof eingeladen, die Königin selbst wollte ihn pflegen, — zu spät kommt dem armen Manne so viel Huld!« So weit Varnhagen. Irrtümlich an dieser Notiz ist wohl nur das leise anklagende »zu spät«. Es scheint Rösel zu keiner Zeit an »Huld« und herzlichsten Freundschaftsbeweisen gefehlt zu haben. Einem Sterbenden war nur eben schwer zu helfen.

Beinah gleichzeitig mit den vorstehenden Zeilen empfing ich die folgenden.

»Sie werden Adolf Stahrs kleinen Artikel in der National-Zeitung gelesen haben. Auch ich entsinne mich Rösels sehr wohl. Er war ein Meister in der Sepiamalerei und hat eine Anzahl seiner Blätter publiziert. Alte Berliner Familien, ich nenne nur Deckers, bewahren manches davon als Andenken und Rauchs Tochter, Broses, Brendels, Marianne Mendelssohn und die Solmar müssen von ihm zu erzählen wissen. Er war sehr gefürchtet, weil er einen scharfen Witz hatte. Seine Herzensgüte glich es aber wieder aus. Mal wurde für ein armes Künstlerhaus eine Lotterie veranstaltet. Auch Rösel hatte beigesteuert und erschien endlich zur Ziehung: klein, krumm und in schwarzem Frack. Er sah dabei aus, als ob er nie etwas anderes trage als einen schwarzen Frack. Ich seh den kleinen Mann noch durch die Stube schreiten. Stahr spricht von einem Blatte »Goethes Hof«. Das trifft nicht völlig zu. Was Rösel gezeichnet hat, ist der Brunnen auf Goethes Hof in Frankfurt. Ihr

W. Hertz.«

Und noch ein Brief. Er lautete:

Wiesbaden 4. März 1873.

. . . Sie fragen in Ihrem Buche ›Wer war Rösel?‹ Diese Frage war mir wieder einmal ein rechter Beweis für die Vergänglichkeit alles Irdischen. Denn zu meiner Zeit war Rösel eine bei alt und jung, bei hoch und niedrig bekannte und beliebte Persönlichkeit. Ohne mich auf seinen Lebensgang und seine Leistungen hier einzulassen, will ich Ihnen doch wenigstens einige Notizen mitteilen. Rösel war Professor an der Kunstakademie und gab auch in Privatkreisen Unterricht im Landschaftzeichnen mit der Feder. Er hatte darin eine ganz eigene kräftige Manier, wie ich sie nie wieder gesehen habe. Die höchsten Herrschaften, die vornehmsten Familien nannten ihn ihren Lehrer, und alle liebten ihn, seiner Heiterkeit, seines Witzes, und seiner unermüdlichen Gefälligkeit wegen. Es gab kein Familienfest, kein Liebhabertheater, keine lebenden Bilder, bei denen er nicht Ratgeber und Helfer war. Es kam ihm gar nicht darauf an, Kulissen zu malen und Gelegenheitsgedichte zu machen. Ich selbst habe manchmal seine Güte in Anspruch genommen. Seine ganze Erscheinung hatte etwas Drolliges, Gnomenhaftes. Er war klein und verwachsen, der Kopf aber groß, mit dunkeln, ins Graue spielenden langen Locken. Sein sehr markiertes Profil hatte etwas Orientalisches. Sie werden ihn leicht auf dem bekannten Krügerschen Huldigungsbilde in der Künstlergruppe auf der Estrade rechts erkennen. Wenn ich nicht irre, sind Zeichnungen von ihm im Kupferstichkabinett, doch bin ich dessen nicht gewiß. Er hat lange Jahre in der Friedrichstraße gewohnt, Ecke der Mohrenstraße, unendlich einfach eingerichtet, ein echter Künstler-Junggeselle.

von Röder,*
Generalleutnant z. D

---

* Generalleutnant von Röder kommandierte im dänischen Kriege 1864 die »Düppel-Brigade«, Regimenter 24 und 64, und war unter den ersten, die auf Alsen landeten. Auf dem bekannten Bleibtreuschen Bilde »Übergang nach Alsen« (Nationalgalerie) steht er, ein großer schöner Mann, in einem der vordersten Boote. Während meines Militärjahres war er Offizier in der Kompanie des Kaiser Franz-Regiments, in dem ich diente, und bewahrte mir seitdem sein Wohlwollen.

Das waren die Zuschriften, die ich ohne mein Zutun erhielt. Um andere bemühte ich mich, indem ich bei Personen anfragte, von deren früheren Beziehungen zu Rösel ich inzwischen erfahren hatte. Einen aus der Reihe dieser Briefe, der das reichste Material gibt, lasse ich in nachstehendem folgen.

Rom 21. Januar 1880.

Piazza Campitelli, Palazzo Capizucchi.

Ihren lieben Brief mit der Rösel-Anfrage habe ich gestern erhalten und ich beeile mich, Ihnen darauf zu antworten.

Rösel wurde um 1770 in Breslau geboren. Und zwar am 9. Oktober. Sonderbarerweise bin ich über das Jahr unsicher, desto sicherer aber über den Tag. Ich weiß nämlich, daß es der Tag vor meines Vaters Geburtstag war. Er malte Landschaften, aber nicht in Öl, sondern in Sepia, hatte eine besondere Vortrags- und Behandlungsart, die er »knackern« nannte. Was es bedeuten sollte, weiß ich nicht. Er war eine der bekanntesten Persönlichkeiten und es gab kaum einen Abend im Jahr, an dem er nicht in Gesellschaft gewesen wäre. In besonders freundlichen Beziehungen stand er zur Familie Mendelssohn. Er hatte die Eigentümlichkeit, sich überall anzusagen, gewöhnlich zu einem Karpfenkopf. Bei meinem Großvater Feilner war er, dreißig Jahre lang, jeden Dienstag zur Whistpartie, sehr heftig beim Spiel und der jedesmalige Schrecken seines Partners. Ich sehe noch das große rote Kissen, mit dem darauf gestickten Röselchen, das ihm auf den Stuhl gelegt wurde. Denn Sie wissen, daß er sehr klein und bucklig war. Zu jedem Geburtstage meines Großvaters erschien er mit einem paar pompejanischen Scherben und obligatem Gedicht, das dann bei Tische vorgelesen wurde. Seine Handschrift war sehr charakteristisch, und jeden von ihm geschriebenen Brief bezog er am Rande mit einem rotgetuschten Strich. Seine Korrespondenz war die umfangreichste von der Welt und ein paar alte Weiber dienten ihm dabei als Briefboten. Sie hatten verschiedene Namen. Eine nannte er »Iris«, doch waren die Namen, die *wir* ihnen beilegten, minder poetischen Klanges. Sie waren alle sehr häßlich und wahre Unholde. Seine Beziehungen zu Goethe sind bekannt. Er war auch Freimaurer. Ich habe ihn nie anders gesehen, als in schwarzem Frack und weißer Krawatte. Seine letzten Jahre waren nicht die glücklichsten. Er wurde immer bärbeißiger, seine äußerliche Lage verschlechterte sich, und er hielt sich zuletzt zur Flasche, sogar zur Likörflasche. »Iris« und ihre Kameradinnen bekamen ihn ganz in ihre Gewalt. Um ihn daraus zu befreien, wurd' ihm, seitens seiner näheren Bekannten, ein Diener gehalten. Aber die Sache wurde hierdurch nicht gebessert. Im Gegenteil. Als er bald darauf, durch die Gnade Friedrich Wilhelms IV. eine Pension und eine Wohnung in Bornstädt empfing, begleitete ihn der Diener, der nun bald »um die Wette mit ihm die Fahne hochhielt.« Soll ihn auch schlecht behandelt haben. Endlich starb er, einsam und vergessen, und so schloß in Freudlosigkeit ein Dasein, das, durch ein halbes Jahrhundert hin, immer nur bemüht gewesen war, Gutes zu tun und Freude zu schaffen.

Ihr H. W.

So viel von Briefen.

Ich ließ es aber bei brieflichen Anfragen nicht bewenden und bemühte mich auch in Familien Zutritt zu gewinnen, in denen Rösel seinerzeit verkehrt hatte. Dort hoffte ich nicht nur von ihm zu hören, sondern auch das eine oder das andere von ihm zu sehen. Ein glücklicher Zufall führte mich, gleich zuerst, in das Haus der seitdem verstorbenen Frau Geheimrätin Zimmermann, geb. Palis, wo ich, zu meiner freudigsten Überraschung, ein ganzes Museum von Röselianas vorfand: Bilder, pompejanische Scherben und Briefe.

Die Ausbeute war so reich, daß ich, aus Furcht vor einem embarras de richesse, meine Bemühungen nicht weiter fortsetzte. Denn ähnlich intime Beziehungen, wie zum Hause Zimmermann,* unterhielt Rösel zu vielleicht zwanzig andern Häusern, unter denen hier nur die Häuser Mendelssohn, Brose, Feilner, Hotho, Decker und Hofzimmermeister Glatz genannt werden mögen.

Auf diese Röseliana des Hauses Zimmermann gehe ich nunmehr näher ein.

---

* Rösels Beziehungen zum Hause Zimmermann waren schon Erbstück, zweite Generation. Eigentlich befreundet war er mit den Pflegeeltern der Geheimrätin Zimmermann, der Familie Jordan, die das große, schöne Haus am Gendarmenmarkt, Ecke der Französischen- und Markgrafenstraße bewohnte. Die weiterhin mitzuteilenden Röselschen Briefe sind denn auch fast alle an Fräulein Fanny Jordan gerichtet, die später den Steuerrat Hedemann heiratete. Frau Geheimrätin Zimmermann, geb. Palis, war eine Pflegeschwester der letztgenannten Dame.

I. Bilder

Eingerahmt und alle in Sepia

1. Kloster oberhalb Subiaco im Sabinergebirge.
2. Kloster San Cosimato unweit Tivoli, an welcher Stelle der heilige Benedikt längere Zeit lebte, ehe er das erste Kloster auf Monte Cassino erbaute.
3. Die Kirche der heiligen Constantia (früher Bacchustempel) vor der Porta Pia in Rom.
4. Ein Teil des alten Schlosses zu Mansfeld, der »Mittelort« genannt, in welchem Martin Luther kurz vor seinem Tode die gräflich Mansfeldsche Familie zur Eintracht ermahnte und Frieden stiftete.
5. Ein Blick vom südwestlichen Abhange des Schloßberges zu Wernigerode auf den Kirchhof und die Sankt Theobalds-Kirche zu Nöschenrode. Das älteste Kirchlein im Harzgebirge; Sankt Theobald eines Köhlers Sohn.
6. Die Bäder von Gastein im Salzburgischen.

Dies letztgenannte ist das Hauptbild, größer als die andern, und mit besondrer Liebe ausgeführt. Ich glaube, daß es auch jetzt noch vor Künstleraugen bestehen kann. Es war zum 10. Oktober 1831 als Geburtstagsgeschenk für den alten Jordan bestimmt, leider aber nur halb fertig geworden. Um diesen unfertigen Zustand zu entschuldigen, begleitete er das Bild mit einem Gedichte, das folgendermaßen lautete:

Der Kritiker.

Nun das ist wahr, mein Herr Rösèll,
Ihre Zeichnung ist wirklich höchst originell,
Man möchte schwören 's wär leeres Papier,
So schrecklich klar ist Ihre Manier.
Solch Angebinde kein Kind begehrt,
Am wenigsten ist es den Rahmen wert.

Der Zeichner.

Geb' zu, Sie treiben mich in die Eng',
Aber sind doch viel zu streng.
Diese Zeichnung erkennen bloß Kinder des Lichts,
Sie sind aber keins, drum sehen Sie nichts.
Ich lass' Ihnen noch acht Tage Ruh,
Dann sehn Sie mal wieder nach oder zu.

Der Kritiker.

Nun merk' ich, wie's zusammenhängt:
So geht es, wenn man zu spät anfängt.

Diese Verse sind auf die Rückseite geklebt, passen aber insoweit nicht mehr, als das Bild jetzt in allen Stücken fertig ist.

Außer diesen eingerahmten Bildern besitzt die Familie Zimmermann noch eine ganze Anzahl von Zeichnungen, die als Vorlegeblätter benutzt werden. Wenn mich nicht alles täuscht, stehen sie, in ihrer saubren Einfachheit, künstlerisch höher, als die sorglich ausgeführten großen Landschaften.

Hierher gehört auch ein Kästchen, auf dessen Deckel er eine kleine Niedlichkeit gezeichnet hat. Dies Kästchen, als er es schenkte, war von folgenden vier Zeilen begleitet:

Hölzern ist die Gabe
Und leer im Innern; drum habe
Den Inhalt ich mit gutem Bedacht
Gleich von außen angebracht.

II. Kuriositäten

Alle diese Dinge sind heute, wo jeder dritte Mensch in Rom und Neapel war, zu wertlosem Trödelkram geworden. Vor fünfzig Jahren hatten sie noch einigermaßen eine Bedeutung. Es sind das die »Scherben«, von denen der vorstehende aus Rom mitgeteilte Brief H. W.'s spricht. Ich leiste deshalb auch Verzicht darauf, die einzelnen Stücke hier namentlich aufzuführen.

III. Briefe

Dies ist der Hauptschatz, und sie geben nicht nur ein vollkommenes und wie ich meine sehr liebenswürdiges Bild des Mannes, sondern auch seiner Zeit. Alte Berliner werden diese kleinen Schnitzel nicht ohne Freude, manche nicht ohne Bewegung lesen. Die etwa zwanzig, die ich mitteile, sind aus ein paar hundert ähnlicher ausgewählt. Meistens sind sie auf Papier in Duodezformat geschrieben, einige auf Karten, wie sie jetzt wieder Mode sind, und alle haben sie den rotgetuschten Rand, dessen H. W. in seinem Briefe Erwähnung tut. Nur wenige sind gesiegelt und zeigen dann ein Efeublatt mit den Initialen S. R. Und nun mögen die Briefe selber sprechen.

Den 4. Mai 1826.

Wär's vielleicht um zwei?
Wär's vielleicht um drei?
Jedenfalls dabei.

Euer R.

Sonntag Rogate 1826.

Wo seid Ihr heute,
Lieben Leute?
An der Panke?
Ich danke.
An der Spree?
Da käm' ich. Juchhe!

Dienstag, 23. Januar 1827.

Für den Seume schick ich hier den Heinrich von Kleist. Ich bitte später daraus vorlesen zu dürfen. Was macht der Onkel? Besser? Ich werd' es sonst bei Barez bestellen!

23. April 1827.

Gestern war Sonntag Quasimodo und ich war quasi modo dicht am Sterben. O diese höllische Migräne! Das einzige Mittel ist Ruhe. »Ruhe ist die erste Bürger-Pflicht« sagte schon Minister von der Schulenburg. Aber an Migränetagen dürfen es sich auch Hochadlige gesagt sein lassen. Und dann natürlich auch Kamillentee. Anbei sende ich den ersten Teil von Heinrich von Kleist zurück. Darf ich mir dafür den Teil erbitten, in dem die Novelle »Hans Kohlhaas« steht? Auch nehme ich mit dem Käthchen von Heilbronn oder dem Prinzen von Homburg vorlieb.

Donnerstag, den 14. Juni 1827. Am Tage Sankt Modesti des modestesten Heiligen.

In Ermangelung von etwas Besserem schicke ich das beifolgende Bildchen, das ich, je nachdem es die Größe des Kästchens verlangt, bei a oder bei b abzuschneiden bitte. Wird bei b abgeschnitten, so fällt der alte Herr auf dem Baume weg und die Birnen fallen dann, wie vom Himmel, in die Schürze der Sammlerin. — Unbekleidetes könnt ich in Menge liefern, aber das könnte Sankt Modestus übelnehmen und mit Heiligen darf man's nicht verderben. Wir haben's hier unendlich heiß und ich verkoche ganz allmählich, wobei mich nur die Krebse trösten, die längst gewohnt sind, lebendig gesotten zu werden. Haltet Euch tapfer in Pankow!

Donnerstag, den 6. Dezember 1827 am Tage des heiligen Nikolas, der den frommen und fleißigen Kindern goldne Äpfel bringt.

Und auch ich komme nicht mit leeren Händen und schicke endlich das versprochene Buch. Trotz allem Ungewissen steckt doch viel Wissen darin. Ein eigentliches Urteil darüber habe ich nicht, weil ich es nicht ganz verstehe; doch habe ich Meinungen, die einem Urteil beinah gleichkommen. Selbst Professor Hegel sprach mit großer Achtung und Schonung einige Worte über den jugendlichen Autor aus.

Montag, den 3. November 1828. Am Tage Gottlieb.

So hört denn: Alle die Gott lieben,
In Wohltun nie zurückgeblieben,
Hungrige speisen, Durstige tränken,
Arme zum Geburtstag beschenken,
Beschenken in Gnad und Überfluß —
Euch, Ihr Lieben, herzlichen Gruß!

Den 5. März 1829. (Mit einigen Fragmenten aus dem Äsculaptempel in Pompeji.)

Gestohlen? So haben wir nicht gewettet.
Ich hab es gefunden und — gerettet.

Den 26. Dezember 1829. Am Tage des heiligen Stephanus, des ersten Märtyrers.

Ich komme bestimmt noch, aber leider erst spät, da ich noch notwendig zu dem Silberpärchen Mendelssohn-Bartholdy muß.

Montag, den 19. September 1831.

Cholera her, Cholera hin,
Leben, leben ist Gewinn
Und könnt ihr mir morgen 'ne Suppe geben,
So möcht ich morgen wohl noch leben.

Mittwoch, den 2. November 1831.

Als ich vor zweiundvierzig Jahren nach Berlin kam, gab es eine Gesellschaft, welche sich »la Société du Mercredi« nannte und immer Donnerstags zusammenkam. Warum sollte es der gütigen Madame Jordan nicht erlaubt sein, ihren Donnerstag auf den Freitag zu verlegen?

Sonntag, den 6. November 1831. Am Tage Sankt Leonhard oder Löwenherz.

Am heutigen Tage muß ich mir ein Löwenherz fassen und Dir schreiben, daß ich beim besten Willen nicht kommen kann, da heute zwei ehrenfeste Geburtstagskinder: der alte Hofzimmermeister Glatz und Fräulein Luise Hotho befeiert werden müssen. Morgen bin ich bei Feilners.*

Freitag, den 18. November 1831.

Hier meine teure Fanny, sende ich Ihnen den verheißenen Briefwechsel zwischen Goethe und Schiller, oder, wenn es die gute Tante so will, zwischen Schiller und Goethe. Streng genommen gebührt aber diesem letzteren der Vorrang, dieweil durch seine früheren unsterblichen und höchst genialischen Werke der viel jüngere Schiller zum Schreiben und Dichten erst angeregt wurde, Goethe aber die weite Bahn sich selbst eröffnete. Vielleicht söhnt sich Tantchen durch diese Briefe mit dem verhaßten Goethe aus. Ich würde mich über solche Bekehrung herzlich freuen, denn jedes überwundene Vorurteil gewährt einen Triumph.

23. Juni 1832.

Ich kann leider nicht kommen. Am Sankt Johannistage gehöre ich dem Orden an, und muß diesen Tag feiern helfen, wie eben jeder gute Christ tun sollte. Denn Johannes der Täufer wurde von Oben gewürdigt und berufen, dem Messias den Weg zu bahnen, auf daß der von Gott Gesandte die Menschen zur ewigen Glückseligkeit, d. h. zum Leben in Gott zurückführe.

---

* In einem sehr viel späteren Briefe (27. Januar 1841) heißt es: »Es war gestern, trotz der kalten Witterung, ein schwüler Tag für mich. Der Abschied aus dem alten, ehrwürdigen Hause Feilner hatte mich windelweich gemacht. Ich hätte stundenlang wie ein Kind weinen können!«

Freitag, 4. Januar 1833. Am Tage Methusalem oder Methusalah, der sich bekanntlich schämte, tausend Jahre alt zu werden, und schon im neunhundertneunundsechzigsten, in der Blüte des reiferen Mannesalters, das Zeitliche segnete.

Sie fragen, liebe Fanny, was coq-à-l'âne bedeutet? So viel wie ungereimtes Zeug oder Durcheinander oder Quodlibet. Denn wenn Hahn und Esel sich in die Rede fallen, so kommt nicht viel Gescheites heraus.

13. April 1833.

Bin leider immer noch krank. Und hätte doch geglaubt, einen bequemeren Posten verdient zu haben, als den eines Nachtwächters, der die Stunden abhusten muß.

Sonntag, den 14. April 1833.

Die Grippe nimmt schweren Abschied von mir. Ich kann es ihr nicht verdenken; es ging ihr so gut bei mir. Aber sie muß fort.

Dienstag, 16. April 1833.

Es geht endlich besser. Schickt nun nichts mehr für den Kranken. Heute wird Gräfin Sophie Schwerin für mich sorgen und morgen Mendelssohns in der Jägerstraße. Donnerstag komm ich selbst.

In demselben Jahre (1833) machte er eine Sommer-, Studien- und Erholungsreise bis nach Hessen und Westfalen und im August nach Berlin zurückgekehrt, schrieb er einen langen Reisebrief an seine Freundin Fanny Jordan, die mittlerweile Frau Steuerrätin Hedemann zu Demmin in Pommern geworden war. Der Brief lautet:

Berlin, 18. August 1833.

Mit fast noch größerem Recht als der muskauwitische Fürst Pückler, könnte ich seit dem fünften Juli dieses Jahres meine Episteln: »Briefe eines Verstorbenen« titulieren, denn an jenem Tag stand mein Leben still und alle meine Sinne versagten mir den Dienst. Zwar wäre diese Todesart eine ganz exzellente zu nennen gewesen, denn ich verschied in den Armen zweier Exzellenzen: Minister von Klewitz und Generalleutnant Graf von Hacke, auf des letztern Hausflur zu Magdeburg, aber ich bin nicht so eitel und ziehe ein bescheidenes Leben einer glänzenden Todesart vor. Mein alter Freund, der Medizinalrat Dr. Schulz, trat zur rechten Zeit ins Haus, denn der entscheidende Augenblick war nahe und nur ein Aderlaß konnte mich retten. Die Herren Homöopathen mögen dagegen sagen, was sie wollen, denn alle ihre niedlichen Riechfläschchen und Million-Teilchen hätten mich nicht wieder ins Leben gerufen. Mir gelang es besser, wie jenem armen Sünder, der auf dem Wege zum Galgen gefragt: »Ob er etwas zu seiner Equickung begehre, etwa einen Schluck Wein?« um einen Aderlaß bat, und auf die Frage: »warum gerade das?« antwortete: »man hab' ihm immer gesagt, der erste Aderlaß könne vom Tode retten.«

Mir hat's geholfen, dem armen Jungen aber nicht, trotzdem ich in Städten und Schlössern viel mehr eingesteckt habe, als er. Aber so geht es in der Welt: Die kleinen Diebe henkt man, und die großen läßt man laufen.

Sorgfältiger und liebevoller kann kein Bruder vom andern gepflegt und gewartet werden, als ich im Gräflich von Hackeschen Hause, und so ward es mir möglich, nach acht Tagen meine Reise langsam fortzusetzen. Die Krisis war glücklich überstanden, und ich gehörte endlich wieder zu der uralten Familie A-Grippa, d. h. zu der, welche die Grippe *nicht* hat.

Leider trat mit der Sonnenfinsternis am 17. Juli erst Nebel, dann Regen und Kälte ein, so daß ich meinem Skizzenbuche nur schmale Kost reichen konnte. Ein Fremder an der Table d'hôte in Hildesheim nannte den feinen Nebelregen »Luftschweiß«; er ist aber dem kalten Todesschweiße noch ähnlicher, der allen zarten Pflänzchen den Garaus macht. Zu meinem Glücke reise ich nicht bloß auf schöne Gegenden, Kirchen, Schlösser und Altertümer, sondern vor allem auf Menschen. Papa Goethe hat wohl recht, wenn er sagt: »Die Welt ist so leer, wenn man nur Berge, Flüsse und Städte darinnen sich denkt; aber hie und da jemand zu wissen, der mit uns übereinstimmt, mit dem wir auch stillschweigend fortleben, das macht dieses Erdenrund erst zu einem bewohnten Paradiesgärtlein.«

Da mochte es denn regnen und kalt sein, ich sonnte mich an den vielen, des unverhofften Wiedersehens sich freuenden Augen alter Freunde und Bekannter, die mir fast an jedem Orte entgegenleuchteten und mich alles Ungemach der Witterung vergessen ließen. Und so schied ich denn auch von jedem Orte viel reicher an Freunden und interessanten Bekanntschaften, als ich kam. Der Herzenskalender füllte sich zusehends mit neuen Geburtstagen und Lebensfesten, und solches tut auch not, denn in der letzten Zeit war der Abgang stärker, als der Zuwachs. —

Den Geburtstag unsres teuren Königs feierte ich, trotz Sturm und Drang, auf einem höchst klassischen Boden und zwar im Arnsbergischen Regierungsbezirk, auf den Grundmauern der Burg Karls des Großen, wo er Reichsversammlungen und Zehntgerichte hielt, wo ihn die Päpste Hadrian I. und Leo III. besuchten, und allwo er die widerspenstigen und ungläubigen Sachsen ziemlich unsanft bekehrte. Dies war auch der weiteste Punkt meines Streifzuges, denn da ich durch mein Sterben und Auferstehn in Magdeburg zwölf Tage von der Urlaubszeit eingebüßt hatte, und nur kleine Reisen wagen durfte, um nicht zum zweiten und vielleicht letzten Male zu verscheiden, so mußt ich kehrtmachen, ohne den alten Vater Rhein begrüßt zu haben. Und so bin ich denn über Arolsen, Kassel, Heiligenstadt, Nordhausen, Eisleben, Halle, Wittenberg am 8. August wieder heimgekehrt. Noch zu guterletzt feierte ich in Halle ein beseligendes Fest des Wiedersehens und zwar im Gasthofe am Zeitungstisch. Da saß ein eifriger Zeitungsleser in den Hamburger Korrespondenten ganz und gar versunken; plötzlich sah er auf und schrie: »Sind Sie's wirklich, lieber Rösel?« »Ja, ich bin's Exzellenz.« Es war mein alter Freund und Gönner, der Chefpräsident von Vincke aus Münster. Seine Umarmung bei meinem Einsteigen in die Extra Post-Chaise gab mir in den Augen der Umstehenden ein gewaltiges »Basrelief«, wie General Elsner zu sagen pflegte.

An der nächsten Station hielt gleichzeitig mit meinem Postwägelchen ein stattlicher Reisewagen. Ein elegant gekleideter Reisender stieg aus, und siehe, es war der Hofbuchdrucker Rudolph Decker. Bald darauf kuckte mich auch sein Schätzellchen gar freundlich an. Da gab's etwas zu erzählen, vom schönen Musikfeste in Düsseldorf, von den trefflichen jungen Künstlern daselbst usw. So plauderten wir von Station zu Station bis Wittenberg, wo wir noch miteinander zu Abend speiseten und uns ein: »Auf Wiedersehen in Berlin« zutranken. Denn ich wollte in Wittenberg übernachten, das junge Paar aber in einem Striche weiterrollen.

Seit dem Wiederaufleben in Magdeburg esse und trinke ich mit gesundem Appetite, schlafe wie ein Murmeltier und fühle mich gesund und heiter wie ein Fisch im Wasser. . . .

Am 8. Juli 1843 starb Rösel und wurde auf dem Bornstädter Kirchhof begraben. Die Chronik der Königlichen Akademie der Künste brachte das Jahr darauf folgenden kurzen Nekrolog: »Johann Gottlob Samuel Rösel, geboren zu Breslau den 9. Oktober 1768 (die Grabinschrift sagt 1769), wurde am 14. Februar 1824 zum ordentlichen Mitgliede der Akademie gewählt. Schon vorher war er königlicher Professor und Zeichenlehrer an der Bauschule. Als geistreicher Landschaftszeichner geschätzt, bis ins Alter von unverwüstlicher Heiterkeit und bei beschränkten Mitteln unermüdlich im Wohltun, folgt ihm das ehrende Andenken zahlreicher Freunde. Von königlicher Huld in den Gartenschlössern bei Potsdam bis an sein Ende gepflegt, starb er ebendaselbst.«

Auch noch in seiner letzten Krankheit war er durch Geheimrat Dr. Zimmermann ärztlich behandelt worden. An sogenannten »Erlebnissen« hat sein Leben wohl wenig aufzuweisen. Er gehörte ganz und gar einer gemütlichen Form gesellschaftlichen Daseins an; darin ging er auf und man würde sagen müssen auch unter, wenn sein Talent und seine Bedeutung ein so feierlich klingendes Wort überhaupt gestattete. Denn alles an ihm war Dillettantismus. Er erinnert in vielen Stücken an Wilhelm Hensel, der den besten Teil seines Lebens auch an vornehmen Umgang, an Einsammeln von Zelebritätsköpfen für seine Porträtmappe und an Briefchen und Gedichtchen setzte. Nichtsdestoweniger war ein Unterschied, und einer unsrer gegenwärtigen Altmeister, der beide noch gekannt hat, brach, als ich auf die vorstehende Parallele hinwies, unter herzlichem Lachen in die Worte aus: »Um Gottes willen nicht! Mit Hensel war es nicht viel, aber gegen Rösel war er ein Gott.«

Mit zwei Anekdoten will ich schließen. Schleiermacher und Rösel, beide Breslauer, beide klein und verwachsen, trafen sich in einer Gesellschaft und erinnerten sich, auf derselben Schulbank gesessen zu haben. »Wir waren damals halbwachsen« sagte Rösel. »Im Grunde genommen« lachte Schleiermacher »sind wir's auch geblieben.«

In der zweiten Anekdote spielt Rösel seinerseits die Hauptrolle. Er saß in Sanssouci mit bei Tisch und Friedrich Wilhelm IV. stieß aus Versehen ein Glas Portwein um. »Was sagen Sie nun?« fragte der König. »Gott, Majestät« antwortete Rösel »eben war es noch Portwein und jetzt ist es bloß Tischwein.«

MARQUARDT

> Des Hofes Glanz und Schimmer
> Blinkt nur wie faules Holz,
> Die Kirche lebt vom Flimmer
> Und wird vor Demut stolz;
> Arm sind des Lebens Feste,
> Rings abgestandner Wein,
> Das Höchste und das Beste,
> Wie niedrig und wie klein.
>
> *Walter Raleigh*

Eine Meile hinter Bornstädt liegt Marquardt, ein altwendisches Dorf, ebenso anziehend durch seine Lage, wie seine Geschichte. Wir passieren Bornim, durchschneiden den »Königsdamm« und münden unmerklich aus der Chaussee in die Dorfstraße ein, zu deren Linken ein prächtiger Park bis an die Wublitz und die breiten Flächen des Schlänitzsees sich ausdehnt.

Die gegenwärtige Gestalt von Marquardt, ebenso wie sein Name, ist noch jung; in alten Zeiten hieß es Schorin. Im fünfzehnten Jahrhundert, und weiter zurück, war es im Besitz zweier Familien; die eine davon nannte sich nach dem Dorfe selbst (Zabel von Schorin 1375), die andere waren die Bammes. Der Besitz wechselte oft; die Brösickes, Hellenbrechts und Wartenbergs lösten einander ab, bis 1704 der Etatsminister und Schloßhauptmann Marquardt Ludwig von Printzen das reizende Schorin vom Könige zum Geschenk, und das Geschenk selber, dem Minister zu Ehren, den Namen Marquardt erhielt.

An von Printzen, der sieben hohe Standesämter bekleidete und ebenso viele Titel führte, läßt sich die Phrase vom »unsterblichen Namen« mustergültig studieren. Wer kennt ihn noch? Und doch war der Ruhm, den er seinerzeit genoß, ein so allgemeiner und wohlverdienter, daß selbst der medisante Herr von Pöllnitz nicht umhin konnte, in seinen Memoiren zu schreiben: »Um 1710 wurde von Printzen zum Oberhofmarschall ernannt. Seine Verdienste machten ihn dieser Stelle vollkommen würdig. Der Hof, bei welchem er schon sehr jung angestellt worden war, hatte weder seine Sitten noch sein Herz verdorben. Treue und Redlichkeit waren die Triebfedern aller seiner Handlungen und man kann mit Wahrheit sagen, daß unter allen Ministern des Königs er derjenige war, der den Meinders und Fuchs, welche Deutschland unter seine größten Männer rechnete, am meisten gleichkam. Seine Aufrichtigkeit hatte ihm jedermanns Liebe zugezogen. Selbst der Kronprinz, der ein geborener Feind aller Minister war, konnte ihm seine Hochachtung nicht versagen, so daß er, als der Prinz zur Regierung kam, der Einzige war, der seine Stelle behielt.«

So Pöllnitz über von Printzen. Ein Glück, daß sieben Hof- und Staatsmänner ihn bei Lebzeiten schadlos hielten für die Undankbarkeit der Nachwelt. Er bezog vierzigtausend Taler jährlich. Unter seinen vielen Ämtern war auch das eines »Direktors des Lehnswesens«, was die Anhäufung von Lehnsbriefen des gesamten Havellandes im Marquardter Archive erklären mag.

von Printzen starb 1725; schon sechs Jahre früher (1719) war das anmutige Schorin, nunmehr Marquardt, in die Hände der Familie von Wykerslot übergegangen, die, zu Anfang des Jahrhunderts, vom Niederrhein, dem Jülichschen und Cleveschen her, ins Land gekommen war. Vater und Sohn folgten einander im Besitz, jagten und prozessierten ein halbes Jahrhundert lang und erwarben sich das im engsten Zusammenhang damit stehende fragwürdige Verdienst, das Gutsarchiv mit den meisten Aktenbündeln, diesmal nicht Lehnsbriefe, vermehrt zu haben. Es war eine calvinistische Familie und das Interessanteste aus ihrer Besitzzeit bleibt wohl, daß, obschon sie die Kirche aus eigenen Mitteln erbaut hatten, ihnen, solange Friedrich Wilhelm I. regierte, nicht gestattet wurde, das heilige Abendmahl in dieser ihrer Kirche aus der Hand eines reformierten Geistlichen zu empfangen. Die Wykerslot mußten sich, an ihrem eigenen Gotteshause vorbei, nach Nattwerder begeben, einer benachbarten Schweizerkolonie, wo das Abendmahl nach calvinistischem Ritus erteilt wurde.

1781 starb der jüngere Wykerslot. War der Besitz bis zu diesem Zeitpunkte kein konstanter gewesen, so wurde er von jetzt ab, in der Unruhe sich steigernd, ein beständig wechselnder, so daß wir in dem kurzen Zeitraum von 1781 bis 1795, die Wykerslot noch mit eingerechnet, das nunmehrige Marquardt in Händen von vier verschiedenen Familien sehn. Die Nähe Potsdams — wie bei vielen ähnlichen Punkten — spielte dabei eine Rolle. Wer dem Hofe nahe stand, oder, wer außer Dienst, es schwer fand, sich ganz aus der Sonne zurückzuziehen, wählte mit Vorliebe die nahegelegenen Ortschaften.

Unter diesen auch Marquardt. Hofleute erstanden es, nahmen hier ihre Villeggiatur und verkauften es wieder. Die Besitzreihe war die folgende:

Oberstleutnant von Münchow von 1781 bis 1789,
Hofmarschall von Dorville von 1789 bis 1793,
Kammerherr und Domherr Baron von Dörenberg von 1793 bis 1795,
General von Bischofswerder von 1795 bis 1803.

Über die Besitzzeiten der erstgenannten drei ist wenig zu sagen. Von Münchow errichtete seiner verstorbenen Frau ein Rokokodenkmal mit der Inschrift: »Friede sei über ihrer würdigen Asche«; Dorville und Dörenberg gingen spurlos vorüber. Erst mit General von Bischofswerder begann eine neue Zeit. Marquardt trat in die Reihe der historischen Plätze ein.

MARQUARDT VON 1795 BIS 1803

General von Bischofswerder

Die Zeit der Heerlager war vorüber, der Baseler Friede geschlossen; in demselben Jahre war es, 1795, daß der General von Bischofswerder Marquardt käuflich an sich brachte, nach einigen aus dem Vermögen seiner zweiten Frau, nach andern aus Mitteln, die ihm der König gewährt hatte. Das letztere ist das wahrscheinlichere. Gleichviel, er erstand es und gab dem Herrenhause, dem Park, dem Dorfe selbst, im wesentlichen den Charakter, den sie samt und sonders bis diesen Augenblick zeigen. So wenig Jahre er es besaß, so war dieser Besitz doch epochemachend. Ehe wir darzustellen versuchen, was Marquardt damals sah und erlebte, versuchen wir eine Schilderung des einflußreichen und merkwürdigen Mannes selbst.

Hans Rudolf von Bischofswerder wurde am 11. November 1740 zu Ostramondra im sächsisch-thüringischen Amte Eckartsberga geboren.* Die Angabe von Tag und Jahr ist zuverlässig, die Ortsangabe fraglich. Sein Vater war Adjutant

* Dies Geburtsdatum festzustellen, war schwierig. Die Geschichts- und Nachschlagebücher geben abwechselnd 1737, 1738 und 1741 an. Monat und Tag werden gar nicht genannt. In dieser Verlegenheit half endlich das Marquardter Kirchenbuch: Es heißt in demselben: Hans Rudolf von Bischofs-

bei dem Marschall von Sachsen, warb für Frankreich das Regiment Chaumontet und starb als Oberst im Dienste der Generalstaaten.

Hans Rudolf von Bischofswerder studierte von 1756 an zu Halle, nahm dann Kriegsdienste und trat 1760 in das preußische Regiment Karabiniers, dessen Kommandeur ihn zu seinem Adjutanten machte. In dieser Eigenschaft wohnte er den letzten Kämpfen des Siebenjährigen Krieges bei. Noch während der Kampagne stürzte er mit dem Pferde, erlitt einen Rippenbruch, und zunächst wenigstens sich außerstande sehend, die militärische Laufbahn fortzusetzen, begab er sich auf sein Landgut in der sächsischen Lausitz, wo er sich 1764 mit einer Tochter des kursächsischen Kammerherrn von Wilke vermählte. Er lebte hier mehrere Jahre in glücklicher Zurückgezogenheit und »übte«, wie es in einer der zeitgenössischen Schriften heißt, »all die gesellschaftlichen und häuslichen Tugenden die ihm die Hochachtung derer, die ihn kannten, erwarben.«

Sein guter Ruf verschaffte ihm die Ehre, als Kavalier an den sächsischen Hof gerufen zu werden. Von hier aus machte er mit dem Prinzen Xaver eine Reise nach Frankreich. Bald nach seiner Rückkehr wurde er Kammerherr des Kurfürsten, hiernächst Stallmeister des Prinzen Karl, Herzogs von Kurland.

Herzog Karl von Kurland, Sohn Friedrich Augusts II., lebte damals zumeist in Dresden und gehörte in erster Reihe zu jener nicht kleinen Zahl von Fürstlichkeiten, die für das epidemisch auftretende Ordenswesen, für Goldmachekunst und Geistererscheinungen ein lebhaftes Interesse zeigten.

So konnte es denn kaum ausbleiben, daß auch Bischofswerder, wie alle übrigen Personen des Hofes, zu jenen Alchimisten und Wunderleuten in nähere Beziehung trat, die damals beim Herzoge aus- und eingingen. Unter diesen war Johann Georg Schrepfer der bemerkenswerteste. Er besaß

---

werder starb am 30. Oktober 1803, in einem »ruhmvollen Alter« von zweiundsechzig Jahren elf Monaten und neunzehn Tagen. Dies ergibt das oben im Text angegebene Geburtsdatum. — Eine verwandte Mühe (was gleich hier bemerkt sein mag) haben alle andern Namen-, Zahlen- und Verwandtschaftsangaben gemacht und nicht immer ist das Resultat ein gleich befriedigendes gewesen. Vieles war absolut nicht in Erfahrung zu bringen. Ich habe das Vermählungsjahr Bischofswerders mit seiner zweiten Gemahlin, Gräfin Pinto, nicht mit Sicherheit feststellen können. Bestimmte Angaben hierüber würden mit Dank entgegengenommen werden.

einen »Apparat«, der so ziemlich das Beste leistete, was nach dieser Seite hin in damaliger Zeit geleistet werden konnte. Dazu war er kühn und von einem gewissen ehrlichen Glauben an sich selbst. Es scheint, daß er, inmitten aller seiner Betrügereien, doch ganz aufrichtig die Meinung unterhielt: jeder Tag bringt Wunder; warum sollte am Ende nicht auch mir zuliebe ein Wunder geschehen? Als trotz dieses Glaubens die eingesiegelten Papierschnitzel nicht zu Golde werden wollten, erschoß er sich im Leipziger Rosenthal (1774). Bischofswerder war unter den Freunden, die ihn auf diesem Gange begleiteten und denen er eine »wunderbare Erscheinung« zugesagt hatte.

Die ganze Schrepferepisode hatte als Schwindelkomödie geendet. Aber so sehr sie für Unbefangene diesen Stempel trug, so wenig waren die Adepten geneigt, ihren Meister und seine Kunst aufzugeben. Man trat die Schrepfersche Erbschaft an und zitierte weiter. Friedrich Förster erzählt: »Bischofswerder, in einem Vorgefühl, daß hier ein Schatz, eine Brücke zu Glück und Macht gefunden sei, wußte den Schrepferschen Apparat zu erwerben.« Doch ist dies nicht allzu wahrscheinlich. Wenn Bischofswerder später sehr ähnlich operierte, so konnte er es, weil ein längerer intimer Verkehr mit dem »Meister« ihn in alle Geheimnisse eingeführt hatte.

Der prosaische Ausgang Schrepfers — prosaisch, trotzdem er mit einem Pistolenschuß endete — hatte unseren Bischofswerder nicht umgestimmt, aber verstimmt; er gab Dresden auf, oder mußte es aufgeben, da der ganze Hergang doch viel von sich reden machte und nicht gerade zugunsten der Beteiligten. Er ging nach Schlesien und lebte einige Zeit (1774 bis 1775) in der Nähe von Grüneberg, auf den Gütern des Generals von Frankenberg. Bischofswerders äußere Lage war damals eine sehr bedrückte.

Dieser Aufenthalt vermittelte auch wohl den Wiedereintritt Bischofswerders in den preußischen Dienst, der nach einigen Angaben 1775 oder 1776, nach anderen erst bei Ausbruch des Bayerischen Erbfolgekrieges 1778 erfolgte. Prinz Heinrich verlangte ihn zum Adjutanten; als sich diesem Verlangen indes Hindernisse in den Weg stellten, errichtete von Bischofswerder, inzwischen zum Major avanciert, ein sächsisches Jägerkorps, das der Armee des »Rheinsberger Prinzen« zugeteilt wurde.

Beim Frieden hatte diese Jägertruppe das Schicksal, das ähnliche Korps immer zu haben pflegen: es wurde aufgelöst.

König Friedrich II. indes, »der die Menschen kannte«, nahm den nunmehrigen Major von Bischofswerder in seine Suite auf, worauf sich dieser in Potsdam niederließ. Die schon zitierte Schrift schreibt über die sich unmittelbar anschließende Epoche (von 1780 bis 1786) das Folgende:

»Um diese Zeit war es auch, daß der damalige Prinz von Preußen, der spätere König Friedrich Wilhelm II., ihn kennenlernte und seines besonderen Zutrauens würdig fand. Wobei übrigens eigens bemerkt sein mag, daß von Bischofswerder der einzige aus der Umgebung des Prinzen war, welchen König Friedrich hochzuachten und auszuzeichnen fortfuhr, so groß war die gute Meinung des Königs von Herrn von Bischofswerder, so fest hielt er sich überzeugt, daß er nicht imstande wäre, dem Prinzen böse Ratschläge zu erteilen. Noch mehr. Der Prinz brauchte Bischofswerder, um sich bei den Ministern nach dem Gange der Staatsgeschäfte zu erkundigen, und der König, obwohl er dies wußte, zeigte keinen Argwohn.«

Wir lassen dahingestellt sein, inwieweit eine der Familie Bischofswerder wohlwollende Feder, deren es nicht allzuviele gab, hier die Dinge günstiger schilderte, als sie in Wahrheit lagen; gewiß ist nur, daß die Abneigung des großen Königs sich mehr gegen Wöllner und die Enke, die spätere Rietz-Lichtenau, als gegen Bischofswerder richtete, und daß, was immer auch es mit dieser Abneigung auf sich haben mochte, sie jedenfalls die Vertrauensstellung zum Prinzen von Preußen, die er einnahm, nicht tangierte. In dieser befestigte er sich vielmehr so, daß, als sich im August 1786 die »großen Alten-Fritzen-Augen« endlich schlossen, der Eintritt Bischofswerders in die Stellung eines allvermögenden Günstlings niemanden mehr überraschte. Dabei suchte er durch Friedensschlüsse mit seinen Gegnern, beispielsweise mit der Rietz, namentlich aber auch durch Besetzung einflußreicher Stellen mit Mitgliedern seiner Familie, seine eigene Machtstellung mehr und mehr zu befestigen.

Seine beiden Töchter erster Ehe wurden zu Dames d'atour bei der Königin, die in Monbijou ihren Hofstaat hatte, ernannt; seine Gemahlin aber war er, nach dem Tode der Frau von Reith, bemüht, in die Stellung einer Oberhofmeisterin einrücken zu lassen. So war er denn allmächtiger Minister, war es und blieb es durch alle Wechselfälle einer elfjährigen Regierung hindurch und die Frage mag schon hier in Kürze angeregt und beantwortet werden: wodurch wurde die Machtstellung gewonnen und behauptet? Die gewöhnliche Antwort lautet: durch servile Complaisance, durch Unterstützen oder Gewährenlassen jeder Schwäche, durch Schweigen, wo sich Reden geziemte, durch feige Unterordnung, die kein anderes Ziel kannte, als Festhalten des Gewonnenen, durch jedes Mittel, nötigenfalls auch durch »Diavolini« und Geisterseherei. Wir halten diese Auffassung für falsch. Der damalige Hof, König und Umgebung, hatte seine weltkundigen Gebrechen; aber das Schlimmste nach dieser Seite hin lag weit zurück; das »Marmorpalais« repräsentierte nicht jene elende Verschmelzung von Lust und Trägheit, von Geistlosigkeit und Aberglauben, als welche man nicht müde geworden ist, es darzustellen; man hatte auch Prinzipien, und ein wie starkes Residuum von Erregtheit und Erschlaffung, von großem Wollen und kleinem Können auch verbleiben mag, niemals ist eine ganze Epoche so weit über Recht und Gebühr hinaus gebrandmarkt worden, wie die Tage Friedrich Wilhelms II. und seines Ministers. Wir kommen, wenn wir am Schluß eine Charakterisierung Bischofswerders versuchen, ausführlicher auf diesen Punkt zurück.

Die Kampagnen und auswärtigen Verwicklungen, die fast die ganze Regierungszeit des Königs, wenigstens bis 1795, ausfüllten, riefen, wie diesen selbst, so auch seinen Minister vielfach ins Feld. Diplomatische Missionen schoben sich ein. von Bischofswerder nahm teil an dem Kongresse zu Szistowa, brachte mit Lord Elgin die Pillnitzer Konvention (Ergreifung von Maßregeln gegen die französische Revolution) zustande, begleitete den König 1792 während des Champagne-Feldzugs und ging bald darauf als Gesandter nach Paris, von wo er 1794 zurückkehrte.

Das nächste Jahr brachte den Frieden. Mit dem Friedensschluß zusammen fiel der Erwerb von Marquardt. Schon einige Jahre früher, 1790 oder vielleicht schon 1789, hatte er sich zum zweiten Male verheiratet.

Die hohe Politik, die Zeit der Strebungen, lag zurück Das Idyll nahm seinen Anfang.

Wir begleiten nun den Günstling-General durch die letzten acht Jahre seines Lebens. Es sind Jahre in Marquardt.

Das neue Leben wurde durch das denkbar froheste Ereignis inauguriert: durch die Geburt eines Sohnes, eines Erben. Das alte Haus Bischofswerder, das bis dahin nur auf zwei Augen gestanden hatte, stand wieder auf vier. Die Taufe des Sohnes war ein Glanz- und Ehrentag. Der König hatte Patenstelle angenommen und erschien mit seinen beiden Generaladjutanten von Rodich und von Reder. Die feierliche Handlung erfolgte im Schloß. Als Pastor Stiebritz, ein Name, dem wir im Verlauf unsres Aufsatzes noch öfters begegnen werden, die Taufformel sprechen wollte und bis an die Worte gekommen war: »ich taufe dich« stockte er, — die Namen waren ihm abhanden gekommen, der Zettel fehlte. Aber die Verwirrung war nur eine momentane. von Bischofswerder selbst trat vor, sprach die Namen, und der Pastor, rasch sich wiederfindend, beendete den Akt.

Der Taufe folgte die Tafel und im Laufe des Nachmittags ein ländliches Fest. Der König blieb; die schöne Jahreszeit lud dazu ein. Noch leben Leute im Dorfe, achtzigjährige, die sich dieses Tages entsinnen. Ein Erinnerungsbaum wurde gepflanzt, ein Ringelreihen getanzt; der König, in weißer Uniform, leuchtete aus dem Kreise der Tanzenden hervor. Am Abend brannten Lampions in allen Gängen des Parks, und die Lichter, samt den dunklen Schatten der Eichen- und Ahornbäume, spiegelten sich im Schlänitzsee. Sehr spät erst kehrte der König nach Potsdam zurück. Er hatte dem Täufling eine Domherrnpräbende als Patengeschenk in das Taufkissen gesteckt. Von Jahr zu Jahr wachsend, steigerte sich der Wert derselben bis zu einer Jahreseinnahme von viertausendfünfhundert Talern.

Zwischen diesem 17. Juli 1795 und dem 16. November 1797 lagen noch zwei Sommer, während welcher der König seine Besuche mehrfach erneuerte. Ob er eintraf, lediglich um sich des schönen Landschaftsbildes und der loyalen Gastlichkeit des Hauses zu freuen, oder ob er erschien, um »Geisterstimmen« zu hören, wird wohl für alle Zeiten unaufgeklärt bleiben. Die Dorftradition sagt, er kam in Begleitung weniger Eingeweihter, meist in der Dämmerstunde (der schon erwähnte Generaladjutant von Reder und der Geheimrat Dr. Eisfeld vom Militärwaisenhause in Potsdam werden eigens genannt), passierte nie die Dorfstraße, sondern fuhr über den »Königsdamm« direkt in den Park, hielt vor dem Schlosse und nahm nun an den Sitzungen teil, die sich vorbereiteten. Man begab sich nach der »Grotte«, einem dunklen Steinbau, der im Parke, nach dem rosenkreuzerischen Ritual, in einem mit Akazien bepflanzten Hügel angelegt worden war. Der Eingang, niedrig und kaum mannsbreit, barg sich hinter Gesträuch. Das Innere der Grotte war mit blauem Lasurstein mosaikartig ausgelegt und von der Decke herab hing ein Kronleuchter. In diese »blaue Grotte«, deren Licht- und Farbeneffekt ein wunderbarer gewesen sein soll, trat man ein; der König nahm Platz. Alsbald wurden Stimmen laut; leiser Gesang, wie von Harfentönen begleitet. Dann stellte der König Fragen und die Geister antworteten. Jedesmal tief ergriffen, kehrte Friedrich Wilhelm ins Schloß und bald darauf nach Potsdam zurück.

So die Tradition. Es wird hinzugesetzt, die Grotte sei doppelwandig gewesen, und eine Vertrauensperson des Ordens habe von diesem Versteck aus die »musikalische Aufführung« geleitet und die Antworten erteilt. Daß die Grotte eine doppelte Wandung hatte, ist seitdem und zwar durch den jetzigen Besitzer, der den Bau öffnete, um sich von seiner Konstruktion zu überzeugen, über jeden Zweifel hinaus erwiesen worden. Die Lasursteine existieren noch, ebenso der Akazienhügel. Dennoch gibt es Personen, die den ganzen Schatz Marquardter Volkssage einfach für Fabel erklären. Ich kann diesen Personen nicht beistimmen. Es ist eine nicht wegzuleugnende Tatsache, daß Bischofswerder ein Rosenkreuzer war, daß er mehr als einmal in Berlin im Palais der Lichtenau, in Sanssouci in einem am Fuß der Terrasse gelegenen Hause, endlich im Belvedere zu Charlottenburg (vgl. S. 172) wirklich »Geister« erscheinen ließ und daß er bis zuletzt in seinem Glauben an alchimistische und kabbalistische Vorgänge aushielt. Es ist höchst wahrscheinlich, daß die Grotte ähnlichen Zwecken diente, und nur darüber kann ein Zweifel sein, ob der König, der im ganzen vielleicht nur vier-, fünfmal in Marquardt war, an diesen rosenkreuzerischen Reunions teilnahm.

Am 16. November 1797 starb der König. Noch einmal, auf wenige Tage, wurde Bischofswerder aus der Stille von Marquardt herausgerissen und mitten in die Tagesereignisse hineingestellt, aber nur um dann ganz und für immer in die ihm liebgewordene Stille zurückzukehren.

Während des Hinscheidens Friedrich Wilhelms II. befand sich Bischofswerder im Vorzimmer. Er traf rasch und mit Umsicht alle Vorkehrungen, die der Moment erheischte, ließ die Eingänge zum Neuen Garten, bzw. zum Marmorpalais besetzen, warf sich dann aufs Pferd und eilte nach Berlin, um, als erster, den Kronprinzen als König zu begrüßen. Er empfing den Stern des Schwarzen Adlerordens. Ob diese Auszeichnung ihn einen Augenblick glauben machte, er werde sich auch unter dem neuen Regime behaupten können, lassen wir dahin gestellt sein. Es ist nicht wahrscheinlich. Beim Begräbnis des Königs trat er zum letzten Mal in den Vordergrund.

Es war im Dom; das offizielle Preußen war versammelt, Lichter brannten, Uniform an Uniform, nur vor dem Altar ein leerer Platz: auf der Versenkung, die in die Gruft führt, stand der Sarg. Jetzt wurde das Zeichen gegeben. In demselben Augenblicke trat Bischofswerder, eine Fackel in der Hand, neben den Sarg und der Tote und der Lebende stiegen gleichzeitig in die Tiefe. Es machte auf alle, auch auf die Gegner des Mannes, einen mächtigen Eindruck. Es war das letzte Geleit. Zugleich symbolisch: ich lasse nun die Welt.

Und er ließ die Welt. Sein Dorf, sein Haus, sein Park füllten von nun an seine Seele. Mit seinen Bauern stand er gut; die Auseinanderlegung der Äcker, die sogenannte »Separation«, die gesetzlich erst zehn Jahre später ins Leben trat, führte er durch freie Vereinbarung aus; er erweiterte und schmückte das Schloß, den Park; dem letztern gab er durch Ankauf von Bauernhöfen, deren Brunnenstellen sich noch heute erkennen lassen, wie durch Anpflanzung wertvoller Bäume, seine gegenwärtige Gestalt. Alle Wege, die durch die Gutsäcker führten, ließ er mit Obstbäumen, die er für bedeutende Summen aus dem Dessauischen bezog, bepflanzen und schuf dadurch eine Kultur, die noch jetzt eine nicht unerhebliche jährliche Rente abwirft. Er hatte ganz die Ackerbaupassion, den tiefen Zug für Natur, Abgeschiedenheit und Stille, den man bei allen Personen beobachten kann, die sich aus der Hofsphäre oder aus hohen Berufsstellungen in einfache Verhältnisse, aus dem glänzenden Schein in die Wirklichkeit des Lebens zurückziehen.

Der Verkehr im Hause war nichtsdestoweniger ein ziemlich reger. Die katholischen und ökonomischen Grundsätze seiner zweiten Frau griffen zwar gelegentlich störend ein; seine Bonhommie wußte aber alles wieder auszugleichen. Mit dem benachbarten Adel stand er auf gutem Fuß; die Beziehungen zur Potsdamer Gesellschaft waren wenigstens nicht abgebrochen; nur die eigentlichen Hofkreise, die der an oberster Stelle herrschenden Empfindung Folge geben mußten, hielten sich zurück. Friedrich Wilhelm III., sooft er auch auf dem

Wege nach Paretz das Marquardter Herrenhaus zu passieren hatte, hielt nie vor demselben an; die Jahre, die nun mal die Signatur: Rietz, Wöllner, Bischofswerder trugen, trotzdem er zu dem letzteren nie in einem direkten Gegensatze stand, lebten zu unliebsam in der Erinnerung fort, um eine Annäherung wünschenswert erscheinen zu lassen.

So kam der Herbst 1803 und mit ihm das Scheiden. Die Arkana und Panazeen konnten es nicht abwenden; das »Lebenselixier«, von dem er täglich einen Tropfen nahm, und das rotseidene Kissen, das er als Amulett auf der Brust trug, sie mußten weichen vor einer stärkeren Macht, die sich mehr und mehr ankündigte. Der Erbring mit dem weißen Milchstein dunkelte rasch auf dem Zeigefinger, an dem er ihn trug, und so wußte er denn, daß seine letzte Stunde nahe sei. Er las im Swedenborg, als der Tod ihn antrat. Nach kurzem Kampfe verschied er in seinem Stadthause zu Potsdam. Es war am 30. Oktober.

Er war in Potsdam gestorben, aber nach letztwilliger Verfügung wollte er in Marquardt begraben sein. Nicht in der Kirche, auch nicht auf dem Kirchhofe, sondern im Park zwischen Schloß und Grotte. In wenig Tagen galt es also ein Erbbegräbnis herzustellen.

Eine runde Gruft wurde gegraben, etwa von Tiefe und Durchmesser eines Wohnzimmers, und die Maurer arbeiteten emsig, um dem großen Raum eine massive Wandung zu geben. Als der vierte Tag zu Ende ging, der Tag vor dem festgesetzten Begräbnis, mußte auch, um es fertig zu schaffen, die Nacht mit zu Hilfe genommen werden, und bei Fackelschein, während der erste Schnee auf den kahlen Parkbäumen lag, wurde das Werk wirklich beendet.

Am 4. November früh erschien von Potsdam her der mit sechs Pferden bespannte Wagen, der den Sarg trug; die Beisetzung erfolgte und zum ersten Male schloß sich die runde Gartengruft. Nur noch zweimal wurde sie geöffnet. Ein Aschenkrug ohne Namen und Inschrift wurde auf das Grab gestellt.

Efeu wuchs darüber hin wie über ein Gartenbeet.

*

Wir versuchen, nachdem wir in vorstehendem alles zusammengetragen, was wir über den Lebensgang von Bischofswerder in Erfahrung bringen konnten, nunmehr eine Schilderung seiner Person und seines Charakters.

Er war ein stattlicher Mann, von regelmäßigen und ansprechenden Gesichtszügen, in allen Leibesübungen und ritterlichen Künsten wohl erfahren, ein Meister im Fahren und Fechten, im Schießen und Schwimmen, von gefälligen Formen und bei den Frauen wohlgelitten. Er blieb bis zuletzt ein »schöner Mann«. Seltsamerweise haben ihm Neid und Übelwollen auch diese Vorzüge der äußeren Erscheinung absprechen wollen. In den französisch geschriebenen Anmerkungen zu den »Geheimen Briefen« wird er einfach als eine »traurige Figur« (figure triste) bezeichnet. Der Schreiber jener Zeilen kann ihn nie gesehen haben. Der erst 1858 gestorbene Sohn Bischofswerders, eine echte Garde du Korps-Erscheinung, war das Abbild des Vaters und übernahm noch nachträglich eine Art Beweisführung für die Stattlichkeit des »Günstling-Generals«.

Der oft versuchten Schilderung seines Charakters sind im großen und ganzen die Urteile der »Vertrauten Briefe«, der »Geheimen Briefe«, der »Anmerkungen« zu den Geheimen Briefen und die Briefe Mirabeaus zugrunde gelegt worden. Es steht aber wohl nachgerade fest, daß alle diese Briefe unendlich wenig Wert als historische Dokumente haben und daß sie durch Übelwollen, Parteiverblendung oder bare Unkenntnis diktiert wurden. In letzterem Falle gaben sie lediglich das Tagesgeschwätz, das kritiklose Geplauder einer skandalsüchtigen und medisanten Gesellschaft wieder. So heißt es in den »Vertrauten Briefen« des Herrn von Cöllen: »Bischofswerder war ein ganz gewöhnlicher Kopf. Sein Gemüt war den äußeren Eindrücken zu sehr offen, woraus eine große Schwäche des Willens entstand. Ganz gemein aber war er nicht.« Diese letzte halbe Zeile, in ihrem Anlauf zu einer Ehrenrettung, ist besonders bösartig, weil sie sich das Ansehen einer gewissen Unparteilichkeit gibt. Weit hinaus aber über das Übelwollen der »Vertrauten Briefe«, die an einzelnen Stellen immerhin das Richtige treffen mögen, gehen die »Anmerkungen« zu den »Geheimen Briefen«, in denen wir folgendem Passus begegnen:

»La fortune a quelquefois employé des hommes sans grande capacité dans l'administration des Etats; mais rarement elle a choisi un si triste sujet que ce Bischofswerder: naissance ordinaire, figure triste, physionomie perfide, élocution embarrassée; ne connoissant ni le pays qu'il a quitté, ni celui qui l'a recueilli, ni ceux qui intéressent la Prusse. N'étant ni militaire, ni financier, ni politique, ni économiste. Un de ces hommes enfin que la nature a condamné à l'obscurité et à végéter dans la foule. Voilà l'homme qui règne en Prusse.«

Wir verweilen bei diesen Auslassungen nicht, eben weil sie zu sehr den Stempel des Pasquills tragen, und wenden uns lieber der Darstellung zu, die ein anerkannter Historiker von dem Charakter Bischofswerders gegeben hat, um dann an dieses maßvolle Urteil anzuknüpfen.

J. C. F. Manso in seiner »Geschichte des Preußischen Staates vom Frieden zu Hubertsburg bis zur zweiten Pariser Abkunft« sagt über Bischofswerder:

»In den Fesseln der Rosenkreuzerei verlor er früh die unbefangene Ansicht des Lebens. . . . Selten übte ein Mensch die Kunst, andere zu erforschen und sich zu verbergen, glücklicher und geschickter als er. Ihm war es nicht gleichgültig, wem er sein Haus am Tage und wem er es in der Dunkelheit öffne. Sein ganzes Wesen trug das Gepräge der Umsichtigkeit, und wenn er reden mußte, wo er lieber geschwiegen hätte, bewahrte er sich sorgfältig genug, um nichts von seinem Innern zu enthüllen. Rat gab er nie ungefragt, und den er gab, hielt er für sicherer oder verdienstlicher, dem Fragenden unterzuschieben; auch des Ruhms, der ihm aus dem gegebenen zuwachsen konnte, entäußerte er sich mit seltener Willfährigkeit. . . . Friedrich Wilhelm ward nie durch ihn in der Überzeugung gestört, er wäge, wähle und beschließe allein. . . . Das Vorurteil uneigennütziger Anhänglichkeit, das er für sich hatte, reichte hin, Verdächtige zu entfernen und Geprüftere zu empfehlen. So gelang ihm, wonach er strebte. Er ward reich durch die Huld des Monarchen, ohne Vorwurf, und der erste im Staate, ohne Verantwortlichkeit. . . . Anmaßungen, nicht Vergünstigungen gefährden.«

Dies Urteil Mansos, wenn wir von dem Irrtum absehen, daß er von Bischofswerder als »reich« bezeichnet, wird im wesentlichen zutreffen. Aber was enthält es, um den Mann oder seinen Namen mit einem Makel zu behaften? Was andres tritt einem entgegen als ein lebenskluger, mit Gaben zweiten Ranges ausgerüsteter Mann, der scharf beobachtete, wenig sprach, keinerlei Ansprüche erhob, auf die glänzende Außenseite des Ruhmes verzichtete und sich begnügte, in aller Stille einflußreich zu sein. Wir bekennen offen, daß uns derartig angelegte Naturen nicht gerade sonderlich sympathisch berühren, und daß uns solche, die, zumal in hohen Stellungen, mehr aus dem Vollen zu arbeiten verstehen, mächtiger und wohltuender zu erfassen wissen; aber, wohltuend oder nicht, was liegt hier vor, das, an und für sich schon, einen besonderen Tadel herausforderte? Zu einem solchen würde erst Grund vorhanden sein, wenn Bischofswerder seinen Einfluß, den er unbestritten hatte, zu bösen Dingen geltend gemacht hätte. Aber wo sind diese bösen Dinge? Wenn die ganze damalige auswärtige Politik Preußens — was übrigens doch noch fraglich bleibt — auf ihn zurückgeführt werden muß, wenn also der Zug gegen Holland, der Zug in die Champagne, der Zug gegen Polen und schließlich wiederum der Baseler Frieden sein Werk sind, so nehmen wir nicht Anstand zu erklären, daß er in allem das Richtige getroffen hat. Die drei Kriegszüge erwuchsen aus einem und demselben Prinzip, das man nicht umhin können wird, in einem königlichen Staate, in einer absoluten Monarchie, als das Richtige anzusehen. Ob die Kriegsleistungen selbst, besonders der Feldzug in der Champagne, auf besonderer Höhe standen, das ist eine zweite Frage, die, wie die Antwort auch ausfallen möge, keinesfalls eine Schuld involviert, für die Bischofswerder verantwortlich gemacht werden kann. Er hatte gewiß den Ehrgeiz, einflußreich und Günstling seines königlichen Herrn zu sein, aber er eroberte sich diese Stellung weder durch schnöde Mittel, noch tat er Schnödes, solang er im Besitz dieser Stellung war. Er diente dem Könige und dem Lande nach seiner besten Überzeugung, die, wie wir ausgeführt, nicht bloß eine individuell berechtigte, sondern eine absolut zulässige war. Er war klug, umsichtig, tätig und steht frei da von dem Vorwurf, sich bereichert oder andere verdrängt und geschädigt zu haben. Was ihn dem Könige wert machte (darin stimmen wir einer Kritik bei, die sich gegen die oben zitierten französischen »Anmerkungen« richtet), waren: des moeurs pures, beaucoup d'honnêteté dans le sentiment, un désinteressement parfait, un grand amour pour le travail.

In dieser Kritik vermissen wir nur eines noch, was uns den Mann ganz besonders zu charakterisieren scheint, seinen bon sens in allen praktischen Dingen, wohin wir in erster Reihe auch die Politik rechnen, das klare Erkennen von dem, was statthaft und unstatthaft, was möglich und unmöglich ist.

Über diese glänzendste Seite Bischofswerders gibt uns Massenbach in seinen »Memoiren zur Geschichte des preußischen Staates« Aufschluß. Dieser (Massenbach) verfolgte damals, 1795 bis 1797, zwei Lieblingsideen: »Bündnis mit Frankreich« und »Neuorganisation des Generalquartiermeisterstabes«, — wohl dasselbe, was wir jetzt Generalstab nennen.

In den Memoiren heißt es wörtlich: »Ich suchte den General von Bischofswerder für meine Ansichten zu gewinnen. Es hielt schwer, diesen Mann in seinem Zimmer zu sprechen. Desto öfter traf ich ihn auf Spazierritten. Er liebte den Weg, der sich vor dem Nauenschen Tore auf der sogenannten Potsdamer Insel, längs der Weinberge hinzieht. Da paßte ich ihm auf, kam wie von ungefähr um die Ecke herum, und bat um die Erlaubnis, ihn begleiten zu dürfen. Das Gespräch fing gewöhnlich mit dem Lobe seines Pferdes an; nach und nach kamen wir auf die Materie, die ich zur Sprache bringen wollte. Ich gebe hier eines dieser Gespräche, worin ich ihm, wie schon bei einer früheren Gelegenheit, ein Bündnis mit Frankreich empfahl.

Ich (Massenbach). Preußen muß sich fest mit Frankeich verbinden, wenn es sich nicht unter das russische Joch beugen soll.

Bischofswerder. Aber bedenken Sie doch, daß der König mit der Direktorialregierung kein Freundschaftsbündnis errichten kann. Unter den Direktoren befinden sich einige, die für den Tod ihres Königs gestimmt haben. Mit Königsmördern kann kein König traktieren.

Ich. Traktieren? Wir haben ja in Basel traktiert. Und gab der staatskluge Mazarin seinem Zöglinge nicht den Rat, den Königsmörder Cromwell seinen ›lieben Bruder‹ zu nennen? Das Interesse des Staates entscheidet hier allein.

Bischofswerder. Man hat keine Garantie. Morgen werden die ›fünf Männer‹ von ihren Thronen gejagt und nach Südamerika geschickt. Es ist eine revolutionäre Regierung.

Ich. Die englische Regierung ist es auch. Georg III. ist nicht nur ein schwacher Mann, er ist weniger als nichts; er ist wahnsinnig . . . Heute negoziieren wir mit Pitt, morgen ist ein Bute an der Spitze der Angelegenheiten. Die englische Regierung gibt uns auch keine Sicherheit. Wir haben mit der französischen Regierung unterhandelt; wir haben sie anerkannt; wir haben ihr eine diplomatische Existenz gegeben und uns dadurch den Haß aller Mächte zugezogen. Einmal mit diesem Hasse beladen, gehe man noch einen Schritt weiter. . . .

Bischofswerder. Sie gehen zu weit, Massenbach. Eine solche Idee dem Könige vorzutragen, kann ich nicht wagen. Auch kann ich Ihrer Meinung nicht beipflichten. Allianz mit Frankreich! Das ist zu früh. Die Dinge in Frankreich haben noch keine Konsistenz.«

Dies war im Frühjahr 1796.

»Die zweite, noch weit eingehendere Unterredung«, so fährt Massenbach fort, »die ich mit Bischofswerder um diese Zeit hatte, bezog sich auf die Neuorganisation des Generalquartiermeisterstabes. Ich bat um die Erlaubnis, ihm meinen Aufsatz über die Notwendigkeit einer ›Verbindung der Kriegs- und Staatskunde‹ vorlesen zu dürfen. Dies geschah denn auch an zwei Abenden, die ich bei Bischofswerder unter vier Augen zubrachte. Er machte, als ich geendet hatte, einige treffende Bemerkungen. Unter andern sagte er folgendes: ›Selbst angenommen, daß dies alles nur politisch-militärische Romane wären, so würde doch die Lektüre derselben den Prinzen des königlichen Hauses ungemein nützlich sein, nützlicher als die Lektüre von Grandison und Lovelace. Die jungen Herren würden dadurch die militärische Statistik unseres Staates und der benachbarten Staaten kennenlernen.‹«

»Das Ende meines Aufsatzes«, so schließt Massenbach, »ließ er sich zweimal vorlesen. Er lächelte. Als ich in ihn drang, mir dies Lächeln zu erklären, sagte er: ›Der Generalstab wird, wenn Ihre Idee zur Ausführung kommt, eine geschlossene Gesellschaft, die einen entscheidenden Einfluß auf die Regierung des Staates haben wird. Ihr Generalquartiermeister greift in alle Staatsverhältnisse ein. Sein Einfluß wird größer, als der des jetzigen Generaladjutanten. Solange Zastrow der vortragende Generaladjutant ist, wird Ihre Idee nicht ausgeführt werden. Jetzt müssen Sie diese Idee gar nicht mehr zur Sprache bringen. Teilen Sie solche niemandem mit. Die Sache spricht sich herum, und Sie haben dann große Schwierigkeiten zu bekämpfen . . . Ihren Antrag wegen der Reisen der Offiziere des Generalquartiermeisterstabes will ich gern beim Könige unterstützen.‹« (Dies geschah.)

Massenbach, der immer Gerechtigkeit gegen Bischofswerder geübt und nur seine Geheimtuerei, sein Sich-verleugnen-lassen und sein diplomatisch-undeutliches Sprechen, das er »Bauchrednerei« nannte, gelegentlich persifliert hatte, war nach diesen Unterredungen so entzückt, daß er ihre Aufzeichnung mit den Worten begleitet: »Ich gewann den Mann lieb; er erschien mir einsichtsvoll und ich konnte mich nicht enthalten, ihn zu embrassieren.«

Wenn nun auch einzuräumen ist, daß der immer Pläne habende Massenbach durch ein solches Eingehen auf seine Ideen bestochen sein mußte, so muß doch auch die nüchternste Kritik, die an diese Dialoge herantritt, eingestehen, daß sich überall ein Prinzip, und doch zugleich nirgends eine prinzipielle Verranntheit, daß sich vielmehr Feinheit, Wohlwollen, Verständigkeit und selbst Offenheit darin aussprechen. Ein Mann, wie Bischofswerder gewöhnlich geschildert zu werden pflegt, hätte eher eine Fluchtreise nach Berlin oder nach Marquardt gemacht, als daß er sich dazu verstanden hätte, sich einen langen Aufsatz über die Neuorganisation des Generalstabes an zwei Abenden vorlesen zu lassen. In dieser einen Tatsache liegt ausgesprochen, daß er ein fleißiger, gewissenhafter, geistigen Dingen sehr wohl zugeneigter Mann war.*

Wir haben diese Zitate gegeben, um unsere Ansicht über den gesunden Sinn Bischofswerders, über seine Urteilskraft und seine politische Befähigung zu unterstützen; es bleibt uns noch die wichtige Frage zur Erwägung übrig: war er ein Rosenkreuzerischer Scharlatan? Was wir zu sagen haben, ist das Folgende: Ein Rosenkreuzer war er gewiß, ein Scharlatan war er nicht. Er glaubte eben an diese Dinge. Daß er, wie bei Aufführung einer Shakespeareschen Tragödie, mit allerhand Theaterapparat Geister zitierte, eine Sache, die zugegeben werden muß, scheint dagegen zu sprechen. Aber es scheint nur. Diese Gegensätze, so meinen wir, vertragen sich sehr wohl miteinander.

---

* Auch dies ist bestritten worden. Man gefiel sich darin, den König, seinen Günstling, den ganzen Hof als absolut unliterarisch, als tot gegen alles Geistige darzustellen. Sehr mit Unrecht. Ignaz Feßler, in seinem Buche »Rückblicke auf meine siebzigjährige Pilgerfahrt« (Breslau, W. G. Korn 1824) schreibt: Ich stand mit auf der Liste, die der Minister für Schlesien, Graf Hoym, als eine Art Konspiratoren-Verzeichnis beim Könige eingereicht hatte. Es traf sich aber, daß General von Bischofswerder, wenige Tage zuvor, einiges aus meinem »Marc Aurel« dem Könige vorgelesen hatte, der nunmehr ohne weiteres den Namen Feßler durchstrich, dabei bemerkend: »Der ist kein Schwindelkopf, er ist monarchisch gesinnt, wie sein Marc Aurel zeigt.« So geringfügig dieser Hergang ist, so lehrreich ist er doch auch. Er zeigt, ebenso wie das oben aus Massenbachs Memoiren Mitgeteilte, daß sich der Hof Friedrich Wilhelms II. (und in erster Reihe sein Generaladjutant) sehr wohl um literarische Dinge kümmerte, scharf aufpaßte und sich danach ein Bild von den Personen machte.

Es ist bei Beurteilung dieser Dinge durchaus nötig, sich in das Wesen des vorigen Jahrhunderts, insonderheit des letzten Viertels, zurückzuversetzen. Die Welt hatte vielfach die Aufklärung satt. Man sehnte sich wieder nach dem Dunkel, dem Rätselhaften, dem Wunder. In diese Zeit fiel von Bischofswerders Jugend. Wenn man die Berichte über Schrepfer liest, so muß jeder Unbefangene den Eindruck haben: Bischofswerder glaubte daran. Selbst als Schrepfer zu einer höchst fragwürdigen Gestalt geworden war, blieb von Bischofswerder unerschüttert; er unterschied Person und Sache. Es ist, nach allem, was wir von ihm wissen, für uns feststehend, daß er an das Hereinragen einer überirdischen Welt in die irdische so aufrichtig glaubte, wie nur jemals von irgend jemandem daran geglaubt worden ist. Der gelegentliche Zweifel, ja, was mehr sagen will, das gelegentliche Spielen mit der Sache ändert daran nichts. Wenn irgendwer, groß oder klein, gebildet oder ungebildet, mit umgeschlagenem weißen Laken den Geist spielt und auf dem dritten Hausboden unerwartet einem andern »Gespenst« begegnet, so sind wir sicher, daß ihm in seiner »Geistähnlichkeit« sehr bange werden wird. Ein solches Spiel, weitab davon, ein Beweis freigeistigen Drüberstehens zu sein, schiebt sich nur wie ein gewagtes Intermezzo in die allgemeine mystische Lebensanschauung ein.

So war es mit Bischofswerder. Was ihn bewog, den Aberglauben, dem er dienstbar war, sich je zuweilen auch dienstbar zu machen, wird mutmaßlich unaufgeklärt bleiben; ein von Parteistreit unverwirrter Einblick in sein Leben spricht aber entschieden dafür, daß es nicht zu selbstischen Zwecken geschah. Und das ist der Punkt, auf den es ankommt, wo sich Ehre und Unehre scheiden. Der Umstand, daß die ganze Familie, weit über die letzten Jahre des vorigen Jahrhunderts hinaus, in dieser Empfindungswelt beharrte, ist bei Beurteilung der ganzen Frage nicht zu übersehen und mag allerdings als ein weiterer Beweis dafür dienen, daß hier seit lange ein Etwas im Blute lag, das einer mystisch-spiritualistischen Anschauung günstig war.

Wir kommen in der Folge darauf zurück und wenden uns zunächst einem neuen Abschnitt des Marquardter Lebens zu.

Frau von Bischofswerder, geborene von Tarrach, verwitwete Gräfin Pinto

Beim Tode Bischofswerders war sein Sohn und Erbe erst acht Jahre alt; es trat also eine Vormundschaft ein. Diese Vormundschaft führte die Mutter und blieb, weit über die Minorennitätsjahre ihres Sohnes hinaus (den der Dienst in Berlin und Potsdam fesselte), nicht de jure aber doch de facto, die Regentin von Marquardt bis zu ihrem Tode. Auf diese dreißig Jahre richten wir jetzt unsere Aufmerksamkeit. Zunächst auf die Dame selbst.

Frau Generalin von Bischofswerder war eine geborene von Tarrach. Ihr Vater war der Geheime Finanzrat von Tarrach zu Tilsit, dessen Kinder es alle zu hohen Stellungen in Staat und Gesellschaft brachten. Sein Sohn war in den zwanziger Jahren preußischer Gesandter in Stockholm, eine jüngere Tochter vermählte sich mit dem Marquis von Lucchesini, die älteste, Wilhelmine Katharine, wurde die Frau des Günstling-Generals und Ministers von Bischofswerder.

Aber sie wurde es erst in zweiter Ehe. Ihre erste Ehe schloß sie mit dem Grafen Ignaz Pinto, den Friedrich der Große um 1770 aus sardinischen Diensten nach Preußen berufen, zum Flügeladjutanten gemacht und zum Mitbegründer des unter ihm gebildeten Generalstabes, zum Generalfeldbaumeister, zum Maréchal de logis de l'armée und zum Generaladjutanten ernannt hatte. Gleichzeitig hatte er ihm verschiedene Güter in Schlesien, darunter Mettkau im Neumarkter Kreise, sowie das Inkolat als schlesischen Grafen verliehen. Man sieht, es war dem Fräulein von Tarrach das seltene Glück beschieden, den Günstlingen zweier Könige die Hand reichen zu können.

Graf Pinto starb 1788. Seine Witwe, die Gräfin, war damals einunddreißig Jahre alt. Sie trat sehr bald zu Bischofswerder, der etwa um eben diese Zeit Witwer geworden war, in nähere Beziehungen, und klug und schön wie sie war, (sie »schoß« ein wenig mit den Augen, und die medisierenden Hofleute sagten: elle est belle, mais ses yeux »ne marchent pas bien«), nahm das Verhältnis einen wirklichen Zärtlichkeitston an, der, wenigstens damals, zwischen Leuten von Welt zu den Ausnahmen zählte. Es scheint, dieser Ton überdauerte selbst die Flitterwochen, die sehr wahrscheinlich in den Sommer 1789 oder 1790 fielen. 1792 während des Champagne-Feldzuges wurde von französischen Truppen eine eben eingetroffene preußische Feldpost erbeutet und acht Tage später las irgendein Montagnard in der Nationalversammlung die Zeilen vor, die Frau von Bischofswerder an ihren Gemahl ins Feldlager gerichtet hatte. Der entschieden lyrische Grundton dieses Briefes erweckte die Heiterkeit der Versammlung.

Das war in den ersten Jahren. Aber die Intimität blieb. Ein Sohn und drei Töchter wurden aus dieser zweiten Ehe geboren, so daß damals im Marquardter Herrenhause alle Arten von Stiefgeschwistern anzutreffen waren: Kinder aus der ersten Ehe des Herrn von Bischofswerder, Kinder aus der ersten Ehe der Frau von Bischofswerder (mit dem Grafen Pinto) und Kinder aus der zweiten Ehe beider. Die gräflich Pintoschen Kinder scheinen übrigens nur ausnahmsweise in Marquardt gewesen zu sein, während die Bischofswerderschen Kinder aus seiner ersten Ehe mit dem Fräulein von Wilke bis zuletzt die freundlichsten Beziehungen zum Marquardter Herrenhause unterhielten.*

1803 starb der General. Wir haben seine Beisetzung geschildert. Seine Ehe, wie schon hervorgehoben, war eine glückliche gewesen und die Wahrnehmung, daß auch ein all-

---

* Es waren dies zwei Töchter. Die eine, Karoline Erdmuthe Christiane, blieb unverheiratet und starb 1842. Über ihr Begräbnis in Marquardt berichten wir an anderer Stelle ausführlich. Die andere vermählte sich schon 1794 oder 1795 mit dem jungen Grafen Gurowski, dem Besitzer der Starostei Kolo. Die »Vertrauten Briefe« sagen von ihm: »Er war ein junger Krüppel mit einem kurzen Beine, sonst ein Ungetüm und unter den jungen Polen der verdorbenste. Ein Libertin, auf der untersten Stufe des Zynismus. Wenige Wochen nach der Heirat kam es zur Scheidung; er nahm dann teil an der Insurrektion und trat später das schöne Gut Murowanna Goßlin an seine geschiedene Frau ab.« Über die weiteren Schicksale dieser verlautet nichts. — Beide Fräulein von Bischofswerder waren übrigens sehr liebenswürdig, von feiner Bildung und Sitte. Nichts war unwahrer und bösartiger als eine Schilderung derselben in den mehrgenannten »Anmerkungen« zu den Geheimen Briefen, worin es heißt: »Les Demoiselles Bischofswerder sont deux petites filles mal élevées. L'ainée a dans ses yeux le flambeau de l'hymen. On les dit intriguantes. A propos jaloux. Au reste il faut distinguer les ridicules des vices et dire que jusqu'ici la conduite de ces Demoiselles est intacte.«

So die »Anmerkungen«. Die »Vertrauten-Briefe«, »Geheimen Briefe« usw. jener Epoche sind nie impertinenter, wie wenn sie sich zu einer halben Huldigung oder Anerkennung herablassen.

mächtiger Minister irgendwo die Grenzen seiner Allmacht finden müsse, hatte weder seinen Frieden noch seine Heiterkeit getrübt. Die »Gräfin«, eine Benennung, die ihr vielfach blieb, hatte ihr Leben nach dem Satze eingerichtet, daß »wer der herrschefähigste sei, auch die Herrschaft zu führen habe«, und dies scheint uns der Ort, ehe wir in der Vorführung biographischen Materials fortfahren, eine Charakterschilderung der Frau einzuschalten. Ihren Mann, trotz all ihrer Herrschsucht, liebte sie wirklich und noch in den letzten Lebensjahren pflegte sie halb scherzhaft zu sagen: »Wenn ich im Himmel meinem ersten Mann begegnen werde, so weiß ich nicht, wie er mich begrüßen wird, aber vor meinem Bischofswerder ist mir nicht bange.«

Die »Gräfin«, auch wenn uns nichts Zuverlässigeres vorläge, als das Urteil ihrer Neider und Tadler, war jedenfalls eine »distinguierte« Frau. Es mußte seinen Grund haben, daß zwei Günstlinge sich um ihre Gunst bewarben. Ein Enkel von ihr mochte mit Fug und Recht schreiben: »Die in meinen Händen befindlichen Papiere, leider nur Bruchstücke, geben ganz neue Aufschlüsse. Reichen sie auch zu einer klaren geschichtlichen Darstellung nicht aus, so haben sie mir doch einen genügenden Anhalt geboten, die für Preußens Größe begeisterte, die kühnsten Wünsche und Pläne hegende Frau verstehen zu lernen und die Bitterkeit zu begreifen, als sie mehr und mehr einsah, daß nicht die Macht der Verhältnisse, sondern die Schwäche der Menschen alles vereitelte und häufig in das Gegenteil verkehrte.« Wir haben nicht selbst Einblick in die Papiere, die hier erwähnt werden, nehmen dürfen, aber nach allem, was uns sonst vorliegt, sind wir geneigt, diese Schilderung für richtig zu halten. Sie war keine liebenswürdige, aber eine bedeutende Frau, ein ausgesprochener Charakter.

In den zahlreichen mehr oder weniger libellartigen Schriften jener Zeit, wie auch im Gedächtnis der Marquardter Dorfbewohner, von denen sie noch viele gekannt haben, lebt sie allerdings nur in zwei Eigenschaften fort, als habsüchtig-geizig und bigott-katholisch. In den mehrfach schon zitierten »Vertrauten Briefen« finden wir zunächst: »Herrn von Bischofswerders Ehehälfte läßt sich jedes gnädige Lächeln mit Gold aufwiegen« und an anderer Stelle heißt es: »Die in Südpreußen veranstalteten Güterverschleuderungen waren ihr Werk, indem sie ihrem Manne beständig sagte: Sie werden wie ein Bettler sterben, wenn Sie nicht noch die letzten Tage des Königs benutzen, um etwas für Ihre Familie zu tun.«

Das Fundament dieser Habsucht war mutmaßlich mehr Ehrgeiz als irgend etwas andres. Sie wußte: »Besitz ist Macht« und die Jahre, so scheint es, steigerten diese Anschauung eher, als daß sie sie mäßigten. Ein Mann, der sie in ihren alten Tagen kannte, schreibt: »Sie war herb und hart, ertragbar nur im Verkehr mit kleinen Leuten und ausgiebig nur in Auflegung von Schminke.«

Ihr Katholizismus war von der ausgesprochensten Art, aber die Art, wie sie ihn übte, die Entschiedenheit im Bekenntnis auf der einen Seite und andererseits wieder in Toleranz gegen alle diejenigen, die nun mal auf anderem Boden standen, gereichte ihr zu hoher Ehre. Ignaz Feßler, früher Mönch, der zum Protestantismus übergetreten war, kam 1796 nach Berlin und — an Bischofswerder empfohlen — auch nach Marquardt. »Bischofswerder wollte mir wohl«, so schreibt er, »aber alles scheiterte an der Frau. Sie sah in mir nichts als den Abtrünnigen von der römischen Kirche. Sie beherrschte ihren Gemahl vollständig, und um des lieben Hausfriedens willen durfte er mich nicht mehr sehen.« Diese Strenge zeigte sie aber nur dem Konvertiten. In Marquardt griff sie nie störend oder eigenmächtig in das protestantische Leben in der Gemeinde ein, hatte vielmehr eine Freude daran, die evangelische Kirche des Dorfes mit allem Kirchengerät und Kirchenschmuck, mit Altardecke und Abendmahlskelch zu beschenken.

Wir kehren nach diesem Versuch einer Charakterschilderung in das Jahr 1803 zurück. Ihren Gemahl hatte sie vollständig beherrscht; aber wenn sie nach der Seite des Herrschens hin, bis zum Tode Bischofswerders, des Guten zu viel getan haben mochte, so begannen doch nun alsbald die Jahre, wo die »Gewohnheit des Herrschens« zu einem Segen wurde. Dieser Zeitpunkt trat namentlich ein, als die Franzosen ins Land kamen und auch die Havelgegenden überschwemmten. Der »Gräfin« Klugheit führte alles glücklich durch. Sie wußte, wo ein Riegel vorzuschieben war, aber sie ließ auch gewähren. Eine rätselvolle Geschichte ereignete sich in jenen Jahren. Französische Chasseurs zechten im Saal; einer stieg in den Keller hinab, um eine Kanne »frisch vom Faß« zu zapfen. Nun trifft es sich, daß das Marquardter Herrenhaus einen doppelten Keller hat, den einen unter dem andern. Wahrscheinlich erlosch das Licht, oder der Trunk schläferte den

Chasseur ein, kurzum er kam nicht wieder herauf; sein Hilferuf verhallte, der Trupp, in halbem Rausche, verließ Schloß und Dorf, und des Franzosen wurde erst wieder gedacht, als es im Hause zu rumoren begann. Nun forschte man nach. An einer dunkelsten Stelle des Kellers lag der Unglückliche, unkenntlich schon, neben ihm ein halbniedergebranntes Licht. »Die Gräfin« gab ihm ein ehrlich Begräbnis; da wurd' es still. Sie ahnte damals nicht, daß sie im Glauben des Volkes, im Geplauder der Spinnstuben, diesen Spuk einst ablösen würde.

Die Franzosenzeit war vorüber, der Siegeswagen stand wieder auf dem Brandenburger Tor, die Kinder des Marquardter Herrenhauses blühten auf; die »Gräfin«, noch immer eine stattliche Frau, war nun sechzig. Die Jugend der Kinder gab dem Hause neuen Reiz; es waren seit lange wieder Tage glücklichen Familienlebens, und dies Glück wuchs mit der Verheiratung der Töchter. Die älteste, Luitgarde, vermählte sich mit einem Hauptmann von Witzleben (später General), der damals eine Kompanie vom Kaiser-Franz-Regiment führte. Die zweite, Blanka, geb. 1797, von der die »Gräfin« mit mütterlichem Stolz zu sagen pflegte:

Meine Blanka, blink und blank,
Ist die Schönst' im ganzen Land

wurde die Gattin eines Herrn von Maltzahn; die jüngste, Bertha, geb. 1799, gab ihre Hand einem Herrn von Ostau, damals Rittmeister im Regiment Garde du Korps. Tage ungetrübten Glückes schienen angebrochen zu sein, aber nicht auf lange. Die beiden jüngeren Töchter starben bald nach ihrer Verheiratung, innerhalb Jahresfrist. Dem Tode der schönen Blanka ging ein poetisch-rührender Zug vorauf. Sie lag krank auf ihrem Lager. Da meldete der Diener, daß das »Kreuz« aus Potsdam angekommen sei. Die junge schöne Frau hatte wenige Tage zuvor ein Kreuz, das sie auf der Brust zu tragen pflegte, einer Reparatur halber nach Potsdam hineingeschickt und sie bat jetzt, ihr das Andenken, das ihr schon gefehlt hatte, zu zeigen. Da trug man ihr ein Grabkreuz ans Bett, das von der alten Gräfin, anstelle der Urne, für die große Gartengruft bestellt worden war. Sie wußte nun, daß sie sterben wüde. Schon ein Jahr vorher war die jüngere

Schwester, Frau von Ostau* gestorben. Beide wurden in der Marquardter Kirche beigesetzt.

Die Jahre des Entsagens, der Erkenntnis von den Eitelkeiten der Welt, waren nun auch für das stolze Herz der »Gräfin« angebrochen. Sie zog sich mehr und mehr aus dem Leben zurück; nur die Interessen der kleinen Leute um sie her und die großen Interessen der Kirche kümmerten sie noch; im allgemeinen verharrte sie in Herbheit und Habsucht. So kam ihr Ende. Sie starb, sechsundsiebzig Jahre alt, am 3. November 1833, im Hause der einzigen sie überlebenden Tochter, der (damaligen) Frau Oberst von Witzleben zu Potsdam und wurde am 6. Novmber zu Marquardt, an der Seite ihres Gemahles beigesetzt. Die Rundgruft im Park schloß sich zum zweiten Male.

Die Rundgruft im Park schloß sich zum zweiten Male; aber die »Gräfin«, wie man sich im Dorfe erzählt, kann nicht Ruhe finden. Oft in Nächten ist sie auf. Sie kann von Haus und Besitz nicht lassen. Sie geht um. Aber es ist, als ob ihr Schatten allmählich schwände. Noch vor zwanzig Jahren wurde sie gesehen, in schwarzer Robe, das Gesicht abgewandt; jetzt hören die Bewohner des Hauses sie nur noch. Wie auf großen Socken schlurrt es durch alle unteren Räume; man hört die Türen gehn; dann alles still. Einige sagen, es bedeute Trauer im Hause; aber das Haus ist nicht Bischofswerdersch mehr und so mögen die recht haben, die da sagen: sie »revidiert«, sie kann nicht los.

---

* Auch hieran knüpft sich ein eigentümlicher Zwischenfall, freilich aus viel späterer Zeit. Herr von Ostau hatte sich wieder vermählt, die Kinder dieser zweiten Ehe waren herangewachsen und hatten nur eine ganz allgemeine Kenntnis davon, daß ihr Vater einmal in erster Ehe mit einem Fräulein von Bischofswerder vermählt gewesen sei. Ein Sohn aus dieser zweiten Ehe kam, während der Manövertage, nach Marquardt in Quartier. Er besichtigte Schloß, Park, Kirche und stieg auch in die Gruft. Ein Lichtstümpfchen gab die Beleuchtung; alles Staub und Asche; ein solcher Besuch hat immer seine Schauer. Der junge Offizier mühte sich, die Inschriften der einzelnen Särge zu entziffern; da las er plötzlich auf einem Bleitäfelchen: »Bertha v. Ostau, gestorben 1824.« Die Begegnung mit diesem Namen an dieser Stelle machte einen tiefen Eindruck auf ihn.

General von Bischofswerder II

Es folgte nun der Sohn. Dem Rechte und dem Namen nach, wie bereits angedeutet, war er Besitzer von Marquardt seit 1819, aber in Wahrheit ward er es erst, nachdem der Mutter die Zügel aus der Hand gefallen waren. Die »Gräfin« war keine Frau, die sich mit Halbem begnügte.

Dem Sohne war dies Entsagen, wenn es überhaupt ein solches war, ziemlich leicht gefallen; der »Dienst« und die »Gesellschaft«, die ihn beide in der Residenz hielten, waren ihm mehr als die Herrschaft über Marquardt. Die Passion für die Stille und Zurückgezogenheit des Landlebens, eine der letzten, die in unser Herz einzieht, diese zu empfinden, dazu war er noch zu jung, dazu lag noch zu wenig hinter ihm, dazu nahm er den Schein noch zu voll für das Sein. Im übrigen war er in Erscheinung und Charakter ganz der Sohn seines Vaters, ganz ein Bischofswerder: groß, ritterlich, dem Dienste des Königs und der Frauen in gleicher Weise hingegeben, eine »Persönlichkeit«, mit Leidenschaft Soldat. Dabei, als bemerkenswertestes Erbteil, ganz im Mystizismus und Aberglauben stehend. Er trug das rotseidene Kissen auf der Brust, das der Vater bis zu seinem Tode als Amulett getragen hatte.

Der jüngere Bischofswerder machte seine Laufbahn in der Garde. 1833, bei dem Tode der Mutter, war er Major im Regiment Garde du Korps. Seine Familie, er war mit einer Schlabrendorf vermählt, pflegte meistens die Sommermonate in Marquardt zu verbringen; er selbst erschien nur auf Stunden und Tage, wenn der Dienst es gestattete oder die Wirtschaftskontrolle es forderte.

1842 bereitete sich eine eigentümliche Feier in Marquardt vor, ein letzter Schimmer aus Tagen her, wo der Name Bischofswerder Macht, Gunst und Glück bedeutet hatte. Es war am 20. April genannten Jahres, bei hellem Mittagsschein, als die Rundgruft im Park wieder geöffnet wurde. Ein dritter stiller Bewohner sollte einziehen. Von Berlin her kam ein langer Zug von Kutschen und Wagen, auf dem vordersten Wagen aber, katafalkartig aufgebaut, stand ein blumengeschmückter Sarg. In dem Sarge ruhte Karoline Erdmuthe Christiane von Bischofswerder, dame d'atour der Gemahlin Friedrich Wilhelms II., später Hof- und Staatsdame der

Königin Luise. Sie war, sechsundsiebzig Jahre alt, in den stillen Oberzimmern des Berliner Schlosses gestorben. Wenige nur hatten sie noch gekannt; aber unter diesen wenigen waren die Prinzen des Königlichen Hauses, vor allen der König selbst. Dieser folgte jetzt ihrem Sarge. Als der Park erreicht, der Sarg in die Gruft hinabgelassen und das Einsegnungsgebet durch den Pastor Stiebritz gesprochen war, trat König Friedrich Wilhelm IV. an die Gruft und rief ihr bewegt die Worte nach: »Hier begrabe ich meine zweite Mutter; sie hat mich genährt und erzogen.« Dann schloß sich die Gruft zum dritten, wohl auch zum letzten Male. Die Bischofswerders sind hinüber; wer wird sich eindrängen wollen in ihren stillen Kreis?

Der Pastor Stiebritz feierte an jenem Tage seinen achtzigsten Geburtstag. Auf welchen Wechsel der Dinge blickte er zurück! In demselben Jahre (1795), in dem Marquardt von den Bischofswerders erworben und der Sohn und Erbe, der nun mit am Grabe stand, geboren war, war er ins Amt getreten. Wie vieles war seitdem an ihm vorbeigegangen: Die Besuche des Königs, der Park voll chinesischer Lampen, die blaue Grotte und ihre Stimmen. Wie ein Traum lag es hinter ihm.

Um diese Zeit (1842) war der jüngere Bischofswerder Oberstleutnant; sechs Jahre später war er Oberst und Kommandeur der Gardekürassiere. Als solcher hielt er am 18. März mit seinem Regiment auf dem Schloßplatz. Während des mittägigen Tumults, in dem Moment, als die historischen drei Schüsse fielen, ließ er einhauen. Er tat, was ihm Rechtens dünkte. Die Wochen aber, die jenem Tage folgten, waren solcher Anschauung nicht günstig, die Verhältnisse erheischten eine Remedur, ein Desaveu, und die Versetzung Bischofswerders nach Breslau wurde ausgesprochen. Er erhielt bald darauf, unter Verbleib in der schlesischen Hauptstadt, eine Brigade.

Aber auch hier in Breslau zog bald eine Trübung herauf; unglücklich-glückliche Tage brachen an. Seine Huldigungen, die er ritterlich-galant einer schönen Frau darbrachte, führten zu Konflikten, und da Namen und Familien hineinspielten, die dem Herzen Friedrich Wilhelms IV. teuer waren, so bereitete sich ein Allerschmerzlichstes für ihn vor: er mußte den Abschied nehmen. Aufs höchste verstimmt, gedemütigt, zog er sich 1853 nach Marquardt zurück. Das Bild der Frau, die er gefeiert, begleitete ihn in seine Einsamkeit.

Sehr bald nach diesen Vorgängen war es, daß ihn die Herausgabe einer Biographie seines Vaters beschäftigte. Das vielfach verkannte Andenken des letztern schien eine solche Wiederherstellung von ihm zu fordern. Wie dabei vorzugehen sei, darüber hatte er zunächst nur unbestimmte Ideen. Er selber fühlte sich der Aufgabe nicht gewachsen, auch nicht unbefangen genug; aber eines wenigstens lag innerhalb des Bereichs seiner Kräfte: er begann das im ganzen Hause zerstreute Material zu sammeln. Es war im höchsten Maße umfangreich und bestand im bunten Durcheinander aus Kabinettsorders aller Könige seit Friedrich Wilhelm II. und aus unzähligen Briefen (meist in französischer Sprache), die zum Teil staatlich-politische Verhältnisse, zum Teil Verhältnisse von privater und sehr intimer Natur berührten — wahrscheinlich der Briefwechsel zwischen dem Günstling-General und der »Gräfin« aus den Jahren her, die ihrer Vermählung unmittelbar vorausgingen. Die mit Wöllner gewechselten Briefe waren deutsch geschrieben und bezogen sich zumeist auf das Preß- und das Religionsedikt. Seltsamerweise machte man eine Tonne zum Archiv; in diese wurde alles, vorläufig ungeordnet, hineingetan.

Dies reiche Material sollte aber nie zur Bearbeitung kommen. Die Verstimmung des Generals wuchs, dazu beschlich ihn die Vorahnung seines herannahendes Todes. Wir finden darüber unter den Aufzeichnungen eines Mannes, der ihm während der letzten Lebensjahre nahe stand, das Folgende:

»1857 feierte Bischofswerder seinen zweiundsechzigsten Geburtstag. Meine Frau und ich waren geladen. Gegen Ende des Mahls, als wir seine Gesundheit in gutem ›Cliquot veuve‹ getrunken hatten, nahm er mich beiseite, küßte mich, bedankte sich für alle Liebe, die ich ihm und seiner Familie so viele Jahre lang bewiesen hätte, und sagte dann: ›Sie haben heute mit mir das letzte Glas Champagner getrunken; ich werde in dieser Welt keinen Geburtstag mehr feiern. Mein Großvater ist im dreiundsechzigsten Jahre gestorben, mein Vater auch, und ich werde ebenfalls im dreiundsechzigsten Jahre sterben. Gehen Sie übers Jahr auf unsern Kirchhof und beten Sie an meinem Grabe für meine arme Seele.‹«

Und so geschah es. Als sein dreiundsechzigster Geburtstag kam, war er hinüber. Nicht in der Gartengruft, auch nicht in der Gruft unterm Altar, sondern auf dem kleinen Friedhofe, der die Kirche einfaßt, ward er begraben. Zu Häupten des efeuumzogenen, von einer Esche beschatteten Hügels wurde ein Kreuz errichtet, das die Inschrift trägt: »Hier ruht in Gott der Königl. Generallieutnant Hans Rudolph Wilhelm Ferdinand v. Bischofswerder, geb. am 9. Juli 1795, gest. am 24. Mai 1858«; auf der Rückseite des Kreuzes aber stehen die Worte: »Der Letzte seines Namens.«

MARQUARDT SEIT 1858

Der letzte Bischofswerder hatte seine Ruhestatt gefunden. Nur zwei Töchter verblieben. Die ältere, Pauline von Bischofswerder, der Liebling des Vaters, vermählte sich mit Herrn von Damnitz, der nun, sei es durch Kauf, sei es durch Erbschaft, auf kurze Zeit in den Besitz von Marquardt gelangte. Im ganzen nur auf zwei Jahre. Aber diese zwei Jahre schnitten tief ein. Herr von Damnitz, so wird erzählt, voll Anhänglichkeit gegen das blaubordierte und blaugepaspelte Kürassierregiment, bei dem er Jahre hindurch gestanden hatte, benutzte eine Neuweißung der Kirche, um den Wänden, den Kirchenstühlen, den Tür- und Kanzelfeldern einen blauen Einfassungsstreifen zu geben. Die oben erwähnte Tonne aber, auf der vielleicht einzig und allein die Möglichkeit einer exakten Geschichtsschreibung der Epoche von 1786 bis 1797 beruhte, wurde zum Feuertode verurteilt. Zwei Tage lang wurde mit ihrem Inhalt der Backofen geheizt. Omar war über Marquardt gekommen.

Keine Frage, daß Herr von Damnitz aus einer gewissen Pietät heraus in dieser Weise handeln zu müssen glaubte; »wozu der alte Skandal, wozu die erneute Kontroverse!« Viele alte Familien denken ebenso: »der Gewinn ist prekär, der Schaden ist sicher« — und so verlieren sich unersetzliche Aufzeichnungen in Ruß und Rauch. Wir begreifen die Empfindung, aber wir beklagen sie; es ist der Triumph des Familiensinns über den historischen Sinn. Und der letztere ist doch das Weitergehende, das Idealere.

Herr von Damnitz blieb nur bis 1860. Herr Tholuck, ein Neffe des berühmten Hallenser Theologen, folgte. In ihm war dem devastierten Gute endlich wieder ein Wirt gegeben, eine feste und eine geschickte Hand. Die erste seit dem Tode des älteren Bischofswerder (1803). Ein Geist der Ordnung zog wieder ein. Der Park klärte sich auf, das alte Schloß gewann wieder wohnlichere Gestalt und an der Stelle verfallender oder wirklich schon zerbröckelter Wirtschaftsgebäude erhoben sich wieder Ställe und Scheunen, alles sauber, glau, fest. Marquardt war wieder ein schöner Besitz geworden.

Wir treten jetzt in ihn ein.

Der prächtige, zwanzig Morgen große Park nimmt uns auf. Er ist, in seiner gegenwärtigen Gestalt, im wesentlichen eine Schöpfung des Günstling-Generals. Seine Lage ist prächtig; in mehreren Terrassen, wie schon zu Eingang dieses Kapitels angedeutet, steigt er zu dem breiten, sonnenbeschienenen Schlänitzsee nieder, an dessen Ufern, nach Süden und Südwesten hin, die Kirchtürme benachbarter Dörfer sichtbar werden. Mit der Schönheit seiner Lage wetteifert die Schönheit der alten Bäume: Akazien und Linden, Platanen und Ahorn, zwischen die sich grüne Rasenflächen und Gruppen von Tannen und Weymouths-Kiefern einschieben.

In der Nähe des Herrenhauses steht eine mächtige Kastanie in vollem Blütenflor. Sie ist wie ein Riesenbukett; die weitausgestreckten Zweige neigen sich bis zur Erde. Es ist dies der Baum, der am Tauftage des Sohnes und Erben, in Gegenwart des Königs gepflanzt wurde. Die Familie erlosch, der Baum gedieh.* An ihm vorbei treten wir in das Herrenhaus.

Es ist ein relativ neuer Bau. 1791 legte ein rasch um sich greifendes Feuer das halbe Dorf in Asche, auch das »Schloß« brannte aus; nur die Umfassungsmauern blieben stehen. Das Herrenhaus, wie es sich jetzt präsentiert, ist also nur achtzig Jahre alt. Es macht indessen einen viel älteren Eindruck, zum Teil wohl, weil ganze Wandflächen mit Efeu überwachsen sind. Aber das ist es nicht allein. Auch da, wo der moderne Mörtel unverkennbar sichtbar wird, ist es, als blickten die

---

* In der Nähe dieses Baumes, auf einem Grasrondell, steht ein leichtes österreichisches Feldgeschütz, wie jedes Bataillon in alten Tagen eins aufzuweisen hatte. Es wurde in einer der Schlachten des Siebenjährigen Krieges von den Preußen genommen. Friedrich II. schenkte es dem Grafen Pinto auf Mettkau; durch dessen Witwe, »die Gräfin«, kam es nach Marquardt. An gewissen Tagen wird ein Schuß daraus abgefeuert. Jedesmal vorm Laden schüttet der Gärtner Pulver ins Zündloch und zündet es an, um das Geschütz auszubrennen. Als es das letzte Mal geschah, flogen, zu heiterer Überraschung aller Umstehenden, nicht nur Eierschalen aus der Mündung heraus, sondern mit den Eierschalen zugleich ein halbverbranntes Wiesel, das in dem Kanonenrohr Quartier genommen und von hier aus den Hühnerstall geplündert hatte.

alten Mauern, die 1791 ihre Feuerprobe bestanden, durch das neue Kleid hindurch.

Die innere Einrichtung bietet nichts Besonderes; hier und dort begegnet man noch einem zurückgebliebenen Stück aus der »historischen Zeit«: Möbel aus den Tagen des ersten Empire, Büsten, Bilder, englische und französische Stiche. Das baulich Interessanteste ist die doppelte Kelleranlage, die dem französischen Chasseur so verderblich wurde; man blickt die Stufen hinunter wie in einen Schacht. In den oberen Geschossen schieben sich Treppen und Verschläge, Schrägbalken und Rauchfänge bunt durcheinander und schaffen eine Lokalität, wie sie nicht besser gedacht werden kann für ein Herrenhaus, »drin es umgeht«.

Die Sonne geht nieder; zwischen den Platanen des Parkes schimmert es wie Gold; das ist die beste Zeit zu einem Gange am »Schlänitz« hin. Unser Weg, in Schlängellinien, führt uns zunächst an der Gruft, dann an der Geistergrotte, an den beiden historischen Punkten des Parkes, vorbei. Die Gruft ist wie ein großes Gartenbeet, ein mit Efeu und Verbenen überwachsenes Rondell; nur das griechische Kreuz in der Mitte, das die ursprüngliche Urne ablöste, deutet auf die Bestimmung des Platzes.

Weiterhin liegt die Grotte. Der Aufgang zu ihr ist mit den blauen Schlacken eingefaßt, die einst mosaikartig das ganze Innere des Baues ausfüllten. Jetzt ist dieser, weil er den Einsturz drohte, offengelegt. Durch ein Versehen (der Besitzer war abwesend) wurde bei dieser Gelegenheit die Innenmauer niedergerissen und dadurch der sichtbare Beweis zerstört, daß diese Grotte eine doppelte Wand und zwischen den Wänden einen mannsbreiten Gang hatte. Nur die äußeren Mauern, mit Ausnahme der Frontwand, sind stehengeblieben und schieben sich in den Akazienhügel ein. Strauchwerk zieht sich jetzt darüber hin.

Nun stehen wir am Schlänitzsee, über der Kirche von Phöben hängt der Sonnenball; ein roter Streifen schießt über die leis gekräuselte Fläche. Der Abendwind wird wach; ein leises Frösteln überläuft uns; an Grotte und Gruft vorbei, kehren wir in das alte Herrenhaus zurück.

Hier ist Dämmerung schon. Es ist die Minute, wo das Licht des Tages erloschen und das Licht des Hauses noch nicht gezündet ist. Wir stehen allein; dort sind die Stufen, die in Souterrain und Keller führen; im Dunkel steigt es draus herauf. Im Hause alles still. In der Ferne klappt eine Tür, eine zweite, eine dritte; jetzt ist es, als würd' es dunkler; es rauscht vorbei, es schlurrt vorüber. Die alte »Gräfin« geht um.

GEHEIME GESELLSCHAFTEN IM ACHTZEHNTEN JAHRHUNDERT

1. Schwindel-Orden

> Was sagt sie uns für Unsinn vor?
> Es wird mir gleich den Kopf zerbrechen.
> Mich dünkt, ich hör' ein ganzes Chor
> Von hunderttausend Narren sprechen.
>
> *»Faust«*

Das vorige Jahrhundert war ein Jahrhundert der Geheimen Gesellschaften. Der Absolutismus behinderte jede Kraftentwicklung, die Miene machte, selbständige Wege einschlagen zu wollen; die Kirche war starr; was Wunder, wenn der individuelle Ehrgeiz, der kein legitimes Feld fand, sich geltend zu machen, auf Abwege geriet und im Dunkeln und Geheimen nach Macht suchte.

Wie im zwölften Jahrhundert alles nach dem Heiligen Grabe, im sechzehnten nach Wittenberg oder nach der neuen Welt drängte, so im achtzehnten Jahrhundert nach Geheimbündelei. Alchimie und Geistererscheinungen, Dinge, die sich ihnen vielfach gesellten, oft in den Vordergrund traten, waren nur Zugaben, Hilfsmittel, starke Dosen, zu denen man griff; das Wesen der Sache lag darin: Macht zu äußern in einer Zeit, wo das Individuum machtlos war.

Zwei Strömungen wurden alsbald erkennbar, die, neben einem starken Beisatz von Egoismus und Menschlichkeit, einen prinzipiellen Gehalt und einen prinzipiellen Gegensatz repräsentierten. Alle diese Gesellschaften indes, die einen derartig ideellen Kern andauernd und in Wahrheit und nicht nur dem Namen nach hatten, bildeten weitaus die Minorität, — das meiste lief auf Herrschsucht und Eitelkeit, auf Täuschung und unmittelbaren Betrug hinaus. Mit dieser letztern Gruppe der Geheimen Gesellschaften, die trotz ihres quantitativen Übergewichts kamen und gingen, ohne eine Spur zu hinterlassen, die nichts waren als Modetorheit oder Modekrankheit, beschäftigen wir uns zuerst.

Die Zahl dieser Gesellschaften, unglaublich zu sagen, ging vielleicht über hundert hinaus. Die meisten befanden sich in Bayern und am Rhein. Regensburg, die alte Reichstagsstadt, war Mittelpunkt, und einer Anzahl von Aufsätzen, die in dem letzten Viertel des vorigen Jahrhunderts in der Reichstagszeitung veröffentlicht wurden, verdanken wir, mehr als irgendeiner andern Quelle, Material, das uns Einblick gönnt in das Verbindungs- und Ordenswesen jener Zeit. Die genannte Zeitung schrieb in den achtziger Jahren: »Nie hat sich der Sektengeist tätiger gezeigt als in unsern Tagen, welche man die aufgeklärten nennt. . . . Der immer allgemeiner werdende Hang zum Aberglauben, der uns in die Zeiten des Mittelalters zurückwirft, wird durch den alle Kräfte der Erwerbung übersteigenden Luxus und durch das geschwächte Nervensystem der jetzigen Generation (also auch schon 1785!) ungemein befördert. Unsre Großen suchen den Stein der Weisen, um unsterblich zu werden, und erhoffen von den Geheimnissen der Alchimie die Mittel zur Befriedigung ihrer Neigungen.«

Die Reichstagszeitung fährt dann fort: »An keinem Orte der Welt sind mehr Verehrer solcher neuen Wissenschaften anzutreffen, als an dem Wohnsitze des Reichstages, in Regensburg selbst. Hier befinden sich: Loyolisten im gestickten Kleid, im Chorgewand und im einfachen Kittel; Gasnerianer und Mesmerianer; Kabbalisten und Somnambulisten; Magier der verschiedensten Stufen und Namen; Cagliostro-Anhänger, die den Stein der Weisen suchen, und ›Lammsbrüder, die sich vom inneren Stolze nähren‹ — Vereinigungen, die samt und sonders schwarze und weiße Magie treiben, aus Zahlen, Buchstaben und Worten die Geheimnisse der Natur und der Staaten prophezeien, die ewige Jugend suchen, vor allem aber den echtesten Grundsatz aller Schwärmer üben: sich untereinander zu verfolgen.«

So die Reichstagszeitung. Die Orden, die wir vorstehend aufgeführt, wie sie nur einen ganz kleinen Teil der in Regensburg vertretenen, geschweige denn der in ganz Deutschland damals verbreiteten Ordensgesellschaften bildeten, waren andererseits immer noch Grenznachbarn, oft wirkliche Abzweigungen jener zwei großen Körperschaften, der »Aufklärer« und der »Dunkelmänner«, die ihren Kern in der Idee hatten und auf die wir zurückkommen. Es gab aber andere, die sich absolut von jedem ideellen Gehalt entfernt hatten, oder das Ideelle doch bloß als ein nervenanregendes Komödienspiel trieben.

Aus der Reihe dieser greifen wir einige Musterbeispiele heraus.

Da war vorerst die »Dukatensozietät«. Sie war schon um 1746 durch den Grafen Carl Ludwig von Wied-Neuwied gestiftet worden. Die Gesellschaft ging aufs Praktische und war deshalb auch in der glücklichen Lage, in betreff aller kirchlichen Dinge das Wort »Toleranz« auf ihre Fahne schreiben zu können.

»Religionsvorurteile können unmöglich bei einer Institution Einfluß haben, die sich auf Tugend und Geselligkeit gründet und die wahre Menschenliebe zu ihrem Wegweiser hat.«

Die »wahre Menschenliebe« lernen wir nun aus § 7 der Statuten kennen. Es heißt daselbst: »Da jeder monatlich gerne einen Dukaten zur Sozietätskasse zahlen wird, wenn er hoffen darf, nicht nur dieser Bezahlung bald entledigt zu werden, sondern sogar viele Dukaten monatlich zu empfangen, so wird er für das erste anderweite Mitglied, das er seinerseits zum Eintritt engagiert, von der Zahlung befreit; der zweite, den er engagiert, zahlt gleichfalls zur Sozietätskasse; für den dritten aber empfängt er monatlich einen Dukaten für sich; der vierte zahlet ebenmäßig zur Sozietätskasse; für den fünften hingegen empfängt er wiederum einen Dukaten monatlich für sich; ferner auch für den 7., 9., 11., 13. und so fort für jede ungerade Zahl monatlich einen Dukaten. Wer also die Gelegenheit hat, ein Halbhundert Mitglieder zu dieser Sozietät zu engagieren, der bekommt monatlich eine Revenue von 24 Dukaten.« Dies leuchtete vielen sofort ein. Vor Ablauf eines Jahres hatte der Orden bereits 416 Mitglieder, darunter 1 Protektor, 7 Seniores, 1 Kassierer, 1 Sekretär, 1 Archivar. Die ersten Mitglieder waren fast lauter Offiziere der Garnison Wesel, daran schlossen sich Zivilpersonen aus Neuwied. In kürzester Frist hatte sich der Orden über ganz Deutschland ausgebreitet. Er bestand aber nicht lange. Die Regierungen schritten ein, warnten vor dieser »gefährlichen Sozietät« und verboten dieselbe. In betreff von Vergesellschaftungen, die auf Geld und Geldeswert ausgingen, waren die Regierungen immer am wachsamsten.

Ein anderer Orden, bei dessen Zeremonien die »Harmonika« eine große Rolle spielte und den wir deshalb den »Harmonikaorden« nennen wollen, hatte im Gegensatz zur »Dukatensozietät« etwas sinnbestrickend Theatralisches und operierte mit dem ganzen Apparat einer romantischen Oper. Diesen seltsamen Orden lernt man in seinem Ritual (im Gegensatz zu den Statuten) aus einer kleinen Broschüre kennen, die 1787 in Berlin erschien und aus der wir folgendes entnehmen.

»Sie verschafften mir«, so schreibt der Held und Harmonikavirtuose,* »durch Ihre Adresse an Herrn N. eine sehr interessante Bekanntschaft . . . Die Harmonika erhielt seinen ganzen Beifall; auch sprach er von verschiedenen besonderen Versuchen, was ich anfänglich nicht recht faßte. Nur erst seit gestern ist mir vieles natürlich.

Gestern gegen Abend fuhren wir nach seinem Landgute, dessen Einrichtung, besonders aber die des Gartens, außerordentlich schön getroffen ist. Verschiedene Tempel, Grotten, Wasserfälle, labyrinthische Gänge und unterirdische Gewölbe usw. verschaffen dem Auge soviel Mannigfaltigkeit und Abwechslung, daß man davon ganz bezaubert wird. Nur will mir die hohe, dies alles umschließende Mauer nicht gefallen; denn sie raubt dem Auge die herrliche Aussicht. — Ich hatte die Harmonika mit hinausnehmen und Herrn N . . z versprechen müssen, auf seinen Wink an einem bestimmten Orte nur wenige Augenblicke zu spielen. Um diesen Augenblick zu erwarten, führte er mich in ein großes Zimmer im Vorderteil des Hauses und verließ mich, wie er sagte, der Anordnung eines Balls und einer Illumination wegen, die beide seine Gegenwart notwendig erforderten. Es war schon spät und der Schlaf schien mich zu überraschen, als mich die Ankunft einiger Kutschen störte. Ich öffnete das Fenster, erkannte aber nichts Deutliches, noch weniger verstand ich das leise und geheimnisvolle Geflüster der Angekommenen. Kurz nachher

---

* Der betreffende Brief gibt sich das Ansehen, als sei er aus Wien datiert und als habe die ganze Szene auf einem Landgut in der Nähe Wiens gespielt. Wer aber je in Marquardt war, und den dortigen Park, den See, die Grotte, das Schloß und seinen tiefen Doppelkeller kennengelernt hat, dem wird sichs zunächst aufdrängen, daß hier durchaus Marquardt gemeint sein müsse. Es ist aber trotz alledem nicht der Fall, kann nicht sein, da Marquardt erst 1795 in die Hände Bischofswerders kam.

bemeisterte sich meiner der Schlaf von neuem; und ich schlief wirklich ein. Etwa eine Stunde mochte ich geschlafen haben, als ich geweckt und von einem Diener, der sich zugleich mein Instrument zu tragen erbot, ersucht ward, ihm zu folgen. Da er sehr eilte, ich ihm aber nur langsam folgte, so entstand daraus die Gelegenheit, daß ich, durch Neugierde getrieben, dem dumpfen Ton einiger Posaunen nachging, der aus der Tiefe des Kellers zu kommen schien.

Denken Sie sich aber mein Erstaunen, als ich die Treppe des Kellers etwa halb hinuntergestiegen war und nunmehr eine Totengruft erblickte, in der man unter Trauermusik einen Leichnam in den Sarg legte und zur Seite einem weißgekleideten, aber ganz mit Blut bespritzten Menschen die Ader am Arme verband. Außer den hilfeleistenden Personen waren die übrigen in langen schwarzen Mänteln vermummt und mit bloßen Degen. Am Eingang der Gruft lagen übereinander geworfene Totengerippe, und die Erleuchtung geschah durch Lichter, deren Flamme brennendem Weingeist ähnlich kam, wodurch der Anblick desto schauriger wurde. Um meinen Führer nicht zu verlieren, eilte ich zurück. Dieser trat soeben aus dem Garten wieder herein, als ich bei der Türe desselben ankam. Er ergriff mich ungeduldig bei der Hand und zog mich gleichsam mit sich fort.

Sah ich je etwas Feenmärchen-ähnliches, so war's im Augenblick des Eintritts in den Garten. Alles in grünem Feuer; unzählig flammende Lampen; Gemurmel entfernter Wasserfälle, Nachtigallengesang, Blütenduft, kurz, alles schien überirdisch, und die Natur in Zauber aufgelöst zu sein. Man wies mir meinen Platz hinter einer Laube an, deren Inneres reich geschmückt war und wo hinein man kurz darauf einen Ohnmächtigen führte, vermutlich den, dem man in der Totengruft die Ader geöffnet hatte. Doch gewiß weiß ich es nicht, weil die Gewänder aller Handelnden jetzt prächtig und reizend von Form und Farbe und mir dadurch wieder ganz neu waren. Sogleich erhielt ich das Zeichen zum Spiele.

Da ich nunmehr genötigt war, mehr auf mich als auf andere Acht zu geben, so ging allerdings vieles für mich verloren. So viel aber nahm ich deutlich wahr, daß sich der Ohnmächtige kaum nach einer Minute des Spielens erholte und mit äußerster Verwunderung fragte: »Wo bin ich? wessen Stimme höre ich?« — Frohlockender Jubel und Trompeten und Pauken war die Antwort. Alles griff zugleich nach den

Degen und eilte tiefer in den Garten, wo das Fernere für mich wie verschwunden war.

Ich schreibe Ihnen dieses nach einem kurzen und unruhigen Schlaf. Gewiß, hätte ich nicht noch gestern, ehe ich mich zu Bett legte, diese Szene in meine Schreibtafel aufgezeichnet, ich wäre sehr geneigt, dies alles für einen Traum zu halten. Leben Sie wohl.«

Die vorstehende Schilderung hat uns bereits in eine Gruppe von Ordensverbindungen (oder doch bis an die Grenze derselben) geführt, in denen »Erscheinungen« als Nervenstimulus und dieser wieder als »Mittel zum Zweck« die Hauptsache waren.

Wir wenden uns nunmehr diesen Magiern und ihren Verbindungen zu. Zuvor aber noch eine Bemerkung.

Auch jene Orden, die, was immer ihre Schwächen und Gebrechen sein mochten, doch in erster Reihe immer das Prinzip wollten und in Wahrheit ernst und aufrichtig einen geistigen Kern hatten, auch die bedeutsameren, nicht ephemeren, wirklich zu politischer und sozialer Bedeutung gelangenden Orden, glaubten wohl oder übel eines gelegentlichen Operierens mit »Erscheinungen« nicht entbehren zu können. Wir werden darauf ausführlicher zurückkommen und festzustellen suchen, wieviel davon zulässig, oder richtiger, wie groß oder wie gering das Maß der Verschuldung war.

Mit diesen ernsteren Bestrebungen, die sich gelegentlich im Mittel irrten, haben aber, trotz einer gewissen äußeren Ähnlichkeit, jene zu neun Zehntel auf Lug und Trug gestellten Vergesellschaftungen nichts gemein, die nicht einmal das ohnehin gefährliche und fragwürdige: »Der Zweck heiligt die Mittel« für sich geltend machen konnten, sondern einfach, unter prätentiösen Phrasen, ihrem Gewinn oder irdischem Vorteil nachjagten. Es waren Spekulanten und Komödianten. Geister erscheinen lassen war ihr Geschäft und nur ihr Geschäft. Wir machen uns zunächst damit vertraut, wie sie dies Metier betrieben.

Es gab, soweit wir imstande gewesen sind, uns aus den verschiedensten Schriften zu informieren, vier Arten des Betriebes. Kleinere Abweichungen kommen nicht in Betracht. Es waren:

1. Das Schattenbild auf weißer durchsichtiger Fläche. Eine Art Laterna magica. Dies war die plumpeste Art.

2. Das Hohlspiegelbild auf weißer Wandfläche. Ein Ver-

fahren, das bei Geisterszenen auf der Bühne auch jetzt noch zu gelegentlicher Anwendung kommt.

3. Das Hohlspiegelbild auf Rauch und Qualm.

4. Bloße Benebelung und Einwirkung auf die Imagination, so daß man Dinge sieht, die gar nicht da sind.

Über diese letzte Art des Verfahrens, die die unglaublichste scheint und, richtig gehandhabt, doch vielleicht die sicherste war, entnehmen wir zeitgenössischen Memoiren das Folgende:

Friedrich II. erfuhr, daß in Halle ein Professor sei, der Geister zitieren könne. Der König ließ ihn kommen. Der Betreffende erschien auch, lehnte es aber ab, Geister erscheinen zu lassen, erklärte vielmehr dem Könige ganz einfach, wie er dabei zu operieren pflegte. Er sagte: »Ich benutze dazu ein Räucherwerk. Dies Räucherwerk hat zwei Eigenschaften: 1. den ›Patienten‹ in einen Halbschlaf zu versetzen, welcher leicht genug ist, ihn alles verstehen zu lassen, was man ihm sagt, und tief genug, ihn am Nachdenken zu verhindern; 2. ihm das Gehirn dergestalt zu erhitzen, daß seine Einbildungskraft ihm lebhaft das Bild der Worte, die er hört, abmalt. Er ist in dem Zustande eines Menschen, der nach den leichten Eindrücken, die er im Schlaf empfängt, einen Traum zusammensetzt. Nachdem ich in der Unterredung mit meinem Neugierigen möglichst viele Einzelheiten über die Person, die ihm erscheinen soll, kennengelernt und ihn nach der Form und den Kleidern gefragt habe, in denen er die zu zitierende Person sehen will, lasse ich ihn in das dunkle, mit dem Dunst des Räucherwerks angefüllte Zimmer treten. Dann — nach einiger Zeit — spreche ich zu ihm: ›Sie sehen den und den, so und so gestaltet und gekleidet‹, worauf sich sofort seiner erregten Phantasie die Gestalt abmalt. Hierauf frage ich ihn mit rauher Stimme: ›Was willst du?‹ Er ist überzeugt, daß der Geist zu ihm spricht; er antwortet. Ich erwidere; und wenn er Mut hat, so setzt sich die Unterredung fort und schließt mit einer Ohnmacht. Diese letzte Wirkung des Räucherwerks wirft einen mysteriösen Schleier über das, was er zu sehen und zu hören geglaubt hat, und verwischt die kleinen Mängel, deren er sich etwa erinnern könnte.« —

So weit die Enthüllungen des Professors.

Das dritte Verfahren: »Das Hohlspiegelbild auf einer Rauchsäule« wurde, wenn den betreffenden Überlieferungen Glauben zu schenken ist, vorzugsweise durch Johann Georg Schrepfer geübt. Dieser in seiner Art merkwürdige Mann bildete die Inkarnation jenes Lug- und Trugsystems, jener Geheimbündelei, die unter großen rätselvollen Phrasen, das Wundertun, die Geisterzitation, den Rapport mit der geistigen Welt in den Vordergrund stellte und, ohne sich viel mit fortschrittlichen oder rückschrittlichen Ideen aufzuhalten, von der Leichtgläubigkeit der Menschen lebte. In der Kürze haben wir Schrepfers schon bei Marquardt erwähnt. Wir müssen auch hier wiederholen, daß er höchst wahrscheinlich nicht bloß ein Betrüger war, sondern durch Lesen mystischer und alchimistischer Schriften, dazu durch eigene Eitelkeit und fremde Huldigungen, schließlich, ohne geradezu wahnsinnig zu sein, in einen verworrenen Geisteszustand geraten war, der ihn in der Tat an sich glauben machte und ihn namentlich alles für möglich halten ließ. Es ist nicht absolut unwahrscheinlich, daß er wirklich dachte, ein Paket Papierschnitzel werde sich ihm zuliebe über Nacht in vollgültige Banknoten verwandeln. Wir geben eine kurze Lebensskizze dieses Mannes, dessen Leben und Tod charakteristisch ist für eine spezielle Krankheitserscheinung jener Zeit.

Johann Georg Schrepfer, 1730 geboren, war anfangs Kellner in einem Leipziger Gasthause (nach andern Husar) und war unter die dienenden Brüder einer dortigen Freimaurerloge aufgenommen worden. Später hatte er eine Frau mit einigem Vermögen geheiratet und hielt seitdem eine eigene Schenkwirtschaft in der Klostergasse. Anfangs der siebziger Jahre, vielleicht schon etwas früher, begann er auszusprengen, daß er die Gabe der Geisterbeschwörung habe. Sein Anhang wuchs, darunter Personen von hoher gesellschaftlicher Stellung. Der Herzog von Kurland, Herzog Ferdinand von Braunschweig, die Minister Graf Hohenthal und von Wurmb, der Kammerherr von Heynitz, Oberst von Fröden, der Geheime Kriegsrat von Hopfgarten und der Kammerherr von Bischofswerder pflogen Umgang mit ihm und besuchten ihn in seiner Wohnung, im Hotel de Pologne. Daß er, mit Hilfe des nach ihm genannten Schrepferschen Apparats, wirklich schemenhafte Gestalten erscheinen ließ, ist gewiß, noch gewisser, daß er in beständigen Geldverlegenheiten war und die reicheren der vorher genannten Herren benutzte, um auf ihre Kosten zu leben. Sie mußten Geld geben, auf daß der Schatz gehoben werden könne.

Vielleicht daß ihr Vertrauen oder ihre Geduld eher erschöpft worden wäre, wenn er es nicht verstanden hätte, zum Teil auf gefälschte Empfehlungen hin, mit den hervorragendsten Häuptern anderer geheimer Gesellschaften sich in Verbindung zu setzen, was ihm dann in seiner nächsten Umgebung immer aufs neue einen Nimbus verlieh. Aus dieser Ordens-Geheim-Korrespondenz, die er nach den verschiedensten Seiten hin führte, ist ein Briefwechsel zwischen ihm und dem Professor der Theologie Dr. Stark in Königsberg, später Generalsuperintendent in einem der thüringischen Staaten, aufbewahrt worden, der merkwürdige Einblicke gönnt.

Dr. Stark, ein Theologe von gründlichster Bildung, eröffnete die Korrespondenz und schrieb unterm 30. Juni 1773 aus Königsberg: »Mein sehr werther Freund und Bruder. Nach dem Wenigen, was mir von Ihnen bekannt geworden ist, müßte mich mein Geist sehr trügen, und die Siegel, die unser Orden seinen Geweihten aufgedrückt hat, verwischt sein: oder ich muß in Ihnen einen Mann finden, der Eines Ursprungs mit mir ist und mit mir zu Einem Zwecke geht. Und deren sind nicht viele unter den Maurern. Trüge ich mich, so falle Nacht und Finsterniß auf das, was ich sagen werde. Sind Sie es aber, so grüße ich Sie in der heiligen Zahl von Drei, Sieben und Zehn und durch die sieben Geister Gottes.

Sind Sie tiefer als ich ins Heiligthum geführet, so nehmen Sie mich als einen lehrbegierigen Schüler an. ... Sonst lassen Sie uns Beide auf dem vor der Welt und so viel Tausend Maurern verdeckten Wege gehen. Die wahre Weisheit liebt das Verborgene. Nur in der Dunkelheit ist das unzerstörliche Licht. Ich kenne, mein Bruder, Florenz. ... Sie können zu mir reden. ... An einem grünen Flecken im rothen Lack des Wappens können Sie es erkennen, daß mein Brief nicht geöffnet gewesen.

Aber lassen Sie mich noch eine Bitte thun: Zerstören Sie noch nicht eine Art von Maurerei in Deutschland, unter deren Maske Brüder verborgen liegen, die diesen Brüdern selbst unbekannt sind, die Sie aber gewiß schätzen und lieben würden, wenn Sie sie näher kennen sollten. Unsere Macht und Gewalt ist lieblich, ein Feuer, das nähret und nicht zerstöret.

Ihr aufrichtiger Freund und Bruder
der ›Verfasser der Apologie‹ (Stark).«

Hierauf antwortete Schrepfer, der, bei aller Begabung, den Cafetier doch nie verleugnen konnte, unterm 29. Juli folgenden Bombast: »Mein werther Freund und Bruder. Dero an mich abgelassenes Schreiben habe richtig zu erhalten die Ehre gehabt. Der große Baumeister der Gottheit der Allmacht gehe vor uns über mit seiner Gnade! So thue ich denn als Schotte der Erkenntniß und Gewalt aus Schottland in den Thurm den ersten Schritt, denselben die Wahrheit zu melden. Zerbrechen Sie Ihr † aus Florenz, lernen Sie dafür erkennen 5. 7., daß ich wirklich bin S. W. O. V.

Ist Wismar nicht sträflich, daß sie auf mein wiederholtes freundschaftliches Betragen nicht mehr Aufmerksamkeit bezeiget?

Was ich vor jetzt schreibe, schreibe ich auf Ihre Pflicht. Ziehen Sie Ihre Schuhe aus, denn der Ort der wahren ME ist heilig für den Busch. Fünf starben, der sechste ging in Feuer über, stehet die Säule so (unleserliches Wort) im Morgen, die 7 Siegel thun sich auf, und erkennen die Wahrheit der Gottheit. Verflucht sei, der den Namen seines Gottes mißbraucht! Der Herr ist heilig und gerecht. Mein Bruder, wenn Sie wirklich der sind, der die 11 in der Wahrheit kennet, da doch durch 12 gerichtet wird, warum kennen Sie nicht S. W.? War England nicht gerecht, ließ es Ihnen nicht Ihre Freiheit; warum suchten Sie aber von dem einen Wege in den andern zu fallen? Sind nicht Warnungen genug an die strikte Observanz ergangen? Wenn ich meine Brüder bei der Vernunft überführe und selbigen die Unsterblichkeit der Seele beweise, so folge ich den wahren Pflichten B. I. I. Soll Gewalt dem Schwachen weichen, wenn der Schwache nur Bosheit in seiner Seele besitzt, wurde das Schwert nicht eingesteckt, da es schon gesiegt hatte?

Glauben Sie, mein Bruder, wenn ich gleich nach Dresden gegangen, so wäre jetzo Alles ruhig und zufrieden; aber Leipzig, da wo nur Tugend und Wissenschaften blühen sollen, ist eine in Schleier gehüllte Buhlerin. Kennen Sie wirklich die Off. I.?

Ich kenne Purpur ganz roth, das innerste der Sonne gelb, blau, heilig und gerecht, unter dem Namen des Lammes. I. V. N. D. I. K.

Um mich noch mehr zu erklären, erwarte Dero Antwort, und empfehle Sie dem Schutz des Unerschaffenen.

N. S. Mein Bruder. Sie haben es mit E—land und Sch—land richtig getroffen; nur den Sitz des Thurmes haben Sie mir nicht gemeldet. Erhalte ich einen Brief von Ihrer Hand und Namen, so thue mir der Herr dies und das, so ich ihn nicht unter meiner eignen Hand beantworten will.

Nehmen Sie den Spiegel und sehen nach dem Licht. Wenn der Blitz fähret, so blendet er, aber dem Weisen ist er klar wie tausend Jahr.

Joh. Geo. Sch—r,
S. d. E. u. G.«
(Schotte der Erkenntnis und Gewalt)

Daß ein Mann wie Stark durch solchen mit Effronterie vorgetragenen Galimathias geblendet werden konnte, ist nicht anzunehmen, auch kam die Korrespondenz über diesen einmaligen Briefaustausch nicht hinaus. Aber Schrepfer hatte doch das eine Gute davon, daß er auf das Handschreiben eines, in besonderem Ordensansehen stehenden, die höchsten Ordensehren in sich vereinigenden Mannes hinweisen konnte. Und das genügte ihm. Er suchte neue Mittel nach, »um den Schatz zu heben«, und Leipzig, das er so undankbar als »Buhlerin« bezeichnete, gewährte sie immer aufs neue.

Endlich indes, so scheint es, war die Geduld erschöpft, die »Erscheinungen« kamen, während der Schatz beharrlich ausblieb, und Schrepfer empfand zuletzt, daß seine Situation unhaltbar geworden sei. Aber wenigstens mit einem Knalleffekt wollte er scheiden.

An einem der letzten Meßtage, am 7. Oktober 1774, lud er Bischofswerder und Hopfgarten, nebst noch zwei anderen, zum Abendessen ein. Als sie beisammen waren, sagte er: »Diese Nacht legen wir uns nicht zu Bett, denn morgen mit dem Frühesten, noch vor Sonnenaufgang, sollen Sie ein ganz neues Schauspiel zu sehen bekommen. Bis jetzt hab ich Ihnen Verstorbene gezeigt, die ins Leben zurückgerufen wurden; morgen aber sollen Sie einen Lebenden sehen, den Sie für tot halten werden.« Nach diesen Worten legte er sich aufs Sofa und schlief fest. Als der Tag anbrach, stand er auf mit den Worten: »Nun, meine Herren, ist es Zeit, daß wir gehen«; und alle begaben sich nach dem Rosenthal. Schrepfer, der auf dem Wege die vollkommenste Gemütsruhe zeigte, wies seinen Begleitern, als sie an einer bestimmten Stelle angelangt waren, ihre Plätze an, indem er zu ihnen sagte: »Rühren Sie sich nicht von der Stelle, bis ich Sie rufen werde; ich gehe jetzt in dieses Gebüsch, wo Sie bald eine wunderbare Erscheinung sehen sollen«. Er entfernte sich und bald darauf fiel ein Schuß; im Dickicht fanden die Herren ihren Propheten tot. Er hatte sich mit einem Taschenpistol erschossen.

So viel über Schrepfer, in dem sich die Lug- und Trug-Geheimbündelei, die ideenlose und karikierte Entartung des Ordenswesens verkörperte. Wir haben in den kurzen Lebensabriß, den wir von ihm geben, den Briefwechsel zwischen ihm und Dr. Stark mit besonderem Vorbedacht eingeschoben, um einen Gegensatz und dadurch zugleich einen Übergang zu schaffen zu jenen ernsteren Bestrebungen, die, wie befangen auch in Menschlichkeiten, doch ein Prinzip vertraten und zugleich jene Sache selbst waren, von der Schrepfer nur die Karikatur bildete.

Von diesen ernsteren Bestrebungen in dem folgenden Kapitel.

2.

Illuminaten und Rosenkreuzer

> Ei, Possen, das ist nur zum Lachen;
> Sei nur nicht ein so strenger Mann!
> Sie muß als Arzt ein Hokuspokus machen.
>
> *»Faust«*

Der Hang nach Macht, der im absoluten Staate (außer im Dienste desselben) keine Befriedigung fand, schuf, so sagten wir, die Geheimbündelei überhaupt; der Hang nach Freiheit, der im absoluten Staate begreiflicherweise nicht besser fuhr, als jener, schuf eine besondere Abzweigung, eine ideale Blüte der Geheimbündelei: den Illuminatenorden. Dieser Orden, auf seinen gedanklichen Kern angesehen, war kaum etwas anderes als ein modifizierter, vielleicht ein potenzierter Freimaurerorden, hätte also allen Anspruch darauf gehabt, neben diesem zu leben und zu wirken, auch wurde in der Tat um 1780 eine Vereinigung beider erstrebt; die besonderen Umstände aber, unter denen der neue Orden ins Leben trat, seine Rührigkeit, seine Aggression, seine Übergriffe führten rasch zu seinem Untergange, nachdem er, etwa ein Jahrzehnt lang, eine hervorragende politische Rolle gespielt und sich als ein Repräsentant jener Freiheitsströmung gezeigt hatte, die damals durch Europa ging.

Der Stifter des Ordens war Adam Weishaupt, der, 1748 zu Ingolstadt geboren, an der Universität seiner Vaterstadt studiert und 1775 ebendaselbst die Professur des Natur- und kanonischen Rechts erhalten hatte. Schon als Student — es lag eben in der Zeit — hatte ihn die Stiftung eines Ordens beschäftigt; jetzt, gereifter, entwarf er die Statuten für den Orden der »Perfektibilisten«, die dann später den mehr bezeichnenden und besser sprechbaren Namen der Illuminaten annahmen. Die Gründung des Ordens erfolgte 1776. Weishaupt selbst bezeichnete als Aufgabe desselben: »Selbstdenkende Menschen aus allen Weltteilen, von allen Ständen und aus allen Religionen durch ein gegebenes höheres Interesse in ein einziges Band dauerhaft zu vereinigen und sie dahin zu leiten, aus wahrer Überzeugung und von selbst zu tun, was kein öffentlicher Zwang, seit Welt und Menschen sind, je bewirken konnte.« In einem Briefe gab er sich noch deutlicher und zuversichtlicher: »Der Endzweck des Ordens ist, daß es Licht werde und wir sind die Streiter gegen die Finsterniß. In fünf Jahren sollen Sie erstaunen, was wir gethan haben. Merken Sie sich's, der Endzweck des Ordens ist frei zu sein. Wenn sich Alles so fortentwickelt, wie seit einiger Zeit, so gehört in Kurzem unser Vaterland uns. Habe ich einmal den Grund des Baues festgestellt, so mag geschehen was wolle. Man wird dann, auch wenn man wollte, nicht mehr im Stande sein, die Sache zu Grunde zu richten.«

Die ersten Erfolge des Ordens entsprachen dieser Zuversicht; viele vornehme, gelehrte und rechtschaffene Männer traten ihm bei, darunter Knigge (1780), der alsbald eine besonders umsichtige und energische Tätigkeit zu entfalten begann. Aber diese Blüte, so rasch sie gezeitigt war, so rasch ging sie vorüber. Knigge und Weishaupt, von verschiedenen Ansichten geleitet, entzweiten sich; der erstere trat zurück, mit ihm eine Anzahl Mitglieder, und so in sich geschädigt und zerfallen, erlag der Orden dem Sturme, der jetzt von außen her ihn traf. Alles Illuminatentum wurde in Bayern, das den Hauptsitz bildete, verboten und Weishaupt 1785 seines Amtes entsetzt. Er fand bei dem Herzoge Ernst von Gotha Aufnahme; aber der Orden selbst erlag der staatlichen Obergewalt, die ihn, mit Prozessen und Strafverfügungen energisch vorgehend, wie einen Brand austrat.

So viel über die Illuminaten. Ein kurzes Leben. Sehr wahrscheinlich, daß dieser Orden, wie so viele andere Verbindungen jener Zeit, ohne Sang und Klang und ohne ein Blatt in der Geschichte vom Schauplatz abgetreten wäre, wenn er nicht während der kurzen Dauer seiner Existenz eine Gegenströmung hervorgerufen hätte, die, berühmter werdend als der Illuminatenorden selbst, diesem alsbald einen Reflex der eigenen Berühmtheit lieh. Mit anderen Worten, das Illuminatentum wäre vielleicht vergessen, wenn nicht der geheimbündlerische Drang sofort einen feindlichen Bruder geboren hätte. Dies waren die Rosenkreuzer, ein alter Name, aber eine neue Sache.

Wir beginnen mit einem historischen Rückblick.

Die Rosenkreuzer waren eine alte alchimistische Verbrüderung, die weit in die Geschichte zurückgeht. Ihr Stifter war Frater Rosenkreuz, ein Deutscher, wie sein Name bezeugt. Daß ein solcher Mönch wirklich gelebt und mit seinen Adepten die Goldmachekunst getrieben habe, scheint unzweifelhaft; über diese einfache Tatsache hinaus aber hüllt sich alles in Nebel und die Geschichte vom Tode und von der Wiederauffindung des alten Rosenkreuz gibt sich nicht einmal die Mühe, ihren Fabelcharakter zu verbergen. Diese Geschichte lautet wie folgt:

Frater Rosenkreuz, nachdem er seiner Reisen durch Arabien und Afrika und seines vieljährigen Verkehrs mit den »afrikanischen Weltweisen« müde geworden war, begab sich nach England und wohnte nicht weit von London, woselbst er eine unterirdische Höhle errichtete und ein Buch schrieb, worauf er G. L. statt des Titels setzte. Sein Vetter Benedikt Rosenkreuz war gemeiniglich um ihn. Diesem befahl er, bei Ablegung eines großen Schwurs, daß er nach seinem Tode sogleich das Gewölbe zuschließen und eine bestimmte große Tafel davor setzen sollte, worauf die Namen seiner Schüler standen; den Zugang selbst sollte er mit Erde verschütten. Alles dies geschah mit der größten Genauigkeit, so daß man von Rosenkreuz nichts weiter hörte. Über dieser Höhle stand aber ein sehr alter Akazienbaum, unter dessen Schatten Rosenkreuz öfters seinen Gedanken nachgehangen. Nach einhundertundzwanzig Jahren fiel einem Bauern ein, diesen Baum umzuhauen und seine Wurzeln auszugraben. Er kam an Steinplatten, nahm eine nach der andern fort und ehe er sichs versah, fiel er in eine Höhle fünfzehn Fuß tief in die Erde hinein. Kaum hatte er sich von seinem Fall und Schrecken erholt, so wurde er gewahr, daß diese unterirdische Gruft erleuchtet war, und ein alter, ehrwürdiger Mann vor einem Tische saß und in einem Buche las. Als er (der Bauer) sich nun einen Schritt näherte, erhob sich der Alte, der einen Stab in Händen hielt. Bei dem zweiten Schritt hob er seinen Stab in die Höhe, bei dem dritten schlug er so gewaltig auf die Lampe, daß solche zerbrach und erlosch. Der Bauer stürzte vor Schreck nieder; so fand man ihn und hörte seinen Bericht. Zugleich fand man eine Leiche, die ein Buch in Händen hielt. Dies letztere war das Buch Rosenkreuzers, das alle Weisheit, die Ausbeute seines Lebens, seiner Studien umfaßte.

So die Erzählung von Frater Rosenkreuz und seinem Weisheitsbuch. Dies Weisheitsbuch, auf das es ankam, gaben nun die modernen Rosenkreuzer, die wir gleich näher charakterisieren werden, als ihren Besitz aus; es sei ihnen auf rätselhafte Weise zu Händen gekommen und, um den Verdacht oder den Vorwurf der Modernität von sich abzustreifen, nannten sie sich, eben auf die vorgeblich alte Weisheit gestützt, die Rosenkreuzer alten Stils. Ihr Spruch war: Lux in Cruce et Crux in Luce. Die Welt erkannte sehr bald, und sie sollte es auch erkennen, daß die sich so nennenden Rosenkreuzer mit den wirklichen Rosenkreuzern alten Stils nicht das Geringste gemein hatten und mit Fug und Recht durfte Dr. Semler, der »Vater des Rationalismus«, von Halle aus schreiben: »Seit einiger Zeit haben wir von einer jetzt fortdauernden Rosenkreuzerei so manche wichtige Nachrichten, Nachrichten, aus denen wir erkennen können, daß eine große Partei mit gewiß weit aussehenden Absichten, die Magie und Alchemie nur als Maske benutzt. Ein »Hirtenbrief« dieser Rosenkreuzer, der mir vorliegt, ist ein auffallender Beweis von der dreisten und entschlossenen Denkungsart dieser geheimen Partei, welche ganz merklich es auf eine öffentliche Revolution im Sinne des Rückschrittes absieht. . . . Die Historie kann es am gewissesten dartun, daß diese jüngeren Rosenkreuzer ganz andere Leute sind als die alten, die kein papistisches Mitglied unter sich duldeten.«

Im wesentlichen hatte es der alte Rationalist hier richtig getroffen. Ob Papismus und Jesuitismus dahinter steckten, war damals fraglich und ist fraglich geblieben, aber um Reaktion, um einen Kampf gegen die Neologen und Ideologen, gegen die Aufklärer und Freimaurer, gegen die Demokraten und Illuminaten handelte es sich allerdings, die alten Elemente in Staat und Kirche, ganz wie in unsern Tagen, nahmen einen organisierten Kampf gegen den Liberalismus in allen seinen Gestalten und Verzweigungen auf. Nur die Organisation war verschieden, heute öffentlich in Kammer, Lehrstuhl, Presse, damals geheim in Orden und Brüderschaften. Jede Zeit hat ihre Kampfesformen; der Kampf bleibt derselbe.

Wie recht der alte Semler hatte, darüber gaben die trotz aller Vorsicht und Geheimtuerei nach und nach in die Öffentlichkeit dringenden Schriften des modernen Rosenkreuzertums die beste Auskunft. Umkehr, Absolutismus, Orthodoxie — das war ihr Inhalt. Wir geben einige Belagstellen zunächst aus der »Original-Instruktion für die Oberen der unteren Klassen.«

pag. 27:
Der hohe Orden, der die Sache Christi mit Macht und Eifer betreibt, weil sie seine eigene ist, hat die Größe des Menschengeschlechtes sehr am Herzen.

pag. 30:
Der Zirkel-Direktor soll den Brüdern tiefe Ehrfurcht gegen den Befehl Gottes einprägen, daß wir hier glauben und dort erst schauen. Er soll ihnen auch die gewisse und freudige Hoffnung machen, daß, bei zunehmendem Wachsthum im Orden, ihr Glaube viele starke Stützen erhalten und sie manches, ihnen jetzt noch Unbegreifliche in den Geheimnissen unserer allerheiligsten Religion mit mathematischer Gewißheit einsehen werden.

pag. 88:
Der Orden kettet den Himmel an die Erde und öffnet den versperrten Weg zum Paradiese wiederum. Seine höchsten Vorsteher sind, im allergenauesten Verstande, Freunde Gottes, wahre Jünger Christi, weit über den Rest der Sterblichen erhaben, Meister über die ganze Natur, die mit der einen Hand auf das siegreiche Kreuz der Versöhnung gelehnt, mit der andern die lange Ordenskette festhalten.

So weit die Auszüge aus der »Instruktion«.

Energischer noch traten die Grundgedanken des Ordens, die man vielleicht am besten mit »Umkehr zu Strenggläubigkeit und Mystizismus« bezeichnen kann, in einem 1782 zu Berlin erschienenen Buche hervor, das den Titel führte: »Die Pflichten der Gold- und Rosenkreuzer alten Systems; von Chrysophiron.« Dies Buch wurde bloß für die Junioren des Ordens gedruckt und sehr geheim gehalten. Ein Exemplar besaß der russische Major Kutusow, der, wie man glaubt, eben dieser Verbindung halber, mehrere Jahre in Berlin lebte und daselbst starb. Dies Exemplar wurde bei der stattfindenden Auktion öffentlich versteigert, und kam dadurch in fremde Hände. In der Vorrede zu diesem Buche fanden sich folgende Stellen:

pag. XIII:

Gottes Barmherzigkeit über Deutschland hat noch kein Ende, sondern sie ist alle Morgen neu, und seine Treue ist groß. Der ewige Erbarmer hat sich durch das Gebet unserer gütigen Oberen endlich erweichen lassen. Was unsere Väter von sich stießen, das ist nach hundert Jahren ihren glücklichen Kindern, ist Uns, zu Theil geworden.

pag. XXXIX:

Gott hat sie, hat mich, hat alle Mitglieder unsres hohen Ordens vor Millionen Menschen werthgeachtet, an dem paradiesischen Segen Antheil zu nehmen, den er nach seiner grundlosen Barmherzigkeit bei dem Falle Adams nicht aus der Welt hinausnahm, sondern ihn nur verbarg, damit diejenigen unter den Menschen, welche in allen Jahrhunderten der Welt es werth würden, diesen Segen finden und genießen könnten.

pag. XL:

Nur der ist dieses Segens im Orden werth, der Jesum Christum, den Schlangentreter, recht kennt, sein tinkturalisches Versöhnungsblut ganz auffasset und durch seinen starken Glauben mit ihm innigst vereinigt ist. Nur solchen gab er Macht, nur diesen dreimal glücklichen Ordensbrüdern gab er Macht, Gottes Kinder zu heißen, die an seinen Namen glauben. Joh. 1, 12.

Und an eben dieser Stelle (pag. XL.):

Ich habe Ihnen hiermit genug gesagt, und schließe mit den Worten Pauli 1. Korinther 16, V. 22. Wer unsern Herrn Jesum Christum nicht lieb hat, der sei verflucht oder Anathema maharam Motha. Das heißt: durch den großen Bann der göttlichen Strafgerechtigkeit ausgesetzt. Amen! Amen! Amen!

Diese Schriften riefen im gegnerischen Lager, also unter Freimaurern und Rationalisten, einen Zorn hervor, den wir in unsern Tagen, wo dergleichen in offener Befehdung der Gegensätze jeden Tag gedruckt wird, einfach nicht zu fassen vermögen, wenn wir nicht gegenwärtig haben, wer jene Schriften schrieb, wer Chrysophiron war und welche staatliche Gewalt schützend hinter diesem Orden der Gold- und Rosenkreuzer stand. Dies alles waren nicht Blasen, die ein beliebiger Sektengeist warf, sondern diese Anschauungen herrschten an oberster Stelle, drohten in Edikten und Gesetzen bestimmend, maßgebend für Millionen Andersdenkender zu werden und traten schließlich wirklich als Landesgesetze in Kraft. Hinter dieser Rosenkreuzerei standen auf länger denn zehn Jahre hin die Machthaber Preußens: der König, Wöllner, Bischofswerder. Chrysophiron war Pseudonym für Wöllner.

Dies wird genügen, die oben erwähnte bittre Feindschaft zu erklären, die durch die liberale Welt ging. In Frankreich der Sieg des Voltairianismus bis in seine letzten Konsequenzen und — in Preußen, an dessen Spitze beinah fünfzig Jahre lang der Philosoph von Sanssouci gestanden und der Aufklärung eine Stätte bereitet hatte, in diesem Preußen: Umkehr, Gewissensdruck, Rosenkreuzerei. Solange hinter dieser letztern die staatliche Macht stand, solange sie mit dieser identisch war, war ein Kampf dagegen unmöglich, aber kaum daß der Sarg Friedrich Wilhelms II. in die Gruft des Domes niedergelassen war, so brach es hervor. An der Spitze der alte Nicolai. In der Vorrede zum sechsundfünfzigsten Bande der »Neuen Allgemeinen deutschen Bibliothek« führte er nunmehr über die Rosenkreuzer, die jetzt freilich ein toter Percy waren, folgende Sprache:

»Sehr bald nach dem Tode Friedrichs des Großen fanden bei seinem Nachfolger Männer Gehör, welche zu mehreren nachteiligen Maßregeln Anlaß gaben. Dieselben waren großenteils durch eine geheime Macht, durch den Gold- und Rosenkreuzerorden und durch den Einfluß der ›unbekannten Väter‹ geleitet, welche diesen Orden ungefähr seit 1778, noch zu Lebzeiten des großen Königs, unglaublich weit in Deutschland auszubreiten wußten. Wo die ›unbekannten Väter‹ sich aufhielten, wußten die Ordensgenossen nicht; aber wenn dunkle Winke hin und wieder gegeben wurden, so ward allemal auf katholische Orte gedeutet. Alle diese Innern Orden verlangten blindes Vertrauen auf die unbekannten Oberen; . . . der tollen Geisterseherei wurde nach und nach Tür und Tor geöffnet, damit der freie Gebrauch der Vernunft gehemmt und nach der Herrschsucht der Hierarchie und ihrer eigenen Herrschsucht ein ausgedehnterer Wirkungskreis bereitet würde.

Es ist auch selbst dem allgemeinen Publikum nicht ganz unbekannt geblieben, welche wichtigen Folgen von 1786 bis 1797 in den preußischen Staaten durch die Anhänglichkeit an die Rosenkreuzer bewirkt worden sind. Wenngleich dieselben keineswegs all ihre schädlichen Pläne haben durchsetzen können, so kann doch derjenige, der einigermaßen die Umstände kennt, kaum zweifeln, daß die Rosenkreuzerei auf die in die Augen fallende Veränderung der Verfügungen in Absicht auf die Religionen (das Wöllnersche Religionsedikt ist gemeint) einen wichtigen Einfluß gehabt habe. Dank sei es den menschenfreundlichen Privatgesinnungen König Friedrich Wilhelms II., daß die Absicht der Obskuranten, alle Aufklärung auszurotten, nicht bis zur Absetzung der Aufklärer von ihren Ämtern, bis zu ihrer Einschließung in Gefängnisse oder ihrer Verjagung aus dem Lande fortgesetzt ward. Es gab Leute, denen es an Willen hierzu nicht fehlte und noch weniger an Drohungen.«

Zu dieser Sprache, die außerdem noch mit Bezeichnungen wie »bübisch«, »schmutzig«, »betrügerisch« reichlich verbrämt war, war Nicolai als Parteimann, als ausgesprochener Widerpart, dazu als Mann, der persönliche Kränkungen und Schädigungen erfahren hatte, zu gutem Teile berechtigt, — wir nachträglich haben die Pflicht, unparteiischer auf das Getriebe dieses Ordens und der beiden einflußreichen, den Staat lenkenden Männer zu blicken, die entweder an der Spitze des Ordens standen oder doch seine wichtigsten, ja überhaupt die einzig wichtigen Mitglieder waren. Ohne die Namen Bischofswerder und Wöllner wären die Rosenkreuzer wie so viele andere Orden jener Zeit ohne Sang und Klang vom Schauplatz abgetreten.

Was wollte der Orden? wie entstand er? Er war, seinem Kern und Wesen nach, eine Unausbleiblichkeit, weil ein naturgemäßer Rückschlag. Wir konstatieren einfach eine Tatsache, wenn wir hervorheben, daß man in den letzten Regierungsjahren Friedrichs des Großen in vielen Kreisen anfing, der Aufklärung wenig froh zu werden. Gegensätze, die sich befehden, die beide in der Natur des Menschen ihre Wurzel und ihre Berechtigung finden, pflegen sich untereinander in Herrschaft und Obmacht abzulösen. Dem Puritanismus folgte Libertinage, der starren Orthodoxie Friedrich Wilhelms I. folgte der Voltairianismus der Friderizianischen Zeit, dem Kosmopolitismus folgte eine nationale Bewegung und dem Illuminatentum, das überall ein Licht anzünden wollte, mußte naturgemäß irgendein Rosenkreuzertum folgen, das davon ausging: alles Tiefe liegt nicht im Licht, sondern im Dunkel. Das Empfinden der Zeiten und der Individuen wird in bezug auf diese Frage immer auseinandergehen und jene Enthusiasten, die überall ein Rätsel, ein Wunder, ein direktes Eingreifen Gottes sehen, wo der Nüchternheitsmensch einfach das Verhältnis von Ursache und Wirkung zu erkennen glaubt, diese phantasiereicheren, unserer besten Überzeugung nach höher angelegten Naturen, dürfen mindestens eins verlangen: Gleichstellung in bürgerlicher Ehre. Es ist nichts damit getan, ihnen einfach den Zettel »Dunkelmänner« aufzukleben und sie damit, zu beliebiger Verhöhnung, auf den Markt zu stellen. Seinem Kern und Wesen nach war das moderne Rosenkreuzertum nichts als eine Vereinigung von Männern, die, ob katholisierend oder nicht, an den dreieinigen Gott glaubten und diesen Glauben dem Deismus, dem Pantheismus und Atheismus gegenüberstellten.

Wer will in dieser Reaktionsbewegung, die den Glaubensinhalt vergangener Jahrhunderte zurückverlangt, ein- für allemal einen geistigen Rückschritt, eine Einbuße an ideellen Gütern erkennen? Wer hat den Mut, die Glaubenskraft des Menschen unter die Verstandeskraft zu stellen? Glaube und wissenschaftliche Erkenntnis schließen einander nicht aus, und mit höchster Geisteskraft ist höchste Glaubenskraft durch ganze Epochen hin vereinigt gewesen. Das Rosenkreuzertum hat dadurch keine Sünde auf sich geladen, daß es das Gegenteil von dem wollte, was der alte Nicolai wollte.*

---

* Wie wenig der alte Nicolai mit all seinen Meriten imstande war, einer Erscheinung wie der des Rosenkreuzerordens gerecht zu werden, geht aus seinen eigenen Aufzeichnungen am besten hervor. Er sah in allem, was damals in Dichtung und Philosophie den Vorhang von einer neuen Welt hinwegzuziehen gedachte, nur Eitelkeit, Anmaßung, Phantasterei und Geisterschwindel, und stand gegen die ganze junge Literatur, wenigstens soweit sie romantisch war, ebenso feindselig, wie gegen Wöllner und die Rosenkreuzerei. »Die Herren Fichte, Schelling, Hegel, Schlegel, Tieck«, so schreibt er, »und wie die sich wichtig dünkenden Männer und Männchen weiter heißen, preisen sich zwar fleißigst einer den andern und sprechen von allen Philosophen und Dichtern, welche nicht zu ihrer geheiligten Kirche gehören, so wie auch von der gesunden Vernunft und Aufklärung aufs verächtlichste. Aber auch das Verachten will nicht gelingen ... Sie versichern daher die Entdeckung gemacht zu haben, daß Fichte und Schelling, ob sie gleich, leider! schon anfangen voneinander zu differieren (wie uns Hr. Hegel, ein neulichst berühmt werden-wollender Philosoph, in einer besondern Schrift des breiteren auseinandersetzt), dennoch die einzigen Philosophen sind, denen, auch wenn sie nicht übereinstimmen, allein das wahre Wissen vom Subjekt-Objekte gebührt.

Wenn wir dennoch das Auftreten des Rosenkreuzertums zu beklagen und sein Erlöschen, nach kurzer Allmacht, als ein Glück für das Land zu bezeichnen haben, so liegt das in Nebendingen, in begleitenden Zufälligkeiten, die, teils irrtümlicherweise, von den Feinden aber in wohlüberlegter Absicht in den Vordergrund gestellt worden sind, um das moralische Ansehen des Gegners zu diskreditieren. Wir meinen hier die Geistererscheinungen, den ganzen Apparat, der von den Rosenkreuzern in Bewegung gesetzt wurde, um einen trägen Glauben künstlich zu beleben.

Wegzuleugnen sind diese trüben Dinge nicht, wiewohl sie höchst wahrscheinlich eine viel geringere Rolle gespielt haben, als man gewöhnlich annimmt. Gleichviel: man hat zu diesen Hilfsmitteln gegriffen und wir perhorreszieren es, daß es geschehen. Es war unwürdig, bei dem betrügerischen Schrepfer sozusagen auf Borg zu gehen, seine im Dienst der Lüge klug verwandten Künste in den Dienst einer Sache zu stellen, die, für unsere Überzeugung wenigstens, ganz unbestritten einen idealen Kern hatte. Es war ein Unrecht. Aber betonen wir dies Unrecht nicht stärker als nötig. Beurteilen wir die Dinge aus der Zeit heraus. Auch das sittliche Empfinden stellt sich in verschiedenen Jahrhunderten verschieden. Eine Politik, wie sie der Große Kurfürst, ein frommer, strenggläubiger Mann, gegen Polen und Schweden übte, würde heute verabscheut werden; damals nahm niemand Anstoß daran; man bewunderte nur den klugen, patriotischen Fürsten; — und zu allen Zeiten sind Wunder gemacht worden, nicht bloß von Betrügern, sondern auch von Priestern, die an einen ewigen, allmächtigen und wundertätigen Gott in aller Aufrichtigkeit glaubten. Wie wir schon an früherer Stelle sagten: das kleine Mit-Eingreifen, das Mit-Spielen ist kein Beweis für ein frivoles Sich-drüber-stellen über die transzendentale Welt.

Der Hokuspokus bleibt ein Fleck an jener interessanten geheimen Vergesellschaftung, die durch eine seltsame Verkettung von Umständen in die Lage kam, Preußen auf zwölf

---

Ferner noch haben diese Herren durch ihre intellektuelle Anschauung deutlich erkannt, daß Wieland und Klopstock keine Dichter sind, hingegen Friedrich Schlegel und Ludwig Tieck Dichter vom größten Genie!« — So eifert Nicolai über viele Seiten hin. An einer andern Stelle zieht er direkt Parallelen zwischen den Rosenkreuzern einerseits und Fichte-Schelling andererseits und findet, daß die Philosopheme beider sich als »gleich ungereimt« erweisen. All das ging ihm eben über Kraft und Verständnis.

Jahre hin zu regieren, aber ein billiges Urteil über den moralischen Wert derjenigen, die damals an der Spitze dieses Ordens standen, wird doch nur derjenige haben, der sich die Frage nach dem »guten Glauben« der Betreffenden vorlegt und gewissenhaft beantwortet. Daß Bischofswerder diesen »guten Glauben« hatte, haben wir in dem Kapitel Marquardt darzulegen getrachtet; in betreff Wöllners steht uns das unverfänglichste Zeugnis zur Seite, das Zeugnis seines Antagonisten Nicolai selbst. Dieser schreibt über ihn: »Eine Menge kabbalistischer und magischer Worte verdunkelte nach und nach seinen hellen Kopf, und seine irregeleitete Einbildungskraft ließ ihn allenthalben Geheimnisse und Wunder sehen. Im Jahre 1778 war er bereits so weit, daß er die geheime Lehre der rosenkreuzerischen Philosophie für das einzig wahre Wissen hielt, für ein Wissen, das bald ganz allgemein werden und alle andere Philosophie verdrängen würde.«

So Nicolai. Die Verurteilung der Richtung Wöllners wird hier, unbeabsichtigt, zur Anerkennung seiner persönlichen Aufrichtigkeit. Und dies genügt uns. Wie wenig Nicolai fähig war, der Richtung gerecht zu werden, glauben wir im vorhergehenden gezeigt zu haben.

1800 starb Wöllner zu Groß-Rietz, 1803 Bischofswerder zu Potsdam. Das Rosenkreuzertum ging mit ihnen zu Grabe.

ÜTZ

Wie reizend sind, du schönes Dörfchen Ütz,
Heut' deiner Gärten Äpfelblütenreiser,
Dein gotisch Kirchlein, deiner Fischer Kietz,
Dein Pfarrgehöfte, deine Bauernhäuser ...
Die Pferde sind zur Rückfahrt angespannt,
Vom Felde treibt der Kuhhirt durch die Gassen, —
Du schönster Ort im ganzen Havelland,
Wer könnte je dich ungerührt verlassen!

»Du schönster Ort im ganzen Havelland«, unter diesem Ausruf nimmt unser märkischer Poet par excellence, unser vielbespöttelter Schmidt von Werneuchen, von jenem stillen Haveldorfe Abschied, dessen etwas seltsam klingenden Namen wir an die Spitze dieses Kapitels gestellt haben.

»Du schönster Ort« — wir wollen es, auf die Autorität unseres Freundes hin, glauben. Aber ob der schönste oder nicht, der stillste gewiß. Die Natur hat es so gewollt.

Die Havel, die auf ihrem Mittellaufe überall Seen und Buchten bildet, streckt an dieser Stelle eine sackgassenartige Abzweigung, die »Wublitz«, tief ins Land hinein und bildet dadurch eine Wassergabel, die das von drei Seiten her umschlossene Stück Land zu einer Halbinsel macht. Auf dieser Halbinsel, tief innerhalb der Gabel, liegt unser Ütz, das, um eben dieser Lage willen, nur mit Hilfe einer Fähre, oder aber auf weiten Umwegen erreicht werden kann. Beides ein Hindernis im Verkehr.

Eine kurze Zeit hindurch schien es, als sollte das stille Dorf mit in die Welt, von der es sonst abgeschlossen liegt, hineingezogen werden. Das war zu Ende des vorigen und zu Anfang dieses Jahrhunderts, wo das eine halbe Meile von Ütz gelegene Paretz, sozusagen die Hauptstadt dieser kleinen Halbinsel, in den Besitz König Friedrich Wilhelms III. überging. Um diese Zeit — der König wählte immer den Wasserweg — wurde Ütz zu einer viel genannten Fährstelle. Der Fischer, der den Dienst versah, hatte seine goldnen Tage; an die Stelle der alten Fährmannshütte trat ein reizendes Haus im Schweizerstil, betreßte Röcke spiegelten sich im dunklen Wublitzwasser, und die Dorfstraße entlang, in der bis dahin bei Regenwetter die Dungwagen steckengeblieben waren, schaukelten sich jetzt die königlichen Kutschen. Das war bis 1810. In den zwanziger und dreißiger Jahren flackerte es noch einmal auf, dann erlosch es ganz. Ütz war wieder das »stillste Dorf im ganzen Havelland.«

Solchem stillsten Platze zuzuschreiten, wie wir jetzt tun, hat immer einen besonderen Reiz. Die Nauener Chaussee, die wir halten, läuft parallel mit der Wublitz, und je nach den Sattlungen des Weges schwindet Ütz und erscheint wieder; immer neue Verschiebungen treten ein, und bald hinter hohen Pappeln, bald hinter Weiden hervor schimmert das goldene Kreuz seiner Kirche. Unser Weg hat uns endlich bis in die Höhe des Dorfes geführt, und nach links hin einbiegend, stehen wir nach einem kurzen Marsch am Ufer des mehrgenannten Havelarms, der sich selbst und seinen Zauber bis dahin vor uns verbarg. Drüben liegt das Fährhaus. Aber der Blick nimmt uns so gefangen, daß wir unser »Hol über!« unterlassen und zwischen ausgespannten Netzen auf einem umgestülpten Kahne Platz nehmen, um das Bild auf uns wirken zu lassen.

In Terrassen baut es sich auf: zuunterst der Fluß, tief und still und mit den breiten Blättern der Teichrose überdeckt; dahinter ein Schilfgürtel, dann Obstgärten, dann über diese hoch hinaus die alten Ulmen der Dorfgasse, und wieder hinter den Ulmen, am Abhang aufsteigend, die weißen Häuschen des Dorfes, das Ganze gekrönt von zwei altmodischen Windmühlen, die von dem bastionartigen, gründossierten Mühlenberge aus den Vordergrund überblicken und ihre Flügel so lustig drehen, als freuten sie sich der Umschau, die sie halten.

Die Längslinie des Bildes folgt dem Uferrande drüben, der zugleich der Hauptgasse des Dorfes entspricht. Das Treiben dieser von Busch- und Baumwerk dicht eingefaßten Gasse entzieht sich unserem Auge; überall da aber, wo breite Querlinien die Längslinie durchbrechen, entsteht ein heller Fleck im Dunkel und das ganze sich fortbewegende Treiben drüben erscheint in dieser Lichtung und schwindet wieder. Die Entfernung ist groß genug, um jeden Lärm zu verschlingen, und so kommen die Bilder und gehen wieder wie auf der glatten Fläche einer Camera obscura. Jetzt Schnitter, die Harke und Sense über die Schulter gelegt, vom Felde heimwärts kehrend, jetzt kiepentragende Frauen, jetzt hochbeladene Heuwagen, deren helleres Grün in dem Dunkelgrün der Baumkronen schwerfällig hin und her schwankt.

Die Sonne, die eben noch wie ein Glutball über dem Windmühlenberge gestanden hatte, sank jetzt tiefer und ließ die

Wandfläche der Mühle wie einen dunklen Schatten erscheinen, den ein rotgoldener Schimmer nach allen Seiten hin umgab. Und dieser Schimmer, sich bahnbrechend durch die Baumwelt des Vordergrunds, fiel jetzt auch auf die breite Fläche der Wublitz, und wo ein Schwan durch diesen glühenden Streifen hindurchfuhr, da überzog es sein Gefieder wie flüchtige Röte, die der nächste Augenblick wieder von ihm streifte. Wohl mochten hier die Mummeln blühen, als wäre die Wublitz ein Blumenbeet, denn es war ein Bild wie hergeliehen aus einem Feengarten.

Minutenlang sah ich still in diesen Zauber hinein, dann richtete ich mich auf und rief mein »Hol über!« über die Wasserfläche hin. Aber der Ruf schien in dieser Stille zu verklingen. Nichts regte sich drüben und schon war meine ganze Naturbewunderung in Gefahr, im Ärger über den Fährmann unterzugehen, als es drüben lebendig zu werden begann. Eine hagere, mittelgroße, nach Wendenart in graue Leinwand gekleidete Gestalt trat aus dem Fährhaus, machte eine Handbewegung, die unverkennbar ausdrücken sollte, »ich möchte mich nur ruhig verhalten«, und löste dann langsam und mürrisch, soweit sich das aus seiner Handlung erkennen ließ, einen Kahn vom Ufer und schob ihn, ohne Ruder, an einem zwischen beiden Ufern ausgespannten Taue von drüben zu mir herüber.

Als der Kahn auflief, blieb sein Insasse stehen und sah mich an. Ich ihn auch. Endlich gewann er es über sich und bot mir »guten Abend.« Nach dieser Konzession von seiner Seite, denn so schien er es aufzufassen, glaubte auch ich ein übriges tun zu müssen. So entspann sich denn, während der Kahn langsam wieder zurückglitt, folgende Unterhaltung:

»Guten Abend, Fährmann. Geht's Geschäft?«

»I, wie wird's denn gehn?«

»Na, ich sollte doch meinen. Da sind erst die Ützer . . .«

»Die fahren umsonst.«

»Und dann all' die Dörfer, die hier hinten liegen . . .«

Er schüttelte griesgrämig den Kopf, beschrieb mit der Hand nach Norden hin eine Kurve und brummte: Alles 'rum, immer 'rum!«

»Aber die Phöbener und Paretzer werden doch nicht über Falkenrehde fahren? Das ist ja die Meile sieben Viertel!«

»Das ist es. Aber was ein richtiger Bauer is, der geht nich über's Wasser.«

»Weil's ihm zu unsicher ist?«

»Nich doch. Es is ihm bloß sicher, daß der Fährmann sein Fährgeld kriegt. Das zahlt kein Bauer, wenn er nich muß. Und er muß nich. Eine Meile oder zwei, ihm ist's all' eins. Er braucht sie nich zu laufen. Er nimmt seine Peitsche, knipst und ruft seinen Gäulen zu: ›Der Hafer ist teuer heut'; verdient ihn euch!‹ Und der Ützer Fährmann — na, der mag sehen, wo er seine Pacht hernimmt.«

Die Spitze des Kahns war jetzt auf dem Trockenen; ich sprang hinaus und fragte nach meiner Schuldigkeit. Die Taxe war niedrig; ich gab ihm ein Stück Geld, etwa das Fünffache. Er nahm es, sagte nichts und erwiderte meinen »guten Abend« durch ein Geknurr, das über seine Enttäuschung keinen Zweifel ließ. Die Fährleute sind ein eigen Geschlecht und haben ihren eigenen Artigkeitskodex.

Ich schritt nun die Querallee hinauf, kreuzte die Dorfstraße und erstieg den Mühlenberg, hinter dessen Kamm, bereits erblassend, die Abendröte stand. Ein schwacher rötlicher Schimmer säumte nur noch den Himmel gegenüber. Das Dorf, die Wublitz waren still; im Fährhaus schimmerte ein Licht, die Schwäne sammelten sich am Schilf, die Abendglocke klang in langsamen Schlägen über Ütz hin.

Du schönster Ort im ganzen Havelland,
Wer könnte je dich ungerührt verlassen!

PARETZ

I

> Die Stätte, die ein guter Mensch betrat,
> Ist eingeweiht; nach hundert Jahren klingt
> Sein Wort und seine Tat dem Enkel wieder.
>
> *Tasso*

Von Ütz nach Paretz ist noch eine gute halbe Meile. An einem Sommernachmittag ein entzückender Spaziergang. Der Weg führt durch Wiesen rechts und links; der Heuduft dringt von den Feldern herüber und vor uns ein dünner, sonnendurchleuchteter Nebel zeigt die Stelle, wo die breite, buchten- und seenreiche Havel fließt. Paretz selbst verbirgt sich bis zuletzt. Nun endlich wird der Weg ein aufgeschütteter Damm, an die Stelle der Obstbäume, die uns bisher begleiteten, treten hohe Pappeln, überall die spalierbildende Garde königlicher Schlösser, und alsbald über eine zierliche Brücke hinweg, die den Namen »Infantenbrücke« trägt, beschreiten wir die Dorfstraße. Diese führt mitten durch den Park, macht eine Biegung, verbreitert sich, und — wir sind am Ziel: links das Schloß, ein langgestreckter, schmuckloser Parterrebau mit aufgesetztem niedrigen Stock, rechts eine Gruppe alter Eichen, und ihnen zur Seite die gotische Kirche des Dorfes. Über die Straße hin grüßen sich beide, in ihrer Erscheinung und in ihrem Eindruck so verschieden, wie die Zeiten, denen sie angehören. Die Poesie fällt der älteren Hälfte zu.

Es ist um die fünfte Stunde. Eine Schwüle liegt in der Luft; selbst das Pappellaub, das immer plaudert, ist still; das Schloß blickt uns an, wie verwunschen; seine Läden sind geschlossen. Nur der Vorgarten, mit kleinen gezirkelten Beeten, hier mit Aurikeln, dort mit Reseda eingefaßt, liegt offen da. Wir treten ein. Der seltene Besuch hat Neugierige herbeigelockt, der Schloßdiener kommt, zuletzt er, der diesen Platz zu hüten hat, — der Hofgärtner. Er begrüßt uns. Erhitzt vom Marsch, sprechen wir den Wunsch aus, uns erst wieder frisch machen zu dürfen, ehe wir in die dumpfe Kühle des Schlosses eintreten. So nehmen wir denn Platz auf einer Sommerbank und plaudern.

Paretz ist alt-wendisch. Die Nachrichten sind sehr lückenhaft. Es gehörte ursprünglich zur Kirche von Ketzin, kam dann in den Besitz der Arnims und Dirikes, welch' letztere es 1658 an die Familie Blumenthal veräußerten. Die Blumenthals, später freiherrlich und gräflich, saßen hier in drei Generationen, bis Oberstleutnant Hans August von Blumenthal es 1795 an den damaligen Kronprinzen, späteren König Friedrich Wilhelm III., verkaufte. Es entsprach ganz den gestellten Bedingungen und Wünschen.

Paretz von 1796 bis 1806

Diese Wünsche gingen vor allem auf Stille, Abgeschiedenheit. Sehr bald nach seiner Vermählung hatte sich der Kronprinz Schloß Oranienburg zum Aufenthalt ausersehen, dessen landwirtschaftlicher Charakter, beiläufig bemerkt, eine große Verwandtschaft mit dem von Paretz zeigt. Aber das Schloß daselbst — damals noch viel von der Pracht aufweisend, die ihm Kurfürst Friedrich III. gegeben hatte — war ihm viel zu groß und glänzend, und so kam ihm die Nachricht überaus erwünscht, daß das stille Paretz, das er zufällig aus seinen Kindertagen her kannte (Oberstleutnant von Blumenthal war damals Prinzengouverneur gewesen), zu verkaufen sei. General von Bischofswerder, von dem benachbarten Marquardt aus, machte den Vermittler, das Geschäftliche wurde schnell erledigt, und unter des Hofmarschalls von Massow Aufsicht begann der Abbruch des alten Wohnhauses und der Aufbau des neuen Schlosses. Dieser erfolgte, nach einem Plane des Oberbaurats Gilly, in »ländlichem Stile.« »Nur immer denken, daß Sie für einen armen Gutsherrn bauen«, sagte der Kronprinz, dem im übrigen die Vollendung des Baues sehr am Herzen lag. Alles wurde denn auch dergestalt beschleunigt, daß der neue Gutsherr mit seiner Gemahlin schon im Jahre 1796 einige Tage in Paretz zubringen konnte. Um dieselbe Zeit waren Parkanlagen in Angriff genommen worden, und zwar durch den neu angestellten Hofgärtner David Garmatter, einen Erbpächtersohn der nahen Schweizerkolonie Neu-Töplitz, der seine Aufgabe mit ziemlichem Geschick löste, und Natur und Kunst vereinend, in den drei durch Landstraßen umschlossenen Parkanlagen eine bescheidene Nachahmung der Gärten von Klein-Trianon versuchte.

Wohl angebrachte Durchblicke ließen die landschaftliche Fernsicht über die üppigen Havelwiesen und Seen nach den bewaldeten Höhen von Phöben und Töplitz hin frei. An einer anderen Stelle schweifte der Blick nach dem romantisch gelegenen Ütz, bis weiter hinaus zu den Höhen von Potsdam. Von anderen Standpunkten aus blickte man über die sich schlängelnde Havel nach der Stadt Werder und dem Wildpark, und zur Rechten, tief in die flache Zauche hinein, bis an die Wälder des Klosters Lehnin. Dazu überraschten an geeigneten Punkten kleine bauliche Anlagen: Tempel und Pavillons, Moos- und Muschelgrotten. Auch die Dorfschmiede, an einer Durchsicht erbaut, täuschte durch eine gotische Fassade mit Spitzbogenfenstern. Außerdem wurde ein Fasaneriewäldchen angelegt, und vor und hinter dem Landhause ein Bowlinggreen mit Blumenbuketts.

So war ein Sommerschloß gewonnen, anmutig, hell, geräumig; aber in allem übrigen von einer Ausschmückung, die heutzutage kaum noch den Ansprüchen eines Torf-Lords genügen würde. 1797 erfolgte die Renovierung der Kirche, drei Jahre später der Neubau des Dorfes, wobei zugleich festgesetzt wurde, daß die im Giebel jedes Hauses befindliche Stube jederzeit für die königliche Dienerschaft, ebenso ein auf jedem Gehöft erbauter Pferdestall für die herrschaftlichen Pferde reserviert bleiben müsse. Seit 1797 war der Kronprinz König.

In diesem also umgeschaffenen Paretz, das bei Freunden und Eingeweihten alsbald den schönen Namen »Schloß Still-im-Land« empfing, erblühten dem Königspaare Tage glücklichsten Familienlebens. Die Familie und die Stille waren der Zauber von Paretz.

Diesen Zauber empfand die Königin, die wir gewohnt sind uns neben dem einsilbigen Gemahl als das gesprächigere, den Zerstreuungen zugeneigtere Element zu denken, fast noch lebhafter als dieser. Sie selbst äußerte sich darüber: »Ich muß den Saiten meines Gemüts jeden Tag einige Stunden Ruhe gönnen, um sie gleichsam wieder aufzuziehen, damit sie den rechten Ton und Anklang behalten. Am besten gelingt mir dies in der Einsamkeit; aber nicht im Zimmer, sondern in den stillen Schatten der Natur. Unterlaß ich das, so fühl' ich mich verstimmt. O welch ein Segen liegt doch im abgeschlossenen Umgange mit uns selbst!«

Zu diesem »Umgange mit sich selbst« war nun »Schloß Still-im-Land« der geeignetste Platz, keine Straße führte vorüber, die Ruhe, wenn man sie haben wollte, war beinahe unbedingt; aber man ließ sie gern durch die Heiterkeit des Dorfes unterbrechen.

So wurde das Erntefest von seiten des Hofes alljährlich mitgefeiert. Wir finden darüber folgende Aufzeichnungen. »Das Fest begann am frühen Nachmittag. Sobald die Herrschaften sich von der Tafel erhoben hatten, setzten sich die festlich angetanen Schnitter und Schnitterinnen vom Amte aus in Bewegung. Geschart um ihr Feldbanner, den reichbebänderten Kranz von Ähren und Blumen, marschierten sie nach dem Takte der Dorfmusik auf das Schloß. Dort auf dem freien Platze hielt der Zug und stellte sich im Halbkreis auf. Der königliche Gutsherr trat heraus, hörte die an ihn gerichtete Rede der Großmagd an und schickte die Sprecherin sodann mit der Erntekrone hinein in das Schloß. Nun zeigte sich auch die Königin, und mit dem Erscheinen der »gnädigen Frau von Paretz« begann der Tanz. Das königliche Paar mischte sich in die Reihen der Landleute, die Herren und Damen folgten und sogar die Frau Oberhofmeisterin (Frau von Voß) konnte nicht umhin, auf diesem bal champêtre mitzuwirken.

Den ersten Tanz spielten die Dorfmusikanten, den zweiten die Garde-Hautboisten aus Potsdam; Bursche und Mädchen tanzten sich außer Atem; dann gliederte sich der Zug von neuem und bewegte sich dahin zurück, von wo er gekommen war — nach dem Amte. Im Dorfe mittlerweile wimmelte es von Käufern und Verkäufern; innerhalb der eigentlichen Straße zog sich noch eine Budenstraße, und inmitten dieses Gedränges, Einkäufe und Geschenke machend, gewahrte man die hohen Gestalten des königlichen Paares.«

Diese Erntefeste, die bald einen Ruf gewannen, machten das stille Paretz zu einem Wallfahrtsort für nah und fern. Jeder Besucher hatte Zutritt, König und Königin ließen sich die Fremden vorstellen, äußerten ihre Freude über zahlreichen Zuspruch und baten: »über's Jahr wieder unter den Gästen zu sein.« Es waren wirkliche Volksfeste, und wohl mochte der General von Köckritz damals schreiben: »Ich habe in Paretz wieder allerfroheste Tage verlebt. Wir haben uns ungemein divertiert und alles Angenehme des Landlebens in ganzer Fülle genossen, wobei die Jagd und Wasserfahrt die Hauptbelustigung waren. Ein besonderer Festtag aber war das Erntefest. Die Königin mischte sich in die lustigen Tänze.

Hier war Freiheit und Gleichheit; ich selbst, trotz meiner fünfundfünfzig Jahre, tanzte mit.«*

Im Sommer 1805 hielten sich der König und die Königin länger in Paretz auf als gewöhnlich. Wie in einem Vorgefühl kommender Stürme genossen sie das Glück, das dieser stille Hafen bot, noch einmal in vollen Zügen. Man blieb bis zum 15. Oktober, dem Geburtstage des nunmehr zehnjährigen Kronprinzen. Er empfing nach der Sitte des königlichen Hauses den Degen und die Offiziersuniform, und trat in die Armee. Die Königin sprach ermahnende Worte. Dann schied sie von ihrem lieben Paretz, das sie nur noch einmal auf wenige Stunden wiedersehen sollte.

Paretz 20. Mai 1810

Im Spätsommer des nächsten Jahres (1806) standen bereits die großen Wetter über Thron und Land; am 14. Oktober wurde das alte Preußen begraben; der folgende Tag war der Geburtstag des Kronprinzen — keinen unglücklicheren hat er je erlebt. Der Hof ging nach Königsberg; erst im Jahre 1809 kehrte das durch Jahre der Prüfung gegangene Königspaar nach Berlin zurück.

Der Winter verging, der schöne Frühling des Jahres 1810 kam; die Königin empfand eine tiefe Sehnsucht, ihr geliebtes Paretz wiederzusehen. Wir finden darüber folgendes: »Am

---

* General von Köckritz mochte wohl so schreiben. Dieser liebenswürdige Mann (den Stein wohl zu hart beurteilt hat, denn »niemand ist verpflichtet, ein großer Mann zu sein«) stand damals auf der Höhe seiner Gunst und seines Ansehens. Es war so recht eigentlich die Köckritz-Epoche. In diese Epoche fällt auch die seinerzeit viel bewunderte Geschichte vom »Pfeifchen und Fidibus«, die beide dem überraschten General, einem leidenschaftlichen Raucher, von der Königin präsentiert wurden. Wir übergehen diese Anekdote nicht nur deshalb, weil sie oft erzählt worden ist, sondern viel mehr noch aus ästhetischen Bedenken, weil sie einen Hergang festzuhalten trachtet, der als Erlebnis reizend, als Plauderanekdote, über den Tisch hin, annehmbar, aber als gedruckte Geschichte mindestens entbehrlich ist. Schwarz auf weiß macht schwerfällig und entzaubert manches. Man kann dreist behaupten, die Helden, die durch solche oder ähnliche Anekdoten glorifiziert werden sollen, haben unter ihnen zu leiden, wie unter einer Jugendtorheit. Es gilt hier fein zu unterscheiden. Dieselbe Geschichte, die, auf einem jungen Damen-Kaffee vorgetragen, ein ungeteiltes und berechtigtes Entzücken weckt, wird sich in einem Zeitungsblatt etwas insipide ausnehmen, und die bejubeltste, als unbedingt »bester Witz der Neuzeit« proklamierte Jagd- und Portweinanekdote wird am besten tun, auf Darstellung in Typen ganz zu verzichten.

20. Mai fuhr sie allein mit ihrem Gemahl dorthin — es sollte nach Gottes Ratschluß das letzte Mal sein! Erinnerungsvoll begrüßten sie die alten, traulichen Stätten, die sie so oft in glücklichen Tagen mit Freud und Wonne gesehen; nicht trennen konnte und wollte sie sich von jener Anhöhe im Park, die das Rohrhaus trägt, und die an jenem Tage eine weite Fernsicht über den mit schwellenden Segeln und zahllosen Schwänen belebten Havelstrom mit seinen Buchten und Seen, sowie auf die im schönsten Maiengrün prangenden Wiesen und Äcker bot. Zu ihren Füßen lag das friedsame Paretz, im Grün der Bäume halb versteckt die Kirche. Die Sonne neigte sich; tiefer und länger dehnten sich die Schatten über die Landschaft und mahnten zum Aufbruch. Aber die Königin wollte so lange als möglich an diesem ihrem Lieblingsorte verbleiben; sie wartete bis zum Niedergang der Sonne und sprach dann vor sich hin:

»Die Sonne eines Tages geht dahin;
Wer weiß
Wie bald die Sonne unsres Lebens scheidet.«

Auf den Wunsch der Königin, den Wagen nicht an dem entfernter liegenden Schlosse, sondern hier an der Landstraße besteigen zu dürfen, wodurch der Aufenthalt verlängert wurde, war das Gefährt beim Rohrhause angelangt. Die Königin schritt am Arm ihres Gemahls den kurzen Gang zu Füßen der Anhöhe hinab und durch die Parktür nach der Landstraße.« Das war am 20. Mai. Am. 19. Juli starb sie.

Unvergeßlich blieb dem Könige die Stätte, unvergeßlich das Wort, das sie hier gesprochen. Er besuchte oft diese Stelle, doch stets allein, ohne jede Begleitung. Zum Andenken ließ er hier, wo sie den Park verlassen und den Wagen bestiegen, wo ihr Fuß zum letzten Mal die Erde von Paretz berührt hatte, eine gußeiserne gotische Pforte aufstellen.

Diese Pforte, wie es für solchen Platz sich ziemt, entzieht sich fast dem Auge. Abgelegen an sich, an dunkelster Stelle des Parks, birgt sich das Gittertor in dichtem Akaziengebüsch; nur der Spitzbogen ragt in die Helle auf und trägt ein L. und die Inschrift: »den 20. Mai 1810«.

Die Stürme waren verweht; das gedemütigte Preußen war zweimal, unter den Klängen des »Pariser Einzugsmarsches«, in die feindliche Hauptstadt eingezogen; Friede war wieder, und die Paretzer Tage brachen wieder an. Nicht mehr Tage ungetrübten Glücks; sie, die diese Tage verklärt, diese Tage erst zu Tagen des Glücks gemacht hatte, sie war nicht mehr; aber Tage der Erinnerung. Die Zeit heilt alles; nur ein leises Weh bleibt, das in sich selber ein Glück ist; ein klarer Spätsommertag, mit einem durchleuchteten Gewölk am Himmel, so erschien jetzt Paretz.

Nach wie vor wurde das Erntefest gefeiert; ein Jahrzehnt verging, ein zweites begann. Die Heiterkeit der Dörfler war dieselbe geblieben, auch ihre Unbefangenheit im Verkehr mit der »Herrschaft«. Eine Alte, der der König im Vorübergehen versicherte, mit Nächstem würden alle seine Kinder zu Besuch eintreffen, antwortete ohne weiteres: »Die Russen ooch?« Diese vertrauliche Ausdrucksweise mußte sich, hinter seinem Rücken wenigstens, der allmächtige Zar gefallen lassen! Der König hatte herzliche Freude an solcher Unbefangenheit und nährte sie durch hundert kleine Dinge, die zuletzt auch die Scheu des Allerbefangensten besiegen mußten. Bei einer der Festlichkeiten, die den »Russen« zu Ehren gegeben wurden, drängte sich das Schäfers Sohn herzu, ein unglückliches Kind, das an beiden Füßen gelähmt war, und strengte sich an, über den dichten Kreis der Umstehenden hinwegzusehen. Niemand sah es, nur der König. Er ließ ihn zu sich führen, sprach freundlich zu ihm und gab ihm einen Platz an seiner Seite.

Überhaupt die junge Welt hatte es vor allem gut.* Der

---

* Allerhand Spiele: Turnen, Wettlaufen, waren an der Tagesordnung; die Sieger wurden beschenkt. Unter Anleitung der jungen Prinzen Karl und Albrecht kam die Bildung einer Art »Paretzer Legion« zustande, die im Feuer exerzierte und manövrierte, wobei sieben kleine Kanonen benutzt wurden, von denen eine, mit dem Greif und der Jahreszahl 1588, bis diesen Tag unter den Dörflern existiert. Bei einer bestimmten Gelegenheit, — es mochte um 1820 sein, als die »Russen« einen ihrer Sommerbesuche machten, — kam es zu einem vollständigen Gefecht zwischen der Paretzer Legion und den Zöglingen des Potsdamer Militärwaisenhauses, die nach Paretz hinaus befohlen und mit ihren Waffen erschienen waren. Die Legionäre nahmen ihnen in einem unbewachten Augenblick die Waffen fort, bezogen unter Führung und Anfeuerung des Großfürsten eine Art Waldposition und behaupteten sich im Besitz ihrer Beutestücke. Der König folgte der Bataille mit dem lebhaftesten Interesse und meinte schließlich, »die Dorfluft scheine doch derber zu machen.«

König, im großen Verkehr beinahe menschenscheu, war ein ausgesprochener Kinderfreund. So begegnete er einstmals, während er im Schloßpark aus einem mit Pflaumen und Weintrauben gefüllten Körbchen aß, einem Jungen und fragte ihn, ob er wohl eine Pflaume haben wollte. Der Junge, ein echter Märker, schielte über das Körbchen hin und bemerkte: »Nee; Plummen hebben wi alleen to Huus; wenn't noch 'ne Wiendruv' wär.« Der König lachte und gab. — Einen andern hübschen Zug erzählt Eylert:

»Hast Du schon mal Ananas gegessen?« fragte der König. »Nee, Majestät«. — »Na, dann iß, aber mit Bedacht. Was schmeckst Du heraus?« Der Junge, an den die Frage gerichtet war, kaute, besann sich und sagte dann: »Wurst«. Alles lachte. Der König aber bemerkte ruhig: »So trägt jeder seinen Maßstab in sich. Dem einen schmeckt die Ananas wie Melone, dem andern wie Birne oder Pflaume, diesem wie Wurst. Er bleibt in seinem Gefühlskreise.« In den Speisesaal zurücktretend, wo sich ein Fenster mit vielfarbigem Glase befand, fuhr er fort: »Wer die Gegenstände draußen durch diese violettfarbige Scheibe anschaut, hält alles, was er sieht, für violett; so ein anderer alles für grün oder gelb, je nach dem Glas, durch das er blickt. Jeder behauptet recht zu haben, und doch haben alle unrecht und des Widerspruchs und Disputierens ist kein Ende. So geht es vor allem den Herren Theologen. Jeder hat da *sein* Glas.«

Derselbe Erzähler, an anderer Stelle das Paretzer Leben während der zwanziger und dreißiger Jahre zusammenfassend, gibt folgende Schilderung: »Die ruhigsten und glücklichsten Stunden, die dem Könige noch beschieden waren, hat er in diesem stillen Haveldorfe verlebt. Alle Singvögel schienen im Paretzer Park ihren Lieblingsaufenthalt zu haben; über der Landschaft lag ein Duft, die Wiesen immer frisch, und über das Sumpfland hin schritten die Störche. Der König hatte ein Auge für solche Bilder. Wenn er allein sein wollte, hier fand er, was er suchte. Viele wichtige Verfügungen sind von diesem abgelegenen Punkte ausgegangen. Hier senkten sich tiefer und fester in sein Gemüt die Lebensansichten und Grundsätze, die den innern Frieden bewahren. Sein patriarchalischer Sinn, hier fand er Genüge.«

Wann er zuletzt an dieser Stelle war, ist nicht verzeichnet; wahrscheinlich im Herbst 1839. Im Mai des folgenden Jahres, als mit dem Frühling draußen ein frisches Leben nicht wiederkommen wollte, sprach er mehr als einmal: »Wenn ich nur nach Paretz könnte!« Hoffte er Genesung, oder wollte er Abschied nehmen von der Stätte stillen Glücks? Gingen seine Gedanken zurück bis an den 20. Mai 1810?

Wer sagt es? Als das nächste Erntefest kam, war alles vorüber. Eine stillere Stätte hatte ihn aufgenommen, als selbst Paretz.

Paretz seit 1840

Am 7. Juni 1840 war Friedrich Wilhelm III. aus dieser Zeitlichkeit geschieden; Paretz, samt den zwei angrenzenden Schatullegütern Ütz und Falkenrehde, fiel dem Thronfolger, Friedrich Wilhelm IV., zu; 1862, nachdem auch dieser aus der Unruhe in die Ruhe gegangen war, kam der schöne, erinnerungsreiche Besitz an den jetzigen Kronprinzen.

Die Glanztage von Paretz sind nicht wiedergekehrt und sie werden kaum wiederkehren. Es bedurfte des eigenartig-scheuen Charakters Friedrich Wilhelms III., um diesen Platz über sich selbst zu erheben. Ein rechter »out of the way-place«, hindert ihn jetzt seine Abgeschiedenheit ebenso sehr, wie ihn dieselbe einst zu ungeahnten Ehren führte. Was ihn jetzt noch hält, ist Pietät, Haustradition; — nur das Wohlwollen der »neuen Herrschaft« ist ihm geblieben. Alle zwei Jahre, am Geburtstage des Kronprinzen, werden die Dorfkinder neu eingekleidet: die Knaben erhalten des »Königs Rock«, der Uniform des 24. Landwehrregiments nachgebildet, während die Mädchen in russisch-grünen Tibetkleidern ihren Umzug halten.

Das Wohlwollen gegen die Paretzer ist das alte geblieben. Aber Paretz selbst ist nicht mehr was es war. Kein Sehnsuchtspunkt mehr, nur noch ein Punkt für Erinnerung und stille Betrachtung.

2

Wo nun Gras und Staude beben,
Hat in froher Kraft geblüht,
Ist zu Asche bald verglüht
Manches reiche Menschenleben.

Die der Tod hinweg genommen,
Die hier einst so glücklich war:
Der geschiednen Seelen Schar,
Nachtigall, du hörst sie kommen.

Lenau

Das Schloß in Paretz

So ging das Geplauder. Die wachsende Schwüle des Julinachmittags, wir empfanden sie nicht; ein leiser Luftstrom zog von der Havel her herauf und trug uns die Kühle des Wiesengrundes und den Duft der Resedabeete zu. Es war eine halbe Stunde, wie sie nur an dieser Stelle erlebt werden kann, hier, wo sich Stille und Erinnerung die Hand reichen.

Wir hingen noch den letzten Worten nach, der Schloßdiener öffnete die Läden und lüftete die Zimmer, in die wir einzutreten hatten, als die Szene sich plötzlich änderte. Ein Windstoß, jäh und heftig, fuhr durch den Park, die uns zunächst stehenden hohen Pappeln beugten sich, Blätter, wie Flocken, fielen auf uns nieder, die Chaussee herauf kam eine Wolke von Kies und Staub und über den ganzen Himmel hin rollte die erste Ankündigung des Gewitters. Es war, als ob wir erleben sollten, daß auch diese Stille täusche. Überall rollen die Donner Gottes und künden, daß kein ewiger Friede sei.

Einen Augenblick schwankten wir, ob wir von der Poesie des Gegensatzes Nutzen ziehen und die sich öffnenden Schloßräume, die verblaßten Zeichen stillen Familienglücks, bei Gewitterschein in Augenschein nehmen sollten, aber das mahnende Wort: »das kommt schwer herauf« gab uns doch zu denken, und nachdem erst einmal gezweifelt und der »angebornen Farbe der Entschließung« die bekannte Gedankenblässe angekränkelt war, gaben wir es auf und nahmen die Einladung an, die uns in die Wohnung des Hofgärtners führte. Es war die höchste Zeit; noch trafen uns die ersten großen Tropfen; kaum unter Dach und das Schauspiel begann: Regen und Feuer fielen vom Himmel nieder. Als es vorüber war, war es zu spät, den Rückweg anzutreten; die Wege waren grundlos, die tiefen Stellen unter Wasser; wir blieben zu Nacht. Wer eingeregnet und eingewittert, möge es immer so gastlich treffen, wie wir im Gärtnerhause zu Paretz.

Ein Morgen kam, wie er nur nach solchem Abend kommt. Die Sonne funkelte wie gebadet, und als die Läden des Schlosses sich wieder öffneten, schoß das Licht hinein und lief wie ein Blitz durch alle Räume. Das Dunstige und Trübselige, das sonst in solchen Räumen zu Hause ist, es war wie ausgefegt; Licht macht wohnlich, alles schien bereit; es war, als solle das schöne königliche Paar, das hier vor siebenzig Jahren lebte und lachte, jeden Augenblick wieder seinen Einzug halten.

Und wenn es so wäre, sie würden die Stätte ihres Glücks wenig verändert finden. Da sind noch dieselben Tapeten und Wandgemälde, dieselben kissenreichen, mit Zitz überzogenen Sofas und Ottomanen, dieselben gemalten Papageien und Fasanen, dieselben Büsten und Bilder. Bilder wohl tausend an der Zahl, englische Stiche in Nußbaum- und Ebenholzumrahmung, wie sie jeder von uns aus dem Hause der Großeltern oder aus den Gast- und Logierstuben der Landedelleute kennt. Wie diese Gaststuben gemeinhin neben der Rumpelkammer liegen, so sind sie auch, in allem, was Kunst angeht, die Vorbereitung, die Etappe zu ihr. Ein junges Mädchen mit Kaninchen spielend, ein junges Mädchen mit einem Taubenkorb, die Grotte der Egeria, die Kaskaden von Tivoli, so folgen die Blätter aufeinander, abwechselnd in Schwarz- und in Buntfarbendruck, und alle einer Lordship oder Royal Highness respectfully devoted.

Tausend Blätter, aber keines von Bedeutung, mit Ausnahme eines einzigen, das durch seinen Gegenstand und seine Schicksale ein gewisses Interesse einflößt. Es ist dies »die Zusammenkunft des preußischen Königspaares und des Kaisers von Rußland in Memel, 1802.« Der Stich nach diesem Bilde ist allgemein bekannt; hier befindet sich das Original, eine Arbeit Dählings, in Gouache sauber ausgeführt. Schloß Paretz ist genau der Punkt, wo dieses Bild seine Stelle finden mußte, denn die Personen, die es darstellt, sind recht eigentlich Paretzer Personen, Gestalten, die dem Schloß »Still-im-Land« in der Epoche von 1795 bis 1805 angehörten. Es sind, außer dem Kaiser auf der einen und dem König und der Königin auf der andern Seite, die folgenden: Prinz Wilhelm, Prinz Heinrich, Feldmarschall von Kalckreuth, Hofmarschall von Massow, Gräfin von Voß, General von Köckritz, die Kammerherren von Schilden und von Buch, die Kammerdame von Moltke und der Major von Jagow. Dies Gouachebild Dählings, das auf der Rückseite mit drei verschiedenen Zetteln oder Briefen beklebt ist, denen wir auch diese Notizen entnehmen, war wohl, wenn nicht direkt im Auftrage des Hofes, so doch wenigstens in der Hoffnung angefertigt worden, daß der Hof es erstehen würde; die Katastrophe von Jena fuhr aber dazwischen und so ging dies Bild, das seinem Gegenstande nach in das Boudoir einer Fürstin oder Oberhofmeisterin gehörte, in kleinbürgerliche Hände über und wechselte mehrfach seine Eigentümer. Bis 1821 besaß es Herr Asner in Berlin, dann kam es nach Schlesien, und der letzte der drei aufgeklebten Briefzettel, womit dann (1850) die Irrfahrten dieses Bildes schließen, lautet wie folgt: »Der gegenwärtige Eigentümer dieses Bildes ist der königl. Kreisgerichtssekretär und Kanzleidirektor Wilhelm Heinrich aus Glatz, zur Zeit in Breslau, bis 17. August in Berlin. Beim Doktor Stoll in der Charité zu erfragen.« Das Weitere ergibt sich leicht. Der Kanzleidirektor, in richtiger Erkenntnis dessen, was er besaß, bot ein Gemälde, das recht eigentlich ein hohenzollersches Haus- und Familienbild war, dem König Friedrich Wilhelm IV. zum Kauf an und hatte richtig gerechnet. Der König gab dem Bilde seinen Platz: Paretz.

Die Räume des Schlosses erlitten geringe Umwandlungen seit 1805; *ein* Zimmer blieb völlig intakt, das Schlafzimmer. Die Himmelbetten stehen noch wie damals; die Tische und Toiletten, das kleine Klavier, das die Königin selbst benutzte, die Kommoden in den Formen des ersten Kaiserreichs, — alles behauptet noch die alte Stelle; auch die »Supraporten« blieben, die Genien und Amoretten über der Tür. Noch flattern ihre Bänder, noch streuen sie Rosen, aber die Bänder sind vergilbt und die Rosen sind verwelkt. Selbst das Bild des Glückes konnte die Jugend nicht wahren.

Wir treten zurück in den Park. Alles Leben und Licht. Das Einzelne fällt, das Ganze bleibt.

Die Kirche

Dem Schloß gegenüber, hinter einem uralten Maulbeerbaum halb versteckt, liegt die Kirche, ein weit zurückgehender Bau, dessen Alter bei den vielen Wandlungen, die er durchzumachen hatte, schwer zu bestimmen ist. Dabei stellen wir die letzten Renovierungen, weil diese seinen Stil wenigstens unverändert ließen, nicht einmal mit in Rechnung. Eine letzte gründliche Wandlung erfuhr die Kirche wahrscheinlich verhältnismäßig spät, in Jahren, da der Protestantismus schon die Oberhand im Lande hatte; — einige Glasbilder tragen die Zahl 1539. Um eben diese Zeit, so schließen wir, oder doch nicht viel früher, erfolgte die Gotisierung des Baues, der vorher längst vorhanden und, wie alle die zahlreichen Feldsteinkirchen in der Mark, romanisch war.

Wie jetzt das Kirchlein sich präsentiert, sticht es jedenfalls sehr vorteilhaft von dem gegenüber gelegenen Schloßbau ab, mit dem es nur das Alleräußerlichste und Gleichgültigste, die gelbe Tünche, gemein hat. Wieviel Anheimelndes in dieser gotischen Formenfülle, in diesem Reichtum von Details, und wieviel Erkältendes in dieser bloß durchfensterten Fläche, die sich nirgends zu einem Ornament erhebt! Eine indifferente Alltagsschönheit, die den Dünkel hat, keinen Schmuck tragen zu wollen. Erst die Phantasie, die geschichtskundig das Schloß mit Leben und Gestalten füllt, macht es uns lieb und wert, hebt über den ersten Eindruck der Nüchternheit hinweg.

An dem Maulbeerbaum vorbei treten wir jetzt in die Kirche ein. Wir wählen das Westportal. Der Eindruck besonderer Gefälligkeit, den schon das Äußere übt, er wiederholt sich hier; die Restaurierung ist pietätvoll zuwege gegangen. Alles Anmutige und Zierliche, alles, was in Form oder Farbe auch das Laienauge angenehm berühren konnte, man ließ es der Kirche und sorgte nur, wie es sein soll, für Luft und Licht, für Raum und Bequemlichkeit. Die nördliche Hälfte des Querschiffs wurde zum »Königsstuhl«, der Raum hinter dem Altar, also der hohe Chor, zu einer Art Kunstkammer hergerichtet.

Um diese beiden Punkte drehte sich das Interesse der Kirche. Zuerst der Chor. Mannigfach sind die Geschenke, womit königliche Munifizenz ihn bedachte. Auf engem Raume drängen sich hier die Bilder, meist Jugendarbeiten des trefflichen Wach: »Johannes der Täufer«, »Christus mit Johannes und Matthäus«, »Christus auf Gethsemane«. Das größte und bedeutendste aber, das sich hier findet, ist eine »Grablegung« von Schumann; die ohnmächtig niedersinkende Maria gilt als vorzugsweise gelungen. — Reich geschmückt, wie dieser Raum hinter dem Altar, ist vor allem auch der Altar selbst; eine schwere, grüne Damastdecke, mit eingestickten goldenen

Kreuzen, deckt den Abendmahlstisch; Kruzifix und Altarleuchter, größer und reicher, als sie sonst in Dorfkirchen heimisch sind, deuten auf den königlichen Geber; zu Füßen des Kruzifixes aber liegt die sogenannte Kurfürstenbibel, mit vielen Stichen und Bildern, prächtig gebunden. Der breite Goldschnitt zeigt oben und unten, wie auch in Front, drei zierliche Aquarellbilder: die Taufe, das Abendmahl, die Himmelfahrt, — eine Art der Ornamentierung, der wir hier zum ersten Male begegneten. Es sind Arbeiten (ihrem Kunstwert nach unsern Porzellanmalereien verwandt), wie sie damals in Dresden nach berühmten Poussins und Carraccis gut und mannigfach ausgeführt wurden.

Durch eine Balustrade vom Kirchenschiff getrennt ist der »Königsstuhl«. Er hat die Dimensionen eines kleinen Zimmers; die Herrichtung ist einfach; an der Westwand erhebt sich, in das Mauerwerk eingelassen, eine durch den Stich mannigfach bekannt gewordene Arbeit Schadows: »Die Apotheose der Königin Luise«. Mehr eigentümlich, als schön. In ihrer Mischung von christlicher und heidnischer Symbolik ist uns die Arbeit kaum noch verständlich, jedenfalls unserem Sinne nicht mehr adäquat. Sie gehört, ihrer Grundanschauung nach, jener wirren Kunstepoche an, wo der große Fritz in Gefahr war, unter die Heiligen versetzt zu werden, wo er im Elysium, mit Sternenkranz und Krückstock angetan, die der Zeitlichkeit entrückten preußischen Helden wie zur Parade empfing. Eine Art Sanssouci auch dort oben.

Schadow, sonst von so gutem Geschmack, vergriff sich in diesem Falle, wie uns scheinen will, und die Inschrift eines von einem Engel gehaltenen Schildes gibt Auskunft darüber, wie er sich vergriff. Diese Inschrift lautet: »Hohenzieritz, den 19. Juli 1810, vertauschte Sie die irdische Krone mit der himmlischen, umgeben von Hoffnung, Liebe, Glaube und Treue, und in tiefe Trauer versinken Brennus und Borussia.« Wir haben hier Kunstmengerei und Religionsmengerei, alles beieinander. Die Verdienste der Arbeit sind nichtsdestoweniger bedeutend, aber sie sind mehr technischer Natur und greifen zum Teil auf das Gebiet der Kunstindustrie hinüber.

Die anderweitigen Schätze, die die Paretzer Kirche, weit über diese großen Schildereien hinaus, in ihrer Mitte birgt, sind zwei Erinnerungsstücke, alt und neu, das eine aus der Zeit der kirchlichen, das andere aus der Zeit der politischen Umgestaltung, die dieses Land erfuhr, beinahe dreihundert

Jahre liegen dazwischen. Aus dem Jahre 1539, wie die eingebrannte Jahreszahl zeigt, stammt das Bildnis des heiligen Mauritius, das aus dem Spitzbogen des Chorfensters in die Kirche hinein grüßt; zu Füßen des alten Schutzpatrons dieser Lande aber steht ein zierlicher, mit Tapisseriebildern versehener Kasten, in dem ein blauseidenes, silbergesticktes Tuch zusammengefaltet liegt. Es ist das Tuch, das Königin Luise bei ihrem letzten Besuch an dieser Stelle trug. Der König, nach ihrem Tode, breitete es, als das Liebste, was er hatte, über den Altartisch, bis es, halb zerfallen in seinem leichten Gewebe, durch den Damast abgelöst wurde, der, mit goldenen griechischen Kreuzen geschmückt, jetzt dieselbe Stelle ziert.

Aber in dem Kästchen liegen doch, wie verkörpert, die Erinnerungen dieser Stätte.

Der »Tempel«

Die Kirche von Paretz ist ein Platz reicher Erinnerungen, aber Paretz hat der Erinnerungsplätze mehr. Speziell der Erinnerung geweiht ist der »Tempel«. Er befindet sich in einer verschwiegenen Ecke des Parks, wo dieser die Havel berührt, und bildet einen Teil des an dieser Stelle künstlich aufgeworfenen Aussichtshügels, der auf seiner Spitze ein japanisches Häuschen, auf seiner westlichen Seite eine Rokokogrotte und nach Süden hin eben diesen »Tempel« trägt.

Dieser Tempel, eine bloße Fassade, die auf halbversunkenen dorischen Säulen ruht und zunächst keinem anderen Zwecke gedient haben mochte, als Schutz gegen Regen und Sonne zu gewähren, scheint von Anfang an ein bevorzugter Platz gewesen zu sein, wie es auch in dem laubenreichsten Garten immer noch eine Lieblingslaube gibt, woran sich Leid und Freud des Hauses knüpfen: der erste Kuß, die stille Verlobung, Abschied und Wiedersehen.

Zu solchem Platze wuchs der Tempel heran, und der ziemlich nichtssagende Bau, der bei seiner Anlage nichts gewesen war, als eine Gärtnerlaune, ein Schnörkelornament, wurde zu einer Familienstätte, zu einem der Erinnerung geweihten Platz.

Dies geschah zuerst im Sommer 1797. Im Winter vorher, am 28. Dezember, war Prinz Ludwig gestorben, der Bruder, zugleich der Schwager Friedrich Wilhelms III., und an der bevorzugten Plauderstelle wurde in den Stein geschrieben: »Er ist nicht mehr«.

Die Jahre gingen; so kam der Juli 1810. In der Parkgruft zu Charlottenburg senkte sich der Sarg der Königin; in die Tempelwand zu Paretz wurde eine graue Marmortafel eingelassen, die nunmehr die Inschrift empfing: »Gedenke der Abgeschiedenen.« Mehr und mehr erhob sich der Tempel zu einer Stätte des Familienkultus; in seiner Front, an eben der Stelle, wo die heimgegangene Königin so oft geruht hatte, wurde ein Friedensengel mit Kranz und Palmenzweig errichtet; der Tempel von Paretz war zu einem Vereinigungspunkt, fast zu einem Symbol geworden, das jedem Familiengliede das Beste bedeutete, was der Mensch hat: Liebe, Treue, Pietät. In diesem Sinne schrieb König Friedrich Wilhelm III. in seinem Testament: »Meine Zeit in Unruhe, meine Hoffnung in Gott. . . . Wenn dieser mein letzter Wille meinen innigst geliebten Kindern zu Gesicht kommen wird, bin ich nicht mehr unter ihnen und gehöre zu den Abgeschiedenen. Mögen sie dann bei dem Anblick der ihnen wohlbekannten Inschrift: ›Gedenke der Abgeschiedenen!‹ auch meiner liebevoll gedenken.«

Und sie gedenken seiner. Der 7. Juni, der Sterbetag des Königs, ist zu einem Gedächtnistag geworden, und kein Sohn oder Enkel betritt Paretz, ohne an die graue Marmortafel zu treten und freiwillig zu tun, woran ihn die Inschrift mahnt.

Der »tote Kirchhof«

»Gedenke der Abgeschiedenen!« so klingt es überall in Paretz, auch über den Kreis des Schlosses hinaus. Erinnerung und Pietät, die hier ihre Stätte haben, sie haben sie auch in den Herzen der Paretzer; still und unbemerkt üben sie ihren Totendienst; »Gedenke der Abgeschiedenen« durchklingt es auch sie.

Um die Kirche herum liegt ein Kirchhof, ein sogenannter »toter Kirchhof«; der »lebende«, die Stätte, wo begraben wird, liegt draußen, am Rande des Dorfes.

Die alte Stätte ist nur ein Grasplatz noch, niedergetreten, ohne Kreuz und Stein, aber wer scharf zusieht, der nimmt bald wahr, daß hinter dieser Verwahrlosung noch immer eine Liebe lebt. Hier und dort wächst eine Schwertlilie, ein Hagebuttenstrauch unvermittelt aus dem niedergetretenen Grase auf, und alle diese Stellen kennen die Dörfler wohl, es sind die Gräber ihrer Teuren, die sie verstohlen hegen und pflegen, in heimlicher Liebe. Denn der Kirchhof soll tot sein, der offizielle Platz für Blumen und Tränen liegt draußen.

Aber welchem Herzen ließe sich gebieten!

Paretz ist eine Stätte der Erinnerung und Pietät — auch der »tote Kirchhof«.

ETZIN

Es haben alle Stände
So ihren Degen wert?

Der alte Derfflinger

*

Sei brav,
Sei gut,
Hast Schlaf,
Hast Mut.

Eine halbe Stunde von Paretz, wie dieses hart an der Havel, liegt Ketzin, schon ein Städtchen; wieder eine halbe Meile weiter, aber nun landeinwärts, Dorf Etzin. Es von Paretz aus zu besuchen, verbot sich mir; ich hatte also eine eigene Fahrt, eine kleine Spezialreise dafür anzusetzen. Diese, per Bahn, ging zunächst über Spandau, Segefeld, Nauen, von hier aus zu Fuß aber an den alten Bredowgütern: Markée und Markau vorüber, ins eigentliche Havelland hinein. Der Leser wolle mich freundlich begleiten.

Mit dem Glockenschlage zwölf sind wir auf dem Nauener Bahnhof eingetroffen und das Straßenpflaster mit gebotener Vorsicht passierend, marschieren wir nach zehn Minuten schon, an Gruppen roter Husaren und gelbklappiger Ulanen vorüber, zum andern Stadtende wieder hinaus. Das weitgespannte Plateau, ein guter Lehmboden, ist flach und hart wie eine Tenne. und wäre nicht ein fichtenbestandener Höhenzug, der wie eine Kulisse sich vor uns aufrichtet, so würden wir beim Heraustreten aus dem Nauener Tore schon die spitzen Türme von Ketzin und Etzin vor uns erblicken. So aber teilt der Höhenzug das Bild in zwei Teile und gönnt uns zunächst nur den Überblick über die nördlich gelegene Hälfte.

Die Mühlen stehen so steif und leblos da, als hätten sie sich nie im Klappertakte gedreht. Sonntags- und Mittagsstille vereinigen sich zu einem Bilde absoluter Ruhe, und wäre nicht der Wind, der oft umschlagend, bald wie ein Gefährte plaudernd neben uns hergeht, bald wie ein junger Bursche uns entgegenspringt, so wäre die Einsamkeit vollkommen. Die Sonne brennt heiß und nach verhältnismäßig kurzem Marsche schon machen wir halt in einem der vielen Gräben, die sich neben der Straße hinziehen. Wie uns die kurze Rast erquickt! Der Weidenstamm gönnt eine bequeme Rückenlehne und die herabhängenden Zweige schützen gegen den Anprall der Sonne. Auch für Unterhaltung ist gesorgt; das Stilleben der Natur tut sich auf, die Goldkäfer huschen durch das abgefallene Blattwerk und die Feldmäuse, vorsichtig neugierig wie auf der Rekognoszierung, stecken die Köpfchen aus den Löchern hervor, die sich zahllos zu beiden Seiten des Grabens befinden. In dem Sumpfwasser zu unserer Linken beginnen inzwischen die Unken ihre Mittagsmelodien. Wie das ferne Läuten weidender Herden klingt es, und zum ersten Mal verstehen wir die Sage von den untergegangenen Städten und Dörfern, deren Glocken um die Mittagsstunde leise nach oben klingen. Wir lauschen auf, aber es bangt uns mehr und mehr vor dem unheimlich einschmeichelnden Getöne, und rasch aufspringend, marschieren wir rüstig weiter in die brennende Mittagsstille hinein, dankbar gegen den jetzt wieder entgegenkommenden Wind, der uns das Gesicht kühlt und die verfolgenden Unkenstimmen mit in unsern Rücken nimmt. So erreichen wir bald den mit Nadel- und Laubholz bestandenen Sandrücken, der, als wir die Nauener Mühlen passierten, wie eine Kulisse vor uns stand, waten geduldig durch den heißen mahlenden Sand des Fahrwegs hindurch und treten endlich aufatmend in die südliche Hälfte des Havellandes ein. Aufatmend; — denn kaum die Tannen im Rücken, ist es uns, als wehe uns eine feuchte Kühle an, wie von der Nachbarschaft eines breiten Stroms, und doch ist es noch eine volle Meile bis an die Buchtung der schönen Havel.

Noch eine volle Meile bis an die Havel, aber nur eine halbe Stunde noch bis nach Etzin, dem unsere heutige Wanderung gilt. Seine schindelgedeckte Kirchturmspitze liegt schon wie greifbar vor uns, und dem Ziele unserer Reise uns näher wissend, spannen sich jetzt die Kräfte wie von selber an, Frische kehrt zurück, und noch ehe der Vorrat unsrer Wanderlieder dreimal durchgesungen, marschieren wir fröhlich und guter Dinge in das alte malerische Dorf hinein.

Alles verrät Wohlhabenheit, aber zugleich jenen bescheidenen Sinn, der sich in Treue und Anhänglichkeit an das

Überlieferte äußert. Das Dorf ist noch ein Dorf; nirgends das Bestreben, ins Städtische hineinzuwachsen und aus der schmalen Bank unterm Fenster eine Veranda zu machen. Der Hahn auf dem Hofe und die Schwalbe am Dache sind noch die eigentlichen Hausmusikanten und die Bauerntöchter, die eben ihr Geplauder unterbrechen und mit ruhiger, nirgends von Gefallsucht zeugender Neugier dem Schritt des Fremden folgen, haben noch nichts von jener dünnen Pensionstünche, die so leicht wieder abfällt von der ursprünglichen Stroh- und Lehmwand.

Die Kirche des Dorfes, am entgegengesetzten Ende gelegen, entzieht sich unsrem Auge, seit wir in die Dorfgasse eingetreten, aber die Bilder und Szenen um uns her lassen uns auf Augenblicke vergessen, daß es eben die Etziner Kirche und nichts anderes war, was uns hierher führte. Die Bilder wechseln von Schritt zu Schritt. Hier stellt sich ein alter Fachwerkbau, von einem schmalen Gartenstreifen malerisch eingefaßt, wie ein Familienhaus mitten in die Dorfgasse hinein und teilt den Fahrweg in zwei Hälften, wie eine Insel im Strom: dort an den Zäunen entlang liegt allerhand Bau- und Bretterholz, und die Kinder beim Anschlagspiel lugen mit halbem Kopf über die Stämme hinweg. Die Arbeit ruht, die lichten Kronen der Lindenbäume werfen ihren Nachmittagsschatten voll und breit auf die Dorfgasse, und wir schreiten frisch und aller Müdigkeit bar darüber hin, als lägen Binsenmatten vor uns ausgebreitet. So haben wir das Dorf passiert, und auf leis ansteigendem Hügel erblicken wir endlich die Kirche wieder, in die der eben herzukommende Küster uns nun freundlich und willfährig einführt.

Das Innere der Kirche ist wie das Dorf selbst; schlicht und einfach, wohlhabend, sauber, eine wahre Bauerndorfkirche, aber doch anders wie sonst solche Kirchen zu sein pflegen. Denn die Gotteshäuser alter Bauerndörfer zeichnen sich im Gegensatz zu den Patronatskirchen gemeinhin durch nichts als durch eine äußerste Kahlheit aus, durch die Abwesenheit alles Malerischen und Historischen; die Generationen kommen und gehen, kein Unterschied zwischen dem Dorf und seinem Felde, ein ewiger Wechsel zwischen Saat und Mahd. Leben, aber keine Geschichte. So sind die Bauerndörfer und so sind ihre Kirchen. Nicht so Etzin. Hier war zu allen Zeiten ein historischer Sinn lebendig, und so hat hier die Gemeinde Bildnisse derer aufgestellt, die dem Dorfe mit Rat und Tat vorangingen, sein »Wort und Hort« waren — die Bildnisse seiner Geistlichen. Wenn sich solcher Bildnisse nur vier in der Etziner Kirche vorfinden, so liegt es nicht daran, daß die Etziner seit einhundertundfünfzig Jahren sich jemals ihrer Pflicht entschlagen und ihre alte Pietät versäumt hätten, sondern einfach daran, daß die Etziner Luft gesund und die Etziner Feldmark fruchtbar ist. Die Etziner Geistlichen bringen es zu hohen Jahren, und wenn wir die Inschriften und Zahlen, die sich auf den betreffenden Bildern und Grabsteinen in und außerhalb der Kirche vorfinden, richtig gelesen haben, so füllen die Namen dreier Prediger den ganzen weiten Raum des vorigen Jahrhunderts aus. Die Bilder dieser drei Geistlichen, von denen übrigens der mittlere, der Held dieser Geschichte, nur ein kurzes Jahrzehnt der Etziner Gemeinde angehörte, hängen, von Bändern und Brautkronen heiter eingefaßt, links vom Altar an einem der breiten Mauerpfeiler, und das helle Sonnenlicht, das durch die geöffneten Kirchenfenster von allen Seiten eindringt, macht es uns leicht die Namen zu lesen, die mit dünnen weißen Schriftlinien auf schwarze Täfelchen geschrieben sind. Die Namen sind: Andreas Lentz, August Wilhelm Geelhaar und Joachim Friedrich Seegebart. Andreas Lentz, ein würdevoller Kopf, mit dunklem, lang herabhängendem Haar, gehört augenscheinlich der Zeit der ersten beiden Könige, August Wilhelm Geelhaar aber der zweiten Hälfte des vorigen Jahrhunderts an. Er trägt eine hohe Stehkrause, ist blond, rotbäckig, martialisch, und blickt aus seinem Rahmen heraus wie die Bischöfe des ersten Mittelalters, die lieber zum Streitkolben wie zum Meßbuch griffen. Sein Blick ist kriegerisch genug, aber die Welt hat nie von seinen Kriegstaten erfahren und den Ruhm, in den Gang einer Schlacht eingegriffen und die drohende Niederlage in Sieg gewandelt zu haben, muß er seinem Amtsbruder und unmittelbaren Vorgänger an der Etziner Pfarre überlassen, dessen Bildnis jetzt neben ihm am Wandpfeiler hängt, und dessen milde, fast weiche Gesichtszüge auf alles andre eher schließen lassen sollten, als auf den »Geist Davids«, der ihn zum Siege fortriß. Und doch war es so. Joachim Friedrich Seegebart ist es, der uns nach Etzin und in diese Kirche geführt hat, Joachim Friedrich Seegebart der Sieger von Chotusitz. Hören wir, wie es damit zusammenhängt.

Joachim Friedrich Seegebart, geboren den 14. April 1714 im Magdeburgischen, wahrscheinlich zu Wolmirstedt, war Feldprediger beim Prinz Leopoldschen Regiment, das vor Ausbruch des ersten Schlesischen Krieges, und auch wohl später noch, zu Stendal in Garnison stand. Er war ein Anhänger der Spenerschen Lehre, demütig, voll Liebe, nur streng gegen sich selbst, ein Mann, von dem man sich einer gewissenhaften Wartung seines Amtes, der Festigkeit in Wort und Glauben, aber keiner kriegerischen Tat versehen konnte, er selbst vielleicht am wenigsten.

Die rasche Besitzergreifung Schlesiens war Ausgang 1740 beschlossene Sache. Die Regimenter erhielten Marschorder und den 8. Dezember brach das Regiment Prinz Leopold von Stendal auf, mit ihm Seegebart. Über diesen Marsch durch die Kurmark und später durch Schlesien besitzen wir interessante Aufzeichnungen von Seegebarts eigener Hand. Am 11. März, nach längerem Aufenthalt in Berlin, betrat das Regiment schlesischen Boden, zeichnete sich bei der Erstürmung von Glogau aus, focht bei Mollwitz und bezog im Oktober das Winterquartier in Böhmen. Hier blieb es in Reserve, während der König in Mähren einrückte. Erst im Frühjahr 1742 vereinigte sich das Regiment wieder mit der aus Mähren zurückgehenden Hauptarmee und war mit unter den Truppen, die am 17. Mai 1742 der österreichischen Armee unter dem Prinzen Karl von Lothringen bei Chotusitz eine Viertelmeile von Czaslau gegenüberstanden.

Dieser Tag von Czaslau oder Chotusitz ist der Kriegs- und Ehrentag unseres Seegebart. Gegen acht Uhr morgens begann die Schlacht, die österreichische Infanterie eröffnete den Angriff, und warf sich auf den rechten preußischen Flügel, litt aber durch Kanonen- und Kleingewehrfeuer so stark, daß einzelne Regimenter den Rücken kehrten, und, trotzdem sie von ihren eigenen Offizieren in kaum glaubhafter Anzahl niedergestochen wurden, nicht wieder zum Stehen zu bringen waren. Jetzt sollten Kavalleriechargen die Scharte auswetzen. Mit großem Ungestüm schritt man zur Attacke; aber vergeblich. Mal auf mal wurden die Chargen abgeschlagen und die rückgehenden Regimenter schließlich mit solcher Vehemenz verfolgt, daß die dahinter aufgestellte Infanterie mit in die Flucht verwickelt und zum Teil niedergemacht, zum Teil über das Feld hin zerstreut wurde.

So standen die Dinge am rechten Flügel, zum Teil auch im

Zentrum. Alles ließ sich glücklich an und schien einen raschen Sieg zu versprechen; aber völlig entgegengesetzt sah es am linken Flügel aus, wo unser Seegebart auf einer kleinen Fuchsstute im Rücken seines Regiments hielt. Hier standen sechs Bataillone in Kolonne und zwar in Front zwei Bataillone Prinz Leopold, dahinter einzelne Bataillone der Regimenter La Motte, Schwerin, von Holstein und Prinz Ferdinand. Das Unglück wollte, daß der Angriff der Österreicher eher erfolgte, als die Aufstellung der Preußen, insonderheit ihrer Kavallerie beendigt und geordnet war, und so wiederholte sich hier zuungunsten der Preußen das, was sich am entgegengesetzten Flügel zu ihren Gunsten ereignet hatte. Die preußischen Dragoner wurden geworfen, die Infanteriekolonnen, zumal die in Front stehenden Bataillone Prinz Leopold, mit in den Wirrwarr hineingerissen und endlich alles in wildem Durcheinander durch das brennende Dorf Chotusitz hindurch gejagt. Reserven rückten vor und nahmen den Kampf wieder auf, aber im selben Augenblick stoben, wie durch ein böses Ungefähr, vom entgegengesetzten Flügel her, die flüchtigen Reitermassen heran, die dort dem Vordringen der Preußen hatten weichen müssen, und nun eben rechtzeitig genug erschienen, um dem ohnehin siegreichen Stoß der Ihrigen eine gesteigerte Wucht zu geben. In diesem Augenblick äußerster Gefahr war es, wo der kriegerische Geist in unserem Seegebart plötzlich lebendig wurde und, zunächst den Kampf wiederherstellend, endlich alles zu Heil und Sieg hinausführte. Seegebart selbst hat dies sein Eingreifen in den Gang der Schlacht mit so viel Anschaulichkeit und Bescheidenheit geschildert, daß es wie geboten erscheint, ihn an dieser Stelle mit seinen eigenen Worten einzuführen.

»Als unser Regiment nun retirirte und zum Theil mit feindlicher Cavallerie und Grenadiers vermischt war, jug ich spohrenstreichs hin und wieder durch dasselbe und redete den Burschen und Offiziers beweglich und Notabene recht ernstlich zu, daß sie sich widersetzen und fassen sollten. Einige schrien mich gleich an mit einem lauten: Ja! und waren bereit und willig, wurden aber von der andringenden Macht verhindert, kamen aber doch wieder zu stehen. Als ich dieses that, flogen mir die Kugeln so dick um den Kopf, als wenn man in einem Schwarm sausender Mücken stehet, doch hat Gottlob mich keine, auch nicht einmal den Roquelour verletzt. Ein Bursch hat mein Pferd in diesem Lärm mit dem Bajonette erstechen wollen; aber ein anderer hat es ihm weggeschlagen. Bis hierher hatte ich nur zu den Leuten unsres Regiments gesprochen, ich sammelte jetzt aber einige Escadrons Cavallerie, die in Confusionen waren, vom linken Flügel, brachte sie in Ordnung, und sie attaquirten in meiner Gegenwart die feindliche Cavallerie und repoussirten sie. Ich war so dreist, daß ich mich an General und Obristen machte, sie bei der Hand faßte und im Namen Gottes und des Königs bat, ihre Leute wieder zu sammeln. Wenn dies geschehen, so jug ich hin und wieder durch und trieb die Leute wieder dahin, wo sie sich wieder zu setzen anfingen. Ich brauchte allerley Beredsamkeit und man folgte mir in allen Dingen. Ich wundere mich, daß die schweren Pferde meinen kleinen Fuchs nicht zertreten haben, aber es schien, als wenn alles vor mir auswiche und mir Platz machte. Ich that und redete als ein Feldmarschall und bemerkte augenblicklich die Impression von meinem Zureden und Vorstellungen an der Leute Gebehrden und Gehorsam. Mein Gemüt war Gott ergeben, und in einer guten Fassung, und ich habe in eigner Erfahrung damahlß gelernt, daß das Christenthum resolut und muthig macht auch in den verworrensten Begebenheiten. Auch den Feind zu verfolgen war mir schließlich gestattet. Ich sammelte noch einmal einen großen Haufen fliehender Cavallerie, zum Theil von unsern linken und rechten Flügel, wohl eine Viertelmeile vom Champ de Bataille, welches mir wohl große Mühe machte, aber doch endlich gelungen, und führte sie zurück bis an den gedachten Champ, wo sie auch sogleich, weil sich die Bataille indes geendet, dem Feinde nachging und ihn verfolgte. Die Cavallerie so ich gesammelt und die sogleich auf meine Vorstellung wieder zu agiren anfing ist über 20 Esquadrons gewesen. Gott sei mir gelobet der mir Davids Muth und Sinn gegeben«.

So weit die Darstellung Seegebarts selbst. Der Vorgang machte Aufsehen bei Freund und Feind und wurde, ausgeschmückt und oft bis zur Unkenntlichkeit entstellt, in Zeitungen und fliegenden Blättern erzählt. Jordan schrieb, schon zehn Tage nach der Schlacht, von Berlin aus an den König: »Hier möchte alle Welt wissen, wer der Unbekannte gewesen sei, der sich mit soviel Bravour an die Spitze einiger Eskadrons setzte und durch rasches Eingreifen zum Siege mitwirkte. Es heißt, Ew. Majestät hätten nach seinem Namen gefragt, der Angeredete habe sich aber geweigert, sein Inkognito aufzugeben.« Der große König, der damals noch mehr jung als groß war und Anstand nehmen mochte, einem einfachen Feldprediger einen wesentlichen Anteil am Siege zuzusprechen, fand es angemessen, in seinem Antwortschreiben die ganze Angelegenheit als eine Fabel zu bezeichnen, und wir würden uns vielleicht in der Lage befinden, den ganzen poetisch und psychologisch interessanten Vorgang in Wirklichkeit als eine Fabel ansehen zu müssen, wenn wir nicht das Seegebartsche Tagebuch und jenen Brief (an Professor Michaelis in Halle) besäßen, aus dem wir schon die obige Schlachtszene zitiert haben. Das Tagebuch weist in seinem Tone und seiner Schreibweise für jeden, der sich auf den Klang von Wahrheit und Unwahrheit versteht, unwiderleglich nach, daß Pastor Seegebart eine ebenso demütige, wie hochherzige Natur war, ein Mann, in dessen Herzen keine Lüge bestehen konnte. So glauben wir denn ihm und keinem andern, wenn er am 24. Mai in aller Bescheidenheit aber auch in nicht mißzuverstehender Klarheit schreibt:

»Die Sache ist beim König, der Generalität, ja der ganzen Armee bekannt geworden, und man redete in den ersten Tagen selten von dem Siege, den uns Gott gegeben, ohne daß man meiner gedacht hätte. Wenn ich ein Narr wäre, so hätte ich die beste Gelegenheit mich aufzublasen gehabt. Der König hat mir durch unsern Prinzen (Erbprinz Leopold von Anhalt-Dessau) ein sehr gnädiges Compliment machen und mich versichern lassen, ›ich sollte die beste Pfarrstelle in allen seinen Landen haben‹, wozu der Prinz hinzusetzt: ›Wenn das nicht geschähe, so wolle er mir die beste in seinem eigenen Fürstenthum geben, denn ich hätte in der Bataille nicht nur wie ein Prediger, sondern auch wie ein braver Mann gethan.‹«

Prinz Leopold, der gewiß Wort gehalten hätte, wurde nicht beim Wort genommen; Seegebart erhielt eine Pfarre, freilich keine beste, kaum eine gute (die Etziner Pfarrstelle ist jetzt eine sehr gute, war es aber damals nicht), indessen doch immerhin eine Pfarre, und im August 1742, also kaum drei Monate nach der Schlacht, ward er in die Etziner Kirche eingeführt. Mit ungewöhnlicher Tätigkeit — so erzählte mir der achtzigjährige Pastor Duchstein, der, als er sein Etziner Pfarramt zu Anfang dieses Jahrhunderts antrat, noch Leute vorfand, die seinen kriegerischen Amtsvorgänger gekannt hatten — hat dieser hier als Seelsorger und Landwirt gewirkt. An Wochentagen hielt er im Pfarrhause Erbauungsstunden, sowohl für Kinder wie für Erwachsene, und nahm sich überhaupt seiner beiden Gemeinden: Etzin und das nahegelegene Knoblauch, mit Eifer und Liebe an. Nebenbei aber führte er die weitläufige Pfarrwirtschaft selbst, verbesserte mancherlei in derselben und nutzte sie durch seine Betriebsamkeit, wie die von ihm geführten Register beweisen, ungemein hoch. Den Pfarrgarten hatte er ganz verwildert übernommen; er pflanzte die besten Obstsorten an und hatte die Freude, schon im zweiten Jahre einige Früchte davon zu ernten. Sooft er ein so günstiges Ergebnis seines Fleißes in seinen noch vorhandenen Rechnungen zu vermerken hatte, versäumte er nicht, in einfachen Worten einen kurzen Dank an Gott auszusprechen. Über seine Kriegs- und Siegestat bei Chotusitz sprach er nur selten und nur gezwungen, teils weil er eine natürliche Scheu hatte sich vorzudrängen, teils weil er zu der Ansicht gekommen sein mochte, »er habe bei Chotusitz für einen Geistlichen wirklich etwas zu viel getan.« Aber eben deshalb, weil der Tag von Chotusitz auf der Etziner Pfarre nur so selten genannt werden durfte, eben deshalb ist auch jener Familientradition, die sich bis in unsere Tage hinein erhalten hat, ein ganz besonderer Wert beizulegen, jener Tradition nämlich, die übrigens auch in Andeutungen des Jordanschen Briefes ihre Bestätigung findet, daß der König seinem Feldprediger in der Tat eine Hauptmannsstelle habe anbieten lassen. Daß dies Anerbieten abgelehnt wurde, versteht sich von selbst. Seegebart wäre nicht er selbst gewesen, wenn er den Roquelour mit dem bunten Rock des Königs vertauscht hätte. Die angestrengte Tätigkeit des Predigens vor zwei Gemeinden scheint seiner wohl an sich nicht sehr festen Gesundheit geschadet und seinen frühzeitigen Tod herbeigeführt zu haben. Auch sein Bild zeigt jene klare, durchsichtige Hautfarbe und jene mildleuchtenden Augen, denen man bei Brustkrankheiten so oft begegnet.

Er hinterließ eine Witwe, Christiane Elisabeth, geborene Sukro und vier Kinder. Außer seinem Bilde, das ihn unverkennbar als eine poetische, dem Idealen zugewandte Natur darstellt, befindet sich an einer Außenwand der Etziner Kirche noch der Grabstein des früh Geschiedenen, der unter einem wenig geschmackvollen Ornament folgende Inschrift trägt:

»Hier ruhen in Hoffnung die dem Tode getrost anvertrauten Gebeine des weiland Hochwürdigen und Hochgelehrten Herrn Joachim Friedrich Seegebarth. Das Prinz Leopold'sche Regiment, und die Etzinsche und Knoblauch'sche Gemeinde rühmen noch seine wahre Gottesfurcht und seltene Redlichkeit. Daher war er freudig vor Gott, liebreich vor Menschen, sorgfältig im Amt, demüthig bei seiner Gelehrsamkeit. Von seinem geistigen Amt zeugen viel lebendige Briefe, von seinem Christenthum, die durch das Leben bethätigte Lehre. Er betrat diesen mühseligen Schauplatz 1712 den 14. April. Er bezog die stolzen Wohnungen der Ewigkeit 1752 den 26. Mai. Leser! schaue sein Leben an und denke an seinen Tod. Betrachte seinen Glauben und ahme ihm nach. Sein freudiger Hingang mache Dir die Ewigkeit süß.«

FALKENREHDE

> Die Sage gebiert und schafft und treibt.
> Was will unser Licht? Ein Dunkel bleibt.

Falkenrehde, halbwegs zwischen Potsdam und Nauen, ist eines der reicheren Güter des Havellandes und bildet mit dem nachbarlichen Ütz und Paretz einen Güterkomplex, dessen Erträge in die königliche Schatulle fließen. In früheren Jahrhunderten saßen hier die Bardeleben und Dirickes, später die Gröben, bis es, zur Zeit des Großen Kurfürsten, an den berühmten Artillerieobersten Ernst von Weiler und dessen weibliche Deszendenz überging. Eine der Weilerschen Töchter war an den Minister von Kraut, einen besonderen Günstling Friedrich Wilhelms I. vermählt. Diese Weilersche Zeit war die wichtigste. Sie gab dem Dorfe seine Geschichte, auch wohl die Erscheinung, die es bis diesen Augenblick noch zeigt.

Falkenrehde ist eines jener lachenden Dörfer, deren die Mark, ganz im Gegensatz zu ihrem Ruf, so viele zählt. Prächtige alte Linden ziehen sich zu beiden Seiten der Dorfstraße hin, saubere Häuser, von Kürbis- oder Pfeifenkraut umsponnen, blicken zwischen den Stämmen durch und in nur kurzen Pausen rollen Postwagen und Omnibusse auf und ab, die den Verkehr zwischen Potsdam und den kleinen, aber wohlhabenden Städten des Havellandes unterhalten. In den dreißiger Jahren war auch vornehmeres Gefährt auf dieser Straße heimisch: königliche Kutschen. Friedrich Wilhelm III. kam an schönen Sommerabenden von dem nahen Paretz herüber, stieg in der Pfarre ab, nahm in einem eigentümlich dekorierten

Zimmer, dessen Wände einen deutschen Götterhain und einen freiwilligen Jäger darstellten, den Freia mit dem Schwert umgürtet, seinen Tee und plauderte mit dem pastor loci, während dessen Söhnlein, ein vierjähriger Blondkopf, mit Säbel und Ulanenkaskett auf der Freitreppe Wache stand. In Paretz hatte der König unbedingte Stille; hier erquickte ihn jene heitere Geschäftigkeit, jener auf- und abwogende doch nie zudringliche Verkehr, der wohl zerstreute, aber nicht störte.

Und diese heitere Geschäftigkeit, dieser nie rastende Verkehr, sie sind dem Dorfe geblieben, ja mehr, sie sind gewachsen. Freilich, wer sich ihrer freuen will, darf nicht gerade Novembertage wählen, wie wir es heute tun. Für unsern Zweck indes vielleicht die beste Beleuchtung.

Tagüber war Regen. Nun hat sich mit Sonnenuntergang der Himmel geklärt, eine eiskalte Luft geht über die Felder, das Wasser platscht in den breiten Lachen, die wir durchfahren, und die Weidenzweige, an denen noch einzelne Tropfen hängen, schlagen in den Wagen hinein. Selbst das Abendrot, das zwischen geballtem Gewölk steht, hat nichts Heiteres. Fröstelnd fahren wir in die Falkenrehder Dorfstraße ein.

*

»Es wird heute nichts«, brummte mein Gefährte, ein havelländischer Herr, aus seiner Kapuze heraus. »Um diese Stunde steigt keiner in die Gruft, am wenigsten zu dem Enthaupteten.«

»Wir müssen's versuchen. Tot ist tot, enthauptet oder nicht.« Mit diesen Worten hielten wir vor der Küsterwohnung, schlugen das Wagenleder zurück, so rasch es unsere klammen Finger gestatteten und sprangen mit Vermeidung des Tritts, dem man es ansah, daß er nur zum »Hängenbleiben« da war, auf den aufgeweichten Boden.

Die warme Stube drinnen tat uns wohl. Wir trugen dem Küster unser Anliegen vor, der, unter Gräbern groß geworden und mit den Toten eingelebt, sofort seine Bereitwilligkeit ausdrückte, dem »Enthaupteten« einen nächtlichen Besuch zu machen. Zu gleicher Zeit erfreute er das Ohr meines Reisegefährten durch die Erklärung: »daß es für drei zu eng sei.« Wir nahmen, während Laterne und Kirchenschlüssel herbeigeschafft wurden, einen Augenblick Platz und plauderten, was mir erwünschte Gelegenheit gab, einige Fragen zu stellen.

»Nun sagen Sie, Herr Kantor, wie steht es damit, ist er wirklich enthauptet?«

»Das ist er. Darüber kann kein Zweifel sein. Sie werden es sehen.«

»Wer ist es?«

»Ich weiß es nicht. Ich kann nur sagen, was sich die Leute hier erzählen. Sie sagen, es sei der Oberst von Weiler, der um 1680 Falkenrehde besaß. Sie sagen, daß er Unterschleife machte, daß er heimlich hingerichtet wurde und daß die Frau des Obersten die Leiche freibat, um sie hier beisetzen zu können.«

»Das ist alles?«

»Ja!«

»Glauben Sie es?«

»Ich darf wenigstens nicht sagen: ich glaub' es nicht. Ein Enthaupteter ist da. Irgend etwas muß passiert sein.«

So weit war unsere Unterhaltung gediehen, als die Frau die brennende Laterne brachte, was man so brennen heißt, vier angeblakte Scheiben mit einem Lichtstumpfe drin. Der Küster nahm den Vortritt und so schritten wir auf die Straße hinaus, wo inzwischen die Falkenrehder, bis zu dem benachbarten Kirchhofe hin, Spalier gebildet hatten. Das Gerücht von unserm Vorhaben war durchs Dorf gelaufen wie ein Feuer übers Strohdach. Alles sah uns nach, mit einem andächtigen Ernst, als ob wir auszögen den Lindwurm zu töten.

Alsbald hielten wir vor dem Kirchhofsportal, einem schmiedeeisernen Gittertor, das an höchster Stelle zwei in Erz getriebene Lorbeerzweige und inmitten derselben die vergoldeten Buchstaben E. v. W. (Ernst von Weiler) zeigte. Gerade hinter diesen Buchstaben und ihrer Einfassung stand der Mond. Über die Grabsteine von Pastoren und Amtleuten hinweg schritten wir nunmehr auf die Kirche zu und traten durch die Seitentür in dieselbe ein.

Sie machte einen spukhaften Eindruck, weil sie überall da, wo das Mondlicht durch die Scheiben fiel, so hell war wie bei Tage. Daneben lagen breite Schattenstreifen. An den Wänden und Pfeilern hingen Totenkränze und Brautkronen mit ihren langen bunten Bändern. Es war, als bewegten sie sich bei unserem Eintreten. Wir schritten nun zunächst auf den Altar zu, wo ich im Halbdunkel ein großes Bild zu bemerken glaubte. Wirklich, es war eine Kreuzigung, alles in Rokokomanier, und die Magdalene mit hohem Toupet und Adlernase sah aus wie die Frau von Pompadour. Ich darf sagen, daß das Unheimliche des Ortes durch diese Anklänge nur noch gesteigert wurde.

Ich hatte, um an dem Bilde herumzuleuchten, die Laterne genommen und fragte jetzt, wo die Gruft sei.

»Da müssen wir wieder zurück.«

Gut. Wir kehrten also um und gingen das Schiff hinunter, bis wir inmitten der Kirche, vor einer in die Fliesen eingelassenen Bretterlage standen. Es war alles so primitiv wie möglich; keine Falltür, kein eiserner Ring zum Hochheben, nur eben drei eichene Bohlen. Und sie waren nicht leicht zu fassen. Endlich mit Hilfe des schweren Kirchenschlüssels, den wir als Hebel benutzten, lüfteten wir das erste Brett; dann die beiden andern. Die Stiege, die hinabführte, war weniger eine Treppe als eine aus aufrechtstehenden Ziegeln gebaute Leiter; jede Stufe so hoch und so schmal wie möglich. Alles voll Staub und Spinnweb. Ohne Fährde indes kamen wir unten an; nur das Licht in der Laterne begann in bedenklicher Weise zu flackern, erholte sich aber wieder und die Musterung konnte beginnen. Wir zählten vier Särge, zwei wohlerhalten und mit Metall beschlagen, die beiden anderen schon etwas schadhaft. Einer davon, von rechts her gerechnet der dritte, hatte eine Öffnung am Kopfende: das verschließende Brettchen fehlte. Es sah aus wie die offenstehende Tür eines kleinen Hauses.

»Das ist er«, sagte der Küster.

»Der Enthauptete?«

»Ja.«

Dabei fuhr er mit Totengräbergleichmut in die Öffnung des Sarges hinein, suchte einen Augenblick wie in einem Kasten, in dem man Bescheid weiß, und kam dann mit einem Schädel wieder zum Vorschein. Und nun hielt er ihn mir wie zur Begutachtung hin.

Ich nahm ihn in die Hand und sagte: »Das ist ein Schädel, nicht mehr und nicht weniger. Wo aber steckt der Beweis, daß es der Schädel eines Enthaupteten ist?«

Der Küster, statt aller Antwort, wies einfach auf einen fingerbreiten Halslappen hin, der sich unter dem Kiefer hinzog. Dieser aufgetrocknete Streifen war an seinem Rande so scharf, wie wenn man ein hartes Stück Leder mit einem scharfen Messer durchschneidet.

Dies mochte in der Tat als Beweis gelten. Es war ganz

unverkennbar eine Schnittfläche. Jrgend etwas Scharfes hatte hier Kopf und Rumpf getrennt. »Sie haben recht«, — damit schoben wir den Schädel wieder in seine Behausung, kletterten hinauf und deckten die Bohlen darüber.

Unser Rückzug war eiliger als unser Kommen. Mir war, als lache die Frau von Pompadour hinter uns her, und über den Grabstein des alten Amtmanns Kriele weg traten wir wieder in die Dorfstraße hinaus.

Alles stand noch in Gruppen. Wir mußten erzählen. Aber es war nur, was jeder wußte.

In der Falkenrehder Gruft ruht ein Enthaupteter. Das scheint festzustehen. Aber wer ist dieser Enthauptete? Die Sage, wie schon hervorgehoben, antwortet: Oberst Ernst von Weiler; die Geschichte dagegen verneint, was die Sage sagt. Oberst Ernst von Weiler, in seinen letzten Dienstjahren General, ist eine historische Person, wie nur irgendwer, und wir können ihn bis an das Ende seines Lebens verfolgen. In hohem Alter und hohem Ansehen ist er gestorben. Wir erzählen, was man von ihm weiß.

Ernst von Weiler, aus einer angesehenen Patrizierfamilie, etwa um 1620 geboren, war der Sohn des kurbrandenburgischen Amtskammerrats und Hofamtsmeisters Christian Weiler, Erbherrn auf Vehlefanz und Staffelde. Er trat früh in die Armee, nahm wahrscheinlich noch an den letzten Kämpfen des Dreißigjährigen Krieges teil und focht 1674 (über seine Beteiligung an der Schlacht von Warschau verlautet nichts) am Oberrhein gegen Turenne. Er war damals mutmaßlich Oberstwachtmeister in der Artillerie. Zuerst wird er mit Bestimmtheit 1675 genannt, wo er in der Schlacht bei Fehrbellin, die »mit doppelter Bespannung versehenen Geschütze« mit großer Auszeichnung zum Siege führte.

Er hatte sich dabei das Zutrauen und Wohlwollen des Kurfürsten in einem besonders hohen Grade zu erringen gewußt, wurde 1677 Oberstleutnant und Chef der Artillerie und leitete das Jahr darauf (1678) den artilleristischen Teil der Belagerung von Stralsund. »Den 10. Oktober abends«, so heißt es in Paulis Leben großer Helden, »machte Ernst Weiler auf den Ort aus 80 Stücken, meist halben Kartaunen, 22 Mörsern und 50 Haubitzen ein entsetzliches Feuer. Mit anbrechendem Morgen stand die halbe Stadt in Flammen. Den 11. Oktober nach 6 Uhr sah man auf Mauern und Türmen drei weiße

Fahnen ausgesteckt. Dies machte, daß Ernst Weiler mit dem groben Geschütz zu spielen aufhörte.«

So Pauli. 1683 wurde Ernst Weiler Oberst. 1689, bei der Belagerung von Bonn, Generalmajor. 1691 erhob ihn Kaiser Leopold in den Adelsstand. Wann Falkenrehde in seinen Besitz kam, ist nicht genau festzustellen gewesen, jedenfalls schon vor 1684. In Berlin besaß er das Weilersche Haus, das gegenwärtige Kronprinzliche Palais. Er starb am 28. November 1692. In der Gunst des Großen Kurfürsten und seines Nachfolgers erhielt er sich bis zuletzt. Gleichzeitige Schriftsteller rühmen ihn als einen »Meister in der Geschützkunst«; die Erfindung der glühenden Kugeln aber, die ihm Feuquières zuschreibt, ist viel älter. Frundsberg schon bediente sich derselben.

Dieser Ernst von Weiler kann also der Enthauptete in der Falkenrehder Gruft unmöglich sein, und verbliebe somit nur noch eine vage Möglichkeit, daß sein Sohn, der ebenfalls Artillerieoberst war und ebenfalls den Namen Ernst (Ernst Christian) führte, irgendein Vergehen mit gewaltsamem Tode gebüßt habe. Aber auch dieser, wiewohl sein Leben allerhand Unkorrektheiten aufweist, ist natürlichen Todes gestorben. Auch sein Leben läßt sich bis zu seiner letzten Stunde verfolgen. Er war unglücklich verheiratet, entfloh mit einer Baronesse Blumenthal, trat in österreichische Dienste, verheiratete sich ein zweites Mal und starb zu Breslau, nachdem er vorher, auf ein Salvum conductum gestützt, für kurze Zeit im Brandenburgischen eingetroffen war, um seine Angelegenheiten zu ordnen. Auch er also ist es nicht. Alle weiteren von mir angestellten Fragen und Untersuchungen sind erfolglos geblieben. Niemand weiß, wer der Enthauptete in der Falkenrehder Gruft ist. Nur das eine scheint festzustehen: kein von Weiler. Die Archive, die Akten des Feldzeugamts geben keine weitere Auskunft. Die Hoffnung ist schwach, dieses Dunkel je gelichtet zu sehen.

Auf der Dorfstraße, unter den vielen Neugierigen, die uns daselbst empfingen, befand sich auch mein Reisegefährte, der, wie jene, nur das Resultat unserer Expedition hatte abwarten wollen. Das lag nun vor, soweit es vorliegen konnte. Er bestieg also seinen Wagen, der uns glücklich bis Falkenrehde gebracht hatte, um seinerseits weiter ins Havelland hinein zu fahren. Ich meinesteils nahm herzlichen Abschied von ihm und meinem Kantor, und schritt auf den Krug zu, um daselbst den Nauener Omnibus abzuwarten. In zehn Minuten mußte er da sein.

Die Krugstube war nicht viel größer als die Gruft, aus der wir eben kamen, aber es sah bunter darin aus. In einer Ecke hatte sich ein Kartentisch etabliert; ihm gegenüber saßen zwei alte Frauen, von denen die eine, in allerhand schottisch karierte Lappen gekleidet, an die Norne in Walter Scotts »Piraten« erinnerte. Beide tranken Kaffee und pusteten über die vollen Untertassen hin. Was sonst noch da war, durchschritt den Stubenkäfig, am unruhigsten unter allen ein hübscher, blonder Mann, Mitte dreißig, dessen Gesamthaltung, trotz einer gewissen weltmännischen Tournüre, unverkennbar auf ein mühevoll absolviertes Obertertia hindeutete. Er hatte das Bedürfnis zu sprechen.

»Halb neun wird es wohl werden«, hob er an.

»Halb neun! Ich bitte Sie, das wäre ja furchtbar. Fahren Sie auch bis Potsdam?«

»Ja. Ich wohne in Potsdam. Ein teures Pflaster. Aber was will man machen? Die Erziehung, die Schulen . . . Ich bin Regierungsbeamter. Was nutzen einem hundert Taler mehr in Schlochau oder Deutsch-Krone? Als Familienvater . . .«

»Haben Sie mehrere Kinder?«

»Drei. Lauter Jungen. Und sehen Sie, das ist es eben. Ein Mädchen kann in Deutsch-Krone besser gedeihen als in Potsdam, aber ein Junge — was ist ein Junge ohne Gymnasium! Ich bin Regierungsbeamter. Ich kann meinen Kindern nichts mitgeben, außer Bildung, aber daran halte ich fest.«

»Wissen Sie, man muß es nicht überschätzen. Der innere Mensch . . . .«

»Freilich, der innere Mensch bleibt immer die Hauptsache. Es muß drin stecken. Aber eine Kinderseele ist eine zarte Pflanze. Vorbild, Beispiel, elterliches Haus . . . .«

In diesem Augenblicke (mir durchaus gelegen) erschien der Kutscher des inzwischen eingetroffenen Omnibus in der Tür, um allen Anwesenden, in einer Sprache, die mehr Vertraulichkeit als Respekt ausdrückte, das Signal zum Aufbruch zu geben. Alles drängte hinaus, und fünf Minuten später saßen wir eng zusammengerückt und fest wie ein Spiel alter Karten, auf den beiden Längssitzen des Wagens. Die Pferde zogen an, und beinahe gleichzeitig rief eine Stimme aus dem Hintergrunde des Wagens: »Fenster zu, daß es warm wird.« Feste

Kommandos werden immer befolgt. Eine geschäftige Hand zog sofort an der Lederstrippe, das alte Klapperfenster flog in die Höhe und dreizehn Personen, drei Zigarren und eine kleine Tranlampe, die zunächst noch ganz keck und lustig brannte, unterzogen sich jetzt der gewünschten Erwärmungsaufgabe.

Als ich mich orientiert hatte, sah ich, daß der Schlachtschrei »Fenster zu« nur von der alten Norne gekommen sein konnte. Sie zog nunmehr eine bunte Kapuze über das graue Haar, packte ein paar Handschuhe ohne Finger in einen Korb, den sie auf dem Schoße hielt, und sagte dann zu ihrem Nachbar, einem bärtigen, graumelierten, mittelalterlichen Herrn: »Sehen Sie, Herr Inspektor, wir sammeln und verlieren.«

»Jawohl, Mutter Sootzmann«, erwiderte der Angeredete, der die Alte ganz ersichtlich beschwichtigen wollte.

»In Nauen haben wir gesammelt, in Wustermark und Dyrotz haben wir verloren, in Falkenrehde haben wir wieder gesammelt.«

»Jawohl, Mutter Sootzmann.«

»Alles im Leben ist sammeln und verlieren. Wenn der Mensch in Falkenrehde Kaffee trinkt, hat er gesammelt. Ich habe gesammelt, Herr Inspektor ....«

»Jawohl, Mutter Sootzmann«, unterbrach dieser jetzt rascher als vorher, weil er irgendeinen unharmonischen Abschluß befürchten mochte.

Immer dichter inzwischen wurde der Dunstkreis. Die Laterne begann zu blaken, was kaum noch als ein Übelstand gelten konnte, und der »Regierungsbeamte«, gebildet bis zuletzt, sprach über Stickstoffoxyd und zu früh zugemachte Ofenklappen, ein Thema, dessen Zeitgemäßheit nicht zu bezweifeln war.

Ich weiß nicht mehr, was ich antwortete, oder ob ich überhaupt antwortete. Ein Kopfweh, das schon die Grenzen des tic douloureux streifte, schlug meine Artigkeit in Banden.

Und so fuhren wir nach Potsdam hinein.

Endlich Luft!

Im Freien begann ich über die verschiedenen Arten des Grauens zu reflektieren.

Was war die Falkenrehder Gruft gegen diesen Nauener Omnibus und was der »Enthauptete« gegen Mutter Sootzmann, die Norne!

ZWEI »HEIMLICH ENTHAUPTETE«

Auch Tröstliches kommt ans Licht der Sonnen.
Romantisch verloren, menschlich gewonnen.

Geschichten von »Enthaupteten«, wie wir sie vorstehend in dem Falkenrehder Kapitel erzählt, am liebsten aber von »heimlich Enthaupteten«, haben hierzulande immer eine Rolle gespielt und sich neben den »weißen Frauen« und »vergifteten Apfelsinen« in unseren Volkssagen erhalten.

Unter diesen »heimlich Enthaupteten« stehen, noch über den General von Weiler hinaus, Graf Adam Schwarzenberg († 1640) und General von Einsiedel († 1745) obenan.

Erst neuere Forschungen haben festgestellt, daß beide Geschichten, wie die Weilersche, bloße Erfindungen sind und jedes eigentlichen Anhalts entbehren. Verdachtgründe lagen vor und die Gesamtsituation ließ dergleichen als möglich erscheinen.

Dies genügte. Wir beginnen mit dem Graf Schwarzenberg-Fall und zeigen zuerst, wie das Gerücht entstand, dann wie es widerlegt wurde.

1. Graf Adam Schwarzenberg

1755 kam Prinz August Wilhelm von Preußen, ältester Bruder Friedrichs des Großen, mit seiner Schwester, der Prinzessin Amalie nach Spandau. Bei dieser Gelegenheit besahen sich die beiden königlichen Geschwister auch das Innere der Nikolaikirche. Bei der Begräbnistafel des Grafen Schwarzenberg blieb der Prinz erstaunt stehen, indem er zu seiner Umgebung äußerte: »Wie? Ist der Graf nach dem Tode George Wilhelms nicht nach Wien gegangen und dort verstorben? Diese Tafel ist wohl nur zum Schein hier angebracht?« Aller Gegenversicherungen ungeachtet blieb der Prinz auf seiner Meinung bestehen, und um sich vollständig von dem Sachverhalt zu überzeugen, befahl er, das Grab zu öffnen. Nachdem dies geschehen, erhielt der Page von Dequede von dem Prinzen die Weisung hinabzusteigen und zu sehen, ob sich wirklich ein Leichnam im Gewölbe befinde. Der beherzte Page kam nach einiger Zeit mit dem halb vermoderten Kopfe eines Menschen wieder zum Vorschein. Der Prinz besah den Kopf genau und rief dann unwillig: »Ja, das ist er. Man werfe ihn nur wieder hin!«

Diesem Befehle folgte der Page buchstäblich und als unmittelbar darauf Kirchendiener und Maurer in die Kirche kamen, um das Grab wieder zu schließen, bemerkten sie, daß der Kopf auf der Brust des Leichnams lag. Daraus entstand das Gerücht, daß Graf Schwarzenberg enthauptet worden sei. 1777 ließ der Prediger des damals zu Spandau in Garnison liegenden Regiments Prinz Heinrich einen Aufsatz drucken, in dem er die Enthauptung bereits als ausgemachte Tatsache hinstellte. Er beschrieb sogar den Ort in der Spandauer Heide, wo die Hinrichtung stattgehabt hätte, und fügte noch hinzu, daß man »im Jahre 1755 bereits den Körper des Grafen ohne Sarg, nur zwischen einigen Brettern liegend, vorgefunden habe.«

Aber durch eben diesen Aufsatz wurde auch die Anregung gegeben, näher nachzuforschen und das Gerücht auf seine Grundlosigkeit zurückzuführen.

Oberst von Kalkstein, der ehemalige Kommandeur des Regiments, wollte Gewißheit haben und ließ am 20. August 1777 abermals das Gewölbe öffnen, wobei außer dem Herrn Obersten noch folgende Personen zugegen waren: Regimentschirurgus Laube, der Garnisonprediger, Justizrat Lemcke, Adjutant von Bardeleben, Konrektor Dilschmann, Inspektor Schulz und Dr. Heim (der spätere »alte Heim«, damals, von 1776 bis 1783, Arzt und Physikus in Spandau).

Den Deckel fand man neben dem Sarge sehr zertreten; der Sarg selbst war mit violettfarbenem Samt ausgeschlagen und mit goldenen Tressen besetzt; der Leichnam ruhte auf Kissen von weißem Taft. Bekleidet war der Graf mit einer langen spanischen Weste von Silberstoff, an der Seite hatte er einen bereits verrosteten, mit goldener Tresse verzierten Degen, seidene, fleischfarbige Strümpfe bedeckten die Beine, und auf den Füßen trug er schwarzlederne Schuhe mit sehr dicken Sohlen. Ein schwarzsamtner, mit einer goldenen Rundschnur besetzter, niedergeschlagener Hut lag auf dem Körper und neben demselben der Kopf.

Dr. Heim nahm den Kopf in die Hand, um ihn genau zu untersuchen; hierbei fand sich, daß derselbe mit Kräutern angefüllt und einbalsamiert war. Die Knochen waren noch nicht vermodert und die sieben Halswirbel fanden sich im Sarge sämtlich unverletzt vor. Heim erklärte: »Der Graf ist nicht enthauptet worden, sondern eines natürlichen Todes gestorben.« Auch wurde eine Urkunde darüber ausgestellt, die sich bis diesen Augenblick in einem verschlossenen Kasten des Spandauer Kirchenarchivs befindet.

2. General von Einsiedel

Ziemlich um dieselbe Zeit, als in Spandau die Enthauptungssage von Graf Adam Schwarzenberg aufkam, also in den Jahren unmittelbar vor Ausbruch des Siebenjährigen Krieges, hieß es auch in Potsdam, als ob die beiden Nachbarstädte auf diesen Punkt hin eifersüchtig gewesen wären: »General Einsiedel sei heimlich enthauptet worden.« Die Sache machte insofern noch ein gesteigertes Aufsehen, als alles, was den »katholischen Grafen« (Schwarzenberg) anging, um ein Jahrhundert zurücklag, während die Einsiedel-Enthauptung eine Art Tagesereignis war. Lange hielt sich der Glaube daran, bis endlich auch dieser »heimlich Enthauptete« von den Tafeln der Geschichte gestrichen wurde.

Wir geben, wie in dem Schwarzenberg-Fall, zunächst die Umstände, die die Sage entstehen ließen.

Gottfried Emanuel von Einsiedel wurde 1690, wahrscheinlich im Herzogtum Sachsen-Weißenfels, geboren. Er trat 1707 in die preußische Armee, wurde »seiner ansehnlichen Körperlänge wegen« ein Liebling Friedrich Wilhelms I., trat in das rote Leib-Bataillon (die spätere Riesengarde) und machte den Feldzug gegen die Schweden mit. Er avancierte, vermählte sich mit Margarethe von Rochow aus dem Hause Reckahn und erhielt, neben anderen Donationen, im Jahre 1726 das ehemalige Wartenbergsche Haus in Potsdam, nebst angrenzenden Wohngebäuden, zum Geschenk. Auf dieser Stelle errichtete er das Einsiedelsche Haus, das noch existiert und als »Hotel Einsiedler« jedem Potsdambesucher bekannt geworden ist. Das Allianzwappen der Familien von Einsiedel und von Rochow über der Tür erinnert noch an den Erbauer.*

Die Huld, die von Einsiedel unter Friedrich Wilhelm I. erfahren hatte, verblieb ihm auch unter dessen Nachfolger.

---

* Eben dieses Einsiedelsche Haus hatte, vielleicht aus derselben oder vielleicht auch erst aus späterer Zeit stammend, ein Holzbildwerk an seiner schrägen Eckfront, den Diogenes in der Tonne darstellend. In den dreißiger Jahren dieses Jahrhunderts verschwand es, wurde später unter altem Gerümpel entdeckt, wieder hergestellt und aufs neue an seinem alten Platz befestigt, wo es sich bis diese Stunde befindet.

Friedrich II. ernannte ihn zum Generalmajor und zum Chef des neu formierten Grenadier-Garde-Bataillons. Mit diesem nahm er an dem zweiten Schlesischen Kriege teil und erhielt nach der Einnahme Prags den Befehl über sämtliche, die Garnison dieser Hauptstadt bildende Truppen. Es war ein höchst schwieriges Kommando, die Besatzung zu schwach, um sich auf die Dauer zu halten, dazu völlig unzuverlässig. In der Nacht vor dem Abzuge, der endlich stattfinden mußte, desertierten fünfhundert Mann von den Wachen, während die nicht im Dienst befindlichen Mannschaften der Sicherheit wegen in ihre Quartiere eingeschlossen wurden. Während des Abzuges selbst steigerte sich das Übel; jede Minute brachte Verluste, die Geschütze blieben in den grundlosen Wegen stecken, ganze Bataillone lösten sich auf.

General von Einsiedel, als er mit den Überresten seines Korps in Schlesien angekommen war, wurde vor ein Kriegsgericht gestellt. Schuldlos, wie er war, konnte seine Freisprechung kaum ausbleiben. Aber die Gnade des Königs war verscherzt. An dem Feldzuge des nächsten Jahres durfte er nicht teilnehmen; er blieb in Potsdam, wo er am 14. Oktober 1745 starb.

Als wenige Monate später die Grenadiere heimkehrten und das Haus ihres Chefs verödet fanden, hieß es alsbald: er sei heimlich enthauptet. Mit allen Details wurde es erzählt. Der Scharfrichter aus Berlin sei mit verbundenen Augen herübergeholt worden; nachts, im Keller seines eigenen Hauses, habe die Hinrichtung stattgefunden; in eben diesem Keller sei seine Leiche auch verscharrt worden.

Die Zweifel, die laut zu werden versuchten, wurden niedergeschlagen, und man muß einräumen, daß die Sache nicht nur ein verdächtiges Ansehen, sondern auch manches um und an sich hatte, was die Annahme mehr oder weniger direkt zu unterstützen schien. Die Vorgänge in Prag, das Kriegsgericht, die Ungnade des Königs waren Tatsachen; in das Kirchenbuch der Garnisonkirche war sein Tod nicht eingetragen. Was aber schwerer als alles andere ins Gewicht fiel und dem Verdacht, von ganz anderer Seite her, Nahrung zuführte, war der Umstand, daß das Ländchen Bärwalde (damals noch eine preußische Enklave im Kursächsischen) Einsiedelscher Besitz war und bei allen Schwarzsehern und Geheimniskrämern alsbald die Frage anregte: ob nicht, mit Rücksicht auf die Lage dieses Besitzes, ein Einverständnis von Einsiedels mit dem sächsischen Hofe angenommen werden müsse? Solche Frage, einmal angeregt, wurde selbstverständlich immer bestimmter mit »ja« beantwortet, und in Potsdam, wie im Ländchen Bärwalde selbst herrschte zu Anfang dieses Jahrhunderts nicht der geringste Zweifel mehr. Generalleutnant von Einsiedel war und blieb »heimlich enthauptet«, und die Bärwalder steigerten sich bis zu der grotesken Vorstellung, »daß das Haupt, um die Hinrichtung auch im Tode noch zu cachieren, auf höchst sinnreiche Weise an dem steifen Uniformkragen (den es damals gar nicht gab) befestigt worden sei.« Gegen all diese Annahmen war nichts zu machen. Die heimlich bestrafte Untat hatte ein siegreich romantisches Interesse, während der Gegenbeweis prosaisch und undankbar war.

Und doch kam die Zeit, wo er geführt werden mußte. Friedrich Wilhelm IV., der in der immer wieder angeregten Frage endlich klar sehen wollte, gab dem General Kurt von Schöning Auftrag: »die Sache ins reine zu bringen.« Die Resultate dieser Untersuchung liegen nun vor.

Es sind zunächst zwei Aufzeichnungen, zwei Dokumente, die den Gegenbeweis übernehmen. Das erste derselben ist eine Zessionsurkunde, eine gerichtliche Konvention, worin der Einsiedelschen Familie der Besitz des Ländchens Bärwalde zugesichert wird. In dieser Konvention vom 7. Oktober 1745, die also nur sieben Tage vor dem Hinscheiden des Generals von diesem selber ausgestellt wurde, nennt er sich: Sr. K. Majestät wohlbestallter Generalleutnant, Oberst über ein Bataillon Grenadier-Garde, Erbherr zu Bärwalde usw., woraus ersichtlich, daß die Ungnade des Königs keine besonders strenge und bedrohliche gewesen sein kann. Dieser würde sonst unzweifelhaft, vor Aufbruch und Rückkehr der Truppen, einen andern Chef des Gardebataillons ernannt und den Namen von Einsiedels gestrichen haben.

Das zweite, wichtige Dokument ist das Kirchenbuch zu Meinsdorf, im Ländchen Bärwalde, in dem wir von der Hand des damaligen Pfarrers Presso folgende Aufzeichnungen finden: »... Gedachter Herr General-Lieutnant von Einsiedel ist gestorben zu Potsdam den 14. October 1745, früh acht Uhr, im 57. Jahre; den 16. ist er im Erbbegräbniß zu Wiepersdorf beigesetzt worden. Den 30. Januar 1746 ist ein feierliches Leichenbegängniß gehalten, der Parade-Sarg von der Reinsdorfer Grenze eingeholt und die Leichenrede vom Herrn Hofprediger Ösfeld aus Potsdam gehalten worden.«

Für die absolut Ungläubigen reichte freilich auch dieses Dokument nicht aus. Dieselben entnahmen aus dieser Pressoschen Kirchenbuchnotiz weiter nichts, als die Beisetzung in Wiepersdorf (statt der Verscharrung im Keller), wohingegen der Beweis, daß dieser beigesetzte von Einsiedel kein zuvor Enthaupteter gewesen sei, sich immer noch erübrigte.

Auch diese letzte Burg der Romantik mußte zerstört werden.

Es gab nur einen Weg. Man stieg in die Gruft hinunter, der Sarg wurde geöffnet, in welchem der General von Einsiedel wohlerhalten lag. Eine Art Mumifizierung, wie in so vielen Grüften der Mark, war eingetreten. Der Körper erwies sich völlig unversehrt, derart, daß er sich am Kopfe in die Höhe heben ließ. Eine Trennung von Haupt und Leib hatte also nicht stattgefunden.

Auch dieser »heimlich Enthauptete« der Volkssage war uns also genommen.

WUST

Das Geburtsdorf des Hans Hermann von Katte

> Und so schreiten
> Die Zeiten
> In Kriegestanz
> Und Ruhmesglanz,
> Bis all' ihr Stolz und all' ihr Mut
> In Demut bei den Toten ruht.

Die märkischen Sagen von »heimlich Enthaupteten«: vom General von Weiler in Falkenrehde, vom Grafen Adam von Schwarzenberg in Spandau, vom General von Einsiedel in Potsdam, sind, wie wir es in den beiden voraufgehenden Kapiteln gezeigt haben, von der Geschichte widerlegt worden. Aber Blut, wie überall, floß auch bei uns. Es wurde von Zeit zu Zeit (und nicht eben allzuselten) auch wirklich enthauptet, und das Dorf, dessen Namen dieses Kapitel trägt, erinnert, wie kein anderes, an solche Wirklichkeiten. Wust ist ein alter Sitz der Familie von Katte. Wir führen das Dorf in wechselnden Zeiten und verschiedenen Bildern am Auge unserer Leser vorüber.

Ein klarer Septembertag. Von Jerichow her, auf breiter Straße, deren junge Ebereschenbäume in roter Pracht stehen, kommen zwei Reiter, beide gut beritten, beide in Küraß und Klapphut, aber doch unverkennbar Herr und Diener. Der Weg führt auf Wust zu, dessen neuaufgesetzter Kirchturm eben sichtbar wird. Tausend Schritt vor dem Dorfe hält der rechte Reiter, hebt sich in den Bügeln auf und blickt freudig auf das stille märkische Dorf. Er mag es wohl, er ist hier zu Haus, und da wo das Doppeldach zwischen den Pappeln sichtbar wird, hat er gespielt. Er ist hier zu Haus; mehr noch, er ist der Herr dieses Dorfes. Seit Knabenjahren war er wenig hier, aber sooft er kam, ging es ihm ans Herz. Nun gibt er seinem Pferde die Sporen, der Diener folgt und in starkem Trabe geht es bis auf den Vorplatz, die Rampe hinauf. Sie sind erwartet: ein Hausverwalter, in verschossener Livree, steht im Portal des Herrenhauses, ein Knecht nimmt das Pferd und ein alter Hühnerhund mit langem Behang, dessen Braun überall schon ins Grau schimmert, richtet sich auf von der sonnigen Stelle, auf der er lag. Er erkennt seinen alten Spielkameraden und wedelt langsam hin und her. Aber er ist zu alt, um sich noch lebhaft zu freuen. Er reckt sich, schnappt nach einer Fliege und legt sich wieder.

Der Angekommene ist Hans Heinrich von Katte, Kürassieroberst, ein Liebling des Königs. Er kommt aus den Niederlanden, wo er an den Kämpfen gegen den Marschall Villeroi teilgenommen und in der Schlacht bei Ramillies mit seinem Regimente fünfzehn feindliche Geschütze genommen hat. Er hatte seit jenem Tage auch den Neid entwaffnet. Aber dasselbe Jahr, das ihm so viel der Ehren brachte, hatte ihm sein bestes Glück geraubt. Seine Gemahlin, eine geborne von Wartensleben, war ihm in den Krieg gefolgt und in Brüssel gestorben. Von dort aus war sie nach Wust zurückgeführt worden. Ihr Gemahl kam jetzt, um an ihrem Grabe zu beten und das einzige Kind, das sie ihm zurückgelassen, auf seinen Knien zu schaukeln.

»Wo habt Ihr den Junker?«

»Er spielt im Garten; des Pastors Kinder sind mit ihm.«

»Da laßt uns sehen, ob er den Papa wiedererkennt.«

Der Kürassieroberst schritt durch die ganze Reihe der Zimmer hin, bog dann links in den Gartensalon ein und trat ins

Freie. Auf einem Rasenplatze spielte ein halbes Dutzend Kinder. In der Mitte war das Gras ausgerodet und aus dem gelben Sande des Untergrundes eine Burg aufgeführt, mit Kastell und Graben. Inmitten all der Herrlichkeit stand ein kleiner stubsnasiger Blondkopf, nicht hübsch, aber mit klugen Augen.

»Hans Hermann, Junge, kennst du mich noch?«

Der Junge sah verwundert auf. Endlich schien es in ihm zu dämmern und er ging ruhig auf den Vater zu.

Dieser hob ihn in die Höhe, küßte und streichelte ihn, und sagte dann: »Hans Hermann, wir müssen gute Freunde sein, du mußt mir allerhand erzählen. Komm, ich habe dir auch eine Kanone mitgebracht.« Damit gingen sie in die Halle des Hauses zurück, wo der Diener inzwischen ein Kaminfeuer angezündet hatte. Eine Magd trug ein Frühstück auf, während der Vater seinen Blondkopf auf den Knien schaukelte, und mit Heiterkeit die Fragen beantwortete, die das Kind unbefangen stellte.

Der Oberst nahm einen Imbiß, ließ den Jungen an dem Sherry nippen, den er in seiner Satteltasche mitgebracht hatte, und sagte dann: »Hans Hermann, nun wollen wir in die Kirche gehen.«

»Ich mag nicht.«

»Wir wollen uns den Stein ansehen, unter dem die liebe Mama schläft.«

»Ich mag nicht.«

Der Papa nahm aber den Jungen bei der Hand, der sich nun willig führen ließ, und so schritten sie auf die Kirche zu, an deren altem Seitenportal der Küster bereits mit seinem Schlüsselbund stand und wartete. Er war ein Mann von fünfzig.

»Guten Tag, Jerse, wie geht's?«

»Et jeiht jo, gnädge Herr, man en beten to oll.«

»Man kann nicht immer jung bleiben. Wenn man nur mit Ehren alt geworden ist. Was machen die Kinder?«

»Et jeiht jo, gnädge Herr, man en beten to veel.«

»Ja, Jerse, das ist Eure Schuld.«

Jerse schmunzelte. Der Oberst streichelte dem Jungen das lockige Haar und fuhr dann fort:

»Ich hoffe, daß alles in Ordnung ist. Wann kam der Steinsarg?«

»Gistern wiern't fief Wochen, un de Steinhauer wier gliks

mit dabi un hett alles sülvst moakt. Un denn hebben wi de gnädge Frau mitsamt den höltern'n Sarg insett.«

»Das ist recht, Jerse. Und nun schließt auf. Ich will erst sehen, wie es in der Kirche aussieht.«

Sie traten in das Mittelschiff. Nicht weit von der Kanzel war ein Reliefbild in die Wand eingelassen, ein Reiter in der Tracht des Dreißigjährigen Krieges. Der Oberst blieb stehen. Es war das Bildnis seines Vaters. Daneben war ein zweiter Stein, eine seltsame Rokokoarbeit. Minerva, mit drei Marabus auf dem Haupte, sah einen vierzehnjährigen Knaben auf sich zuschreiten, der ihr, huldigend, einen Apfel überreichte. Alles buntbemalt. Die bunte Farbe reizte die Neugier des Kindes.

»Was ist das?«

»Das ist eine Göttin. Weißt du, was eine Göttin ist?«

»Nein. Ich will nur wissen, wer der Junge mit dem Apfel ist.«

»Das ist dein Oheim. Er war sehr fleißig und ist ganz jung gestorben.«

»Ich will nicht fleißig sein.«

»Nun hört, Jerse, wie der Junge aus aller Art ist.«

»Dat wahrd en richt'gen Junker, gnädge Herr. Wat brukt so'n lütt' Junker veel to liernen! Et givt all so veel davun.«

»Nun, Jerse, wollen wir in die neue Gruft.«

Damit traten alle drei durch die kleine Seitentür wieder auf den Kirchhof hinaus und schritten auf einen Neubau zu, der augenscheinlich erst vor Jahresfrist an die Ostseite der Kirche angebaut worden war, eine sehr einfache Architektur mit zwei Gitterpforten und einer Klapptür in Front. Das Äußere war öde, das Innere noch mehr. In dem frisch geweißten Raume stand ein einziger Steinsarg, ein Marmorsarkophag, kunstvoll und reich gearbeitet, dessen prächtige Schönheit in diesem schmucklosen Raume einen seltsamen Eindruck machte.

Der Oberst nahm seinen Knaben an die Hand und trat an den Sarg heran. Er blickte lange auf denselben. Dann beugte er sich zu dem Kinde nieder und küßte es auf die Stirn.

Das Kind sah sich ängstlich um, drängte sich an den Vater und sagte: »Komm, ich mag hier nicht sein.«

Und nun gingen sie über den Kirchhof wieder auf das Herrenhaus zu. Alles war still, wie ausgestorben. Aber ein Sonnenschein lag auf dem Dach und Küster Jerse, der zurückgeblieben war, läutete Mittag.

Es sollten noch stillere Tage kommen. Ohne Sonnenschein und ohne Läuten.

Wust 1730

Dreiundzwanzig Jahre waren ins Land gegangen. Vieles hatte sich geändert und nur Wust und sein Herrenhaus waren unverändert geblieben. Der »Dienst« hielt nach wie vor den Gutsherrn in der Ferne fest, jetzt in der Ostprovinz des jungen Landes, in Königsberg, aber der junge Oberst von damals war inzwischen ein alternder Generalleutnant geworden. Und Geschicke bereiteten sich vor, die innerhalb dreier Monate seine Seele völlig beugen und brechen sollten.

Verweilen wir einen Augenblick bei dem Vorspiele zu dieser Tragödie. Am 5. August hatte, unter Mitwissen und Beihilfe verschiedener Personen, darunter der Leutnant Hans Hermann von Katte, ein Fluchtversuch des Kronprinzen stattgefunden. Die Nachricht davon lief durchs Land. Zwanzig Tage später war sie in Königsberg und noch am selben Tage schrieb der Generalleutnant an seinen Bruder, den Kammerpräsidenten von Katte in Magdeburg:

Mein lieber Bruder!

Mit was Betrübniß ich diese Feder ansetze, ist Gott bekannt. Ihr werdet von eurem Sohn aus dem Reich leider erfahren haben, wie unsere gottlosen Kinder sich in das größte Labyrinth gesetzet, und hat euer Sohn solches dem Major v. Rochau geschrieben. Dieser hat mir dessen Brief mit der Ordonance anhero gesandt, da ich eben anitzo hier in Königsberg sein und bleiben muß. Ich hab es als meine Pflicht erachtet, meinen Sohn zu abandonniren, meinen Eid und meine Schuldigkeit vorzuziehen, und Eures Sohnes Schreiben dem Könige mit einer Estafette zu senden. Hat mein Sohn in seinem dessein nicht reussiret, so wird ihn der König wohl arretiren lassen. Ich kann nichts weiter thun als seufzen, ihn Gott und des Königs Erbarmung überlassen. Adieu, mein lieber Bruder. Gott stärke uns in unserem Elend. Ich bin euer treuer Bruder

H. H. Katt

Dieser Brief trägt das Datum Königsberg, 25. August. Es ist sehr bemerkenswert, daß der Vater Hans Hermanns von Katte in diesem Schreiben sich ganz auf die Seite des Königs stellt. Die Loyalität ging noch über das Vaterherz. Es darf nicht wundernehmen, da aus späteren Briefen hervorgeht, daß dem Generalleutnant damals noch der Gedanke fern lag, der König werde aus der Affäre ein Kapitalverbrechen machen. Man kannte das cholerische Temperament Friedrich Wilhelms, seine strengen Ansichten über »Dienst«, nichtsdestoweniger rechnete man auf Gnade. Niemand erwartete ein Äußerstes. Aber gerade das Äußerste kam. Das Votum des Kriegsgerichts zu Köpenick hatte auf dauernde Gefängnisstrafe gelautet. Der König, aus souveräner Machtvollkommenheit, stieß das Urteil um und (vielleicht ein einzig dastehender Fall in der Geschichte) schärfte das Urteil und verwandelte die Kerkerstrafe in Tod, unter Anfügung jener berühmt gewordenen Worte: »es wäre besser, daß Katte stürbe, als daß die Justiz aus der Welt käme.«

Das war am 1. November. Am 2. November kannte Hans Hermann von Katte sein Schicksal, am 3. begann seine Überführung nach Küstrin, am 5. mittags traf er ein und am 6. früh fiel sein Haupt.

Über all dies hab ich in dem Kapitel »Die Katte-Tragödie«, Band II. Seite 264 bis 300 ausführlich berichtet.

Die letzte Szene der Tragödie, die Beisetzung, führt uns wieder nach Wust.

Ein bleierner Novemberhimmel hing über Dorf und Landschaft, auf Feldern und Wegen standen Wasserlachen, und an den Ebereschenbäumen blinkten einzelne Regentropfen. Es war um die fünfte Stunde, die Sonne, die den ganzen Tag über nicht geschienen hatte, blinzelte im Untergehen über die triste Landschaft hin.

Denselben Ebereschenweg, den damals der Oberst von Katte entlang trabte, kam jetzt ein schmaler Leiterwagen mit zwei mageren Pferden herauf. Der Kutscher ging nebenher, müd' und matt, und tapste durch die Regentümpel, die zu umgehen ihm den Weg verlängert hätte. Der Wagen selbst gab ihm keinen Platz mehr, denn auf dem schmalen Brett stand ein langer Sarg, schwarz gestrichen, schmucklos, ohne Haspen und Beschlag.

Es dunkelte schon, als das Fuhrwerk vor dem Herrenhause hielt. Auf dem Vorplatze standen mehrere Leute aus dem

Dorf, in ihrer Mitte der alte Jerse, ein Siebziger jetzt, mit einer Laterne in der Hand. Zwei von den Tagelöhnern nahmen die Pferde vorn am Zügel und Jerse schritt vorauf. So bogen sie quer über die Straße, nach der gegenübergelegenen Seite des Dorfes ein, und fuhren langsam über den holprigen Kirchhof hin, bis sie vor der angebauten Gruft hielten.

Drinnen war alles unverändert geblieben; ein einziger Steinsarkophag in einem weiß getünchten Raume. »Nu droagt em in«, sagte Jerse, und die beiden Männer, die bis dahin die Pferde geführt hatten, suchten jetzt an dem Sarge umher, um einen Handgriff zu finden. Aber nichts derart war da. So schoben sie denn das Brett, auf dem der Sarg stand, von vorn nach hinten, faßten das Brett oben und unten und trugen es, samt dem Sarge, in den Anbau hinein. Als sie in der Mitte der Gruft standen, fragte der Vorderste: »Wo sall he hen?« Jerse schien unschlüssig und trat an den steinernen Sarkophag: »'t is ehr Söhn. Awer et jeiht nich. Stellt em in de Eck.« Und sie setzten alles nieder, hoben den Sarg einen Augenblick und zogen das Brett fort. Und nun schlossen sich die Torflügel wieder, und über den Kirchhof hin, an den schattenhaft dastehenden Kreuzen vorbei, verschwand das Fuhrwerk im Dunkel. Jerse blieb noch. Er leuchtete außen an der Gruft umher und murmelte, wie greisenhafte Leute tun, Unverständliches vor sich hin, schüttelte dabei den Kopf und tapte zuletzt, wie ein Irrer, zwischen den Gräbern hin in seine Wohnung zurück.

So wurde Hans Hermann von Katte beigesetzt. Ohne Sang und Klang. Seine Familie hatte seinen Leichnam freigebeten und die Gnade des Königs hatte es gewährt.

Wust 1748

Wieder achtzehn Jahre später. Im Herrenhause zu Wust ist es still geblieben wie vordem, die Zimmer sind leer und nur die Gruft hat sich gefüllt. Die Mutter Hans Hermanns und er selber sind längst nicht mehr die einzigen Bewohner darin. Die ganze Familie des Feldmarschalls ist in den weißgetünchten Raum eingezogen: er selber, seine zweite Frau, seine zwei Söhne zweiter Ehe. Die Wuster Linie war mit ihnen ausgestorben und die Linie des anderen Bruders, des Kammerpräsidenten, war jetzt Besitzer von Wust geworden.

Aber auch dieser ältere Bruder hielt sich fern. Es schien, als ob Wust nur noch dazu dienen sollte, Begräbnisplatz der Familie zu sein.

Wust 1775

So blieb es bis zum Tode des Kammerpräsidenten (1760), auch noch einige Jahre drüber hinaus.

In der Mitte der sechziger Jahre aber begann hier ein neues Leben und abermals zehn Jahre später stand es auf seiner Höhe. Solche Tage hatte Wust nie gesehen. Leid war in Freude verkehrt und man gedachte nicht mehr des Novembers 1730. Das Füllhorn königlicher Gnade war über alles ausgeschüttet worden, was von Katte hieß, und man freute sich dieser Gnade und ließ die Toten ruhen. Es waren Zeiten, wo sich das Leben ums Leben drehte und nicht mehr um den Tod.

Der Besitzer Wusts um diese Zeit war Ludolph August von Katte, der älteste Sohn des Kammerpräsidenten. Der enthauptete Vetter, der in der Gruft stand, machte ihm wenig Sorge. Jenen hatte der Zorn des einen Königs, ihn hatte die Gnade des andern getroffen. Er war ein Glückskind, wie jener ein Kind des Unglücks gewesen war. Nicht nur, daß ihm Wust aus der Hinterlassenschaft des Vaters als Erbe zugefallen, nein, sein Glück zeigte sich ganz besonders auch darin, wie er zu einer Frau kam. Der König, der, vom Momente seiner Thronbesteigung an, sich in Aufmerksamkeiten gegen die Kattes erging, hatte, wie er das liebte (er war ein rechter Partienmacher), unter andern auch eine reiche Erbtochter, und zwar eine Rolas du Rosey, für den zweiten Sohn des Kammerpräsidenten ausgesucht. Die Kattes, ihrerseits verwöhnte Leute, wollten sich nicht so ohne weiteres drangeben und deputierten den ältesten Bruder, um zu erforschen, »wie es eigentlich stünde«. Denn es war bekannt, daß der König nur Geldheiraten stiftete und körperliche Gebrechen nie als ernstliches Hindernis betrachtete. Ludolph August brach also auf. Er fand die Erbtochter derart, daß er, seines eigentlichen Auftrages vergessend, als verlobter Bräutigam nach Wust zurückkehrte. Der getäuschte Bruder fand sich ohne Schwierigkeit in das fait accompli und der König noch viel mehr. Ihm lag nur daran, den Kattes eine Guttat anzutun; welchem Gliede der Familie, war zuletzt gleichgültig. Die Vermählung erfolgte und ein reiches, heiteres, glückliches Paar hielt seinen Einzug in Wust.

Was Wust an Trümmern alter Herrlichkeit noch aufweist, stammt aus der Epoche, die nun begann. Aus dem Garten wurde ein großer Park mit künstlichen Teichen; seltene Bäume, aus England über Hamburg bezogen, reihten sich zu Alleen, und zwischen den Stämmen der alten, vorgefundenen Ulmen, die nun zu Laubengängen hergerichtet waren, erhoben sich Statuen, unter Vorantritt von Flora und Pomona. Ein Verkehr begann, für den das Rheinsberger Leben das Vorbild, und das Leben in Tamsel, in Schwedt, in Friedrichsfelde die Parallelen lieferte: Schäferspiele, Theater im Freien, Grotten und Tempel, Koketterie und Courmachen, Kunstprätensionen ohne Sinn und Verständnis, wenig Witz und viel Behagen. Eine ganze Seite des Hauses bestand aus Gesellschaftszimmern, an den Wänden hin hingen große Tableaus, und die Tafel, wenn im Gartensaal gedeckt wurde, zeigte fürstliche Pracht. Auf der Tafel selbst aber, als Tafelaufsatz, standen die zwölf Apostel in Silber. Das Silberzeug, das auflag, hatte den Wert eines Rittergutes. Es verlohnte sich schon, diesen Reichtum zu entfalten, denn der Verkehr des Hauses ging über den benachbarten Landesadel hinaus und prinzliche Kutscher und Vorreiter waren damals eine häufige Erscheinung an dieser Stelle. Die Dame des Hauses war mit der Gemahlin des Prinzen Ferdinand, einer geborenen Prinzessin von Brandenburg-Schwedt, intim befreundet und man divertierte sich bei diesen Gelegenheiten um so mehr, als es in der Friderizianischen Zeit ein eigentliches Hofleben nicht gab und bei der Seltenheit großer Couren und dem Fehlen einer allgemeineren Hofgeselligkeit die kleinen Hofhaltungen (an denen dann auch der reichere Landesadel teilnahm) für das aufkommen mußten, woran es im großen und ganzen gebrach.

Das waren heitere, stolze Stunden, aber doch weit über die Mittel der alten märkischen Familien hinausgehend, und so kam es, daß Insolvenzen alsbald an der Tagesordnung waren. Die Elle ward überall länger als der Kram. Auch in Wust. Schon Ende der siebziger Jahre begann der Brunnen ziemlich trocken zu gehen; eine Zeitlang kam wieder Zufluß, aber er entsprach nicht den Ansprüchen, die an ihn gemacht wurden.

So, zwischen Hangen und Bangen, vergingen die Jahre, während das Äußerste mehr und mehr hereinzubrechen drohte. Es blieb freilich aus, aber nur weil der Tod dazwischen trat. Das Paar, das unter so vielen Ansprüchen in diesen Besitz eingetreten war, starb mutmaßlich zu Anfang oder in der Mitte der neunziger Jahre und hinterließ Wust seinen zwei Söhnen.

Wust 1820

1820 waren auch diese beiden Söhne hinüber. Wunderliche Zeiten hatte Wust derweilen gesehen.

Der älteste der beiden Söhne war auch ein Hermann von Katte. Er hatte von seinen Eltern die Vergnügungssucht, den Hang zur Verschwendung geerbt. Die schon zerrütteten Finanzen wieder in Ordnung zu bringen, dazu war er am wenigsten angetan. Jener Rolas du Rosey-Reichtum, der dreißig Jahre lang den Extravaganzen der Eltern widerstanden hatte, jetzt brach er zusammen. Dieser Hermann von Katte hatte den Beinamen der »Spieler«. In der Umgegend von Wust mied man ihn, und so kam es, daß er Kunstreisen in die großen Städte machte. Solange es sich ermöglichte, trat er standesgemäß auf, ja über Stand und Verhältnisse hinaus. In Leipzig erschien er mit Equipage und vierspännig, und als alles verspielt war, setzte er noch die Equipage auf eine Karte und kam per Fahrpost nach Wust zurück. Die Verpflichtungen häuften sich und die Schuldhaft wurde gegen ihn ausgesprochen. Tagelang ging die Auktion. Er selber wurde inhaftiert und nach Stettin auf die Festung abgeführt.

Dies war zu Anfang des Jahrhunderts, und Wust ging um diese Zeit an den jüngeren Bruder Ferdinand von Katte über. Ob er die Erbschaft des devastierten Gutes gleich antrat, ist nicht mit Bestimmtheit zu ersehen; erst nach Schluß der Napoleonischen Kriege scheint er auf dem Gute Wohnung genommen zu haben. Er führte den Beinamen der »Stiefel-Katte«. Völlig geistesgestört, war er nur von einer einzigen Leidenschaft beherrscht, und zwar von dem Verlangen, so viele Stiefel wie möglich zu besitzen, große und kleine, alte und neue, für jede neue Situation oder Beschäftigung auch neue Stiefel, Stiefel zum Fahren, zum Gehen, zum Reiten, Jagdstiefel und Tanzstiefel, alle von den verschiedensten Formen und Farben und von jeglicher Art von Leder. An diese Passion setzte er den Rest vom Vermögen, den die Verschwendungssucht der Eltern und die Spielsucht des Bruders ihm übriggelassen hatte. Die Stiefelsucht tat das letzte. Er wurde unter Kuratel gestellt; aber es war zu spät. Die volle Verwüstung der einst so schönen Besitzung hatte bereits Platz gegriffen: die Statuen im Park wurden zerschlagen und bildeten auf Jahrzehnte hin den Steinbruch für alle Fundamentbauten im Dorf, die Akten und Briefschaften, darunter mutmaßlich Dinge von unschätzbarem Wert, wurden zum Heizen und Gänsesengen benutzt, und die kostbaren alten Familienbilder, aus ihren Barockrahmen herausgeschnitten und mit zwei angenähten Hängseln versehen, mußten es sich gefallen lassen, als Maurerschürzen vorgebunden zu werden. So gingen die Dinge, bis zuletzt die Zerstörung aufhörte, nur deshalb, weil von offen Daliegendem und jedem Zugänglichen nichts mehr zu zerstören war. Ein Verwalter, dem, bis zur Regelung aller Verhältnisse, die Verwaltung des Gutes übergeben wurde, zog in einen Seitenflügel; das alte Herrenhaus selbst wurde geschlossen. Und dies war ein Glück. Was noch in Boden- und Giebelstuben versteckt, in Ecken und Winkeln vergraben lag, war nunmehr gerettet und konnte in einer andern Zeit, die heraufdämmerte, wieder gefunden und geborgen werden.

Wust seit 1850

Im Herbst 1850 trat der gegenwärtige Besitzer, ein Katte von der uckermärkischen Linie, in das Wuster Erbe ein. Ein besseres Los konnte diesem letzteren nicht fallen. Hier, wo seit ziemlich einem Jahrhundert immer nur Torheit in den verschiedensten Formen tätig gewesen war, erschien plötzlich die Kehrseite davon, und ein Geist gewissenhaftester Ordnung griff Platz. Die Äcker wurden wieder bestellt und wo so lange bloß »Hof gehalten war«, erstand wieder ein Hof, wie er auf einem solchen Besitze sein soll: ein Wirtschaftshof. Scheunen, Ställe, Betriebsgebäude wurden aufgeführt und Wust wurde eine Musterwirtschaft, was es mutmaßlich nie vorher gewesen war.

Aber mehr als das. Nicht bloß über das Gut war eine rettende Hand gekommen, ebenso über den Erinnerungsschatz, den das alte Herrenhaus umschloß. Vieles, das meiste war zerstört. Manches aber hatte der Zerstörung getrotzt und noch anderes, wie bereits hervorgehoben, hatte sich in Ecken und Winkeln der Hand des Vandalismus entzogen. Dies alles wurde jetzt hervorgesucht, gesammelt, geordnet. Frau von Katte, mit sich gleichbleibender Pietät, dazu mit immer wachsender Liebe für die Aufgabe, die sie sich gesetzt, stellte aus Bruchstücken vieles wieder her und ihrem unermüdlichen Eifer verdanken wir das meiste von dem, was wir hier mitteilen konnten.

Ein heller Augusttag führte uns als Gast in das alte, nun wieder hergestellte Herrenhaus. Der große Empfangssaal nahm uns auf, in dem einst (im Oktober 1806, wenn ich nicht irre) Marschall Soult gesessen und dekretiert hatte.

Es ist dies das interessanteste Zimmer des Hauses. Das meiste von seinen alten Erinnerungsstücken findet sich hier zusammen, namentlich von Bildern. Drei derselben stammen aus der historischen Zeit von Wust, also aus der ersten Hälfte des vorigen Jahrhunderts. Es sind der Feldmarschall von Katte in Koller und Küraß, seine Gemahlin zweiter Ehe und der Sohn erster Ehe, Hans Hermann. Das Bild des letzteren, der hier etwa vierundzwanzig Jahre alt erscheint, nimmt selbstverständlich das Hauptinteresse in Anspruch. Er trägt die Uniform des Regiments Gensdarmes, dazu das gepuderte Haar rechts und links in drei Locken gelegt. Seine Züge, weder hübsch noch häßlich, verraten Klugheit, Energie und einen gewissen Standesdünkel. Der Kunstwert ist nur ein mittlerer. Auch scheint es durch Übermalung gelitten zu haben. Vgl. Band II, S. 293 f.

Wir musterten diese und andere Bilder. Dann, nach einem Umgange durch das Haus, schritten wir über die Dorfgasse hin, um zunächst der alten Kirche, dann dem Gruftanbau unseren Besuch zu machen. In der Kirche war seit hundertfünfzig Jahren so ziemlich alles beim alten geblieben, die Grabsteine, die wir eingangs geschildert, standen noch an alter Stelle und nur einige Deckenmalereien hatten dem Ganzen mehr Farbe, wenn auch freilich nicht mehr Schönheit gegeben.

Wenn nun aber die Kirche wenig verändert war, wie anders war es in der Gruft geworden! Sarg bei Sarg, der Raum gefüllt bis auf den letzten Platz. Dazu ein völliges Dunkel; die weiße Tünche längst einem tiefen Grau gewichen. Wir öffneten beide Torflügel, um etwas Helle zu schaffen, und der eindringende Luftzug setzte die Spinnweben am Portal in Bewegung. Aber dies Licht von außen war zu schwach, es drang nur zwei Schritt weit in die dunkle Behausung ein und dahinter blieb alles Nacht.

Ein Kind, das uns begleitet hatte, wurde deshalb mit der Weisung zurückgeschickt, daß ein Diener Licht bringen solle. Mittlerweile setzten wir uns auf das dürre Gras verfallener Gräber und sahen in die Gruft hinein, die, voll geheimnisvollen Zaubers, mit ihrem Pomp und ihrem Grausen vor uns lag.

Machte dies schon einen Eindruck auf mich, so verschwand es neben dem Bilde, das die nächsten Minuten brachten.

Ein reichgalonierter Diener kam vom Herrenhause herüber und schritt mit einem doppelarmigen, silbernen Leuchter in der Hand über den Kirchhof hin und auf uns zu. Wir erhoben uns. Der Diener nahm den Vortritt, strich mit einem Phosphorholz an dem rostigen Eisenbeschlag des einen Türflügels entlang, zündete die beiden Wachskerzen an und trat dann dienstmäßig und völlig ruhig zwischen die dichtgestellten Särge. Wir folgten, so gut wir konnten. Als wir die Mitte der Gruft erreicht hatten, hob er den Leuchter höher. Es war ein Bild, das ich mein Lebtag nicht vergessen werde. Die Kerzen warfen helle Streifen durch das Dunkel und von der Decke herab wehte es in langen, grauen Fahnen. Stein- und Eichensärge ringsum. Inmitten dieser Machtzeugen des Todes aber bewegten wir uns in der ganzen Buntheit modernen Lebens, die lange blaue Seidenrobe der einen Dame bauschte und knisterte bei jeder Bewegung und die Tressen und Fangschnüre des Dieners blitzten im Licht.

Wir standen jetzt so, daß wir durch Heben und Senken unserer zwei Kerzen die prächtigsten Sarkophage: den Steinsarg des Feldmarschalls und rechts und links daneben die Särge seiner beiden Gemahlinnen ohne Mühe sehen und ihre Ausschmückung bewundern konnten. Aber wo stand Hans Hermann? Wir taten scheu die Frage, die der Diener seinerseits ohne jegliches Bedenken aufnahm und abermals voranschritt. Wir folgten ihm, nach links hin, bis in die Ecke des Raums. Die Särge standen hier minder dicht. Einer unter ihnen war ein schlichter, langer Holzsarg, dessen Farbe teils abgegriffen, teils abgesprungen war. Das war er. Der Diener gab mir den Leuchter, faßte den Deckel und schob ihn beiseite. Noch verbarg sich uns sein Inhalt. In dem äußeren

Sarge stand ein zweiter, der eigentliche, vielleicht der, in den man ihn zu Küstrin gelegt hatte, eine bloß zugeschrägte Kiste mit einem flachen Deckel. Nun hoben wir auch diesen und blickten auf alles Irdische, was von dem unglücklichen Katte noch übrig ist.

Ein hellblauer Seidenmantel umhüllt den Körper. Da wo dieser Mantel nach oben hin aufhört, liegt ein Schädel, neben dem Schädel eine blaue, kunstvoll zurechtgemachte, mit Spitzenüberresten geschmückte Schleife, die früher das schöne Haar des Toten zusammenhielt. Noch in den zwanziger Jahren dieses Jahrhunderts war der Schädel wohl erhalten, seitdem aber, weil niemand lebte, der die Gruft und speziell diesen Sarg vor Unbill geschützt hätte, trat der Verfall ein, der sich jetzt zeigt. Es erging in Wust den Überresten des jungen Katte genau ebenso, wie es in Gusow den Überresten des alten Derfflinger erging; frivole Neugier, renommistischer Hang und Kuriositätenkrämerei führten zu offenbarer Entweihung.

Über einzelnes wird berichtet. Ein junger Ökonom im Dorfe wettete in heiterer Mädchengesellschaft gegen einen Kuß, er wolle den Katteschen Schädel um Mitternacht herbeiholen und wieder an seine Stelle tragen. Er gewann auch die Wette, bestand aber nicht auf Zahlung und erklärte hinterher: nie wieder.

Etwa um dieselbe Zeit, oder schon etwas früher, erschien ein Engländer in Wust, ließ sich die Gruft aufschließen und trat an den geöffneten Sarg. Er war offenbar ein Kenner, suchte unter den Halswirbeln umher, fand endlich den, den das Richtschwert durchschnitten hatte, und führte ihn im Triumphe weg. Andere nahmen die Zähne des Enthaupteten als Erinnerungsstücke mit, so daß, als Anfang der fünfziger Jahre das traurige Administrations-Interregnum endlich sein Ende erreichte, der neue Besitzer ein wüstes Durcheinander vorfand. Die Pietät kam zu spät. Was noch geschehen konnte, geschah, ganz besonders auch an dieser Stelle. Eine Art Ordnung wurde wieder eingeführt, das eine oder andere gerettet und beispielsweise ein Rest Katteschen Haares in einer Kapsel sorglich verwahrt. Aber die Zerstörung der voraufgegangenen dreißig Jahre konnte nicht wieder ausgeglichen, das, was fort war, nicht wiedergewonnen werden.

Wir schlossen die Sargkiste, traten in das Licht des Tages zurück und schritten auf das Herrenhaus zu. Aber es duldete uns nicht in den geschlossenen Räumen und der stille Park und seine breiten Rüsteralleen nahmen uns alsbald auf. Da lagen die umgestürzten Statuen, zerbrochen, zerschlagen, halb überwachsen von grünem Gesträuch. Auch hier die Bilder der Vergänglichkeit.

Unser Weg führte uns zuletzt bis an die Grenze des Parks. Eine Birkenbrücke, über einen Graben hinweg, ging ins Freie, breite Wiesen dehnten sich vor uns, jenseit stiegen Kirchentürme auf und aus der Niederung zog ein Nebel langsam zu uns her.

Es dämmerte.

Und wie Dämmerung kam es über uns selbst, jener traumwache Zustand, dem Leid und Freud', dem Trauerspiel und Posse, dem der enthauptete und der Stiefel-Katte gleichmäßig zu Bild und Erscheinung werden, — zu Gliedern in derselben Kette.

DER SCHWIELOW
UND SEINE UMGEBUNGEN

DER SCHWIELOW

Mit der Wasser Steigen steigt auch das
Gefühl ihm seiner Kraft,
Und der Damm, er ist zertrümmert und durchbrochen ist die Haft.

»Der Wenersee.«

*

Sieh den Schwan,
Umringt von seiner frohen Brut,
Sich in den roten Widerschein
Des Himmels tauchen! Sieh, er schifft,
Zieht rote Furchen in die Flut
Und spannt des Fittigs Segel auf. (Irin)

Ewald von Kleist

Der Schwielow ist eine Havelbucht im großen Stil wie der Tegler See, der Wannsee, der Plauesche See. Allesamt sind es Flußhaffe, denen man zu Ehre oder Unehre den Namen »See« gegeben hat. In etwaige Rangstreitigkeiten treten wir nicht ein; sie mögen unentschieden bleiben wie andere mehr.

Unter allen Havelbuchten, welchen Namen sie immer führen mögen, ist der Schwielow die größte und sehr wahrscheinlich auch die neueste. Vielleicht zählt dies weite Wasserbecken noch keine tausend Jahre, keinenfalls geht es weit in die Vorgeschichte zurück. Mannigfachen Anzeichen nach ging in den ersten Jahrhunderten unserer Zeitrechnung die südliche Ausbuchtung der Havel nur etwa eine Meile über Potsdam hinaus und ein Erdwall, über dessen Ausdehnung und Beschaffenheit es nutzlos wäre zu konjekturieren, schob sich etwa in der Höhe des Dorfes Kaputh trennend zwischen die höher gelegene Havel im Norden und ein tiefer gelegenes Moorland im Süden. Da, in einer Sturmnacht, staute ein Südwest die ihm entgegenfließenden Havelwasser bis an die Potsdamer Enge zurück und plötzlich umschlagend in einen eisigen Nord-Nord-Ost stieß er die aufgetürmte Wassermasse mit solcher Gewalt gegen den Erdwall, daß dieser zerbrach und die bis dahin abgedämmten Havelwasser wie aus einem Schleusenwerk sich in das tiefer gelegene Moorbecken ergossen. In jener Nacht wurde der Schwielow geboren.

Im Einklange hiermit ist es, daß die weite Wasserfläche, die jetzt diesen Namen führt, mehr durch ihre Masse als durch ihre Tiefe imponiert: der Schwielow hat ganze Striche, wo man Grund fühlen, noch andere, wo man ihn durchwaten kann. Unter allen unsren Seen kommt er dem Müggelsee am nächsten. An Fläche und Ausdehnung diesem Könige der märkischen Gewässer nah verwandt, weicht er im Charakter doch völlig von ihm ab. Die Müggel ist tief, finster, tückisch, — die alten Wendengötter brauen unten in der Tiefe; der Schwielow ist breit, behaglich, sonnig und hat die Gutmütigkeit aller breit angelegten Naturen. Er hält es mit leben und leben lassen; er haßt weder die Menschen noch das Gebild aus Menschenhand; er ist das Kind einer andern Zeit und der Christengott pochte vielleicht schon an die Tore, als er ins Dasein trat.

Der Schwielow ist gutmütig, so sagten wir; aber wie alle gutmütigen Naturen kann er heftig werden, plötzlich, beinahe unmotiviert, und dann ist er unberechenbar. Eben noch lachend, beginnt ein Kräuseln und Drehen, nun ein Wirbel, ein Aufstäuben, ein Gewölk — es ist, als führe eine Hand aus dem Trichter, und was über ihm ist, muß hinab in die Tiefe. In solchen Augenblicken gibt er der Müggel nichts nach. Es gibt ganze Linien, wo die gescheiterten Schiffe liegen.

Ihn zu befahren in seiner ganzen Breite, war seit lange mein Wunsch. Heute bot sich die Gelegenheit. Der Wind war gut, ein regelrechter Südost. An der Fährstelle zu Kaputh lag das Boot; grün und weiß die Planken und Ruder; das Segel war noch an den Mast gebunden. Wir stiegen ein zu dritt, mit uns die Söhne des Fährmannes, drei junge Kaputher Midshipmen zwischen zehn und vierzehn, die auf dem Schwielow für den vaterländischen Dienst sich vorbereiten, wie einst der Peipus die hohe Schule war für die werdende russische Flotte. Sie hatten bereits die Ruhe des Seemanns; dazu blaue Mützen mit Goldstreif und den Anker daran. Der Älteste nahm den Platz am Steuer; nun los die Bänder, der Wind fuhr in das flatternde Segel und wie ein Pfeil glitten wir über die breite Fläche hin. Der Fährmann, eine prächtige Gestalt, stand am Ufer und wünschte gute Fahrt. Wir gaben Antwort mit Hohiho und Mützenschwenken.

Eine Weile ging das Geplauder, aber bald wurden wir still. Wir waren jetzt in der Mitte des Sees, die Sonne stand hinter einem Gewölk, so daß alles Glitzern und Blenden aufhörte, und nach links hin lag jetzt in Meilentiefe der See. Ein Waldkranz, hier und da von einzelnen Pappeln und Ziegelessen überragt, faßte die weiten Ufer ein; vor uns, unter Parkbäumen, Petzow und Baumgartenbrück, nach links hin, an der Südspitze des Sees, das einsame Ferch.

Dieser einsame Punkt war mit unter den Lieblingsplätzen Friedrich Wilhelms IV., der in Sommertagen, wenn er abends zu Schiff in die Havelseen hinausfuhr, gern hier anlegte und seine Teestunde im engsten Kreise verplauderte. Noch zeigt eine umfriedete Stelle den Platz am Abhang, wo er zu sitzen und das schöne Bild zu überblicken liebte.

Jetzt lag die Breite des Sees hinter uns; noch durch einen Schilfgürtel hindurch und wir glitten das schlammige Ufer hinauf; nur der Stern des Kahns lag noch im Wasser. Hügelan steigend suchten wir eine schattige Stelle unter dem Dach zweier halb zusammengewachsener Akazienbäume und sahen nun hinaus auf die blanke Fläche, auf das Spiel wechselnder Farben und auf das stille Leben, das darüber hinglitt. Blaue Streifen zogen sich durchs Grau, dann umgekehrt, und quer durch diese Linien, über die das Licht hinglitzerte, kamen und gingen die Schiffe. Die Segel standen blendend weiß in der Sonne.

Stunde und Stimmung waren günstig zum Plaudern. Unser Schwielowführer nahm das Wort und an den Rand des Schattens tretend, der unsern Platz umzirkelte, hob er jetzt geschäftig an: »Dort, wo Sie den grauen Streifen sehen, fast in der Mitte, aber mehr nach Kaputh zu, dort liegen die Schiffe, die der Schwielow hinabgerissen; was er hat, das hält er fest; er gibt sie schwer wieder heraus. Und doch soll er's und doch wird er darum angegangen. Die Versicherungsgesellschaften setzen ihm scharf zu und fragen nicht lange, ob er will oder nicht. Es ist noch nicht lange, da haben sie's wieder versucht. In Kaputh gibt es immer einen Freudentag; ob's glückt oder nicht, es bringt uns Geld ins Dorf.«

»Wie werden denn diese Hebungsversuche gemacht?«

»Das ist einfach genug. Eines Tages erscheinen zwanzig Mann oder mehr, und mit ihnen kommen zwei große, starke Havelkähne, mit hohen Wänden, zugleich mit allerhand Maschinen und Hebevorrichtungen an Bord. Nun legen sich die beiden Havelkähne zu seiten des untergegangenen Schiffes, von einem Kahn zum andern werden drei starke Bohlenbrükken gelegt und auf diese Brücken drei Drehbassen gestellt. Ein Assekuranz-Taucher, der immer mit zur Stelle ist und zu den Hauptfunktionären zählt, tritt nun seine Niederfahrt an, und unter dem Rumpf des gesunkenen Schiffes hinweg — an den Stellen, die oben den drei Brückenlagen entsprechen — zieht er jetzt drei eiserne Ketten, die nunmehr jede einzelne zusammengeknotet und an dem Kranhaken befestigt werden. Nun beginnen die Drehbassen ihr Werk. Geht alles gut und denkt der Schwielow bei sich: ›nun meinetwegen‹, so bringen sie das Schiff heraus und halten es zwischen den beiden gesunden Kähnen fest, bis die Ladung geborgen ist; ist aber der Schwielow schlechter Laune und weiß er's dahin einzurichten, daß der eine Kran schärfer anzieht als der andere, so ist alles verloren: das Schiff zerbricht, die Ladung geht in die Tiefe und die Trümmer treiben umher. Wie es mit dem Strandrecht am Schwielow steht, kann ich nicht sagen.«

So ging die Rede. Noch manches Wort fiel, vom Ziegelbetrieb, von Maulbeerbäumen und Seidenzucht, vom Kornhandel nach Sachsen, vom Weinbau, der einst an diesen Hügelhängen blühte, zuletzt von der Jagd und den Wilderern am Schwielow hin.

»Sie treiben's arg«, hob unser Erzähler wieder an. »In den kleinen Ortschaften, da, südlich über Ferch hinaus, da sitzen sie; jeder kennt sie, aber keiner kann es beweisen. In Kittel oder Joppe geht es zum Tore hinaus, tausend Schritt weiter hin, unter einem dichten Wacholderbusch, hat er seine Büchse vergraben; nun holt er sie aus Moos und Erde hervor und — der Wilderer ist fertig. Ja, Ihr Herren Berliner — und dabei hob er scherzhaft den Finger gegen mich — um Euren Festbraten säh' es schlecht aus, wenn die Wilderer nicht wären und ihren Hals dran setzten. Wenn der Rehrücken erst auf der Tafel steht, schmeckt's keiner mehr, wessen Blei ihn getroffen. Manch einem mundet's auch wohl um so besser, je mehr er weiß, es ist so was wie verbotene Frucht. Aber sie zu pflücken, ist mühevoll; das muß wahr sein. Der Förster da unten ist ihnen zu hart auf der Spur, der versteht keinen Spaß, ›du oder ich‹; zwei haben's schon bezahlen müssen und beide Male haben ihn die Gerichte freigesprochen. Es ist ein eigen Ding um Menschenblut. Ich hätt's nicht gern an meinen Händen. Aber am Ende, wenn es hieße: meins oder deins, ich dächt' auch lieber: deins.«

Unser Auge hatte sich unwillkürlich nach Ferch hinübergerichtet; ein Schuß, der in den weiten Waldungen widerhallte, durchzitterte uns leise. Die Sonne neigte sich; in einer Viertelstunde mußte sie unter sein. Wir eilten zu unserm Boot und nahmen, uns rückwärts setzend, unseren Blick gegen Westen, um vom Wasser aus dem Schauspiel folgen zu können.

Noch eh' wir die Mitte des Sees erreicht, hing der rote Ball über dem Sparren- und Schattengerüst der Zugbrücke von Baumgartenbrück, während das glühende Spiegelbild der Sonne nur drei Handbreit tiefer stand. Die eine Sonne dicht über dem Horizont, die andere dicht über dem Wasser, und nur der schwarze Streifen des Brückengebälks zwischen beiden!

Nun unter. Die Nebel fingen an leise zu brauen. Ein Schleier über Wasser und Wald; Ferch dämmerte immer unbestimmter herauf; nur am Kaputher Ufer war es noch hell.

Welch Bild jetzt! Da wo das »Gemünde«, das tiefgehende eigentliche Fahrwasser, das aus der Havel in den Schwielow führt, sich als ein blauer Streifen markiert, zogen in langen Rudeln die Havelschwäne; zu beiden Seiten des »Gemündes« aber, an den einfassenden seichten Stellen Spalier bildend, blühten in dichten Girlanden die weißen Teichrosen aus dem Wasser auf. In einiger Entfernung war es nicht zu unterscheiden, wo das Blühen aufhörte und das Ziehen und Schwimmen begann. Und durch all das Weiß hin, das eben jetzt einen leisen Schimmer der scheidenden Abendröte trug, schob sich unser Kahn an die Kaputher Fähre heran und der Fährmann, am Ufer unser harrend, hieß uns willkommen und beglückwünschte uns als »wieder zurück vom Schwielow«.

Wer hat nicht von Kaputh (so heißt das Dorf) gehöret,
Das, in verwichner Zeit, die größte Zier besaß,
Als Dorothea sich, die Brandenburg noch ehret,
Das Schloß am Havelstrom zum Witwensitz erlas.

Bellamintes: »das itzblühende Potsdam.«

*

Man hat bei diesem Schiff das Schiff sich vorzustellen,
Mit dem Kleopatra, in göttlicher Figur
So einer Venus glich, auf Cydnus blauen Wellen
Zu dem Antonius, als ihrem Bacchus, fuhr.

Ebendaselbst.

Die Sonne war eine halbe Stunde unter, als wir wieder diesseits des Schwielow standen; es war keine Zeit mehr für Kaputh; die schmale Mondessichel reichte nicht aus; — die Stunde war verpaßt. So sahen wir uns denn vor die Alternative gestellt, ob wir, mit der Chance den letzten Zug zu versäumen, unseren Rückweg antreten oder coûte que coûte in Kaputh übernachten wollten. Ich tat die entsprechende Frage, meine Bedenken hinsichtlich des Nachtlagers nicht verschweigend.

Unser Führer (der Leser wird sich freundlichst seiner entsinnen) sah mich leise vorwurfsvoll an und erwiderte dann ruhig: »Sie kennen Boßdorf nicht.«

»Nein.«

»Nun, es ist Liebhaberei, daß er hier festsitzt. Er hat das beste Bier und die besten Betten. Von allem andern rede ich gar nicht. Boßdorf ist ein Name in diesen Gegenden.«

»Gut denn. Also Boßdorf!«

Diese Unterredung war zwischen Fährstelle und Dorf geführt worden; als wir eben schlüssig geworden, hielten wir vor dem Gegenstand unseres Gesprächs. Er reichte vielleicht nicht voll an die Höhe heran, die ihm der Lokalpatriotismus unseres Freundes anzuweisen trachtete, aber er hatte doch, wie ich auf der Stelle wahrnehmen konnte, die unerläßlichste aller Wirtseigenschaften: er war freundlich. Sein Bier und seine Rede lullten mich ein und ich schlief bis an den hellen Tag. Nur einmal wacht' ich auf; ich glaubte in einem Trichter zu liegen (was auch zutraf) und hatte geträumt, der Schwielow habe mich in seine Tiefe gezogen.

Unter einem Lindenbaum in Front des Hauses wurde der Kaffee genommen; die Spatzen musizierten über mir; endlich, als sie ihren Mann durchschaut, hüpften sie vom Gezweige nieder auf den Tisch und nahmen, nach dem Maße meiner Guttat, an meinem Frühstück teil. Ich konnte es ohne Opfer tun; es waren Semmeln in großem Format. Jenseit des Staketenzaunes ging das Leben des Dorfes stillgeschäftig seinen Gang: junges Volk, die Sense auf der Schulter, eilte zur Mahd hinaus; Kinder mit Erdbeeren kamen aus dem Walde; Schiffersleute, in weiten Teerjacken, schritten auf den See zu. Ein anmutiges Bild. Ich verstand jetzt Boßdorf vollkommen und warum er hier festsitzt.

Ein Wagen fuhr vor, ein vollgestopfter Kremser. Vormittagsgäste; unverkennbar eine animierte Gesellschaft. Ältliche Herren, junge Damen; aber nicht zu jung.

Boßdorf sprang an den Wagen. Als er wieder an mir vorbei wollte, suchte ich ihn zu fassen und fragte leise: »Potsdamer?« Er aber — mit einer Handbewegung, in der sich eine Welt widerstreitender Empfindungen: Diensteifer und Geschmeicheltsein, Verlegenheit und ironische Schelmerei aussprach — antwortete im Vorüberfliegen: Berliner.

Berliner. Es gereichte meiner Menschenkenntnis wenig zur Ehre, diese Tatsache auch nur einen Augenblick verkannt zu haben. Es war Vollblut. Dabei unverkennbar auf einer sogenannten »ernsten Partie« begriffen.

Dieser Ausdruck mag einzelne meiner Leser überraschen; aber es hat seine Richtigkeit damit. Es gibt zwei Arten von Landpartien. Da sind zunächst die heiteren. Sie sind weithin kenntlich durch ihren starken Prozentsatz an Kindern; nie weniger als die Hälfte. In dem Moment der Landung, wo immer es sei, scheint die Welt aus lauter weißgekleideten kleinen Mädchen mit Rosaschleifen zu bestehen. Die Väter bestellen den Kaffee; das Auge der Mutter gleitet befriedigt über die glücklichen Gänseblümchen hin, von denen immer drei auf den Namen Anna und sechs auf den Namen Martha hören. Nun geht es in die Wiese, den Wald. Die Parole ist ausgegeben: Erdbeeren suchen. Alles ist Friede; die ganze Welt ein Idyll. Aber schon beginnen die dunklen Wetter zu brauen. Mit dem Eintritt in den Wald sind die weißen Kleider ihrem Verhängnis verfallen. Martha I. ist an einem Wacholderstrauch hängengeblieben, Martha II. hat sich in die Blaubeeren gesetzt — wie Schneehühner gingen sie hinein, wie Perlhühner kommen sie wieder heraus. Der Sturm bricht los. Wer je Berliner Mütter in solchen Augenblicken gesehen, wird die kriegerische Haltung der gesamten Nation begreiflich finden. Die Väter suchen zu intervenieren. Unglückliche! Jetzt ergießt sich der Strom in sein natürliches Bett.

Und doch sind dies die heiteren Landpartien, denen wir die ernsten entgegenstellen. An diesen letzteren nehmen Kinder nie teil. Es gibt auch rote Schleifen, aber das Rosa ist Ponceau geworden. Man spricht in Pikanterien, in einer Art Geheimsprache, für die nur der Kreis der Eingeweihten den Schlüssel hat. Bowle und Jeu lösen sich untereinander ab; unglaubliche Toaste werden ausgebracht und längst begrabene Gottheiten steigen triumphierend wieder auf. Sonderbar. Auf den heiteren Landpartien wird immer geweint, auf den ernsten Landpartien wird immer nur gelacht.

Vor mir, am Staket, hielt eine ernste Landpartie. Zwei Herren, Fünfziger, mit großen melierten Backenbärten, Lebemänner aus der Schicht der allerneuesten Torf- und Ziegelaristokratie, sprangen mit berechneter Leichtfüßigkeit vom Wagen und gaben dadurch Gelegenheit, das im Wagen verbliebene Residuum der Gesellschaft besser überfliegen zu können. Das meiste war Staffage, bloße Najaden und Tritonen, die als Beiwerk, auch wohl als Folie notwendig da sein müssen, wenn Venus aus den Wellen steigt. Wem die Rolle der letztern oblag, darüber konnte kein Zweifel sein. Sie war dreißig, überthronte das Ganze, trug das Haar kurz geschnitten à la Rosa Bonheur und hielt eine große italienische Laute auf ihren Knien. Übrigens war sie wirklich hübsch; alles im Brunhildenstil; dieselbe weiße Hand, die jetzt auf der Laute ruhte, hätte auch jeden beliebigen Stein fünfzig Ellen weit geschleudert.

In diesem Moment, ehe ich noch den Kremser völlig durchmustert hatte, erschien Boßdorf mit einem großen Tablett. Es war ein Morgenimbiß, der für den Rest des Tages einige Perspektiven eröffnete: vier Kulmbacher, vier Werdersche, mehrere Kognaks und eine Pyramide von Butterbroten. Alle Macht ist ein Magnet; — Boßdorf präsentierte der Lautenschlägerin zuerst. Diese, ohne weiteres, machte eine halbe Schwenkung, glitt, nicht ohne einen Anflug von Entsagung, über die kleinen Gläser hin, nahm eine Kulmbacher, prüfte das Verhältnis von Schaum und Saft, und trank aus. Ohne abzusetzen. Als ihr Boßdorf die Butterbrotseite des Tabletts zudrehte, nickte sie abwehrend.

In kürzester Frist war übrigens das Tablett leer, nicht alle waren wählerisch; die Entrepreneurs eilten zu ihren Plätzen; die Pferde zogen an. Ein Lindenzweig streifte noch huldigend die Stirn der Primadonna; im nächsten Augenblicke verschwand der Kremser in einer Querstraße des Dorfes. Ich horchte ihnen nach. Es war mir, als trüge der Wind herüber: »Im Wald, im schönen, grünen Wald« und dazwischen verlorene Lautenklänge.

Ich war nun wieder allein und wollte bereits — was immer einen äußersten Grad von Verlegenheit ausdrückt — zu den »Territorien der Mark Brandenburg«, einer Art märkischem Bädeker, meine Zuflucht nehmen, als das Erscheinen unseres freundlichen Führers vom Tage vorher meiner Verlegenheit ein Ende machte und mich aus der toten Aufzeichnung in das frisch pulsierende Leben stellte. Wir schlenderten am See hin, das Dorf entlang, an Schloß und Park vorbei; es war eine anmutige Vormittagsstunde, anregend, lebendig, lehrreich.

Kaputh ist eines der größten Dörfer der Mark, eines der längsten gewiß; es mißt wohl eine halbe Meile. Daß es wendisch war, besagt sein Name. Was dieser bedeutet, darüber existieren zu viele Hypothesen, als daß die eine oder andere viel für sich haben könnte. So zweifelhaft indes die Bedeutung seines Namens, so unzweifelhaft war in alten Zeiten die Armut seiner Bewohner. Kaputh besaß keinen Acker, und die große Wasserfläche, Havel samt Schwielow, die ihm vor der Tür lag, wurde von den Potsdamer Kiezfischern, deren alte Gerechtsame sich über die ganze Mittelhavel bis Brandenburg hin erstreckten, eifersüchtig gehütet und ausgenutzt. So stand es schlimm um die Kaputher; Ackerbau und Fischerei waren ihnen gleichmäßig verschlossen. Aber die Not macht erfinderisch, und so wußten sich denn schließlich auch die Bewohner dieses schmalen Uferstreifens zu helfen. Ein doppeltes Auskunftsmittel wurde gefunden; Mann und Frau teilten sich, um von zwei Seiten her anfassen zu können. Die Männer wurden Schiffer, die Frauen verlegten sich auf Gartenbau.

Die Nachbarschaft Potsdams, vor allem das rapide Wachstum Berlins, waren dieser Umwandlung, die aus dem Kaputher Tagelöhner einen Schiffer oder Schiffsbauer machte, günstig, riefen sie vielleicht hervor. Überall an Havel und Schwielow hin entstanden Ziegeleien, und die Millionen Steine, die Jahr aus, Jahr ein am Ufer dieser Seen und Buchten gebrannt wurden, erforderten alsbald hunderte von Kähnen, um sie auf den Berliner Markt zu schaffen. Dazu boten die Kaputher die Hand. Es entstand eine völlige Kahnflotte, und mehr als sechzig Schiffe, alle auf den Werften des Dorfes gebaut, befahren in diesem Augenblicke den Schwielow, die Havel, die Spree. Das gewöhnliche Ziel, wie schon angedeutet, ist die Hauptstadt. Aber ein Bruchteil geht auch havelabwärts in die Elbe und unterhält einen Verkehr mit Hamburg.

Kaputh — das Chicago des Schwielowsees — ist aber nicht bloß die große Handelsempore dieser Gegenden; nicht bloß End- und Ausgangspunkt der Zauche-Havelländischen Ziegeldistrikte, nein, es ist auch Stationspunkt, an dem der ganze Havelverkehr vorüber muß. Der Umweg durch den Schwielow ist unvermeidlich; es gibt vorläufig nur diese eine fahrbare Straße. Eine Abkürzung des Weges durch einen Nordkanal ist geplant, aber noch nicht ausgeführt. So wird denn das aus eigenen Mitteln eine Kahnflotte hinaussendende Kaputh, das, wenn es sein müßte, sich selbst genügen würde, zugleich zu einem allgemeinen See- und Handelsplatz, zu einem Hafen für die Schiffe anderer Gegenden, und die Flottillen von Rathenow, Plaue, Brandenburg, wenn eine Havarie sie trifft oder ein Orkan im Anzuge ist, laufen hier an und werfen Anker. Am lebendigsten aber ist es auf der Kaputher Reede, wenn irgendein großer Festtag einfällt und alte gute Sitte die Weiterfahrt verbietet. Das ist zumal um Pfingsten. Dann drängt alles hier zusammen; zu beiden Seiten des »Gemündes« liegen hundert Schiffe oder mehr, die Wimpel flattern, und hoch oben vom Mast, ein entzückender Anblick, grüßen hundert Maienbüsche weit in die Ferne.

Das ist die große Seite des Kaputher Lebens; daneben gibt es eine kleine. Die Männer haben den Seefahrerleichtsinn; das in Monaten Erworbene geht in Stunden wieder hin, und den Frauen fällt nun die Aufgabe zu, durch Bienenfleiß und Verdienst im kleinen die Rechnung wieder ins gleiche zu bringen. Wie wir schon sagten, es sind Gärtnerinnen; die Pflege, die der Boden findet, ist die sorglichste, und einzelne Kulturen werden hier mit einer solchen Meisterschaft getrieben, daß die »Kaputhschen« imstande sind, ihren Nachbarn, den »Werderschen«, Konkurrenz zu machen. Unter diesen Kulturen steht die Erdbeerzucht obenan. Auch ihr kommt die Nähe der beiden Hauptstädte zustatten, und es gibt kleine Leute hier, mit einem halben Morgen Gartenland, die in drei bis vier Wochen hundertundzwanzig Taler für Ananaserdbeeren einnehmen.

Dennoch bleiben es kleine Leute, und man kann auch in Kaputh wieder die Wahrnehmung machen, daß die feineren Kulturen es nicht zwingen, und daß fünfzig Morgen Weizacker nach wie vor das Einfachste und das Beste bleiben. —

Unter Gesprächen, deren Inhalt ich in vorstehendem zusammenzufassen gesucht habe, hatten wir das Dorf nach Norden hin passiert, und hielten jetzt an einer Havelstelle, von wo aus wir über einen parkartigen, grüngemusterten Garten hinweg auf das Herrenhaus sehen konnten, einen Hochparterrebau, mit Souterrain und zweiarmiger Freitreppe.

Dies Herrenhaus führt den Namen »Schloß«, und trotz bescheidener Dimensionen immer noch mit einem gewissen Recht, wenigstens seiner inneren Einrichtung nach. Man geht in der Mark etwas verschwenderisch mit diesem Namen um und hilft sich nötigenfalls (wie beispielsweise in Tegel) durch das Diminutivum: Schlößchen.

Schloß Kaputh war in alten Zeiten Rochowsch. Im Dreißigjährigen Kriege zerfiel es oder wurde zerstört, und erst von 1662 an erstand hier ein neues Leben. In diesem Jahre ging Kaputh, Dorf wie Schloß, in den Besitz des Großen Kurfürsten über und verblieb, ein kurzes Vorspiel abgerechnet, auf das wir des weiteren zurückkommen (wir meinen die Zeit de la Chiezes), hundertundfünfzig Jahre lang bei der Krone. Eine lange Zeit. Aber die Zeit seines Glanzes war um so kürzer und ging wenig über ein Menschenalter hinaus. Mit dieser Glanzepoche, unter Weglassung alles dessen, was vorausging und was folgte, werden wir uns in nachstehendem zu beschäftigen haben. Auch diese vorübergehende Glanzesära gliedert sich in verschiedene Zeitabschnitte, und zwar in die Zeit des Generals de la Chieze bis 1671, die Zeit der Kurfürstin Dorothea bis 1689 und die Zeit Sophie Charlottens und König Friedrichs I. bis 1713.

General de la Chieze von 1662 bis 1671

Der Große Kurfürst, nachdem er 1662 Schloß und Gut Kaputh erstanden, entäußerte sich, wie in der Kürze bereits angedeutet, desselben wieder und schenkte es »mit allen Weinbergen, Schäfereien und Karpfenteichen« seinem Kammerjunker und Generalquartiermeister de la Chieze. Philipp de la Chieze, dessen Familie aus Piemont stammte, war 1660 aus schwedischem in brandenburgischen Dienst getreten. Er war Oberingenieur, ein bedeutender Baumeister und hatte für den Großen Kurfürsten eine ähnliche Bedeutung wie sie Rochus von Lynar, hundert Jahre früher, für Joachim II. gehabt hatte. Er beherrschte den Schönbau wie den Festungsbau, führte das Hauptgebäude des Potsdamer Stadtschlosses auf, leitete den Berliner Schloßbau, beteiligte sich an der Ausführung des Friedrich-Wilhelm-Kanals, besserte und erweiterte die Festungen des Landes.

Dies war der Mann, dem die Gnade des Kurfürsten das nur in leisen Zügen noch an alte Kulturtage erinnernde Kaputh übergab. Er konnte es in keine besseren Hände geben. Das in Trümmern liegende Schloß — mutmaßlich ein spät gotischer Bau — wurde in modernem Stile wieder aufgeführt, und dem ganzen Gebäude im wesentlichen das Gepräge gegeben, das es noch aufweist. Namentlich der »große Saal« erhielt bereits seine gegenwärtige Gestalt, wie wir aus einer alten Notiz ersehen, in der es heißt: »im Obergeschoß (Hochparterre) befand sich zu seiten des Flurs ein großer Saal durchs ganze Schloß hin, mit zwei Fenstern nach Süden und zweien nach Norden.« — Der Kurfürst war hier oft zu Besuch, namentlich wenn ihn die Jagden nach dem Kunersdorfer Forste führten. Auch den jungen Prinzen wurde zuweilen gestattet, der Einladung des alten de la Chieze zu folgen und einen halben Tag, frei von der strengen Aufsicht ihres Hofmeisters, in Kaputh herumzuschwärmen. Die Parkanlagen waren damals noch unbedeutend; der Garten nur mit Obstbäumen besetzt.

Kurfürstin Dorothea von 1671 bis 1689

Der alte de la Chieze starb 1671 oder 1673; Kaputh fiel an den Kurfürsten zurück und er verschrieb es nunmehr seiner Gemahlin Dorothea, die es — insonderheit nach dem Tode ihres Gemahls (1688) — zu ihrem bevorzugten Wohnsitz machte. —

Das Schloß, um seinem neuen Zwecke zu dienen, mußte eine erhebliche Umgestaltung erfahren. Was für den in Kriegszeiten hart gewordenen de la Chieze gepaßt hatte, reichte nicht aus für eine Fürstin; außerdem wuchsen damals — unter dem unmittelbaren Einflusse niederländischer Meister — rasch die Kunstansprüche in märkischen Landen. Erst fünfzig

Jahre später, unter Friedrich Wilhelm I., — obwohl er sich rühmte, ein »treu-holländisch Herz« zu haben — hörten diese Einflüsse wieder auf und wir verfielen, auf geraume Zeiten hin, in die alte Nacht.

Schloß Kaputh rüstete sich also zum Empfang einer neuen Herrin. Die Grundform blieb, aber Erweiterungen fanden statt; zwei kleine Eckflügel entstanden, vor allem wurde die innere Einrichtung eine andere. Eine Halle im Souterrain, wo man den Jagdimbiß zu nehmen pflegte, wurde an Wand und Decke mit blaugrünen holländischen Fliesen ausgelegt, die Zimmer des Obergeschosses mit Tapeten behängt und mehrere mit Plafondschildereien geziert. Besonders bemerkenswert war die Ausschmückung des »großen Saales«, ein Deckengemälde, das seinem Gedankengange nach an spätere Arbeiten Antoine Pesnes erinnert. Minerva mit Helm, Schild und Speer führt die Künste: Baukunst, Skulptur und Malerei, in die brandenburgischen Lande ein; ein gehörntes Ungetüm, halb Luzifer, halb Kaliban, entweder den Krieg oder die Roheit, oder beides zugleich darstellend, entweicht ins Dunkel vor dem aufgehenden Licht. Ähnlich wohlerhalten präsentiert sich ein zweites Bild, im sogenannten »Grünen Zimmer«. Zwei geflügelte Genien halten die umkränzten Bilder von Kurfürst und Kurfürstin in Händen: die Fama bläst mit einer Doppeltuba den Ruhm beider in die Welt hinaus; eine andere geflügelte Gestalt zeigt auf die Chronik ihrer Taten. In einem dritten Gemach, das den Namen des Schlafzimmers der Kurfürstin führt, begegnen wir einem Deckenschmuck aus wahrscheinlich eben dieser Zeit. Außer einem Mittelbilde zeigt er zwei weibliche Figuren: die Nacht, ein Fackellicht tragend, und den Morgen, Rosen streuend, in leicht angehauchtem Gewölk.

Sophie Charlotte und König Friedrich I. bis 1713

Kurfürstin Dorothea starb 1689; beinahe unmittelbar nach ihrem Hinscheiden wurde Schloß Kaputh von Kurfürst Friedrich III. erworben, der es nunmehr seiner Gemahlin, der gefeierten Sophie Charlotte, zum Geschenk machte. Es geschah nun Ähnliches wie nach dem Tode von de la Chieze. Die Ansprüche an Glanz und Luxus waren innerhalb der letzten zwanzig Jahre abermals gewachsen, nirgends mehr als am Hofe des prachtliebenden Friedrichs III. Wie das Schloß de la

Chiezes nicht reich genug gewesen war für Kurfürstin Dorothea, so waren die Einrichtungen dieser wiederum nicht reich genug für die jetzt einziehende Sophie Charlotte. Auch jetzt, wie während der siebziger Jahre, berührten die Ummodelungen, die vorgenommen wurden, weniger die Struktur als das Ornamentale und wieder waren es in erster Reihe die Deckenbilder, diesmal in allen Räumen, die den ohnehin reichgeschmückten Bau auf eine höchste Stufe zu heben trachteten. Dies Betonen des Koloristischen lag ja im Wesen der Renaissance, die, selbst malerisch in ihren Formen wie kein anderer Baustil, es liebt, die Farbe sich dienstbar zu machen.

Ob Kurfürstin Sophie Charlotte noch Zeuge dieser letzten Neugestaltung wurde, die das Schloß in seiner inneren Einrichtung erfuhr, ist mindestens fraglich. Bis 1694 — wo der Stern Charlottenburgs aufging, der zugleich den Niedergang Kapuths bedeutete — konnte die Fülle dieser Deckenbilder nicht vollendet sein; die kurze Zeitdauer verbot es. Aber auch der Inhalt dessen, was gemalt wurde, wenigstens jenes hervorragendsten Bildes, das sich in der »großen Porzellankammer« befindet, scheint dagegen zu sprechen. Es stellt dar: wie Afrika der Borussia huldigt. Diese, auf Wolken thronend, trägt eine Königskrone und neigt sich einer Mohrenkönigin, zugleich einer Schar heranschwebender schwarzer Genien zu, die mit Geflissentlichkeit die Schätze Indiens und Chinas: Teebüchsen und Ingwerkrüge, sogar ein Teeservice mit Tassen und Kanne, der auf Wolken thronenden Borussia entgegentragen.

Die Königskrone der Borussia, falls es die Borussia ist, deutet unverkennbar auf einen Zeitpunkt nach 1701. Andererseits ist es freilich nicht ganz leicht, in dieser, mit einer gewissen souveränen Verachtung der Länder- und Völkerkunde auftretenden Symbolik, die nichts so sehr haßt als Logik und Konsequenz, sich zurechtzufinden.

Kurfürstin Sophie Charlotte verließ schon 1694 Kaputh. Aber bis zu ihrem Tode (1705) und noch darüber hinaus, bis zum Tode ihres Gemahls, blieb Kaputh ein bevorzugtes Schloß, eine Sehenswürdigkeit von Ruf. Man setzte Summen an seine Instandhaltung, sei es nun, um vorübergehend hier eine Villeggiatur zu nehmen, oder sei es — insonderheit nachdem seine Ausschmückung vollendet war — um es etwaigem, bei Hofe eintreffendem Besuche als ein kleines märkisches Juwel zeigen zu können.

Eine solche Gelegenheit bot sich 1709. Wir finden darüber Folgendes. Als in den ersten Julitagen eben genannten Jahres König Friedrich IV. von Dänemark und Friedrich August von Polen auf Einladung Friedrichs I. von Preußen in Potsdam eine persönliche Zusammenkunft hielten (ein großes Staatsbild im Charlottenburger Schlosse stellt diese Begegnung der »drei Friedriche« dar), war der prachtliebende Friedrich, an dessen Hofe diese Vereinigung stattfand, bemüht, seinen Gästen eine Reihe von Festen zu geben. Unter andern ward am 8. Juli auf der prächtigen Jacht, welche im Bassin des Lustgartens lag und mit zweiundzwanzig Kanonen ausgerüstet war, eine Lustfahrt nach Kaputh unternommen. Dieses überaus prächtige Schiff, das mit allem nur erdenklichen Luxus ausgestattet war und in der Tat an die Prachtschiffe der alten Phönizier und Syrakuser erinnerte, war in Holland nach Angaben des Königlichen Baumeisters und Malers Madersteg erbaut worden. Man schätzte allein die goldenen und silbernen Geräte, die sich in seinem Innern aufgestellt befanden, auf hunderttausend Taler. Auf diesem Schiffe, das eigens dazu gebaut war, die Havel zu befahren, glitten die drei Könige stromabwärts nach dem Lustschlosse von Kaputh. Man erging sich in dem inzwischen zu einer baumreichen und schattigen Anlage gewordenen Parkgarten und kehrte gegen Abend zu Tafel und Ball nach Schloß Potsdam zurück.

Wenn dieser Tag in dem historischen Leben Kapuths der glänzendste war, so war er auch der letzte. Der König, früh alternd, schloß sich mehr und mehr in seine Gemächer ein; der Sinn für Festlichkeiten erlosch, er begann zu kränkeln; am 25. Februar 1713 starb er. Alle Schlösser standen leer; sie sollten bald noch leerer werden.

Dem prachtliebenden Könige folgte ein Sparsamkeitskönig. Die holländische Jacht im Potsdamer Bassin wurde gegen einige Riesen vertauscht und ging nach Rußland zum Zaren Peter; die großen Schlösser zu Köpenick und Oranienburg, beides Schöpfungen des eben verstorbenen Fürsten, wurden vom Etat gestrichen; was verkaufbar war wurde verkauft, — konnte man sich wundern, daß, bei so veränderten Verhältnissen, das wenigstens seiner Größe und äußeren Erscheinung nach ungleich bescheidenere Kaputh mit auf die Liste der Proskribierten gesetzt wurde! Es sank zu einem bloßen Jagdhause herab, an dem alsbald der mit holländischen Fliesen ausgelegte Souterrainsaal, weil sich's drin wie in einem Weinkeller pokulieren ließ, das Beste war. Von seinem alten Bestande über der Erde blieben dem Schlosse nur der Kastellan und die Bilder, wahrscheinlich weil mit beiden nichts anzufangen war. Der Kastellan war ein alter Türke, das rettete ihn; die Deckengemälde aber — in den Schlössern waren ihrer ohnehin mehr denn zuviel, und wenn die Schlösser sie nicht aufnehmen konnten, wer damals in brandenburgischen Landen hätte sein Geld an die sinnbildliche Verherrlichung der Künste, an Minerva und Kaliban, an Borussia und die Mohrenkönigin gesetzt! Auch heute noch sind ihrer nicht viele.

So viel über die historischen vierzig Jahre. Wir schicken uns jetzt an, in das Schloß selbst einzutreten.

Die doppelarmige Freitreppe, wir erwähnten ihrer bereits (schon Sophie Charlotte schritt über diese Stufen hin), ist von Efeusenkern des Hauses derart umrankt und eingesponnen, daß jeden Tragstein ein zierlich-phantastischer Rahmen von hellgrünen Blättern schmückt. Die Wirkung dieses Bildes ist sehr eigentümlich. Eine Treppe in Arabeskenschmuck! Natur nahm der Kunst den Griffel aus der Hand und übertraf sie.

Die Tür des Gartensalons öffnet sich. Freundliche Worte begrüßen uns; wir sind willkommen.

Von einem kleinen zeltartigen Raume aus, der unmittelbar hinter der Freitreppe liegt, treten wir nunmehr unseren Rundgang an. Die Zimmer führen noch zum Teil die Bezeichnungen aus der Kurfürstlichen Zeit her: Vorgemach, Schlafzimmer, Kabinett des Kurfürsten, auf dem andern Flügel ebenso der Kurfürstin; dazu Saal, Porzellankammer, Teezimmer. Die meisten Räume quadratisch und groß. Alle haben sie jene Patina, die alten Schlössern so wohl kleidet und angesichts welcher es gleichgültig ist, ob Raum und Inhalt sich in Epoche und Jahreszahlen einander decken. Nicht wie alt die Dinge sind, sondern ob alt überhaupt, das ist es, was die Entscheidung gibt. So auch hier. Die verblaßten oder auch verdunkelten Tapeten, die Gerätschaften und Nippsachen, — es sind nicht Erinnerungsstücke genau aus jener Zeit Kaputhschen Glanzes, aber sie haben doch auch ihr Alter und wir nehmen sie hin wie etwa einen gotischen Pfeiler an einem romanischen Bau. Beide haben ihr Alter überhaupt, das genügt; und unsere Empfindung übersieht es gern, daß zwei Jahrhunderte zwischen dem einen und dem andern liegen.

Die Tapeten, das Mobiliar, die hundert kleinen Gegenstände

häuslicher Einrichtung, sie sind weder aus den Tagen der strengen, noch aus den Tagen der heitern Kurfürstin, die damals hier einander ablösten; die Hand der Zerstörung hat mitleidlos aufgeräumt an dieser Stelle. Aber wohin die Hand der Zerstörung buchstäblich nicht reichen konnte, — die hohen Deckengemälde, sie sind geblieben und sprechen zu uns von jener Morgenzeit brandenburgischer Macht und brandenburgischer Kunst. Die großen Staatsbilder haben wir bereits in dem kurzen historischen Abriß, den wir gaben, beschrieben, aber viel reizvoller sind die kleinen. Ich schwelgte im Anblick dieser wonnigen Nichtigkeiten. Kaum ein Inhalt und gewiß keine Idee, und doch, bei so wenigem, so viel! Ein bequemes Symbolisieren nach der Tradition; in gewissem Sinne fabrikmäßig; alles aus der Werkstatt, in der die Dinge einfach gemacht wurden ohne besondere Anstrengung. Aber wie gemacht! welche Technik, welche Sicherheit und Grazie. Wie wohltuend das Ganze, wie erheiternd. Jetzt setzen die Künstler ihre Kraft an eine Idee und bleiben dann, neunmal von zehn, hinter dieser und oft auch hinter sich selbst zurück. Wie anders damals. Die Maler konnten malen und gingen ans Werk. Kam ihnen nichts, nun, so war es immer noch eine hübsche Tapete; erwies sich aber die Stunde günstig, so war es ein Geschenk der Götter.

So Großes fehlt hier; aber auch das Kleine genügt. Genien und wieder Genien, blonde und braune, geflügelte und ungeflügelte, umschweben und umschwirren uns und die Girlanden, die sich zwischen den Fingerspitzen der lachenden Amoretten hinziehen, sie haben eine Pracht und Wahrheit der Farbe, daß es ist, als fielen noch jetzt die Rosen in vollen roten Flocken auf uns nieder. Im Teezimmer bringt eine dieser geflügelten Kleinen ein Tablett mit blaugerändertem Teezeug, — selbst Boßdorf, als er sein Riesentablett der Lautenschlägerin präsentierte, hätte von diesem Liebling der Grazien lernen können.

Diese Zeit sinnlich blühender Renaissance, sie ist dahin. Was wir jetzt haben, mit allen unsren Prätentionen, wird nach zweihundert Jahren schwerlich gleiche Freude und Zustimmung wecken.

Es war Mittag, als wir wieder auf die Freitreppe hinaustraten. Der Himmel hatte sich bezogen und gestattete jetzt einen unbehinderten Blick auf das weite Wasserpanorama.

Die Holländische Jacht mit drei Königen und einem ganzen Silbertresor an Bord steuerte nicht mehr havelabwärts; aber statt ihrer schwamm eine ganze Flottille von Havelkähnen heran und am Horizonte stand in scharfen Linien steifgrenadierhaft die Garnisonkirche von Potsdam: das Symbol des Jüngstgeborenen im alten Europa, des Militärstaats Preußen.

PETZOW

Auf der Fortuna ihrem Schiff
Ist er zu segeln im Begriff;
Will einer in der Welt was erjagen,
Mag er sich rühren und mag sich plagen.
Schiller

Wie Buda-Pest, oder wie Köln und Deutz ein Doppelgestirn bilden, so auch Kaputh und Petzow. Sie gehören zusammen. Zwar ist die Wasserfläche, die die beiden letzteren voneinander trennt, um ein Erhebliches breiter als Rhein und Donau zusammengenommen, aber nichtsdestoweniger bilden auch diese beiden »Residenzen diesseit und jenseit des Schwielow« eine höhere Einheit. Eine Einheit, so verschieden sie untereinander sind. Sie ergänzen sich. Kaputh ist ganz Handel, Petzow ist ganz Industrie. Dort eine Wasserstraße, eine Werft, ein Hafenverkehr; hier die Tag und Nacht dampfende Esse, das nie erlöschende Feuer des Ziegelofens. Schönheit der Lage ist beiden gemeinsam; doch ist Petzow hierin weit überlegen, sowohl seiner eigenen unmittelbaren Erscheinung, als dem landschaftlichen Rundblick nach, den es gestattet.

Die etwas unregelmäßig über einen Hügelrücken sich hinziehende Dorfstraße folgt im wesentlichen dem Schwielowufer; zwischen Dorf und See aber ist ein ziemlich breites, schräg abfallendes Stück Land verblieben, in das Schloß und Park sich teilen.

Beides sind Schöpfungen dieses Jahrhunderts; Vater und Großvater des gegenwärtigen Besitzers, des Amtsrats von Kähne, riefen sie ins Leben. Die genannte Familie sitzt nachweisbar seit 1630 an dieser Stelle; vielleicht viel länger. Die Kähnes waren damals schlichte Bauern. In genanntem Jahre, also während des Dreißigjährigen Krieges, erwarben sie das Lehnschulzengut und hielten es nicht nur fest, sondern wußten auch ihren Besitz derart zu erweitern, daß im Jahre 1740 der damalige Träger des Namens in den Adelsstand und fünf

Jahre später (1745) der Gesamtbesitz zu einem kreistagsfähigen Rittergute erhoben wurde.

Ein Beispiel derartigen Aufdienens »von der Pike«, wie es die Familie Kähne gibt, ist sehr selten; viel seltener, als man glaubt. Ein Blick auf die Geschichte der Rittergüter belehrt uns darüber. Was in den altadeligen Grundbesitz als Neuelement einrückt oder gar durch Zusammenlegung von Bauerngütern (und selbstverständlich unter schließlicher Ernennung seitens des Landesherrn) neue Rittergüter kreiert, das sind entweder selbst wieder prosperierende, ihren Besitz erweiternde Adelige, die für jüngere Söhne einen ebenbürtigen Neubesitz stiften, oder aber — und das ist das Häufigere — es sind Geldleute, Städter, Repräsentanten einer modernen Zeit, die den Handels- und Industriegeist in die Landwirtschaft hineintragen. Der Bauer folgt selten dem Beispiel; er ist stabil, er bleibt was er ist. Wenn er nichtsdestoweniger zu spekulieren beginnt, so tut er es auf seine Weise. Es reizt ihn dann weit mehr das Geld, als das Wachsen der Ackerfläche. Er erweitert sich nicht innerhalb seiner eigenen Sphäre; er wird eben einfach ein anderer.

Die Familie Kähne bezeichnet einen Ausnahmefall.

Schloß und Park, so sagten wir, sind Schöpfungen dieses Jahrhunderts.

Das Schloß, in seiner gegenwärtigen Gestalt, wurde nach einem Schinkelschen Plane ausgeführt. Es zeigt eine Mischung von italienischem Kastell- und englischem Tudorstil, denen beiden die gotische Grundlage gemeinsam ist. Der Bau, wie er sich unter Efeu und Linden darstellt, wirkt pittoresk genug, ohne daß er im übrigen besonders zu loben wäre. Es ist bemerkenswert, daß alles Gotische oder aus der Gotik Hergeleitete auf unserm märkischen Boden seit Wiederbelebung dieses Stils (eine Epoche, die kaum zwei Menschenalter zurückliegt) nicht gelingen wollte. Im Beginn dieses Jahrhunderts hatten wir uns zu entscheiden, nach welcher Seite hin die Entwickelung gehen sollte; irgendeine »Renaissance« war dem herrschenden Ungeschmack gegenüber geboten, es konnte sich nur darum handeln, ob das Vorbild bei der Antike oder beim Mittelalter zu suchen sei. Schinkel selbst — was jetzt so oft vergessen wird — schwankte; der einzuschlagende Weg war ihm keineswegs von Anfang an klar. Auch er hatte eine Epoche, wo das Malerische des Gewölbebaues, wo Strebepfeiler und Spitzbogenfenster ihn reizten. Hätte er sich damals, wie das bei den rheinischen Baumeistern der Fall war, für Gotik entschieden, so würde die bauliche Physiognomie unserer alten Provinzen, Berlins ganz zu geschweigen, überhaupt eine andere geworden sein. Wir würden die Gotik, nach einzelnen gescheiterten Versuchen, aufs neue gelernt haben, wie die Rheinländer und Engländer sie wieder lernten und, beim Kirchenbau (zu dem es uns an Gelegenheit nicht gefehlt haben würde) uns wieder vertraut machend mit der alten Technik, den zerrissenen Faden der Tradition wieder auffindend, würden wir alsbald auch verstanden haben, unsern Privatbau danach zu modeln und unsere Schlösser und Landhäuser im Kastell- oder Tudorstil aufzuführen. Dies wurde versäumt, weil — so wollen wir, halb aus Courtoisie, halb aus Überzeugung annehmen — ein Besseres an die Stelle trat. Wie die Dinge liegen, wird zwar auch jetzt noch gelegentlich der Versuch gemacht, es mit der Gotik und ihren Dependenzien zu wagen; aber diese Versuche scheitern jedesmal, wenigstens für das Auge dessen, der die Originale oder auch nur das kennt, was mit immer wachsendem Verständnis unsere westdeutschen Neugotiker danach bildeten.

Auch das Herrenhaus zu Petzow ist ein solcher gescheiterter Versuch. Was daran anmutend wirkt, ist, wie schon angedeutet, das malerische Element: nicht seine Architektur. Diese, soweit man überhaupt von einer Architektur sprechen kann, datiert aus dem Anfang der zwanziger Jahre, ist also kaum fünfzig Jahre alt. Dies gilt auch besonders von den angebauten Flügeln. Und doch, als wir diese näher besichtigten, nahmen wir an den Fenstern des Erdgeschosses kunstvoll geschmiedete Eisengitter wahr, die sich unschwer auf die Mitte des vorigen Jahrhunderts zurückführen ließen. Dies verwirrte uns. Das Rätsel sollte sich indes in Kürze lösen. Diese Gitterfenster wurden nämlich in Potsdam bei einem Häuserabbruch erstanden und hierher verpflanzt. Hier prangen nun die einhundertfünfzigjährigen an einer erst fünfzigjährigen Front. Wir erzählen das lediglich zu dem Behuf, um zu zeigen, wie man durch Beurteilung von Einzeldingen, von denen man dann Schlüsse aufs Ganze zieht, erheblich irregeleitet werden kann. Nichts war verzeihlicher hier als ein Rechenfehler von hundert Jahren.

Der Park ist eine Schöpfung Lennés. An einem Hügelabhang gelegen wie Sanssouci, hat er mit diesem den Terrassencharakter gemein. In großen Stufen geht es abwärts. Wenn aber Sanssouci bei all seiner Schönheit einfach eine große Waldterrasse mit Garten und Wiesengründen bietet, so erblickt man von dem Hügelrücken des Petzower Parkes aus eine imposante Wasserterrasse, und unser Auge, zunächst ausruhend auf dem in Mittelhöhe gelegenen, erlenumstandenen Parksee, steigt nunmehr erst auf die unterste Treppenstufe nieder — auf die breite Wasserfläche des Schwielow.

Der Park umschloß früher auch die Kirche des Dorfes. Alt, baufällig, unschön wie sie war, gab man sie auf und auf einem weiter zurückgelegenen Hügel wurde 1841 eine neue Kirche aufgeführt. König Friedrich Wilhelm IV., das Patronat ist bei der Landesherrschaft, ordnete an, daß der Neubau im romanischen Stile erfolgen solle. Stüler entwarf die Zeichnungen; die Ausführung folgte rasch. So reihte sich denn die Petzower Kirche in den Kreis jener neuen schönen Gotteshäuser ein, mit denen der kirchliche und zugleich der feine landschaftliche Sinn des verstorbenen Königs Potsdam und die Havelufer umstellte. Wir nennen nur: Bornstädt, Sakrow, Kaputh, Werder, Glindow. Ihre Zahl ist um vieles größer.

Der Gottesdienst, die Gemeinde, vor allem die Szenerie, gewannen durch diese Neubauten; aber die Lokalgeschichte erlitt erhebliche Einbuße, weil alles Historische, was sich an den alten Kirchen vorfand, meist als Gerümpel beseitigt und fast nie in den Neubau mit hinübergenommen wurde.

Unter allen Künstlern — diese Bemerkung mag hier gestattet sein — sind die Architekten die pietätslosesten, zum Teil weil sie nicht anders können. Maler, Skulptoren treffen mit ihrem Vorgänger meist wie auf breiter Straße zusammen; sie haben Raum nebeneinander; die Lebenden und die Toten, sie können sich dulden, wenn sie wollen. Nicht so der Baumeister. In den meisten Fällen soll das neue Haus, die neue Kirche an der Stelle der alten stehen. Er hat keine Wahl. Und es sei. Wir rechten zudem mit keiner Zeit darüber, daß sie sich für die klügste und beste hält. Aber darin geht die jedesmalig modernste (die unsrige kennt wenigstens Ausnahmen) zu weit, daß sie auch das zerstört, was unbeschadet des eignen Lebens weiter leben könnte, daß sie sozusagen unschuldigen Existenzen, von denen sie persönlich nichts zu befahren hätte, ein Ende macht. Der moderne Basilika-Erbauer mag ein gotisches Gewölbe niederreißen, das nun einmal schlechterdings in die gestellte Aufgabe nicht paßt; aber das halbverblaßte Freskobild, die Inschrifttafel, der Grabstein mit der Plattenrüstung, — ihnen hätte er auch in dem Neubau ein Plätzchen gönnen können. Er versagt dies Plätzchen ohne Not, er versagt es, und daran knüpfen wir unsern Vorwurf. Die historische Pietät ist fast noch seltener als die künstlerische. So entstehen denn entzauberte Kirchen, die helle Fenster und gute Plätze haben, die aber den Sinn kalt lassen, weil mit der Vergangenheit gebrochen wurde. Ein »gefälliger Punkt in der Landschaft« ist gewonnen, eine vielversprechende Schale, aber, in den meisten Fällen, eine Schale ohne Kern.

Zu diesen in historischer Beziehung »tauben Nüssen« gehört auch die Petzower Kirche. Aber so leer und kahl sie ist, und so verstimmend diese Kahlheit wirkt, so gewiß ist es doch auch, daß man im Hinaustreten auf das Flachdach des Turmes diese Verstimmung plötzlich und wie auf Zauberschlag von sich abfallen fühlt. Sie geht unter in dem Panorama, das sich hier bietet. Die »Grelle«, eine tiefe Flußbucht, liegt uns zu Füßen; unmittelbar neben ihr der Glindower See. Die Havel und der Schwielow, durch Landzungen und Verschiebungen in zahlreiche blaue Flächen zerschnitten, tauchen in der Nähe und Ferne auf und dehnen sich bis an den Horizont, wo sie mit dem Blau des Himmels zusammenfließen. Dazwischen Kirchen, Dörfer, Brücken, — alles, nach zwei Seiten hin, umrahmt von den Höhenzügen des Havellandes und der Zauche. Das Ganze ein Landschaftsbild im großen Stil; nicht von relativer Schönheit, sondern absolut. Man darf hier getrost hinaustreten, ohne sich des Vergleichssinnes zu entschlagen.

Eine Viertelstunde später, und wir schritten dorfan, um der »Grelle« und ihren Anwohnern einen Besuch zu machen. Der Weg dahin führt durch eine Akazienallee und demnächst an einer ganzen Plantage von Akazien vorbei. Schon vorher war mir der besondere Reichtum des Dorfes an dieser Baumart aufgefallen. Man begegnet der Akazie überhaupt häufig in den Havelgegenden, aber vielleicht nirgends häufiger als hier. Es ist ein dankbarer Baum, mit jedem Boden zufrieden, und in seiner arabischen Heimat nicht verwöhnt, scheint er sich auf märkischem Sande mit einer Art Vorliebe eingelebt zu haben. Alle Akazien in Spree- und Havelland rühren mittelbar von Sanssouci her, wo der Ur-Akazienbaum, der Stammvater vieler tausend Enkel und Urenkel an der Bornstädter Straße, gegenüber dem Triumphbogen steht. Die Akazie, ursprünglich als Zier- und Parkbaum gehegt, hat übrigens längst aufgehört eine exzeptionelle Stelle einzunehmen; sie ist, wie das ihrer anspruchslosen Natur entspricht, Nutzholz geworden und bildet einen nicht unerheblichen Handelsartikel dieser Gegenden. Ich erfuhr darüber folgendes:

Zu bestimmten Zeiten kommen Händler aus den Nordseehäfen, aus Hamburg, Stade, Bremerhaven, auch von der Jade her, bereisen die Akaziengegenden, kaufen an und markieren die Bäume, die zunächst gefällt werden sollen. Ein Hauptpunkt für diese Händler ist Petzow. Einige Wochen später erscheint ein Elbkahn von Hamburg oder den andern genannten Plätzen und hat eine kleine Armee von Holzfällern und Holzspaltern an Bord. Es sind Geschwisterkinder der Schindelmacher. Wie diese haben sie es zu einer Virtuosität gebracht; sie fällen, zersägen, spalten; während der Schindler aber ein Flachholz herstellt, stellt dieser nordische Holzspalter ein zylinderförmiges Langstück her, das später, als beste Sorte Schiffsnägel, auf den Werften der Seestädte eine Rolle spielt. Wenn der Kahn mit diesen Schiffsnägeln gefüllt ist, wird die Rückfahrt angetreten und die Petzower Akazien schwimmen ein Jahr später auf allen Meeren und halten die Planken der deutschen Flotte zusammen. —

Wir hatten inzwischen »die Grelle« und damit zugleich den großen Ziegelofen erreicht, der sich hier am Ufer der tief einschneidenden Havelbucht erhebt. Dieser Ziegelofen ist weit bekannt in Havelland und Zauche; er ist der ältesten einer, und schon im vorigen Jahrhundert umgab ihn eine Kolonie von Ziegelstreichern und Ziegelbrennern, die sich hier in Hütten und Häusern angesiedelt hatten. Diese übertrugen den Namen, den sie hier vorfanden, alsbald auf die ganze Anlage, so daß mit dem Worte »Grelle« nunmehr ebenso oft das Etablissement wie die seeartige Einbuchtung bezeichnet wird. Der alte historische Ziegelofen modernisierte sich im Laufe der Jahre, vielleicht auch die Häuser, die ihn umstanden, aber sie blieben immerhin kümmerlich genug.

Auf eins derselben, dem man ersichtlich vor kurzem erst ein neues Stockwerk aufgesetzt hatte, schritten wir jetzt zu. Der Eingang war vom Hofe her.

Ein alter knorriger Birnbaum, der ziemlich unwirsch aussah, legte sein Gezweig nach links hin auf das niedrige Hausdach, nach rechts hin über ein Konglomerat unsagbarer Örtlichkeiten: Verschläge, Ställe, Kofen. Zwischen ihnen das gemeinschaftliche Gestade eines Sumpfes. Alles ärmlich, unsauber; selbst das Weinlaub, dem man dürftig und kunstlos ein Spalier zusammengenagelt hatte, spann sich verdrießlich an der Hinterwand des Hauses aus. Ein unpoetischer, selbst ein unmalerischer Ort! Aber aus dem Weinlaub hervor schimmerte eine weiße Tafel mit der Inschrift: »Hier ward Zelter geboren am 11. Dec. 1758.«

Beuth, wenn mir recht berichtet, hat seinem Freunde Zelter diese Tafel errichten lassen. Der Schüler und zweite Nachfolger des berühmten »Sohnes der Grelle« aber war — Grell. Auch der Zufall liebt es, gelegentlich mit Wort und Namen zu spielen.

BAUMGARTENBRÜCK

And thus an acry point he won,
Where, gleaming with the setting sun,
One burnished sheet of living gold,
Loch-Katrine lay beneath him roll'd.
Lady of the Lake

Die Havel, als sie nach Süden hin den Schwielowsee bildete, um sich innerhalb dieses weiten Bassins zu ergehen, mußte doch schließlich aus dieser Sackgasse wieder heraus, und die Frage war nur: wo? In der Regel behalten die durchbrechenden Wogen die einmal eingeschlagene Richtung bei und ruhen nicht eher, als bis sie, dem Durchbrechungspunkte gegenüber, einen Ausgang gefunden oder gewühlt und gebohrt haben. Nicht so hier. Die Havel schoß eben nicht wie ein Pfeil von Nord nach Süd durch das Moor- und Sumpfbecken hindurch, in welchem sie während dieser Stunden den Schwielow schuf, sie erging sich vielmehr innerhalb desselben, entschlug sich jeder vorgefaßten Richtung und nahm endlich ihren Abfluß halbrückwärts, keine zweitausend Schritt von der Stelle entfernt, wo sie kurz vorher den Damm durchbrochen hatte. An dieser Abflußstelle, wo also die Havel nach ihrer Schwielowpromenade sich wieder verengt, um nordwestwärts weiter zu fließen, liegt Baumgartenbrück.

Dies Baumgartenbrück wird schon frühe genannt und bereits im 13. Jahrhundert findet sich eine Burg Bomgarde oder Bomgard verzeichnet, ein sonderbares Wort, in dem unsere Slawophilen, nach Analogie von Stargard, Belgard, eine halbwendische Bezeichnung haben erkennen wollen. Was es nun aber auch mit dieser Bomgarde auf sich haben möge, ob sie wendisch oder deutsch, so viel verbleibt ihr, daß sie seit historischen Tagen und namentlich seitdem ein Bomgarden-Brück daraus geworden, immer ein Punkt von Bedeutung war, ein Punkt, dessen Wichtigkeit gleichen Schritt hielt mit dem industriellen Aufblühen der Schwielow- und Havelufer. Die Einnahmen verzehnfachten sich und wenn früher hier ein einfacher, altmodischer Zoll gezahlt worden war, um die Landreisenden trocken von einem Ufer zum andern zu bringen, so kamen nun die viel einträglicheren Tage, wo, neben dem Brückenzoll für Pferd und Wagen, vor allem auch ein Brücken-Aufzugzoll für alle durchpassierenden Schiffe gezahlt werden mußte. Der Kulturstaat etablierte hier eine seiner Doppelpressen; zu Land oder zu Wasser — gezahlt mußte werden, und Baumgartenbrück wurde für Brückengeld-Einnehmer allmählich das, was die Charlottenburger Chausseehäuser für Chausseegeld-Einnehmer waren. Und so ist es noch.

Aber die lachenden Tage von Baumgartenbrück brachen doch erst an, als, vor etwa vierzig Jahren, aus dem hier stehenden Brückenwärterhaus ein Gasthaus wurde, ein Vergnügungsort für die Potsdamer schöne Welt, die mehr und mehr anfing, ihren Brauhausberg und ihren Pfingstberg den Berlinern abzutreten und sich eine stille Stelle für sich selber zu suchen. Sie verfuhren dabei kurz und sinnig wie die Schweizer, die ihre Allerwelts-Schönheitspunkte: den Genfer- und den Vierwaldstätter See den Fremden überlassen, um an irgendeiner abgelegenen Stelle der Glarner Alpen »ihre Schweiz für sich« zu haben. Die Potsdamer wählten zu diesem Behufe Baumgartenbrück.

Und es war eine vorzügliche Wahl! Es vereinigt sich hier alles, was einem Besuchsorte zur Zierde und Empfehlung gereichen kann: Stille und Leben, Abgeschlossenheit und Weitblick, ein landschaftliches Bild ersten Ranges und eine vorzügliche Verpflegung. Hier unter den Laubgängen zu sitzen, nach einem tüchtigen Marsch oder einer Fahrt über den See, ist ein Genuß, der alle Sinne gefangennimmt; nur muß man freilich die Eigenart des Platzes kennen und beispielsweise wissen, daß hier nur eines getrunken werden darf: eine Werdersche.

Mit der Werderschen, und wir treten damit in eine bukolische Betrachtung ein, ist es nämlich ein eigen Ding. Sie ist entweder zu jung, oder zu alt, entweder so phlegmatisch, daß sie sich nicht rührt, oder so hitzig, daß sie an die Decke fährt;

in Baumgartenbrück aber steht sie im glücklichen Mittelpunkt ihres Lebens; gereift und durchgeistigt, ist sie gleich weit entfernt von schaler Jugend, wie von überschäumendem Alter. Die Werdersche hier hat einen festen, drei Finger breiten Schaum; feinfarbig, leicht gebräunt, liegt er auf der dunkeln und doch klaren Flut. Der erste Brauer von Werder ist Stammgast in Baumgartenbrück; er trinkt die Werdersche, die er selber ins Leben rief, am besten an dieser Stelle. Er ist wie ein Vater, der seinen früh aus dem Hause gegebenen Sohn am Tisch eines Pädagogen wohlerzogen wiederfindet.

Baumgartenbrück, trotz des Verkehrs, der an ihm vorübergleitet, ist ganz ausgesprochen ein stiller, lauschiger Platz; vor allem kein Platz prätentiöser Konzerte. Kein Podium mit Spitzbogenfassade und japanischem Dach stellt sich hier, wie eine beständige Drohung, in die Mitte der Versammlung hinein und keine Riesenplakate erzählen dem arglos Eingetretenen, daß er gezwungen sei, zu Nutz und Frommen eines Abgebrannten oder Überschwemmten zwei Stunden lang sich ruhig zu verhalten. Diese Ungemütlichkeiten haben keine Stätte unter den Bäumen von Baumgartenbrück.

Hier ist nur der böhmische Musikant zu Hause, der des Weges zieht und mit dem Notenblatt sammelt. Eben treten wieder ihrer sieben ein, stellen sich schüchtern seitwärts, und wohl wissend, wie gefährlich jedes Zaudern für sie ist, beginnen sie sofort. Il Baccio eröffnet den Reigen. Wohl ist es hart. Die Posaune, mit beinah künstlerischem Festhalten eines Tones, erinnert an das Nachtwächterhorn alter Tage; die Trompete kreischt, der Triangel bimmelt erbärmlich. Wie immer auch, seid mir gegrüßt! —

Wenn ich dieser alten Gestalten mit den schadhaften Bärten und den verbogenen Käppis ansichtig werde, lacht mir immer das Herz. Nicht aus Sentimentalität, nicht weil sie mich an Jugendtage erinnern, sondern weil sie so bequem, so harmlos sind, während der moderne Künstler, nach eigner Neigung und vor allem auch durch die feierliche Gutheißung des Publikums, sich mehr und mehr zu einem Tyrannen der Gesellschaft aufgeschwungen hat. Du bist irgendwo in ein Gespräch verwickelt, nehmen wir an in das unbedeutendste von der Welt, über Drainierung, oder Spargelzucht, oder luftdichte Ofentüren; niemand verliert etwas, der von diesem Gespräche nichts hört, aber dir und deinem Nachbar gefällt es, euch beiden ist es lieb und wert, und ihr treibt behaglich auf der Woge der Unterhaltung. In diesem Augenblick stillen, harmlosen Glücks gibt irgendein dicker oder dünner primus inter pares mit seiner silbernen Klappentrompete ein Zeichen und verurteilt dich ohne weiteres zum Schweigen. Willst du nicht darauf achten, so wirst du gesellschaftlich in den Bann getan: du mußt zuhören, du mußt die »lustigen Weiber von Windsor« sich zum zehnten Male zanken, oder gar die Prinzessin Isabella zum hundertsten Male um »Gnade« rufen hören. Nichts hilft dagegen. Wie anders diese echten und unechten Bergmannsvirtuosen! Sie blasen drauf los, alle Kinder sind entzückt, du selber folgst lachend den stolpernden Dissonanzen und hast dabei das süße Gefühl bewahrter persönlicher Freiheit. Die allgemein anerkannte künstlerische Unvollkommenheit wird zum rettenden Engel.

Baumgartenbrück ist noch ein Platz dieser Freiheit.

Aber was dauernd hier fesselt, weit über das beste Bier und die bescheidenste Musik hinaus, das sind doch die Gaben der Natur, das ist — wir deuteten es schon an — die seltene Schönheit des Platzes. Es ist eine »Brühlsche Terrasse« am Schwielowsee. Bastionartig springt ein mit Linden und Kastanien dicht bestandener Uferwall in den See hinein, und so viele Bäume, so viele Umrahmungen eines von Baum zu Baum wechselnden Panoramas. Welche Reihenfolge entzückender Bilder! Man sitzt wie auf dem Balkon eines Hauses, das an der Schmalseite eines langen Squares gelegen ist, und während das Auge über die weite Fläche des oblongen Platzes hingleitet, zieht unmittelbar unter dem Balkon das Treiben einer belebten Straße fort. Der Platz ist der Schwielowsee, die belebte Straße ist die Havel, deren Fahrwasser an dem Quai vorüber und durch die unmittelbar zur Rechten gelegene Brücke führt.

Ist es hier schön zu allen Tageszeiten, so waltet hier ein besonderer Zauber um die sechste Stunde; dann schwimmen, kommend und gehend, aus dem Schwielow hinaus und in den Schwielow hinein, aber alle von der Abendsonne beschienen, die Havelkähne in ganzen Geschwadern heran und zwischen ihnen hindurch gleitet von Werder her der obstbeladene Dampfer. Die Zugbrücke steigt und fällt in beständigem Wechsel, bis mit dem Niedergehen der Sonne auch der Verkehr zu Ende geht.

Nun dunkelt es. In den Lindenlauben werden die Lichter angezündet und spiegeln im See. Noch hallt dann und wann ein Ruf herüber, oder ein Büchsenschuß aus dem Fercher Forst her rollt im Echo über den See; — dann alles still. Die Lichter löschen aus, wie die Glühpunkte in einem niedergebrannten Papier. Ein Huschen noch hierhin, dorthin; nun verblitzt das letzte.

Nacht liegt über Baumgartenbrück und dem Schwielow.

ALT-GELTOW

I do not set my life at a pin's fee;
By heaven, I'll make a ghost of him that hinders me:
I say, away!

Hamlet

Etwa tausend Schritt hinter Baumgartenbrück, und zwar landeinwärts, liegt Alt-Geltow.

Wenn es auch bezweifelt werden mag, daß die »alte Bomgarde«, die dem heutigen Baumgartenbrück den Namen gab, wenigstens soweit das Sprachliche in Betracht kommt, bis in die slawische Zeit hinauf zu verfolgen ist, so haben wir dagegen in Alt-Geltow ein unbestritten wendisches Dorf. Die ältesten Urkunden tun seiner bereits Erwähnung und es nimmt seinen Platz ein unter den sieben alten Wendendörfern der Insel Potsdam: Bornim, Bornstädt, Eiche, Golm, Grube, Nedlitz und Gelte. Diese letztere Schreibweise, ursprünglich Geliti, ist die richtigere. Geltow indes ist der übliche Name geworden.

Die Geschichte des Dorfes geht weit zurück; aber die schon erwähnten Urkunden, von denen die älteste aus dem Jahre 933 stammt, sind dürftigen Inhalts und lassen uns, von kleinen Streitigkeiten abgesehen, nur das eine erkennen, daß erst die Familie Hellings von Gelt, dann die Gröbens, dann die Hakes ihren Besitz hier hatten. 1660 gingen Dorf und Heide an den Großen Kurfürsten über und gehörten seitdem zu den vielen Besitzungen des kurfürstlichen, beziehungsweise königlichen Hauses in der Umgegend von Potsdam. 1842 wurde die Heide zur Erweiterung des Wildparks benutzt.

Geltow war immer arm; dieser Charakter verblieb ihm durch alle Zeiten hin, und die schlichten Wände seiner Kirche, deren wir eben ansichtig werden, mahnen nur zu deutlich daran, daß die Pfarre, um die Mitte des vorigen Jahrhunderts, zweihundert Taler trug.

Wir schreiten zunächst über einen Grabacker hin, der seit zwanzig oder dreißig Jahren brach liegt und eben wieder anfängt, aufs neue bestellt zu werden. Zwischen den eingesunkenen Hügeln wachsen frische auf; diese stehen in Blumen, während wilde Gerste über die alten wächst.

Es ist spät Nachmittag; der Holunder blüht; kleine blaue Schmetterlinge fliegen um die Gräber; ein leises Bienensummen ist in der Luft; aber man sieht nicht, woher es kommt.

Die Kirchtür ist angelehnt; wir treten ein und halten Umschau in dem schlichten Raume: weiße Wände, eine mit Holz verschlagene Decke und hart an der Giebelwand eine ängstlich hohe Kanzel, zu der eine steile, gradlinige Seitenstiege führt.

Und doch das Ganze nicht ohne stillen Reiz. Krone neben Krone; gestickte Bänder, deren Farben halb oder auch ganz verblaßten; dazwischen Myrten- und Immortellenkränze im bunten Gemisch. Das Ganze ein getreues Abbild stillen dörflichen Lebens: er ward geboren, nahm ein Weib und starb.

Es ist jetzt Sitte geworden, die Kirchen dieses Schmuckes zu berauben. »Es sind Staubfänger«, so heißt es, »es stört die Sauberkeit«. Richtig vielleicht und doch grundfalsch. Man nimmt den Dorfkirchen oft das Beste damit, was sie haben, vielfach auch ihr — Letztes. Die buntbemalten Fenster, die großen Steinkruzifixe, die Grabsteine, die vor dem Altar lagen, die Schildereien, mit denen Liebe und Pietät die Wandpfeiler schmückte, — sie sind alle längst hinweggetan; »sie nahmen das Licht«, oder »sie waren zu katholisch«, oder »die Frucn und Kinner verfierten sich«. Nur die Braut- und Totenkronen blieben noch. Sollen nun auch diese hinaus? Soll alles fort, was diesen Stätten Poesie und Leben lieh? Was hat man denn dafür zu bieten? Diese Totenkronen, zur Erinnerung an Heimgegangene, waren namentlich dem aufs Saubere und Ordentliche gestellten Sinn Friedrich Wilhelms III. nicht recht. In den Dorfkirchen, wo er sonntags zum Gottesdienste erschien, duldete er sie nicht. Er gestattete aber Ausnahmen. Pastor Lehnert in Falkenrehde erzählt: Eine alte Kolonistenwitwe in meiner Gemeinde verlor ihren Enkel, den sie zu sich genommen und erzogen hatte, und der ihr ein und alles war. Sie ließ eine reich mit Bändern verzierte Totenkrone anfertigen und begehrte, solche neben ihrem Sitze in der Kirche aufhängen zu dürfen, »weil sie sonst keine Ruhe und keine

Andacht mehr habe«. Pastor Lehnert gab nach. Der König, bei seinem nächsten Kirchenbesuche von Paretz aus, bemerkte die Krone und äußerte sich mißfällig; als ihm aber der Hergang mitgeteilt wurde, fügte er hinzu: »Will der Frau ihre Ruhe und Andacht nicht nehmen.« — Solche Fälle, wo »Ruhe und Andacht« eines treuen und liebevollen Herzens an einem derartigen, noch dazu höchst malerischen Gegenstande hängen, sind viel häufiger, als nüchterne Verordnungen Unbeteiligter voraussetzen mögen.

Die Alt-Geltower scheinen so empfunden zu haben und haben ihren besten Schmuck zu bewahren gewußt. Die Giebelwand, an der sich Kanzel und Kanzeltreppe befinden, ist ganz in Kronen und Kränze gekleidet, im ganzen zählte ich siebenzig, und dazwischen hängen jene bekannten, schwarz und weißen Tafeln, an deren Häkchen die Kriegsdenkmünzen aus der Gemeinde ihre letzte Stätte finden. Die eine Tafel erzählte von 1813; auf der andern las ich folgendes: »Aus diesem Kirchspiel starben im Befreiungskriege für ihre deutschen Brüder in Schleswig-Holstein:

F. W. Kupfer, gef. vor Düppel am 17. März 1864;

Carl Wilh. Lüdeke, gestorben an seinen Wunden im Lazarett zu Rinkenis am 22. März 1864.

Vergiß die treuen Toten nicht.«

Das Jahr 1866 schien ohne Opferforderung an Alt-Geltow vorübergegangen zu sein. Aber jetzt! Manch neuer Name wird sich zu den alten gesellen.

In der Kirche hatte sich ein Mann aus dem Dorfe, ich weiß nicht, ob Lehrer oder Küster zu uns gefunden. »Nun müssen Sie noch die Meusebachsche Begräbnisstätte sehen«, so sagte er. Wir horchten auf, da wir von einer solchen Begräbnisstätte nie gehört hatten, folgten dann aber unserem neu gewonnenen Führer, bis wir draußen an einen Vorsprung gelangten, eine Art Bastion, wo der Kirchhofshügel steil abfällt. Hier, an höchster Stelle, die einen Überblick über das Dorf und seine Gärten gestattet, bemerkten wir nunmehr einen eingefriedigten, mit Eschen und Zypressen umstellten Platz, dessen schlichtes, mit Convolvulus und wildem Wein umranktes Gitter drei Efeugräber einschloß. In ihnen ruhten Vater, Mutter, Sohn. Die letzten ihres Namens. Das Ganze wirkte durch seine große Einfachheit.

Der Vater, Karl Hartwig Gregor Freiherr von Meusebach, lange Zeit Präsident des Rheinischen Kassations- und Revisionshofes, war ein Kenner der deutschen Literatur, zugleich ein Sammler ihrer Schätze, wie kaum ein zweiter. Wir finden über ihn folgendes: »Seine bibliographischen Bestrebungen umfaßten das ganze Gebiet von Erfindung der Buchdruckerkunst bis auf die Gegenwart, doch so, daß er dem Volks- und geistlichen Liede, den Schriften Luthers, vor allen aber Fischarts, so wie den nach seiner Meinung zu sehr verachteten und vergessenen Schriftstellern des 17. Jahrhunderts einen gewissen Vorrang zugestand. Alle erheblich scheinenden Bücher, welche seine scharfsinnigen Untersuchungen ihn kennen gelehrt hatten, suchte er zu erwerben. So gedieh seine Bibliothek zu einer seltenen Vollständigkeit und zu einem fein gegliederten inneren Zusammenhange.«

Von 1819 an lebte er in Berlin, wenn ich nicht irre in einem der Häuser, die bei dem Neuen-Museums-Bau verschwunden sind. Hier besuchte ihn anfangs der zwanziger Jahre Hoffmann von Fallersleben, der über diesen Besuch in seinen »Aufzeichnungen und Erinnerungen« berichtet.

»Schon in Koblenz hatte ich viel gehört von einem Herrn von Meusebach, der von dort aus als Geheimer Rat an den Rheinischen Kassationshof in Berlin versetzt worden sei.

Er besitze, so hieß es, eine große Bibliothek, reich an altdeutschen Werken, sei ein großer Kenner und immer noch ein eifriger Sammler. Ich erfuhr bald seine Wohnung: er wohnte in dem Hause der Frau Friedländer hinter der kleinen Brücke, die über den Kupfergraben auf den Museumsplatz und die Neue Friedrichstraße zuführte. Ich ging eines Morgens zwischen neun und zehn Uhr hin, ließ mich anmelden, wurde aber abgewiesen. Ich wiederholte noch zweimal meinen Besuch; immer aber hieß es: ›der Herr Geheime Rat schläft noch.‹ Ich ließ mich nicht abschrecken und versuchte es zum vierten Male, aber erst um elf Uhr. Diesmal hatte ich sagen lassen, der Herr von Arnim habe mich ja schon angemeldet. Nach einiger Zeit kehrte der Bediente zurück: ich möchte eintreten.

Herr von Meusebach war in eifrigem Gespräch begriffen mit Frau von Savigny, begrüßte mich, ließ mich stehen und setzte sein Gespräch fort. Frau von Savigny war so gesprächig, daß sich gar kein Ende absehen ließ. Endlich nach einer Viertelstunde war der Born ihrer Beredsamkeit versiegt und sie empfahl sich.

Meusebach wendete sich nun an mich. Ich sprach einfach aus, was ich von ihm wünschte, nämlich seine Bücher zu sehen. Das gefiel ihm. Ehe er mir aber etwas zeigte, öffnete er die Tür zur Bibliothek und holte links aus der Ecke zwei gestopfte Pfeifen und bot mir die eine an. Als wir so recht damit im Zuge waren, schloß er eine Tapetentür auf; in diesem unbemerkten Wandschrank wurden die Lieblingsbücher und kostbarsten und seltensten aufbewahrt. Zuerst zeigte er mir das Luthersche Gesangbuch von 1545. ›Was sagen Sie dazu?‹ Ich freute mich, staunte, bewunderte. Es folgte nun eine ganze Reihe derartiger Bücher, die ich alle noch nie gesehen hatte. Die Bücherschau dauerte bereits über anderthalb Stunden, da trat Friedrich der Bediente ein: ›Herr Geheime Rat, es ist angerichtet.‹ Das störte uns nicht, wir fuhren in unserem angenehmen Geschäfte fort. Friedrich kam wieder: ›Herr Geheime Rat, das Essen steht schon längst auf dem Tische.‹ ›Gut. Nun kommen Sie mit.‹ Ich hatte früher nie Sauerkraut essen können, heute schmeckte es mir vortrefflich, sowie der leichte Moselwein (einen andern führte der Herr Geheime Rat nicht). Frau von Meusebach lachte, daß ich es heute so schön getroffen hätte. Die Unterhaltung war sehr heiter. Ich erzählte allerlei hübsche Geschichten so unbefangen, als ob ich in einem Kreise alter lieber Freunde mich befände.

Nach Tische begaben wir uns wieder an unsern Wandschrank. Als der Kaffee kam, holte ich mir selbst eine frisch gestopfte Pfeife, — Friedrich mußte immer an die dreißig wohlgereinigt und gestopft im Gange erhalten. Meusebach ergötzte sich sehr, daß ich schon so gut Bescheid wußte.

Wir begannen von neuem die Bücherschau. Es wurde Licht angezündet, wir setzten uns. Jetzt kamen die Liederbücher und die Fischartiana an die Reihe. Meine Freude steigerte sich. Der Tee wurde gebracht. Frau von Meusebach kam mit ihren Kindern. Das störte uns weiter nicht. Wir unterhielten uns und besahen Bücher; Tee und Essen war Nebensache. Die Kinder gingen wieder fort, Frau von Meusebach folgte bald nach, wir waren wieder allein. Eine frische Pfeife wurde angebrannt. Es war bereits spät. Ich wollte nach Haus, mußte aber bleiben. Es wurde zwölf, es wurde eins. Immer noch kein Ende. Da kam Meusebach auf meine ›Liederhandschrift‹, die ich das Glück gehabt hatte auf einem Trödel in Bonn zu entdecken, zu sprechen und meinte, es wäre hübsch, wenn er das Buch mal sehen könnte. Das ›Sehen‹ verstand ich recht gut und beschloß bei mir, es ihm zu Weihnachten zu verehren. Endlich um halb zwei schieden wir und waren nach fünfzehntehalb Stunden erster Bekanntschaft beide recht frisch und vergnügt. Ich mußte versprechen, meinen Besuch bald zu wiederholen, und es fiel mir denn auch nicht im geringsten schwer, recht bald Wort zu halten.«

Gegen Ende seines Lebens hin empfand Meusebach immer tiefer das Bedürfnis, ungestört seinen Studien leben zu können. Er gab seine hohe richterliche Stellung auf (1842) und zog sich nun nach Alt-Geltow zurück. Mit ihm ging seine Bibliothek. Aber nicht lange mehr hatte er sich dieser Muße zu freuen. Er starb am 22. August 1847. Seine Bibliothek, ein Schatz, wurde 1849 seitens der preußischen Regierung erstanden und der Berliner Bibliothek einverleibt.

Hatte der Vater der stillen Welt seiner Bücher angehört, so gehörte der Sohn (seiner äußeren Stellung nach ebenfalls Jurist) um so voller der Außenwelt, dem Markt des Lebens an. Er war in eminentem Sinne ein »Lebemann«, geistreich, schlagfertig, eine feine und spitze Zunge zugleich. Die Märzereignisse zogen ihn in die Politik; sein berühmter Ausspruch: »ich rieche Leichen«, womit er in den Oktobertagen desselben Jahres auf die Tribüne trat, ist unvergessen geblieben und ein geflügeltes Wort geworden. Die fünfziger Jahre sahen ihn im diplomatischen Dienst, erst als Generalkonsul in den Donaufürstentümern, dann als Gesandten in Brasilien. Seine Wunderlichkeiten wuchsen. 1854 in Giurgewo war er im türkischen Kugelregen nicht nur spazierengegangen, sondern hatte seinen Rattenfänger auf das Apportieren von Sprengstücken abgerichtet; acht Jahre später in Rio verfiel er dem Wahnsinn. Seine Lebensweise hatte die angeborene Exzentrizität unterstützt. »Champagner in Eis« war sein steter Begleiter und seine oft abgegebene Versicherung, »daß er seines Vaters Bibliothek in den Keller getragen habe«, war nur allzu richtig. So konnte die Katastrophe kaum ausbleiben. Eine reich angelegte Natur ging in ihm zugrunde.

Daß ich Gräbern wie diesen auf dem Geltower Kirchhofe begegnen würde, der Gedanke hat mir fern gelegen. Ich las die einfachen Inschriften, nahm ein Efeublatt vom Grabe des Vaters und stand noch immer wie im Bann dieser Stätte.

Unser Führer endlich löste ihn. »Da drüben ist noch ein Grab, das Sie sehen müssen.« — Zugleich brach er auf und gab uns dadurch das Zeichen, ihm zu folgen.

Ein dichtes Fliedergestrüpp hatte uns wie eine Kulisse von dem eigentlichen Kirchhof, der jetzt, wie erwähnt, seine zweite Bestellzeit hat, getrennt, und wir standen nunmehr, nachdem wir das Gestrüpp glücklich durchbrochen, vor einer kleinen Gräberreihe, die das so lange brach gelegene Feld neu zu durchziehen begann. Eines der Gräber war besonders gehegt und gepflegt: ein Gartenbeet mit Rosen und Nelken, mit Levkojen und Heliotrop dicht überwachsen. Zu Häupten des Grabes stand ein Kreuz, dahinter hohe Malven. Die Inschrift lautete: »Hier ruhet in Gott Johann Schupke, geboren den 1. Februar 1822, gestorben den 30. November 1865. Jesaias Cap. 57 V. 2: Und die richtig vor sich gewandelt haben, kommen zum Frieden und ruhen in ihren Kammern.«

Die Sonne war am Untergehen; die schönste Zeit des Tages zumal für eine märkische Landschaft. Wir ließen deshalb die Gräber, unterbrachen unser Gespräch und stiegen die Kirchturmtreppe hinauf, um uns, nachdem wir die Luken geöffnet, der im Golde daliegenden Schwielowufer zu freuen. Wie schön! Hier oben erst erneute sich das Gespräch. »Ja, von unserm Schupke wollt' ich erzählen«, so hob unser Führer an. Ich nickte zustimmend.

»Gott hab' ihn selig, das war ein Mann und durch schwere Schulen war er gegangen! Wen Gott lieb hat, den züchtigt er. Und das muß ich sagen: wenn der Himmel je einen preußischen Förster lieb gehabt hat, dann hat er Schupken lieb gehabt.«

»War er ein Alt-Geltower?« fragte ich, um wenigstens etwas von Teilnahme auszudrücken.

»Da seh ich, daß Sie ihn nicht gekannt haben. Er war ein Schlesier, aus dem Riesengebirge oder so herum, und sprach das Rübezahl-Deutsch bis an sein seliges Ende. Nie ist ein reines a über seine Lippen gekommen.«

»Wie kam er denn in diese Gegenden?«

»Wie so viele andere hierherkommen. Er wurde nicht lange gefragt. Sie hoben ihn aus, und ein schmucker Junge, wie er war, nahmen sie ihn zur Garde. Er stand bei den Jägern.«

»Und durch schwere Schulen ist er gegangen, sagten Sie?«

»Das will ich meinen! Lassen Sie sich erzählen. Der grüne Jägerrock sticht in die Augen; grün geht noch über blau; kurz und gut, Schupke wurde ein glücklicher Liebhaber. Der Himmel hing ihm voller Geigen. Ob er das Mädchen heiraten wollte, weiß ich nicht, aber sie hielt zu ihm, und eines Tages, der Böse hatte sein Spiel, schenkte sie ihm Uhr und Kette. Eine goldene Uhr. Es sei ein Erbstück; ein Onkel von ihr sei gestorben.

Das hätte nun unsern Schupke wohl stutzig machen sollen; aber der Mensch ist eitel, und wenn er hübsch ist und erst zweiundzwanzig Jahr, dann ist er's doppelt, kurzum Schupke nahm die Uhr und freute sich dran; die kleine goldene Kette paradierte zwischen dem dritten und sechsten Knopf, und wenn ihm ein Gedanke durch den Kopf ging, so dachte er: ›Es sterben so viele; warum soll er nicht gestorben sein?‹

Es sterben so viele Onkel, aber ihr Onkel, des Mädchens Onkel war nicht gestorben und schon am andern Tage hieß es: des alten Wolffenstein goldene Uhr wird vermißt, Uhr und Kette; und eine Stunde später hieß es: man weiß, wer sie hat; sie hat es gestanden.

Das ging wie ein Lauffeuer durch die Stadt; es kam auch in die Jägerkaserne. Schupke wurde leichenblaß. Ein unbescholtener Mann, makellos, aller Leute Liebling, — und nun entehrt. ›Ich hab es nicht gewußt‹; aber wer hätt' es geglaubt? Der Schein war gegen ihn. Es schüttelte ihn am ganzen Leibe; er riß das Fenster auf, um wieder frei zu atmen; es half nichts; ein furchtbares Anklagewort gellte ihm vor den Ohren; er hörte das Ticken der unglückseligen Uhr auf seiner Brust; er tat sie weg — es tickte noch.

Es *mußte* sein; er nahm seine Büchse und ging hinaus.

Aber das Leben ist süß. Er irrte draußen umher, erst an der Havel hin, dann links in den Forst hinein. ›Jetzt!‹ Er riß seinen Rock auf. Nein, noch nicht. So vergingen Stunden.

Wo ist Schupke? hieß es derweilen in der Kaserne. Man öffnete seinen Schrank. Da lagen Uhr und Kette. Man sah auf den Büchsenstand. Eine Büchse fehlte; Schupkes. Alles war klar.

Der Hauptmann seiner Kompanie, Graf Schlieffen, warf sich aufs Pferd. Der Weg war wie vorgeschrieben. Er sagte sich: ein Jäger ist in den Wald gegangen. Fünfhundert Schritt hinterm Schützenhause begegnete ihm ein Mann, der Reisig auf seiner Karre heimkarrte. ›Guten Tag, Papa, habt Ihr nicht einen Gardejäger hier herum gesehen?‹

›Woll, den hebb ick sehn. Reitens man to, Herr Hauptmann. Mit den Jäger is et nich richtig. Ich kaek upp'n Kirchhof. Da läg he an een von de Gräbers up sine Knie, un ick hürte, wie he lies' beden und spreeken deih. Un denn legt he sinen Kopp up det Grab, immer deeper int Gras. Mit den

Jäger is et nich richtig. Reitens man to, Herr Hauptmann.‹

Also doch. Graf Schlieffen jagte vor. In einer Minute hielt er an dem halb angelehnten Torflügel. Da lag der Gardejäger noch auf seinen Knien, wie der Reisigsammler erzählt hatte, und betete. Schupke! rief der Graf.

Schupke sprang auf und griff nach seiner Büchse. Er sah wie gestört aus; dann winkte er mit der Hand, wie um anzudeuten: der Graf solle ihn nicht stören.

Der aber ritt näher. Schupke winkte noch einmal. Als der Graf auch jetzt noch weiter vorritt, legte Schupke die Büchse an die Schulter: Zurück, Herr Hauptmann, oder ich schieße!

Der Graf hielt; — ein Gardejäger trifft seinen Mann. So war Zeit gewonnen. Im nächsten Augenblick aber fiel ein Schuß. Schupke hatte sich in die Brust geschossen.

Auf einer Bahre trugen sie ihn heim. Er schien ein Sterbender. Aber die Jugend war stärker als der Tod. Drei Jahre lang lag er im Lazarett, die Kugel hatte ihm ein Stück Tragband mit in die Lunge gejagt; dann stand er auf und war ein genesener Mann. Kein Mensch in Potsdam sprach von dem, was vorhergegangen war; in Mitleid war jede andere Betrachtung untergegangen; jeder hatte ein tiefes Mitgefühl für den Mann von Ehre, der die leise Schuld, die ihn traf, mit seinem Blute bezahlt hatte. Er verließ das Lazarett und wurde Förster in der Pirschheide. Hier, wo die Lichtung ist, dort stand sein Haus.

Das Trauerspiel war aus; das Idyll begann. Er schloß eine glückliche Ehe, und ehe zehn Jahre ins Land gegangen waren, war er eine ›Figur‹ in Havelland und Zauche. Er trat wie ein Sonnenschein in jeden Kreis; jedes Gesicht wurde heiterer, die Kinder liefen ihm entgegen und reichten ihm die Hand. Er hatte die glücklichste Mischung: einen festen Sinn und ein freundliches Herz.

So lebte er in unserer Mitte, unseres Dorfes Stolz, sich und andern zur Freude. Aber er sollte nicht zu hohen Jahren kommen. Eines Morgens — alle Dächer lagen in Reif und die Sonne stand wie eine rote Kugel über den Bäumen, — da lief es von Haus zu Haus: Schupke ist tot. Es war nur allzu wahr.

Er hatte einen eigenen Tod gehabt. Einen etwas engen Stiefel mit Gewalt anziehend, war eines der vernarbten Blutgefäße wieder geplatzt und der Erguß in die Lunge hatte seinem Leben ein Ziel gesetzt.

Drei Tage später haben wir ihn begraben. Keiner fehlte. Es waren herzliche Tränen, die auf sein Grab fielen. Die Pirschheide hatte keinen bessern Mann gesehen.«

So erzählte unser Führer. Die Sonne war inzwischen untergegangen; wir gaben unsern Lukenplatz auf und stiegen hinunter. Ein weißer, kaum fußhoher Nebel zog über den Kirchhof hin und hüllte die Gräber ein; aber die Kreuze ragten hell darüber hinaus und auf der goldenen Inschrift des einen lag es wie ein letzter Schimmer.

NEU-GELTOW

> Seit drei Menschenaltern schöpft ihr
> Aus dem Meere dieser Weisheit;
> Habt ihr keinen Tropfen, laßt mich
> Wissen trinken, denn mich dürstet.
>
> *Scherenberg* (Der letzte Maurenkönig)

Es dämmerte und die ersten Sterne zogen blaß herauf, als wir unsern Heimweg antraten. Unser Spezialführer auf dem Alt-Geltower Kirchhof blieb zurück. Welche Gegensätze hatten eben zu uns gesprochen! Ein gelehrter, bienenfleißiger Sammler; ein Lebemann, »der die Bibliothek seines Vaters in den Keller trug«, und als Dritter ein Parkhüter, der in den Bäumen seines Wildparks so gut Bescheid wußte, wie sein Nachbar in seinen Büchern. Ein schlichtes Dasein, diese Parkhüterexistenz, und doch war der blutige Ernst des Lebens erschütternder an sie herangetreten, als an das Leben dessen, der im Granatregen von Giurgewo spazierengegangen war und dreizehn Duelle als Gesandter in Rio auf einmal kontrahiert hatte.

So plauderten mein Gefährte und ich, bis die wechselnde Szenerie unserm Gespräch eine andere Richtung gab. Wir hielten immer noch die Dorfstraße inne; aber das Dorf selbst schien ein anderes geworden, und in der Tat waren wir aus Alt-Geltow in Neu-Geltow hineingeraten. Der Unterschied war so groß, daß er sich uns aufdrängen mußte. Der dörfische Charakter hatte aufgehört, Sommerhäuser waren an seine Stelle getreten; klein, einstöckig, aber von großer Sauberkeit, und überall da, wo ein Vorgarten war oder wo sich Caprifolium- und Rosenbüsche um Tür und Fenster zogen, voll

Anmut und malerischem Reiz. In Front der Häuschen standen gedeckte Tische: Kabaretts, Fruchtschalen mit Erd- und Himbeeren gefüllt, Milchsatten und geriebenes Schwarzbrot, während in der Mitte der dichtbesetzten Tafel ein Teeapparat und eine Milchglaslampe aufragte, deren Flamme ohne jegliches Flackern brannte. Denn kein Luftzug ging. Dies Bild wiederholte sich von Haus zu Haus, und ihre Gesamtheit erinnerte mich lebhaft an kleine Ostseebadeörter, wo an Juliabenden die Binnenländischen von Spree und Havel in Front der Schiffer- und Lotsenhäuser sitzen und sich an Blaubeeren mit Milch erlaben, während irgendeine Flagge oder ein roter Wimpel von dem Frontgiebel des Hauses niederhängt.

Die Szenerie dieselbe, aber nicht die Menschen. Während in jenen Badeörtern das Weibliche prävaliert und die scharf akzentuierten Laute, die jetzt Agathen und Elisen, jetzt Helenen und Klementinen zur Ordnung rufen, schon auf dreißig Schritt keinen Zweifel darüber lassen, daß hier eine Residenzmutter sich niedergelassen hat, — wir sagen, während das Weibliche, die Glucke mit den Küchlein, die Signatur jener baltischen Badeplätze ist, herrscht hier das Männliche bis zu einem Grade vor, daß man Neu-Geltow als ein ausgebautes Mönchskloster bezeichnen könnte, als eine Benediktiner-Genossenschaft, deren Zellen in Gestalt kleiner Häuschen nebeneinander gestellt worden sind.

Ich habe diese Auswahl unter den Mönchsorden mit gutem Vorsatz getroffen, denn die Benediktiner sind die Studiermönche und was hier in diesen Neu-Geltower Zellen haust und wohnt, das sind in der Tat Wissenschaftsbeflissene, das sind junge Männer, die sich an dieser stillen, abgelegenen Stelle »Studierens halber« aufhalten.

Es hat damit folgende Bewandtnis.

In Preußen (wie in China) ist nichts ohne Examen! Alle Examina sind Klippengrund, besonders die juristischen. Aber wenn schon das Examen des Gerichtsassessors den gefürchteten »Needles« entspricht, in deren Umkreis die Schiffe zu Hunderten liegen, so entspricht das Examen des Regierungsassessors den Goodwin-Sands, wo die Mastspitzen der Verlorengegangenen so dicht aufragen, wie die Kreuze auf einem großstädtischen Kirchhof.

Solche und ähnliche Betrachtungen mochten es sein, die vor etwa zwanzig Jahren einen Dr. Förstermann anspornten, der bedrängten Menschheit zu Hilfe zu eilen. Dem Plan folgte die

Ausführung. In das schöne, beinah schloßartig gelegene Haus des alten Meusebach zog der junge Doktor ein; die Bibliothekzimmer wurden zu Klassen und Auditorien, und ein Institut entstand, das sich, »einem tiefgefühlten Bedürfnis entsprechend«, rasch emporarbeitete und die Zahlen und Tabellen der Schiffbruchstatistik erheblich reduzierte, während Neu-Geltow mehr und mehr jenen Klostercharakter annahm, den wir vorstehend bezeichnet haben. Auch ein Gelübde hatten die Eintretenden zu leisten; keins der drei großen, am wenigsten das der Armut, wohl aber das eine: jede der beim Examen an sie gerichteten Fragen gewissenhaft zu notieren und mitzuteilen. Diese Fragen, nunmehr Eigentum des Instituts, wurden in das goldene Buch des Hauses eingetragen und was in Upsala der Codex argenteus, oder in London die Tischendorffsche Bibel ist, das wurde im Förstermannschen Institut dieser Codex aureus. An ihm hing alles; er wog alles andere auf. Es war der Koran des Omar. »Wenn in anderen Büchern dasselbe steht, so sind sie überflüssig; wenn in ihnen etwas anderes steht, so sind sie unbrauchbar, gefährlich.« Wie die Welt auf der Schildkröte ruht, so ruhte das Institut auf diesem Buch. Und doch kam es anders, als Dr. Förstermann gedacht hatte.

Die Zeit schritt vorwärts, Preußen mit, und mit ihm — seine Steuern. Ruhm war nie billig. An Dr. Förstermanns Tür klopfte die »Einschätzungskommission«, klopfte häufiger und immer stärker, und müde der drohenden Schraube ohne Ende, schloß er das Institut. Die Studiermönche von Neu-Geltow waren haupt- und führerlos. Der Orden schien seiner Auflösung nahe.

Aber er schien es nur. Ein junger begnadeter Referendarius, der noch nicht lange genug da war, um den Wald vor Bäumen nicht zu sehen, trat in den Kreis der bemoosten Häupter und sprach wie folgt: »Brüder! Ein Blitz aus heiterm Himmel hat unsern Orden getroffen. Wir sind wie gelähmt. Aber verloren ist nur, was sich selber verloren gibt. Ich schlage vor: geben wir uns nicht verloren. (Beifall. Ironisches Lächeln.) Ich wiederhole: geben wir uns nicht verloren. Kommilitonen, wir haben das goldene Buch. (Nein, nein! ja, ja!) Wir haben das goldene Buch. Wir haben nicht den toten Einband (gut, gut!), aber wir haben alles, was lebendig an diesem Buche ist, wir haben — die Fragen. Wir kennen sie, sie sind uns gegenwärtig. Was soll uns die Aufzeichnung? Was soll uns das Geschriebene? Wir haben die Tradition. Wir sind führerlos, führen wir uns selbst. Der Staat, unser Staat über alles. L'état c'est nous!«

Eine außerordentliche Bewegung hatte sich aller bemächtigt. »Das Ei des Kolumbus!« riefen einige der Bemoosten. Man schüttelte sich die Hände, es war eine Szene wie auf der Rütliwiese; alte Gelübde wurden erneuert und was mehr ist, man hielt sie. Neu-Geltow blieb. Die villenartigen Häuschen, die, wenn der Exodus Referendariorum eine Wirklichkeit geworden wäre, längst ihr zierliches Blütengerank mit Kürbis und Stangenbohnen vertauscht haben würden, verblieben in ihrem Rosen- und Geißblattschmuck, und nichts war geschehen als — die Verfassung war geändert. Die monarchische Spitze war abgebrochen, errungen war eine freie Schweiz.

Während wir über dies und ähnliches sprachen, hatten wir die letzten Häuser von Neu-Geltow erreicht, und müde vom Marschieren, dazu trocken in der Kehle, setzten wir uns auf eine am Ackerland liegende Walze, um hier aus freier Hand ein etwas verspätetes Vesperbrot einzunehmen. Ich richtete dabei allerhand Fragen an meinen Gefährten, der, wie sich der Leser aus früheren Kapiteln freundlich erinnern wird, diese Territorien zwischen Havel und Schwielowsee wie seine zweite Heimat kannte, und ließ mir unter immer wachsendem Interesse von den sozialen Zuständen dieser Kolonie erzählen, von Parteien und Gegensätzen, von Krieg und Frieden, von Reunions und Festlichkeiten und von den delikaten Beziehungen zwischen Wirten und Mietern.

»Diese Beziehungen«, so nahm der Gefährte eingehender das Wort, »sind sehr gut, wie Sie sich denken können; es wird hier studiert, aber es wird doch auch gelebt, und überraschlich ist mir immer nur das eine erschienen, daß, bei aller persönlichen Hinneigung zu der unter ihnen weilenden jungen Rechts- und Regierungswelt, die Hauswirte und Villenbesitzer, die Autochthonen von Neu-Geltow, eine entschiedene Vorliebe für höchst unjuristische Aushilfen an den Tag legen. Ob die in den Zimmern ihrer Mieter aufgehäuften Wälzer und Pandektenstöße die Frage in ihnen angeregt haben: ›wer soll da Recht finden?‹ — gleichviel, es ist eine Tatsache, daß sie eine Art Passion für das aide toi même und für ein ›abgekürztes Gerichtsverfahren‹ haben.

Sehen sie hier drüben das Haus neben dem Eiskeller?« fuhr mein Reisegefährte fort. Ich nickte. »Nun gut; in dem zweiten Hause dahinter, mit den Jalousien und der kleinen Veranda, wohnen zwei Brüder, Kaufleute ihres Zeichens, die sich aus den Geschäften wohl oder übel zurückgezogen haben und als Zimmervermieter und Hoteliers kleineren Stils in der frischen Luft von Neu-Geltow das Nützliche mit dem Angenehmen zu verbinden trachten. Sie heißen Robertson, erzählen von einem rätselhaften Urgroßvater, der aus Schottland hierher verschlagen wurde, und haben ihre Sofas mit Tartan in den Clanfarben der Robertsons überzogen. Ihre Vornamen sind Wilhelm und Robert, wobei jener, wenn es sich darum handelt ›to do the honours for all Scotland‹, im Vorteil ist, indem er sich beliebig aus einem Wilhelm in einen William umwandeln kann, während der jüngere durch eine Art Sprachtücke unter allen Umständen ein Robert bleibt. Er hat dafür den Vorzug der Alliteration und eines gewissen Skandinavismus: Robert Robertson.

Sie müssen diese Abschweifung meiner Erzählung verzeihen. Aber die beiden Brüder sind eben die Helden meiner Geschichte, und wenn es auch eine bekannte Sache ist, daß man seine Lieblingsfiguren am besten durch Tatsachen schildert, so werden Sie doch eine kurze Charakterisierung gelten lassen.

Robert, zu der Zeit, wo meine Geschichte spielt, hatte die linke, Wilhelm die rechte Seite des Hauses inne. Sie können deutlich die Giebelfenster des letzteren sehen. Es war an einem frischen Oktobermorgen, die Sonne war noch nicht heraus, als Robert an die Jalousien von seines Bruders Schlafzimmer pochte. Dieser ließ nicht lange auf sich warten und öffnete: ›Wilhelm, sie sind bei dir eingebrochen.‹ Das war ein Donnerwort.

Aber über Wilhelm kam jetzt der alte Geist seiner Heimat; die Schotten sind scharf in Mein- und Dein-Fragen; er sprang in die Kleider, dann in den Hof. Wer ihn gesehen hätte, hätte ausrufen müssen: jeder Zoll ein William. Der Einbruch war rasch konstatiert: der Dieb war mit Hilfe einer Feuerleiter in das oberste Giebelfenster, da wo Sie jetzt das Licht sehen, eingestiegen, hatte dem nachbarlichen Rauchfang drei Schinken und sieben Würste, einer auf dem Boden stehenden Truhe ein Bettenbündel entführt und war dann auf demselben Wege verschwunden, auf dem er gekommen war. Die Feuerleiter wieder an ihren Platz zu bringen, hatte er nicht für nötig befunden.

Einen Augenblick schien guter Rat teuer, als Robert, ohne

eine Ahnung von der Wichtigkeit seiner Bemerkung zu haben, vor sich hinmurmelte: ›und der Kinderwagen ist auch weg.‹

Der ältere Bruder richtete sein Auge nach der Schuppenecke, wo sonst der Wagen zu stehen pflegte; die Stelle war leer; er stieß die linke Faust triumphierend in die Höh' und schrie: ›Jetzt kriegen wir ihn.‹ Es war ersichtlich, daß der Dieb sich des Wagens bemächtigt hatte, um seine Beute rascher und bequemer fortschaffen zu können; dem Bestohlenen aber stand es auf einen Schlag vor der Seele, daß er an der Apartheit der Räderspur eines Kinderwagens, die Spur des Feindes und endlich ihn selber finden würde.

›Sollen wir Anzeige machen?‹ unterbrach Robert.

›Ei, was, Anzeige. Das wissen wir in Neu-Geltow besser.‹ Damit sprang er ins Haus zurück, stülpte sich eine Filzkappe auf und stand im nächsten Moment mit zwei Dornstöcken wieder auf dem Hof. ›Da nimm.‹

›Willst du nicht lieber die Pistolen . . .‹

›Nein, ein Knüttel geht immer los.‹ Damit trat er auf die nach Potsdam führende Chaussee. Der Bruder folgte.

Nun begann ein Suchen, wie es seit den Tagen des ›letzten Mohikaners‹ nicht mehr erlebt worden ist. Alle Künste, die Falkenauge in seinen besten Momenten geübt, alle Instinkte, die den Unkas und Chingachgook jemals siegreich geleitet, wenn sie aus einem abgebrochenen Tannenzweig oder aus dem Tritt des Mokassins die Spur zu entdecken und die schon verlorene wieder aufzufinden wußten, alle diese Künste und Instinkte sie wurden überboten von dem, was jetzt William Robertson in dieser frühen Oktoberstunde leistete. Das Terrain war das schwierigste von der Welt. Es hatte in der Nacht geregnet, und der Staub, der sonst auf der Chaussee liegt, war weggespült worden. Aber wenn die harte Steinstraße keine Spur herausgab, so zeigte sie sich dafür allemal da, wo der Kinderwagen momentan in den sogenannten Sommerweg eingebogen war, wie in eine Form gegossen. Die Brüder sprachen kein Wort, aber in solchem Augenblick begrüßten sich ihre Blicke.

So hatten sie die Spur bis zum Tore verfolgt; hier mußte sich's entscheiden. War er ein Potsdamer und hier in die Stadt hineingefahren, so waren alle Mühen umsonst gewesen; war er aber ein Berliner (und allerhand Zeichen hatten schon dafür gesprochen), war er statt in die Stadt, um diese herum und auf die Berliner Chaussee gebogen, so mußte er eingeholt werden. Richtig; da war die Spur. Der Sieg gestaltete sich mutmaßlich nur noch zu einer Frage der Zeit.

Also weiter. Es war jetzt schon um die neunte Stunde. Als sie eben die große Glienicker Brücke passiert hatten, sahen sie eine Schwadron Gardehusaren des Weges kommen. ›Habt ihr nicht einen Mann und einen Kinderwagen gesehen?‹ ›Jawohl; er muß jetzt hinter Drei-Linden sein, auf Neu-Zehlendorf zu.‹

Die Hoffnung sank wieder. Der Vorsprung war zu groß. Die Kräfte ließen nach. In diesem kritischen Moment indessen kam von einem der Etablissements her eine Morgendroschke gefahren, die nach Potsdam zurück wollte. ›Halt! Zwanzig Silbergroschen bis Neu-Zehlendorf.‹ Der Kutscher rührte sich nicht. ›Einen Taler‹. Er nickte. ›Noch ein Trinkgeld, Kutscher, aber nun laßt euren Wettrenner laufen.‹

Was soll ich die Katastrophe länger hinausschieben! Sie erraten ohnehin den Ausgang. In einem Chausseegraben zwischen Drei-Linden und Zehlendorf, hart zur Linken des Weges, saß der Gegenstand dieser energischen Suche und frühstückte, eine der geraubten Speckseiten neben sich, mit der ganzen Ruhe eines guten Gewissens, während der Kinderwagen mit seinem Bettenbündel wie das Junge eines Frachtwagens mitten auf der Chaussee stand. Dieser letztere Umstand sollte dem arglosen Frühstücker besonders verhängnisvoll werden, denn die gestörte Straßenkommunikation ließ nunmehr ein Ausbiegen nach links hin oder das ›Gewinnen der inneren Linie‹, wie die Strategen sagen würden, völlig unverfänglich erscheinen. So gelang ein totaler Überfall. Im Moment des Vorbeifahrens stürzten sich die beiden Brüder aus der schon vorher leise geöffneten Droschkentür auf ihr Opfer, entrissen ihm, unter Geltendmachung ihrer ›immer losgehenden Waffe‹, das Klappmesser, das der Überraschte einen Augenblick Miene machte à deux mains zu gebrauchen, und luden ihn dann ein, den Mittelplatz in ihrer Droschke einzunehmen. ›Er werde wohl müde sein‹. Der Kinderwagen wurde angehakt und so ging es im Triumph rückwärts, über die Glienicker Brücke. ›Jetzt wollen wir Anzeige machen‹, rief William seinem Bruder zu. ›Wer die Doktors kennt, kuriert sich erst selber.‹

Da haben Sie meine Geschichte. Sie mag Ihnen den Satz illustrieren, womit ich anfing, die Neigung zum ›abgekürzten Verfahren.‹«

Unser Vesperbrot war längst beendet; wir erhoben uns von

unsrer Walze und schritten munter in den Forst hinein. Es dunkelte stark, trotzdem die Sterne jetzt heller schienen. Wo eine Lichtung war und ein mäßig heller Schein auf den Weg fiel, musterte ich unwillkürlich die Gleise, ob nicht eine Kinderwagenspur sie durchschnitt oder begleitete.

WERDER

Die Insel und ihre Bevölkerung. Stadt und Kirche. »Christus als Apotheker«

Es möchte sich niederneigen
In die spiegelklare Flut,
Es möchte streben und steigen
In der Abendwolken Glut.

Uhland

*

I do remember an apothecary
And here about he dwells; . . . green earthen pots
Where thinly scatter'd to make up a show.

Shakespeare

Der Reisende, den von Berlin aus sein Weg nach Westen führt, sei es um angesichts des Kölner oder auch schon des Magdeburger Domes zu landen, hat — wie immer ablehnend er sich gegen die Schönheiten der Mark Brandenburg verhalten möge — wenigstens zu Beginn seiner Fahrt, solange die grünen Hänge von Potsdam ihm zur Seite bleiben, einige Partien zu durchfliegen, die er nicht Anstand nehmen wird, als Oasen gelten zu lassen. Wenn aber all die lachenden Bilder zwischen Schloß Babelsberg und dem Pfingstberg, zwischen der Pirschheide und dem Golmer Bruch ihn unbekehrt gelassen hätten, so würde doch das prächtige See- und Flußpanorama ihn entzücken müssen, das die große Havelbrücke eine Meile westwärts von Potsdam vor ihm auftut, und das ihm nach rechts hin eine meilenbreite, segelbedeckte Fläche, nach links hin eine giebelreiche, rot und weiß gemusterte, in dem klaren Havelwasser sich spiegelnde gotische Kirche zeigt. Um sie herum ein dichter Häuserkranz: Stadt Werder.

Stadt Werder, wie ihr Chronist Ferdinand Ludwig Schönemann in einem 1784 erschienenen Buche erzählt, liegt auf einer »gänzlichen Insel«. Diese umfaßt sechsundvierzig Morgen. »Zur Sommerzeit, wenn das Wasser zurückgetreten ist, kann man die Insel in einer Stunde umschreiten; sie aber zu umfahren, sei es in einem Kahn oder einer Schute, dazu sind zwei Stunden erforderlich. Ein solches Umfahren der Insel an schönen Sommerabenden gewährt ein besonderes Vergnügen, zumal wenn des Echos halber die Fahrt von einem Waldhornisten begleitet wird.« Der Chronist hat hier eine romantische Anwandlung, die wir hervorgehoben haben wollen, weil sie in seinem Buche die einzige ist.

Der Boden der Insel ist fruchtbar, größtenteils fett und schwarz; nur ein geringer Strich, von sehr unpoetischem Namen, ist morastig. Was die Entstehung der Stadt angeht, so heißt es, daß sich die Bewohner eines benachbarten Wendendorfes, nach dessen Zerstörung durch die Deutschen, vom Festlande auf die Insel zurückgezogen und hier eine Fischerkolonie gegründet hätten. »Doch beruht — wie Schönemann sinnig hervorhebt — die Gewißheit dieser Meinung bloß auf einer unsicheren Überlieferung.«

Unsicher vielleicht, aber nicht unwahrscheinlich. Das umliegende Land wurde deutsch, die Havelinsel blieb wendisch. Die Gunst der Lage machte aus dem ursprünglichen Fischerdorfe alsbald einen Flecken (als solchen nennt es bereits eine Urkunde aus dem Jahre 1317) und abermals hundert Jahre später war aus dem Flecken ein Städtchen geworden, dem Kurfürst Friedrich II. bereits zwei Jahrmärkte bewilligte. So blieb es in allmählichem Wachsen und seine Insellage wurde Ursache, daß keine Rückschläge erfolgten und Stadt Werder durch allen Zeitenwirrwarr hindurchgehen konnte, ohne die Kriegsrute zu empfinden, die für das umliegende Land, wie für alle übrigen Teile von Mark Brandenburg oft so hart gebunden war. Der Dreißigjährige Krieg zog wie ein Gewitter, »das nicht über den Fluß kann« an Werder vorüber; die Brücke war weislich abgebrochen, jedes Fahrzeug geborgen und versteckt, und wenn der scharf eintretende Winterfrost die im Sommer gewahrte Sicherheit zu gefährden drohte, so ließen sich's die Werderaner nicht verdrießen, durch beständiges Aufeisen der Havel ihre insulare Lage wieder herzustellen. So brachen nicht Schweden, nicht Kaiserliche in ihren Frieden ein und es ist selbst fraglich, ob der »schwarze Tod«, der damals über das märkische Land ging, einen Kahn fand, um vom Festland nach der Insel überzusetzen.

Das war der Segen, den die Insellage schuf, aber sie hatte auch Nachteile im Geleit und ließ den von Anfang an vorhanden gewesenen Hang, sich abzuschließen, in bedenklichem Grade wachsen. Man wurde eng, hart, selbstsüchtig; Werder gestaltete sich zu einer Welt für sich, und der Zug wurde immer größer, sich um die Menschheit draußen nur insoweit zu kümmern, als man Nutzen aus ihr ziehen konnte. Diese Exklusivität hatte schon in den Jahren, die dem Dreißigjährigen Kriege vorausgingen oder mit ihm zusammenfielen, einen hohen Grad erreicht. In Aufzeichnungen aus jener Zeit finden wir folgendes. »Die Menschen hier sind zum Umgange wenig geschickt und gar nicht aufgelegt, vertrauliche Freundschaften zu unterhalten. Sie hassen alle Fremden, die sich unter ihnen niederlassen, und suchen sie gern zu verdrängen. Vor den Augen stellen sie sich treuherzig, hinterm Rücken sind sie hinterlistig und falsch. Von außen gleißen sie zwar, aber von inwendig sind sie reißende Wölfe. Sie sind sehr abergläubisch, im Gespenstersehen besonders erfahren, haben eine kauderwelsche Sprache, üble Kinderzucht, schlechte Sitte und halten nicht viel auf Künste und Wissenschaften. Arbeitsamkeit und sparsames Leben aber ist ihnen nicht abzusprechen. Sie werden selten krank und bei ihrer Lebensart sehr alt.«

War dies das Zeugnis, das ihnen um 1620 oder 1630 ein unter ihnen lebender »Stadtrichter«, also eine beglaubigte Person, ausstellen mußte, so konnten einhundertundfünfzig Jahre weiterer Exklusivität in Gutem wie Bösem keinen wesentlichen Wandel schaffen, und in der Tat, unser mehr zitierter Chronist bestätigt um 1784 nur einfach alles das, was Stadtrichter Irmisch (dies war der Name des 1620 zu Gericht sitzenden) so lange Zeit vor ihm bereits niedergeschrieben hatte. Die Übereinstimmung ist so groß, daß darin ein eigentümliches Interesse liegt.

»Die Bewohner von Werder«, so bestätigt Schönemann, »suchen sich durch Verbindungen untereinander zu vermehren und nehmen Fremde nur ungern unter sich auf. Sie sind stark, nervig, abgehärtet, sehr beweglich. Sie stehen bei früher Tageszeit auf und gehen im Sommer schon um zwei Uhr an die Arbeit; sie erreichen siebzig, achtzig und mehrere Jahre und bleiben bei guten Kräften. Ihre Kinder gewöhnen sie zu harter Lebensart; im frühesten Alter werden sie mit in die Weinberge genommen, um ihnen die Liebe zur Arbeit mit der

Muttermilch einzuflößen. Die Kinder werden bis zum achten oder neunten Jahre in die Schule geschickt, lernen etwas lesen, wenig schreiben und noch weniger rechnen. Die meisten bleiben ungesittet; das kommt aber nicht in Betracht, weil ihnen an dem zeitlichen Gewinn gelegen ist. Viele natürliche Fähigkeiten sind bei ihnen nicht anzutreffen und sie halten fest am Alten. Sie lieben einen springenden Tanz, und machen Aufwand bei ihren Gastmählern. Im übrigen aber leben sie kärglich und sparsam und suchen sich durch Fleiß und Mühe ein Vermögen zu erwerben.«

Welche Stabilität durch anderthalb Jahrhunderte! Im übrigen, wenn man festhält, wie tief der Egoismus in aller Menschennatur überhaupt steckt und daß es zu alledem zwei »Fremde«, zwei »Zugezogene« waren, die den Werderanern die vorstehenden, gewiß nicht allzu günstig gefärbten Zeugnisse ausstellten, so kann man kaum behaupten, daß die Schilderung ein besonders schlechtes Licht auf die Inselbewohner würfe. Hart, zäh, fleißig, sparsam, abgeschlossen, allem Fremden und Neuen abgeneigt, das Irdische über das Überirdische setzend — das gibt zwar kein Idealbild, aber doch das Bild eines tüchtigen Stammes, und das sind sie durchaus und unverändert bis diesen Tag.

Wir haben uns bis hierher ausschließlich mit den Bewohnern beschäftigt; es erübrigt uns noch, in die Stadt selbst einzutreten und, soweit wir es vermögen, ein Bild ihres Wachstums, dann ihrer gegenwärtigen Erscheinung zu geben.

Der nur auf das Praktische gerichtete Sinn, der nichts Höheres als den Erwerb kannte, dazu eine Abgeschlossenheit, die alles Lernen fast mit Geflissentlichkeit vermied, all diese Züge, wie wir sie aus doppelter Schilderung kennengelernt haben, waren begreiflicherweise nicht imstande, aus Werder einen Prachtbau zu schaffen. Es hatte seine Lage und seine Kirche, beide schön, aber die Lage hatte ihnen Gott und die Kirche hatten ihnen die Lehniner Mönche gegeben. An beiden waren die Werderschen unschuldig. Was aus ihnen selbst heraus entstanden, was ihr eigenstes war, das ließ allen Bürgersinn vermissen, und erinnerte an den Lehmkatenbau der umliegenden Dörfer.

Noch zu Anfang des vorigen Jahrhunderts bestanden die Häuser aus Holz, Lehm und gestakten Wänden, die hölzernen Schornsteine zeigten einen riesigen Umfang und die Giebelfronten waren derart, daß immer eine Etage vorspringend über die andere hing. Die Häuser waren groß, aber setzten sich zu wesentlichstem Teile aus Winkeln, Kammern und großen Böden, selbst aus unausgebauten Stockwerken zusammen, so daß die Familie meist in einer einzigen Stube hauste, die freilich groß genug war, um dreißig Personen bequem zu fassen. Im Einklang damit war alles übrige: die Brücke baufällig, die Straßen ungepflastert, so daß, in den Regenwochen des Herbstes und Frühjahrs, die Stadt unpassierbar war und der Verkehr von Haus zu Haus auf Stelzen oder noch allgemeiner auf Kähnen unterhalten werden mußte.

In allem diesem schaffte endlich das Jahr 1736 Wandel. — Dieselben beiden Faktoren: »das Königtum und die Armee«, die überall hierzulande aus dem kümmerlich Gegebenen erst etwas machten, waren es auch hier, die das Alte abtaten und etwas Neues an die Stelle setzten. Die Armee, wie unbequem sie dem einen oder andern sein mochte, damals wie heute, sie sicherte, sie bildete, sie baute auf. So auch in Werder.

Es war im Spätsommer genannten Jahres (1736), als das eben damals in Brandenburg garnisonierende 3. Bataillon Leibgarde Befehl erhielt, zur Revue nach Potsdam zu marschieren, und zwar über Werder. Der Befehl lautete so bestimmt wie möglich; so blieb nichts anderes übrig, als dem Könige rund und nett zu erklären, daß die Brücke zu Werder unfähig sei, das 3. Bataillon Leibgarde zu tragen. Die Gardemänner aber, etwa im Gänsemarsch, einzeln in die Stadt einrücken zu lassen, dieser Vorschlag wurde gar nicht gewagt; Friedrich Wilhelm I. würde ihn als einen Affront geahndet haben. So gab es denn nur einen Ausweg, eine — neue Brücke. Der König ließ sie aus Schatullengeldern in kürzester Frist herstellen.

Eine neue Brücke war nun da; aber auch in der Stadt selber sollte es anders werden. Ein Kommando des Leibregiments, aus Gründen, die nicht ersichtlich, war in Werder geblieben und im Spätherbst erschien Se. Majestät in der Inselstadt, um über seine einhundertundfünfzig Blauen eine Spezialrevue abzuhalten. Es war die unglücklichste Jahreszeit: die Karosse des Königs blieb mitten auf dem Markt im Moraste stecken, ein Parademarsch wurde zu einem Unding und die Ungnade des Königs, wenn dergleichen nicht wieder vorkommen sollte, wandelte sich von selbst in eine Gnade um: Werder wurde gepflastert.

Die Kirche »Zum heiligen Geist«, auf der höchsten Stelle

der Insel malerisch gelegen, war schon zwei Jahre vorher einem Neubau unterzogen worden; ob sie schönheitlich dadurch gewonnen hatte, wird zu bezweifeln sein; die Lehniner Mönche verstanden sich besser auf Kirchenbau als der Soldatenkönig. Jedenfalls verbietet sich jetzt noch eine Entscheidung in dieser Frage, da die Renovation von 1734 längst wieder einem neuen Umbau gewichen ist, einer wiederhergestellten, spitzenreichen Gotik, die, in der Nähe vielleicht mannigfach zu beanstanden, als Landschaftsdekoration aber, wie eingangs dieses Kapitels bereits hervorgehoben wurde, von seltener Schönheit ist.

Dieser letzte Umbau, und wir treten damit in die Gegenwart ein, hat die Kirche erweitert, gelichtet, geschmückt; jene königliche Munifizenz Friedrich Wilhelms IV., die hier überall, an der Havel und den Havelseen hin, neue Kirchen entstehen, die alten wiederherstellen ließ, hat auch für Werder ein Mannigfaches getan. Dennoch, wie immer in solchen Fällen, hat das geschichtliche Leben Einbuße erfahren, und Bilder, Grabsteine, Erinnerungsstücke haben das Feld räumen müssen, um viel sauberern, aber viel uninteressanteren Dingen Platz zu machen. Zum Glück hat man für das »historische Gerümpel«, als das man es angesehen zu haben scheint, wenigstens eine »Rumpelkammer« übriggelassen, wenn es gestattet ist, eine Sakristeiparzelle mit diesem wenig ehrerbietigen Namen zu bezeichnen.

Hier befindet sich unter andern auch ein ehemaliges Altargemälde, das in Werder den überraschenden, aber sehr bezeichnenden Namen führt: »Christus als Apotheker«. Es ist so abnorm, so einzig in seiner Art, daß eine kurze Beschreibung desselben hier am Schlusse unseres Kapitels gestattet sein möge. Christus, in rotem Gewande, wenn wir nicht irren, steht an einem Dispensiertisch, eine Apothekerwaage in der Hand. Vor ihm, wohlgeordnet, stehen acht Büchsen, die auf ihren Schildern folgende Inschriften tragen: Gnade, Hilfe, Liebe, Geduld, Friede, Beständigkeit, Hoffnung, Glauben. Die Büchse mit dem Glauben ist die weitaus größte; in jeder einzelnen steckt ein Löffel. In Front der Büchsen, als die eigentliche Hauptsache, liegt ein geöffneter Sack mit Kreuzwurz. Aus ihm hat Christus soeben eine Handvoll genommen, um die Waage, in deren einer Schale die Schuld liegt, wieder in Balance zu bringen. Ein zu Häupten des Heilands angebrachtes Spruchband aber führt die Worte: »Die Starken bedürfen des Arztes nicht, sondern die Kranken. Ich bin kommen, die Sünder zur Buße zu rufen und nicht die Frommen. (Matthäi 9, Vers 12.)«

Die Werderaner, wohl auf Schönemann gestützt, haben dies Bild bis in die katholische Zeit zurückdatieren wollen. Sehr mit Unrecht. Die katholische Zeit hat solche Geschmacklosigkeiten nicht gekannt. In diesen Spielereien erging man sich, unter dem nachwirkenden Einfluß der zweiten Schlesischen Dichterschule, der Lohensteins und Hofmannswaldaus, zu Anfang des vorigen Jahrhunderts, wo es Mode wurde, einen Gedanken, ein Bild in unerbittlich-konsequenter Durchführung zu Tode zu hetzen. Könnte übrigens inhaltlich darüber noch ein Zweifel sein, so würde die malerische Technik auch diesen beseitigen.

1734, in demselben Jahre, in dem die alte Zisterzienser Kirche renoviert wurde, erhielt Werder auch eine Apotheke. Es ist höchst wahrscheinlich, daß der glückliche Besitzer derselben sich zum Donator machte und das Bildkuriosum, das wir geschildert, dankbar und — hoffnungsvoll stiftete.

Im nächsten Kapitel einiges über die »Werderschen«.

DIE WERDERSCHEN

Blaue Havel, gelber Sand,
Schwarzer Hut und braune Hand,
Herzen frisch und Luft gesund
Und Kirschen wie ein Mädchenmund.

Was uns nun aber heute nach Werder führt, das ist weder die Kirche noch deren fragwürdiger Bilderschatz, das ist einfach eine Pietät gegen die besten Freundinnen unserer Jugend, gegen die »Werderschen«. Jeden Morgen, auf unserem Schulwege, hatten wir ihren Stand zwischen Herkules- und Friedrichsbrücke zu passieren, und wir können uns nicht entsinnen, je anders als mit »Augen rechts« an ihrer langen Front vorübergegangen zu sein. Mitunter traf es sich auch wohl, daß wir das verspätete »zweite Treffen« der Werderschen, vom Unterbaume her, heranschwimmen sahen: große Schuten dicht mit Tienen besetzt, während auf den Ruderbänken zwanzig Werderanerinnen saßen und ihre Ruder und die Köpfe mit den Kiepenhüten gleich energisch bewegten. Das war ein idealer Genuß, ein Schauspiel, aber ach, »ein Schauspiel nur«, und siehe da, dem ersten Treffen, das in allem Schimmer Pomonens sich bereits faßbar vor uns präsentierte, verblieb doch immer der Sieg über unsere Sinne und unser Herz. Welche Pfirsiche in Weinblatt! Die Luft schwamm in einem erfrischenden Duft, und der Kuppelbau der umgestülpten und übereinander getürmten Holztienen interessierte uns mehr als der Kommodenbau von Monbijou und, traurig zu sagen, auch als der Säulenwald des Schinkelschen Neuen Museums.

Das sind nun fünfundvierzig Jahre, das »Neue Museum« von damals ist schon wieder zu einem alten geworden, die Bilder jener Tage aber sind nicht verblaßt, und als unsere Havelwanderungen vor lang oder kurz begannen und unser Auge, von den Kuppen und Berglehnen am Schwielow aus, immer wieder der Spitzturmkirche von Werder gewahr wurde, da gemahnte es uns wie alte Schuld und alte Liebe, und die Jugendsehnsucht nach den Werderschen stieg wieder auf: hin nach der Havelinsel und ihrem grünen Kranz, »wo tief im Laub die Knupperkirschen glühn«.

Und wie alle echte Sehnsucht schließlich in Erfüllung geht, so auch hier, und ehe noch der Juli um war, brauste der Zug wieder über die große Havelbrücke, erst rasch, dann seinen Eilflug hemmend, bis er zu Füßen eines Kirschberges hielt: »Station Werder!«

Noch eine drittel Meile bis zur Stadt; eine volle drittel Meile, die einem um drei Uhr nachmittags, bei siebenundzwanzig Grad im Schatten und absoluter Windstille schon die Frage vorlegen kann: ob nicht doch vielleicht ein auf hohen Rädern ruhendes, sargartiges Ungetüm, das hier unter dem Namen »Omnibus« den Verkehr zwischen Station und Stadt unterhält, vor Spaziergangsversuchen zu bevorzugen sei. Aber es handelt sich für uns nicht um die Frage »bequem oder unbequem«, sondern um Umschau, um den Beginn unserer Studien, da die großen Kirschplantagen, die den Reichtum Werders bilden, vorzugsweise zu beiden Seiten eben dieser Wegstrecke gelegen sind, und so lassen wir denn dem Omnibus einen Vorsprung, gönnen dem Staube zehn Minuten Zeit, sich wieder zu setzen, und folgen nun zu Fuß auf der großen Straße.

Gärten und Obstbaumplantagen zu beiden Seiten; links bis zur Havel hinunter, rechts bis zu den Kuppen der Berge hinauf. Keine Spur von Unkraut; alles rein geharkt; der weiße Sand des Bodens liegt oben auf. Große Beete mit Erdbeeren und ganze Kirschbaumwälder breiten sich aus. Wo noch vor wenig Jahren der Wind über Thymian und Hauhechel strich, da hat der Spaten die schwache Rasennarbe umgewühlt, und in wohlgerichteten Reihen neigen die Bäume ihre fruchtbeladenen Zweige.

Je näher zur Stadt, um so schattiger werden rechts und links die Gärten; denn hier sind die Anlagen älter, somit auch die Bäume. Viele der letzteren sind mit edleren Sorten gepfropft, und Leinwandbänder legen sich um den amputierten Ast, wie die Bandage um das verletzte Glied. Hier mehren sich auch die Villen und Wohnhäuser, die großenteils zwischen Fluß und Straße, also zur Linken der letzteren, sich hinziehen. Eingesponnen in Rosenbüsche, umstellt von Malven und Georginen, entziehen sich viele dem Auge; andere wieder wählen die lichteste Stelle und grüßen durch die weitgestellten Bäume mit ihren Balkonen und Fahnenstangen, mit Veranden und Jalousien.

Eine reiche, immer wachsende Kultur! Wann sie ihren Anfang nahm, ist bei der Mangelhaftigkeit der Aufzeichnungen nicht mehr festzustellen. Es scheint aber fast, daß Werder als ein Fischerort ins siebzehnte Jahrhundert ein- und als ein Obst- und Gartenort aus ihm heraustrat. Das würde dann darauf hindeuten, daß sich die Umwandlung unter dem Großen Kurfürsten vollzogen habe, und dafür sprechen auch die mannigfachsten Anzeichen. Die Zeit nach dem Dreißigjährigen Kriege war wieder eine Zeit großartiger Einwanderung in die entvölkerte Mark und mit den gartenkundigen Franzosen, mit den Bouchés und Matthieus, die bis auf diesen Tag in ganzen Quartieren der Hauptstadt blühen, kamen ziemlich gleichzeitig die agrikulturkundigen Holländer ins Land. Unter dem, was sie pflegten, war auch der Obstbau. Sie waren von den Tagen Luise Henriettens, von der Gründung Oranienburgs und dem Auftreten der Cleveschen Familie Hertefeld an, die eigentlichen landwirtschaftlichen Lehrmeister für die Mark, speziell für das Havelland, und wir möchten vermuten, daß der eine oder andere von ihnen, angelockt durch den echt holländischen Charakter dieser Havelinsel, seinen Aufenthalt hier genommen und die große Umwandlung vorbereitet habe. Vielleicht wäre aus den Namen der noch lebenden Werderschen Geschlechter festzustellen, ob ein solcher holländischer Fremdling jemals unter ihnen auftauchte. Bemerkenswert ist es mir immer erschienen, daß die Werderaner in »Schuten« fahren, ein niederländisches Wort, das in den wendischen Fischerdörfern, soviel ich weiß, nie angetroffen wird.

Gleichviel indes was die Umwandlung brachte, sie kam. Die Flußausbeute verlor mehr und mehr ihre Bedeutung; die Gärtnerzunft begann die Fischerzunft aus dem Felde zu schlagen, und das sich namentlich unter König Friedrich Wilhelm I., auch nach der Seite der »guten Küche« hin, schnell entwickelnde Potsdam begann seinen Einfluß auf die Umwandlung Werders zu üben. Der König, selber ein Feinschmecker, mochte unter den ersten sein, die anfingen eine Werdersche Kirsche von den üblichen Landesprodukten gleichen Namens zu unterscheiden. Außer den Kirschen aber war es zumeist das Strauchobst, das die Aufmerksamkeit des Kenners auf Werder hinlenkte. Statt der bekannten Bauernhimbeere, wie man ihr noch jetzt begegnet, die Schattenseite hart, die Sonnenseite madig, gedieh hier eine Spezies, die in Farbe, Größe und strotzender Fülle prunkend, aus Gegenden hierhergetragen schien, wo Sonne und Wasser eine südliche Brutkraft üben.

Um die Mitte des vorigen Jahrhunderts hatte sich die Umwandlung völlig vollzogen: Werder war eine Garteninsel geworden. Seinem Charakter nach war es dasselbe wie heut, aber freilich nicht seiner Bedeutung nach. Sein Ruhm, sein Glück begann erst mit jenem Tage, wo der erste Werderaner (ihm würden Bildsäulen zu errichten sein) mit seinem Kahne an Potsdam vorüber- und Berlin entgegenschwamm. Damit brach die Großzeit an. In Wirklichkeit ließ sie noch ein halbes Jahrhundert auf sich warten, in der Idee aber war sie geboren. Mit dem rapide wachsenden Berlin wuchs auch Werder und verdreifachte in fünfzig Jahren seine Einwohnerzahl, genau wie die Hauptstadt. Der Dampf kam hinzu, um den Triumph zu vervollständigen. Bis 1850 hielt sich die Schute, dann wurde sie als altehrwürdiges Institut beiseite gelegt und ein »auf Gegenseitigkeit« gebauter Dampfer, der bald gezwungen war, einen großen Havelkahn ins Schlepptau zu nehmen, leitete die neue Ära der Werderaner ein. Von 1853 bis 1860 fuhr die »Marie Luise«; seitdem fährt der »König Wilhelm« zwischen Werder und Berlin.

Noch einiges Statistisches. Auch Zahlen haben eine gewisse Romantik. Wie viele Menschen erdrückt oder totgeschossen wurden, hat zu allen Zeiten einen geheimnisvollen Zauber ausgeübt; an Interesse steht dem vielleicht am nächsten, wieviel gegessen worden ist. So sei es denn auch uns vergönnt, erst mit kurzen Notizen zu debütieren, und dann eine halbe Seite lang in Zahlen zu schwelgen.

Mit dem ersten Juni beginnt die Saison. Sie beginnt, von Raritäten abgesehen, mit Erdbeeren. Dann folgen die süßen Kirschen aller Grade und Farben; Johannisbeeren, Stachelbeeren, Himbeeren schließen sich an. Ende Juli ist die Saison auf ihrer Höhe. Der Verkehr läßt nach, aber nur, um Mitte August einen neuen Aufschwung zu nehmen. Die sauren Kirschen eröffnen den Zug; Aprikosen und Pfirsich folgen; zur Pflaumenzeit wird noch einmal die schwindelnde Höhe der letzten Juliwochen erreicht. Mit der Traube schließt die Saison. Man kann von einer Sommer- und Herbstkampagne sprechen. Der Höhepunkt jener fällt in die Mitte Juli, der Höhepunkt dieser in die Mitte September. Die Knupperkirsche einerseits, die blaue Pflaume andererseits, — sie sind es, die über die Saison entscheiden.

Der Versand ist enorm. Er beginnt mit 1000 Tienen, steigt in rapider Schnelligkeit auf 3000, auf 5000, hält sich, sinkt, steigt wieder und tritt mit 1000 Tienen, ganz wie er begonnen, schließlich vom Schauplatz ab. Als Durchschnitts-Minimum wird man 3000, als Maximum 4000 Tienen täglich, die Tiene zu drei Metzen, annehmen dürfen. Der Preis einer Tiene ist 15 Sgr. Dies würde bei Zugrundelegung des Minimalsatzes in 4 Monaten oder 120 Tagen einen Gesamtabsatz von 120 mal 3000, also von 360 000 Tienen* ergeben. Dies ist aber zu niedrig gerechnet, da 360 000 Tienen, die Tiene zu 15 Sgr., nur einer Gesamteinnahme von 180 000 Talern entsprechen würden, während diese auf 280 000 Taler angegeben wird. Gleichviel indes; dem Berliner wird unter allen Umständen der Ruhm verbleiben, als Minimalsatz alljährlich 1 Million Metzen Werdersches Obst zu konsumieren. Solche Zahlen sind schmeichelhaft und richten auf.

Sie richten auf — in erster Reihe natürlich die Werderschen selbst, die die entsprechende Summe einzuheimsen haben, und in der Tat, auf dem Werder und seinen Dependenzien ist ein

* Ein sehr bedeutender Teil des Werderschen Obstes, namentlich aus den an der Eisenbahn gelegenen Obstbergen, geht nicht zu Schiff, sondern vermittelst Bahn nach Berlin. Auch dieser Verkehr ist außerordentlich bedeutend. Ob er in den Zahlen, die wir vorstehend verzeichnet haben, mit einbegriffen ist oder nicht, vermögen wir nicht mit Bestimmtheit zu sagen.

solider Durchschnittswohlstand zu Hause. Aber man würde doch sehr irregehen, wenn man hier, in modernem Sinne, großes Vermögen, aufgespeicherte Schätze suchen wollte. Wer persönlich anfaßt und fleißig arbeitet, wird selten reich; reich wird der, der mit der Arbeit hundert anderer Handel treibt, sie als kluger Rechner sich zunutze macht. An solche Modernität ist hier nicht zu denken. Dazu kommen die bedeutenden Kosten, Lohnzahlungen und Ausfälle. Eine Tiene Obst, wir gaben es schon an, bringt im Durchschnitt fünfzehn Silbergroschen; davon kommen sofort in Wegfall: eineinhalb Silbergroschen für Pflückerlohn und ebenfalls eineinhalb Silbergroschen für Transport. Aber die eigentlichen Auslagen liegen schon weit vorher. Die Führung großer Landwirtschaften ist aus den mannigfachsten Gründen, aus Mangel an Wiesen und vielleicht nicht minder aus Mangel an Zeit und Kräften, auf dem Werder so gut wie unmöglich; so fehlt es denn an Dung und diese Unerläßlichkeit muß aus der Nachbarschaft, meist aus Potsdam, mühsam herbeigeschafft werden. Eine Fuhre Dung kostet sieben Taler. Dies allein bedingt die stärksten Abzüge. Was aber vor allem einen eigentlichen Reichtum nicht aufkommen läßt, das sind die Ausfalljahre, wo die Anstrengungen, um noch größerem Unheile vorzubeugen, verdoppelt werden müssen, und wo dennoch mit einem Defizit abgeschlossen wird. Die Überschüsse früherer Jahre müssen dann aushelfen. Derartige Ausfalljahre sind solche, wo entweder starke Fröste die großen Obstplantagen zerstören oder wo im Frühjahr die Schwaben und Blatthöhler das junge Laub töten, die Ernte reduzieren und oft die Bäume dazu. So gibt es denn unter den Werderschen eine Anzahl wohlhabender Leute, aber wenig reiche. Es ist auch hier dafür gesorgt, daß die Bäume nicht in den Himmel wachsen.

»Die Werdersche«

Ein Intermezzo

> All Großes, wie bekannt, wirft seinen Schatten;
> Und ehe dich, o Bayrische, wir hatten,
> Erschien, ankündigend, in braunem Schaum
> Die Werdersche. Ihr Leben war ein Traum.

Unter einem Geplauder, das im wesentlichen uns die Notizen an die Hand gab, die wir vorstehend wiedererzählt, waren wir bis an eine Stelle gekommen, wo die große Straße nach links hin abbiegt und in ihrer Verlängerung auf die Brücke und demnächst auf die Insel führt. Genau an dem Kniepunkt erhob sich ein ausgedehntes Etablissement mit Betriebsgebäuden, hohen Schornsteinen und Kellerräumen, und der eben herüberwehende Malzduft ließ keinen Zweifel darüber, daß wir vor einer der großen Brauereien ständen, die der Stadt Werder auch nach dieser Seite hin eine Bedeutung gegeben haben. Es sind eben zwei Größen, die wir an dieser Stelle zu verzeichnen haben: in erster Reihe die »Werderschen«, in zweiter Reihe »die Werdersche«. Eine Welt von Unterschied legt sich in diesen einen Buchstaben n. Wie Wasser und Feuer im Schoße der Erde friedlich nebeneinander wohnen, solange ihr Wohnen eben ein Nebeneinander ist, aber in Erdbeben und Explosionen unerbittlich sich Luft machen, sobald ihr Nebeneinander ein Durcheinander wird, so auch hier. Den Erfahrenen schaudert.

Die Einheitlichkeit unserer Darstellung zu wahren, hätten wir vielleicht die Pflicht gehabt, die »Werdersche« zu unterschlagen und den »Werderschen« allein das Feld und den Sieg zu lassen, aber das Wort: die »Werdersche« ist einmal gefallen und so verbietet sich ein Rückzug. Ein Bierkapitel schiebt sich verlegen in das Obstkapitel ein.

Die Zeiten liegen noch nicht weit zurück, wo die »Weiße«, oder um ihr Symbol zu nennen die »Stange«, unsere gesellschaftlichen Zustände wie ein Dynastengeschlecht beherrschte. Es war eine weit verzweigte Sippe, die, in den verschiedenen Stadtteilen, besserer Unterscheidung halber, unter verschiedenen Namen sich geltend machte: die Weiße von Volpi, die Weiße von Clausing, oder (vielleicht die stolzeste Abzweigung) einfach das Bier von Bier. Ihre Beziehungen untereinander ließen zu Zeiten viel zu wünschen übrig, aber alle hatten sie denselben Familienstolz und nach außen hin waren sie einig. Sie waren das herrschende Geschlecht.

So gingen die Dinge seit unvordenklichen Zeiten; das alte Europa brach zusammen, Throne schwankten, die »Weiße« blieb. Sie blieb während der Franzosenzeit, sie blieb während der Befreiungsjahre, sie schien fester als irgendeine etablierte Macht. Aber schon lauerte das Verderben.

In jenen stillen Jahren, die der großen Aufregung folgten, wo man's gehen ließ, wo die Wachsamkeit lullte, da geschah's. Eines Tages, wie aus dem Boden aufgestiegen, waren zwei Konkurrenzmächte da: die Grünthaler und die Jostysche.

Jetzt, wo sich ein freierer Überblick über ein halbes Jahrhundert ermöglicht, ist die Gelegenheit gegeben, auch ihnen gerecht zu werden. Es ist jetzt die Möglichkeit da, die Dinge aus dem Zusammenhange zu erklären, das Zurückliegende aus dem Gegenwärtigen zu verstehen. Beide Neugetränke hatten einen ausgesprochenen Heroldscharakter, sie waren Vorläufer, sie kündigten an. Man kann sagen: Berlin war für die Bayersche noch nicht reif, aber das Seidel wurde bereits geahnt. Die Grünthaler, die Jostysche, sie waren eine Kulmbacher von der milderen Observanz; die Jostysche, in ihrem Hange nach Milde, bis zum Coriander niedersteigend. Beide waren, was sie sein konnten. Darin lag ihr Verdienst, aber doch auch ihre Schwäche. Ihr Wesen war und blieb — die Halbheit. Und die Halbheit hat noch nie die Welt erobert, am wenigsten Berlin.

So herrschten denn die alten Mächte vorläufig weiter. Aber nicht auf lange. Die Notwendigkeit einer Wandlung hatte sich zu fühlbar herausgestellt, als daß es hätte bleiben können wie es war. Die Welt, wenn auch nach weiter nichts, sehnte sich wenigstens nach Durchbrechung des Monopols, und siehe da, was den beiden Vorläufern des Seidels nicht hatte glücken wollen, das glückte nunmehr, in eben diesen Interregnumstagen, einer dritten Macht, die, an das Alte sich klug und weise anlehnend, ziemlich gleichzeitig mit jenen beiden ins Dasein sprang.

Diese dritte Macht (der Leser ahnt bereits, welche) hatte von vornherein den Vorzug, alles Fremdartigen entkleidet, auf unserem Boden aufzutreten; — märkisch national, ein Ding für sich, so erschien die Werdersche. Sie war dem Landesgeschmack geschickt adaptiert, sie stellte sich einerseits in Gegensatz gegen die Weiße und hatte doch wiederum so viel von ihr an sich, daß sie wie zwei Schwestern waren, dasselbe Temperament, dasselbe prickelnde Wesen, im übrigen reine Geschmackssache: blond oder braun. In Kruken auftretend, und über dreimal gebrauchten Korken eine blasse, längst ausgelaugte Strippe zu leichtem Knoten schürzend, war sie, die Werdersche, in ihrer äußerlichen Erscheinung schon, der ausgesprochene und bald auch der glückliche Konkurrent der älteren Schwester, und die bekannten Kellerschilder, diese glücklich realistische Mischung von Stilleben und Genre, bequemten sich mehr und mehr neben der blonden Weißen die braune Werdersche ebenbürtig einzurangieren. Die Verhältnisse, ohne daß ein Plan dahin geleitet hätte, führten über Nacht zu einer Teilung der Herrschaft. Die Werdersche hielt mehr und mehr ihren Einzug über die Hintertreppe; in den Regionen der Küche und Kinderstube erwuchs ihr das süße Gefühl, eine Mission gefunden und erfüllt zu haben; sie wurde Nährbier in des Wortes verwegenster Bedeutung und das gegenwärtige Geschlecht, wenn auch aus zweiter Hand erst, hat Kraft und Leben gesogen aus der »Werderschen«.

Dessen seien wir gedenk. Das Leben mag uns losreißen von unserer Amme; aber ein Undankbarer, der sie nicht kennen will, oder bei ihrem Anblick sich schämt. —

> Sieh nur, sieh! wie behend sich die Menge
> Durch die Gärten und Felder zerschlägt,
> Wie der Fluß, in Breit' und Länge,
> So manchen lustigen Nachen bewegt,
> Und, bis zum Sinken überladen,
> Entfernt sich dieser letzte Kahn.
>
> *Faust*

So viel über die »Werdersche«. Wir kehren zu den »Werderschen« zurück.

Vom Knie bis zur Stadt ist nur noch eine kurze Strecke. Wir schritten auf die Brücke zu, die zugleich die Werft, der Hafen- und Stapelplatz von Werder ist. Hier wird aus- und eingeladen, und die Bilder, die diesen Doppelverkehr begleiten, geben dieser Stelle ihren Wert und ihre Eigentümlichkeit. Der gesamte Hafenverkehr beschränkt sich auf die Nachmittagsstunden; zwischen fünf und sechs, in einer Art Kreislauftätigkeit, leeren sich die Räume des aus der Hauptstadt zurückkehrenden Dampfers und seines Beikahns wie im Fluge, aber sie leeren sich nur, um sich unverzüglich wieder mit Töpfen und Tienen zu füllen.

Es ist jetzt fünf Uhr. Der Dampfer legt an; die Entfrachtung nimmt ihren Anfang. Über das Laufbrett hin, auf und zurück, in immer schnellerem Tempo, bewegen sich die Bootsleute, magere, aber nervige Figuren, deren Beschäftigung zwischen Landdienst und Seedienst eine glückliche Mitte hält. Wenn ich ihnen eine gewisse Matrosengrazie zuschriebe, so wäre das nicht genug. Sie nähern sich vielmehr dem Akrobatentum, den Vorstadtrappos, die sechs Stühle übereinander türmen und, den ganzen Turmbau aufs Kinn oder die flache Hand gestellt, über ein Seil hin ihre doppelte Balancierkunst üben: der Bau darf nicht fallen und sie selber auch nicht. So hier. Einen Turmbau in Händen, der sich aus lauter ineinander gestülpten Tienen zusammensetzt und halbmannshoch über ihren eigenen Kopf hinauswächst, so laufen sie über das schwanke Brett und stellen die Tienentürme in langen Reihen am Ufer auf. Im ersten Augenblick scheint dabei eine Willkür oder ein Zufall zu walten; ein schärferes Aufmerken aber läßt uns in dem scheinbaren Chaos bald die minutiöseste Ordnung erkennen und die Tienen stehen da, militärisch gruppiert und geordnet, für den Laien eine große, unterschiedslose Masse, aber für den Eingeweihten ein Bataillon, ein Regiment, an Achselklappe, Knopf und Troddel aufs Bestimmteste erkennbar. So viele Gärtner und Obstpächter, so viele Kompanien. Zunächst unterscheiden sich die Tienen nach der Farbe und zwar derart, daß die untere Hälfte au naturel auftritt, während die obere, mehr sichtbare Hälfte, in rot oder grün, in blau oder weiß sich präsentiert. Aber nicht genug damit. Auf diesem breiten Farbenrande befinden sich, zu weiterer Unterscheidung, entweder die Namen der Besitzer, oder noch häufiger ihre Wappenzeichen: Kreuze, stehend oder liegend, Sterne, Kreise und Sonnen, eingegraben und eingebrannt. Man kann hier von einer völligen Heraldik sprechen. Die alten »Geschlechter« aber, die diese Wappen tragen und pflegen, sind die Lendels, die Mays, die Kühls, die Schnetters, und unmittelbar nach ihnen die Rietz, die Kuhlmeys, die Dehnickes. Als altwendisch gelten die Lendels und die Rietz, vielleicht auch die Kuhlmeys.

Ist nun aber das Landen der leeren Tienen, wie wir es eben geschildert haben, eine heitere und malerische Szene, so kann diese doch nicht bestehen neben dem konkurrierenden Schauspiel des Einladens, des an Bord Schaffens, das schon beginnt, bevor das Ausladen zur Hälfte beendet ist.

Etwa von fünfeinhalb Uhr ab, und nun rapide wachsend bis zum Moment der Abfahrt, kommen die Obstwagen der Werderaner heran, kleine, grüngestrichene Fuhrwerke, mit Tienen hochbepackt und mit zwei Zughunden an der Deichsel, während die Besitzer, durch Stoß von hinten, die Lokomotion unterstützen. Ein Wettfahren beginnt, alle Kräfte konzentrieren sich, von links her rollt es und donnert es über die Brückenbohlen, von rechts her, auf der chaussierten Vorstadtstraße, wirbelt der Staub, und im Näherkommen an das ersehnte Ziel heulen die Hunde immer toller in die Luft hinein, wie verstimmte Posthörner beim Einfahren in die Stadt. Immer mächtiger wird die Wagenburg, immer lauter das Gebläff, immer quicker der Laufschritt derer, die die Tienen über das Brett hin in den am Landungsdamm liegenden Kahn hineintragen. Jetzt setzt der Zeiger ein, von der Werderschen Kirche herüber tönen langsam die sechs Schläge, derer letzter in einem Signalschuß verklingt. Weithin an den hohen Ufern des Schwielow weckt er das Echo. Im selben Augenblick folgt Stille der allgemeinen Bewegung und nur noch das Schaufeln des Raddampfers wird vernommen, der, eine Kurve beschreibend, das lange Schlepptau dem Havelkahne zuwirft, und rasch flußaufwärts seinen Kurs nehmend, das eigentliche Frachtboot vom Ufer löst, um es geräuschlos in das eigene Fahrwasser hineinzuzwingen.

Von der Brücke aus gibt dies ein reizendes Bild. Auf dem großen Havelkahn, wie die wilden Männer in Wappen, stehen zwei Bootsleute mit ihren mächtigen Rudern im Arm, während auf dem Dampfer in langer Reihe die »Werderschen« sitzen, ein Nähzeug oder Strickzeug in den Händen, und nichts vor sich als den Schornstein und seinen Eisenkasten, auf dessen heißer Platte einige dreißig Bunzlauer Kaffeekannen stehen. Denn die Nächte sind kühl und der Weg ist weit.

Eine Viertelstunde noch und Dampfer und Havelkahn verschwinden in dem Defilee bei Baumgartenbrück; der Schwielow nimmt sie auf und durch das »Gemünde« hin, an dem schönen und langgestreckten Kaputh vorbei, geht die Fahrt auf Potsdam zu, an den Schwänen vorüber, die schon die Köpfe eingezogen hatten und nun unmutig hinblicken auf den Schnaufer, der ihren Wasserschlaf gestört.

Bei Dunkelwerden Potsdam, um Mitternacht Spandau, bei Dämmerung Berlin.

Und eh' der erste Sonnenschein um den Marienkirchturm blitzt, lachen in langer Reihe, zwischen den Brücken hin, die roten Knupper der Werderschen.

GLINDOW

> Hier nährten früh und spat den Brand
> Die Knechte mit geschäft'ger Hand,
> Der Funke sprüht, die Bälge blasen,
> Als gält' es, Felsen zu verglasen.
>
> *Schiller*

Was Werder für den Obstkonsum der Hauptstadt ist, das ist Glindow für den Ziegelkonsum. In Werder wird gegraben, gepflanzt, gepflückt, — in Glindow wird gegraben, geformt, gebrannt; an dem einen Ort eine wachsende Kultur, an dem andern eine wachsende Industrie, an beiden (in Glindow freilich auch mit dem Revers der Medaille) ein wachsender Wohlstand. Dazu steht das eine wie das andere nicht bloß für sich selber da, sondern ist seinerseits wiederum eine »Metropole«, ein Mittelpunkt gleichgearteter und zugleich widerstrebender Distrikte, die es fast geboten erscheinen lassen, nach Analogie einiger Schweizer Kantone, von Werder-Stadt und Werder-Land, oder von Glindow-Dorf und Glindow-Bezirk zu sprechen.

Bei Werder haben wir diesen Unterschied übergangen; bei Glindow wird es dann und wann unvermeidlich sein, auf ihn Bezug zu nehmen. Deshalb an dieser Stelle schon folgendes: Distrikt Glindow ist etwa zwei Quadratmeilen groß (vier Meilen lang und eine halbe Meile breit) und zerfällt in ein Innen- und Außenrevier, in einen Bezirk diesseit und jenseit der Havel. Das Innenrevier »diesseit der Havel« ist alles Lehm- und Tonland und umfaßt die gesamten Territorien am Schwielow-, am Glindow- und Plessowsee; das Außenrevier oder das Revier »jenseit der Havel« ist neuentdecktes Land und dehnt sich vorzugsweise auf der Strecke zwischen Ketzin und Tremmen aus. Dies Außenland, abweichend und eigenartig, behauptet zugleich eine gewisse Selbständigkeit und zeigt eine unverkennbare Tendenz, sich loszureißen und Ketzin zu einer eigenen Hauptstadt zu machen. Vielleicht daß es glückt. Vorläufig aber ist die Einheit noch da und ob der Tag siegreicher Sezession näher oder ferner sein möge, noch ist Glindow* Metropole und herrscht über Innen- und Außenrevier.

Die Bodenbeschaffenheit, das Auftreten des Lehms ist diesseit und jenseit der Havel grundverschieden. Im Innenrevier tritt der Lehm in Bergen auf, als Berglehm, und wenn wir uns speziell auf die wichtige Feldmark Glindow beschränken, so unterscheiden wir hier folgende Lehmberge: den Köllnischen, zwei Brandenburgische (Altstadt, Neustadt), den Kaputhschen, den Schönebeckschen, den Invalidenberg, den Schloßbauberg, zwei Kurfürstenberge (den großen und den kleinen), den Plaueschen, den Mösenschen, den Potsdamschen. Die drei letztgenannten liegen wüst, sind tot. Die andern sind noch in Betrieb. Ihre Namen deuten auf ihre früheren Besitzer. Berlin-Kölln, Brandenburg, Potsdam, Kaputh, Schönebeck hatten ihre Lehmberge, der Invalidenberg gehörte dem Invalidenhause usw. Diese Besitzverhältnisse existieren nicht mehr. Jene Ortschaften haben sich längst ihres Eigentums entäußert, das inzwischen in die Hände einiger Ziegellords übergegangen ist. Die meisten sind in den Händen der Familie Fritze.

Der Lehm in diesen Bergen ist sehr mächtig. Nach Wegräumung einer Oberschicht, »Abraum« genannt, von etwa dreißig Fuß Höhe, stößt man auf das Lehmlager, das oft eine Tiefe von achtzig bis hundert Fuß hat. Der Lehm ist schön und liefert einen guten Stein, aber doch keinen Stein ersten Ranges. Die Hauptbedeutung dieser Lager ist ihre Mächtig-

---

* Es ist oft gesagt worden, daß der Stadt Berlin das Material zu raschem Emporblühen beinah unmittelbar vor die Tore gelegt worden sei. Das ist richtig. Da sind Feldsteinblöcke für Fundament- und Straßenbau, Rüdersdorfer Kalk zum Mörtel, Holz in Fülle, Torf- und Salzlager in unerschöpflicher Mächtigkeit. Ohne diesen Reichtum, der in dem Grade, wie er jetzt vorliegt, lange ein Geheimnis war, wäre das riesige Wachstum der Stadt, bei der ursprünglich geringen Fruchtbarkeit ihres Bodens, bei ihrer Binnenlage und ihrer immerhin beschränkten Wasserverbindung nahezu eine Unmöglichkeit gewesen. Daran, daß es möglich wurde, hat Glindow seinen Anteil: der große Ziegelofen der Residenz. Das sogenannte »Geheimratsviertel« ist großenteils aus Glindower Steinen aufgeführt und ein ganzes »Berlin der Zukunft« steckt noch in den Glindower Bergen. (Glindow heißt übrigens Lehmdorf, von dem wendischen Worte Glin der Lehm. Kaum irgendein Wort, wie schon Seite 201 hervorgehoben, kommt häufiger vor in der Mark. Außer dem Landesteile »der Glin« mit der Hauptstadt Cremmen, gibt es zahlreiche Dörfer dieses Namens. Vergleiche das Kapitel Groß-Glienicke.)

keit, annähernd ihre Unerschöpflichkeit. Dabei mag als etwas Absonderliches hervorgehoben werden, daß sich in diesen Lehmlagern Bernstein findet und zwar in erheblicher Menge. Die meisten Stücke sind haselnußgroß und somit ohne besonderen Wert, es finden sich aber auch Stücke von der Größe einer Faust, dabei sehr schön, die bis zu fünfundzwanzig Talern verkauft werden. Wer solch Stück findet, hat einen Festtag.

So viel über die Lehmberge des Innenreviers. Ganz anders ist das Auftreten der Lager im Außenrevier jenseit der Havel. Der dort vorkommende Lehm ist sogenannter Wiesenlehm, der nur sechs Fuß unter der Rasenoberfläche liegt, aber auch selber nur in einer Schicht von sechs bis acht Fuß auftritt. Er ist wegen des geringen »Abraums«, der fortzuschaffen ist, leichter zugänglich; all diese Lager sind aber verhältnismäßig leicht erschöpft, auch ist das Material nicht voll so gut.

Dieser Unterschied im Material — wie mir alte Ziegelbrenner versicherten — ist übrigens viel bedeutungsloser als gewöhnlich angenommen wird. Wie bei so vielem in Kunst und Leben kommt es darauf an, was Fleiß und Geschick aus dem Rohmaterial machen. Das Beste kann unvollkommen entwickelt, das Schwächste zu einer Art Vollkommenheit gehoben werden. So auch beim Ziegelbrennen. Die berühmtesten Steine, die hierzulande gebrannt werden, sind die »roten Rathenower« und die »gelben Birkenwerderschen«. Aber was ihnen ihre Vorzüglichkeit leiht, ist nicht das Material, sondern die Sorglichkeit, die Kunst, mit der sie hergestellt werden. Jedem einzelnen Stein wird eine gewisse Liebe zugewandt. Das macht's. Der Birkenwerdersche Ton beispielsweise ist unscheinbar, aber geschlemmt, gesäubert, gemahlen wird er zu einem allerdings feinen Materiale entwickelt, und die Art des Streichens und Brennens macht ihn schließlich zu etwas in seiner Art Vollendetem. Man geht dabei so weit, daß die Messer beim Formen des Steines jedesmal geölt werden, um dem Ziegel dadurch die Glätte, Ebenheit und Schärfe zu geben, die ihn auszeichnet.

Auch in Glindow und seinen Dependenzien wird ein vorzüglicher Stein gebrannt, aber dennoch nicht ein Stein, der den Rathenowern und Birkenwerderschen gleichkäme. Die Herstellung im Dorfe Glindow selbst erfolgt durch etwa fünfhundert Arbeiter aller Art. Wir unterscheiden dabei: fremde Ziegelstreicher, einheimische Ziegelstreicher und Tagelöhner. Über alle drei Kategorien ein Wort.

Fremde Ziegelstreicher werden hier seit lange verwandt. Die einheimischen Kräfte reichen eben nicht aus. Früher waren es »Eichsfelder«, die kamen, und hier, ähnlich wie die Warthebruch-Schnitter oder Linumer Torfgräber, eine Sommerkampagne durchmachten. Aber die »Eichsfelder« blieben schließlich aus oder wurden abgeschafft, und an ihre Stelle traten die »Lipper«. Diese behaupten noch jetzt das Feld.

Die Lipper, nur Männer, kommen im April und bleiben bis Mitte Oktober. Sie ziehen in ein massives Haus, das unten Küche, im ersten Stock Eßsaal, im zweiten Stock Schlafraum hat. Sie erheben gewisse Ansprüche. So muß jedem ein Handtuch geliefert werden. An ihrer Spitze steht ein Meister, der nur Direktion und Verwaltung hat. Er schließt die Kontrakte, empfängt die Gelder und verteilt sie. Die Arbeit ist Akkordarbeit, das Brennmaterial und die Gerätschaften werden sämtlich geliefert, der Lehm wird ihnen bis an die »Sümpfe« gefahren; der Ofen ist zu ihrer Disposition. Alles andere ist ihre Sache. Am Schlusse der Kampagne erhalten sie für je tausend fertig gebrannte Steine einzweidrittel bis zwei Taler. Die Gesamtsumme bei acht bis zehn Millionen Steine pflegt bis 15 000 Taler zu betragen. Diese Summe wird aber schwer verdient. Die Leute sind von einem besonderen Fleiß. Sie arbeiten von drei Uhr früh bis acht oder selbst neun Uhr abends, also nach Abzug einer Eßstunde immer noch nah an siebzehn Stunden. Sie verpflegen sich nach Lipper Landessitte, d. h. im wesentlichen westfälisch. Man darf sagen, sie leben von Erbsen und Speck, die beide durch den »Meister« aus der lippeschen Heimat bezogen werden, wo sie diese Artikel besser und billiger erhalten. Mitte Oktober treten sie, jeder mit einer Überschußsumme von nahezu hundert Talern, den Rückweg an und überlassen nun das Feld den einheimischen Ziegelstreichern.

Die Einheimischen arbeiten ebenfalls auf Akkord, aber unter ganz anderen Bedingungen. Sie erhalten nicht die ganze Arbeit, sondern die Einzelarbeit bezahlt und stehen sich dabei nicht erheblich schlechter als die Lipper. Während der Sommermonate teilen sie den Arbeitsplatz mit den letzteren derart, daß die Lipper zur Rechten, die Einheimischen zur Linken ihre Ziegel streichen. So weit sind sie den Lippern ebenbürtig. Darin aber stehen sie hinter diesen zurück, daß diese das Recht haben, ihre Ziegel zuerst zu brennen. Mit andern Worten, solange die Sommerkampagne dauert, gehört der Ofen ausschließlich den Lippern und erst wenn diese fort sind, ziehen die Einheimischen mit den vielen Millionen Ziegeln, die sie inzwischen gestrichen und getrocknet haben, auch ihrerseits in den Ofen ein.

Die dritte Gruppe von Beschäftigten sind die Tagelöhner. Sie arbeiten auf Tagelohn, erhalten täglich acht Silbergroschen der Mann (sechs Silbergroschen die Frau) und bilden die Unterschicht einer Gesellschaft, in der die Ziegelstreicher, wie eine mittelalterliche Handwerkszunft, die Oberschicht bilden. Sie sind bloße Handlanger, Aushilfen für den groben Dienst, der keine »Kunst« verlangt, und erheben sich nach Erscheinung und allgemeiner Schätzung wenig über ein dörfliches Proletariat, das denn auch meistens in Familienhäusern untergebracht zu werden pflegt.

Dies führt mich auf die Gesundheitsverhältnisse dieser Ziegelbrennerdistrikte. Die Berichte darüber gehen sehr auseinander und während von einer Seite her — beispielsweise von Potsdamer Hospitalärzten — versichert wird, daß dieser stete Wechsel von Naßkälte und Glühofenhitze die Gesundheit früh zerstöre, versichern die Glindower Herren, daß nichts abhärtender und nichts gesunder sei, als der Ziegeldienst in Glindow. Personen zwischen siebzig und achtzig Jahren sollen sehr häufig sein. Die Streitfrage mag übrigens auf sich beruhen. Sie scheint uns so zu liegen, daß dieser Dienst eine angeborene gute Gesundheit und gute Verpflegung verlangt, — sind diese Bedingungen erfüllt, so geht es; die kümmerliche Tagelöhnerbevölkerung aber, die »nichts drin, nichts draußen« hat und zum Teil von einem elenden Elternpaar geboren und großgezogen wurde, geht allerdings früh zugrunde.

Der Gesamtziegelbetrieb ist, soweit Glindow selbst in Betracht kommt, in Händen weniger Familien: Fritze, Hintze, Fiedler; etwa neun große Öfen sind im Gange. Die Gesamtmasse produzierter Steine geht bis sechzehn Millionen, früher ging es über diese Zahl noch hinaus. Die Summen, die dadurch in Umlauf kommen, sind enorm. 1000 Steine = 8 Taler; also sechzehn Millionen (1000 mal 8 mal 16) = 128 000 Taler. Dies auf wenige Familien verteilt, muß natürlich einen Reichtum erwarten lassen und in der Tat ist er da. Aber wie in Werder, so ist doch auch hier in Glindow dafür gesorgt, daß Rückschläge nicht ausbleiben, und es gibt Zeitläufe, wo die Fabriken mit Schaden arbeiten. Überall im Lande wachsen die Ziegelöfen wie über Nacht aus der Erde und die Konkurrenz drückt die Preise. Die Zeiten, wo tausend Steine fünfzehn Taler einbrachten, sind vorläufig dahin, man muß sich, wie schon angedeutet, mit acht und selbst mit siebeneinhalb begnügen. Nun berechne man die Zinsen des Erwerbs- und Betriebskapitals, das Brennmaterial, den Lohn an die Erdarbeiter, die Ziegelstreicher (zwei Taler) und die Tagelöhner, endlich die Kahnfracht (ebenfalls eineinhalb Taler), so wird sich ergeben, daß von diesen acht Talern für je tausend Steine nicht viel zu erübrigen ist. Die Hauptsorge machen immer die Schiffer. Sie bilden überhaupt, wie jeder weiß, der mit ihnen zu tun hatte, eine der merkantil gefährlichsten Menschenklassen. Mit erstaunlicher List und Aushorchekunst wissen sie in Erfahrung zu bringen, welche Kontrakte die Ziegelbrenner mit diesem oder jenem Bauunternehmer der Hauptstadt abgeschlossen haben. Lautet der Kontrakt nun etwa dahin: »Die Steine müssen bis Mitte Oktober abgeliefert sein«, so hat der Schiffer den Ziegelbrenner in der Hand; er verdoppelt seine Forderungen, weil er weiß, er kann es wagen, der Ziegelbrenner muß zahlen, wenn er nicht der ganzen Einnahme verlustig gehen will.

Die glänzende Zeit dieses Betriebes ist vorüber,* genau seit jener Epoche, wo die Ziegelbrennerei einen neuen Aufschwung zu nehmen schien, seit Einführung der Ringöfen. Der Ringofen verbilligte die Herstellung des Steins; die ersten, die sich seiner bedienten, hatten enorme Verdienste; jetzt, wo ihn jeder hat, hat er die Produktion zwar gefördert, aber der Wohlhabenheit nur mäßig genützt.

Der Ringofen hat den alten Ziegelofen, wenige Ausnahmen abgerechnet, total verdrängt, und in Erwägung, daß diese Kapitel nicht bloß auf dem Lande, sondern auch von Städtern gelesen werden, die nur allzu selten Gelegenheit haben, Einblick in solche Dinge zu gewinnen, mag es mir gestattet sein, einen Ringofen, seine Eigentümlichkeiten und seine Vorteile zu beschreiben.

Der Ringofen hat seinen Namen von seiner Form; er ist ein Rundbau. Seiner Einrichtung nach könnte man ihn einen Kammer- oder Kapellenofen nennen; seiner Haupteigenschaft nach aber ist er ein Sparofen. Er spart Feuerung. Wir kommen darauf zurück.

---

* Dieser Aufsatz wurde 1870 geschrieben. Seitdem haben sich die Dinge wieder zugunsten der Ziegeleibesitzer geändert.

Zunächst seine Form und Einrichtung. Um beide zu schildern, greifen wir nach einem Bilde, das vor einigen Jahren, als es galt das Pariser Ausstellungsgebäude anschaulich zu beschreiben, vielfach gebraucht wurde. Wir modifizieren es nur. Denken wir uns also eine gewöhnliche runde Torte, aus der wir das Mittel- oder Nußstück herausgeschnitten und durch eine schlanke Weinflasche ersetzt haben, so haben wir das getreue Abbild eines Ringofens. Denken wir uns dazu die Torte in zwölf gleich große Stücke zerschnitten; so haben wir auch die Einrichtung des Ofens: sein Zwölfkammersystem. Die in der Mitte aufragende Weinflasche ist natürlich der Schornstein.

Das Verfahren ist nun folgendes. In vier oder fünf der vorhandenen, durch Seitenöffnungen miteinander verbundenen Kammern werden die getrockneten Steine eingekarrt, in jede Kammer zwölftausend. Ist dies geschehen, so wird die Gesamtheit der erwähnten vier oder fünf Kammern durch zwei große Eisenschieber, der eine links, der andere rechts, von dem Reste der Kammern abgesperrt. Nun beginnt man in Kammer eins ein Feuer zu machen, nährt es, indem man von oben her durch runde Löcher ein bestimmtes Quantum von Brennmaterial niederschüttet* und hat nach vierundzwanzig Stunden die zwölftausend Steine der ersten Kammer völlig gebrannt. Aber (und darin liegt das Sparsystem) während man in Kammer eins eine für zwölftausend Steine ausreichende Rotglut unterhielt, wurden die Nachbarsteine in Kammer zwei halb, in Kammer drei ein Drittel fertig gebrannt und die Steine in Kammer vier und fünf wurden wenigstens »angeschmoocht«, wie der technische Ausdruck lautet. Die Steine in Kammer zwei, die nun am zweiten Tage unter Feuer kommen, brauchen natürlich, halb fertig, wie sie bereits sind, ein geringeres Brennmaterial, um zur Perfektion zu kommen, und so geht es weiter; wohin immer das Feuer

* Die Feuerung geschieht von oben her durch eine runde Öffnung; ein eiserner Stülpdeckel von der Form eines Zylinderhutes (dessen Krempe übergreift) schließt die Öffnung und wird abgenommen, sooft ein Nachschütten nötig ist. Man sieht dann, wie durch eine schmale Esse, in die Kammer hinein und hat die aufgetürmten, rotglühenden Steine unter sich. Der Anblick, den man sich nur verschaffen kann, indem man auf die Gewölbedecke der Kammer tritt, hat etwas im höchsten Grade Unheimliches und Beängstigendes. Man steht über einer Hölle und blickt in sie hinab. Eine Schicht Steine, vielleicht kaum einen Fuß dick, trennt den Obenstehenden von dieser Unterwelt und der Gedanke hat etwas Grausiges: wenn jetzt dies Gewölbe —

kommt, findet es zwölftausend Steine vor, die bereits drei Tage lang und zwar in wachsender Progression durch eine Feuerbehandlung gegangen sind. Der eine (vorderste) Eisenschieber rückt jeden Tag um eine Kammer weiter, der andere Eisenschieber, vom entgegengesetzten Flügel her, folgt und gibt dadurch *die* Kammer frei, in der am Tage zuvor gebrannt wurde. So vollzieht sich ein Kreislauf. In die leeren Kammern, bevor der Schieber sie in den Feuerrayon hineinzwingt, wird eingekarrt, aus den im Feuer gewesenen, vom Schieber freigegebenen Kammern wird ausgekarrt. Der Prozeß, solange die Brennkampagne dauert, ist ohne Ende; das Feuer rückt von Kammer zu Kammer, bis es herum ist und beginnt dann seinen Kreislauf von neuem. Der Vorteil liegt auf der Hand. Er steigt aber insonderheit auch noch dadurch, daß der Ringofen in seinen Feueransprüchen nicht wählerisch ist. Er frißt alles. Jedes Material dient ihm: Holz, Torf, Braunkohle, alles hat einen gleichen oder doch einen verwandten Wert und das billigste Material behauptet sich neben dem teuersten. Die Ziegelbrennerei ist dadurch in eine ganz neue Phase getreten, zum Vorteil der Bauunternehmer, die seitdem die Steine für den halben Preis erstehen, aber wenig zum Vorteil der alten Ziegelbrennerfirmen, die, ehe die Dinge diese modern-industrielle Behandlung und Ausnutzung erfuhren, sich besser standen. Wobei übrigens auch noch bemerkt sein mag, daß die besten Steine, beispielsweise die Rathenower und Birkenwerderschen, nach wie vor in den Ziegelöfen alter Konstruktion gebrannt werden. Der Ringofen hat keine andern Vorzüge, als daß er ein Sparofen ist.

Solcher Ringöfen hat Glindow selbst, wie wir schon hervorgehoben, etwa neun, der Distrikt Glindow aber mit seinem Innen- und Außenrevier wohl mehr denn fünfzig. Daß sie der Landschaft zu besonderer Zierde gereichen, läßt sich nicht behaupten. Der Fabrikschornstein mag alles sein, nur ein Verschönerungsmittel ist er nicht, am wenigsten wenn er schön tut, wenn er möchte. Und wie dieser reiche Betrieb, der unbestreitbar trotz Stillstände und Rückschläge ein sich steigerndes Prosperieren einzelner oder selbst vieler geschaffen hat, die Landschaft nicht schmückt, so schmückt er auch nicht die Dörfer, in denen er sich niedergelassen hat. Er nimmt ihnen ihren eigentlichen Charakter, in richtigem unsentimentalen Verstande ihre Unschuld und gibt ihnen ein Element, dessen Abwesenheit bisher, und wenn sie noch so arm waren, ihr Zauber und ihre Zierde war, — er gibt ihnen ein Proletariat. Ob dasselbe städtisch oder dörfisch auftritt, ob es mehr verbittert oder mehr elend ist, sind Unterschiede, die an dem Traurigen der Erscheinung nicht viel zu ändern vermögen.

Auch Dorf Glindow hat von diesem allem sein geschüttelt Maß. An und für sich ausgestattet mit dem vollen Reiz eines havelländischen Dorfes, hingestreckt zwischen See und Hügel, schieben sich doch überall in das alt-dörfliche Leben die Bilder eines allermodernsten frondiensthaften Industrialismus hinein, und die schönen alten Bäume, die mit ihren mächtigen Kronen so vieles malerisch zu überschatten und zu verdecken verstehen, sie mühen sich hier umsonst, diesen trübseligen Anblick dem Auge zu entziehen.

Am See hin, um die Veranden der Ziegellords rankt sich der wilde Wein, Laubengänge, Clematis hier und Aristolochia dort, ziehen sich durch den Parkgarten, Tauben stolzieren auf dem Dachfirst oder umflattern ihr japanisches Haus, — aber diese lachenden Bilder lassen die Kehrseite nur um so dunkler erscheinen: die Lehmstube mit dem verklebten Fenster, die abgehärmte Frau mit dem Säugling in Loden, die hageren Kinder, die lässig durch den Ententümpel gehen.

Es scheint, sie spielen; aber sie lachen nicht; ihre Sinne sind trübe wie das Wasser, worin sie waten und plätschern.

ANHANG

Den nachfolgenden Aufsatz des III. Bandes hat Fontane in späteren Ausgaben wieder ausgeschieden

GÜTERGOTZ

Erstausgabe »Wanderungen« Bd. III (1. Aufl. 1873, S. 353 ff.). (Vorabdruck: Wochenblatt der Johanniter-Ordens-Balley Brandenburg, 1871, Nr. 30, 26. Juli, S. 191—194.)
Ausgeschieden: seit 2. Aufl. 1880.

Gütergotz

Und sie tragen den leuchtenden Juthrie-Gott
Hinaus an den See und den Hain,
Und sie opfern ihm ihre Garben
Am Garben-Opferstein.

*

Lieben lerne!
Und zur Fremde wird die Heimath,
Und zur Nähe wird die Ferne.

Unser Weg führte uns heute, vom Marschquartier *Potsdam* aus, südlich, um den Nuthe-Ufern, diesem alten Grenzstreifen zwischen der Zauche und dem Lande Teltow, einen ersten Besuch zu machen.

Wie auch sonst schon gehen wir im Zickzack vor und zunächst uns ostwärts haltend — links ein Ackerstreifen, rechts eine dünne Schonung — erreichen wir, plötzlich aufathmend in dieser Wüste, eine von Fluß und See umspannte Oase: *Kohlhasenbrück.*

I

Ein niedriges Gehöft, nach der Straße hin umzäunt, in Front von einer mächtigen Eiche, im Rücken von einer alten weitverzweigten Linde überschattet — das ist das jetzige Kohlhasenbrück; ein Platz voll moderner Zuthat und Wandlung, der alten Krug- und Fährstelle vergangener Jahrhunderte muthmaßlich wenig ähnlich, aber doch zugleich voll jener historischen Färbung, die um alle Oertlichkeiten her ist, die viel erlebt und viel gesehen haben.

Neueste Forschung hat nun freilich von den Erlebnissen, die man diesem Orte anzurechnen gewohnt war, erhebliche Abzüge gemacht und hat festgestellt, daß der trotzige märkische Roßkamm, der an Sachsen Fehde erklärte und seinen Absagebrief auf einer Pique-Zehn (die noch diesen Augenblick im Weimarer Museum zu sehen ist) ins Meißnische Land hineinschickte, nie und nimmer diese Krugstelle sein eigen nannte, vielmehr lediglich die Silberbarren hier vergrub, die er, übelberathen, dem kurfürstlichen Factor Conrad *Drahtzieher* abgenommen hatte; aber lange *vor* Michael Kohlhaas *, der hier also ein Gast war wie andere mehr, ja, lange bevor es einen Kurfürsten von Sachsen gab, den er befehden konnte, war hier an dem alten Grenzlande wer will sagen eine Opfer-, eine Grabes- oder eine Kampfesstätte. Jeder Fuß breit Acker giebt die Zeichen heraus: hier war altes Leben, alte Cultur.

Ein ganzes Alterthums-Museum ist bereits aus dem schmalen Ackerstreifen, der an Fluß und See sich hinzieht, herausgepflügt, herausgegraben worden und wie eine unerschöpfliche Erzader im Gestein läuft hier eine unerschöpfliche Schicht von Reliquien und Funden unter der Erde fort. Alle Zeitalter werden dabei durcheinander gewürfelt und neben dem Steinhammer, dem wir schlecht gerechnet seine tausend Jahre geben, liegen zahllose Geräthschaften in Erz und Eisen, die sich mit dem halben Altersmaß begnügen müssen.

Der zeitige Besitzer von Kohlhasenbrück, ein breiter Westphale, den die Fügungen des Lebens von der rothen Erde auf den gelben Sand verschlagen haben, treibt hier Alterthumskunde auf eigene Hand. Er bestellt seinen Acker doppelt und neben dem Pfluge, der die Erde nur ritzt, geht der Forscher- vielleicht auch der Schatzgräber-Spaten beständig in die Tiefe. Denn die versenkten Silberbarren bei Kohlhasenbrück scheuchen den Schlaf und machen unruhige Nächte.

Die Linde, die vom Hofe aus ihre Zweige über das Dach streckt, die Eiche, die in Front des Hauses steht, sie sind die Wächter dieser Stelle, zugleich seine Zierde. Und zugleich ein Schatz, ein wirklicher, der keiner Wünschelruthe bedarf, um gehoben zu werden. Besonders die Eiche. Sie ist das Staunen und Begehr aller Metzgermeister, die hier des Weges kommen und des mächtigen kerngesunden Baumes nie ansichtig werden, ohne ihn sich in geschäftsmäßiger Fleischerfantasie in fünf oder sieben Haublöcke zerlegt zu denken. Sie halten dann an, treten ein und bieten. Aber der breite Sohn der rothen Erde da drinnen ist kein bloßer Rechner und Feilscher, er ist der Verwalter historischer Reminiscenzen, und so lange sein Spaten hier in die Erde sticht, ist das Häuschen sicher, im Schatten von Linde und Eiche zu stehen.

2

Von Kohlhasenbrück aus schlagen wir eine südliche Richtung ein, schlängeln uns auf Fußpfaden durch ein wohlgepflegtes Gehölz und

* Kohlhase, wie bereits im Text bemerkt, hat niemals dieses Terrain besessen, ist niemals an diesem Orte wohnhaft gewesen. Er bewohnte in Berlin das Haus *Fischerstraße 27*, das noch im Jahre 1866 in seiner alten Gestalt existirte und Stallung für 40 Pferde aufwies. Erst 1867, nachdem es noch im Jahre zuvor als Lazareth für die vielen Verwundeten benutzt worden war, erfuhr es einen totalen Umbau und ist ein Gasthaus modernen Styls geworden. Beim Umbau wurden einzelne Münzen aus der Mitte des sechszehnten Jahrhunderts gefunden.

treten dann in eine Lichtung, von der aus wir strahlenförmig die Gestelle sich durch den Wald ziehen sehen. Diese Lichtung heißt der *Stern;* inmitten desselben, von einigen Akazien umstanden, ein Jagdschloß gleichen Namens.

Auch hier historischer Grund und Boden, aber jüngeren Datums und ohne jeden Anflug von jenem Sagen-Dämmer, der über der alten Kohlhaasstätte ruht. Hier ist Alles licht, faßbar, real, mit jenem Prosa-Beigeschmack, den Alles hat, was unter den vielgeschäftigen, rastlos-gestaltenden Händen des Soldaten-Königs entstand. Aber noch eines charakterisierte seine Art: die propreté, und Jagdschloß Stern hat bis diese Stunde jenes Sauberkeits-Gepräge, das Friedrich-Wilhelm I. allen seinen Schöpfungen zu geben liebte.

Jagdschloß Stern ist ein holländischer Bau, quadratisch in rothem Backstein aufgeführt, mit einem Giebel in Front, einem Jagdhorn über der Thür und einem eingeätzten Stern im Mittelfenster. Es besteht nur aus einem Eßsaal, einer Küche und einem Schlafzimmer, drei Räume, die ihre Einrichtung und ihren Charakter bis auf diese Stunde beibehalten haben. Der Eßsaal mit den abgestoßenen Geweihen des »großen Hans« (der es bis zum Achtundzwanzig-Ender brachte), ist panelirt und über den Panelen der einen Längswand hin mit den Jagdstücken irgend eines Leygrebe oder sonstigen Hofkünstlers geschmückt, — eine Hirschhetze, eine Eber- und Entenjagd.

Welch tiefer und plötzlicher Verfall der Kunst spricht aus diesen Blättern, wenn man sie mit jenen hunderten von Tableaux und Deckengemälden vergleicht, wie sie 30 und selbst noch 20 Jahre früher unter dem ersten Könige und während der letzten Regierungsjahre des großen Kurfürsten in den brandenburgischen Schlössern gemalt wurden! Damals, wie äußerlich die Dinge auch bleiben mochten, brachte jede zwischen Amoretten ausgespannte Rosen-Guirlande, jede symbolische Figur, ob sie sich Europa oder Borussia nannte, die brillante Technik der niederländischen Schule zur Erscheinung, und nun, von jener Epoche virtuosenhafter Technik, gefälliger Form, sinnlicher Farbe, war man wie durch eine Kluft geschieden, ohne daß irgend etwas Anderes sich ereignet hätte als ein Thronwechsel. Jenseits lag die Kunst, diesseits die Barbarei.

Aus dem Eßsaal, nach kurzem Verweilen, traten wir in die Küche, aus dieser in das Schlafzimmer des Königs, dessen eine Seite ein riesiger Wandschrank einzunehmen schien. Aber nur die beiden Flanken dieses Holzbaues waren wirkliche Schränke, das Mittelstück, eine überwölbte Bettlade, ein dunkler, nach vorne zu geöffneter Kasten, erinnerte an die Lagerstätten einer alten Schiffskajüte. War diese Höhle an und für sich unheimlich genug, so wurde sie's in jedem Augenblicke mehr durch zwei große, feurige Asgen, die uns daraus ansahen. Endlich löste sich der Spuk; unmittelbar an unseren Häuptern vorbei mit schwerem Flügelschlag flog eine Eule, die der

Förster vom Jagdschloß »Stern« in der Bettsponde des Königs einlogirt hatte.

Dieser selber hätte uns nicht großäugiger und nicht bedrohlicher ansehen können als der Gast, der hier an seiner Stelle eingezogen war.

3

Vom Stern bis nach Gütergotz ist nur noch eine halbe Stunde. Wir erreichten es mit Sonnenuntergang; im Staub der letzten heimkehrenden Heerde hielten wir vor dem Gasthaus von »Unverworfen«. Ein überraschender Name, aber Vertrauen erweckend. Wir bestellten ein Zimmer, schüttelten den Staub aus Rock und Hut und traten wieder in die Dorfgasse hinaus, um Gütergotz im Dämmer zu sehen. Eine schmale Mondsichel stand am Himmel, hell genug, um uns Form und Farben ausreichend erkennen zu lassen. Nach kurzem Gange standen wir inmitten eines Platzes, der das Herz von Gütergotz und zugleich seine Zierde bildet. Häuser- und Baumreihen fassen die Längsseiten ein, an den Schmalseiten aber, einander gegenüber, erheben sich links die Kirche und rechts das Schloß. Das Ganze eine gefällige und eine stattliche Anlage zugleich.

Wir umschritten den Platz, in den Gehöften war es still geworden, nur hier und da fuhr ein Hund bellend aus seiner Hütte. Als wir an das Kirchhofsthor kamen, traten wir ein; der Mondschimmer lag jetzt auf Thurm und Dach; an den sauber behauenen Feldsteinquadern, an der Form der Apsis, an der geknickten Dachfirst-Linie erkannten wir leicht den Cistercienser-Bau des 13. Jahrhunderts. In der That, Gütergotz war Klostergut und gehörte durch drei Jahrhunderte hin zu Kloster Lehnin.

Es ziemte sich wohl (und die Mönche wählten gern solche Plätze) an dieser Stätte eine Kloster-Filiale zu errichten, denn der alte Heidenspuk mochte an dieser Stelle fester sitzen als anderswo; war es doch die Stelle, an der die Wenden ihrem Morgengott, dem Juthrie-Götzen (Jütergotz) ein Bild und eine Opferstätte errichtet hatten. Am Rande des Dorfes, wo noch jetzt ein Gehölz von Tannen und Birken sich um den See legt, hart an der Straße, war die Opferstätte. So heißt es. Andere Anhaltepunkte als Name und Tradition sind nicht da; der Boden hat bisher wenig herausgegeben, das bestimmter spräche.

Ein Sprung über das niedrige Mauerwerk des Kirchhofes, und — nur der breite Fahrdamm trennte uns noch von dem gegenüber gelegenen Pfarrhaus.

Still lag es da, aber alle Thüren und Fenster auf; hier war noch Leben, wenn es sich auch noch verbarg. Eine Laube vor dem Hause, Blumenbeete, an der einen Ecke ein blühender Akazienbaum. Wenn wir die Blüthen nicht sahen, so verkündete sie der Duft. Auf der Treppe lag eine Katze und spann. Hier ist's gut sein. Hier ist Friede.

Unsere Vorempfindung hatte uns nicht getäuscht. Nichts von Störung. Wir wurden freundlich empfangen; eh eine halbe Stunde um war, dampfte der Kessel auf dem Tisch; die Hausfrau nach Theelands-Sitte, mischte den starken Absud mit dem brodelnden Wasser; die Katze, auf meinem Schooß jetzt, striegelte ihren Kopf an meiner gekrümmten Hand, während der Akazienduft immer voller durch die offenen Fenster zog.

Die Unterhaltung drehte sich um Gütergotz. Wir waren gekommen, um zu hören und zu lernen. Der Herr Pfarrer nahm das Wort.

»Sie wissen, daß es ein Wendendorf war, daß der Juthrie-Gott eine Stätte hier hatte; der Name sagt es Ihnen. Dann kamen die Mönche, und Gütergotz, wie das benachbarte Zehlendorf, wurde Klostergut und zählte mit unter dem reichen Besitz von Kloster Lehnin. Nach der Säcularisirung kam es an den Kurfürsten, der 1567 den Bürgermeister Valtin Döring damit belehnte, bei dessen Familie es bis zum Jahre 1700 blieb. Gütergotz hatte also in 500 Jahren nur zwei Besitzer gehabt: die Aebte zu Lehnin und die Dörings.«

Wenn aber bis dahin, so fuhr der Pfarrer fort, die Besitzverhältnisse stabil gewesen waren, so wurden sie von 1700 an um so wechselnder. Der nächste Besitzer war Bischof Ursinus (nach seinem vollen Namen: Benjamin Ursinus v. Bär), der am 18. Januar des Jahres 1701 den Kurfürsten Friedrich III. als ersten König von Preußen in Königsberg krönte. Mit dem geistlichen Würdenträger, der wenigstens zeitweilig hier weilte, kam ein reicheres Leben an diese bis dahin schlichte Stätte: der Bischof baute ein Lusthaus am See, Kammerdiener, Gärtner, Koch und Küfer gingen aus und ein, aber die Gemeinde wurde dieses reichen Lebens nicht froh und alte Kammergerichts-Acten erzählen von Klagen des Bischofs gegen die Gemeinde und von Klagen der Gemeinde gegen den Bischof. 1715 trat es dieser an seinen Sohn, den Stallmeister Johann Wilhelm v. Bär ab, der es ebenfalls nur kurze Zeit besaß (bis 1721) und beim Verkaufe sich nichts reservirte als eine Begräbnißstätte. Die wurde ihm. 1750 wurde er im Kirchengewölbe beigesetzt; beinah 30 Jahre, nachdem er den Besitz des Gutes aufgegeben hatte.

Bis 1804 war Gütergotz Königlich. In diesem Jahre kaufte es der General-Lotterie-Director und Geheime Finanzrath Grothe, der aber freilich ähnlich wie der ältere Ursinus, dieses Besitzes wenig froh werden sollte. Wie dieser fing er an zu reformiren, separirte den gutsherrlichen von dem bäuerlichen Acker, brach ein paar Bauergehöfte, die ihm unbequem lagen, ab und baute sie an anderer Stelle wieder auf, zog das gewonnene Terrain mit in seine Park- und Gartenanlagen hinein, erbaute auf solidem Feldstein-Unterbau — auf einer sogenannten Rustica — das jetzige Schloß und gab ihm einen stumpfen Thurm, dessen Plattform einen weiten Blick ins Land gestattete. Dieselbe Rührigkeit, die diesen emporgekommenen Mann (er hatte als Privatsecretär des damaligen Generalpächters der Lotterie seine Laufbahn begonnen und sie durch Gewinn des großen Looses gekrönt) von jeher ausgezeichnet hatte, zeigte sich auch jetzt in der Raschheit und Umsicht, mit der er Gütergotz in einen anmuthigen Platz umzuschaffen verstand. Aber noch ehe er mit seinen Plänen zu Ende war, brach der October 1806 herein und der General-Lotterie-Director mußte flüchtig werden. Er ging nach Warschau. Was diese Flucht veranlaßte, ist unaufgeklärt geblieben; nach Einigen waren es Unregelmäßigkeiten in der Verwaltung, die nun plötzlich zu Tage traten; nach Andern war er in die Politik Haugwitz-Lombard infilirt und hatte alle Ursache, sich dem Volksunwillen zu entziehen. Alle, die das große Loos *nicht* gewonnen hatten, waren, wie immer in solchen Fällen, nur allzu sehr geneigt, ihrem beleidigten Patriotismus Ausdruck zu geben. Geh. Rath Grothe starb 1812 in Warschau, nach Andern erst 1815. Sein Vermögen war bedeutend. Auch das schöne Haus in der Mauerstraße, das sogenannte Königsmarcksche Palais, gehörte ihm. Das Schloß in Gütergotz erinnerte übrigens bis ganz vor Kurzem an den »General-Lotterie-Director.« Einzelne Zimmer, die, bei der Kürze der Zeit, in ihrer Herrichtung nicht fertig geworden waren, zeigten sich mit vielen Tausenden von *Lotterieloosen* beklebt, die man den Wänden als Untergrund für die Tapete gegeben hatte. Ehe aber noch die Tapete kam, kam die Katastrophe. Die Nachbesitzer schlossen die Zimmer ab und überlieferten die Lotterieloos-Wände wie ein Curiosum.

Gütergotz trat nach dieser zweiten, kurzen Glanzepoche auf weitere 20 Jahre hin in wechsel- und selbst in unheilvolle Tage ein (1813 plünderten es die Russen), bis, mit dem zweiten Drittel des Jahrhunderts, stabilere und glücklichere Verhältnisse wiederkehrten. 1830 kaufte es der Landrath v. Albrecht; 1868 der Kriegsminister v. Roon, der es zu einer Familienstiftung bestimmte.

So die Daten von Gütergotz; die Geschichte eines märkischen Dorfes seit 700 Jahren. Aber *er*, der dies Stück specieller Heimathsgeschichte vor uns entrollte, war nicht selber heimisch an dieser Stelle; wenn das fein geschnittene Profil noch einen Zweifel darüber gelassen hätte, so hätte die bestimmte und bewußte Ruhe des Vortrags, vor Allem das niedersächsische »st« diesen Zweifel beseitigt. Pastor *Brodersen,* nach einem bewegten Leben, war hierher verschlagen worden. Die firme, unwandelbare Treue, die sonst auch äußerlich zu festigen pflegt und den Menschen *da* festhält, wohin Gott ihn stellte, dieselbe festhaltende Treue war für ihn die bewegende Kraft geworden, — er hatte seine holsteinische Erde aufgegeben, als das Innerste aufgegeben werden sollte: Vaterlandsliebe, Rechtsgefühl, deutsche Gesinnung.

Ueber Pastor Brodersen, wie über so viele seiner Landsleute, entschied der Tag von Jdstedt. Er ließ das Pfarrhaus am Ploener See, er ließ die Heimath, die ihm geistig keine Heimath mehr war, und suchte eine andere Stätte, wo er in Treue gegen sich selbst, weiter wirken konnte. Und er fand solche Stätte, und eine so schöne und bezaubernde dazu, daß er den Ploener See hätte vergessen können, wenn Heimath nicht eben Heimath wäre. Eine kleine Pfarre bei Neuwied nahm ihn auf; der Rhein und die Lahn lagen vor ihm. Hier wirkte er 10 Jahre lang in Segen, bis aus diesem stillen, allem Weltverkehr entrückten Gütergotz die Anfrage an ihn kam: ob er den Tausch wohl wolle. Die Nachbarschaft der Nuthe für die Ufer des Rheins! Er schwieg.

Als aber die Frage sich wiederholte, als der Brief betonte: wir sehen ab von jeder Probepredigt, von Präsentation und jeder formellen Empfehlung, da empfand Pastor Brodersen dieses Vertrauen wie einen Ruf, dem er zu folgen habe. »Und da bin ich nun.«

»Und Sie bedauern es nicht?«

»Nein. Aller Anfang ist schwer. Das märkische Wesen war uns anfangs fremd. Aber wir anerkennen gern den tüchtigen Kern.«

Es lag kein Klageton in diesen Worten, aber all das was uns fehlt, und von dem ich empfinde, *daß* es uns fehlt, es stand wieder vor meiner Seele und die Worte, die ein märkischer Landsmann bei ähnlicher Gelegenheit einst gegen mich geäußert hatte, sie klangen mir wieder im Ohr: »es muß schwer sein,« so etwa sprach er, »sich unter märkischen Naturen einzuleben. Alles nüchtern und unideal; der Mensch karg wie seine Scholle. Der Geistliche ist ihm ein Mann der tauft und traut. Das Leben dreht sich um Besitz und Soldatenthum. Man muß hier geboren sein, um diese Leute zu fassen und zu verstehen und sich, durch die harte Schale hindurch, in den Respect für einen Volksstamm hineinzuleben, »der keinen Ketzer verbrannt, aber auch freilich keinen Heiligen geboren hat.«

Es war spät, als wir uns trennten. Die freundlichsten Wünsche geleiteten uns durch die Nacht. In »Unverworfen's« Putzstube waren inzwischen unsere Betten aufgeschlagen worden, und zu Füßen von »Rigolette mit dem Vogelbauer« schliefen wir ungewiegt, bis die durch das Fensterladen-Herz scharf einfallende Sonne uns weckte.

Unsere Reisetoilette war schnell beendigt, noch schneller das Frühstück; ein Wagen fuhr vor und alsbald mahlten die Räder im Sande. Wir fuhren zwischen Dorf und See; eine brütende Schwüle herrschte, trotzdem wir kaum die zehnte Stunde hatten. Am Ufer lagerten Hirt und Heerde. Tiefe Sonntagstille. Selbst der Kukuck drüben im Walde schwieg. Inmitten des Sees, halb im Schatten des Röhrichts, stand ein Dörfler und angelte; das Wasser ging ihm bis übers Knie. Kein Laut, außer wenn er die Angelschnur emporschnellte.

Es war, als läg es noch wie Wendenspuk über der Landschaft, als wolle der alte Juthrie-Gott wenigstens seine Morgenstunde halten. Aber da klangen die Glocken aus dem Dorf und mahnten ihn, daß seine Zeit vorbei.

Und wie ein frischer Luftzug zog es durch die Schwüle.

ANMERKUNGEN

Zum Titel: Die Bezeichnung »Ost-Havelland« der Erstausgabe von 1873 wurde auf Fontanes Vorschlag gewählt; er plante auch einen Band »West-Havelland«. Von der 2. Auflage (1880) an wurde der Haupttitel in »Havelland« geändert. Vgl. auch Fontanes »Vorwort« in diesem Bande.

S. 7 Zum Gedicht: es ist nicht, wie Fontane am Schluß des Gedichts sagt, in Potsdam im Mai 1872 entstanden, sondern im Sommer 1872 bei Krummhübel im Riesengebirge (s. Fontanes Brief an seine Familie, 1904, Bd. II, S. 128 f.). — Das Schildhorn: in einem Aufsatz »Das Schildhorn bei Spandau« in der Erstausgabe des I. Bandes der »Wanderungen«, der mit der 2. Auflage aber wieder ausgeschieden wurde, erzählt Fontane die sagenhafte Begebenheit aus dem Kampf zwischen Albrecht dem Bären und dem Wendenfürst Jaczo von Köpenick. S. Anhang zu Bd. I der »Wanderungen«, wo der ausgeschiedene Aufsatz wiedergegeben ist. — Der Harlunger Berg: auf dem Harlunger Berg bei der Stadt Brandenburg a. d. H. stand ein slawisches Heiligtum, das nach der Wiedergewinnung der Mark zerstört wurde; an seiner Stelle wurde um 1220 die (1732 abgebrochene) Marienkirche errichtet, nach der der Berg dann »Marienberg« (bis heute) genannt wurde (s. S. 31 dieses Bandes).

S. 13 Brennabor: altslawischer Name der Stadt Brandenburg (in der Erstausgabe auch: Brennibor).

S. 14 Schafarik: Paul Joseph Šafařik (1795—1861), »Slawische Altertümer« (Prag 1837), deutsch Leipzig 1843—1844.

S. 16 Schlacht am Tangerfluß: Niederlage der aufständischen Wenden unter Mistewoi im Kampf gegen Markgraf Dietrich von der Nordmark; vgl. auch Fontanes Erzählung »Grete Minde«, 12. Kap. (S. 49 unserer Ausgabe). — In Widukinds sächsischen Geschichten: Widukind von Corvey (ca. 925 bis nach 973), »Res gestae Saxonicae«.

S. 17 Schlacht bei Basantello: richtig bei Cotrone, wo am 13. Juli 982 Kaiser Otto II. von den Arabern vernichtend geschlagen wurde.

S. 18 Waldemar der Sieger: der dänische König Waldemar II. (1202—1241) war bestrebt, seine Herrschaft auf die gesamte Ostseeküste auszudehnen.

S 20 Mitteilungen Thietmars: Th. von Merseburg (975—1018), seit 1009 Bischof von Merseburg, schrieb eine Chronik der sächsischen Kaiser von Heinrich I. bis Heinrich II. (bis 1018). — Adam von Bremen: gest. nach 1081, Domscholaster in Bremen und Verfasser der »Gesta Hammaburgensis ecclesiae pontificum« (Hamburgische Kirchengeschichte).

S. 22 Giesebrecht: Ludwig G. (1792—1873), »Wendische Geschichten aus den Jahren 780 bis 1182«, 3 Bände, Berlin 1843.

S. 24 Markgraf Gero: er unterwarf die Wenden bis zur Oder; nach seinem Tod (965) zerfiel die Mark in drei Teile, die Wenden erhoben sich (983) und das eroberte Land ging bis zur Elbe wieder verloren.

S. 31 M. W. Heffter: Moritz Wilhelm H. »Geschichte der Kur- und Hauptstadt Brandenburg«, Potsdam 1840.

S. 48 lat. Inschrift: Sebold, der erste Abt von Lehnin, wurde von einem Slawen erschlagen.

S. 56 Es waren die Tage . . .: im Juni 1325 war der Propst Nikolaus von Bernau von den Berlinern vor der Marienkirche getötet worden, weil er im Verdacht stand, gegen die wittelsbachischen Landesherren zu konspirieren und mit den in die Mark eingefallenen Polen und Litauern unter einer Decke zu stecken. Aus dem gleichen Grunde hatten die Frankfurter, ebenfalls 1325, die Residenz des Bischofs Stephan II. von Lebus zerstört und ihn zur Flucht außer Landes gezwungen. Über beide Städte verhängte der Papst den Bann.

S. 61 Kloster Altenberg: südl. Burscheid, 1803 aufgehoben; die Kirche ließ Friedrich Wilhelm IV. restaurieren.

S. 65 Kirchenvisitation: Kurfürst Joachim II. Hector richtete 1540 Visitationskommissionen zur Überwachung der Geistlichen und Gemeinden ein.

S. 67 Kloster Lehnin, wie es war und wie es ist: vgl. Fontanes »Vor dem Sturm«, 51. Kap. (S. 407 ff. unserer Ausgabe).

S. 70 Akoluth: Inhaber der höchsten der vier niederen Priesterweihen in der katholischen Kirche.

S. 72 Die Lehninsche Weissagung: vgl. auch »Vor dem Sturm«, 53. Kap. (S. 427 unserer Ausgabe). — Sogenannte Leoninische Verse: Hexameter mit Zäsur und Endreim; nach einem Dichter Leo im 12. Jahrhundert so genannt.

S. 76 auf den Tod Adam Schwarzenbergs gedeutet: Graf Adam von Schw. (1584—1641), brandenburgischer Minister unter dem kraftlosen Kurfürsten Georg Wilhelm (1595—1640), der bei seinem Tode ein zerrüttetes und von den Schweden völlig zerstörtes Land hinterließ. Schw. überlebte ihn nur etwa ein Vierteljahr, und man vermutete damals, daß er auf Befehl des neuen Kurfürsten heimlich hingerichtet worden sei; vgl. S. 346 f.

S. *79* *Küster:* der verdiente märkische Historiker und Berliner Schulmann Georg Gottfried K. (1695—1776) behandelt die Lehninsche Weissagung anläßlich einer Besprechung der »Potsdammschen Quint-Essentz« im zweiten Stück seiner „Marchia illustrata«, Berlin 1741); 1759 ließ er noch eine Untersuchung »Vaticinii Lehninsiensis auctorem detegens« folgen. — Guhrauer: Gottschalk Eduard G. (1809—1854), Literarhistoriker, seit 1843 Professor in Breslau, hatte 1850 eine Schrift über »Die Weissagung von Lehnin« herausgegeben. — Otto Schulz: Joh. Otto Leopold Sch. (1782—1849), Lehrer am Gymnasium Zum grauen Kloster, seit 1826 Provinzialschulrat in Berlin, hatte im 11. Jahrgang (1846) des »Schulblattes für die Provinz Brandenburg« Stellung zur Lehninschen Weissagung genommen. — Professor Trahndorff: Karl Friedrich Eusebius T. (1782—1863), Philosoph, Ästhetiker; gemeint ist hier ein Artikel über die Weissagung in der Kreuzzeitung vom 18. März 1849. — Meinhold: Wilhelm M. (1797—1851), protestantischer Geistlicher in Pommern, gab Leipzig 1849 eine metrische Übersetzung der »Weissagung des Abtes Hermann von Lehnin ums Jahr 1234« mit einem Kommentar heraus, der die Glaubwürdigkeit der Prophezeiung lebhaft verteidigte (Neudruck Regensburg 1896).

S. *85* Das Kapitel »Kloster Chorin«, das in der 2. Aufl. des III. Bandes (1880) neu hinzugekommen ist, steht, wie in dieser Ausgabe auch, als erstes Kapitel der zweiten Abteilung „Spandau und Umgebung« (s. dazu Fontanes Bemerkung im Vorwort zur 2. Aufl.: »außerhalb des Flußgebietes der Havel gelegen«). In der 5. Aufl. (1899) erscheint es als Schlußkapitel der ersten Abteilung »Die Wenden und die Kolonisation der Mark durch die Zisterzienser«. Wann es dort hinübergenommen wurde, ließ sich nicht einwandfrei feststellen, da die weiteren Ausgaben des III. Bandes zu Fontanes Lebzeiten dem Herausgeber trotz vieler Bemühungen nicht zugänglich gewesen sind.

S. *90* lat. Fußnote: Du Mutter Lehnin und Deine Tochter Chorin, aus Dir eine neue Zelle (Kloster Neuzelle im Kreis Guben) und eine Pforte des Himmels (Kloster Himmelpfort im Kreis Templin) hervorgegangen.

S. *98* Rochus von Lynar: brandenburgischer Kriegsbaumeister (1525 bis 1596), u. a. Erbauer der Festung Spandau; vgl. »Wanderungen« Bd. II, Kap. »Otto Christoph von Sparr«, S. 403.

S. *108* von Patow, Potsdam: Robert Frhr. v. P. (1804—1890), liberaler Politiker, 1848 preußischer Minister für Handel und Gewerbe, 1858—1862 Finanzminister.

S. *111* die bekannten Drei: die Hexen in Shakespeares »Macbeth«.

S. *114* Grothe: bei Fontane steht Grote, auf Bitten einer Nachkommin des Försters in die richtige Schreibart geändert.

S. 119 Freiligrath und der Kaffer: s. Freiligraths bekanntes Gedicht »Der Löwenritt«.

S. 120 Alsenbrücke: Spreebrücke, unweit des früheren Lehrter Bahnhofs.

S. 122 von der Recke: Reichsfreiherr Friedrich v. d. R. (1745—1810), Kammerherr und Generalintendant der italienischen Oper in Berlin.

S. 126 wie A. Krantz erzählt: Albertus Krantz »Chronica Daniae, Suecicae et Norvegiae«, Straßburg 1546.

S. 128 Hiller von Gärtringen: Wilhelm Frhr. H. v. G. (geb. 1809), fiel 1866 bei Königsgrätz, Sohn des Obersten (späteren Generals) Joh. Friedr. August H. v. G. (1772—1856), der sich u. a. 1815 bei Waterloo ausgezeichnet hatte.

S. 136 Pastor Ballhorn: Friedrich Ballhorns »Geschichte der Stadt Oranienburg« ist Berlin 1850 erschienen.

S. 139 der Königsberger Dichter Bödecker: ein Dichter dieses Namens war um die angegebene Zeit herum (1657) nicht nachweisbar; vielleicht ist er identisch mit Otto Wilhelm Böddikerus aus Königsberg, der im Juni 1637 an der Königsberger Universität immatrikuliert wurde.

S. 142 nach Le Nôtres Plan: André Lenôtre (1613—1700), Gartenarchitekt und Schöpfer des französischen Gartenstils.

S. 151 Das Testament des Großen Kurfürsten: Schauspiel in 5 Aufzügen (1858, 2. Aufl. 1871) von Gustav zu Putlitz (1821 bis 1890). Es spielt 1688 in Berlin und schließt mit einer wirklichen Versöhnung von Kurfürst Friedrich III. und seiner Gemahlin Charlotte von Hannover mit seiner Stiefmutter Dorothea von Holstein. Vgl. dazu »Wanderungen« Bd. IV, Kap. »Schloß Köpenick«, und Fontanes Besprechung der Aufführung im Königl. Schauspielhaus 1871.

S. 154 In der Falkenberger Kirche: vgl. »Wanderungen« Bd. IV (Spreeland), Kap. »Falkenberg«, S. 170 ff.

S. 158 Asmus Carstens: Asmus Jakob C. (1754—1798), ein seinerzeit umstrittener neuklassizistischer Zeichner und Maler.

S. 159 Professor Waagen: Gustav Friedrich W. (1794—1868), Direktor der Berliner Königl. Gemäldegalerie, »Das Schloß Tegel und seine Kunstwerke«, Berlin 1859.

S. 160 Humboldts Dienste für Pius VII.: durch den Wiener Kongreß wurde der in fünfjährige französische Gefangenschaft abgeführte Papst Pius VII. (1800—1823) wieder Herr des Kirchenstaates.

S. 166 Die Seeschlacht in der Malche: über Irrtümer Fontanes in diesem Aufsatz s. Hermann Kügler, Fischerstechen und Halloren, im Jahrbuch für brandenburgische Landesgeschichte 1953, S. 22, Anm. 3. — Leutinger: (1554—1612) »Nicolai Leutheringeri de Marchia et rebus Brandenburgicis commentarii . . .« Ob Fontane die Krausesche oder die Küstersche Ausgabe (beide 1729) benutzt hat, ist nicht auszumachen.

S. 172 einen abtröpfelnden Alpakka: Filzhut, der durch Beimischung von Lamawolle verfeinert ist. Alpaca ist die Bezeichnung für eine Lamaart. — das »Knie«: die Straße von Berlin nach Schloß Charlottenburg verläuft in der Höhe der Marchstraße in einem stumpfen Winkel, den der Volksmund »das Knie« nannte; jetzt heißt das ›Knie‹ »Ernst-Reuter-Platz«. — das türkische Zelt: das I., II. und III. türkische Zelt; Gartenlokale an der Spree am Rande des Tiergartens. — bei Morellis: Kaffeehaus in der Nähe der »Zelten«, s. auch Fontanes »Schach vor Wuttenow«, 17. Kap. (S. 371 unserer Ausgabe). — Tiberius . . . Wiederhersteller: Anspielung auf die heftig umstrittenen Schriften von Adolf Stahr »Tiberius« (zuerst in dessen »Bildern aus dem Altertum«, Berlin 1863—1866, dann gesondert 1873) und L. Freytag »Tiberius und Tacitus« (Berlin 1870), die eine Ehrenrettung des grausamen römischen Kaisers versuchten.

S. 174 Die Tage der Lichtenau: Gräfin Lichtenau, Tochter des Stabstrompeters Enke, s. »Wanderungen« Bd. I, Anm. S. 271.

S. 176 an anderer Stelle: nämlich im Kap. »Marquardt« (S. 257 ff.).

S. 188 Prospero . . . Caliban: Gestalten in Shakespeares »Sturm«.

S. 189 Guineasche Kompanie: brandenburgische Überseehandelsgesellschaft, vom Großen Kurfürsten 1682 ins Leben gerufen, die die Glaswaren für den Tauschhandel mit den Negern benötigte.

S. 191 Kopisch: August K. (1799—1853), Maler und Dichter, schrieb im Auftrag Friedrich Wilhelms IV. ein Buch über die Kgl. Schlösser und Gärten zu Potsdam (1854).

S. 192 aus der Schule der Laïs: Name zweier berühmter Hetären des griechischen Altertums. — die der Prinzregent . . .: Prinz Georg von England, später König Georg IV. (1820—1830), der seit 1811 die Regentschaft für seinen geisteskranken Vater Georg III. führte.

S. 194 Demoiselle Rachel: Elise R. (1820—1858), Tochter eines deutsch-jüdischen Hausierers Jacob Felix, berühmte Darstellerin in klassischen französischen Dramen (Wiedergeburt der französischen Klassik). — ihr Bruder Raphael: R. Félix, war ein ebenfalls erfolgreicher Schauspieler, später Direktor eines Pariser Theaters. — Hofrat Schneider: Louis Sch. (1805 bis 1878), ursprünglich Schauspieler, dann Vorleser Friedrich Wilhelms IV.; bedeutende Theatersammlung; über ihn s. das entsprechende Kapitel in Fontanes »Von Zwanzig bis Dreißig«.

S. 196 eine Stelle aus der »Athalie«: religiöse Tragödie (1691) von Jean Racine (1639—1699). — Statuette der Künstlerin . . . den 15. Juli 1852: die Statuette stammte von dem Rauchschüler Bernhard Afinger (1813—1882). Im übrigen ist das

Datum des 15. Juli hier wie in der Kapitelüberschrift, das sämtliche Auflagen dieses Bandes haben, in 13. Juli zu verbessern; s. Louis Schneider, Aus meinem Leben, Berlin 1879, S. 377, wo Schneider ausführlich über das Rachel-Debut berichtet.

S. 197 Frau Friedrich: Elisabeth F. geb. Riesleben (1788—1873). In zwei Aufsätzen in den Mitteilungen des Vereins für die Geschichte Berlins (43. Jg., 1926, S. 50 ff. und 44. Jg., 1927, S. 75 ff.) weist Oberst Noël darauf hin, daß Fontane ein ganz falsches Bild von »Mutter Friedrich« gebe.

S. 205 Konjekturalhistorie: Geschichtsschreibung, die sich auf Konjekturen, d. h. Mutmaßungen gründet.

S. 206 Sipunt: Sipuntum war eine antike Hafenstadt in Apulien, die im Mittelalter wegen der ungesunden sumpfigen Gegend aufgegeben wurde.

S. 214 gaben ihm eine Woorte: Wörde, Ackerland um das Haus.

S. 220 Bruder des berühmten Dichters Göcking: Leopold Friedrich Günther von Goeckingk (1748—1828), gehörte dem Halberstädter Dichterkreis um Glein an, wurde besonders bekannt durch seine wiederholt aufgelegten und nachgedruckten »Lieder zweier Liebenden« (1777).

S. 223 eines havelländischen Landgeistlichen: es ist der auf S. 211 genannte Pastor Johann Andreas Moritz (1721—1797), der von 1774—1793 Pfarrer in Fahrland war, zu dem Sakrow als Filial gehörte. — ecclesia vagans: Kirche ohne eigenen Geistlichen, Filialkirche.

S. 225 Magister Kindleben: Christian Wilhelm K. (1748—1785), ein Bummelgenie, das es nirgends länger hielt, Verfasser vor allem des Halleschen »Studentenlexikons« und Sammler von »Studentenliedern« (beide Veröffentlichungen 1781), auch Autor einiger damals gern gelesener Romane, die ihm die Ausweisung aus Halle eintrugen.

S. 226 Lentulus: Rupert Scipio von L. (1714—1787), preußischer Generalleutnant, aus österreichischem Dienst in den preußischen getreten, tat sich in den Schlachten bei Leuthen und Liegnitz durch große Tapferkeit hervor, stand hoch in der Gunst Friedrichs des Großen, beteiligte sich am Bayerischen Erbfolgekrieg (1778—1779) und nahm 1779 seinen Abschied. — Baron von Fouqué, Sohn des berühmten Generals Heinrich v. F. (1727—1796), dessen Vater, General Heinrich August v. F. (1689—1774) bei Friedrich d. Gr. in besonderer Gunst stand. Der Sohn Heinrichs war der romantische Dichter Friedrich v. F. (1777—1843), der u. a. eine Biographie seines Großvaters verfaßt hat (1824).

S. 229 Spalding, Teller, Dieterich: Johann Joachim Sp. (1714 bis 1804), Wilhelm Abraham T. (1734—1804), Joh. Samuel D.

(1721—1797), Berliner Oberkonsistorialräte, die im Sinne der religiösen Aufklärung wirkten.

S. 231 Herr v. H.: August Ferdinand von Haeseler (1761 bis 1838, seit 1790 Graf), Großvater des Feldmarschalls Gottlieb Graf von Haeseler (1836—1919).

S. 232 cum uxore ... cum amasia: mit Gattin ... mit Freundin.

S 239 zeitgenössischen Bericht: Fontane benutzte das Buch von Anton Balthasar Koenig »Leben und Taten des Jakob Paul Freiherrn von Gundling«, Berlin 1745; das Zitat Fontanes findet sich dort S. 92 ff.

S. 242 Samuel Rösel: s. Hermann Kügler, Der Maler Gottlob Samuel Rösel und Goethe, in: Jahrbuch für Brandenburgische Landesgeschichte 1954, S. 68 ff. — Adolf Stahr: Kunstschriftsteller und Literarhistoriker (1805—1876); s. auch Anm. zu S. 172.

S. 244 W. Hertz: der Verleger der »Wanderungen« und zahlreicher anderer Werke Fontanes (1822—1901).

S. 245 auf dem bekannten Krügerschen Huldigungsbilde: »Huldigung vor Friedrich Wilhelm IV. (1840)« von Franz Krüger (1747 bis 1857) mit genauer Bildnistreue der dargestellten Personen. — von Röder: Generalleutnant Julius v. R. (1808 bis 1889).

S. 246 Feilner: s. »Wanderungen« Bd. I, Anm. zu S. 149.

S. 247 H. W.: Hermann Wichmann (1824—1901), Musikdirektor, lebte meist in Italien, guter Bekannter und Korrespondent Fontanes.

S. 250 Minister von der Schulenburg: Friedrich Wilhelm Graf v. d. Schulenburg-Kehnert (1742—1815), ließ als Gouverneur von Berlin am 17. Oktober 1806 die Nachricht von der preußischen Niederlage bei Jena und Auerstedt durch Maueranschläge verkünden, die den zum geflügelten Wort gewordenen Satz enthielten: »Jetzt ist *Ruhe* die erste Bürgerpflicht.«

S. 253 Gräfin Sophie Schwerin: geb. Gräfin Dönhoff (1785—1863); s. »Wanderungen« Bd. I, S. 422. — der muskauwitische Fürst: Herrmann Fürst Pückler-Muskau (1785—1871), der bekannte Gartenkünstler und Schriftsteller. Seine »Briefe eines Verstorbenen« (1830/31) waren sein aufsehenerregendes Erstlingswerk.

S. 254 Papa Goethe: s. »Wilhelm Meisters Lehrjahre«, 7. Buch, 5. Kapitel.

S. 255 Chefpräsident von Vincke: Ludwig Frhr. v. V. (1774—1844), hochverdienter Oberpräsident der preußischen Provinz Westfalen (seit 1815); er war 1795—1798 in der Staatsverwaltung in Berlin, ferner von 1807—1810 Regierungspräsident zu Potsdam; hier mag Rösel seine Bekanntschaft gemacht haben. — Rudolf von Decker . . . Schätzellchen: Decker (1804 bis 1877), aus dessen Unternehmen später die Reichsdruckerei hervorging, übrigens der Verleger der Fontaneschen Kriegsbücher, war mit der dramatischen und Koloratur-Sängerin Pauline von Schätzell (1811—1882) verheiratet, die ihre Tätigkeit an der Berliner Kgl. Oper (seit 1828) mit ihrer Eheschließung 1832 einstellte.

S. 256 Wilhelm Hensel: (1794—1861), kgl. Hofmaler, Gatte der Fanny Mendelssohn (1805—1847), der Schwester des Komponisten Felix Mendelssohn-Bartholdy. Vgl. das Kapitel »Trebbin« Bd. IV der »Wanderungen«, S. 385 ff.

S. 257 Meinders: Franz von Meinders (1630—1695), brandenburgischer Staatsmann, einer der einflußreichsten Räte des Großen Kurfürsten in dessen letzten Jahren, er schloß 1679 den Frieden von St. Germain mit Frankreich ab. — Fuchs: Paul Frhr. v. F. (1640—1704), brandenburgischer Staatsmann und Diplomat, Rat des Großen Kurfürsten, nahm sich der Hugenotten an.

S. 261 Friedrich Förster: (1791—1868), Kriegskamerad Theodor Körners bei den Lützowern, Dichter und Historiker; das Zitat stammt aus seiner »Neuren und neusten preußischen Geschichte«, Berlin 1849.

S. 263 Kongreß zu Szistowa: in der bulgarischen Stadt Sistova (Switschow) an der Donau fand Ende 1790 ein Friedenskongreß statt, dem Anfang August 1791 der definitive Frieden zwischen der Türkei und Österreich folgte. — mit Lord Elgin die Pillnitzer Konvention: dreitägige Zusammenkunft von Kaiser Leopold II. von Österreich mit Friedrich Wilhelm II. von Preußen (25.—27. August 1791), wo sich beide Monarchen für die Befreiung des von den Franzosen gefangengesetzten französischen Königs Ludwigs XVI. aussprachen; Ausgangspunkt der Kriege gegen das Revolutionsfrankreich.

S. 266 die sogenannte »Separation« . . ., die zehn Jahre später ins Leben trat: durch das Edikt des Frhrn. vom Stein vom 9. Oktober 1807.

S. 269 Manso: das Werk des Breslauer Schulmannes, Historikers und Dichters Joh. Caspar Friedrich M. (1759—1826) ist in drei Bänden Frankfurt am Main 1819—1820 erschienen und hat nach dem Tode des Verfassers noch zwei Auflagen erlebt.

S. 271 Massenbach: das im Text zitierte Werk von Christian v. M. (1758—1827), der als Generalquartiermeister des Fürsten Hohenlohe in der Schlacht bei Jena entscheidende Fehler gemacht und die schmachvolle Kapitulation des Hohenloheschen Korps bei Prenzlau verschuldet hat, ist in drei Bänden 1809 in Amsterdam erschienen; es ist, wie mehrere andere Schriften Massenbachs, keine lautere Quelle. — Heute negociieren wir mit Pitt . . .: die englischen Staatsmänner William Pitt d. Ä. (1708—1778) und John Stuart Graf von Bute

(1713—1792), der nach Pitts Sturz 1761 den Subsidienvertrag mit Friedrich d. Gr. nicht erneuerte und mit Frankreich den Präliminarfrieden zu Fontainebleau abschloß.

S. 272 Lektüre von Grandison: »Sir Charles Grandison« (1754), Roman von Samuel Richardson (1689—1761). Lovelace ist der Verführer in Richardsons »Clarissa Harlowe« (1748), der erste leidenschaftliche Charakter im englischen Roman.

S. 273 Ignaz Feßler: Ignaz Aurelius F. (1756—1839), Verfasser von freimaurerischen Schriften, von Geschichtswerken und mehreren Romanen, ursprünglich österreichischer Kapuzinermönch, dann Freimaurer, lebte 1788—1796 in Breslau, wo er zum Protestantismus übertrat und sich verheiratete, ging dann nach Berlin, wo er mit Fichte die Statuten der Loge Royal York ausarbeitete; seit 1809 lebte er in Rußland und starb als Generalsuperintendent und Kirchenrat der evangelischen Gemeinde in St. Petersburg (vgl. auch S. 278).

S. 288 Gassnerianer und Mesmerianer: Joh. Josef Gassner (1727 bis 1779), katholischer Geistlicher, der durch seine »Teufelsaustreibungen« zu seiner Zeit einen umstrittenen Ruhm genoß; Franz Mesmer (1734—1815), Arzt, der die Lehre vom tierischen Magnetismus begründete, den er zu Heilzwecken benutzte.

S. 290 die Harmonika: gemeint ist eine Glasharmonika, ein Instrument mit Glasglocken oder Glasstäben bzw. -röhren, die zum Schwingen gebracht wurden und einen celloartigen Ton erzielten; bei den Geheimbundritualien wurde dieses Musikinstrument zur Erweckung einer erhaben-mystischen Stimmung häufig benutzt.

S. 301 Lux in Cruce et Crux in Luce: das Licht im Kreuz und das Kreuz im Lichte. — Dr. Semler: Joh. Salomo S. (1725—1791), protestantischer Theologe, Professor in Halle, Hauptvertreter der rationalistischen Theologie, einer der ersten wissenschaftlichen Bibelkritiker.

S. 304 der alte Nicolai: der Berliner Verleger und rationalistische Schriftsteller Friedrich N. (1733—1811); der 56. Band seiner großen kritischen Zeitschrift »Neue allgemeine deutsche Bibliothek« ist 1801 erschienen.

S. 305 das Wöllnersche Religionsedikt: Joh. Christoph Wöllner (1732—1800) war zuerst Pfarrer, dann Kammerrat des Prinzen Heinrich. Er benutzte die Gunst Friedrich Wilhelms II., der sich ihm durch seine Tätigkeit in zahlreichen Geheimorden verbunden fühlte, um als eben ernannter Justizminister und Chef des geistlichen Departements sein berüchtigtes Edikt vom 8. Juli 1788 zu erlassen, das zum Schutz der Religion gegen die Aufklärung jedes Abweichen von den Glaubenslehren der sog. symbolischen Bücher mit Amtsenthebung und anderen Strafen bedrohte; nach dem Regierungsantritt Friedrich Wilhelms III. wurde es im Januar 1798 wieder aufgehoben und Wöllner ohne Pension entlassen.

S. 321 an den jetzigen Kronprinzen: den späteren Kaiser Friedrich III.

S. 332 Andreas Lentz: es hat in Etzin zwei Pfarrer dieses Vor- und Familiennamens gegeben, Vater und Sohn; der Vater war dort Pfarrer von 1641 bis 1664, der Sohn von 1664 bis 1696; vermutlich ist der letztere gemeint. — August Wilhelm Geelhaar: sein richtiger Name war Johann Bernhard Gelhar; er war in Halle/Saale 1721 geboren und ist in Etzin, wo er seit 1753 Pfarrer war, 1772 verstorben.

S. 336 der achtzigjährige Pastor Duchstein: Joh. Friedr. Ernst D., geb. 1784 in Berlin, 1813 preußischer Feldprediger, seit 1815 bis zu seinem Tode 1867 Pfarrer in Etzin.

S. 337 Christiane Elisabeth, geborene Sukro: Tochter des Magdeburger Dompredigers Christoph Sucro, seit 1743 Gattin Seegebarts.

S. 338 1712 den 14. April: Irrtum Fontanes, Seegebart ist am 14. April 1714 (s. S. 333) in Biesenthal geboren.

S. 339 Falkenrehde: über seinen Besuch in der Gruft berichtet Fontane in einem Brief vom 22. 11. 1869 an seinen Verleger Wilhelm Hertz (Briefe, Zweite Sammlung, 1910, Bd. I, S. 266 f.).

S. 344 Scotts »Piraten«: die alte Ahne Norna, die in Scotts Roman (s. »Wanderungen«, Bd. I, Anm. zu S. 109) auf einer einsamen Klippe in einem alten Burgturm haust und mit ihren Zauberkünsten ein krankes Mädchen heilt.

S. 346 Adam Schwarzenberg: vgl. Anm. zu S. 76.

S. 347 der spätere »alte Heim«: Ernst Ludwig H. (1747—1834), beliebter vortrefflicher Arzt, später in Berlin, über den zahlreiche Anekdoten kursierten.

S. 348 Feldzug gegen die Schweden: siegreicher Feldzug der Preußen in Vorpommern 1715.

S. 352 Schlacht bei Ramillies: Dorf in Brabant, wo Marlborough am 23. Mai 1706 über den unfähigen französischen Marschall Villeroi siegte.

S. 359 Die Elle ward . . .: vgl. »Wanderungen«, Bd. II, Anm. zu S. 15.

S. 361 der gegenwärtige Besitzer: Hans Emil von Katte (1819 bis 1899).

S. 362 Frau von Katte: Pauline geb. von Klützow (1822 bis 1908). — Ein heller Augusttag: es war der 15. August 1867.

S. 376 à la Rosa Bonheur: kraftvolle, naturnahe französische Tiermalerin (1822—1899), vgl. auch den Roman »Cécile«, 6. und 7. Kapitel (S. 146 und 154 unserer Ausgabe).

S. 387 ein anderer: so in der Erstausgabe, das in den späteren Ausgaben stehende »kein anderer« ist offensichtlich ein Druckfehler. — Schinkel: dazu vgl. »Wanderungen«, Bd. I, Kap. »Schinkel«.

S. 388 Schöpfung Lennés: s. S. 238.

S. 389 Stüler: Friedrich August St. (1800—1865), Schinkel-Schüler, Hofbaurat, sehr bedeutender Architekt, Erbauer u. a. des Neuen Museums in Berlin und der Nikolaikirche in Potsdam.

S. 392 Zelter: Karl Friedrich Z. (geb. 1758 in Berlin, Münzstraße 1, *nicht*, wie die Tafel besagt, in Petzow; gest. 1832 wenige Wochen nach seinem Freund Goethe), Berliner Bauunternehmer und bekannter Musiker, Leiter der Singakademie. — Beuth: Peter Christian Wilh. B. (1781—1853), machte sich um das Aufblühen der Industrie nach den Freiheitskriegen sehr verdient. — Grell: August Eduard G. (1800—1886), Schüler Zelters, Vokalkomponist und Musikschriftsteller, nach Rungenhagen seit 1851 Dirigent der Singakademie.

S. 394 Il Baccio: richtiger Il Bacio (ital. d. Kuß), »Der Kußwalzer« von dem italienischen Opernkapellmeister Luigi Arditi (geb. 1822 in Crescentino, gest. 1903 in Hove bei Brighton), der gegen Ende seines Lebens die Londoner Oper leitete. Er wurde durch seinen »Kußwalzer« berühmt.

S. 395 Prinzessin Isabella . . . um »Gnade« rufen hören: Isabella, die Schwester des jungen Edelmanns Claudio, in Shakespeares »Maß für Maß«, II, 2.

S. 398 Die letzten ihres Namens: in einem (ungedruckten) Brief vom 16. 11. 1872 macht der Berliner Schulrat Dr. Ludwig Wiese den Verleger Hertz darauf aufmerksam, daß diese Fontanesche Feststellung nicht stimme; ein Sohn des (gleich erwähnten) K. H. G. von Meusebach namens Otfried lebe in Texas und habe seinerseits Söhne. Fontane hat diese Berichtigung in den späteren Auflagen nicht berücksichtigt.

S. 401 Eine reich angelegte Natur ging in ihm zugrunde: Fontane schreibt über diese Stelle am 26. 3. 1874 an Mathilde von Rohr, daß Frau von Witzleben geb. von Meusebach sich bitter über das beschwert habe, was er über ihren Bruder geschrieben. »Er war schließlich absolut verrückt. Ich nenne ihn einen ›Mann von Genie und Exzentrizität‹. Das ist nun der Lohn dafür.« Karl v. Meusebach war der Hauptvertreter des preußischen reaktionären Junkertums in den Jahren 1848/49; er war ebenso verderbt wie geistvoll und ein glänzender witziger politischer Redner. Das Sitzungsgebäude, in dem die Preußische Nationalversammlung 1848 tagte (später Preußisches Abgeordnetenhaus), konnte nur über einen Zugang durch einen Hinterhof erreicht werden, der durch einen Zaun von Fichten- und Tannenbrettern eingefriedigt war; die Abgeordneten waren darüber entrüstet, und Meusebach rief ihnen höhnisch zu: »Es ist der Anfang des Endes, meine Herren! Cela sent le sapin! Das riecht nach dem Sarge!« (J. D. H. Temme in seinen »Erinnerungen«, Leipzig 1883, S. 495.) Karl v. M. starb im Mai 1862 in Halle (Saale) im Irrenhaus.

S. 406 den gefürchteten »Needles«: Kreidefelsen der Insel Wight. — Goodwin-Sands: Sandbank an der Küste von Kent, s. Fontanes Gedicht »Goodwin-Sand«.

S. 407 in Upsala der Codex argenteus: die prachtvolle, um 500 geschriebene Handschrift (silberne Buchstaben auf purpurfarbenem Pergament) der gotischen Bibelübersetzung des westgotischen Bischofs Wulfila aus dem 4. Jahrhundert. — Tischendorfsche Bibel: Konstantin von T. (1815—1874) fand am Sinai eine griechische Bibel aus dem 4. Jahrhundert.

S. 412 der Chronist Ferdinand Ludwig Schönemann: Diplomatische und Topographische Geschichts-Beschreibung der Churmärkischen Mediat-Stadt Werder, Potsdam 1784.

S. 417 Christus als Apotheker: dies Motiv ist keineswegs »so einzig in seiner Art«, wie Fontane meint, auch in der Dorfkirche von Plötzin, in der Nähe von Werder, hängt ein solches Bild; es ist auf vielen Gemälden durch ganz Europa verbreitet (s. Fritz Ferchl, Christus als Apotheker, in: Festschrift zum 75. Geburtstag von Ernst Urban am 19. April 1949); somit entfällt auch die Fontanesche Vermutung, daß der Stifter des Bildes der erste Apotheker in Werder gewesen sein könne.

INHALT

POTSDAM UND UMGEBUNG

ANHANG